Barloewen · Naoumova

Das Buch des Wissens

Constantin von Barloewen wurde 1952 in Buenos Aires geboren, verbrachte Kindheit und Jugend in Lateinamerika und Europa, Lehr- und Forschungstätigkeiten an führenden Universitäten Europas und Amerikas (u. a. *Princeton* und *Harvard*, *Ecole des Hautes Etudes en Sciences Sociales* in Paris und als Professor für Anthropologie von 1993 – 1996 an der *Staatlichen Hochschule für Gestaltung in Karlsruhe*). Er war Mitglied der Weltkommission für Kultur und Entwicklung der *UNESCO*, begründete und leitete internationale Forschungsprojekte zur Frage der kultur- religionsgeschichtlichen Voraussetzungen der Modernität mit der *Thyssen Stiftung* und der *Willy Brandt Stiftung*, dem *World Economic Forum Davos*, der *Europäischen Kommission* in Brüssel und den *VEREINTEN NATIONEN*. Constantin von Barloewen ist darüber hinaus Begründer und Leiter der *INTERKULTURELLEN BIBLIOTHEK* von Arte/UNESCO. Er ist war von 2001 – 2008 Leiter des Programms für den Dialog der Kulturen und Zivilisationen der *Stiftung Schloss Neuhardenberg* in Berlin und ist heute Mitglied im *Advisory Committee der Harvard Academy for International Studies* an der Harvard University. Im akademischen Jahr 2009/2010 wurde er Professor (Fellow) am internationalen Wissenschaftskolleg Morphomata der Universität Köln.

Wichtigste Publikationen, in zahlreichen Sprachen übersetzt: *Clown. Zur Phänomenologie des Stolperns,* 1984, Neuauflage 2009; *Evolution und Zivilisation: die Gesetzmäßigkeit der Geschichte,* (2 Bde.) 1988; *Werte in der Latein- und Nordamerikanischen Kulturphilosophie,*1988; Mitherausgeber: *Japan und der Westen,* (3 Bde.), *Kulturgeschichte und Modernität Lateinamerikas,* 1992, *Cyberspace. Vom Verlust der Metaphysik und dem Aufbruch in den Virtuellen Raum, Der Tod in den Weltkulturen und Religionen,* 1996, *Anthropologie der Globalisierung: Thesen und Antithesen,* 2007; *„Au risque de la vie philosophique" – Autobiographie,* 2008: Dazu eine Vielzahl von Essays, u. a.: zu Michel Leiris, Claude Lévi-Strauss, Pierre Verger und Alexis Tocqueville und anthropologische Reiseessays, etwa zu Madagaskar „Augenblicke alltäglicher Weisheit in Politik und Kultur", für die *ZEIT, Frankfurter Allgemeine Zeitung, Frankfurter Rundschau, Le Monde diplomatique, Le Nouvel Observateur und Lettre International.*

Gala Naoumova, Doktor der Humanwissenschaften, ist eine russisch-deutsche Anthropologin und Schriftstellerin. Sie lehrt an der Universität St. Petersburg und leitet das Programm für den interkulturellen Dialog des Château d'Orion (Frankreich). Autorin zahlreicher Publikationen, unter anderem: *Sibirische Heilgeheimnisse. Vom magischen Wissen der Taiga-Schamanen,* 1999; *Die Stadt der tausend Stimmen. Literarische Streifzüge durch St. Petersburg,* 2006.

Constantin von Barloewen · Gala Naoumova

Das Buch des Wissens

Gespräche mit den großen Geistern unserer Zeit

Wilhelm Fink

Titel der Originalausgabe:
Constantin von Barloewen, Le Livre des Savoirs. Conversations avec les grands esprits de notre temps. © Editions Grasset & Fasquelle, 2007

Aus dem Französischen von Eva Brückner-Tuckwiller, Konrad Honsel, Gala Naoumova und Jochen Winter

Umschlagabbildung:
Torso von Apollon. Kopie, vermutlich nach einer Statue von Onatas aus Ägina (um 460 v. Chr.), Glyptothek München

Wir möchten Jochen Winter für seine Mitarbeit an diesem Projekt danken. Fünfzehn der Gespräche wurden von ihm redaktionell bearbeitet und ins Deutsche übertragen. Sie sind zunächst in der Frankfurter Rundschau erschienen, der wir für das Zurverfügungstellen der Dateien unseren Dank aussprechen.

Bibliografische Information der Deutschen Nationalbibliothek

Die Deutsche Nationalbibliothek verzeichnet diese Publikation in der Deutschen Nationalbibliografie; detaillierte bibliografische Daten sind im Internet über http://dnb.d-nb.de abrufbar.

Wilhelm Fink GmbH & Co. Verlags-KG, Jühenplatz 1, D-33098 Paderborn

Internet: www.fink.de

Einbandgestaltung: Evelyn Ziegler, München
Herstellung: Ferdinand Schöningh GmbH & Co KG, Paderborn

ISBN 978-3-7705-4878-1

In Erinnerung an Gisa und Bengt, mit all meiner Dankbarkeit und Zuneigung, seit der Kindheit in Buenos Aires – und für immer.

Und für Daniel, mit all meiner Hoffnung für die Zukunft.

„Die Menschen sind das, was wir von ihnen im Gedächtnis behalten. Was wir das Leben nennen, ist letztlich das Patchwork der Erinnerung eines anderen.“

Joseph Brodsky

Inhaltsverzeichnis

Danksagungen

Als André Heller und ich eines Abends nach dem Rundgang durch Tanger in das Hotel Minza zurück kamen, wartete der Produzent Rudi Dolezal aus Wien im Foyer. Er produzierte das internationale Fernsehgespräch mit Paul Bowles, Anlass unseres Besuches in Tanger. Ich entwickelte in wenigen Sätzen diesen Gedanken einer interkulturellen visuellen Bibliothek, das Millenium stand vor der Türe. Rudi Dolezal, ein visionärer Produzent, war sofort sehr interessiert. Später unterrichtete er seinen Partner Hannes Rossacher von der DORO-Produktion in Wien und das Abenteuer begann. Die Programmdirektionen von ORF in Wien und ARTE wurden gewonnen, denen ich an dieser Stelle herzlich danken möchte.

Danken wollte ich aber vor allem den Partnern der ersten Stunde, den Produzenten Rudi Dolezal und Hannes Rossacher sowie Lukas Sturm, die in allen Höhen und Tiefen im Verlauf des Projekts großen unternehmerischen Mut zeigten, kein Risiko scheuten, um die weiten Reisen in die Welt der Gesprächsteilnehmer – von Johannesburg zu Nadine Gordimer bis nach Rio de Janeiro zu Oscar Niemeyer, nach Princeton und New York zu Elie Wiesel und nach Harvard vorzufinanzieren, bis die Finanzierung schließlich gelang. Hier möchte ich besonders Pierre André Boutang danken, der für den Sender ARTE mit großer Erfahrung und Engagement an der Entstehung des Projektes maßgeblich beteiligt war.

Danken möchte ich auch dem langjährigen Dekan der „Faculty of Arts and Sciences" der Harvard University, Henry Rosovsky, der bei allen Besuchen in Harvard das Projekt moralisch so freundschaftlich unterstützte und so viel Mut zusprach.

Ebenso wollte ich dem Generaldirektor der UNESCO, Federico Mayor für seine Unterstützung und die offizielle Schirmherrschaft der UNESCO danken.

Es war mir freilich immer klar, dass keine Fernsehversion im Ansatz die Tiefe und geistige Substanz der Gespräche wirklich widerspiegeln konnte. So richtete sich die Konzentration auf eine Buchausgabe. Hier gebührt mein aufrichtiger Dank Anne Dufourmentelle, die an einer Reihe von Gesprächen als stumme Zeugin teilnahm, etwa bei Claude Lévi-Strauss und die sich vom ersten Augenblick mit dem größten Engagement für die Buchpublikation einsetzte.

Danken möchte ich auch dem Essayisten und Lyriker Jochen Winter für seine kongeniale und hervorragende Übersetzungs- und Redaktionsarbeit. Auch Christophe Bataille hat auf der langen Strecke der Editionsarbeit immer wieder die schwierige Aufgabe übernommen, die weltweit verstreuten Gesprächsteilnehmer zu koordinieren. Auch ihm all mein Dank. Ein besonderer Dank geht auch, verbunden mit höchstem Respekt, an Olivier Mannoni für seine wie immer außergewöhnlichen Übersetzungen und Editionsarbeiten. Schließlich gilt mein aufrichtigster Dank dem Verleger Olivier Nora, der sich über viele Jahre persönlich dieses so komplexen Projektes angenommen hat. Ohne seine Ausdauer, seine Faszination, seinen verlegerischen Mut, seine Weitsicht, seine niemals abbrechende Unterstützung in so vielen Gesprächen wäre die Publikation nicht zustande gekommen. Ihm möchte ich an dieser Stelle besonders danken.

Mein letzter, sehr persönlicher Dank geht an meine Kollegin, Partnerin in diesem Projekt und Freundin Gala Naoumova, die nicht nur ihre unersetzbare Arbeit bei der Gründung und beim Aufbau des Projekts geleistet hat, sondern auch eine geistig aktive Rolle gespielt hat bei der inhaltlichen Vorbereitung und Durchführung der Gespräche. Sie stand mir zur Seite bei der Organisation auf allen Resien, bei allen Gesprächen, immer ausgleichend und befriedend, immer fördernd, in all den vielen Jahren, in aller Welt, immer Zuversicht spendend, auch in den schwierigsten Phasen, die so aussichtslos schienen und die es dennoch zu überwinden galt.

Vorwort

> „Nicht das Vergnügen, nicht der Ruhm, nicht die Macht: die Freiheit, einzig die Freiheit“[1]

Es ist nicht leicht, die Entstehungsgeschichte eines solchen Projekts in wenigen Worten zu skizzieren, nachzuempfinden, welchen Zufällen es sich verdankt; es bleibt der Eindruck des Verzauberten und des Verwunschenen.

Zunächst stand Tanger. Mein Freund André Heller, der österreichische Multimediakünstler, hatte mich gebeten mit ihm Paul Bowles zu besuchen. Es war im Mai 1997, wir wollten ein Gespräch mit Paul Bowles für internationale Fernsehsender aufzeichnen.

Es gibt Städte, in denen ist man nie zum ersten Mal. Man durchstreift ihre unbekannten Straßen und erlebt doch ein Grüßen wie von Erinnerungen, ein Rufen wie von verwandten Stimmen.

Nachdem wir Paul Bowles mehrere Stunden in seiner kleinen Wohnung besucht hatten, wie er im kamelhaarfarbenen Morgenmantel auf dem Bett lag und doch so klare Sätze sprach, liefen wir wie im Rausch durch das nächtliche Tanger, schliefen nur kurz und setzten die Wanderungen am nächsten Tag fort.

Tanger verdient hier Beachtung für die Entstehung dieses Projekts, weil nur in der Stille und verträumten Innerlichkeit, ganz ohne die störenden Requisiten moderner Technik, sich ein Leben voll der Hoffnung und der Visionen, eine Sicht in die Ferne entfalten konnte ohne jedes Versenken und gleichgültiges Zurückstarren in die Vergangenheit, was für dieses Buch so wichtig werden sollte.

Städte gleichen oft Menschen, sie sind traurig und alt, jung und lächelnd, drohend und schlank, geschmeidig und zermürbt, als Besucher entsinnt man sich oft an ein Bild, ein Buch, ein Lied, einen Traum, es geht im Glücksfall eine poetische Kraft von ihnen aus, farbige Bilder gezügelter Eile.

Wir standen noch unter dem Eindruck des Gespräches mit Paul Bowles und der Gedanke blitzte auf: Wie schön wäre es, grundsätzliche Gespräche heute noch aufgezeichnet zu haben von André Gide, Henry James, Marcel Proust, Walt Whitman, Ralph Waldo Emerson oder Henry D. Thoreau, um nur einige Wenige zu nennen. Heute ist dies technisch möglich, digitale Kameras zeichnen klare Bilder. So entstand die Vision einer wahrlich interkulturellen visuellen Bibliothek, welche die großen Geister unserer Zeit um die Jahrtausendwende für die Nachwelt speichern würde.

---

1 Fernando Pessoa, *Das Buch der Unruhe.*

Doch zunächst stand Tanger, das uns umfing, das Meisterstück seiner Bewohner, die Kunst des Lebens, jene träge, sensuelle und voluptuöse Weise des Genießens, die im Gleichklang stand mit der heiteren Lebensführung seiner Jugend, mit ihrem hinwellenden Gang zur Ausgelassenheit, ihrer wilden, doch nicht lasziven Sinnlichkeit, die in der Kasbah aufschießt.

Hunderte von bewimpelten Schiffen durchsegelten den Hafen, eingehüllt in die Kutte der Einsamkeit. Wenn man den Blick stadteinwärts richtete, umgürteten alte Bande die Mauern. Ganz der Vergangenheit gehörend, haben sie jene majestätische und finstere Attitüde eines mönchischen Riesen gewonnen, die zugleich Wehmut erweckt und eine ungeheure Ehrfurcht gebietet, wodurch das Wunderbare und Verlockende dieser Stadt zum Ausdruck kommt.

Das Gefühl des Ephemeren und Unbeständigen, das den Einzelnen hierbei befällt, wenn er sich von solch großen Vergangenheiten überschattet sieht, durchherrscht diese Mauern in langem und unablässigem Walten.

Tanger erweckt den Eindruck, dass alles Wunderbare nicht nur in der Ewigkeit verwurzelt, sondern auch an Gott und die Symbole der Religion gewandt ist. Man würde meinen, dass es nicht in unerschütterlicher Starre vor Gott stehen mag, ohne den spielerischen Schmuck der Minarette und des Spitzenwerks koketter Türmchen.

Jeden Augenblick huschen menschliche Schatten mit leisem Gruß aneinander vorbei in den engen Gassen, schauen im ersten Augenblick wie Boten des Todes in ihrem leisen schwarzen Hasten, die langen Reihen anvertrauter Kinder behütend. Aber man erkennt auch friedliche, ruhige Gesichter und man fühlt die Mahnung der Größe und des Todes, der in verborgenen Ecken kauert. Doch auch in dem schweren Dunkel dieses Glaubens zittert ein purpurnes mystisches Licht, wir erkennen die hingebungsvolle Feier der großen Mirakel, die uns so stark bei den Visionen zu der Entstehung dieses Projekts aufleuchtete und beeinflusste.

Die Menschen bringen auch eine innige Zärtlichkeit der Rituale zum Ausdruck und jene leise Poesie der heiligen Dinge, die nur die vermeintlich einfältige Glut schlichter Menschen dichtet.

Und natürlich das nahe umgebende Meer, das wie ein dunkler Teich ruht, an dessen Ufer ein finsterer runder Turm sich lehnt wie ein entschlafener Wächter. In der dunklen Flut der Nacht scheint der Himmel zu ruhen und weiße Wolken wandern darüber wie Boten des Paradieses. Das Feierliche durchzieht diese träumerische und sephardische Landschaft, die immer auch etwas Traurig-Schönes in sich birgt – das Blitzen mondlichtheller Dolche, die immer von heimlichen Tribunalen künden, versteckte metallbeschlagene Türen in der nahen Kasbah, einsame Serenaden, die vollkommen zu sein scheinen in ihrer melancholischen Schönheit. Große Sträucher, die ihr Bild im dunklen Wasser sinnend zu betrachten scheinen, spenden Schatten. Das Schweigen ist allgegenwärtig, hier ruht das ewig Finstere, aber in ihrem schwarzen Spiegel liegt auch der Himmel gefangen, sie tragen das Transzendente, das Unirdische und Sternenhelle in die Stadt zwischen dem widerflimmernden Wolkenflug.

Denn alles in dieser Stadt der Träume, des Lebens und des Todes, die unser Projekt so beeinflussen sollte, lockt leise in ihren Mauern den Sinn der Mystik. Hat die Stadt selbst bereits etwas der Wirklichkeit Enthobenes, so spinnen sich leicht um sie ihre Schicksale, auch unsere Schicksale, die im Schoße ferner Jahrhunderte ruhen.

Die Menschen sind immer auf der Suche nach grabeskühlen Grüften, die Erholung spenden. In den dunklen Winkeln der Kasbah leben die Menschen und streben doch dem Unbegreiflichen entgegen. Selten empfindet man so stark die abgenutzte Weisheit der Schulfibeln, wonach der Tod etwas sehr Trauriges sein muss und das Leben eine unendliche Gewalt, die auch den Unwilligen zur Liebe zwingt.

Tanger, seine weißen Straßen, flimmernder, glühender Kalk und dazwischen im Morgenlicht jener blaue, flutende Streifen des Meeres, die Minarette wie ein geharnischtes Haupt hoch über der niederen Stadt mit ihren kühlen, gewölbten Gängen und den breiten Säulenköpfen, die einen ungemein ehrfurchtgebietenden Eindruck erwecken.

Und der Abend? Da dämmert in jenem schmalen, fadendünnen Streif, wo die Luft das Wasser berührt, ein erster Farbton, Ahnung fast nur und Rauch, ganz so ängstlich und bereits wieder getrübt von dem abendlichen Erdunkelns des Himmels. In unserem kurzen Leben scheint die Zeit ein langes Warten zu sein.

Und plötzlich umfängt der Blick eine unendlich zarte, mit verlöschenden Nebelfarben hingestrichelte Silhouette, die durchschimmert wie eine ferne Kulisse. Und überall spielende Kinder. Die Jugend lebt von der Jugend und das Alter von der Zeit. Im Angesicht vager Gestern und vager Morgen altern wir heute.

Und plötzlich – war es die Wendung eines Schiffes oder ein Strahl der sinkenden Sonne, der eine Flamme entzündete? – blitzt wie ein Opal, milchweiß und in allen Abendfarben funkelnd, ein lichter Fleck aus der blauen Wölbung, die helle Stadt, Tanger, ein scharfes Weiß, ein ungeheuer vehementes Licht, wie ein Diamant durchsprüht von dem heißen Spiegel der Scheiben, die das Sonnenlicht in tausend Splittern zurück schleudern.

Der Mensch scheint zu kreisen, er kreist, bis er an einem Punkt anhält, von dem aus er auf nichts wartet und .... wartet.

Hierbei scheint der Mensch aus Nichtwissen zu lieben, was er liebt.

Rings mischen sich die Farben zu dunkleren Tönen, die Hügel schwärzen sich, das Meer trübt sich in ein dämmerndes Grau, die hitzige Glut der Sonne brennt in orange-roter und gegen die Höhe des Himmels in erblassender Tönung, die Stimmung hat endlich jenes Fernewerden und Unsichersein des Abends, das Worte nicht immer erklären können. Der Mensch scheint etwas vom Nichts-Sein zu verspüren, als wäre er beinahe bei Gott. Wieviele Leben es in nur einem Leben gibt, für nur ein Leben! Eine Blume in der Hand stirbt, einen Stern auslösend. Das Ewige ist das Ergebnis vergänglichen Lebens.

Plötzlich tauchen kleine Cafés auf, in denen wir über das Projekt sprechen. Im Hintergrund hört man die Handwerker, die mit feinem, silbernen Schlag Arabesken in die Klingen hämmern, der Schmied in einer Ecke, im flackernden Licht.

Dieses fremde Leben in den dunklen Irrgärten hat den mystischen Reiz des Unfassbaren, der gedämpft wird durch die stete Empfindung von Glück und Unglück zugleich.

In unserer kurzen Existenz wird das Leben durch ein kurzes Ende entschädigt. Im letzten Moment wird unser Leben nur einen Augenblick dauern. Eine leise Heiterkeit scheint uns noch im Sterben zu mahnen.

Tanger kennt eine eigene Form der Einsamkeit, es ist eine helle, fast leuchtende Einsamkeit, ein wenig der Trauer entbunden und der gleißenden Schar düsterer Erinnerungen, wie sie so gerne schattenhaft die verlassenen Residenzen toter Städte wie Brügge oder Toledo durchrauschen. In Tanger erleben wir atmende Sonnenruhe, auch Schweigen und gelebten Raum, es umfängt einen eine geheime Regsamkeit, eine unfassbare Sprache, beredter in ihren stummen Gesten als die Stimmen der Vielen. Die Worte scheinen aus den Steinen zu atmen und es ist, als würden die Mauern noch unermessbare Zeiten reglos zu den Verfluteten sprechen.

Warum ist diese kurze Skizzierung von Tanger für die Geburt dieses Projekts von solch elementarer Wichtigkeit? Weil das Projekt hier geboren wurde, im Versuch, den Zauberring der Erinnerung zu finden, gleichsam die geheime Formel, die solche Visionen überhaupt erlaubt. Anfangs schienen sie unerreichbar in den luftigen Barken der Phantasie, welche die Träume ziehen, getragen von tiefer Neugier, die zunächst nichts weiß und sich alles erzählen lässt, so wie wir dies in der Vielzahl der Gespräche vorhatten, umspannt mit einem unverwechselbaren Rankenwerk von Legenden, die mit diesen Zeitzeugen des Jahrhunderts gegeben war.

Es war, als wäre man auf der Suche nach dem Unvergänglichen, dem beseelten Atem des Menschen, das dem ewigen Element des Wassers glich, wie es uns umgab auf den täglichen Wanderungen durch Tanger.

Im sanft kreisenden Flug des Tages erleben wir den schön gemalten Vorhang wenige Augenblicke vor dem ewigen Schauspiel der „comedie humaine", wie sie sich in der Vielfalt des Denkens unserer Gesprächsteilnehmer später widerspiegeln sollte.

Als der Entschluss gefallen war, die „visuelle und interkulturelle Bibliothek" zu wagen, glich dies noch dem Unerreichten. Wir suchten den Durchbruch der gesamten Kraft in unbekannte Ufer, jenes Niederbrechen der Energie, wo geistige Traditionen mit ihrer eisernen Sohle freigelegt werden, um den ernsthaften Versuch zu machen, wahrhaft zu sein, einen Rundblick zu werfen in einer niedergebückten Welt.

Das Fieber der Neugier sollte gesenkt werden, um der großen Gleichgültigkeit der Sterne zu entgehen, wenn die Traurigkeit des gesamten Seins von der Seele in den Geist steigt. Geistige Ruhe, die wir anstrebten, kann mehr sein als Resignation. Dies im bitteren Bewusstsein, dass alle geistige Neugier etwas Unveränderbares an sich hat, das zu bewegen nicht in unserer Macht liegt.

Die „interkulturelle Bibliothek" konnte nur einem Kosmos an Erkenntnis und Wissen nachstreben. Im Glücksfall sind sie in ihrem Schaffensprozess nicht akademisch rigide, sondern getragen von der intuitiven Intelligenz des gesprochenen Wortes. Im Glücksfall offenbaren sie das innere Geheimnis eines großen Künstlers oder Denkers. Sie haben auch spontanen Charakter, sind assoziativer, gehen in entfernte Winkel des Denkens, sind ein Prisma, ein Brennspiegel des Denkens.

Es geht dabei immer auch um die Tiefe im Denken, auch das Entlegene und Abseitige des Lebens und des geistigen Schaffens, sonst bleibt die Abstraktion „Mensch" unerklärbar, auch der Glaube und die Vernunft, vor allem die wissenschaftliche Ratio, die nur mit großen Skrupeln betrachtet werden kann und nicht mit wissenschaftlicher Gelehrsamkeit verwechselt werden sollte. Dies war für die Auswahl der Gesprächspartner von großer Wichtigkeit. Gespräche sind weiterführender als Monographien, sind Ausdruck einer kreativen Persönlichkeit. Es wurden Protagonisten gewählt, die – jeder auf seinem Gebiet – das vergangene Jahrhundert wesentlich geprägt hatten, stets mit dem Blick auf das 21. Jahrhundert, in dem wir uns jetzt befinden. Sie sollten fachübergreifend denken, in der Kunst, der Literatur, der Musik, der Philosophie, den Religions- und Kulturwissenschaften, der Anthropologie, den Naturwissenschaften. Sie sollten an die Ränder des Wissens vordringen und markante, prägende Gestalten der geistigen Welt sein, die großen Einfluss über Jahrzehnte ausübten und weiter ausüben. Sie sollten zudem aufgeschlossen sein für die Kernfragen der Weltzivilisation, die grundsätzlichen offenen Fragen der „geistigen Situation" ihrer Zeit, wie Edmund Husserl dies so trefflich formuliert hatte. Die Gründerfiguren des 20. Jahrhunderts sollten konkret Stellung beziehen zu ihrem Lebenswerk und den Herausforderungen von Gegenwart und Zukunft, die verschiedenen Weltkulturen sollten repräsentiert sein, das Multiversum, Polylog der Kulturen als Merkmal einer Weltzivilisation des 21. Jahrhunderts.

Es bedurfte des Engagements bei allen Fragen: Das Weltall schien keine ganzheitliche Ordnung zu bilden. Es fehlte die Hingabe des Menschen. Viele der Gesprächspartner standen am Ende ihres beruflichen Lebens, waren in hohem Alter, was Weisheit und Übersicht sicherte. Immer gewann man den Eindruck: Selbst die Ewigkeit scheint nur einen Augenblick zu dauern. Hundert Jahre, genauso wie ein Bruchteil einer Sekunde, erlöschen in nur einem Augenblick.

Ein Eindruck sollte später in allen Gesprächen überwiegen: Mit manchen Menschen scheint die Stille vollkommen: innen und außen.

Viele der Protagonisten sollten auch auf ihr Leben zurückblicken und man sollte den Eindruck gewinnen: Im letzten Augenblick wird das ganze Leben einen kurzen Augenblick gedauert haben.

Erinnern wir uns: Der Mönch zeichnet sich in seiner Einsamkeit durch Erhabenheit aus, der Eremit der Einöde kennt die ernste Herrlichkeit des unbekannten Glanzes, er weiß, dass Christus in den Steinen anwesend ist und in den weltabgeschiedenen Höhlen, in hohen, weiten Bergen, vielleicht als Ersatz für die irdischen Freuden des Lebens, umgeben von einem Ring des Verzichts als einem unerschütterlichen Juwel ekstatischer Verachtung, Merkmal der Apostel, eine religiöse Kraft, eine Art Gebet, das immer auch einer Wehklage gleicht, zu wenig vom Leben erbeten zu haben – und selbst dieses Wenige vom Leben versagt zu bekommen auf der Suche nach einem Streifen Sonnenlicht, einem scharfen Verstand, der nicht zerstört, eine Fähigkeit, seine Visionen zu leben, die mehr sind als bloßes Ablenken, einem nicht erloschenen Willen, einem Streben nach Glück gleich, das den Menschen einwiegt, als wäre er ein lebendiges Kind in den dunklen Tiefen einer schöpferischen Sensibilität. Es bleibt auch die Erinnerung an Buenos Aires.

An einem späten Abend, nach der Rückkehr von einem langen Gespräch mit dem fast blinden Ernesto Sabato aus dem kärglichen Vorort Santos Lugares, wo sein kleines Haus hinter einer schützenden Hecke verborgen lag, entdeckte ich in dem verfallenden Bahnhof Retiro in Buenos Aires eine verwaschene Inschrift, wohl in Anspielung auf Jorge L. Borges und seiner Bibliothek von Babel, mit Kreide auf eine bröckelnde Mauer gezeichnet. Ich möchte sie diesem Projekt widmen, das mich über so viele Jahre gefangen hielt: „Die Menschheit weiß nicht mehr, wohin sie gehen soll, weil sie niemand erwartet: nicht einmal Gott".

Vielleicht verbirgt sich hier eine kleine Weisheit: der Mensch möchte Gott sein – freilich ohne sein Kreuz.

Constantin von Barloewen

„Ich bin im Koran geboren"

ADONIS

Adonis (Pseudonym von *Ali Ahmad Saïd Esber*) gilt heute als der größte lebende Dichter arabischer Sprache. Sein Pseudonym bezieht sich auf den Gott phönizischen Ursprungs als das Symbol zyklischer Erneuerung. Geboren im Jahre 1930 in einem Bergdorf im Norden von Syrien, ist Adonis durch seinen Vater, ein gebildeter Bauer, an die Poesie herangeführt worden. 1947 begibt er sich in die benachbarte Stadt, wo er dem syrischen Präsidenten Shukri al-Kuwatli begegnet. Der damals zwölfjährige Adonis trägt seine Prosa vor und alle Welt ist hingerissen. Der Präsident beschließt, ihm ein Stipendium auszusetzen. Er geht auf das französische Gymnasium von Tartus/Tortosa. Mit einem Diplom (als Lizenziat der Philosophie) absolviert er 1954 die syrische Universität von Damaskus. Mit siebzehn hatte er bereits seine ersten Gedichte veröffentlicht. Sein Gedichtband *Die Gesänge Mihâyrs, des Damaszeners* erscheint 1961 und stellt einen der Gründungsakte der modernen arabischen Poesie dar. Dessen französische Übersetzung (*Chants de Mihyar le Damascène*), die 1983 erscheint, markiert den Beginn einer weltweiten Anerkennung seines Oeuvres. Im Jahre 1955 wird er wegen seiner Zugehörigkeit zur Syrischen Volkspartei, welche die Expansion Syriens über fast den ganzen Nahen Osten bzw. Vorderen Orient propagiert, für sechs Monate inhaftiert. Nach seiner Freilassung 1956 geht er nach Beirut, wo er zusammen mit dem syrisch-libanesischen Dichter Yussuf al-Khal die Zeitschrift *Schi'r* (Dichtung) herausgibt, die sich zum Ziel setzt, die arabische Poesie aus ihrem Joch zu befreien und den Einflüssen der Außenwelt zu öffnen. Im Jahr 1968 gründet er die Zeitschrift *Mawâkif* (Positionen), die sich als Freiraum und zugleich Laboratorium einer „destrukturierenden" Erneuerung der Dichtung versteht – und in der arabischen Welt sogleich verboten wird. In dieser Zeit übersetzt er Baudelaire, Henri Michaux sowie Saint-John Perse ins Arabische und Abu-l Ala el-Maari ins Französische. Adonis engangiert sich für eine Erneuerung der arabischen Poesie aus der Besinnung auf ihre glorreiche Vergangenheit und im Hinblick auf den Reichtum der Dichtung des Okzidents. Infolge des libanesischen Bürgerkriegs verlässt er 1980 den Libanon, um sich 1985 ins Exil nach Paris zu begeben. Heute trägt die Stimme von Adonis' Dichtung, zusammengesetzt aus vielfachen Echos, über die Grenzen des Raumes und der Zeit hinaus. Aus seinen ins Deutsche übersetzten Werken seien genannt: *(Die Gesänge Mihâyrs des Damaszeners, Gedichte 1958-1965* (Ammann, 1998); *Gebet und Schwert: Versuch über die arabische Kultur. Essays* (Oberbaumverlag, 1994); *Grab für NewYork. Gedichte 1965-71* (Ammann, 2004).

*

Herr Adonis, was denken Sie über den Koran als Buch, das zur Wahrung der Tradition verpflichtet und dabei in einer bestimmten historischen Situation einen Charakter von Absolutheit angenommen hat?

Wenn ich auch nicht vorgebe, den Koran zu begreifen, denn ich bin kein praktizierender Moslem, so bin ich doch, wenn ich so sagen darf, im Koran geboren (bzw. in den Koran hineingeboren), denn ich habe Verse, ja ganze Suren daraus in meiner Kindheit auswendig hersagen können, wie mein Vater es mich gelehrt hat. Mit der Distanz, die ich in religiöser Hinsicht dazu gewonnen habe, sehe ich inzwischen den Koran als einen primären Text, den man heutzutage von demjenigen, den ich den sekundären nennen möchte, nicht mehr unterscheiden kann. Der sekundäre Text besteht aus der Interpretation oder vielmehr der Gesamtheit der Interpretationen, welche die Ulemas, die Rechtsgelehrten und Philosophen, wie auch die Politiker und andere einflussreiche Leute in der Entourage des Kalifen aufgebracht haben. Von diesem sehr komplexen und andersartigen Sekundärtext ist der Primärtext meines Erachtens in den Hintergrund gedrängt worden. Um heute den Koran als Buch der Offenbarung wieder besser zu begreifen, muss man seinen Primärtext von all diesen sekundären Texten befreien, denn sie haben den Koran ideologisiert und politisiert und damit die ganzen fundamentalistischen Bewegungen erst auf den Weg gebracht. Meiner Meinung nach hat das alles nichts mehr mit dem primären Text des Korans zu tun. Aber wie kann man den Primärtext vom ihn verstellenden Sekundärtext befreien? Mir scheint, das ist sehr schwierig. Ein Denker, ein Philosoph, ein Künstler, ein Dichter kann für sich selber den Koran neu lesen, gewiss, aber es kommt doch darauf an, dass eine ganze Nation, ein ganzes Volk diese Lesart annimmt. Und im Grunde besteht die aktuelle Problematik in dem Dualismus zwischen dem Primärtext und dem Sekundärtext.

Fundamentalismen gibt es ja nicht nur in den islamischen Traditionen, sondern auch bei den Christen, den Hindus und sogar bei den Buddhisten.

Und auch bei den Juden.

Sind diese Fundamentalismen nicht gewissermaßen eine Form des Antimodernismus? So in Algerien, im Iran oder in Pakistan beispielsweise.

Ja, richtig. Aber das hängt doch auch davon ab, welche Konzeption von Modernität oder Modernismus man jeweils hat. Was heißt denn Modernität, im absoluten Sinne genommen? Soviel ist klar: Spricht man in Deutschland oder sonstwo im Westen von Modernität, so bedeutet das etwas radikal anderes als in unserer arabischen Gesellschaft oder in Afrika z.B. oder in Indien.

Nicht wahr, es gibt nicht eine westliche Modernität, sondern eine Pluralität von Modernitäten je nach den kulturellen und religiösen Traditionen?

Eben. Es gibt viele Modernitäten, also muss man, um unsere Frage besser zu umreißen, zusehen, was Modernität und Fundamentalismus eigentlich bedeuten. Meiner Meinung nach wird der Fundamentalismus, vor allem der muslimische, vom Westen, und zwar hauptsächlich vom modernen Westen ermutigt und unterstützt. Es gibt ganz direkte Beziehungen zwischen der Politik eines gewissen Okzidents und dem Fundamentalismus in unserem Land. Doch absolut genommen, ist jeder Fundamentalismus antimodern, antimodern in dem Sinne, dass er gegen Öffnung, Freiheit, Überschreitung, Nachforschung usw. steht. Der Fundamentalismus ist also immer eine Rückwendung zur Vergangenheit, ein Umkehr nach hinten. Er geht über die Vergangenheit an die Zukunft heran, das ist das Gegenteil jedes modernen Vorgehens.

Sie beschreiben sich selbst fast als einen Rebellen, sagen wir: in der häretischen Tradition der Dichter und Mystiker des Mittelalters.

Ja, man muss diese zwei Ebenen im Islam neu entdecken, die Ebene des Primärtextes und die des Sekundärtextes. Ich bin kategorisch gegen den zweiten Text, gegen die sog. Rechtsgelehrten des Glaubens, die Ulema; ich stehe auf der Seite der Mystiker und der Dichter, die den Koran außerhalb jeder Ideologie oder Ideologisierungsabsicht gelesen haben und lesen; und in diesem Sinne bin ich für den Fundamentalismus ein Häretiker, oder meinetwegen auch für Leute, die den Koran als einen Text ansehen, den man im strikten Sinne des Wortes wörtlich zu nehmen hat, statt daß man sich um eine Interpretation bemüht, die über sein bloßes Sosein oder seine sog. Erscheinung hinausgeht: Man muss hinter dieser Erscheinung den verborgenen Sinn aufspüren. Ich gebe Ihnen ein Beispiel: Es gibt natürlich einerseits den fundamentalistischen Moslem, der an die Hölle und an das Paradies glaubt, ganz buchstäblich so, wie es im Text des Koran beschrieben ist; aber es gibt auch viele Mystiker und sogar gläubige Muslime, die das so nicht glauben, sondern es so erklären, daß die Hölle ein Symbol ist und das Paradies desgleichen. In diesem Sinne muss man diese Glaubensvorstellungen symbolisch deuten. Und deshalb stehe ich auf der Seite der Mystiker, die den Koran als spirituellen Text, außerhalb des Gesetzes und außerhalb der Politik vor allem, immer wieder neu zu lesen versuchen.

Sie sind aus der Syrischen Schriftstellervereinigung ausgeschlossen worden, weil Sie sich für einen Dialog mit den israelischen Autoren ausgesprochen haben.

Ja, ich habe an einem von der Unesco organisierten Kolloquium in Granada teilgenommen. Dort habe ich gesagt, daß Israel heute Teil einer geographischen Region mit einem vielfachen Erbe ist: Dort gab es die Sumerer, die Assyrer und dann die Griechen und das Christentum; davor die Pharaonen und die Ableger Ägyptens, darunter das Judentum. D.h. es gab eine außerordentliche kulturelle Verschmelzung, und das Christentum hat diese Verschmelzung adoptiert, deshalb ist es gleichermaßen Religion und Kultur, wie auch der Islam. Der Islam war als Kultur ebenso für alle anderen Religionen offen, man hatte jüdische Minister in den muslimischen Regimen von Bagdad und Damaskus, und auch christliche; die Juden und die Christen waren integrierender Bestandteil der arabischen Gesellschaft und Kultur. Und ich habe auch diese Frage aufgeworfen: Wenn Israel jetzt wirklich den Frieden und wirklich mit seinen arabischen Nachbarn zusammenleben will, muss es dann nicht dieses Mischlingswesen akzeptieren und selbst in diese Vermischung eintreten?! Deshalb frage ich mich, ob man nicht eines Tages einen christlichen Minister im israelischen Kabinett haben wird, nicht als Vertreter der christlichen Minderheit, sondern als Repräsentanten der ganzen Gesellschaft. Und ebenso könnte es einen Moslem als Minister haben, so wie es derzeit in Marokko zwei jüdische Minister gibt, die für die Gesamtheit der marokkanischen Gesellschaft stehen. Und wenn es darüber hinaus ein gemischtes, für alle Christen, Juden und Muslime offenes Erziehungswesen gibt und die Heiratsregeln bzw. Ehegesetze bei den Juden geändert werden, wenn ihr das einmal fertig bringt, liebe Israelis, liebe Juden, dann werdet ihr glaubhaft unter Beweis stellen, daß ihr in dieser Gesellschaft wirklich zusammenleben wollt. Aber wenn ihr in der Schule weiterhin unter euch bleiben wollt und die andern außen vor haltet, so kann es zu keinem politischen Frieden kommen, zu keinem Frieden unter den Völkern, will sagen: einem kulturellen, einem Frieden unter den Menschen.

Ihr Werk ist insgesamt bestimmt von der Frage der arabischen Identität in den Zeiten der Moderne, aber auch durch die Weigerung, diese Frage zu beantworten.

Da sitzt der Knoten des Problems. Es gibt eine gewisse, ich möchte sagen: fundamentalistische Konzeption der Identität. Da denkt man, die Identität sei etwas vorweg Gemachtes, Präexistentes... und das Menschenwesen sei nur eine Verwirklichung dieser präfabrizierten Identität. Diese ist dann so etwas wie eine Quelle, in der die Abkömmlinge immer wieder ihre Identität finden müssen: im Ursprung dieser Quelle, da, wo sie entspringt... Ich habe eine andere Konzeption von Identität. Die Identität besteht niemals vorweg, Identität ist eine beständige Eröffnung, und das kommt nicht aus der Vergangenheit, das kommt aus der Zukunft. Der Mensch schafft seine Identität, indem er sein Werk erschafft; die Identität ist also eine unendliche Aufgabe, kommt nicht irgendwo ans Ende, auch nicht mit dem Tod, lässt sich nicht zu Ende bringen. Das ist es. Also ganz das Gegenteil von dem, was sich der Fundamentalismus denkt.

Ihre Arbeit an der Frage der Identität, die beständige Neubildung der Dichtung auf den Spuren des Surrealismus, der orientalischen Mythologie, der arabisch-muslimischen Kultur und der spekulativen Mystik, ihr ganzes Oeuvre legt einen produktiven Eklektizismus an den Tag, der es erlaubt, ja dazu einlädt, zwischen Tradition und Kultur zu oszillieren, und dabei auch diese eigentümliche Polyphonie erzeugt, die die Originalität Ihres Werkes ausmacht.

Danke, dass Sie das sagen. Das erleichtert und bestärkt mich. Die Tradition des Volkes, dem ich angehöre, ist nicht nur die arabische Tradition. Die arabische Tradition geht zweitausend Jahre zurück, die Tradition, der ich angehöre, aber auf fünftausend Jahre; und außerdem gehöre ich auch zu einer modernen Tradition, zu der der literarischen Moderne. Die ganze Tradition der Menschheit ist die meine, also versuche ich, meine arabische Identität zu öffnen, zu öffnen für die anderen Dichtungstraditionen, für andere Identitäten. Ich fühle mich auch einem Paul Celan, einem Goethe, einem Rimbaud verbunden, wie ich nur irgendeinem arabischen Dichter verbunden bin. Das ist die Bedeutung der Poesie, das ist wie die Liebe, ist ein Element, das die Gegensätze vereint.

Dieses Element von Globalität in der arabischen Tradition, eine Universalpoesie, ist Ihr Beitrag zur Weltliteratur.

Zumindest ist es das, was ich anstrebe.

Die arabische Dichtung kann also im Sinne des okzidental bestimmten Begriffs modern sein und zugleich ihre Identität als arabische bewahren? Geht das?

Ich meine sogar, dass die moderne Problematik bzw. die Problematik der Moderne zuerst eine arabische war, bevor sie eine okzidentale geworden ist. Die Begriffe Modernität und Moderne finden sich in der arabischen Tradition ab dem 2. Jh. nach der Hedschra (der Auswanderung Mohammeds von Mekka nach Medina), d.h. seit dem 8. Jahrhundert unserer Zeitrechnung. Wir haben Dichter, die diese Modernität in einer fast an Baudelaire gemahnenden Weise ausgerufen haben. Baudelaire hat versucht, eine Synthese zu bilden zwischen dem, was er das Ewige, und dem, was er das Ephemere nannte: zwischen Zeit und Ewigkeit. Und genau das hat die arabische Dichtung tausend Jahre vor ihm bereits getan. Man kann die Modernität der arabischen Dichtung nicht verstehen, wenn man diese historische Dimension der Modernität bei uns nicht sieht.

Wenn Sie mit Nietzsche feststellen, dass Gott tot ist, so verspürt man einerseits eine gewisse Verzweiflung über die Fragilität der menschlichen Existenz, doch anderseits scheinen Sie auch sagen zu wollen, dass dies eine Chance sein kann, um einen neuen Anfang zu wagen.

Wenn ich sage: „Gott ist tot", so meine ich damit den Gott des Sekundärtextes, den Gott des Fundamentalismus und seine geschlossene und beinahe widergöttliche Konzeption Gottes. Gibt diese von Gott doch ein fürchterliches und schrekkenerregendes Bild. Der Gott also, der in meinen Augen tot ist, ist der Gott der verfassten Religion, der Institutionen usw., aber niemals habe ich gesagt oder sagen wollen, dass Gott im Absoluten tot ist. Gott als Identität müssen wir suchen in dem, was vor uns liegt. Gott als dieser wahre Gott ist niemals hinter uns, sondern immer vor uns und kommt aus dem, was uns voraus ist.

Die Reise als Symbol der existentiellen Zerbrechlichkeit, symbolisiert sie in Ihren Augen nicht exakt das Gegenteil von Verwurzelung und Nationalismus?

Absolut. Im Kontext, den ich meine, bedeutet ‚verwurzelt' keineswegs fest und steif. Verwurzelt sein bedeutet für mich Verwurzelung in der Bewegung. Meine Wurzeln, wenn es denn Wurzeln sind, sind also in den Schritten, die ich gehe, in meinem Bewegungen, und derart werde ich immer viele Wurzeln haben. Meine Wurzeln liegen auch nicht allein in meiner eigenen Tradition, meine Wurzeln habe ich ebenso in der ganzen Menschheit.

Und das Reisen, man muss fast sagen „Vagabundieren" ist doch auch ein Zeichen von Befreiung, von Unabhängigkeit, von Grenzüberschreitung: „Ich kenne keine Grenzen", sagen Sie. Ist die Reise denn die höchste Form der Dichtung? Denken wir an Raymond Roussel, an Michel Leiris, an Rudyard Kipling oder an Joseph Conrad...

Die Reise ist nur die Metapher unserer Zukunft, dieses ewigen Übergangs zur Zukunft und zum Unbekannten. Reisen heißt entdecken, Reisen heißt, in unserer physischen Existenz so weit wie nur möglich zu gehen, und es heißt, sich mit dem Unbekannten verbinden. Aus diesem Grunde ist die Reise für mich ein großes Symbol, ein poetisches, aber auch ein existentielles.

Wir kennen die Feier des Individuums und seiner in einer schöpferischen und zukunftsfrohen Weise geübten Entwurzelung. Was bedeutet Ihnen die Vorstellung des Vaterlandes?

Das Vaterland oder die Heimat in der skizzierten Perspektive ist für mich niemals vollendet. Ein Vaterland ist wie die Liebe, ist wie ein Gedicht, ist beständig neu zu erschaffen und unablässig zu erneuern.

Ihre Dichtung ist gekennzeichnet durch Erkenntnishunger und Wissensdurst. Sie lassen sich inspirieren durch die Strömung der Sufis und der „unbotmäßigen Dichter", um den Ausdruck der spanischen Philosophin Maria Zambrano, einer Schülerin von Ortega y Gasset, aufzunehmen. In Ihrer Orientierung an Rimbaud, Mallarmé und den Surrealisten schreiben Sie der Dichtung eine überlegene wesentliche Fähigkeit und Macht über das Sein zu.

Eben das glaube ich. Ich glaube, dass es der Dichtung zukommt, das letzte Wort zu sprechen, wenn es denn ein letztes Wort gibt. Die Philosophie kann viele Ideen, ja sogar Wahrheiten geben; aber an einem bestimmten Punkt, Moment, Grad hat die Philosophie keine Antworten und keine Wahrheiten mehr, weiß sie nichts mehr zu sagen. Dasselbe gilt für die Wissenschaft und die übrigen Disziplinen wie die Geschichtsschreibung usw. Wenn also die verschiedenen Formen der Erkenntnis verstummen oder eben nichts mehr zu sagen haben, so bleibt noch die

Dichtung. Sie allein hat etwas zu sagen und wird immer etwas zu sagen haben; und in diesem Sinne ist es die Dichtung, die uns bindet und offen macht für das Unbekannte, also das Wesentliche.

Sie kommen anderswo, vor allem bei Ihrer Suche nach dem Geheimnis der Existenz, auf den Gegensatz zwischen Realität und Metaphysik zu sprechen, zwischen dem, was verborgen ist, und dem, was offen zu Tage liegt.

Das war mir in die Wiege gelegt, wissen Sie! Wir haben eine ganze Tradition, die ihre Konzeption der Welt auf die Deutung des Verborgenen gegründet hat, namentlich bei den schiitischen Philosophen und den Mystikern, wo es ständig eine Dialektik zwischen dem Erscheinenden und dem Verborgenen gibt. Ihnen zufolge stellt das, was erscheint, nicht die Wahrheit dar, ja nicht einmal die Wirklichkeit, sondern ist ephemer; folglich muss man, wenn man wahrhaft das Wirkliche und Wesentliche finden will, sich an das Verborgene halten, weil das Verborgene das Unendliche und Unbekannte symbolisiert, und, wenn es eine Wahrheit gibt, dann wohnt sie in diesem Verborgenen, diesem Unendlichen.

Ihr Gedicht auf New York (Grab für New York) *erinnert zu Beginn an Walt Whitman, den großen amerikanischen Dichter, der von seinem Vaterland verraten wurde und schließlich der industriellen Zivilisation den Prozeß gemacht hat. Wirft man Ihnen zurecht ein vorindustrielles Ressentiment vor?*

Nein, ich bin nicht gegen die Technik. Ich bin gegen den herrschenden Gebrauch der Technik. Die Technologie ist eine hervorragende Manifestation des menschlichen Ingeniums, insofern sie enorm zum Glück des Menschen beiträgt; doch ein gewisser Imperialismus, ich will nicht sagen: des Okzidents schlechthin, sondern: eines gewissen Okzidents, hat die Technologie deformiert, um sie für die Zerstörung der Welt zu benutzen, nicht um der Menschheit zu helfen, weiterzukommen und besser zu leben, im Gegenteil; siehe nur die Waffenindustrie: Sie beherrscht die moderne Technologie und da bin ich dagegen.

Wird Ihre Dichtung von einem religiösen Impuls getragen? Und steht in der Tradition des Koran vielleicht auch Ihre Deutung des Liebesaktes als einer befreienden Kraft, deren höhere Form die Dichtung ist?

Religiös ja, aber nicht im herkömmlichen Sinn des Wortes. Ich finde, dass der Leib seine eigene Religion hat, der Leib ist eine Kultur, ich möchte fast sagen: eine ganze Zivilisation. Ich bestehe also auf dieser leiblichen Welt, die, außerhalb aller Religion, im Körper ihren Sitz hat; und diese religiöse Dimension möchte ich eher eine mystisch oder spirituell geistige nennen, denn ich glaube: Wenn es wirklich und wahrhaftig einen Geist gibt, dann ist es der Leib selbst. Ich krempele die traditionellen Konzeptionen des Verhältnisses von Leib und Seele oder Geist um und meine, daß wir Menschen unter dem Gewicht der religiösen

Denkweise unseren Körper nicht wirklich kennen und anerkennen, ja ihn gänzlich verkennen und sogar die Liebenden im Grunde ihre Körper nicht sprechen lassen können. Am Menschenleib ist ein ganzer Kontinent neu zu entdecken.

Muss man es sich so denken, dass die Dichter bisweilen eine gleichsam göttliche Fähigkeit besitzen?

Ja, wenn man sich darauf verständigen kann was „göttlich" bedeutet. Kommen wir noch einmal auf die Mystik zurück. Göttlich am Mystiker oder Dichter ist dies, sagen wir, daß er in einem Zustand der Erleuchtung, wie ihn der Mensch erleben kann, transparent wird und in dieser Transparenz die Opazität der Welt durchdringen kann. Es gibt demnach allein zwei Transparenzen, die Transparenz des Menschenwesens und die Transparenz der Welt. Und die Begegnung und Verschmelzung dieser beiden Transparenzen: das ist das Göttliche. Viele Dichter haben versucht, diese Transparenz mit Hilfe von Drogen zu erreichen.

Ja, Henri Michaux zum Beispiel.

Aber ein wahrer Mystiker braucht dazu keine Droge; Seine Droge ist die erlebte Erfahrung, dass er diese erleuchtete Transparenz gewinnen kann und so fähig wird, die Undurchsichtigkeit der Welt zu durchdringen und hinter sich zu lassen und so seine Fusion dieser beiden Welten zu realisieren. Genau das heißt Ekstase. In der Ekstase gibt es keine Grenzen, keine Barrieren zwischen Leben und Tod; das kann jedermann im Geschlechtsakt erfahren. Im Geschlechtsakt gibt es einen Moment, in dem man absolut nicht mehr weiß, ob man tot oder lebendig ist. Dieser Augenblick ist das Göttliche, bei den Dichtern wie bei den großen Mystikern.

Die okzidentale Literatur hat Sie ebenso geprägt wie die orientalische Literatur. Wie stellt sich die Osmose zwischen Okzident und Orient in Ihrem Werk dar?

Für mich sind Abendland und Morgenland Begriffe der Geographie – und das interessiert mich nicht. Aber es gibt in jedem Okzident mehrere Okzidenten und in jedem Orient mehrere Orienten. Es ist schon eine große Vereinfachung, wenn man Orient und Okzident sagt. Man kann aber sagen, daß es selbst im Okzident orientalischere Orienten gibt als den geographischen Orient und auch im Orient okzidentalere Okzidenten als den geographischen Okzident. Der Okzident ist für mich eine Idee, eine Konzeption; aber was mich interessiert, ist das Menschliche. Ob Abend- oder Morgenland macht für mich keinen Unterschied außer geographisch; und die Geographie zählt in diesem Sinne nicht. Also fühle ich mich gleichermaßen als Westler wie als Orientale und mache zwischen beiden keinen Unterschied.

Was sind die geistigen Väter, die Sie und Ihr Werk geprägt haben?

Im Grunde haben mich Denker wohl mehr beeinflusst als Dichter. Ganz wesentlich prägend für mich war Heraklit. Ich habe von seiner Dialektik festgehalten, dass man nie zweimal in denselben Fluß steigen (oder ihn durchqueren) kann. Denn die Welt ist ständig in Bewegung. Und ich weiß mich geprägt durch die Denker, die vor allem die abendländische Zivilisation und namentlich das Christentum und die christliche Kultur kritisiert haben, wie Nietzsche.

Etwa auch durch die latein-amerikanische Literatur und ihre große Tradition der „gelebten Metaphysik" wie Borges in Argentinien, Arguedas in Peru, Alejo Carpentier in Kuba, Guimarães Rosa in Brasilien und Carlos Onetti in Uruguay?

Ich kenne wohl etliche Dichter und Schriftsteller Lateinamerikas wie Octavio Paz, mit dem ich befreundet war. Ich kenne sein Werk und bewundere es. Ich denke auch an Juan Rulfo.

Wird jener initiale Bruch zwischen dem Ich und der Welt, dem Körper und dem Geist, dem Himmel und der Erde, von dem Sie sprechen, überwunden werden können in einem Zustand, der die Kardinalpunkte wieder miteinander verbindet? Wird es in diesem mystischen Zustand möglich sein, den höchsten Grad der Initiation, einen obersten Grad zu erreichen, wenn es uns gelingt, die Gegensätze zu vereinen?

Ja, es kommt darauf an, diesen Kulminationspunkt zu erreichen, an dem die bestehenden Gegensätze sich auflösen und es keinen Gegensatz mehr gibt. Viele Mystiker haben sich nach Kräften darum bemüht, aber nicht nur Mystiker, auch der Surrealismus hat sich angestrengt, an diesen äußersten Punkt zu gelangen, wo es keine Gegensätze mehr gibt. Das kommt geradewegs von Heraklit. Nur ist es sehr schwer, den Weg oder vielmehr den Prozess zu erklären, wie man es anstellt, zu diesem Stadium vorzustoßen. Jedenfalls bedarf es dazu einer mystischen Initiation, doch eines Tages wird man hoffentlich die Gelegenheit haben, diese Initiation zu realisieren.

Durch den Metaphernreichtum der Wörter im Arabischen ermöglicht der Akt der Dichtung in den Formen ihres Erscheinens die Schaffung einer neuen Sinnrelation.

Das ist die Frage nach dem Sinn. Allererst die, ob es einen Sinn gibt und, wenn ja, was dieser Sinn ist und wo man ihn findet. In der arabischen Tradition ist auch der Sinn anscheinend immer schon da gewesen. Wenn hier der Dichter spricht, so erwartet sein Publikum von ihm einen Sinn, der bereits bekannt ist. Ob er von der Liebe redet, ob er vom Ruhm redet oder vom Krieg, – er gibt dem Leser oder Zuhörer einen Sinn, den dieser schon kennt. Aber er präsentiert diesen Sinn in einer poetischen Form. Meines Erachtens ist die Dichtung aber eine immerwährende Suche nach dem Sinn, der sich immer wieder entzieht, so dass man ihn nie wirklich erreichen kann. Er bleibt eine ewige Aufgabe. Wenn man jedoch meint, bei der Sinnsuche ans Ziel gelangt zu sein, und dieser oder jener mir sagt: „jetzt hab' ich ihn, kenne den Sinn und alle seine Figuren ganz und gar" – so wie die Fundamentalisten jeder Couleur es in allen Religionen behaupten –, so heisst das, dass die Welt geschlossen und im voraus so erkannt wie bekannt ist. In der Dichtung wie auch in der Philosophie hingegen ist die Welt immer eine Unbekannte und ist man nach dem Sinn immerzu auf dem Wege.

Mit umso größerer Bescheidenheit.

Aber ja.

Welchen Einfluss hat die Syrische Volkspartei (SNSP), die im Nahen Osten ein großes Reich zu errichten strebte, in einer gewissen Epoche auf Sie ausgeübt? Dieses auf die Zeit der Phönizier und ihre Mythologie zurückgehende Unternehmen mit dem Ziel, dem Nahen Osten eine neue Identität zugeben, – hat es nicht auch Sie angezogen?

Ich habe Ihnen gesagt, dass ich seit meiner Kindheit der Auffassung bin, dass meine Tradition nicht auf die arabischen Erbschaften beschränkt, sondern eine viel weitere ist. Sie ist sumerisch, sie ist phönizisch, ich habe sogar gesagt und wiederhole es: meine Tradition ist die menschliche, ist die der Menschheit.

Ist Ihre Dichtung nicht durch eine so mythologische wie politische Vision der Zukunft bestimmt, die eine neue Realität reflektiert?

Man kann in meiner Dichtung einige Aspekte sehen, die auf eine neue, auch politische Realität, hinauswollen. Das kann man sehen. Aber im Grunde war das für mich nebensächlich. Das Wesentliche war und bleibt: eine neue Welt im Absoluten. Die politischen Formen und anderes, das macht sich an Ort und Stelle.

Sie haben einmal gesagt, daß die arabisch-islamische Kultur Reformatoren, ja Destrukteure bräuchte, wie Nietzsche für die abendländische Kultur einer gewesen ist, also Menschen, welche die durch und durch rigiden Prinzipien ihrer Kultur destruierten und eine spirituelle und intellektuelle Renaissance aufbrechen ließen.

Absolut. Das habe ich gesagt und ich wiederhole es: dass man immer eine radikale Form des Denkens braucht, die diese ganze Kultur in Frage stellt, vor allem die mit dem Sekundärtext verbundene Kultur; und finde heute doch kaum eine Spur von neuen Denkansätzen da oder dort in der arabischen Welt. Folglich ist die Zukunft meines Erachtens von daher in Gefahr.

Ja, der Mensch ist auf sich selbst verwiesen; aber ist er – gerade unter der Voraussetzung, daß Gott tot ist – in der Lage, sein eigenes schöpferisches Potential zu entwickeln und derart von diesem Tod zu profitieren?

Nein, Gott stirbt niemals! Das Problem ist nicht Gott an sich, sondern vielmehr die Konzeptionen Gottes. Das ist das Problem! Immer wieder geht es darum, sich der festgefahrenen und geschlossenen Begriffsbildungen von Gott zu entledigen bzw. in der Welt eines anderen Gottes gewahr zu werden.

Betrachten Sie wie die Existentialisten die Grundverfassung des Menschen als die eines Heimatlosen? Als ein vagabundierendes Umherschweifen ohne Zweck und Ziel, das Sie in Ihrer Dichtung in der gleichnishaften Figur des Odysseus zum Ausdruck bringen?

Der springende Punkt ist die Reise. Auch die Heimat ist letztlich eine Art Reise, weshalb ich sage: Odysseus, selbst wenn er zurückgekommen ist, ist nicht in sein Vaterland oder Heimatland zurückgekehrt, denn noch inmitten seiner wiedererlangten Heimat bleibt er ein Reisender. Der Mensch ist an und für sich ständig auf Reisen. Seine Träume sind Reisen, seine Sehnsüchte sind Reisen, seine Liebe ist eine Reise, seine Freundschaft ist eine Reise. Immer wieder versucht er, um besser und vollkommener zu werden, aus sich selbst herauszugehen in ein Anderswo. Dieses Weggehen auf ein Anderes hin ist die Reise. Das sieht man besonders an den schöpferischen Menschen. Ein Schöpferischer ist beständig in Auswanderung begriffen – selbst inmitten seiner Sprache. Wäre ich nicht immer wieder emigriert, immer wieder weggegangen, immerzu – selbst in meiner Sprache, meinem eigenen Idiom auf Reisen gewesen – wäre ich tot und leer. Will sagen: man kehrt nicht zurück, der Form nach vielleicht, aber im Wesentlichen ist man immer auf der Wanderschaft.

Damaskus – hat diese Stadt für Sie nicht eine mythische Dimension? Damaskus als die Metapher des Vaterlandes – verkörpert es nicht eine Art Mittelpunkt: Damaskus, die heruntergekommene Stadt der Säulen, als die utopische Heimat, das Vaterland der Verzweifelten und das Heimatland der Verweigerer?

Absolut! Ich habe meine Heimat in meiner Sprache, meiner Dichtung, meinen Freundschaften, meiner Liebe; und Damakus oder sonst eine Stadt in Syrien gleicht dieser Heimat, die ich meine, leider nicht mehr. Deshalb gleicht die Stadt in ihrer Materialität und ihrem Alltag meinem Damaskus nicht als Symbol der Sehnsucht, sondern als integrierender Bestandteil meiner Wanderschaft.

Ist die Bedeutung des Orients für Sie nicht eher spiritueller als politischer Natur? Steht er nicht für das Heimatland der Religionen und der Mystik?

Gewiss, er steht für das, was im Widerspruch steht zur modernen Technizität und westlichen Modernität. Dieser Orient, der die Wiege der drei monotheistischen Religionen ist und Hort des Friedens, der Völkerfreundschaft, der Öffnung nach außen und der Liebe sein sollte, ist heute zum Hort des Krieges, des Hasses, der Zerstörung und des Obskurantismus geworden. Da liegt der Widerspruch.

Wie soll man sich das erklären? Man kann leicht sagen, aber es reicht nicht: der Westen, der Imperialismus, Israel ist schuld. In Wahrheit darf man, um die Situation zu verstehen, nicht von der Religion abstrahieren, nicht von der Ideologisierung der Religion, d.h. von der Transformation der Religion in Ideologie. Denn das herrscht gegenwärtig in diesem Orient.

Ihre Dichtung der Reise liest sich wie eine Reise ins Innere, durch eine Landschaft der Träume und Sehnsüchte als ihr lyrisches Relief hindurch.

Ja, doch nicht nur ins Innere, sondern auch zum Anderen, denn der Andere repräsentiert für mich einen wesentlichen Aspekt. Ich existiere als der, der ich bin, nicht ohne den anderen oder das Andere. Wenn ich also reise, so reise ich ins Innere, aber ich reise auch zum Anderen. Denn ich entdecke mich erst durch den anderen, und ohne den anderen, das spüre ich, existiere ich nicht.

Sie heben die Verwandtschaft zwischen dem Surrealismus und dem Sufismus hervor mit dem Ziel, zu unbekannten Ebenen der Wahrnehmung zu gelangen. Könnte man in dieser Hinsicht das Schreiben von Adonis mit demjenigen gewisser Sufi- und Surrealisten-Dichter vergleichen?

Ich habe diese Verbindungslinie zwischen der Mystik und dem Surrealismus gezogen. Das richtete sich an die Poeten, vor allem an die arabischen einer jungen Generation, die im Surrealismus eine gewisse Mystik erkennen möchte. Ich habe ihnen gesagt: statt den Surrealismus zu favorisieren, der eine der arabischen Tradition fremde Bewegung darstellt, solltet ihr besser die einheimischen Mystiker lesen, denn was ihr im Surrealismus finden könnt, werdet ihr in der Mystik eher als im Surrealismus finden und viel tiefer und reicher. Das hat mich dazu bewogen, meine Lektüre des Surrealismus auf eine breitere Basis zu stellen, und ich kam zu dem Ergebnis, daß der Surrealismus, von der Religion abstrahiert, eine Mystik, aber eine ohne Gott ist.

Übt der Dichter einen Einfluss auf die Welt und, das wäre eine wichtige Frage, vielleicht sogar auf die Politik aus? Denken wir beispielsweise an die Verfolgungen, die russische Dichter wie Ossip Mandelstam oder Joseph Brodsky zu erleiden hatten.

Ich glaube, dass die Poesie eine sehr große Rolle spielt, aber indirekt, nicht direkt. Anders gesagt: Wenn ein Politiker oder sonst ein Leser einen großen Dichter oder große Dichtung liest, eröffnet sich ihm eine neue Welt mit neuen Bezügen zwischen den Dingen und den Menschen. Das gibt dem Leser ein neues Bild von der Welt, und vielleicht zeigt er sich in seinem Arbeitsfeld, ob in der Politik oder sonstwo, beeinflusst von dieser neuen Sicht auf die Dinge, die er an der Dichtung gewonnen hat. So einen indirekten Einfluß der Poesie gibt es wohl, aber die Poesie kann nicht die Welt verändern; und, nicht zu vergessen, das politische Engagement ist von Natur aus anti-poetisch.

Wir leben in einer Epoche der „metaphysischen Verwaisung", die bestimmt ist durch eine wachsende Indifferenz, einen Wegfall von Orientierungsmarken, moralischen und ethischen Werten, und der Mensch scheint, ohne persönliche Überzeugungen und sich nur noch an den Meinungen der andern messend, unfähig, sich der Wahrheit zu stellen.

Ja, das ist traurig, das ist sogar tragisch: der Anblick, den unsere Welt in ihrer heutigen Situation bietet. Doch das Schlimmste ist, mit ansehen zu müssen, dass, was dabei herauskommt und in Zukunft herrschen wird, nicht mehr die Kultur im klassischen Sinne des lateinischen Wortes ist, sondern eine andere Kultur, die Kultur des Fernsehens, des Kinos, des Bildes, des Sports usw.
Man ist dabei, die Welt ist dabei, auf der intellektuellen Ebene wie auf der des täglichen Lebens eine solche andere Kultur zu kreieren. Man amerikanisiert sich im schlechten Sinne. Die schöpferisch-intellektuelle Dimension ist leider auf dem Rückgang; dafür gibt es einen Schulterschluß, um nicht zu sagen: abgekarteten Handel zwischen dem internationalen Markt, dem Weltmarkt, und dieser Kultur. Diese neue Kultur ist wesentlich an den Markt gekoppelt. Das macht alles platt, das verändert alles, all unsere Werte. Wir stehen auf der Schwelle zu einer neuen Epoche, in der der Mensch auf einen gewissen Primitivismus regrediert: eine Kultur nur noch des Auges und des Ohres.

Auf einen Primitivismus also, der kein Archaismus ist?

Nein, das ist kein Archaismus. Die Musik, die Lieder, alles ändert sich. Es gibt bald keine Intellektuellen mehr im richtigen Sinn des Wortes. Ich glaube, dass das Buch als Buch aussterben und sich in Kassette bzw. CD verwandeln wird. Eine Frau kann etwa Stendhal hören beim Autofahren oder während sie das Essen zubereitet; sie hat auch gar nicht mehr die Zeit, einige Minuten oder gar Stunden mit dem Lesen eines Buches zu verbringen. Diese Amerikanisierung der Welt ist eine Katastrophe, mir kommt die amerikanische Politik – das amerikanische Volk hat damit nichts zu tun, es ist wie alle Völker – vor wie das alte Rom. Es ist ein Höhepunkt, aber gleichzeitig auch eine Dekadenz. Wenn es ein Symbol gibt für das, was da vorgeht, so ist es Rom in seinem Zenith und seinem Fall.

Glauben Sie, dass eine humanistische Ethik im Geiste der griechischen und orientalischen Tradition in der Lage wäre, dem Menschen eine ähnliche Sicherheit zu verschaffen wie die Glaubensgewissheit des Christentums oder die einer anderen der großen Religionen?

Ich denke schon, aber wie könnte man dahin kommen? Was uns dazu fehlt, ist der *Mythos* bzw. das, was einmal *Mythos* hieß. Was jetzt herrscht, ist der *Logos* im trivialen Sinne des Wortes, demgegenüber man all das verworfen und marginalisiert hat, was *Mythos* meint, d.h. alles, was menschlich, Poesie, Liebe, Freundschaft, persönliche Beziehungen ist. Um wieder ins Gleichgewicht zu kommen, bräuchte man den *Mythos*; aber wie sollte man dahin kommen können, die Welt von der Notwendigkeit des *Mythos* zu überzeugen?

Meinen Sie, dass die Wissenschaften seit Galilei und Newton den Menschen von der Welt der inneren Erfahrung, der Transzendenz und damit von einer Welt entfernt haben, zu der das beständige Sich-befragen nach dem Sinn der menschlichen Existenz gehörte?

Wenn sie es auch nicht gewollt haben, so haben sie es doch herbeigeführt; und so stelle ich mir gern wie ein naiver Poet vor, dass die Menschen der Wissenschaft eines Tages aufwachen und sagen: „Wir wollen aufhören damit, irgendetwas zu schaffen oder zu erfinden, das der Person und der Natur des Menschen, der Poesie oder der Liebe zuwiderläuft." Kann es dahin kommen? Nun, ich träume eben davon. Träumen wir doch! Warum auch nicht?

Wie erklären Sie sich die verbreitete Skepsis im Hinblick auf die wissenschaftlichen Fortschritte und Erkenntnisse, von denen man in der Vergangenheit angenommen hatte, sie würden den Fortschritt der Zivilisation herbeiführen?

Diese Skepsis ist angebracht, denn die Wissenschaft ist kein Instrument für das Wohl der Menschheit mehr, sondern im Gegenteil mehr und mehr zu einem Mittel ihrer Kommerzialisierung geworden.

Es gibt Ausnahmen. Carlo Rubbia etwa, der Nobelpreisträger für Physik, erklärt sich auch und gerade als Forscher beeindruckt von der Ordnung und der Schönheit, die er ebenso im Kosmos wie im Innern der Materie findet. Als Wissenschaftler erkennt er eine höhere Ordnung der Dinge, welche die Vorstellung übersteigt, dass all das nur die Frucht des Zufalls und der Statistik ist. Er glaubt sogar an eine auf höherer Ebene, jenseits des existierenden Universums zu denkende Intelligenz. Und das als Physiker!

Ich respektiere seine Überzeugungen, aber kann dazu weder ja noch nein sagen...

In Einsteins letztem Artikel, „Science and Religion" habe ich eine Passage gefunden, die mich sehr berührt hat und die lautet: „Meine Religion kommt zum Ausdruck in meiner respektvollen Bewunderung einer unbegrenzten geistigen Kraft, die sich selbst in den kleinsten Dingen zeigt, die wir mit unserer schwachen und zerbrechlichen Vernunft noch begreifen können, und in meiner tiefen Überzeugung von der Gegenwart einer spirituellen Intelligenz, die sich in einem unbegreiflichen Universum offenbart, das meine Vorstellung von Gott darstellt."

Ein sehr schöner Satz! Man kann, mystisch sprechend, auf der Seite von Einstein sein und dasselbe sagen...

Ich erinnere mich langer Unterhaltungen mit Edward Teller, dem Physiker, der die H-Bombe erfunden hat. Er hat keinen Gedanken an Metaphysik, sieht auch keine Beziehung zwischen den Human- und den Naturwissenschaften. Aber Einstein als großer Physiker hat gewusst, dass es eine Beziehung zwischen Physik und Metaphysik gibt, er hat sich in seinen letzten Lebensjahrzehnten mit R. Tagore auseinandergesetzt und mit Fragen der Religionsanthropologie.

Absolut! Es gibt diese Tendenz und sie ist unter Mathematikern und Physikern sehr verbreitet, weil sie angesichts dieses Unbekannten nichts mehr zu bestellen und nichts mehr zu sagen haben. Was ist Wahrheit? Was kann man sagen? Nämlich vor diesem Schweigen, vor dem Unbekannten, zumal nach dem Anbruch dieser neuen Epoche, der Epoche des Raumes und der Raumfahrt. Die Wissenschaft ist wie die Dichtung geworden, ist eine Beschreibung dieses Raumes, dieser Welt geworden. Aber das Geheimnis hinter diesem Raum ist immer noch unerkannt. Deshalb kann ein Mann der Wissenschaft auch ein religiöser Mensch oder ein Dichter werden, das kann man verstehen. Und für mich beweist das nur, dass die Dichtung die einzige Form der Erkenntnis ist, die wesentlich und zutiefst menschlich ist.

Im Laufe der Jahrhunderte sind in Erwartung des Tausendjährigen Reiches Christi auf Erden regelmäßig Chiliasten in Form von Sekten beispielsweise aufgetreten. Manchmal auch in Form des Chiasmus als Verfechter großer Utopien. Heute nimmt die Bedrohung des ökologischen Gleichgewichts den Platz des alten Imaginären ein, eine Bedrohung, die noch bedrückender zu sein scheint. Welche anderen Bewegungen sehen Sie noch?

Immer geht es um das Problem der Zukunft. Es ist sehr schwer, von der Zukunft zu sprechen. Hier und jetzt aber stirbt nicht nur der Mensch, sondern auch die Natur, unser aller Mutter. Ständig, tagtäglich... Die Aktivisten der Ökologiebewegung versuchen etwas zu unternehmen, aber Sie wissen besser als ich, daß sie nichts ausrichten werden! Diese Krankheit unserer Zeit, – ich weiß auch nicht, wie man ihr beikommen könnte. Meine Rolle als Poet ist es, Dichtung zu schreiben, die ein neues Bild der Welt gibt, die die Liebe zu dieser Welt predigt, d.h. heißt sagt und zeigt, dass die Welt schön ist und dass man sie lieb haben muss und sie nicht zerstören darf. Weil man sich selbst zerstört, wenn man die Natur zerstört. Das ist es, was ich machen kann. Aber den Lauf der Dinge ändern, das ist etwas anderes!

Meinen Sie, Religion ließe sich auf ein Credo ohne jede transzendentale Fundierung oder Dignität reduzieren?

Wenn es eine Religion wie den Zen-Buddhismus gibt bzw. man ihn akzeptiert, eine Religion ohne Gott, wo die Beziehung zwischen dem Menschen und dem Universum, zwischen dem Menschen und Gott eine persönliche individuelle Beziehung ohne Kirche oder sonstige Institution der Heilsvermittlung ist, dann würde ich sagen, daß die Religion der Zukunft vielleicht eine Art Zen-Buddhismus sein wird, vielleicht...

Wird die Metaphysik der Liebe in der Lage sein, eine befriedigende Antwort auf die Frage nach dem Sinn des Lebens zu finden?

Ich meine, dass die Dichtung und die Liebe die beiden wichtigsten Elemente sind, die es gibt, um uns recht begreifen zu lassen, was wir am Leben haben und wie wir es besser leben können. Doch die Liebe ist nicht nur wesentlich als Metaphysik, denn auch als Physik ist die Liebe ein wesentliches Element unserer Existenz; nur ist die Liebe leider auch in der Krise oder in Regression begriffen, und man sieht keine Liebe mehr.

Weil sie kommerzialisiert ist.

Man sieht fast keine Liebe mehr, denn sie wird zu ...

...einem Tauschgeschäft...

...einem Interessenaustausch, ja, dazu wird sie!

Hat die Wirtschaft heutzutage noch eine Ethik, hat sie jemals eine gehabt?

Früher hat man, besonders bei den Arabern, versucht, die Wirtschaft auf eine gewisse Ethik, eine Art Sozialismus, zu gründen in einer Gesellschaft, in der die Leute nichts besitzen und nur nehmen, was sie brauchen, und den Rest den andern überlassen, aber das war ein Traum. Heute gilt doch, daß die Ökonomie keine Ethik hat und gar keine haben kann.

Gibt es da nicht auch Widerspruch? Gibt es nicht heutzutage eine Spiritualität und Metaphysik, die von den, sagen wir: Randkulturen ausgeht und ein humaneres, weniger rationales Menschenbild vertritt?... Sind diese Länder nicht ein Reservoir der Menschheit bzw. an Menschlichkeit, ich denke etwa an Lateinamerika, an die Spiritualität der lateinamerikanischen Literatur? Sind sie nicht ein letzter Zufluchtsort? Was wird aus der Welt werden, wenn diese Länder eines Tages von der technischen Zivilisation einvernahmt sein werden?

Das betrifft einen Aspekt, den ich *Mythos* genannt habe; und diesen *Mythos* trifft man gleichermaßen in Afrika, im Mittleren Osten und vielleicht noch anderswo, nicht nur in der Literatur Lateinamerikas.

Wohl am ehesten in den archaischen Kulturen?

Eben. Man trifft ihn im Fernen Osten, und man muss diesen *Mythos* in all seinen Erscheinungsformen und all seinen Elementen suchen, um unsere Existenz gegen die überhandnehmende Technisierung und gegen den von ihr entstellten *Logos* stark zu machen.

Das hieße, daß eine Gesellschaft ohne Mythos *nicht überleben kann?*

Oder sie wird eine reine Konsum- und Kommerz-Gesellschaft...

Hat die Evolution, die, so wie wir sie heute kennen, mehrere Millionen Jahre alt ist, nicht eine metaphysische Dimension, und liegt da nicht die menschliche Dimension? Ist der Mensch nicht mehr als die endlose Kette einer biologischen Evolution, und worin besteht eigentlich die menschliche Seite der Evolution? Was ist mit der Poesie, der Literatur, der Kunst überhaupt, dem Film, der großen Musik? Denken wir etwa an die Spiritualitätssuche eines Pasolini in Medea *oder* Mamma Roma, *an Ingmar Bergman im* „Siebenten Siegel" *über den Tod, aber auch an Rossellini mit* Roma, città aperta (Rom, offene Stadt) *oder an Jean Renoir, an Marcel Carné* mit Le jour se lève (Der Tag bricht an) *oder denken wir an die Musik von Mahler oder Beethoven...*

Absolut. Sie haben ganz recht. Und deshalb würde ich in einer anderen Aufnahme des Gedankens sagen: Der Mensch, wenn er auch stirbt und sterben muss, hat etwas an und in sich, das ihn übersteigt; er stirbt zwar, aber es bleibt etwas an ihm, das nicht stirbt; seine menschliche Endlichkeit enthält eine Unendlichkeit, ein Unendliches. Dieses Unendliche inmitten seiner Endlichkeit – Sie selbst nennen es Spiritualität – , das ist das, was bleibt, was alles übersteigt und nicht stirbt, und vielleicht liegt hier unsere wirkliche Existenz beschlossen.

Hat sich der Mensch im Laufe des 20. Jhs., vergleicht man seine heutige Lage mit derjenigen der Renaissance z.B., nicht entmenschlicht?

Die Antwort ist nach dem Fazit unserer Unterhaltung klar: ja, er hat sich entmenschlicht.

Und was, jenseits der Ratio der Verfassung des Menschen, findet der Dichter nun?

Als Seinsgrund? Die Liebe und die Poesie. Das Leben ist uns ein (für alle) Mal gegeben, das wiederholt sich nicht, leider; also muss man diese Realität be- und ergreifen und sein Leben voll und ganz leben. Und man lebt dieses Leben voll und ganz durch die Kreativität, die Kunst und die Freundschaft: das muss der Grund unserer Welt und unseres Lebens sein.

Heute, ist man nach dem Vorgang der Rationalität bei Descartes, des ‚Possessive Individualisme' bei Locke, Bentham und den großen angelsächsischen Utilitaristen im Begriff, das Heilige zu verlieren. Doch kann eine Zivilisation leben ohne einen gewissen Sinn für das Heilige in den Künsten, in der Literatur, in der Poesie, in der Musik?

Wissen Sie, das Heilige war am Anfang profan, das Heilige als solches ist eine religiöse Erfindung, und diese religiöse Konzeption, so wie sie heute dasteht, wird, sofern sie sich nicht von der Institution, die sie hütet, befreit, mehr und mehr zum Problem. Unsere heutigen Probleme in der Welt kommen von diesem institutionalisierten Heiligen; wir brauchen daher dringend einen neuen Begriff des Heiligen jenseits dieses institutionalisierten Heiligen, das uns noch zu den schlimmsten Fundamentalismen führen kann. Ich für mein Teil ziehe das Profane diesem Heiligen vor. Aber wenn es gelänge, die verbindliche Vorstellung vom Heiligen zu revidieren, könnte unsere Zivilisation die drohende Krise vielleicht vermeiden, die daher rührt, dass es kein wahres Heiliges im tiefen Sinne des Wortes mehr gibt.

Léopold Sédar Senghor ruft die Notwendigkeit einer kosmischen Spiritualität aus, – etwa mit dem Ziel der Integration der irdischen Welt in die kosmische Welt?

Ja. Er bezeichnete damit eine Form der Spiritualität, die das Besondere transzendiert. Er rief dazu auf, eine neue kosmische Spiritualität auf der Ebene des Universums zu schaffen.

Die mexikanischen Maler Diego Rivera und Rufino Tamayo waren der Ansicht, ein großer Mensch sei auch noch groß, wenn er im Staub liegt. Die Würde, die dem Menschen wesentlich ist, eine Würde trotz Armut oder Niedergeschlagenheit, scheint in den traditionellen asiatischen, afrikanischen und lateinamerikanischen Kulturen möglich gewesen zu sein, während eine solche Konzeption in der kalvinistischen Tradition Nordamerikas undenkbar erscheint. Oder ist es wirklich nicht möglich, dass Würde auch in Armut existieren kann, denken Sie an die Malerei bei Velázquez.

Die Würde ist geradezu das Wesen des Menschenwesens, aber dieses Menschenwesen ist unglücklicherweise unterdrückt, erniedrigt, immer von Krisen heimgesucht, gefangen, gejagt, vertrieben. Das Leiden des Menschen ist immens in unserer Welt, was seine Würde verletzt. Man behandelt den Menschen, wie man ein Ding behandelt; aber den Menschen wie ein Ding zu behandeln, ist gefährlich. Die Würde des Menschen nach seinem finanziellen Erfolg zu messen, ist absurd.

Wir stehen am Beginn des 21. Jhs. Könnte die Welt ein Wiedererstehen gnostischer Inspirationen in neuer Form erleben?

Ich denke, es wird eine Rückkehr zu gnostischen und mystischen Denkweisen geben; übrigens gibt es schon viele solcher Ansätze in unserer heutigen Welt, weil der Mensch ja fast genötigt ist, sich nach anderen Lebensweisen als den durch die Technisierung geschaffenen umzusehen.

Im Rahmen der traditionellen Kulturen hatte das Opfer eine Funktion und einen Sinn, wie Marcel Mauss sagte. Heute ergibt es keinen Sinn mehr. Kennt die materielle Kultur der industrialisierten Welt denn überhaupt noch relevante Formen des Opfers? Ich möchte es bezweifeln.

In bestimmten religiösen Traditionen wird es wohl immer noch vorkommen. Auf einer Wallfahrt bringt man beispielsweise Opfer. Meiner Meinung nach geht das weiter. Aber im Westen hat es, wie Sie sagen, seinen Sinn verloren.

Ist der Kapitalismus, wie er in der heutigen Zeit dominiert, tatsächlich in allen Kulturen und Religionen mit den jeweiligen kulturellen Traditionen kompatibel, im Islam oder in Lateinamerika beispielsweise? Gibt es Unterschiede in der kulturellen Akzeptanz bzw. der geschichtlichen Akkulturation, wie die Anthropologen sagen, – eine unterschiedliche Dynamik, die den kulturhistorischen Bedingungen entspricht? Ich möchte sagen: Wenn man heute dabei ist, den Kapitalismus in Lateinamerika und also in Ländern, die sehr metaphysisch und, seit der katholischen Scholastik des 16. Jhs., sehr spirituell sind, durchzusetzen, so ist das nicht mehr das Gleiche wie das, was in den Vereinigten Staaten mit ihrem von Max Weber diagnostizierten Kalvinismus, ihrem Empirismus und ihrem von der großen Tradition analytischer und pragmatischer Philosophie sekundierten american way of life geschehen ist. Anders gesagt: Es ist ein sehr verschiedenes Unterfangen, den Kapitalismus andersartigen Kulturen zu applizieren, weil diesen Ländern der Verlust ihrer kulturellen Identität droht. Muss man denn den Kapitalismus überall adaptieren? Ist das möglich bzw. zumutbar oder gibt es auch Grenzen?

Wenn Sie mich fragen, muss man nicht. Meines Erachtens, wenn es nach mir ginge, muss man im Gegenteil rigoros antikapitalistisch sein; doch leider sind die meisten Menschen eben nicht meiner Ansicht. Und der Kapitalismus ist weiter auf dem Vormarsch, in allen Ländern und allen Religionen. Dabei gibt es zwischen ihnen Unterschiede nur dem Grad und nicht der Gattung nach. Und so geht das fort und fort und hört nicht auf, unsere kulturelle Identität zu ruinieren.

Seit dem 15. Jh., seit Vasco da Gama, Amerigo Vespucci und Christoph Kolumbus, haben wir mit dem konkurrenzlosen Universalismus der westlichen Kultur gelebt. Am Anfang dieses 21. Jhs. nun befindet sich die Welt in einem radikalen Wandel. Da ist das Reich der Mitte, das in der Weltwirtschaft zunehmend an Macht und Einfluss gewinnt, da gibt es Indien, die islamischen Länder, Lateinamerika und Russland. Und es ist nicht nur die Weltwirtschaft, deren Gesicht sich verändert, es ist die gesamte Weltzivilisation. Können diese neuen Paradigmen der Macht zu einem neuen interkulturellen Humanismus führen, zu einer multipolaren Welt mit einem „Polylog der Kulturen" als Kairos unserer Epoche? Oder ist das eine Illusion?

Ich möchte, um zum Ende zu kommen, sagen: Es gibt diesen und jenen Okzident. Der Okzident eines Goethe, eines Nietzsche, eines Hölderlin, das ist mein Orient, und auch mein Okzident. Aber der ökonomische und militärische Okzident hat einen gewissen falschen Humanismus gepredigt, und dieser hat nicht nur die anderen Länder deformiert, sondern hat auch eine falsche Vorstellung von der abendländischen Kultur und Tradition verbreitet. So liegt es auch an Euch im Westen, wie die anderen und mit den anderen diese Art eines falschen Humanismus zu bekämpfen.

Berlin, 08.12.1999
Übersetzt von Konrad Honsel

„Auch Amerika braucht den Multilateralismus“

BOUTROS BOUTROS-GHALI

Boutros Boutros-Ghali (geboren in Kairo am 14. November 1922) ist am 1. Januar 1992 zum sechsten Generalsekretär der Vereinten Nationen ernannt worden, welches Amt er bis 1996 innehatte. Vor seiner Ernennung war Boutros-Ghali als stellvertretender ägyptischer Premierminister mit dem Ressort der Auswärtigen Angelegenheiten betraut. Als Diplomat, Jurist, Hochschullehrer und Autor zahlreicher Schriften hat er langjährige Erfahrungen in internationalen Angelegenheiten. 1949 erlangte er den Doktorgrad für Internationales Recht an der Universität von Paris. Als Mitglied der Kommission für Internationales Recht von 1979 bis 1991 gehörte er auch der Internationalen Juristenkommission an. Seit über vierzig Jahren hat Boutros-Ghali an zahlreichen Kommissionen für internationales Recht, für Menschenrechte, für ökonomische und soziale Entwicklung, zur Dekolonialisierung, zur Frage des Nahen Ostens, über internationales Völker-Recht, Minderheitenrechte (vor allem von ethnischen Minderheiten), die Blockfreiheit, die Entwicklung der Mittelmeerregion und die afro-arabische Kooperation teilgenommen. Im November 1997 ist Boutros-Ghali auf dem 7. Gipfeltreffen der Frankophonie in Hanoi zu ihrem Generalsekretär gewählt worden. Als Gründer bzw. Herausgeber der Zeitschrift *Alahram Igtisadi*, die er über 15 Jahre als Chefredakteur geleitet hat, hat er den ersten Band seiner Memoiren, *Le chemin de Jérusalem* (Fayard, 1997) publiziert. Dieses 1998 mit dem Prix Méditerranée Étranger ausgezeichnete Werk berichtet von den Verhandlungen, die zu dem Friedensabkommen von Camp David zwischen Ägypten und Israel führten. Er hat außerdem veröffentlicht *Mes années à la Maison de verre* (Fayard, 1999), ein Buch, das seine Erfahrungen an der Spitze der Vereinten Nationen nachzeichnet, und vor kurzem seine Gespräche über den Nahen Osten mit Simon Peres *Soixante ans de conflit israélo-arabe* (Complexe, 2006).

*

Welche Bedeutung hat heute der Begriff der Freiheit?

Ich glaube, man muss sich hüten vor jeder eurozentrischen Herangehensweise an die Frage der Freiheit; denn die Europäer denken bei dem Wort zuerst an Reisefreiheit und die Freiheit, sich politisch zu betätigen. Man muß die Sache grundlegender nehmen. Die Grundlage der Freiheit aber ist die Sicherheit, täglich zweitausend Kalorien zu essen, ein Dach über dem Kopf und Arbeit zu haben. Ohne diese wesentlichen Elemente ist die Freiheit sinnlos. Spricht man von Freiheit, so zieht man selten die Tatsache in Betracht, dass ein Drittel der Weltbevölkerung nicht über das minimale Quantum an Nahrung verfügt oder dass eine Milliarde Menschen Analphabeten sind, was sie zusammen mit der Freiheit zu lesen und zu schreiben z.B. jeder Glaubens- und Meinungsfreiheit beraubt.

Muss man sich weltweit auf eine einhellige Idee von der Würde des Menschen verständigen oder wäre eine Koexistenz verschiedener Formen von Menschenwürde je nach den jeweiligen Traditionen, Kulturen und Religionen vorstellbar – diese Würde als anthropologische raison d'être der Menschenrechte verstanden?

Würde ist etwas, das in den Ländern der Dritten Welt sehr gefragt und geschätzt wird, namentlich in dem Teil der Welt, dem ich entstamme. Auf Arabisch heißt Würde *karama*, und dieses Wort bezeichnet einen der wichtigsten Begriffe der arabischen Welt, und das gerade in Ländern, in denen das Minimum an Nahrung alles andere als gesichert ist. Dieses Minimum an Würde muss erst einmal der ganzen Welt erstattet werden, bevor man sich über verschiedene Formulierungen von Menschenwürde Gedanken macht.

Sind die gegenwärtigen Fundamentalismen sowie die säkularen und religiösen Nationalismen in all ihrer Komplexität nicht auch eine Form von Antimodernismus?

Man muß klar sehen, dass es nicht nur einen einzigen Fundamentalismus gibt, sondern mehrere: hinduistische, christliche, jüdische, muslimische. Jeder dieser Fundamentalismen beruht auf der Weigerung zur Anerkennung des Fremden, das ist ihr gemeinsames Kennzeichen. Auf eine Art handelt es sich um eine Rückwendung zum heimatlichen Dorf. Ich nenne das das Problem der Dialektik von Satellit und Dorf, will etwa sagen: von Entfremdung und Heimweh. Das mit den Problemen der Globalisierung konfrontierte Individuum fühlt sich verunsichert. Wenn es den Fernseher anstellt und die Bilder vom Völkermord in Ruanda sieht, bangt es um seine Sicherheit und verspürt vielleicht nur noch den einen Wunsch, in sein Dorf zurückzukehren, zu seinen Ursprüngen, in den Schoß der Familie und der Religion. Es hegt auch eine elementare Furcht vor dem Fremden und allem, was nicht zu seinem Heimatdorf gehört. Dieser Reflex nimmt in jedem Land wohl andere Formen an und kristallisiert sich zumal um ein reaktives Gefühl der Überlegenheit. Und gleichzeitig haben diese besonderen Ausprägungen ihre eigene Komplexität und ihre besonderen Mythen. In Frankreich hat man Le Pen. In den Vereinigten Staaten den Ku-Klux-Clan, aber auch eine Mehrheit von Kongreßabgeordneten, die praktisch nie aus ihrem Land herauskommen. In den Ländern der Dritten Welt werden diese Fundamentalisten im Effekt eine antiwestliche Haltung einnehmen.

Bleibt diesem anbrechenden neuen Jahrhundert noch die Chance, einen Dialog zwischen den Kulturen und Religionen anheben zu sehen, für eine die Kulturen übergreifende Identität der Weltzivilisation, die dem „Multiversum" und „Polylog" entsprechen könnte?

Ich beteilige mich an mehreren Austauschunternehmen dieser Art und kann sagen: man entfaltet in verschiedenen Teilen der Welt reale Anstrengungen, um solchen Ansätzen auf die Sprünge zu helfen. Aber von einem echten Dialog sind wir noch weit entfernt. Gegenwärtig befinden wir uns eher noch in einer Phase des Wiedererstarkens von Fundamentalismen und archaischen Vorstellungen.

Sind die Demokratien wahre Demokratien, – nicht im formellen und politischen Sinne des Begriffs, sondern im Sinne eines Systems, das wirkliche Antworten auf die Tendenzen der technischen Zivilisation bietet?

Ich glaube, dass die Demokratie durch die Globalisierung oder vielmehr Globalisierungen gefährdet ist. Denn wir sind mit mehreren Ausgestaltungen dieses Phänomens konfrontiert: Globalisierung der Finanzen, der Kommunikation, des Terrorismus, des Drogenhandels, der Krankheiten. Jede Globalisierungsform hat ihre eigene Schnelligkeit und Spezifität und wird globale Probleme bringen, die nicht durch einen Staat allein und auch nicht durch zwei sich mehr werden lösen lassen. Wir brauchen also ein internationales Forum, vielleicht die Vereinten Nationen, den Internationalen Währungsfonds (IWF) oder die Weltbank.
Zur Zeit werden diese Probleme nicht in demokratischer Weise behandelt. Diejenigen, denen die Lösung dieser Fragen obliegt, sind nicht gehalten, dafür Rechenschaft geben. Da liegt der Grundwiderspruch. Auf nationaler Ebene ermutigen wir die Demokratie, schaffen Abteilungen innerhalb der UNO oder auch non-gouvernementale Organisationen, welche die Demokratie unterstützen, indem sie Wahlprozeduren überwachen, den Parteien Geld zuschießen, auf eine vernünftige Machtausübung hinwirken, sich für die Menschenrechte einsetzen. Doch auf internationaler Ebene gibt es keine Demokratie. Solange man also keine globale Demokratie über oder neben den nationalen Demokratien schafft, wird die einzig reale nationale Demokratie gefährdet sein. Wieso? Weil je globaler ein Problem ist, die Rolle des Nationalstaats umso schwächer wird, bis irgendwann die nationale Demokratie gar nichts mehr ausrichten kann. Aber wie diesen Grundwiderspruch lösen? Wir haben in der UNO immerhin 185 Länder, die wir dazu anhalten, innerhalb ihrer Grenzen die Demokratie voranzutreiben, aber vielfach sind die Probleme globaler Natur und werden in nicht-demokratischer Weise entschieden.

Seit nunmehr fünf Jahrhunderten hat sich die westliche Zivilisation über den Rest der Welt hin ausgebreitet. Gegenwärtig ist die westliche Technologie im Begriff, sich in Ländern durchzusetzen, die mitnichten in der Lage sind, ihr etwas entgegenzusetzen. Die Verbreitung der Marktwirtschaft hat mit dem Fall des sowjetischen Imperiums und der zunehmenden Liberalisierung des Weltmarkts eine zusätzliche Dimension gewonnen. Stellen diese Tendenzen eine Gefahr für die lateinamerikanischen, chinesischen oder islamischen Traditionen dar?

Ich glaube, daß die Technologie allen Nationen zugänglich gemacht werden muss und nicht das Monopol einer einzigen ist. Ich stelle auch fest, dass da eine Reaktion im Gange ist: neue Organisationen bilden sich zur Verteidigung der kulturellen Artenvielfalt, die ebenso bedeutend ist wie die biologische. Wenn man sich für das Überleben der bengalischen Tiger einsetzt, sollte man sich dann nicht auch um die Verteidigung einer Kultur oder Zivilisation kümmern?

Ist die Vielfalt der verschiedenen Kulturen nicht durch technologische Homogenisierung, zumal durch die elektronischen Medien und die Kapitalflüsse bedroht, deren spekulative Mobilität inzwischen praktisch in Jetztzeit abläuft und von dem Fehlen einer Verantwortlichkeit gegenüber der Allgemeinheit gekennzeichnet ist, wie John Kenneth Galbraith und Joseph E. Stiglitz angesichts der Globalisierung geltend gemacht haben?

Zunächst einmal glaube ich, dass es doch eine sehr gewichtige Diversität von Sprachen, Religionen und Traditionen gibt und befürchte keinen Verlust der kulturellen Vielfalt. Außerdem nehme ich an, daß wir in zehn oder fünfzehn Jahren neue Geräte, zumal Computer haben werden, die in der Lage sind, verlässliche Übersetzungen herzustellen. Diese Maschinen, die Instantübersetzungen erlauben, werden die Sprachenvielfalt der ganzen Welt sicherstellen. Auch hier wird die Dialektik von Dorf und Satellit wirksam werden. Die Globalisierung wird zur Erhaltung der Sprachenvielfalt anspornen. Anscheinend lang konsolidierte Länder werden Sezessionsbewegungen erleben müssen, wenn bestimmte Regionen ihre Unabhängigkeit betreiben. Woran man sehen kann, dass die Anhänglichkeit an die Heimat und die Verteidigung ihres Dialekts, ihrer Sprache und ihrer Tradition mit der Globlisierung Hand in Hand gehen.

Welche Staatsmänner haben das 20. Jahrhundert geprägt?

Als ersten würde ich, ohne zu zögern, den Namen Nelson Mandelas nennen. Dieser Mann hat es tatsächlich geschafft, eine wirkliche verbindliche Verzeihung zustande zu bringen, indem er die Bedingungen der Versöhnung geschaffen hat. Dreißig Jahre lang habe ich mich selbst für die Abschaffung der Apartheid eingesetzt; und wir waren doch überzeugt, dass dies noch Jahre brauchen würde und ohne fürchterliche Zusammenstöße und Bürgerkrieg kaum abginge. Und dann ist es doch sehr ruhig vonstatten gegangen, dank der Großmut, der visionären Kraft und der Couragiertheit Nelson Mandelas. Zum andern ist es in Europa, trotz dreier großer Kriege (derer von 1870, 1914 und 1939) zwischen Frankreich und Deutschland, dank ihrer Staatschefs De Gaulle und Adenauer gelungen, nicht nur die Versöhnung in die Wege zu leiten, sondern einen dauerhaften Frieden zwischen diesen beiden Ländern festzuschreiben. Dasselbe lässt sich hinsichtlich Ägyptens und Israels von Sadat und Begin sagen. Und noch etwas weiter in dem Jahrhundert zurückblickend würde ich Gandhi nennen.

Nochmals zum Verhältnis von Armut und Würde: Vertragen die beiden sich, je nachdem, wo in der Welt man sich befindet, nicht sehr verschieden?

In der katholischen Tradition soll das Armsein fast den Eintritt ins himmlische Paradies verbürgen, das Reichsein hingegen diesen Zugang erschweren. Ich darf hier mein Kriterium der Armut wieder in Anschlag bringen: Das Verfügenkönnen über tausend Kalorien täglich und ein Dach über dem Kopf, zumal im Winter, ist ein Minimum, das überall auf der Welt ein anwendbares Kriterium an die Hand geben sollte, dessen Umsetzung davon abhängt, ob man entsprechend Jobs hat oder nicht. Zur Beantwortung der Frage, ob ein Armer es schwerer hat in einem armen oder in einem reichen Land, möchte ich das Problem umkehren: Es ist schwieriger für die Reichen, unter den Armen zu leben, als für die Armen unter Reichen.

Würden sie meinen, dass die Prinzipien der Marktwirtschaft, wie sie von Adam Smith und seinen Nachfolgern formuliert worden sind, den demokratischen Kräften als Basis dienen können? Kann der Markt das Finanzgeschäft wirklich regeln, wie dies bereits der Ökonom Amartya Sen fragt?

Ich habe vor einigen Jahren in Südafrika an einem Treffen mit den Leitern des Internationalen Währungsfonds teilgenommen und sie gewarnt, dass die Marktwirtschaft die Probleme der armen Länder der Dritten Welt nicht lösen würde. Denn ohne ein Minimum an Infrastruktur, ohne ein Telephonnetz, ohne Elektrizität, ohne ein Straßennetz oder eine verlässliche Gerichtsbarkeit wird es in diesen Ländern keine nennenswerten Investitionen geben. Der wirtschaftliche Wettbewerb muss also balanciert werden durch die Solidarität, und zwar durch die Solidarität mit den ärmeren Ländern ebenso wie durch die Solidarität mit den marginalisierten Bevölkerungen der reichen Länder. Wir müssen es also mit beiden Arten der Armut aufnehmen: mit derjenigen der Länder an den Rändern der reichen Länder und mit derjenigen der Leute am Rande der reichen Gesellschaften.

Auf den Finanzmärkten hat die Spekulation beträchtlich zugenommen. Stellt das keine Gefahr für die Weltwirtschaft dar?

Diese Spekulation geht Hand in Hand mit der Marktwirtschaft. Man kann die Marktwirtschaft nicht anhalten. Die Spekulation macht mir keine Angst. Sie wird sich von selbst korrigieren. Mehr Angst macht mir die Marginalisierung von Bevölkerungen, von Ländern, von ganzen Kontinenten wie Afrika. Was kann man tun, um diese an den Rand Gedrängten – sei es nun ein Land, ein Volk oder eine bestimmte Kategorie von Leuten –, die ich die Eingeborenen der Welt nennen möchte, zu integrieren? Das Problem stellt sich auf der Ebene der internationalen Differenzen und Streitigkeiten. Manche dieser Zwiste ziehen die Aufmerksamkeit der Weltöffentlichkeit auf sich. Dann wird interveniert, eine Vermittlung angestrengt, Hilfe aus dem Ausland zur Unterstützung der Flüchtlinge herbeigeschafft. Doch aus unterschiedlichen Gründen ziehen manche Konflikte die Aufmerksamkeit der internationalen öffentlichen Meinung nicht auf sich. Das sind die Konflikte, die ich Waisen nennen möchte. Niemand kümmert sich um sie. Wer sorgte sich um Afghanistan? Wer scherte sich um Ruanda, wo eine halbe Million Menschen unter den Augen und der totalen Indifferenz der internationalen Gemeinschaft den Tod fanden? Wenn man arm ist, ändert die bloße Tatsache, dass man auf einen aufmerksam wird, alles. Wir haben also noch zwei weitere Arten von Armut zu unterscheiden: die eine, von der man spricht und die die Weltöffentlichkeit auf den Plan ruft, was dann gewisse Entscheidungen, die Annahme gewisser Regelungen, das Anwerfen gewisser Hilfsprogramme etc. zur Folge hat, und die, von der niemand nichts weiß und die keinen Menschen kümmert.

Sind Befürchtungen hinsichtlich eines Zusammenpralls der Kulturen nicht von derselben Sorte wie die alte Angst vor dem Kommunismus?

Ich teile diese Analyse Huntingtons nicht. Ich denke, dass solche Befürchtungen mehr mit der Frage des Multilateralismus zu tun haben. Im Jahre 1992, nach der Invasion in Kuwait und dem Erfolg des ersten Irakkrieges, hat sich eine Tendenz oder Tentative zur Schaffung einer ‚neuen Weltordnung' abgezeichnet, die uns in die Lage versetzen sollte, die Verhältnisse nach dem Kalten Krieg zu managen. Präsident George Bush senior hatte sie in einer Form angekündigt, die weltweit aufhorchen ließ. Alle Welt hat daraufhin erwartet, dass die Vereinten Nationen das Forum bilden sollten, das die Wiederherstellung eines Multilateralismus ermöglichen würde, also so etwas wie eine Demokratisierung der internationalen Beziehungen. Alle wichtigeren Akteure, die Mitgliedsstaaten der UNO und ebenso andere nichtstaatliche wie die Nichtregierungsorganisationen (NGOs), die Macher der großen Geschäftswelt usw. dachte man, würden sich an der Führung der Geschäfte in der Zeit nach dem Kalten Krieg beteiligen. Und plötzlich kam etwas dazwischen, das allem eine andere Richtung gab, ein Zwischenfall in Mogadischu, bei dem amerikanische Soldaten getötet worden sind. Dieser Bürgerkriegsunfall hat zusammen mit einem Umkippen der Mehrheitsverhältnisse im amerikanischen Senat, als dieser unter der Präsidentschaft von Clinton an die Republikaner fiel, einen scharfen Richtungswechsel der Politik bewirkt. Denn diese neue Mehrheit hat dafür gesorgt, daß nun jeder Schritt hin auf mehr Multilateralismus zugunsten eines Unilateralismus unterbunden wurde, der eigentlich eine Form von Neo-Isolationismus war. Das bedeutete eine Rückkehr zu einer alten amerikanischen Tradition. Und deshalb glaube ich, dass diese Theorie vom Zusammenprall der Zivilisationen direkt mit der immer noch virulenten neoisolationistischen Tradition der Vereinigten Staaten zusammenhängt.

Denn die Annahme, d.h. Akzeptanz des Multilateralismus hätte die Annahme einer Koexistenz der verschiedenen Kulturen vorausgesetzt. Umgekehrt bedeutet die Ablehnung des Multilateralismus, dass man meint, alle Probleme müssten von einer einzigen Supermacht gelöst werden. In der Praxis aber läuft diese Position auf eine Ermutigung zur Konfrontation hinaus.

Sie teilen also nicht die These einiger Beobachter wie Professor George Kennan in Princeton, die der Meinung sind, wenn Amerika aufhöre, eine Supermacht zu sein, dies eine weltweite Unordnung zur Folge habe? Welche Gefahr trägt der Unilateralismus in sich? Welche Bedeutung hat eine multipolare Welt für das 21. Jh.?

Ich kann die Logik der amerikanischen Haltung schon nachvollziehen. Was ist die Position Amerikas? Ihre führenden Köpfe glauben nicht nur, sich in alle Weltprobleme einmischen zu sollen, sondern sie ertragen es auch nicht, daß gewisse Probleme ohne sie gelöst werden. Was ist die Logik, die dieser Politik zugrunde liegt? Die Amerikaner sagen sich: „Angenommen, eine Gruppe von europäischen Vermittlern versucht, die Krise zu lösen, und scheitert damit, so wird man verlangen, daß wir intervenieren, und wir sind in die Sache verwickelt. Wenn wir also schon verwickelt sein müssen, dann besser von Beginn der Vermittlung an." Deshalb dulden sie nicht, dass eine Vermittlung etwa ohne ihre Erlaubnis, ohne ihren Segen versucht wird – weil im Falle eines Scheiterns sie ohnehin eingreifen müssten. Diese Logik erscheint mir sehr gefährlich, aus einem einfachen Grund: die absolute Macht korrumpiert, und sie korrumpiert absolut. Wir brauchen also, und Amerika in allererster Linie, den Multilateralismus, um die Weltprobleme mit den anderen Akteuren diskutieren zu können.

Kann diese amerikanische Position, ohne damit einer ungerechtfertigten „Verteufelung" der Vereinigten Staaten das Wort reden zu wollen, der Diversität der Kulturen nicht zuwiderlaufen?

Sie kann in der Tat der Diversität der Kulturen zuwiderlaufen, doch noch schlimmer: sie läuft den amerikanischen Interessen selber zuwider. Denn erstens ist ihre öffentliche Meinung nicht darauf eingestellt, dass die Vereinigten Staaten die Rolle des Weltpolizisten spielen. Und zweitens haben sie nicht die Kapazitäten, sich in allen abertausend Problemen des Planeten zu engagieren.

Glauben Sie, dass die Entwicklung der Technologie – nicht nur mit der Atomkraft, der Nanotechnologie, der Biogenetik und den biochemischen Waffen, sondern auch mit der digitalen Revolution usw. – eine gefährliche Schwelle erreicht hat, deren Überschreitung die Menschheit in ihrer menschlichen Identität gefährden könnte?

Nein, denn die Technologie, insofern sie zur Globalisierung mit dazu gehört, hält Gutes und Schlechtes bereit, wie jedes Phänomen. Wenn man gewisse Kriterien, gewisse elementare Regeln beachtet, wird die Technologie da sein, um dem Menschen zu dienen und die Menschenrechte zu schützen. Wenn hingegen die Technologie sich an diese elementaren ethischen Regeln nicht hält, wird sie, fürchte ich, von Übel sein.

Glauben Sie, dass eher geschichtliche Gesetze oder die unabhängige Kraft einzelner historischer Figuren in der Politik die Geschichte bestimmen? Eine Frage, die uns, nicht wahr, im Hinblick auf eine allgemeine Geschichte der Menschheit seit Herodot, Jacob Burckhardt, Arnold Toynbee und Fernand Braudel umtreibt?

Die Kraft, welche die Geschichte bestimmt, ist der Mensch. Ich setze ein großes Vertrauen in die führenden Köpfe, in eine Elite. Aber ich glaube, dass die Führenden eines Mindestmaßes an Infrastruktur bedürfen und gewisser Kräfte, die hinter ihnen stehen. Doch allemal bleibt die Intelligenz und Einbildungskraft des Menschen die wirkliche Kraft, die letztlich in all diesen Transformationen am Werke ist.

Denken Sie, dass eine Art ökumenischer Bewegung unter den Religionen und Kulturen der heutigen Welt eine konstruktive Rolle spielen könnte?

Das ist nur ein Element und das reicht nicht. Wir brauchen Institutionen, eine Institutionalisierung der Regel, wenn man sich erst einmal auf eine geeinigt hat. Es ist in der Tat unnütz, sich ein Grundprinzip zu eigen zu machen, ohne flankierende Instrumentierung und Unterstützung desselben. Sehr oft ist dieser Begleitschutz am Ende wichtiger als die Regel selber. Also sicherlich sind gewisse Begegnungen zwischen den Religionen und Zivilisationen wichtig, denn dank ihrer lernt man das jeweils Andere zu begreifen. Doch die letzte und entscheidende Etappe liegt in der Schaffung von Institutionen, die die Aufgabe haben, solche Initiativen auf internationaler Ebene zu verankern und auf Dauer zu stellen, damit die Regeln auch zum Zuge kommen, auf die man sich hat verständigen können.

Der Mensch, sagt man, kann seit dem antiken Griechenland, Babylon, Mesopotamien und Ägypten wie auch dem alten China und der Kultur des Industals ohne Mythen nicht leben. Was wären dann die Mythen der industriellen und postindustriellen Gesellschaft?

Unter den diversen modernen Mythen würde ich die Utopie auf den ersten Platz setzen. Die Utopie von heute wird vielleicht die Realität von morgen sein. Der Fortschritt und dass man es geschafft hat, bis zum Mond und den Sternen vorzudringen, stellen hochwichtige Mythen dar. Der Club of Rome hält sich zwar lieber an die wirtschaftliche Seite des Fortschritts. Aber den Fortschritt im weitesten Sinn des Wortes zu nehmen, ist für seine unverkürzte Einschätzung doch wesentlich.

Glauben Sie an einen linearen Fortschritt in der menschlichen Evolutionsgeschichte?

Natürlich. Man braucht doch nur die Situation in Afrika 1945, als es dort nur drei unabhängige Staaten, nämlich Ägypten, Liberia und Äthiopien gab, mit der von heute mit seinen inzwischen 53 unabhängigen Staaten zu vergleichen. Ebenso sprechend ist der Vergleich der Welt von 1945, als die internationale Gemeinschaft auf der Konferenz von San Francisco 51 Mitgliedsstaaten zählte, mit den heute 185 Staaten unter dem Dach der Vereinten Nationen. Man kann dem entgegenhalten, daß die Beteiligung neuer Staaten an sich noch keinen Fortschritt darstellt, aber das glaube ich nicht. Denn Tatsache ist: Mehr als hundert Staaten können heute ihr Recht auf Selbstbestimmung ausüben. Bestimmte Regeln, die Menschenrechte betreffend, sind allgemein angenommen worden. Sie werden vielleicht nicht immer und überall angewandt, aber immerhin: es gibt sie.

Stehen Sie hinter der Formulierung der Menschenrechte, wie sie von den Vereinten Nationen vor nun einem halben Jahrhundert verabschiedet worden ist, oder teilen Sie die eher relativistische Haltung von Ländern wie China, Malaysia oder einigen islamischen Ländern? Und ist im Islam gegenwärtig nicht ein Widerspruch zwischen der Relativität der kulturell-religiösen Werte und der Idee einer gewissen Universalität der Weltzivilisation zu beobachten?

Ich halte dafür, dass die Menschenrechte die erste Etappe sind. Man kann nicht alle Probleme in ein paar Jahrzehnten lösen. Es wird viel Zeit, Vorstellungskraft und Beharrlichkeit brauchen. Leider sind die Menschen aber sehr ungeduldig. Das Alter eines Hundes entspricht nicht dem eines Menschen. Das Alter einer Nation oder eines Staates entspricht nicht dem eines Menschen. Für einen Staat sind hundert Jahre nichts; für einen Menschen ist ein Leben von hundert Jahren eine bemerkenswerte Seltenheit, die schon genügt, ihn zu einer Ausnahme zu machen. Es wäre also ein Irrtum, bereits den Schluß zu ziehen, daß in Sachen der Menschenrechte, des Minderheitenschutzes oder der Abrüstung keine Fortschritte erzielt worden wären. Das sind rezente Konzeptionen. Vor hundert Jahren hat noch niemand von Abrüstung gesprochen, denn der Krieg galt als ein wesentlicher Zuständigkeitsbereich der Nationen. Heute ächten dieselben Nationen die Gewalt und verlangen, daß die Konfrontationen zwischen ihnen friedlich gelöst werden.

In den westlichen Ländern kennen wir, mit Nuancen zwischen Amerika und Europa, nach der Formel von Max Weber eine Entzauberung der Welt seit der Aufklärung, die in den anderen Zivilisationen nicht in gleicher Weise am Werk ist wo es keine vergleichbare Aufklärung gab – etwa im Islam und seinen Traditionen. Bedeutet das eine Gefahr für die Weltzivilisation, einen Identitätsverlust für den Menschen oder ist es ein Zeichen der Hoffnung?

Ich bin nicht einverstanden mit dieser Idee vom Verlust des Heiligen. Es genügt doch, gewisse Orte aufzusuchen, um ein Wiedererstarken der katholischen Kirche und anderer Religionen festzustellen, ebenso wie das Auftreten neuer Formen von Religion. Der Sinn für Religion bleibt demnach ein starkes Element. Wenn bestimmte Länder die Trennung von Kirche und Staat durchgeführt haben, berechtigt das nicht zu dem Schluss, Religion, welcher Art auch immer, habe keine Bedeutung mehr. Ich würde sogar soweit gehen zu sagen, dass die Religion gerade in der Kunst der Führung des täglichen Lebens ihren Einfluss als Lehrmeisterin nicht verloren hat, obschon dieser Einfluss eher indirekt wirkt.

Ist Ihnen in Ihrer persönlichen Erfahrung der Konflikt zwischen der Macht und der Moral vor Augen gekommen? Der klassische Konflikt zwischen Machiavelli und Erasmus, zwischen Realpolitik *und politischer Moral?*

Ich glaube, dass die Moral eine Grundvoraussetzung des Handelns ist. Man kann mit einer unmoralischen Haltung z.B. schlecht Vermittler sein. Jeder Beruf, von dem des Arztes bis zu dem des Ingenieurs, erfordert eine Moral. Man stellt sich vor, dass das Machtinteresse in bestimmten Situationen von einem verlangt, unmoralisch zu handeln. Ich glaube das nicht: Man behält eigentlich immer soviel Handlungsspielraum, seinen Hut zu nehmen oder seine Position schriftlich darzulegen. Diese Unterscheidung zwischen Moralität und Immoralität kommt mir ein bisschen büchergescheit oder akademisch vor. Im praktischen Leben geht es anders zu.

Kann in der Geschichte des Menschen – und heute – ein Krieg gerecht oder gerechtfertigt sein?

Ich werde diese Frage wohl auf der juridischen Ebene beantworten. In der Charta der Vereinten Nationen ist festgelegt, dass, wenn die internationale Gemeinschaft die Anwendung von Gewalt beschließt, diese Gewaltausübung legal ist. Das ist die einzige Antwort, die man geben kann. Wenn einer auf der Straße jemanden umbringt, so werden Sie, nehme ich an, einverstanden sein, daß die Polizei Gewalt anwendet, um den Verbrecher festzunehmen.

Kann es eine Modernisierung ohne Verwestlichung geben, was die Japaner in der Meiji-Restauration von 1868 versucht haben und heute die Länder islamischer Tradition mit „Mekka und Mechanisierung" versuchen?

Ich meine nicht, dass Modernisierung auf Verwestlichung hinauslaufen muss. Sie unterschätzen den Einfluss der nicht-westlichen Länder im Prozess der Globalisierung. Ich verweise nur auf die Bedeutung von afrikanischer Musik und Tanz und die der afrikanischen Plastik für die moderne Kunst. Die Globalisierung wird ja simultan in verschiedenen Weltregionen vorgetragen, und jedes Mitglied dieser Weltgesellschaft nimmt daran teil. Man sieht aber oft nur den Beitrag des Westens zum Nachteil der nichtwestlichen Beiträge. Nehmen wir ein allbekanntes Beispiel: Als 1956 Frankreich, Großbritannien und Israel die Militäroperation gegen Ägypten um den Suezkanal lancieren, erscheinen in Frankreich, England und Israel sofort an die hundert Veröffentlichungen zum Thema, auf der anderen Seite aber – sei's wegen der Armut, sei's mangels einer kritischen Öffentlichkeit und qualifizierter Autoren, um über die Krise zu schreiben – so gut wie nichts. Es gibt im Rückblick nur eine einseitige Interpretation zu verzeichnen. So steht es auch mit der Idee der Globalisierung, die man zu Unrecht mit einer Verwestlichung der Welt gleichsetzt.

Man hat den Eindruck, dass die Sensibilität und die metaphysische Ader heute mehr aus Afrika, aus Lateinamerika gespeist wird als aus dem industrialisierten Westen, wo die Rationalisierung und der Logos der Technokratie die sinnliche Erfahrung zu ersticken scheinen. Wir haben also von diesen Ländern zu lernen, wie schon der große brasilianische Soziologe Darcy Ribeiro sagte.

Das ist eine richtige Wiederkehr der Geschichte. Erinnern wir uns doch nur an den Einfluss Ägyptens auf die abendländische Zivilisation. Man darf sich eben nicht eklektisch nur an eine Geschichtsperiode halten, deren Bedeutung verbiegen und daraus auf die Gleichsetzung von Globalisierung mit Verwestlichung schließen. Tatsächlich ist die Okzidentalisierung selbst das Resultat durch andere Zivilisationen. Ich glaube an eine sich durchhaltende Kontinuität des Zivilisationsprozesses, denn wir sitzen alle im selben Boot. Die Ähnlichkeiten und die gemeinsamen Nenner wiegen schwerer als die Spezifizierungen zwischen den Völkern und Nationen.

Die Evolution des Menschen hat eine Geschichte. Ich weiß, es ist keine leichte Frage, aber, was meinen Sie, wird man in hundert Jahren sagen, habe die Geschichte des 20. Jhs. gekennzeichnet?

Ich weiß es nicht. Aber ich weiß, dass die Beschleunigung des Wandels sich im letzten Jahrhundert verzehnfacht hat und dass der Graben zwischen den Generationen immer tiefer wird. Auch wird aufgrund der enorm angewachsenen Kommunikation die Wahrnehmung des Auseinanderdriftens zwischen dem Norden und dem Süden des Planeten, zwischen den Wohlhabenden und den Habenichtsen ebenfalls deutlicher hervortreten. Ich weiß nicht, was das für Folgen für die nächste Epoche der Zivilisation haben wird. Doch ich weiß, dass wir im Zeitraum von 20 Jahren das Internet erfunden haben und dass die nächsten Dezennien die Vervielfachung von Organtransplantationen und die Entwicklung eines Rechners erleben werden, der in der Lage ist, brauchbare Übersetzungen zu liefern. Aber im Laufe der letzten zwanzig Jahre haben wir auch unerhörte Umwelt- und demographische Probleme auftauchen sehen. Schon die Schnelligkeit des Wandels an sich stellt eine neue Problemstellung dar.

Schließlich muss man daran erinnern, dass die Zivilisationen, die uns vorangegangen sind, sich allererst an ihre Vorgänger hielten, wenn sie für ihre Probleme Lösungen finden wollten. Alle Tradition beruht auf der Orientierungsfrage: Was hätten mein Vater und mein Großvater an meiner Stelle gemacht? Bei der heutigen Beschleunigung des Wandels aber verändern sich die Probleme radikal, dass wir kaum mehr Antwort aus dem Erbe unserer Altvorderen schöpfen können. Wir sind gezwungen, diesen neuen Reflexionsmodus zu akzeptieren.

Man konstatiert heute beträchtliche geopolitische und – strategische Veränderungen sowie neue Machtkonstellationen in Asien, in Lateinamerika, in Afrika und im Nahen Osten – mit Organisationen wie der OECD, dem Mercosur in Südamerika, den ASEAN-Staaten usw. Der Süd-Süd-Dialog wird in der Weltwirtschaft und -politik von Mal zu Mal wichtiger – mit China und seinen Investitionen in Afrika zur Teilhabe an den natürlichen Ressourcen in Angola und im Sudan, aber auch in Südamerika, mit Indien und seinem Export von Digital-Know how und -Industrie, mit Brasilien und seinen Exporten von natürlichen Rohstoffen, mit Boliviens Gasexporten nach China und mit Erdölexporten des Iran nach Russland und China. Das setzt große geostrategische Veränderungen, doch auch anti-demokratische Konsequenzen, die den Menschenrechten und den Anstrengungen des Sicherheitsrates der UNO abträglich sind, wenn es etwa um die Interessen Russlands oder Chinas im Sudan geht. Welche Mächte werden die politischen Schwergewichte im 21. Jh. sein?

China wird ganz gewiss dazu gehören. Russland auch, wenn es erst einmal seine Turbulenzen überwunden haben wird. Erinnern wir uns an das Russland von 1917 oder an das von 1943, als die Nazi-Truppen vor den Toren von Moskau standen. Trotz allem haben die Russen eine Tradition, eine geopolitisch gewaltige Lage, eine alte Diplomatie und politisch und wirtschaftlich den Atem, eine bedeutende Rolle in der Welt zu spielen. Und Europa traue ich zu, sich zu einer starken Gemeinschaft zu vereinigen.

Im übrigen dürfte die Evolution Brasiliens, Indonesiens oder Indiens in den nächsten fünfzig Jahren nicht leicht einzuschätzen sein. Die Frage, was aus den Nationalstaaten wird, bleibt ebenfalls auf der Tagesordnung. Der Nationalstaat wird neu konzipiert werden in einer Weise, die mit seinem chauvinistischen Begriff aus dem vorvorigen Jahrhundert nichts mehr zu tun hat. Er nimmt heute mehr und mehr die Form eines Mikro-Nationalismus an, und die Randgruppen, die ihre Mikro-Staaten bilden wollen, werden schon durch eine Gemeinschaftswährung wie den Euro, erst recht durch die Globalisierung zerbröselt. Das einzige aber, womit wir gewiss rechnen können, ist, dass unser Jahrhundert eine Periode radikaler Transformation sein wird, einer noch radikaleren, als die zweite Hälfte des 20. Jhs. es war.

Der Dialog unter den Kulturen ist in der Tat wichtig. Aber noch wichtiger ist m.E. dass dieser Dialog eine verbindliche Umsetzung in internationale Institutionen findet. Ich habe im Laufe meines Lebens an etlichen Konferenzen teilgenommen und dabei zu oft konstatieren müssen, dass, sobald die Debatten gelaufen sind, niemand sich mehr für die Konklusionen interessiert, mangels einer Folgeabmachung. Konferenzen bilden im Buch der Geschichte bloße Fußnoten. Deshalb brauchen wir eine neue Generation internationaler Organisationen.

Kurz gesagt, hat die erste Generation solcher Organisationen sich im Völkerbund verkörpert, die zweite ist es nun in den Vereinten Nationen, künftig wird aber eine dritte Generation nötig sein, an der nicht nur die Mitgliedstaaten, sondern auch neue Akteure teilhaben, die in den Angelegenheiten der Welt eine Rolle spielen, ohne Staaten zu sein. Die multinationalen Gesellschaften sind ein solcher neuer Akteur, die sog. nicht-regierungs(abhängigen) Organisationen sind ein anderer, und regionale Institutionen wie die großen Städte kommen hinzu. Ich habe 1996 in Istanbul eine Tagung mit den Bürgermeistern verschiedener Metropolen abgehalten. Die großen Städte spielen eine gewichtige Rolle in den internationalen Angelegenheiten und sind also dazu berufen Global Players zu werden. Ohne das Sich-zur-Geltung-Bringen der Zivilgesellschaft bei der Lösung der internationalen Probleme von morgen werden wir ihnen nicht beikommen können. Anders gesagt: Der Staat als Nationalagent genügt nicht mehr. Nach der Privatisierung verschiedener Industrien ist es heute um eine Art „Privatisierung“ (will sagen: Öffnung für die mündige Öffentlichkeit) der internationalen Angelegenheiten zu tun.

Diese neuen Global Players nehmen mehr und mehr aktiv Anteil an der Ausarbeitung der Regeln von morgen und der Behandlung der internationalen Probleme. Ein Hindernis liegt darin, dass die öffentliche Meinung sich für internationale Belange oft nicht interessiert. Während der Ära des Kommunismus hat sie sich mehr dafür interessiert, weil der Kommunismus ja eine große Kommunität (d.h. Gemeinangelegenheit) zu bilden strebte. So interessierte sich ein guter Kommunist für die Situation in Nicaragua, in Zimbabwe oder in Burma. Das ist vorbei, und doch werden auch die inneren Probleme in Zukunft nicht mehr von inländischen Institutionen, sondern auf globaler Ebene verhandelt und entschieden werden. Und diejenigen, die es ablehnen, sich für die internationalen Angelegenheiten zu interessieren, werden dann mit Lösungen leben müssen, an deren Zustandekommen sie nicht beteiligt waren.

Ich erinnere mich an eine Pressekonferenz, die ich in Ägypten mit meinem Stab von der Regierungspartei gegeben habe. Eine junge Frau hat mich gefragt: „Herr Außenminister, wir haben gehört, dass Sie nach Nicaragua fahren wollen. Wo liegt dieses Land?“ Alles brach in Lachen aus. „Herr Minister, warum kümmern Sie sich nicht vielmehr um den Bürgerkrieg im Libanon, statt in Nicaragua spazieren zu gehen?“ Ich habe ihr geantwortet: „Madame, wenn wir wollen, dass Nicaragua und Mittelamerika auf die Probleme des Nahen Ostens achthaben, dann muß der Nahe Osten auch die Situation in Nicaragua im Auge behalten.“

Es ist eine wiederkehrende Frage seit Gibbons historischen Visionen des Römischen Reiches. Kann man von der Geschichte lernen? Welche Gesetze bestimmen den Auf- und Niedergang der politischen Mächte?

In dem Moment, in dem eine Nation eine absolute Macht ohne Kontrolle der internationalen Gemeinschaft und der anderen Akteure ausübt, handelt es sich *per se* um Machtmißbrauch. Dieser Grundsatz mag engstirnig erscheinen, aber ich halte ihn für richtig. Solange wir nicht zu dem besagten Multilateralismus der Mächte gelangen, werden wir uns großen Schwierigkeiten aussetzen. Ein oder zwei Länder allein können die Probleme der Welt nicht lösen; sie haben dazu weder die Kapazitäten noch den politischen Willen noch die Zeit noch die notwendigen Kenntnisse.

Paris 30.03.1998
Übersetzt von Konrad Honsel

„Kein Wissenschaftler weiß, was das Leben ist“

ERWIN CHARGAFF

Erwin Chargaff wurde am 11. August 1905 in Czernowitz, der Hauptstadt der damaligen k.u.k. Bukowina geboren. Er studierte Chemie und Philologie in Wien und war Karl Kraus zufolge eine der Persönlichkeiten, die dessen Leben bestimmt haben. Chargaff verließ 1933 Nazideutschland in Richtung Paris, bevor er anschließend an die New Yorker Columbia University ging. 1952 erhielt er seinen Ruf als Professor der Biochemie. Zu seinen wichtigsten Forschungsergebnissen gehört die Entdeckung, dass die DNA aus einer Folge komplementärer Nukleinsäuren besteht, die eine präzise Nachbildung des Moleküls und damit die Bestimmung seiner Funktion als Informationsträger von Erbgut erlaubt.

Chargaff hat besonders durch seine 1979 in Deutschland erschienene Autobiografie *Das Feuer des Heraklit* (Klett-Cotta) auf sich aufmerksam gemacht, in der er massive Kritik an der Funktion der Wissenschaft übt. Während der letzten Jahre seines Lebens wurde er ein sehr engagierter Beobachter der technischen Zivilisation. Er verstarb 2002 in New York im Alter von 97 Jahren.

Zu den Werken von Chargaff gehören: *Abscheu vor der Weltgeschichte* (Klett-Cotta, 1988), *Brevier der Ahnungen* (Klett-Cotta, 2002), *Stimmen im Labyrinth* (Klett-Cotta, 2003).

*

Herr Chargaff, abgesehen von einem Zwischenaufenthalt in Europa zwischen 1930 und 1934 – vornehmlich in Berlin, wo Sie Chemie lehrten – der schließlich mit der erzwungenen Emigration endete, leben Sie seit 1928 in den USA, einem Land, dessen Kultur Sie im Grunde Ihres Herzens ablehnen und in zahlreichen Schriften scharf kritisierten. Haben Sie nie das Bedürfnis verspürt, dem amerikanischen Exil zu entfliehen, zumal nach ihrer Emeritierung an der New Yorker Columbia University im Jahre 1974?

Na ja, Anfang der sechziger Jahre habe ich mich in Südfrankreich und Norditalien intensiv nach einer Bleibe umgeschaut, dort hätten wir, meine Frau und ich, uns wohl fühlen können, aber es war uns nicht beschieden. Hier dagegen lebt man ja nicht in einer Kultur, sondern auf einer großen Müllhalde. Dieses Land ist nie wirklich zusammengewachsen. Tocqueville, der mich früh beeindruckte, hat in seinem großartigen Werk *De la démocratie en Amérique* bereits klar erkannt, dass es in diesem Teil der Welt schon wegen der unterschiedlichen Kulturen zu keinem inneren Gleichgewicht kommen kann. Meiner Meinung nach müsste ein Wunder geschehen, damit aus solchem Gemisch eine einheitliche, wahre Kultur entsteht.

Tocqueville hat auch vorausgesehen, dass die amerikanische Philosophie in erster Linie pragmatisch, das heißt von einem ausgeprägten Erfolgsdenken beherrscht sein wird, dem dann die Konzeptionen von Charles Peirce, William James und John Dewey tatsächlich den Weg ebneten. Das Nützlichkeitsprinzip scheint für die Menschen im so genannten melting pot das einzig Verbindende zu sein. Eben dieser Begriff war Ihnen eigentlich immer fremd. Sie haben ihn früher schon nicht gemocht und heute bringen Sie Ihre Aversion dagegen nur um so offener zum Ausdruck.

Der *melting pot*, das ist der kleinste gemeinsame Nenner, der besagt, dass alles sich ums Geld dreht, alles darauf reduziert und eingeschmolzen wird. Gewiss, es gab Henry David Thoreau, den Verfasser von *Walden*, den ich im besten Sinn des Wortes für einen unamerikanischen Schriftsteller halte. Er ist ein Klassiker und wird weiterhin gelesen von Leuten, die an dieser Art von höherem Masochismus Gefallen haben. Aber sie treten kaum in Erscheinung, sie werden irgendwie geschluckt von einem riesigen Staubsauger. Es dominiert ein Mechanismus, der das Denken, das Fühlen lähmt, ja zunichte macht.

Sie gingen so weit, Amerika als Nachtasyl zu bezeichnen, als tragisches Land, sogar als einen Witz des Teufels.

Amerika hat eigentlich keine Geschichte. Grob gesagt: In dieser Erde wurden während der gut zweihundert Jahre einfach noch nicht genügend Menschen begraben. Das relativ schmale kulturelle Erbe bildet kein Gegengewicht zu den verabsolutierten Kriterien des Erfolgs. Dafür meißelt man meist unbedeutende Präsidenten in Felsen, die ohne solche Gesichter viel schöner waren. Die seltsame Mischung aus fundamentalistischem Quäkertum und Materialismus, die hiesige Auffassung von Prosperität, gepaart mit der ausgesprochenen Abneigung, sich mit europäischen Ideen ernsthaft auseinanderzusetzen, und obendrein der Glaube, eine bestimmte Mission erfüllen zu müssen, nicht zuletzt auch in der Wissenschaft – damit war ich nie vertraut; ich bin ja in einem ganz anderen Geist aufgewachsen und erzogen worden. Von daher – und unter dem Einfluss des Buches von Tocqueville – habe ich ein kleines Pamphlet geschrieben: *Armes Amerika – Arme Welt*. Die Menschen hier tun einem fast leid in ihrer spirituellen Entfremdung, in ihrer Abgeschnittenheit von all dem, was auf einer tieferen oder höheren Ebene angesiedelt ist. Jede Form von echter Empfindung oder reiner Lyrik erscheint ihnen lächerlich, unvorstellbar. Das ist sehr schade, fürwahr: Amerika ist ein tragisches Land.

Dennoch halten Sie in einer für einen Naturwissenschaftler überraschenden Weise an der Überzeugung fest, dass besonders die Poesie einen unabdingbaren Schlüssel zum Verständnis der wesentlichen Aspekte der inneren und äußeren Wirklichkeit darstellt.

So bin ich geboren.

Bei der Lektüre Ihrer essayistischen Arbeiten spüre ich häufig eine Sehnsucht nach Dichtung, nach Mystik, nach Religiosität, die von der Naturwissenschaft nicht gestillt werden kann, während diese zugleich den Anspruch erhebt, die Religion ersetzt oder gar als etwas Überflüssiges entlarvt zu haben, eine Idee, die bereits von Roger Caillois zum Ausdruck gebracht wurde.

Das stimmt. Schauen Sie: Es existieren zwei Arten von Gedankenbildung; die eine ist mechanistisch, positivistisch, reduktionistisch und findet ihren Niederschlag in den Naturwissenschaften; die andere ist das, was ich lyrisches Denken nennen würde und was in Amerika wie auch in der übrigen Welt inzwischen abgestorben ist. Im 18. und bis ins 19. Jahrhundert war es noch vorhanden – in der deutschen Literatur bei Claudius, Hölderlin und anderen, in der französischen Literatur bei Hugo, Baudelaire, Lautréamont, Rimbaud. Dann trat die Naturwissenschaft auf den Plan. Sie hat diese Position vereinnahmt und sich gewissermaßen in eine dogmatische Religion umgewandelt, an die man glauben muss. Um das zu verdeutlichen, benutze ich gerne folgendes Bild.

Wenn man den einzelnen wissenschaftlichen Disziplinen die Frage stellt: Was ist das Leben?, bekommt man zu hören, was zum Leben dazu gehört und in welchen Reaktionen und Formeln es sich widerspiegelt. Das ist ungefähr so, als würde man fragen: „Was ist ein Buch?“ und die Antwort erhalten: Wir nehmen es auseinander, analysieren das Papier, stellen fest, wie die Buchstaben aussehen und mit welcher Tinte sie gedruckt wurden – doch was im Buch eigentlich steht, wissen wir nicht. Das Gleiche trifft auf die Naturwissenschaft zu, auch sie sagt uns das nicht. Kein Wissenschaftler, niemand weiß, was das Leben ist.

Sie bestreiten das Ansinnen der exakten Wissenschaft, die Prozesse in der Natur nach Belieben zu manipulieren und damit auch das weitere Schicksal der menschlichen Spezies zu kontrollieren. Das erscheint Ihnen als eine diabolische Ausgeburt der Vermessenheit und der Ignoranz, weil die Natur letztlich zum Feind erklärt wird, den es zu bezwingen und zu unterwerfen gilt.

Die moderne Naturwissenschaft – ich rede hauptsächlich von der Biologie – erstrebt die Kolonialisierung der Natur und führt Krieg gegen sie. Die Medizin etwa versucht den Tod zwar nicht abzuschaffen, doch immer weiter hinauszuschieben. Nun gibt es natürliche Grenzen, an denen man nicht herumpfuschen sollte. In diesem Sinne bin ich ein frommer Primitiver. Derlei Unternehmungen zählten jedenfalls nicht zu den ursprünglichen Aufgaben der Naturwissenschaft, die zu

Beginn eine rein beschreibende war. In dem Maße, wie sie dann die Phänomene erklärte, musste sie etwas dazu erfinden, denn Erklärungen gibt uns der liebe Gott ja nicht. Zwangsläufig lag sie manchmal richtig, manchmal falsch. Jetzt aber drängt sich mit aller Macht die dritte, die ausbessernde Naturwissenschaft in den Vordergrund, die einige Fehler der Natur eliminieren will. Davor habe ich große Angst. Die Vorstellung, dass eine im Labor erzeugte, gegen bestimmte Schädlinge resistente Sojabohne oder Getreidesorte die ganze Genetik verändert, ist entsetzlich. Wir verstehen viel weniger, als wir tun können, und richten möglicherweise einen Schaden an, der nicht wieder gutzumachen ist. Der Eingriff ins Erbmaterial von Nahrungsmitteln oder Lebewesen ist irreversibel; wenn wir solche Fabrikate dann in die Welt entlassen, begehen wir das größte Verbrechen, das ich mir denken kann.

Nun waren Sie selbst jahrzehntelang ein erfolgreicher Biochemiker, haben sich große Verdienste um die Erforschung der DNS erworben, indem Sie entdeckten, dass die Basen Adenin und Thymin, Guanin und Cytosin, deren Sequenz den genetischen Code festlegt, in komplementärem Verhältnis stehen. Dadurch gaben Sie Francis Crick und James Watson den entscheidenden Hinweis für die Entwicklung des Sprossenmodells der Doppelhelix, worin die paarweise angeordneten Basen die Brücken zwischen den beiden DNS-Strängen bilden. Die auf diesem Gebiet weiter vorangetriebenen Untersuchungen fanden ihren Höhepunkt in der kürzlich vollbrachten Entzifferung des menschlichen Genoms. Wie würden Sie vor solchem Hintergrund den Unterschied zwischen einem Wissenschaftler Ihrer Prägung und den nachfolgenden Biotechnologen umschreiben? Was trennt die alte von der neuen Naturwissenschaft? Ist es die Einstellung zum Geheimnis des Lebens, das die erstere achtet und die letztere auszuradieren versucht?

Die heutigen Forscher kommen an das Geheimnis ja gar nicht heran. Newton zum Beispiel war ein herausragender Physiker. In seiner Freizeit aber hat er Kommentare über den Propheten Daniel geschrieben – das heißt, er war noch verbunden mit einer zweiten Nabelschnur, mit dem Alten Testament. Eben deshalb entspricht er meiner Vorstellung von einem großen Mann: weder 100 Prozent Wissenschaftler noch 100 Prozent Schriftsteller. Jetzt hingegen ist man nicht mehr Physiker oder Chemiker oder Biologe, sondern der fünfte Fuß des Hundertfüßlers oder Tausendfüßlers. Das lockt kleinere Intellekte an, denen der Gesamtzusammenhang völlig gleichgültig ist. Dieses Problem habe ich bereits aus verschiedenen Perspektiven beleuchtet, aber niemand will auf mich hören. Man behauptet immer nur, ich sei verärgert, weil ich im Gegensatz zu Crick und Watson nicht den Nobelpreis erhalten habe. Doch dem ist bei Gott nicht so.

Zwangsläufig stehen Sie auch den bisherigen Versuchen, die unabsehbaren Konsequenzen der Gentechnik durch eine entsprechende Bioethik in den Griff zu bekommen, äußerst skeptisch gegenüber. Sie befürchten, dass diese mit der extrem beschleunigten Manipulation des Erbguts gar nicht Schritt halten kann.

Ich finde es unsinnig, die Ethik in Scheiben zu schneiden wie eine Salami. Es gibt nur eine Ethik, so wie es eine Metaphysik gibt. Die Bioethik existiert ebenso wenig wie die Pornoethik oder die Kleptoethik. Wir haben ja keine Ahnung, was „Bio“ eigentlich bedeutet – außer der Fähigkeit, mit Organen oder deren Extrakten beziehungsweise Imitaten Geld zu verdienen. Das aber ist nichts als Nekroethik. Das Leben an sich bleibt – hoffentlich ewig – ein Mysterium. Ist es ein Gas, ist es eine Flüssigkeit? Was geschieht da kurz nach der Befruchtung, wenn die Eizelle eingesalbt wird? Warum lebt der Embryo dann plötzlich? Dieses Ereignis vollzieht sich an einer Kante, in einem Zwischenraum, wo das Mechanische ins Metaphysische übergeht. Darauf haben wir keinen Einfluss, das können wir auch mit den leistungsstärksten Computern nicht entschlüsseln. Wir erforschen nicht das Leben, sondern lediglich gewisse Bestandteile und Bedingungen des Lebens, ohne genau zu wissen, ob sie tatsächlich notwendig sind.

Wie müsste, nach aller Kritik, eine alternative, eine menschen- und umweltfreundliche Naturwissenschaft beschaffen sein, die den Aufbruch in eine lichtere Zukunft verheißt wie dies bereits Aldous und Julian Huxley zu ihrer Zeit anmahnten?

Paradoxerweise müsste sie zunächst einmal weniger Geld erhalten. Vor einigen Jahren habe ich in einem Interview diesen Reformvorschlag unterbreitet, der dann große Empörung hervorrief, weil eine Reihe von Instituten ja gerade über zu geringe finanzielle Mittel klagt. Meines Erachtens darf man die Forschung nicht überbetonen – sie ist interessant, doch nicht unbedingt lebenswichtig. Es war etwa die Rede davon, dass eine Katastrophe hereinbräche, falls das Genom nicht schnellstens gelesen würde. Diese Auffassung ist falsch. Die Entdeckung hätte auch noch in hundert Jahren gemacht werden können. Das dauernde Drängen ist eine brutale, ich meine fast verbrecherische Form der Wissenschaftsförderung. Amerika ist eben ein ungeduldiges Land, dessen ganzes Vokabular – man denke bloß an den Ausdruck *the sharp edge of research* – darauf hindeutet, dass es sich in einem Krampfzustand befindet. Im Grunde gibt es in der Wissenschaft keine Zeit. Ich wäre einverstanden, weniger Geld zu haben, zugleich aber ein geruhsameres Leben und nicht so viele Auszeichnungen für nichts und wieder nichts. Doch sobald ich das sage, wird mir unterstellt, ich sei regressiv, ich sehnte mich zurück in meine Epoche oder in die davor.

Die Idee des Fortschritts besaß für Sie in früheren Jahrhunderten durchaus noch eine gewisse Gültigkeit, während Sie sie hinsichtlich der Gegenwart als widerspruchsvoll oder geradezu als sinnentleert empfinden, wie es bereits zum Beispiel Cornelius Castoriadis sagte.

Ja, wobei ich sogar im Zweifel bin, ob der Fortschritt des menschlichen Geistes, den der Marquis de Condorcet nachzuweisen versuchte, seit der Französischen Revolution wirklich eingetreten ist. Die Kulturgeschichte kennzeichnet sich wohl eher durch ein ständiges Auf und Ab. Ich würde also nicht darauf beharren, dass wir in wesentlichen Punkten fortgeschrittener sind als die Neandertaler. Ungebrochener Fortschritt hieße ja etwa in der Musik: Es tauchen ohne Unterlass noch bessere Komponisten, noch größere Mozarts auf. Wäre das überhaupt wünschenswert? In der Philosophie ist es nicht anders. Selbst wenn Heidegger, wie manche versichern, ein Genie war, halte ich doch Aristoteles nicht unbedingt für einen schlechteren Denker. Im Grunde steht es mir gar nicht zu, darüber zu urteilen. Günstigenfalls hat zeitweise ein gemäßigter Fortschritt stattgefunden nach der Maxime: *per aspera ad astra* – aber wir sind noch lange nicht in den Sternen.

Und die Weltgeschichte an sich? Sie lässt allem Anschein nicht den geringsten Optimismus zu – denken wir nur etwa an das Werk von E. M. Cioran.

Die Weltgeschichte ist ein Katalog von Gewalttaten und Unglücksfällen. Sie besteht hauptsächlich aus Kriegen, Krönungen, Absetzungen und Revolutionen, aus denen dann auch wieder nichts wird. Angesichts solcher Scheußlichkeiten hat das Schöne kaum eine Chance.

Für die Anhänger Darwins, die von der linearen Höherentwicklung der Lebensformen – also auch der psychosozialen Struktur des Menschen – ausgehen, wäre selbst dies kriegerische Treiben eine weitere Bestätigung der Evolutionstheorie: Im Kampf ums Dasein werden jene Individuen selektiert, die sich besser angepasst und damit ihre Stärke demonstriert haben. Das Zweckmäßige triumphiert über das offenbar Untaugliche.

Meiner Ansicht nach ist Darwin ein brillanter Denker und kein unsympathischer Mensch, aber die Evolutionstheorie beinhaltet doch manches Fragwürdige. Wenn der Sozialdarwinismus dic Auslese des Stärksten propagiert, dann hat das verheerende Auswirkungen. Ich könnte mir vorstellen, dass einige gescheite Biologen die Richtigkeit der Evolutionslehre in dieser Hinsicht anzweifeln – aber sie wagen nicht, offen darüber zu sprechen, weil das ihrer Karriere schaden würde. Es gibt Konventionen, die derart einwachsen, dass sie später als solche nicht mehr erkennbar sind. Die Darwinsche Theorie hat zunächst wenige Befürworter gehabt, aber von einem gewissen Zeitpunkt an beherrschte sie das wissenschaftliche Gedankengebäude und wurde quasi zum Glaubensprinzip. Ähnliches geschah etwa in der Molekularbiologie. Derlei Tendenzen kennzeichnen jedoch auch frühere Epochen: Wer im Mittelalter kein Christ war, brachte es zu nichts – und wurde unter Umständen verbrannt. Wobei die Emporkömmlinge nicht immer so gläubig gewesen sein mochten ...

Sie hingegen, Herr Chargaff, haben sich den Gepflogenheiten und ungeschriebenen Gesetzen des Wissenschaftsbetriebs konsequent widersetzt und während Ihrer Laufbahn in zunehmendem Maße die Rolle des schöpferischen Außenseiters übernommen.

Ich bin mit den Genen für Sesshaftigkeit ausgestattet – habe über 70 Jahre in einer Straße, Central Park West, gewohnt, war 66 Jahre verheiratet, habe 40 Jahre an derselben Universität ausgeharrt und nicht einmal versucht, einen weiteren Ruf zu erhalten. Der erschien mir weniger wichtig als die Auseinandersetzung mit Themen, die auf andere Bereiche, in Literatur und Humanwissenschaften, übergreifen. Diese muss man sich selbst erobern, da kann einem nichts und niemand helfen.

Aber der Grenzgänger in Ihnen, fühlt er sich nicht manchmal ausgestoßen aus der Mitte derer, die auf die strikte Einhaltung bestimmter Spielregeln innerhalb einer wissenschaftlichen Disziplin pochen, fallen gelassen von dieser Welt, die, wie Sie sagen, durch und durch der geistigen Eindimensionalität und dem Gewinnstreben verpflichtet ist?

Ich betrachte mich eher als einen in die Welt Geworfenen, so wie Heidegger das formuliert hat. Jeder ist allein. Und mir tun die Menschen leid, mich selbst eingeschlossen, die zu keiner Religion eine innige Beziehung herstellen können. Wenn jemand sich aufrichtig einen frommen Katholiken nennt, beneide ich ihn fast. Ich habe zwar religiöse Empfindungen, aber keinerlei Verbindung zum Judentum. Meine Eltern und ich, wir waren schon nicht mehr darin verwurzelt.

Sie betonen, dass die Intelligenz des Kopfes allein nicht genügt, dass es vor allem auch auf die Intelligenz des Herzens ankommt fast ein wenig wie Antoine de Saint-Exupéry.

Ich zeige eben meine sentimentale Seite, obwohl mir dies nicht viel genützt haben wird. Das Gleichgewicht zwischen Kopf und Herz ist uns irgendwann abhanden gekommen, aber zu meiner Zeit bestand es noch. Heute ist alles Gefühlsmäßige geradezu verpönt.

Von daher wirkt auch der Begriff des Göttlichen als einer sowohl Vertrauen wie Schauder erweckenden Macht auf der gegenwärtigen Kulturstufe seltsam anachronistisch. Kann der Mensch ohne ihn existieren? Im Sinne dieser neuen Eschatologie, von der Karl Löwith sprach?

Nein, aber er kann sich eine Privatkapelle bauen, wie ich es getan habe, und die Zeremonien ausführen, deren er bedarf. So wehrt er sich mit der ihm eigenen inneren Kraft gegen die ringsum gottlose Gesinnung.

Die von der Spaßgesellschaft in Gang gesetzten Mechanismen der Zerstreuung werden dies oft genug verhindern. In welchen Lebensbereichen entdeckt der Mensch jetzt trotzdem noch den Sinn für das Sakrale, der ihn seit jeher zwang, mit dem Überirdischen zu kommunizieren und dadurch das Irdische in seiner Fülle, in seiner Schönheit zu bewahren?

Wenn ich witzig sein wollte, würde ich sagen, dass der Amerikaner vielleicht beim home run eines Baseballspielers das Maximum des Sakralen verspürt. Im Ernst: Das Sakrale war wahrscheinlich immer schon schwer zu finden. Der C.G. Jung, der übers Land gefahren ist und so manchem den Star gestochen hat, begegnete hier und dort sehr frommen Menschen; dann sank er auf die Knie und betete mit ihnen. In solchen Momenten lag bestimmt viel Sakrales. Ansonsten aber ist das Gefühl dafür spätestens seit der Aufklärung im Schwinden begriffen. Goethe hat es noch gehabt, Eichendorff auch. Mir persönlich war diese Scheu, diese Ehrfurcht stets nah, was mich mit Dank erfüllt. Immerhin kann man den Mangel an Sakralem mit Hilfe brauchbarer Ersatzteile halbwegs kompensieren: durch einige Melodien Mozarts oder Kantaten Bachs, die einem ans Herz gehen, durch Gedichte, die einem Schauer über den Rücken jagen.

Wenn Sie auf Ihr Leben zurückblicken – was empfinden Sie als den größten Verlust?

Den Tod meiner Frau.

Wie haben Sie es geschafft, den Schmerz zu ertragen und einen neuen Anfang zu machen?

Man schafft es, wie Sie sehen. Man könnte Selbstmord begehen, aber ich bejahe ihn nicht – auch da schlägt etwas Religiöses durch. Ich betrachte das Leben als ein unglaubliches Geschenk. Zugleich verstehe ich, dass einer wie Paul Celan aus übermächtiger Verzweiflung dazu getrieben wird, in die Seine zu springen.

Und die Vorstellung, selbst nicht mehr hier zu sein?

Davor habe ich keine besondere Angst. Uns ist eine Spanne Zeit zugemessen und die habe ich überschritten. Man wird doch immer lächerlicher, ein Greis in New York ist eine groteske Erscheinung. Als ich noch allein spazieren ging, im Central Park, ungefähr vor zwei Jahren, und ein wahnsinniger Wind aufkam, der mich schier umwehte, habe ich ein paar Buben gefragt, ob ich mich bei ihnen einhängen kann. Unter lautem Lachen sind sie weggelaufen. Zum Glück tauchte dann eine alte schwarze Frau auf und hielt mir ihren Arm hin.

Sie erwarten keine neue Gnosis?

Ich erwarte alles, ich bin bereit, den Messias morgen zu begrüßen. Aber ich glaube, ich würde ihn nicht erkennen. Ein Genie erkennt man meiner Meinung nach nur daran, dass man es nicht erkennen kann. Doch das Wesen des Messias ist ja, erkannt zu sein. Wenn man ihn also nicht sieht, wie kann man dann wissen, dass es ihn gibt?

New York, 26.03.1999

Redaktionell bearbeitet und übersetzt von Jochen Winter

„Die Futurologen täuschen sich immer"

RÉGIS DEBRAY

Der Schriftsteller und Philosoph Régis Debray wurde 1940 als Sohn eines Anwalts und der Widerstandskämpferin Janine Alexandre-Debray, der späteren gaullistischen Senatorin, in Paris geboren. 1961, bevor er nach New York ging, verfasste er seine Dissertation in Philosophie an der Sorbonne. 1962 drehte er einen Dokumentarfilm über die Guerilla in Venezuela, und lebte auch selbst wie ein Gueriller. Zurück in Frankreich veröffentlichte er unter anderem Texte über den Freiheitskampf in Lateinamerika in der Zeitschrift von Sartre, *Les Temps modernes*. Im April 1967 wurde Debray vom Militär in Bolivien verhaftet und zu 30 Jahren Haft verurteilt. Aufgrund internationaler Protestaktionen kam er nach 3 Jahren frei. Nach seiner Haft wohnte Debray bei dem chilenischen Poeten Pablo Neruda, wo er ein langes Interview mit Salvador Allende führen konnte. Später distanzierte sich Debray klar von seiner revolutionären Vergangenheit. Nach dem Sieg von François Mitterand 1981 wurde er Berater des Präsidenten für Fragen der Dritten Welt. Régis Debray hat zahlreiche den Medien und kürzlich auch der Religion gewidmete Essais veröffentlicht – er ist Begründer der „Mediologie", einer in Frankreich entwickelten Wissenschaftstheorie. Veröffentlichungen in deutscher Sprache: *Die Grenze* (Hanser, 1968), *Der chilenische Weg* (Luchterhand, 1972), *Voltaire verhaftet man nicht!* (Hohenheim, 1981), *Jenseits der Bilder* (Avinus, 1999), *Einführung in die Mediologie* (Haupt, 2003) sowie in französischer Sprache: *Dieu, un itinéraire* (O. Jacob, 2002), *Le Feu sacré* (Fayard, 2003) und *Le moment fraternité* (Gallimard, 2009).

*

Herr Debray, das Spektrum Ihres Werkes reicht vom politischen Engagement zur politikwissenschaftlichen Analyse, von der persönlichen Präsenz in den Medien zur kritischen Auseinandersetzung mit deren Methoden, die in eine neuartige Mediologie einmündet, von der Untersuchung zeitgeschichtlicher Fragen zur intensiven Beschäftigung mit Kunst, Philosophie und Religion. In Ihren Schriften wird deutlich, dass weniger die Religion an sich als das Phänomen des Religiösen Ihr Interesse erweckt. Könnten Sie diese Unterscheidung näher erläutern?

Die Religion ist mit der Vorstellung von einer Institution, etwa der Kirche und des Klerus, verbunden, darüber hinaus mit personifizierten Gottheiten. Das Religiöse hingegen bedarf keiner Konfession, ja nicht einmal eines Gottes, und es manifestiert sich auch in säkularen Formen. Die großen Ideologien des 20. Jahrhunderts – Kommunismus und Faschismus – waren säkulare Religionen und ihrem Wesen nach atheistisch. Insofern ist der Begriff des Religiösen weiter gefasst als der der Religion. Man kann ohne Religion auskommen, nicht aber ohne das Religiöse.

Dieses wiederum hängt mit der Auffassung vom Heiligen zusammen. Wie beurteilen Sie die entsprechenden Arbeiten der Religionsphilosophen beziehungsweise Religionshistoriker Rudolf Otto, Roger Caillois, Mircea Eliade, René Girard im Hinblick auf Ihre eigenen Ansätze?

Besonders René Girard hat mich beeindruckt, da er das Heilige von der psychologischen Seite her beleuchtet. Ich für mein Teil sehe im Heiligen – obwohl es diskursiv nur schwer zu erfassen ist – das Resultat eines logischen Mechanismus, der in vielerlei Erscheinungsformen sämtliche Kulturen und Gesellschaften durchzieht. Im Heiligen äußert sich das Gefühl einer Gemeinschaft, mehr noch: Es liegt ihr zu Grunde und gewährleistet überhaupt erst ihren Bestand. Sie kann ihre unterschiedlichen Kräfte nur dadurch zu einer Einheit fügen, dass sie sich einem transzendenten Wert jenseits der immanenten Ebene öffnet. Mit anderen Worten: Man muss gleichzeitig Geschlossenheit und Offenheit denken – die Geschlossenheit der einzelnen Gruppen, die nur möglich ist dank ihrer Offenheit gegenüber einem ursprünglichen oder endgültigen Ziel, ob es sich dabei um den Mythos vom verlorenen Paradies handelt, um ein chiliastisches Versprechen oder um einen Verfassungstext wie den der Vereinigten Staaten von Amerika. Hierin liegt der Inbegriff des Heiligen. Es ist nicht manipulierbar, denn es entzieht sich dem Zugriff des Menschen – widerspräche er ihm, würde er sich selbst in Frage stellen. Daraus entsteht unausweichlich eine Art Kohärenz – und dann eine Koexistenz – zwischen dem Sozialen und dem Sakralen. Das heißt, es gibt letztlich keine atheistische und schon gar keine agnostizistische Gesellschaft, auch dann nicht, wenn sie sich ihres Gottes entledigt hat: Der Glaube hält die Menschen zusammen. Diese Wahrheit erscheint banal, doch eigentlich ist sie ungeheuer desillusionierend und deshalb auch traurig. Egal, inwieweit wir unsere Kenntnisse vermehren, die Wissenschaft fördern und die technischen Instrumentarien verfeinern – wir bleiben gläubige Tiere, solange wir in der Gruppe leben. Insofern sind viele der gegenwärtigen Konzeptionen, die das Glück am Ende des Weges verheißen, das Verschwinden des Wahns und der Entfremdung, seltsam hohl, eben weil sie den wissenden Menschen mit dem gläubigen Menschen verwechseln, den Einzelnen mit dem Kollektiv. Dieses ist stets dem Gesetz des Glaubens unterworfen. Noch wenn man eine Gesellschaft aus Mathematikern, Physikern und Chemikern gründet, muss man ihr eine Leitfigur beigeben, eine Liturgie, ein Ritual, eine Verpflichtung, ein Programm, und all das bildet dann das Heilige einer solchen agnostizistischen Gemeinschaft.

Das heißt, die das Individuum wie das Kollektiv charakterisierende Begrenztheit resultiert gerade aus dem Bedürfnis nach dem Unbegrenzten; allein dieses verleiht beiden Eigenart und Gestalt.

Ja, jede Abgrenzung erfordert eine Öffnung auf etwas Umfassendes, wie sie auch im klassischen Wechselverhältnis zwischen Körper und Seele, Materie und Geist deutlich wird. Von daher bezeichnet die Grenze eine unumstößliche anthropologische Konstante. Allerdings steht diese Ansicht in schroffem Gegensatz zu den heute vorherrschenden Tendenzen. Wir hängen einer allseits beliebten Utopie an, nämlich der einer Welt ohne Grenzen – man denke nur an Organisationen wie „Ärzte ohne Grenzen" oder „Reporter ohne Grenzen". Meines Erachtens aber brauchen wir – physische oder symbolische – Grenzen, und wenn sie uns abhanden kommen, setzen wir neue. Zu diesem Schluss gelangt man etwa auch durch die Beobachtung der staatspolitischen Verhältnisse. Sobald die Identität einer Nation an Kontur verliert und sich allmählich auflöst, treten Regionalismen zu Tage, die manchmal sogar innerhalb einer Stadt zum Patriotismus hinsichtlich des eigenen Viertels ausarten: Die Menschen fangen wieder an, ihre kleinen Territorien abzustecken. Sie isolieren sich, und das zeigt, dass sie nicht im grenzenlos Offenen leben können. In dieser Perspektive ist das Heilige nicht mit dem Gefühl vom Unendlichen verknüpft, sondern eher mit der Notwendigkeit, einen Ort zu schaffen, eine Identität zu bewahren, durch die Individuum und Kollektiv sich definieren. Das ist sicherlich eine pessimistische Hypothese, doch die geschichtlichen Tatsachen scheinen sie ebenso zu bestätigen wie die aktuellen Vorgänge in den betreffenden Gesellschaften.

Sie haben dargelegt, dass sich der in die Gemeinschaft eingebundene Mensch zwangsläufig an einem übergeordneten Zweck orientiert, den er als heilig erachtet und zum Gegenstand seiner religiösen, mythologischen oder metaphysischen Entwürfe macht. Heute jedoch erleben wir, wie die staatlichen Mächte, die eben diese Gemeinschaften regieren, zunehmend den Prozess der Verweltlichung durchlaufen. Das veranlasste Sie dazu, die Formel zu prägen: „Je weniger geistlich die weltliche Macht, desto weltlicher die geistliche Macht."

Hier haben wir es mit dem Prinzip der kommunizierenden Röhren zu tun. Wenn die weltliche Macht über keine geistlichen Inhalte mehr verfügt, dann übernimmt die geistliche Macht weltliche Inhalte. Anders ausgedrückt: Wenn der Staat des Heiligen entbehrt, wenden sich Kirche und Klerus dem Profanen zu. Ich bezweifle, dass der Niedergang der politischen Autorität den Menschen mehr Freiheit beschert; wahrscheinlich aber führt er zu einer Politisierung der geistlichen Autorität. Die ehemalige Sowjetunion bietet dafür ein passendes Beispiel: Der religiöse Staat im Zeichen des Kommunismus unterlag der Säkularisierung, und infolgedessen erscheint die orthodoxe Kirche heute als eine bedeutende weltliche Macht. Man muss eben zwischen zwei Übeln das kleinere wählen. Individuelles und kollektives Heil gehen niemals Hand in Hand. Versuchen wir also, solchen Religionen den Vorzug zu geben, die am wenigsten „kostspielig" sind.

In Ihrem Buch L'Etat séducteur *beschreiben Sie den modernen Staat als einen Verführer, der seinerseits der Verführung erlegen ist, da er seine ursprünglichen Ideale aufgegeben hat und seine Politik hauptsächlich auf das Hier und Jetzt gründet – auf Zeitströmungen und daraus abgeleitete Ad-hoc-Entscheidungen.*

Vor dem Staat als Verführer gab es den Staat als Erzieher – etwa in seiner traditionellen republikanischen Form. Er beruhte auf der Alphabetisierung der Massen, der Einführung der Schulpflicht, der Schaffung und Erweiterung des Eisenbahnnetzes und nicht zuletzt auf der Presse, die die gelehrte Diskussion über den – im kantischen Sinn des Wortes – öffentlichen Raum kultivierte, wie die Aufklärung ihn kannte. Das war ein Staat, der verbindliche – gewiss auch strenge – Normen setzte und ein Projekt von historischem Ausmaß verfolgte, der sogar eine Geschichtsphilosophie anbieten konnte, im Guten wie im Schlechten. Heute dagegen haben wir einen Staat, der auf die öffentliche Meinung fixiert ist, auf die Logik der Nachfrage und nicht auf die des Angebots. Man versucht möglichst genau herauszufinden, was die Leute wünschen; zu diesem Zweck werden sie befragt, wird der Markt erforscht, und dann richtet man die Politik nach den jeweiligen Meinungen und Bedürfnissen aus. Das begünstigt weder den politischen Willen noch die Rationalität, sondern die Emotionalität, die Demagogie sowie eine gewisse Nachgiebigkeit. An die Stelle der Diplomatie rückt der soziale oder der humanitäre Aspekt. Diese Verschiebung geht einher mit einem Verlust an Abstraktion und damit auch an Idealität.

Ihre Argumentation stützt sich im Weiteren darauf, dass die Repräsentanten der exekutiven Gewalt von den Medien in jeder Hinsicht vereinnahmt werden, dass sie zugleich aber keine Möglichkeit auslassen, sich deren Vermarktungsmethoden zu Nutze zu machen. Gemessen daran wirkt der sachbezogene Diskurs wie ein Relikt aus vergangener Zeit, Manuel Castells hat deutlich darauf verwiesen.

Ja, ich spreche über den westlichen Staat mit effizienten Kommunikationssystemen, in dem der Präsident, der Premierminister oder der Kanzler ständig auf dem Bildschirm erscheinen muss, über Ministerien, wo die Pressestelle Vorrang vor allen anderen Abteilungen hat, über hohe Politiker, die täglich mehrere demoskopische Erhebungen zu Rate ziehen. Ich spreche über den Staat, in dem das Oberhaupt immer mehr einem Schauspieler ähnelt – oder, wie im Falle Reagan, direkt aus dem Showbusiness kommt – und der Bürger einem bloßen Verbraucher. Natürlich trieben auch manche Führer des Staates, der sich als Erzieher verstand, einen Personenkult, und ihr Idealismus barg die Gefahr, dass sie sich über berechtigte soziale Forderungen hinwegsetzten, aber gegenwärtig schlägt das Pendel zu weit in Richtung der Veräußerlichung aus.

Die schädlichen Einflüsse der von Ihnen apostrophierten Mediokratie machen sich nicht nur auf dem politischen Sektor bemerkbar; vielmehr sehen Sie in ihr eine Bedrohung für das gesamte gesellschaftliche und kulturelle Leben, etwa im Einklang mit Jean Baudrillard.

Der Begriff Mediokratie setzt sich zusammen aus Medium und Mediokrität. Damit meine ich die stetig wachsende Vormacht der Vermittler. In dem Maße, wie der Schöpfer in den Hintergrund tritt, gewinnt sein Interpret an Bedeutung – derjenige also, der das Werk in die Öffentlichkeit trägt. Nehmen Sie das Theater: Man sieht nicht ein Stück von Racine, sondern ein Stück des Regisseurs, der Racine inszeniert. Oder die Musik: Der Dirigent beziehungsweise der Solist steht im Rampenlicht, nicht der Komponist. Oder die Literatur: Der Moderator der literarischen Sendung spielt eine weitaus wichtigere Rolle als der Autor, den er behandelt. Damit nimmt er die gleiche dominante Position ein wie der Journalist, der durch gezielte Kommentare das politische Geschehen mit bestimmt.

Derlei Symptome weisen darauf hin, dass die dauernde und überall stattfindende Kommunikation sich zunehmend verselbstständigt, und zwar auf Kosten der wesentlichen Inhalte, die man nicht mehr ins Bewusstsein bringt, sondern dem Vergessen preisgibt. Deshalb differenzieren Sie deutlich zwischen mitteilen und übermitteln.

Mitteilen heißt, die Information im Raum verbreiten, übermitteln heißt, die Information in der Zeit verbreiten. In diesem Sinn ist der Akt der Übermittlung das, was Kultur ausmacht und was demnach den Menschen vom Tier unterscheidet. Die Tiere verständigen sich durch akustische, olfaktorische, visuelle Signale, aber die eine Generation übermittelt praktisch nichts an die nächste. Der Mensch hingegen ist das einzige Lebewesen, das sich an seine Vorfahren erinnert und erworbene Kenntnisse an seine Kinder weitergibt, wodurch eine schöpferische Kontinuität entsteht. Er allein ist im Stande, eine Geschichte zu erzeugen, indem er die Erfahrungen der früheren Generationen sammelt und daraus Nutzen zieht. Wir verleihen unseren Symbolen schriftliche oder bildliche Gestalt, wir schreiben in die Materie ein, was sonst mit uns verschwinden würde. Es ist also die Materie, die die Existenz des Geistes gewährleistet – oder, anders ausgedrückt, die Technik, die die Kultur hervorbringt. Unter Technik subsumiere ich all das, was nicht zum genetischen Erbe der Spezies gehört und daher erlernt wird – auch die Schrift, während die Fähigkeit zur Sprache uns angeboren ist. Eben diese Übermittlung erworbener Eigenschaften erscheint heute extrem gefährdet: Die Kommunikation trachtet danach, die Transmission zu unterbinden oder zumindest zu erschweren. Man beherrscht den Raum immer besser, die Zeit indes immer weniger. Es mag konservativ klingen, aber die Traditionen, die von der Präsenz der Vergangenheit in der Gegenwart zeugen, verblassen zusehends. Wir besitzen zwar außergewöhnliche Kommunikationsmittel, doch unsere Institutionen, die der Übermittlung dienen – Familie, Schule, Universität, Akademie, ja sämtliche Organisationsformen menschlichen Zusammenlebens mit dem Auftrag, das geistige Vermächtnis lebendig zu halten –, sind großen Problemen ausgesetzt. Infolgedessen behaupte ich, dass nicht die Kommunikation die Grundlage einer Anthropologie bildet, sondern die Übermittlung; diese erklärt den Menschen, denn sie ist das ihm Eigentümliche.

Angesichts solcher Gewichtungen wird auch Ihre Kritik an der sich anbahnenden Cyberdemokratie verständlich. Für Sie sind Internet und Cyberspace virtuelle Netze, die sich ungehindert entlang der Horizontalen ausdehnen, zwangsläufig aber der Vertikalen ermangeln – einer leitenden Idee, einer steuernden Instanz.

Ich hüte mich vor Prophezeiungen, die Futurologen irren sich immer. Außerdem wissen wir noch gar nicht genau, was das Internet eigentlich ist, welche Konsequenzen es nach sich ziehen wird. Ich frage mich nur, ob die Techno-Millennaristen oder Techno-Optimisten wirklich Recht haben, wenn sie sagen, mittels des Internets könne man aus der Ferne Gruppen oder gar eine ganze Demokratie strukturieren. Zu ihnen zählt zum Beispiel Pierre Levy. Ja, ich schätze ihn sehr, er ist zweifelsohne einer der herausragendsten Denker des technologischen Prozesses. In einer Hinsicht jedoch vertreten wir unterschiedliche Auffassungen: Er setzt auf das Internet eine politische Hoffnung, die ich für utopisch halte. Wie ich zuvor bereits erörterte, bedarf jede Gemeinschaft eines fest umrissenen Gebiets und der Geschlossenheit. Nun ist das Internet in höchstem Grad diskontinuierlich, punktuell und labil, und so kann es wohl den Austausch von Kenntnissen erleichtern, doch weder einer Gruppe Zusammenhalt verleihen noch eine echte Kultur begründen. Es trägt nicht weniger ambivalente Züge als irgendeine andere technische Innovation. Man darf diese nicht herunterspielen nach Art der Humanisten, die im Allgemeinen Maschinen und Apparate verachten, man darf sie aber auch nicht überbewerten oder zum Fetisch erheben, wie etwa diejenigen es taten, die im 19. Jahrhundert glaubten, die Eisenbahn werde schnell den Weltfrieden herbeiführen, da sie die Reisezeit verkürze und die Völker einander näher bringe. Die schwierige Frage, die mich beschäftigt und die ich wahrscheinlich nie beantworten kann, lautet: Was ist beim Menschen unveränderlich und was veränderlich oder veränderbar? Offensichtlich gibt es in seiner Natur einerseits Konstanten, die vom technischen Fortschritt unberührt bleiben, andererseits Variablen, die dessen tief greifendem Einfluss unterliegen. Beispielsweise haben wir seit der Erfindung der Schrift kein so gutes Gedächtnis mehr; schon Platon beklagte, dass wir durch die Schrift das Gedächtnis verlieren werden, weil wir unsere Gedanken und Erinnerungen auf Papyrus festhalten. Und das stimmt – im Gegensatz zu unseren Urahnen sind wir außer Stande, lange Passagen aus den homerischen Epen zu rezitieren. Wir entledigen uns des Gedächtnisses, indem wir es sofort in Bücher, auf Kassetten oder auf Festplatten bannen. Der technische Fortschritt bewirkt also, dass wir Fähigkeiten einbüßen oder sie auf Träger außerhalb unserer selbst verlagern. Genau hierin offenbart sich ein Problem, das den Mediologen interessiert: Wie ernst muss man die Technik nehmen? Ich sage: Man muss sie ernster nehmen, als die Technophoben – stellvertretend sei Heidegger genannt – es zugestehen wollen. Für sie, die Metaphysiker, ist die Technik gleichbedeutend mit Niedergang und Entfremdung vom wahren Wesen des Menschen. In meinen Augen aber entwickelt sich der Mensch gerade mittels seiner Werkzeuge zu dem, der er im Rahmen der Hominisation sein soll – er hat kein beständiges, unumschränktes Wesen, sondern ist ohne Unterlass im Werden begriffen: Die technischen Errungenschaften treiben ihn immer weiter voran. Das heißt jedoch nicht, dass ich einer Technophilie verfalle und vom Internet erwarte, ein für alle Mal die politischen Konflikte der Menschheit zu lösen. Vielmehr müssen wir unseren Kurs zwischen den beiden extremen Positionen steuern.

Die Mediologie, von der Sie hier sprechen und die Sie in Ihrem Buch „Vie et mort de l'image" ausgearbeitet haben, repräsentiert in mancherlei Hinsicht eine Universalwissenschaft der Bilder und der Medien, die Religions- und Kunstgeschichte, Kommunikationswissenschaft und technisches Wissen, Soziologie und Philosophie vereint. Auf welchen geistigen Voraussetzungen beruht die Mediologie, worauf zielt sie ab?

Die Mediologie ist keine exakte Wissenschaft – dem Terrorismus der Wissenschaftlichkeit will ich mich nicht beugen –, sondern eher ein Forschungsgebiet, eine Problematik, eine Weise, die Dinge zu sehen, eine Untersuchung der höheren sozialen Funktionen im Spiegel der Ideologie, der Kunst, der Religion, der Politik usw. sowie in ihrer Beziehung zu den zentralen Trägern der Übermittlung. Aus der mediologischen Perspektive kann man die Geschichte nach diesen Trägern einteilen – oder nach so genannten Mediosphären: Vom 15. Jahrhundert bis gestern prägte der Buchdruck die Graphosphäre, heute umgibt uns die Videosphäre, in der auf Grund eines veränderten Zeitempfindens der Augenblick über die Dauer triumphiert, das Direkte über das Indirekte, das Reaktive über das Diskursive, und diese Videosphäre wiederum geht bereits über in eine Art Hypersphäre, die sich hauptsächlich aus digitalen Signalen zusammensetzt. Was nun das Bild an sich betrifft – wohlgemerkt nicht das vorgestellte Bild, sondern das hergestellte –, so müssen wir, um dessen Auswirkungen zu verstehen, zunächst einmal wissen, wie es erzeugt wird, also die dafür notwendigen Techniken untersuchen – die paläolithischen Höhlenmalereien, die Skulpturen, die Reliefs, die Wachsmalerei, die Fresken, die Ikonen bis zur Fotografie – und parallel dazu die Geschichte der Glaubensinhalte, denn man glaubte an die Bilder und begegnete ihnen je nach Epoche mit einer anderen inneren Einstellung. Am Anfang der Geschichte der Ikonographie war das Bild ein Mittel, das dem Menschen half, zu überleben, sich zu schützen und der Gnade teilhaftig zu werden, insofern es ihn mit den unsichtbaren Mächten in Verbindung brachte und dementsprechend als heilig galt. Mit dem Auftauchen des Kunstbegriffs im 15., 16. Jahrhundert, den ersten Gemäldesammlungen und Museen, wurde das Bild dann ein Mittel, das dem ästhetischen Genuss und der Kontemplation diente. Heute ist es, seiner ursprünglichen Qualitäten beraubt, vornehmlich ein Mittel zur Information, sei es auf dem Gebiet der Werbung oder der Wissenschaft. Durch den kulturellen und technischen Wandel verschiebt sich demnach der Erwartungshorizont bezüglich des Bildes – und genau dieser Prozess bildet den Gegenstand der Mediologie.

Gestatten Sie mir abschließend zwei Fragen zu Ihren politischen Überzeugungen. Für den französischen Präsidenten Mitterrand waren Sie als Berater tätig. Wie beurteilen Sie rückblickend die Zusammenarbeit mit ihm? Was bleibt davon?

Nicht sehr viel. Die Neigung der Philosophen, aktiv in die Politik einzugreifen, sie mit zu gestalten, ist von alters her bekannt. Ich will mich nicht hinter den großen Denkern verstecken, die diesen Schritt unternahmen, aber immerhin hat Platon die *Politeia* geschrieben und den Tyrannen Dionysios I. beraten, ohne ihn überzeugen zu können; Descartes hielt sich am Hof der schwedischen Königin Christine auf, und Rousseau bemühte sich um den Entwurf einer Verfassung für Polen. Meine politische Mitwirkung war nur von relativ kurzer Dauer; sie hatte einen deutlichen Bezug zu der damaligen französischen Mythologie, die in der Vorstellung gipfelte, dass Frankreich weiterhin exemplarische Leistungen für Europa und die Welt vollbringen kann. Nun gut, führen Sie das auf meine Neurosen zurück, auf meinen persönlichen Archaismus. Ich betrachte diese tagespolitisch bestimmte Lebensphase als abgeschlossen – und leugne sie keineswegs, bedaure sie aber auch nicht.

Und was bleibt von der Zeit, als Sie neben Ché Guevara und Fidel Castro das Leben eines Revolutionärs führten?

Ich habe Jahre gebraucht, um jene Erfahrungen besser zu verstehen und darüber dann auf 400 Seiten in meinem Buch *Loué soit notre Seigneur* zu reflektieren – über den Marxismus als eine christliche Häresie oder einen säkularisierten Messianismus, über Guevaras Auffassung vom neuen Menschen, die auf Paulus zurückgeht und letztlich eine spirituelle Mystik beinhaltet, über die Revolution als die letzte große Bekundung des Glaubens, zumal im Abendland, über meine Existenz als Intellektueller, Mönch und Soldat angesichts der tiefen Kluft zwischen der revolutionären Idee und deren Umsetzung in die Praxis. Man muss sich zu seinen Irrtümern bekennen, muss die eigene Vergangenheit analysieren, ohne sie herabzuwürdigen.

Paris, 15.01.1999

Redaktionell bearbeitet und übersetzt von Jochen Winter

„Die Odyssee auf Kreolisch oder das Drama Lateinamerikas und die Mythologien der Zukunft"

CARLOS FUENTES

Carlos Fuentes, ein Meister der Literatur in jeder Hinsicht, wurde 1928 in Panama geboren. Als Sohn eines Diplomaten hat er seine Kindheit und Jugend in Nordamerika, Südamerika und Europa verbracht. Sein Studium an der Universität von Mexico hat er mit einem Diplom der Rechte abgeschlossen. Anschließend hat er seine Studien am Institut des Hautes Études de Genève fortgesetzt (1950-1952). Daraufhin war er in verschiedenen offiziellen Funktionen tätig und unterwegs: als Mitglied der mexikanischen Delegation bei der Internationalen Organisation für Arbeit, als Presseattaché im Ministerium für Auswärtige Angelegenheiten, als Botschafter Mexikos in Frankreich (letzteres von 1974-1977). Er hat verschiedene Zeitschriften herausgegeben, darunter neben *El Espectador* zusammen mit Octavio Paz die *Revista Mexicana de Literatura* (Mexikanische Literaturzeitschrift) (1955), dann die *Editionen Siglo XXI* (1965). Er hat bis 1982 an verschiedenen Universitäten der Vereinigten Staaten, unter anderem in Harvard, als Professor gewirkt und lebt heute in Mexiko und London. Die ersten von ihm publizierten Schriften finden sich auf deutsch im Erzählband: *Verhüllte Tage. Erzählungen* (Manesse, 1996). Romane in deutscher Sprache: *Landschaft in klarem Licht* (DTV, 1987) ist eine Auseinandersetzung mit der mexikanischen Gesellschaft, es bezeugt Fuentes' Interesse an der Geschichte und der Identität seiner Nation. Es folgten weitere Romane wie *Nichts als das Leben: der Tod des Artemio Cruz* (Suhrkamp 1995), der Fuentes international bekannt machte. *Hautwechsel* (DTV, 1986), *Terra nostra* (DTV, 1995) usw. Carlos Fuentes hat auch für das Theater geschrieben, außerdem hat er zahlreiche Essays zur Literaturkritik verfasst. Sein Roman *Terra nostra* hat 1977 den Premio Romulo Gallegos erhalten, die höchste literarische Auszeichnung in Lateinamerika. Carlos Fuentes hat außerdem 1987 für sein Gesamtwerk den Cervantes-Preis erhalten und 2005 den Grand Prix Metropolis bleu.

*

Welche Rolle könnte Lateinamerika im 21. Jh. spielen? Worin könnte sein spezifischer Beitrag zur Weltzivilisation bestehen? Wir bewegen uns weg vom ‚kontinentalen Denken' hin zur Bejahung der Antipode, die Kulturen haben nicht nur eine Wurzel, sondern ein Wurzelgeflecht, eine zunehmende ‚Kreolisierung' der Welt – hier könnte Lateinamerika für die Weltzivilisation zu Beginn des 21. Jhds. stehen.

In Zukunft wird der Beitrag Lateinamerikas hauptsächlich dadurch definiert sein, dass das 21. Jh. entweder eine Ära der großen Wanderungsbewegungen, ein Jahrhundert der Vermischung der Rassen und Kulturen sein wird oder gar nicht. Fünf Jahrhunderte lang ist der Okzident in den Süden und Osten eingedrungen und hat seine Werte durchgesetzt, ohne irgendjemanden um Erlaubnis zu fragen. Heute kommen die Völker aus dem Süden und Osten zurück und fragen ebensowenig um Erlaubnis.

Die Reichtümer der Welt sind auf äußerst ungleiche Weise verteilt. Das muss irgendwie kompensiert werden. Menschen aus den Völkern der armen Länder sehen die Möglichkeit, in die reichen Länder auszuwandern. Man könnte ja das Problem zum guten Teil lösen, wenn der Westen bzw. die nördliche Hemisphäre nur mehr Verständnis für die Entwicklungsländer aufbrächte, ihnen die Schulden erließe und ihnen hülfe, auf einen grünen Zweig zu kommen. Die Unesco hat errechnet, dass man schon mit einem Betrag von elf Milliarden Dollar die Grundbedürfnisse der Dritten Welt auf dem Gebiet des Erziehungswesens finanzieren könnte. Elf Milliarden Dollar, das ist eine Summe, die die Vereinigten Staaten jedes Jahr allein für Kosmetika ausgeben. Dreizehn Milliarden Dollar würden bereits hinreichen, die Grundbedürfnisse der Dritten Welt auf dem Gebiet des Gesundheitswesens zu befriedigen. Das entspricht etwa der Summe, die Europa jedes Jahr für seine Eiskrem-Naschwaren ausgibt. Wenn die Weltwirtschaft sich global durchsetzt, wird sie ein System sein, indem nicht allein die Waren zirkulieren werden, sondern auch die Menschen – nämlich migrieren. Lateinamerika wird eine der Hauptquellen von Migrantenströmen zur nördlichen Hemisphäre werden – hauptsächlich in die Vereinigten Staaten, wo es schon heute eine spanischsprachige Bevölkerung von ungefähr dreißig Millionen Personen gibt. Und in einigen Jahren wird Spanisch die zweite Sprache der Vereinigten Staaten sein. Ja, in der gesamten westlichen Welt ist es schon jetzt die zweitwichtigste Sprache. Die Spanischsprechenden werden dann die größte Minorität stellen und noch zahlreicher sein als die schwarze Minderheit. Aus diesem Grunde werden die demographischen Bewegungen für die Zukunft Lateinamerikas eine Hauptrolle spielen. Verstehen wir uns recht: der Migrant bringt nicht nur seine Arbeitskraft, seine Muskeln und seinen Schweiß herbei, sondern auch seine Kultur und seine Sprache, seine Religion und seine Auffassung von den Werten der Familie und der Gesellschaft. Und der Zustrom der Migranten bringt auch die Wertschätzung des Métissage, der Mischung der Rassen herbei, eine Haltung, die gegen den Rassismus Front macht. Die Migranten und die multiethnische Ansicht von der Welt werden aber sicherlich auch auf starken Widerstand stoßen. So wird Lateinamerika gewiß auf eine Welt zusteuern, die gesünder und reicher ist, aber auch konfliktträchtiger.

Das Problem Lateinamerikas kommt daher, dass man es zu oft gezwungen hat, sich auf Entwicklungsmodelle einzulassen, die mit der Realität und dem Erbe seiner Kultur schlecht vereinbar waren, und das seit der scholastischen katholischen Kultur des 16. Jhs., ja schon den archaischen Kulturen der Inkas, Olmeken und Azteken. Wenn man die metaphysische Erbschaft Lateinamerikas in Betracht zieht, versteht man, dass es so schwerhielt, dort den Kalvinismus und Pragmatismus Nordamerikas und zugleich die westliche Technologie durchzusetzen. Eine Kompatibilität zwischen einerseits den kulturellen und religiösen Traditionen und anderseits der Technologie und der Moderne scheint zweifelhaft; die Technologie ist jedenfalls nicht neutral, sie muss den kulturellen Traditionen angepasst, also „akkulturiert" werden, um die Identität der dort lebenden Menschen nicht zu zerstören.

Die eher pragmatischen Kulturen Nordamerikas hatten es leichter, eine gewisse Identifizierung der wissenschaftlich-technologischen mit der politisch-ökonomischen Entwicklung zustande zu bringen, weil die ihr entgegenstehenden Hindernisse brutal beseitigt wurden. Damit meine ich, dass die Schwarzen versklavt und die Indianer in Reservate verwiesen oder ganz einfach umgebracht wurden. Diese, wenn man will, Homogenisierung hat ihre Nützlichkeit bewiesen, sicherlich, aber sie hat das Problem nicht geregelt: wie man nämlich ein bestimmtes Entwicklungsniveau erlangen kann, ohne die multikulturellen Elemente seiner eigenen Gesellschaft zu missachten. Die Geschichte der Vereinigten Staaten im 19. und bis ins 20. Jh. hinein scheint eine Erfolgsgeschichte zu sein, aber ich habe meine Zweifel für ihre Zukunft, wenn die Vereinigten Staaten nicht begreifen, dass sie dabei sind, sich in eine multikulturelle Gesellschaft zu verwandeln, bei der wesentliche Züge diese glatte Identifizierung politischer Ideale mit den wissenschaftlich-technologischen Realitäten nicht mehr zulassen. Jedenfalls ist die Technologie an sich weder gut noch schlecht. Es kommt darauf an, dass man weiß, wie und zu welchen Zwecken sie benutzt wird. Es gibt keinen Grund, weshalb Lateinamerika keine Spitzenleistungen auf wissenschaftlich-technologischem Gebiet zustande bringen sollte. Eine ganz andere Frage ist die, ob Lateinamerika in der Lage sein wird, diese Leistungen für die Lösung der spezifischen Probleme unserer Gesellschaften einzusetzen und dabei deren kulturelle Kontinuität zu gewährleisten. Ich fürchte, dass die technologischen Fortschritte der Menschheit sich heutzutage so rasch und so fern von uns entwickeln, dass wir mit ihnen nicht Schritt halten können. Alfonso Reyes pflegte zu sagen, dass Lateinamerika zum Festmahl der Zivilisation immer zu spät kommt. Es könnte sein, dass es diesmal bei der bloßen Metapher nicht bleibt. Es könnte spürbare Realität werden, dass wir es nicht schaffen, Anschluss an die Fortschritte der Technologie zu gewinnen. Wenn wir es dennoch schaffen sollten, dann nur in dem Maße, in dem wir die Grundprobleme unserer Gesellschaften, sprich Armut und Unterentwicklung, gelöst haben werden. Dann aber werden wir ganz natürlich Zugang zur Technologie haben. Das Problem ist also gar nicht, ob wir über Technologie verfügen oder nicht, sondern ob wir gesunde und gerechte Gesellschaften haben oder nicht.

Sie sprechen oft von der Heterogenität der spanischsprachigen Welt und auch von „Kreolisierung", was eine Prophezeiung für die Weltzivilisation des 21. Jahrhunderts sein könnte, für eine interkulturelle globale Identität.

Es gibt sowohl Homogenität wie Heterogenität. Wenn ich von Heterogenität spreche, spreche ich von einer Tatsache. Der große Traum von Simon Bolivar, die Einheit aller iberoamerikanischen Länder herbeizuführen, lässt sich einfach nicht realisieren, weil jedes dieser Länder sich im Laufe der Jahrhunderte unterschiedlich entwickelt hat. Man kann kaum sehen, wo die Berührungspunkte etwa zwischen Honduras und Argentinien liegen sollen. Und das gilt sogar für Anrainerländer wie Bolivien und Chile, die doch völlig unterschiedlich sind. Aus diesem Grund ist eine wirkliche politische Einheit undenkbar. Aber wir haben dafür dieses starke Band der gemeinsamen Sprache. Die Einheit in der Sprache öffnet die Tür zu einer gemeinsamen Identität in eben dem Maße, in dem wir uns in den Werten wiedererkennen, die wir aus der Welt des Mittelmeers, der Indianer und der Schwarzen geerbt haben, die sich mit der europäischen Welt vermischt und so die lateinamerikanische Identität geschaffen haben.

Seit mehreren Jahrhunderten lässt sich in der ganzen Welt eine Säkularisierung beobachten, ein Verlust des Heiligen in der Gesellschaft, der Kunst, der Malerei und der Literatur, aber auch in vielen symbolischen Ausdrucksweisen. Ist Lateinamerika dieser Säkularisierung der abendländischen Tradition denn entronnen?

Niemand ist dem Prozess der Säkularisierung entkommen. In einem gewissen Sinn sind wir doch alle Protestanten geworden. Die katholische Kirche hat Bereicherung durch Finanzgeschäfte verurteilt. Der Hl. Thomas von Aquin hat gesagt, dass Geldverleih gegen Zinsen eine Sünde gegen den Hl. Geist ist, und Spanien hat am Beginn seiner Kolonialgeschichte diese Haltung eingenommen und verteidigt, indem es die Juden, die seine Bankiers, seine Geldgeber und Financiers waren, vertrieben hat. Aber wer wäre dann noch in der Lage gewesen, Spanien zu Hilfe zu kommen, um eine finanzielle Konsolidierung zustande zu bringen und damit sein Kolonialreich zu schützen? Von Spanien aus war es nicht mehr zu verwalten, nur noch durch einige müßige Edelleute, die mehr an ihrem Prestige als an der zu bewältigenden Aufgabe interessiert waren. So gesehen, sind wir Protestanten geworden. Wir haben weltweit den Primat der Ökonomie und der Finanzen anerkannt. Das heißt nicht, dass es nicht auch noch andersartige Widersprüche und Spannungen in der heutigen Welt gibt; und zu diesen anderen wichtigen Elementen gehören Religion und Spiritualität. Die mexikanischen Indios z.B. besitzen einen Schatz spiritueller und mythischer Glaubensvorstellungen, ein sehr tiefes Gefühl für die Heiligkeit der Welt und der Dinge, ja eine praktisch pantheistische Einstellung der Welt gegenüber. Aber dergleichen gibt es nicht nur in der indianischen Welt des Analphabetismus und der mündlichen Tradition in Ländern wie Mexiko. Nein, wir haben es – und das scheint mir faszinierend – auch in der modernen Welt: in dem Phänomen des religiösen Gefühls, will sagen: eines religiösen Geisteszustandes ohne religiösen Glauben. Ich darf es kurz erläutern am Beispiel zweier Filmregisseure. Der erste, Luis Buñuel, stammt aus der katholischen Kultur, der andere, Ingmar Bergman, aus der protestantischen. Und beide Männer haben behauptet, keine Religion zu haben. Buñuel sagte immer: „Dieu soit loué, je suis athée" („Gelobt sei Gott, den bin ich los"), und Ingmar Bergman trug zeitlebens ein tiefes Spannungsverhältnis zu seinem eingefleischten lutheranischen Protestantismus mit sich herum. Aber beide haben uns konkret den Kampf vorgeführt, in dem der moderne Mensch sich schier zerreißt, weil Gott abwesend ist und er ihn gleichwohl sucht. Das ist ein Kampf, den man auch bei vielen großen Romanciers findet, z.B. bei François Mauriac, Georges Bernanos oder Graham Greene. Und man entdeckt ihn auch bei Persönlichkeiten, die der Gottsuche ihr Leben geopfert haben; ich denke an Simone Weil, die jüdisch-katholische Philosophin aus Frankreich, und an Edith Stein, die katholische Philosophin aus Deutschland, ebenfalls eine Jüdin. Edith Stein ist sogar Nonne geworden, und dennoch in Auschwitz zu Tode gekommen. Sie beide bezeugen, dass die Menschheit eine spirituelle Dimension hat, eine spirituelle Unruhe, die man nicht leicht hintansetzen kann. Der säkulare Geist braucht eine wirkkräftige Antwort auf das Bedürfnis nach Spiritualität, das der Mensch auch im 21. Jh. empfindet. Dieser Geist ist wiedergekommen. Inmitten der Schrecken des 20. Jhs. brennt die helle und strahlende Flamme dieser Leben. Frauen wie Edith Stein oder Simone Weil haben sich für das Spirituelle aufgeopfert. Wir können nicht umhin, diesem Problem ins Auge zu sehen, das uns in nicht geringe Verwirrung stürzt. Wir können uns angesichts dessen mit der materiellen Erklärung der Welt bzw. der von den Naturwissenschaften gelieferten nicht zufrieden geben.

Wie erleben Sie den Aufschwung der Religion zum Anfang dieses 21. Jahrhunderts – nicht nur den des Christentums, sondern auch des Islams, des Buddhismus, des Hinduismus, des Schintoismus in Japan oder den in Nordamerika? Begrüßen Sie diese Entwicklung oder sehen Sie darin eine Gefahr?

Eine Religion verdient unsere Achtung nur, wenn sie auch uns achtet. Der Geist der Religion muss auch Toleranz implizieren. Ein echter religiöser Glaube wird nicht versuchen, sich anderen mit Gewalt aufzunötigen, sondern zeigt seine Selbstachtung in der Achtung für die anderen, die ihren eigenen Glauben, ihre eigenen Überzeugungen, ihre eigene Spiritualität haben. Derart sollten die Konturen des Religiösen im 21. Jh. sein.

Kann man sagen, dass die Kultur Lateinamerikas etwas Metaphysisches oder Spirituelles an sich hat? Denn können wir nicht feststellen, dass wir von der Scholastik bis zum 20. Jh. – mit der alleinigen Ausnahme des 19. Jhs., in dem der Positivismus triumphiert – vor allem ein intuitives Denken haben, aber keine Tradition einer Art, die der angelsächsischen eines William James, John Dewey, Herbert Spencer oder George Herbert Mead verwandt wäre, und keinen Pragmatismus oder Sozialdarwinismus dieses Typs? Und zeigen also die Philosophie und Ideengeschichte Lateinamerikas nicht eher eine metaphysische Orientierung?

Nein, davon bin ich ganz und gar nicht überzeugt. Der Gründungsvater der lateinamerikanischen Philosophie oder zumindest der abendländischen Tradition und Orientierung der Philosophie Lateinamerikas war ja der Hl. Thomas von Aquin, ein Mann, der vielleicht als erster christlicher Denker die Realität des Staates und der Gesellschaft anerkannt hat. Er maß den erzieherischen Aufgaben von Staat und Gesellschaft eine ziemlich große Bedeutung bei. Man hat also auch einen säkularen Aspekt der Scholastik in Rechnung zu stellen. Schließlich sind ja auch wir Erben Roms und seiner Idee des geschriebenen Rechts, überhaupt des ganzen legislativen Apparats, der die Kultur des Imperium Romanum geprägt hat. Im 19. Jh. wollten wir die Ketten der Scholastik brechen und haben uns infolgedessen dem Positivismus à la Comte zugewandt. Nur war dieser an eine recht beschränkte, ja sogar autoritäre Weltsicht gebunden. Die mexikanischen Intellektuellen zu Beginn des 20. Jhs., Alfonso Reyes, Antonio Caso und José Vasconcelos, haben deswegen alle in Bergson und der Idee des *élan vital* die gesuchte Möglichkeit gesehen, uns von unseren Ketten zu befreien. Eine Sache hat in dieser ökumenischen Weltanschauung eine ganz wichtige Rolle gespielt: Vasconcelos, unser erster Erziehungminister, hatte in seinem Ministerium jenen berühmten Portikus, eine Säulenhalle, in der man den Exponenten der vier großen Weltreligionen, also Konfuzius, Buddha, Christus und Mohammed begegnete. Aber diese Reaktion hat eine Gegenreaktion ausgelöst, welche der Philosophie John Deweys Eingang ins mexikanische Erziehungssystem verschafft hat. Und noch etwas kam dazu: die Etablierung spanischer Philosophen in Mexiko, die vor dem Krieg, vor Franco und der faschistischen Diktatur dorthin geflüchtet waren. Ich spreche von José Gaos, Eduardo Nicol und José María Gallegos Rocaful. Das waren Schüler von Ortega y Gasset, deren Hauptanliegen es war, die Philosophie und Kultur Spaniens für das westliche Geistesleben zu öffnen und so viele Philosophen wie nur möglich nach Deutschland zu schicken. Auf diesem Wege sind zumal die Theorien Heideggers auf dem Umweg über José Gaos, die von Nicolai Hartmann, Edmund Husserl und Max Scheler durch Eduardo Nicol und ein humanistisch renovierter Marxismus durch Manuel Pedroso nach Mexiko gelangt. Zu Beginn der 1940er Jahre sind viele neue Züge hinzugekommen und haben das Gesamtbild der mexikanischen Philosophie verändert. Dann hat die Entdeckung Wittgensteins als größten Philosophen des 20. Jhs. für die junge Generation eine Schlüsselrolle gespielt. Man hat begriffen, dass man ohne das Studium des *Tractatus logico-philosophicus* und der Ideen Ludwig Wittgensteins niemals dazu käme, exakt, und ohne sich über sich selbst Illusionen zu machen, zu denken. Inzwischen ist noch manches andere dazugekommen: der logische Positivismus, Alfred Jules Ayer und andere zeitgenössische Philosophen.

Wir sollten hier den Bildungsverein für Jugenderziehung Ateneo de la Juventud Mexicana (Athenaeum der mexikanischen Jugend) erwähnen, eine von Alfonso Reyes gegründete Bewegung, die in Mexiko eine große Rolle gespielt hat. Es handelt sich bei ihr um eine Reaktion auf die Philosophie des Positivismus, die sich in der Epoche der Gründung der demokratischen Staaten zu Beginn des 20. Jhs. in ganz Lateinamerika zur Geltung gebracht hat und die man auch in ihrem Zusammenhang mit der poetischen Strömung des „Modernismo" sehen muß. Es war im Ästhetischen eine Unabhängigkeitserklärung des spanischsprachigen Amerika. Die schon genannten Philosophen José Vasconcelos (ebenfalls ein Schüler von Ortega y Gasset) und Antonio Caso haben ihn unterstützt. Können wir dabei von einer Überflügelung der eher utilitaristischen Denkweise nordamerikanischer Prägung sprechen?

Nein, der *Ateneo de la Juventud* war eine Widerstandsbewegung gegen Comte und den Positivismus, den die Diktatur von Porfirio Diaz zu ihrer offiziellen Philosophie erkoren hatte. Die erklärte: „Es stimmt, wir sind eine Diktatur, aber eine im Namen des Fortschritts." Dagegen ist der *Ateneo* aufgestanden, um der Intuition und der Sinnlichkeit den Vorrang zu geben. Doch es handelt sich, dies sogleich dazuzusagen, lediglich um einen Aspekt des mexikanischen oder lateinamerikanischen Geistes. Ich habe übrigens dieselbe Meinung vom Utilitarismus oder Positivismus als Wesenszug des Denkens im anglophonen Amerika: ja, er spielt eine sehr wichtige Rolle, aber es gibt auch Künstler und Denker mit einem ganz anderen Gespür. Nehmen Sie nur einen Maler wie Jackson Pollock, – was hat er, frage ich mich, mit dem utilitaristischen Positivismus oder sonst einer Logik zu schaffen? Das gleiche gilt für einen Schriftsteller wie William Faulkner oder einen Dichter wie E.E. Cummings. Jedesmal, wenn man von einer zentralen ideologischen Tendenz spricht, entdeckt man im nächsten Moment, dass Künstler, die das Interesse des Publikums verdienen, gerade solche sind, die dieser Tendenz widerstehen und sich gegen sie auflehnen.

Kommen wir noch einmal auf die Frage der Spiritualität zurück: die Kosmologie der Länder der Anden z.B. – stellt sie nicht einen anderen Bezug zur Natur, zum Übernatürlichen und zum Tod dar als die westlichen Traditionen? Und wenn ja, kann man dort die westliche Technologie einführen, ohne dass die indigene Kultur und mit ihr die Identität dieser Völker empfindlichen Schaden nehmen müssen?

Die indianischen Kulturen Amerikas haben sicherlich eine außerordentliche Bedeutung, aber es sind doch Kulturen von Minderheiten. Wir müssen uns wohl bemühen, ihre Werte zu schützen, sie zu studieren und uns zu eigen zu machen. Sie bringen ein Verständnis der Solidarität, des Todes und der Nähe zur Natur und zum Göttlichen zum Ausdruck, das den urbanen Gesellschaften Lateinamerikas wahrscheinlich abgeht. Mein Heimatland ist heutzutage eine in der Mehrheit städtische Gesellschaft, keine agrarische und auch keine indianische. Das ist der Grund, weshalb ich mir Mühe gebe, die Werte dieses Anderen zu verstehen, obwohl ich nur zu gut weiß, dass die Entwicklung meiner eigenen Gesellschaft sich in ihrer Hauptorientierung im Grunde nicht von den Evolutionen unterscheidet, die man überall auf der Welt beobachten kann. In Lateinamerika haben 200 Millionen Menschen, ungefähr die Hälfte der Gesamtbevölkerung, ein Einkommen, das über 90 Dollar im Monat nicht hinaus kommt. Das ist die wahre Tragödie: dass die Leute kein Dach überm Kopf, keine ausreichende Gesundheitsversorgung und keine Schulen haben. Und darin besteht unser Zurückgebliebensein: es ist kein philosophischer, technischer oder kultureller, sondern ein wirtschaftlicher und gesellschaftlicher Rückstand.

Gewisse Anthropologen und Schriftsteller – wie etwa Octavio Paz in Das Labyrinth der Einsamkeit *– behaupten, die traditionelle Kultur Lateinamerikas sei auf die Existenz ausgerichtet, weniger auf die Tat wie der nordamerikanische Pragmatismus. Würden Sie dieser These zustimmen?*

Im Großen und Ganzen, ja. Ich meine, dass die ganzen Anstrengungen Lateinamerikas mehr auf die Betrachtung als auf die Tat gehen. Es ist gewiss keine sehr faustische Gesellschaft. Vielleicht eher eine mephistophelische, in einem tieferen Sinne verstanden, denn wir ziehen es vor, mit dem Teufel zu spielen.

Spanien hat den amerikanischen Völkern seit dem 15. Jh. einen ganzen Fächer mediterraner Traditionen übermittelt. Denn Spanien ist nicht nur christlich, es ist auch arabisch und jüdisch, es ist griechisch, punisch und römisch, ist von den Goten und selbst von den Ägyptern beeinflusst worden denkt man an Maimonides, an Averroes. Welche Konsequenzen hat das für Lateinamerika gehabt?

Der mediterrane Einfluss, den wir auf dem Umweg über Spanien und Portugal erfahren, trägt immer noch seine Früchte. Diese vielfache Erbschaft stellt eine außerordentliche Chance dar. Lange Zeit haben wir nicht gewusst, dass Spanien mehr für uns bedeutet als nur Spanien. Dass hinter ihm auch noch Rom und Griechenland stehen, und dass es außerdem noch aus jüdischen und islamischen Elementen gebildet ist. Dieses Bewusstsein hat sich in sehr progressiver Weise durchgesetzt. Lange schon haben wir eingesehen, dass die griechische Philosophie ein Teil unseres Erbes ist. Das römische Recht war ein wesentliches Konstituens in der Herausbildung der lateinamerikanischen Politik. Schwieriger war es, unsere jüdischen und islamischen Filiationen zu verstehen. Erst Jorge Luis Borges hat es vermocht, uns Lateinamerikanern diese beiden begreiflich zu machen – durch seine Erzählungen über Averroes, Al-Mutasim (den Almohaden) und die jüdische Heroine Emma Zunz, eine Figur, die er erfunden hat. Ihm verdanken wir die Entdeckung, einen so gewaltigen Schatz zu besitzen. So haben wir die Möglichkeit einer Reconquista der großen Namen unserer jüdischen und islamischen

Tradition, die Spanien, zu seiner immerwährenden unseligen Schande im 16. und 17. Jh. von seinem Boden verbannt hat.

In der spanischen Welt war der Stoizismus die Reaktion der Alten Welt auf das Ende der Tragödie und den Verlust des Göttlichen. Der von seinem tragischen Los und zugleich der Verfallenheit an die Launen eines Gottes befreite Mensch ist das Maß aller Dinge geworden. Dabei hat er aber die Entdeckung gemacht, dass seine Freiheit unlösbar mit seiner Einsamkeit verbunden ist. Welche Wirkungen hat das auf die lateinamerikanische Kultur gehabt?

Der große Philosoph der Römer ist für Lateinamerika wie für Spanien Seneca. Seneca ist der stoische Denker, für den der Mensch das Maß aller Dinge ist, und der auch erklärt, dass sein geistiges Leben für jeden Menschen der Ort ist, an dem eine Zuflucht vor den Katastrophen und dem Unglück, das der Weltlauf feindselig bereit hält, zu finden ist. An seiner eigenen Person hat das Menschenwesen, das sich ihrer zu bedienen weiß, immer eine feste Burg. Diese Philosophie der Stoa ist in Spanien und Lateinamerika sorgfältig studiert worden. Wenn man in Spanien von jemandem sagen will, er sei ein rechter Philosoph, sagt man, er sei ein Seneca. Und in der Tat hat diese Philosophie die Welt der Tragödie überlebt und den Verlust der tragischen Welt, der doch selber eine Tragödie darstellt, ein wenig wettgemacht. Das Verschwinden der Werte der Welt der Tragödie, so wie die Griechen sie verstanden haben, ist ein ungeheurer Verlust. Von meinem Gesichtspunkt aus ist die Tragödie aber kein Unglück. Nehmen Sie den Mythos von Prometheus. Das tragische Problem ist: Wäre Prometheus etwa freier gewesen, wenn er sich nicht um die Befreiung der Menschheit gekümmert hätte und statt dessen einfach sein Los als Mahlgenosse der Götter akzeptiert hätte? Ist Prometheus sogar noch als gefesselter frei, weil er den anderen die Freiheit gebracht hat? Der Sinn der griechischen Tragödie besteht darin, dass die Parteien gewissermaßen immer beide recht haben. Antigone hat recht, insofern sie die Werte der Familie hochhält, aber auch Kreon hat recht, insofern er sich für die Werte des Staates und der Gesellschaft einsetzt. Beide Parteien haben also recht. Und eben das fordert den tragischen Konflikt heraus. Er kann in der Katastrophe enden, aber die Katharsis, die aus der Darstellung des tragischen Schauspiels herausspringt, kann unendlich viele Formen annehmen. Das hat die Tragödie in Griechenland dargestellt; das, und nicht ein unabänderliches Unglück. Und das haben wir verloren. Anstelle der Tragödie haben wir das Melodram bekommen. Der Unterschied zwischen der Tragödie und dem Melodram aber besteht darin, dass in der Tragödie beide Parteien recht haben, während im Melodram nur eine Partei recht hat. Kurz, es gibt einen Guten und einen Bösen. Die Voraussetzung Hollywoods ist das Melodram. In einem Western schaut jemand aus einem Fenster auf die Straße herunter: Der Mann mit dem weißen Hut ist der Gute, der mit dem schwarzen Hut ist der Böse. Mittags werden sie ihre Angelegenheit mit einigen Revolverschüssen regeln, und, wenn alles gut geht, wird John Wayne, der mit dem weißen Hut, obsiegen. Aber die tragische Spannung ist auf immer dahin. Im

20. Jh. spüren wir den Verlust der Tragödie bis ins Mark, denn an ihrer Stelle und aufgrund ihres Ausschlusses haben wir nun das bloße Verbrechen, den Holocaust, den Gulag, die repressiven Diktaturen und die nackte Verachtung der Werte der Menschlichkeit. Das ist die Frucht dieser manichäischen Haltung: ich bin die Quintessenz des Guten, du bist das Böse; und ich werde dich vernichten.

Im 16. Jh. war das spanische Amerika das Utopia Europas, wie Jorge Luis Borges, Pablo Neruda und Ernesto Sabato sagen. Im 19. Jh. kehrt das gleiche Phänomen wieder, nur mit umgekehrten Vorzeichen, denn jetzt ist Europa das Utopia Lateinamerikas geworden. Man konnte sogar sagen, Guatemala-Stadt sei das Paris Lateinamerikas...

Als wir uns von Spanien losgesagt und in den Jahren 1820 und 1821 die Revolutionen für die Unabhängigkeit ausgelöst haben, haben wir uns dafür entschieden, die spanische Vergangenheit abzustoßen. Die Spanier haben uns unterdrückt; wir wollten nichts mehr mit ihnen zu tun haben. Die Indianer und die Schwarzen aber verkörperten die Barbarei und die Rückständigkeit. Wohin also gehen? Wo war der Fortschritt? Man musste ihn in den Vereinigten Staaten und in Europa suchen. Und es war noch viel akzeptabler, wenn er aus Europa kam, denn das war viel weiter weg. Die Nordamerikaner waren zwar unsere direkten Nachbarn, doch ihre Absichten, stellte sich heraus, waren ziemlich undurchsichtig. Im Jahre 1823 formulierten sie die sog. „Monroe-Doktrin“: ein angebliches Recht der Vereinigten Staaten, in Lateinamerika zu intervenieren. Erst recht lief alles auf das nicht-spanische Europa zu als auf das Zentrum des Fortschritts, der Demokratie, aber auch der Philosophie, des Stils und der Mode. Wir haben in ihm lediglich ein anderes Vorbild gefunden, welches das vorige ersetzte. Das große Drama Lateinamerikas war es ja gewesen, diese Modellfunktionen des europäischen Vorbilds in einem Prozess „widersinniger Nachahmung“, um den Ausdruck des französischen Soziologen Gabriel Tarde aufzunehmen, nur zu kopieren. Können Sie sich vorstellen, dass man in den Tropen Mansardendächer, d.h. Dächer à la Jules Hardouin-Mansart nachbaut oder sich in Mérida, Managua oder Caracas auf einen Schneesturm einrichtet? Der nicaraguanische Romancier Sergio Ramírez erzählt, dass die Damen von Managua für den Gang zur Oper im Dezember, einem Monat drückender Hitze, alle ihr Nerzjäckchen haben wollten, weil in der gleichzeitigen europäischen Opernsaison die Damen gern Nerzjäckchen trugen. Das ist ein typisches Beispiel dieser wiedersinnigen Nachahmung, die uns ungefähr ein Jahrhundert lang davon abgehalten hat, uns selbst und, was wir sind, auf die Probe zu stellen, d.h. uns über unsere wahre Herkunft klar zu werden. Die große Umwälzung der mexikanischen Revolution von 1910 bis 1920 hat Mexiko gezwungen, sich dieser Prüfung zu unterziehen und sich zu fragen, was es wirklich ist. Die Zapatisten und die Villisten haben uns das wahre Gesicht Mexikos gezeigt. Die Künstler, Maler, Philosophen, Romanciers, Dichter und Komponisten haben damals wiederentdeckt, dass wir eine indianische und eine spanische Vergangenheit haben und zur Schaffung einer authentischen Kunst nur kommen, wenn wir diese Wurzeln anerkennen. Heutzutage ist dies in ganz Lateinamerika eine Realität geworden. Die ganze Geschichte der lateinamerikanischen Kultur im 20. Jh. ist eine permanente Selbstproklamation. Der lateinamerikanische Roman des 19. Jhs. erscheint noch als bloße Imitation der großen französischen Vorbilder, namentlich Balzacs und Zolas. Bis auf eine Ausnahme. Das ist Machado de Assis, ein großer brasilianischer Autor, der darauf kommt, dass er sich in einer anderen Traditionslinie bewegt, der von Cervantes und Laurence Sterne. Man muss aber noch bis ins 20. Jh. hinein darauf warten, dass der Kubaner Alejo Carpentier uns auseinandersetzt, dass wir auch noch eine schwarze Tradition haben, und der Guatemalteke Miguel Angel Asturias, dass wir eine indianische Tradition haben. Der Argentinier Borges sollte uns überdies damit bekannt machen, dass wir zusätzlich noch eine islamische und eine jüdische Tradition haben. Und mit all diesen Elementen haben wir schließlich so etwas wie eine authentische lateinamerikanische Identität zustande gebracht.

Der Don Quijote *von Cervantes hat einen außerordentlich tiefen Einfluss auf Sie ausgeübt.*

Don Quijote ist eine unsterbliche Schöpfung des Menschengeistes wie auch all die anderen großen literarischen Figuren: Faust in der deutschen, Hamlet in der englischen Literatur. Er ist authentischer als die meisten von uns, geht seinen Weg durch die Zeiten und führt dabei eine Existenz, die offensichtlich ebenso wirklich ist wie die jedes andern Menschen, der jemals auf dieser Erde gelebt hat. Don Quijote ist auch ein großes Paradox, weil er aus dem Spanien der Inquisition und der Gegenreformation stammt. Cervantes war über diese Zusammenhänge ziemlich im Bilde, sogar bis zu dem Grade, dass er einige konklusive Episoden umschreiben musste. Im „Eifersüchtigen von Estremadura", einer seiner *Exemplarischen Novellen*, finden sich beispielsweise die Liebenden am Ende zusammen im Bett. Der Kardinal von Toledo fühlte sich berufen, dazu zu erklären: „Das ist unzulässig, das muss geändert werden." Aus diesem Grunde fanden sie sich in einer zweiten Version zwar immer noch zusammen im Bett, aber ohne miteinander zu schlafen. Wenn Don Quijote zu Sancho Pansa sagt: „Wir sind mit der Kirche aneinandergeraten", weiß er, wovon er spricht. Cervantes war gezwungen, seine Geschichte in symbolischen Transformationen zu erzählen – als Personifizierung zweier Seiten des menschlichen Geistes: Don Quijote verkörperte die ideale, spirituelle Seite, Sancho Pansa den irdisch-handfesten Menschen, der wissen will, was es jeweils zu essen gibt und wo man sich abends schlafen legen soll. Mit diesem Vorgehen führt Cervantes in eine dogmatische Welt ein ungewöhnliches Element von Ungewissheit ein. Denn in *Don Quijote* ist alles ungewiss. Von der ersten Zeile an: „In einem kleinen Marktflecken der Mancha, an dessen Namen ich mich nicht erinnern will" signalisiert eine Unbestimmtheit des Ortes. Wo liegt dieses Mancha? Was ist überhaupt la Mancha? Dann die Unbestimmtheit der Namen. Wer ist Don Quijote? Ist er wirklich so ein kleiner unbedeutender

Junker, der den Namen eines Alonso Quijano, d.h. Alonso Ich-weiß-nicht-was trägt, oder antwortet der Name bereits auf die Spitznamen, die ihm seine Feinde anhängen? Und wer ist Dulcinea? Ist sie wirklich Aldonza Lorenzo, ein armes Bauernmädchen? Welchen Namen tragt Don Quijotes Pferd? Es heißt Rosinante, d.h. „*rocin ante*“, also „das einst ein Reitpferd war“ – und nicht mehr ist. Im ganzen Roman sind die die Personen bezeichnenden Namen irgendwie suspekt. Selbst der Autorname bleibt letztenendes unbestimmt. Wer ist der Verfasser des *Don Quijote*? Cervantes selber ist oder gibt sich in diesem Punkt unsicher. Er sagt, es handle sich beim Verfasser um einen Cervantes, der an der Seeschlacht von Lepanto teilgenommen habe, um einen gewissen Saavedra, der dies oder jenes gemacht habe. Wenigstens dürfte es doch nicht jener Avellaneda sein, der die apokryphe Fortsetzung des *Don Quijote* verfasst hat? Zumindest wohl nicht jener Borges, der *Pierre Menard, autor del Quijote* geschrieben hat? Alles erscheint in diesem Roman im Lichte der Ungewissheit zu stehen, und das in einer Welt der absoluten Gewissheit und des Dogmas. Die große Botschaft, die Cervantes an seine Epoche und alle Zeiten richtet, ist die, dass der Roman das Medium des Zweifels, der Infragestellung und der Ungewissheit in einer dogmatischen Welt wird.

Die Idee des Individualismus in der Kosmologie und im politischen Leben hat im Verein mit dem römischen Stoizismus eine in ihrem Genre einzigartige Figur geschaffen: die des Hidalgo. Welche Rolle hat er in der spanischen und lateinamerikanischen Literatur gespielt (wie sich schon Miguel Asturias gefragt hat)?

Ich fürchte, es dürfte eine ganz schön negative Rolle sein. Man findet in dieser Kategorie den „Caballero del Verde Gabán“, den Ritter mit dem Grünen Mantel, die vornehmste Figur in Cervantes' Roman, einen typischen Hidalgo. Meist waren die Hidalgos aber spanische Edelleute, die jede Art von Arbeit verabscheuten, keinen Finger rührten und weder Waren noch Werte produzierten. Im Jahre 1523 beglückwünscht Karl V. einen von ihnen zum Erwerb eines akademischen Titels. Denn für gewöhnlich besuchten sie keine Schule, taten nichts, lebten von ihren Ländereien, waren eben Aristokraten. Wohl aber achteten sie auf ihre Erscheinung. Wie Oswald Spengler im *Untergang des Abendlandes* sagte, hat Spanien die meisten Kleidermoden, Tischsitten, Formen der Höflichkeit und des Zeremoniells geschaffen, die bis in die Zeit von Bismarck in Kraft geblieben sind. Die Art, sich zu kleiden, zu speisen und Besuche zu empfangen: all das ist durch den Hidalgo, durch die spanische Nobilität Gemeingut geworden.

Im Grunde war Spanien für das 16. Jh. das, was für uns heute die Vereinigten Staaten sind. Es war eine Weltmacht, die imperiale Macht des 16. Jhs. Und ganz allgemein hat es überall seinen Lebensstil durchgesetzt. Deshalb repräsentiert der Hidalgo einen emblematischen Wert, den ich in der Darstellung verkörpert finde, die El Greco von diesem Edelmann gibt: in dem Ritter, der die Hand auf seine Brust legt. Dieses großartige Gemälde ist für mich die Quintessenz des Hidalgo. Jede Idealisierung beiseite gesetzt, aber war der Hidalgo eine ziemlich untätige und indifferente Figur, und als diese ist er auch nach Lateinamerika gekommen. Er war der Eigentümer der „Casa Grande", des „Herrenhauses", wie es Gilberto Freyre in seiner Studie *Herrenhaus und Sklavenhütte* beschreibt: die patriarchale Figur, die sich seit der Kolonialzeit im Zentrum unserer Gesellschaften hält, der Grundeigentümer, der seigneurial über seine Untergebenen herrscht, ein Mann, der eine äußerst ungerechte Gesellschaft dominiert und sie bald grausam bald teilnahmslos ausbeutet. Je weniger solcher Hidalgos wir haben, desto besser.

Der Synkretismus, der den christlichen Glauben mit der archaischen Geisteshaltung verbindet, war eine Grundlage der lateinamerikanischen Kultur. Alexander v. Humboldt hat gesagt, es gäbe eine Affinität zwischen dem christlichen Kreuz und den archaischen Symbolen der Spiritualität und Transzendenz bei Inkas, Azteken und Olmeken während der Periode der Reconquista und Conquista im 15. Jh., das magisch-mythische Weltbild der Inkas entsprach der Metaphysik der spanisch-katholischen Universalmonarchie und ihrem Denken.

Die indianische Welt des alten Mexiko hatte eine ausgeprägt theokratische Struktur, eine Götterwelt und eine Vorstellung der Wirklichkeit, die auf dem Eingreifen der Götter beruhte, das macht eine pantheistische Weltanschauung, d.h. ein sehr starkes Gefühl für die Heiligkeit aller Dinge. Als die katholische Kirche Mexiko zu missionieren kam, hat sie dies erkennen müssen. Und was hat sie gemacht? Sie hat die meisten der großen Tempel und Bildsäulen zerstören lassen. Man hat sie eben als heidnische Götzen betrachtet und vernichtet. Ihre Vernichtung war ein großer Verlust für die Kunst. Nur sehr weniges ist übrig geblieben.

Wie aber ist die christliche Religion in der Neuen Welt eingeführt worden? Wie hat sie bei den unterworfenen indianischen Völkern Eingang und Akzeptanz gefunden? Es gibt da ein außerordentliches Phänomen, das den Erfolg des Synkretismus erklären kann: Die indianischen Völker brauchten eben immer einen Vater und eine Mutter. Die Conquista war eine brutale Zensur, und die einheimischen Völker mussten plötzlich feststellen, dass sie ihren Staat und ihre Religion verloren hatten. Die spanischen Soldaten haben sich sogleich mit indianischen Frauen zusammengetan, wodurch mit der Rassenmischung bei den Einheimischen zugleich ein Gefühl von Verwaistheit aufkam. Wo findet man einen Vater, wo eine Mutter? Wie kann man es erfassen, gleichzeitig der Sohn von Cortés und seiner indianischen Gefährtin, der Malinche, zu sein? Dafür muss er der Sohn Gottes und der Heiligen Jungfrau werden. Von da an ist die Erscheinung der Jungfrau und Gottesmutter und die Erscheinung Gottes, Jesus Christus, das immer wiederkehrende Motiv der Christlichkeit in einem Land wie Mexiko. In Mexiko sieht man Christus immer als Gekreuzigten oder Toten, blutend und mit schwärenden Wunden bedeckt. Das ist der Gott, der sich für dich opfert. Du wirst gerettet, weil Gott für dich und mich gestorben ist. Aber stellen Sie sich vor, was so etwas in der Vorstellung der Indianer bedeutet hat, die bis dahin geglaubt hatten, dass man sich für die Götter opfern müsse. Einst schleppte man die Indianer als auserwählte Opfer auf die Altäre der Pyramiden und riss ihnen das

Herz aus dem Leibe, damit die Götter leben könnten. Und hier am Kreuz auf dem Ölberg opfert nun Gott sein eigenes Blut für die Menschen. Das ist das Ende des Kriegergottes Huitzilopochtli. Der Triumph von Jesus Christus. Andererseits braucht man eine Mutter. Soll das etwa jene Dirne namens Marina, die Mätresse des Eroberers Cortés sein? Nein, es ist die Mutter Gottes, die Allerheiligste Jungfrau von Guadalupe; jene, die im Dezember erscheint und Juan Diego, dem erbärmlichsten der indianischen Lastenträger, einen Strauß Rosen reicht. Diese Erscheinung begründet den Mythos der reinen Mutter aller Mexikaner: der Hl. Jungfrau von Guadalupe. So entsteht dies synkretistische Gebilde: Der Vater und die Mutter werden durch Jesus Christus und die jungfräuliche Mutter Gottes ersetzt; und in den barocken Ausdrucksformen des damaligen Christentums und den christlichen Kirchen duldet man, dass hinter den Ältären Darstellungen von Idolen stehen. Man duldet, dass in diesen prächtigen Gotteshäusern, welchen indianische Künstler und Handwerker Mexikos Gestalt gegeben haben, auch die Götter der Vergangenheit ihren Platz auf den Altären haben. In Oaxaca, Puebla und Tonantzintla kann man es ganz klar sehen; wohin auch immer man seinen Blick richtet, sieht man, dass hinter den Altären die alten Götter sich verbergen.

Der Barock Lateinamerikas war die Reaktion auf Eroberung und Kolonisierung. Er hat eine größere Bedeutung als der europäische Barock, der die Reaktion des Katholizismus auf den Protestantismus darstellt. Zur Antwort auf den Wegfall des Ornaments in den protestantischen Kirchen, aus denen man die Bilder verbannt und sie durch die Musik ersetzt hatte. Der barocke Süden – von Süddeutschland und Österreich bis zum Mittelmeer – führt den Barock wie ein Glaubensbekenntnis für den Katholizismus und gegen den Protestantismus. In Lateinamerika wird der Barock hingegen die Ausdrucksweise der unterworfenen indianischen Gesellschaft, die sich so durch das Christentum hindurch weiterhin Ausdruck verschaffen kann, und zwar vermittels der Formen des Barock in den barocken Kirchen. Und er wird auch zum Refugium und Nährboden einer neuen Mestizenkultur, einer Kulter der vermischten Ursprünge. Juana Inés de la Cruz, die größte mexikanische Dichterin aller Zeiten, war eine Mestizin. José Kondori, der größte peruanische Architekt der Kolonialzeit, war ein Mestize aus der Ebene des Gran Chaco, in dessen Adern hauptsächlich indianisches Blut floss. Aleijadinho, der große Bildhauer und Baumeister des brasilianischen Barock war ein Mulatte mit afrikanischen und portugiesischen Vorfahren. Man sieht, es gibt zweifellos eine mestizische, d.h. Mischlingswelt im Herzen der Kolonialkultur Lateinamerikas, ein Universum, dem wir Lateinamerikaner alle entstammen.

Ich erinnere mich an ein langes Gespräch mit dem großen Historiker Germán Arciniegas aus Bogotá. Vor einigen Jahren hat er ein hochinteressantes Buch geschrieben, das zeigen wollte, dass Lateinamerika nicht nur das Utopia Europas war, sondern dass Europa und die westliche Welt von dem Einfluss, den sie auf Lateinamerika ausgeübt haben, außerordentlich profitiert haben. Meist findet man dazu aber nur ganz unzureichende Darstellungen, die sich mit der Beschreibung dessen begnügen, was Europa nach Lateinamerika gebracht hat. Arciniegas hingegen ging es um den

Aufweis der Bedeutung Lateinamerikas für Europa, wenn er an die Utopia-Entwürfe von Thomas Morus, Tommaso Campanellas „Sonnenstaat" und Jonathan Swift erinnerte oder an das Beispiel von Jules Supervielle, von Lautréamont aus Uruguay und vielen anderen Mittlern zwischen beiden Welten.

Man kann auch die Schokolade und die Kartoffeln anführen. In Russland waren die Kartoffeln lange verboten, weil in der Bibel nichts davon steht. Also waren es zwangsläufig Teufelsdinge. Schließlich hat Russland sie aber doch zugelassen und mit ihr den Wodka, der bekanntlich aus dieser Knolle hergestellt wird. Auch die Schokolade hat man verteufelt, bis die Verkostung der nachmittäglichen Tasse Schokolade am Hof Ludwigs XIV. in Schwang gekommen ist. Daraufhin war er à la mode und salonfähig. Oder auch die Tomate. Beides sind ja aztekische Worte, Schokolade ebenso wie Tomate. Ich will damit sagen, dass Amerika Europa sehr viel gegeben hat. Wenn man einmal vergleicht, was Europa von Amerika empfangen hat und was Amerika von Europa, so frage ich mich, wer von beiden wohl besser gefahren ist.

Sie sprechen von Interaktionen zwischen der Philosophie der Renaissance und der Entdeckung Amerikas, und machen darauf aufmerksam, dass Europa Amerika nicht eigentlich „entdeckt", sondern vielmehr „erfunden" hat – auf der Suche nach einer Möglichkeit, sein neues existentielles und historisches Selbstgefühl zum Ausdruck zu bringen. Die Ausdehnung seines Territoriums durch die Utopien vollendet und besiegelt den Bruch mit dem Mittelalter. Und wenn man dann später noch an Giambattista Vico denkt...

Ja, ich meine, dass der große Optimismus und die Hoffnungen der Renaissance, formuliert von Philosophen wie Marsilio Ficino, von den politischen und ökonomischen Realitäten sehr schnell falsifiziert worden sind; Europa hatte von nun an ein mächtiges Bedürfnis, ein Utopia, einen unbekannten Ort außerhalb seiner selbst zu schaffen. Glücklicherweise gab es da Amerika, das Europa ja vielleicht erfunden hat anstelle (bzw. als notwendige Wiedergutmachung für den Verlust) seiner eigenen Utopie, wo es doch dabei war, sich selbst zugrunde zu richten auf den Schlachtfeldern – zumal des Dreißigjährigen Krieges.

Auch Averroes und Maimonides waren interkulturelle Philosophen zwischen Spanien und dem Islam: Könnten sie uns nicht als Paradigmen dienen für ein besseres Verständnis der Differenz zwischen den Kulturen und zur Begründung eines echten interkulturellen Dialogs?

Spanien, das Land, von dem meine Kultur im wesentlichen herkommt, hätte im Mittelalter die Möglichkeit gehabt, ein multikultureller Staat zu werden. Das beweist die Tatsache, dass der Araber Averroes und der Jude Maimonides dort gelebt und gearbeitet haben, aber auch das goldene Zeitalter, das der Hof des Königs von Kastilien, Alphons' X., im 13. Jh. erlebt hat. Damit die erste Geschichte

Spaniens, die erste spanische Grammatik, das erste spanische Gesetzbuch geschrieben werden konnte, musste er sich an gelehrte Juden und Araber wenden. Ich möchte auch gerne an das Grabmal Königs Ferdinands des III., des nachmaligen Heiligen, in Sevilla erinnern. Dieser streitbare König hat den Mauren die Stirn geboten, aber sein Grabmal trägt, wie er es verlangt hatte, Inschriften in vier Sprachen: auf spanisch, lateinisch, hebräisch und arabisch. Eben diese Interaktion aller Kulturen auf seinem Boden hat die große Macht Spaniens und die Ausstrahlung seiner Kultur im Mittelalter und in der Renaissance erzeugt. Sie ist vernichtet worden durch die Idee der Reinheit der Rasse und der Einheitlichkeit der Nation, wie sie durch sein „allerkatholischstes Königspaar", Ferdinand II. von Aragon und Isabella I. von Kastilien, durchgesetzt worden ist. Die beiden haben es verhindert, dass die Idee der kulturellen Vielfalt in Amerika ankommen konnte; und sie haben auch die Ansätze einer Demokratie verdorben. Denn ihr königlicher Absolutismus hat zugleich mit der Verschiedenheit der Kulturen auch die Keime einer spanischen Demokratie erstickt, die auf den Ratsorganen der spanischen Dorf- und Stadtgemeinden beruhte. Als Karl V. im Jahre 1521 – dem Jahr der Eroberung Mexikos durch die Truppen von Cortés – in der Schlacht von Villalar die *Communidades*, die Bewegung der kastilischen Städte, zermalmte, hat er auch, für lange Zeit, die Möglichkeit einer Demokratie in Spanien und im spanischen Amerika eliminiert.

Trotz aller Anstrengungen war es gar nicht so einfach, die Ideen der europäischen Aufklärung und der französischen und amerikanischen Revolution mit den Federalist Papers *von Jefferson, mit Hamilton und Benjamin Franklin in die lateinamerikanische Realiät zu überführen. Hat Lateinamerika zwischen den juridischen Verfassungen und der empirischen und politischen Realität dieser Verfassungen denn jemals eine Identität gehabt? Welche Rolle hat der „rhetorische" Charakter der demokratischen Verfassungen – die ‚potemkinsche' Fassade – bis in unsere Tage gespielt?*

Das Zeitalter der Aufklärung war ein zutiefst eurozentrisches. Für Philosophen wie Locke oder Hume gab es keine Realität außerhalb des weißen Europa oder sogar außerhalb der Mittelklassen des weißen Europa. Wie Locke gesagt hat, ist die menschliche Natur europäisch, und außerhalb Europas findet man nur Kinder, Verrückte und Wilde. Die Wilden, das waren wir. Oder noch besser, mit Ironie von Montesquieu gesagt: „*Comment peut-on être Persan?*" Nein, man kann schlecht Perser, Mexikaner oder Nicaraguaner sein und gleichzeitig ein menschliches Wesen sein wollen. Dieses eurozentrische Vorurteil der Aufklärer verneinte also gewissermaßen unsere eigene Realität. Doch trotz allem haben wir es billigend in Kauf genommen und zwar haben wir es gebilligt als die beste Möglichkeit, unsere Unabhängigkeit zu behaupten. Unter dem Strich ist unsere Unabhängigkeit damit zu einer Imitation fremder uns eigentlich negierender Modelle geworden. So ist eine Art Maskerade herausgekommen, in der wir uns als Europäer gaben, ohne es zu sein. Aus diesem Grunde hat das 19. Jh. in unserer Geschichte etwas Gekünsteltes, worauf dann das 20. Jh. in viel authentischerer Weise reagiert hat.

In allen Ihren Werken fragen sie nach der Identität der lateinamerikanischen Kulturen, aber auch nach deren je eigenen Identitäten. Sind Sie in Ihren Nachforschungen nach dieser „Latinität" einer Antwort nähergekommen?

Die verschiedenen lateinamerikanischen Identitäten haben solide Grundlagen. Ich denke, darüber dürfte es keinen Zweifel geben. Ein Brasilianer oder eine Brasilianerin weiß, wer er ist bzw. wer sie ist, ebenso wie die Mexikaner, Argentinier oder Chilenen es wissen. Wir wissen, dass wir einer multikulturellen Gesellschaft mit multikulturellen Nationen angehören und wir kennen die verschiedenen Bestandteile unserer Identität. Unsere gemeinsame Herausforderung heute aber ist die Alterität, die Andersheit, nicht unsere Selbstgleichheit. In dieser Hinsicht sind wir wirklich alle in derselben Lage, weil es die Herausforderung des 21. Jhs. schlechthin ist: Wie verhalten wir uns gegenüber jemandem, der nicht ist wie wir selber? Das ist die Frage nach der Art und Weise, in der wir den anderen achten und auf ihn Acht haben müssen, der einer anderen Rasse oder Religion als wir selber angehört: wie man ihn ertragen oder sogar sich mit ihm identifizieren kann. Das ist der Grund, weshalb man nicht in die Falle der Xenophobie oder der ethnischen Säuberungen tappen darf. Ich glaube, dass Lateinamerika in dieser Auseinandersetzung eine ganz wichtige Rolle spielt. Wir müssen heute unsere Identität mit allen möglichen Formen der Alterität – politischer, rassischer und sexueller – integrieren.

Was fasziniert Sie so an den klassischen und auch den archaischen Kulturen „Mittelamerikas", also den Mayas, Olmeken, Azteken und Tolteken?

Am meisten fasziniert hat mich der mexikanische Mythos von den fünf Sonnen. Also die Vorstellung, dass das Zeitalter der Menschheit skandiert wird von fünf verschiedenen Sonnen, deren jede in eine Katastrophe hineinläuft: jede Katastrophe gebiert eine neue Welt, die letzlich wiederum in eine Katastrophe steuern muss bzw. gesteuert ist. Der Kreislauf der Geburten und Wiedergeburten war beherrscht von zwei einander bekämpfenden Göttern. Der eine war Huitzilopochtli, der zauberkräftige Kolibri, der Gott des Krieges, der Macht und der Kraft und der männlichen Tugenden; der andere war Quetzalcóatl, die gefiederte Schlange, der wohlwollende Gott der Kultur und Schirmherr der Künste. Die Azteken, die Mexiko in der Zeit des Einfalls der Spanier beherrschten, waren gerade selber als Eindringlinge erfahren worden. Kurz zuvor erst waren sie, von Norden kommend, auf den Hochebenen Mexikos erschienen. Die viel kultivierteren Tolteken, die vor ihnen da waren, betrachteten sie als Barbaren. Ähnlich war es auch mit den Mayas gewesen, die lange vorher schon in der Ebene von Yucatán eine Hochkultur entwickelt hatten. Die Azteken haben bei ihrer Ankunft ganz ungewöhnliche Dinge gemacht: Sie haben sämtliche Dokumente der toltekischen

Kultur, die ihnen vorangegangen war, verbrannt. Das hatte etwas, das an die in Orwells Roman „1984“ getroffene Entscheidung der Machthaber gemahnt: jede Reflexion zu unterbinden, die der offiziellen Position des Staates nicht entsprach. So verbrannte man kurzerhand alles Toltekische, das den Azteken etwa widersprach. Man gründete einen neuen Staat, der sich ganz nach den Regeln des Krieges richtete, denen des gewalttätigen Gottes Huitzolopochtli, der sich doch in spiritueller Hinsicht als Abkömmling des guten Gottes Quetzalcóatl betrachtete. Als sie zu ihrer Eroberung ansetzten, fanden die Spanier also eine Gesellschaft vor, die in einem tiefen Widerspruch zwischen Sein und Schein, zwischen dem Gott des Krieges und dem Gott des Friedens steckte.

Die nordamerikanische Kultur hat eine Neigung für die Zukunft, – schon seit den Pilgrim Fathers *des 17. Jhs. und dem klassischen kalvinistischen Puritanismus in Neu-England bis zum* Go West *und zur Eroberung des Weltraums im 20. Jh. Die überkommene lateinamerikanische Kultur legt im Gegenteil das Gewicht auf das „Dasein“ und lehrt, dass man die Vergangenheit von der Gegenwart her zu verstehen hat, und dass es darum geht, eine seit Jahrhunderten verlorene Würde zurückzugewinnen. Sie hat eine prophetische Vorstellung von der Vergangenheit.*

Ja, ich glaube, dass Mexiko seine Vergangenheit als eine Last und einen Segen zugleich trägt. Die Vereinigten Staaten scheinen dagegen oft zu vergessen, dass sie eine Vergangenheit haben. Ich nenne sie deswegen (mit Gore Vidal) gern *United States of Amnesia*, „die Vereinigten Staaten der Erinnerungslosigkeit“. Man könnte bisweilen meinen, für sie habe die Welt gerade eben erst begonnnen. Ich erinnere mich an meine Zeit in Harvard, als ich an dieser Universität Vorträge hielt über die kulturellen Wurzeln Lateinamerikas. Ich sprach von der Welt der Indios, von der griechischen Philosophie, vom römischen Recht und von der Scholastik des Mittelalters. Meine Studenten hat das regelrecht in Verwunderung versetzt: „Warum gehen Sie bloß so weit zurück? Wer ist Thomas v. Aquin? Was ist an ihm so wichtig?“ Ich habe ihnen mit einer Gegenfrage geantwortet: „Wann, meinen Sie, beginnen die Vereinigten Staaten?“ Darauf die einhellige Antwort: „1776, mit der Revolution und der Unabhängigkeitserklärung.“ Das ist eine recht kurze Geschichte. Wir haben eine Geschichte, die viel weiter zurückreicht und aus etlichen Elementen zusammengesetzt ist. Wenn man verstehen kann, woher man kommt, hat man eine klarere Idee, wohin man gehen will. Wenn man nur in der Gegenwart lebt, kann man viele Irrtümer begehen, seine Orientierungsmarken verlieren und sich dabei als der Nabel der Welt vorkommen, wie es den Vereinigten Staaten mitunter passiert ist: „Ich bin der Mittelpunkt der Welt. Die übrige Welt gibt es entweder gar nicht oder sie ist mir untergeordnet oder dreht sich um mich herum.“ Ein Mexikaner könnte niemals so denken. Die Geschichte hat uns gelehrt, über uns selbst und die andern in Kategorien der Relativität zu denken.

zWährend der Conquista, der Spanischen Eroberung im 15. Jh., standen weniger als 600 europäische Soldaten einem theokratischen Imperium gegenüber. Doch es waren die „anderen Indios", die den Sieg über ihre aztekischen Herren davongetragen haben. Wie erklären Sie sich den Zusammenbruch dieser mächtigen vorkolonialen Kultur, obwohl die Konquistadoren zahlenmäßig so unterlegen waren, Tzvetan Todorov hat bereits darüber nachgedacht?

So wie ich es sehe, ist das Verschwinden der aztekischen Gesellschaft weniger dem spanischen Eroberungsdrang geschuldet als vielmehr der Angst. Es war ein Entsetzen, das sich auch unser bemächtigen würde, wenn wir urplötzlich im Himmel Luftschiffe auftauchen sähen, denen Marsmenschen entstiegen, um uns zu versklaven. So muss es den Azteken damals vorgekommen sein, als sie vor den Küsten Mexikos plötzlich riesige schwimmende Kästen auftauchen sahen, die sie nie vorher gesehen hatten, beladen mit Männern, die sie nie vorher gesehen hatten, gewappnet mit Waffen, die sie nie zuvor gesehen hatten, und Pferde. Ihr baffes Erstaunen muss grenzenlos gewesen sein. Die Azteken waren vor Überraschung gelähmt.

Ein anderer Grund kommt hinzu, der sich durch die Kraft des Mythos erklärt und einen schier unglaublichen Zufall: Just an dem Tage, an dem ihr guter Gott, Quetzalcóatl, wiederkommen sollte, um sich über seinem Volk aufzurichten, geht Cortés in Veracruz an Land. Und er sieht genau so aus, wie der verheißene Gott Quetzacóatl im Mythos beschrieben worden war: weiß und bärtig. Die Grundfesten der Gesellschaft gerieten ins Wanken. Hinterher, als die Spanier hinreichend bewiesen hatten, dass ihre Aufführung wahrhaftig nichts Göttliches an sich hatte, war es zu spät. Überdies war Cortés ein brillanter Taktiker. Man könnte in ihm den Vorläufer des machiavell'schen „Fürsten" sehen. Er handelte wie ein Renaissancefürst. Er wusste genau, wie man sich mit den Feinden seines Feindes zu verbünden hat. Aus diesem Grunde haben etwas mehr als fünfhundert spanische Soldaten genügt, das Aztekenreich zu besiegen; denn Cortés hat die Kämpfer von Cempoala, von Tlaxcala und aller anderen Königreiche, welche die Azteken sich unterworfen und welche die Brutalitäten und Plünderungen durch ihre Krieger und ihre Steuereintreiber, aber auch ihre Zwangsrekrutierungen auszustehen hatten, für seine Sache gewinnen können. Cortés hat sie alle auf seine Seite gebracht, und so erst war er imstande, das mächtige Aztekenreich zu besiegen.

Christoph Kolumbus glaubte, das irdische Paradies und den edlen Wilden entdeckt zu haben. Und denken wir nur an Bartolomé de Las Casas und seine traditionsbegründende Idee der Menschenwürde, die weitergewirkt hat durch die Kolonialzeit hindurch bis ins Zeitalter der europäischen Aufklärung und der demokratischen Erklärungen während der amerikanischen Revolution im 18. Jh.

Als Kolumbus den edlen Wilden entdeckt hat, hat er ihn in Ketten gelegt. Aber eben dies hat es ermöglicht, dass aus der Eroberung der Neuen Welt etwas ganz Außerordentliches hervorgegangen ist, ich möchte sagen: das internationale Recht und das Konzept der Menschenrechte. Spanien ist die einzige Kolonialmacht, die sich dazu verstanden hat, Gesetze zum Schutze der unterworfenen Indio-Völker zu erlassen. Darüber zu befinden, ob diese Gesetze dann auch gehörig umgesetzt worden sind, ist eine andere Frage. Aber die Situation der Indianer, wie sie der Dominikanerbruder Bartolomé de Las Casas beschrieben hat, hat die große spanische Schule des internationalen Rechts ins Leben gerufen. Denker wie Francisco de Vitoria und Francisco Suárez haben geradezu die Unantastbarkeit unseres Nächsten proklamiert, die Idee, dass es keinen gerechten Krieg gibt und dass auch ein unterworfenes Volk unveräußerliche Rechte hat – mit anderen Worten: Menschenrechte. Das ist eine der positivsten Konseqenzen der Tragödie, welche die Eroberung Lateinamerikas durch Europa gewesen ist.

Im Jahre 1975 haben Sie Ihr großes Werk, Terra nostra, *erscheinen lassen, das die Geschichte der hispanischen Welt in einem Zeitraum rekonkonstruiert, der von Christi Geburt bis zum ersten Tag des dritten Jahrtausends reicht. Ihr Buch behandelt auch das Spanien unter der Herrschaft der Habsburger, die alte Kolonialmacht, aber auch die Widersprüche der spanischen Renaissance. Welchen Platz nimmt das Buch in Ihrem Gesamtwerk ein?*

Das Buch ist eine Art Summe, eine Gesamtdarstellung vieler Probleme, mit denen ich konfrontiert war. Es ist eines jener Bücher, für die man viel mehr Erkundigungen einziehen muss, als man hinterher dem Publikum vorlegt. Beim Schreiben von *Terra nostra* habe ich in der Tat eine Erforschung meiner selbst unternommen, um allen meinen intellektuellen und kulturellen Wurzeln auf die Spur zu kommen, denn der Roman handelt von all diesen. Er zeigt eine Kosmogonie – gewissermaßen meine eigene Kosmogonie der Alten und der Neuen Welt.

Die Geschichte ist ein wesentliches Element in Ihren Essays. Sie versuchen, darin ein Band zwischen Geschichte und Mythos zu etablieren. Sie wollen die Geschichte der Sie ausmachenden Kulturen schreiben, ohne sich damit zu begnügen, nur die Fakten zu versammeln, und greifen zu diesem Zweck auf die Mythen zurück. Sie teilen die Evolution Lateinamerikas in eine utopische Periode, eine epische Periode und eine mythische Periode.

Ich nehme damit nur auf, was in den mediterranen Kulturen, die ja alle aus Mythen entstanden sind, wirklich geschehen ist. Als erstes gibt es den grundlegenden Ursprungsmythos, der an das Land, in dem man lebt (bzw. aus dem man stammt), gebunden ist. Wenn man sich dann aufmacht und auf die Reise geht, wenn Odysseus sein Zuhause verlässt, tritt er mit diesem Schritt in die Welt des Epischen ein. Die Epik – das Wort ist im Griechischen ja nur ein anderes Wort für das Wort der betreffenden Erzählung: *Mythos* bzw. *Epos* – ist gewissermaßen der Mythos in Bewegung; doch am Ende des epischen Weges gibt es die Tragödie, die Rückkehr zu sich nach Hause und die Konfrontation mit dem tragischen Ereignis. Das ist der große Kreislauf bei den Alten. Die abendländische Welt aber hat ihr Zentrum zerstört, als sie die Tragödie abgeschafft und durch die Utopie ersetzt hat. Wir richten unser Streben nach der Zukunft aus und erwarten von der Zukunft obligatorisch eine bessere Gesellschaft.

Der Begriff der Zeit erscheint sehr oft in Ihrem Oeuvre. Wie geht die Wahrnehmung der Zeit im Verständnis der lateinamerikanischen Kulturtradition – die zu einem auf die Inkas und Azteken zurückgehenden prophetischen Verständnis der Vergangenheit neigt – und das Zeitverständnis der modernen Technologie zusammen?

Es gibt keinen Widerspruch zwischen dem Zeitverständnis, das eine Kultur ausbilden kann, und den Erfordernissen der Technik. Die technischen Erfordernisse kennen keine Nationalität und keine spezifische Ethik, sie haben keine andere Bedeutung und keine anderen Zwecke als die ihnen beigelegten. Ich denke, das ist auch der Grund, warum man sich auf sie so ganz und gar verlässt. Wenn man ein deutsches oder japanisches Unternehmen fragt, wie sie mit ihren mexikanischen Arbeitern in der Fabrikation zurechtkommen, sagen sie: „Bestens, das sind ganz geschickte Leute, die schnell lernen." Von dieser Seite gibt es kein Problem. Anders sieht es aus, wenn es um die internen Vorgänge geht, die nichts mit der Art und Weise zu tun haben, wie man eine Maschine bedient oder eine gegebene Technik handhabt. Es ist immer so gewesen. Ich glaube nicht, dass die Entwicklung der Technik diejenige der Kunst, des Denkens oder der Literatur je an ihrer Entfaltung gehindert hat, selbst da, wo sie die Maschine oder die Technik selbst als Subjekt oder Objekt ihrer Realität behandeln. So haben es die italienischen Futuristen mit der Geschwindigkeit gemacht, und das gleiche gilt auch für die Auseinandersetzung mit der Maschine, die Chaplin in *Modern Times* liefert. Es gibt m.E. so etwas wie eine intellektuelle Energie in der Welt. Trotz aller seiner Schrecknisse oder gerade ihretwegen ist das 20. Jh. auch das Jahrhundert Anne Franks, nicht nur das Adolf Hitlers. Das zeigt, dass es in der Welt eine Realität des Geistigen gibt. Was bestimmt die Rolle, die die Technologie spielt? – eine Frage, die ja nicht nur die Technologie betrifft, sondern auch die Politik und alles andere. Das hängt von der Aufmerksamkeit ab, die wir an den Tag legen. Wie aufmerksam sind wir auf den andern, auf die Situationen und die Dinge und Lebewesen? Das gilt für die uns umgebende Wirklichkeit wie für diejenige, die wir selbst repräsentieren, für die erstrebte wie für die erinnerte. Wenn wir dieses eigentümliche Augenmerk verlieren, verlieren wir auch unsere Personalität als Menschen. In einem solchen Falle kann die Technologie uns dominieren bzw. können wir das Eigene unserer Kultur verlieren. Solange wir aber die Aufmerksamkeit behalten, dürfte die Beziehung zwischen der wissenschaftlichen und der human(istisch)en Kultur kein Problem darstellen.

Glauben Sie angesichts der in modernen Zeiten erlebten Entwicklung an den Fortschritt, d.h. genauer an einen linearen Fortschritt der Menschengeschichte? Kann man nach den Erfahrungen des 20. Jhs. mit seinen Genoziden, dem Stalinismus, Nazismus und dem China eines Mao Tse-tung überhaupt noch von einem „morali-

schen" Fortschritt in der Geschichte sprechen? War das 20. Jh. etwa humaner als das 17. oder das 18. Jh? Welchen Maßstab soll man anlegen? Gibt es etwa eine ‚moralisch-ethische Revolution'?

Ich denke, dass die Zeit im menschlichen Geist abläuft. Es gibt keine objektive Zeit unter der Sonne und dem Mond. Aber meistens ist die Zeit das, was wir uns unter ihr vorstellen und glauben. Im Jahrhundert von Einstein und Heisenberg wird es erst recht schwierig, von der Zeit einen anderen als relativen Begriff zu haben, der abhängt von dem, was man ist, wo im Raum man sich befindet, in welchem Augenblick man etwas sagt oder tut, und abhängt von der Zeit, die vorausgeht, von der Zeit, die man sich wünscht – aus allen diesen Elementen setzt sich die reale Zeit zusammen. Selbstverständlich gibt es eine lineare Progression der Zeit. Interessanterweise haben die Künste im 20. Jh. aufs Ganze gesehen indes die Tragweite einer Revolte gegen die als bloße Abfolge betrachtete Zeit. Es ist eine Revolte, die sich für eine andere Zeit einsetzt, und den Versuch macht, zur Zeit der Ursprünge zurückzukommen – oder auf eine kreis- oder spiralförmige Zeit oder etwa auf eine Zeit, die parallel zu der linear fortschreitenden abläuft; und dann gibt es die Vorstellung der ewigen Wiederkehr. Die Tatsache, dass es so viele mögliche Konzeptionen der Zeit gibt, charakterisiert die große Kunst der Kubisten, von James Joyce, William Faulkner, von Eisenstein und anderen genialen Filmregisseuren, die die Zeitebenen vermischt und, dank der kinematographischen Montage, ein ganz anderes Konzept der Zeit geschaffen haben. So kann man verstehen, dass die Zeit das ist, was man aus ihr macht, und dass man nicht mehr von der bestimmten linearen Zeit sprechen kann, als wäre es der einzig mögliche Zeitbegriff.

Ist die lineare Zeit nicht lediglich ein seit Erasmus, Newton und Leibniz üblich gewordenes okzidentales Zeitparadigma? Kann man es denn so leicht auf die lateinamerikanischen Kulturen anwenden, die doch eine eher zirkulare Vorstellung von der Zeit haben?

In allen Kulturen haben wir unterschiedliche Konzeptionen der Zeit. Wäre dem nicht so, könnte ich mir die Romane eines William Faulkner nicht erklären. William Faulkner kommt aus der am meisten auf die Zukunft ausgerichteten und auf Logik erpichten Gesellschaft der Welt, den Vereinigten Staaten von Amerika. Und dennoch bringt er ein Zeitgefühl zum Ausdruck, das sich in barocken Spiralen entfaltet und ständig alle möglichen Kreisbewegungen beschreibt. Wer könnte behaupten, dass das gar nicht zur Kultur der Vereinigten Staaten gehört? Und von fast allen Kulturen könnte man ungefähr das Gleiche sagen. Kurz, für alle Regeln gibt es Ausnahmen, und die Ausnahmen sind immer interessanter...

Sie haben sich viel mit der Philosophie von Giambattista Vico beschäftigt. Was hat Sie so sehr für ihn eingenommen?

Ich glaube, er ist der wahre Gegenspieler der Philosophie der Aufklärung. Wo die Aufklärer nur Europa vor Augen hatten – jene eurozentrische Weltvorstellung, jenes Europa, das Herder als das Zentrum aller Dinge feierte –, hat Vico die Verschiedenheit der Kulturen wahrgenommen, und er hat verstanden, dass nicht Gott, sondern der Mensch der Schöpfer der Kulturen ist und dass die Sprache und das Wort die Basis einer Kultur bildet. Das hat mich an Vico so fasziniert – ich muss sagen: ich habe ihn über James Joyce entdeckt. Denn *Ulysses* beruht auf der Philosophie von Vico; Joyce wird nicht müde, daran zu erinnern. Im *Ulysses* findet man laufend Anspielungen und Wortspiele, die sich auf Vico beziehen, und Joyce bezeichnet sein Romanwerk sogar direkt als *vicocyclogramm*e. Vico gibt uns auch die Möglichkeit, selber unsere Geschichte zu gestalten, die Vorsehung durch die Tat des Menschen zu ersetzen und den Ursprung der menschlichen Tatkraft aus dem Wort und der Sprache herzuleiten.

Für Gabriel García Márquez ist Amerika seine eigene Utopie. García Márquez möchte am liebsten die Zeit befreien, indem er einen Moment aus ihr herausbricht.

In meinen Augen hat García Márquez es geschafft, zu der wunderbaren poetischen Qualität eines von der Zeit befreiten Augenblicks vorzustoßen. Was ist denn schließlich ein Gedicht, ein großes Buch, ein großartiges Gemälde, ein großer Film anderes als ein von der bloßen zeitlichen Abfolge und damit von der Tyrannei der Zeit befreiter Augenblick? Wir haben Greta Garbo oder Marlene Dietrich für immer. Sie gehören uns ein für alle Mal, ewig jung und schön aufgrund jenes von der Zeit abgelösten Augenblicks, in dem sich die photographische und kinematographische Kunst eingeschrieben haben. Auch in anderen Künsten kann er festgehalten werden. Mir scheint, auf ihn hätte García Márquez es in *Hundert Jahre Einsamkeit* abgesehen gehabt.

Habe ich unrecht, anzunehmen, dass die Länder der Peripherie heute einen Schatz an Sensibilität, Kreativität und Formen symbolischen Ausdrucks haben, der ungleich bedeutsamer ist als derjenige der industrialisierten Welt mit ihrer „Algebraïsierung" des täglichen Lebens und ihrer zunehmenden technokratischen Abstraktion? Das betrifft die Musik, das Kino, die Poesie, die Lebensfreude... denken Sie an die Filme Glauber Rochas in Brasília; an die Musik Gilberto Gils und Caetano Velosos oder von Mercedes Sosa in Argentinien.

Es mag sein, dass Sie recht haben, und vielleicht ist es schon immer so gewesen. Oder etwa nicht? Wissen Sie, wir sind hier in London, in einem Land, das man gern Merry Old England nennt: das „Fröhliche Alte England". Heute haben die Engländer wenig ausnehmend Fröhliches. Sie sind vielmehr ausgesprochen ruhig, bis sie etwa ein Fußballspiel anschauen gehen, wo sie dann ganz aus dem Häuschen geraten. Aber ich glaube nicht, dass das das lebenslustige alte England ist, von dem das Lied spricht. Ich will sagen: Die Gesellschaften wandeln sich. Ich selber komme aus einem Land, das über große schöpferische Fähigkeiten verfügt.

Aber auch hier entdeckt man große Unterschiede in Gespür und Empfinden. Ich stamme von der Küste, aus Veracruz – zum Glück, denn ich bilde mir ein, die Leute aus Veracruz und ganz allgemein von der Küste, also die Karaiben, haben eine natürliche Fröhlichkeit, einen Sinn für Freundschaft und eine Begabung für den Tanz, und sie schätzen und verehren den Körper. All das geht den Menschen des Hochlandes ab, die von den indianischen Kulturen abstammen und eher förmlich-steif wirken. Diese ungeheuere Verschiedenheit trifft man in ein und demselben Land an. Selbst die Vereinigten Staaten, die man oft als ein einförmiges Land beschreibt, haben Anteile einer indianischen, einer afro-amerikanischen und einer hispano-amerikanischen Kultur. Kalifornien unterscheidet sich beträchtlich von Neu-England. Und der mittlere Westen unterscheidet sich vom einen wie vom andern. Es gibt mehrere rassische, kulturelle und ethnische Realitäten, die aus den Vereinigten Staaten eine so multikulturelle Gesellschaft machen, von der sie oft selbst überhaupt keine Vorstellung haben. Sie betrachten sich vielfach als eine im Grunde weiße, angelsächsische und protestantische Gesellschaft. Dabei haben sie viele ungeahnte andere Potenzen, die in manchen Staaten offener zu Tag liegen als in anderen. Wo sie noch nicht manifest geworden sind, werden sie sich im 21. Jh. entfalten. Dann werden wir in einer multikulturellen Welt leben.

In Ihrem Buch Der vergrabene Spiegel *schreiben Sie über die Epoche Spaniens, in der dort die großen jüdischen und arabischen Philosophen lebten. Diese Perioden des Übergangs zwischen den Zeiten – haben sie sich in der Geschichte des Menschen nicht schon immer als fruchtbar erwiesen? Schon der Seneca der Römerzeit war aus Spanien gekommen; er war ein Mann von der „kulturellen und interkulturellen Grenze", der Frontier, wo vielleicht mehr Sensibilität und Kreativität zu finden ist als in den geschlossenen Kulturen. Denken Sie in der Literatur von heute beispielsweise an den Nobelpreisträger V.S. Naipaul, der immer zwischen kulturellen Grenzen schrieb, in Trinidad geboren, in England lebend, reisend in Asien, Afrika und Lateinamerika.*

Meines Erachtens gibt es keine materiellen Grenzen mehr. Die letzten solchen Grenzen sind vielleicht im 20. Jh. verschwunden. Nachdem man einmal auf dem Mond gelandet war, konnten auf der Erde nicht mehr viele Grenzen bestehen bleiben. Oder, wie es ein französischer Schriftsteller ausgedrückt hat: „Es gibt kein Draußen mehr." Das Draußen ist verschwunden. Die Vereinigten Staaten sind das typische Beispiel eines Landes, das nach Westen vorrückt und gleichzeitig seine Grenze verrückt, und wenn es in Kalifornien am Pazifik anlangt, ist der Kontinent durchquert. Was macht man dann? Nun, man erfindet Hollywood, um die Grenze zu ersetzen. Wenn man keine Grenze mehr hat, schafft man sich eine künstliche, eine kulturelle Grenze, eine innere oder, leider, auch äußere Grenzen, die zu überwinden man sich nun zum Ziel setzt, so wie es bei den Vereinigten Staaten der Fall war, sobald sie keine Möglichkeit mehr hatten, auf dem nordamerikanischen Kontinent neue Grenzen erobern. Sie mussten nach Kuba und Puerto Rico aufbrechen und schließlich gar nach Vietnam, wo sie eine Katastrophe erlebten. Es handelt sich also, diesen Euphemismus zu gebrauchen, um eine zweischneidige These.

Was halten Sie von der These, derzufolge seit dem Fall der ideologischen Systemgrenze und des ehemaligen Ostblocks ein „clash of civilizations" im Gange ist?

Ich lehne sie entschieden ab. Es gibt zwei Theorien, mit denen ich nicht einverstanden bin. Einmal diese hier vom „Zusammenprall der Kulturen" und zum anderen die vom „Ende der Geschichte". Als Schriftsteller kann ich die Vorstellung von einem Ende der Geschichte gewiss nicht gutheißen, weil ich doch weiß, dass die Geschichte nicht aufhören wird, solange wir noch etwas zu sagen haben. Von einem definitiven Sieg eines bestimmten kapitalistischen Entwicklungsmodells mit Hilfe der Demokratie kann noch keine Rede sein. In den kommenden Jahren werden wir es noch mit etlichen verschiedenen politischen Ideen und Entwicklungen zu tun bekommen. In China haben wir z.B. ein anderes und zwar autoritäres Modell, das die Menschenrechte und demokratischen Verhaltensregeln geringschätzt. Und für den Kapitalismus mit seiner Wesensart, seinen Grundprinzipien und seiner Logik könnte ein Regime wie das in Peking am Ende vorteilhafter sein als das in New York, London oder Paris. So etwas könnte uns durchaus blühen. Es gibt viele Möglichkeiten, und sie lassen sich nicht begrenzen. Der „Kampf der Kulturen" entwirft eine Vorstellung, die viel genauer gefasst werden müsste. Wir sind alle das Ergebnis von Rassenmischungen, jedoch nicht die Frucht eines Zusammenpralls von Kulturen, sondern eines Verschmelzungsprozesses in der Begegnung der Kulturen. Eine Kultur, die sich isoliert, ist eine sterbende Kultur.

Demnach muss das Bild der Welt, das José Vasconcelos in seinem „kreolischen Odysseus" vorstellt, in Ihren Augen das Wesentliche erfasst haben.

Ja, ich denke, dass die Idee der „Weltrasse" und die Vision Vasconcelos' insgesamt nicht ganz ungerechtfertigt war.

Mit dem Verlust des Heiligen und der kosmologischen Ordnung, die in der klassischen Linie des Christentums – von Thomas von Aquin bis Theresa von Avila – dem Menschen noch einen festen Platz in der Welt zuerkannte, ist die Mythologie im klassischen Sinne spürbar an ihr Ende gekommen. Roland Barthes hat in unserer Epoche von einer Mythologie des Alltagslebens gesprochen. Können Sie sich eine neue Mythologie in unserem, dem 21. Jahrhundert vorstellen?

Ohne mythische Figuren können wir nicht leben, wie auch die Popularkultur des 20. Jhs. beweist. Roland Barthes selber hat von Greta Garbo als einer dieser Figuren gesprochen; außerdem haben James Dean, Marilyn Monroe und andere Götter und Göttinnen dieses Pantheon der modernen Mythologie bevölkert. Es gibt aber überdies ein kritisches Pantheon, illustriert durch das außerordentlichste literarische Ereignis des 20. Jhs., das eines trüben Morgens in Prag stattgefunden hat, als Gregor Samsa beim Aufwachen entdeckt, dass er sich in Ungeziefer verwandelt hat. Es handelt sich um die antihumanistische Figur des Menschen, die apollinische Person, die aufwacht und sich mit einemmal als Käfer wiederfindet. Das ist die tiefste Aussage über die Menschheit im 20. Jh. Diese starke Geschichte ist das Werk eines Autors, den ich für den unerlässlichsten Schriftsteller des 20. Jhs. halte. Der Schriftsteller des 20. Jhs., das ist für mich Kafka, gefolgt von Beckett. Sie beide verneinen die Möglichkeit des Menschseins. Wir enden als Küchenschaben oder Kellerasseln, werden zermalmt, haben keine andere Existenz mehr als diese. Beckett sagt das sehr, sehr klar. Im Grunde existiert nichts. Wie soll man aus diesem Stand der Dinge noch eine menschliche Persönlichkeit herausmodellieren können? Ich glaube, literarisch ist an psychologisch motivierte Romanfiguren wie bei Tolstoi und andern großen Schriftstellern des 19. Jhs. nicht mehr zu denken. Man muss vielmehr eine menschliches Individuum bzw. eine menschliche Persönlichkeit erschaffen, die ich „Figur“ nennen möchte. Hölderlin hat von der Möglichkeit von Figuren gesprochen, die nach und nach ein neues Bild des Menschen hervorbringen könn(t)en. In meinem Roman „Terra nostra“ habe ich mich weithin von der Idee leiten lassen, dass die Figuren aus den kulturellen, menschlichen und inneren Vorgängen erst entstehen und so ein neues Bild der Menschheit zeichnen: An einem Strand in Spanien finden sich drei junge Männer, die dort Schiffbruch erlitten haben. Jeder hat ein Kreuz auf dem Buckel. Keiner weiß, wer sie sind oder woher sie kommen. Sogleich teilt man ihnen ein anderes Schicksal zu, nehmen sie andere Physiognomien an. Ich will damit bedeuten, dass wir uns in einem Prozess der Neubestimmung der Personen befinden. Viele frühere Anschauungen, beispielsweise die Konzeption des Realismus oder der Psychoanalyse, sind heute überholt durch etwas, wofür wir noch keinen rechten Namen haben. Die Person der Zukunft, die Mythologien der Zukunft sind etwas, das wir erst noch zu entdecken und zu bezeichnen haben. Wüssten wir es alles schon im Voraus, hätte es keinen Wert. Wir müssen geduldig auf die Entdeckung warten, was sagen will, dass ein Mensch von den Zwängen und Notwendigkeiten seiner Zeit, seiner Gesellschaft und seiner selbst abhängt. Überall in den Künsten, aber auch im täglichen Leben entdecken wir ständig Übereinstimmungen, Verbindungen, Anfänge, Endstadien, vergessene Erinnerungen, unverhoffte Sehnsüchte. Wir befinden uns permanent in einem Prozess des Werdens. Aus diesem Grunde glaube ich nicht an ein Ende der Geschichte oder Ende der Person. Ich glaube im Gegenteil, dass wir in einem Werdeprozess stehen, in dem wir uns weder auf eine feste Identität noch auf sichere Werte verlassen können.

London, 09.07.1999
Übersetzt von Konrad Honsel

„Gebt uns Zeit; ihr habt sie euch auch genommen“

NADINE GORDIMER

„Die einzige Sache, die eine Schriftstellerin als Schriftstellerin machen kann, ist vehement die Wahrheit *wie sie sie sieht* zu schreiben.“ Dies ist das Leitmotiv des Werkes von Nadine Gordimer, der südafrikanischen Schriftstellerin (geboren 1923, der Vater Jude, die Mutter Engländerin), zu dem heute mehr als ein Dutzend Romane sowie mehr als hundert Novellen und Erzählungen gehören: *Fremdling unter Fremden* (Fischer, 1962), *Anlass zu lieben* (Fischer, 1989), *Der Besitzer* (BTV, 2008), *Die Geschichte meines Sohnes* (Fischer, 1991), *Telling Tales* (BTV, 2005), *Beute und andere Erzählungen* (BTV, 2005). Obwohl sie von sich sagt, sie sei „von Natur aus unpolitisch“, hat sie niemals aufgehört, sich mit der Realität ihres Geburtslandes Südafrika auseinanderzusetzen: mit der Apartheid, angesichts der sie sich als Schriftstellerin in der Verantwortung für Freiheit und Menschlichkeit sieht. Als Mitglied des ANC, des Afrikanischen Nationalkongresses, hat sie mit unzähligen Artikeln, Essais und Abhandlungen Stellung gegen die rassistische Trennung bezogen. 1991 erhielt sie den Nobelpreis für Literatur.

*

Frau Gordimer, was fühlten Sie, als Nelson Mandela nach 28 Jahren Gefängnis freikam und sich nun politisch betätigen konnte?

Natürlich beglückte es mich, ihn, das große Symbol der Freiheit, aus dem Gefängnis kommen zu sehen. Aber meines Erachtens war die Apartheid schon einige Monate vorher zu Ende gegangen, im Oktober 1989. In den letzten Monaten jenes Jahres geschah so vieles: die Berliner Mauer fiel und hier fielen die Mauern der Apartheid. Da war jene Massenversammlung in einem Fußballstadion außerhalb von Soweto, als Walter Zuzulu, Mandelas Guru im Gefängnis, und ich glaube sieben andere Schwarze freigelassen wurden. Sie waren die ersten; sie hatten sich der Auflage, keine politische Tätigkeit auszuüben, widersetzt und ihre bedingungslose Freiheit erkämpft. Auf der Kundgebung gab es keine Polizeihunde, keine Waffen, kein Tränengas, nur die im Wind flatternden Fahnen des Afrikanischen Nationalkongresses, der Südafrikanischen Kongresspartei, der Gewerkschaften. Dies war ein euphorischer, wunderbarer Augenblick, mit dem die Zeit der Freiheit begann.

In all den Jahren davor haben Sie eine wahrhaft stoische Haltung gegenüber dem Apartheidsystem bewiesen, Sie waren gleichsam die Stimme des Gewissens, die die herrschende Politik verurteilte.

Ich war eine unter vielen. Überall stieß ich auf unglaubliche, aufrüttelnde Beispiele von Menschen, deren Leben zerbrochen war, die im Gefängnis saßen, deren Brüder, Schwestern, Frauen im Exil warteten, die ein unglaubliches Leid durchmachten. Einige von ihnen kannte man, andere, Hunderttausende, blieben namenlos. All das war beschämend, ein Aufruf, etwas dagegen zu unternehmen.

Die Afrikaander verstanden sich sozusagen als erwähltes Volk, ihre Fundamentalisten lehrten die Reinheit der weißen Rasse. Wie machte sich diese Vorherrschaft der Weißen im täglichen Leben bemerkbar?

Ich wurde in Südafrika geboren, besuchte eine Schule nur für Weiße, ging an Samstagnachmittagen in Kinos, wo nur Weiße saßen, absolvierte wie alle Mädchen aus der Mittelschicht einen Tanzkurs, an dem nur weiße Mädchen und Jungs teilnehmen durften, und, das berührte mich am meisten, weil ich ab meinem sechsten Lebensjahr ausgiebig las, benutzte ich die örtliche Bücherei, in der nur Weiße Bücher ausleihen konnten. Also hatte man das Gefühl, aufgrund der Hautfarbe etwas Besonderes zu sein und dass das von Gott so bestimmt worden war. Als Kind hinterfragt man diesen Zustand nicht, weil die Wertvorstellungen der Eltern und Lehrer absolut verbindlich sind; aber wenn man nur einen Funken Intelligenz und Neugier besitzt, dann will man in der Adoleszenz wissen: Warum kann ich Bücher ausleihen, die diesem schwarzen Kind vorenthalten werden? Möchte es sie nicht auch lesen?

Betrachteten Sie sich als Mitglied der jüdischen Gemeinde in Südafrika? Als Fremde auf einer Insel, weit entfernt von zu Hause? Als Teil einer Minderheit innerhalb der weißen Minderheit?

Nein, ich fühlte mich in erster Linie als weiße Südafrikanerin. Aber das war vor allem durch meinen familiären Hintergrund bedingt. Meine Eltern erzogen mich nicht in jüdischem Geist, die Aktivitäten der jüdischen Gemeinde interessierten sie kaum und sie schickten mich auf eine Klosterschule. Später, in der Jugend, besuchten viele meiner Altersgenossen die zionistischen Siedlungen, ich aber nicht. Obwohl ich mir also meiner jüdischen Wurzeln durchaus bewusst war und keine Probleme damit hatte, wäre es für mich auch in Ordnung gewesen, als Schwarze geboren worden zu sein. Man sollte seine Herkunft weder mit Stolz zur Schau tragen noch leugnen. Wir sind ganz einfach Menschen.

Inwieweit sind eigentlich die Asiaten, insbesondere die Inder, in die südafrikanische Gesellschaft integriert? In Ihrem Werk beschäftigen Sie sich ja auch mit diesen indischen Enklaven.

Da kommen wir zu einem weiteren, außergewöhnlichen Aspekt in der erstaunlichen Geschichte unseres Landes. Man überlege nur einmal, was den Indern in ganz Afrika widerfuhr: In Kenia zum Beispiel wurden sie nach der Unabhängigkeit verfolgt, vertrieben, weil meines Wissens nach kein einziger von ihnen die britische Staatsbürgerschaft aufgeben und die kenianische annehmen wollte, die man ihnen aufzwang; aber sie schlossen sich nie zu einer Befreiungsbewegung zusammen. In Südafrika jedoch lagen die Dinge anders. Dank des langen Aufenthalts und der Arbeit von Mahatma Gandhi, der Bildung des Indischen Kongresses und der Tatsache, dass sich die Inder für den Afrikanischen Nationalkongress einsetzten, spielten sie im Befreiungskampf eine sehr wichtige Rolle. Dafür mussten viele von ihnen ins Gefängnis. Heute sind einige Minister unserer Regierung Inder, und dies ist ein Zeichen der Hoffnung, dass ein Land wirklich nichtrassistisch werden kann. So haben wir hier ein Beispiel von Fremden in Afrika, die sich das Recht erstritten, Südafrikaner zu sein.

Sie sagen, dass die Sowjetunion jahrzehntelang die Kommunistische Partei Südafrikas und den Afrikanischen Nationalkongress bei deren Freiheitskampf unterstützte, finanziell und durch militärische Ausbildung, während die Vereinigten Staaten und die europäischen Länder trotz ihrer Verurteilung des Rassismus die weißen Apartheidregierungen mehr oder weniger förderten. Wie reagierten Sie auf diese ambivalente Haltung des Westens?

Ich sprach darüber, so laut ich nur konnte, immer und überall, auch im Ausland. Der Westen war von einer unfassbaren Doppelzüngigkeit; nun stellt sich heraus, dass er mit den Apartheidregierungen intensiver zusammenarbeitete, als wir es damals wussten, noch in den letzten Monaten, ja bis wenige Tage vor den freien Wahlen.

Sie betrachten die Überwindung des Kolonialismus als einen der großen Fortschritte des 20. Jahrhunderts. Aber ist er tatsächlich beseitigt, oder hat er nicht einfach nur seine Masken gewechselt? Denken Sie etwa an die westlichen Medientechnologien wie MTV, CNN, Fox TV welche in der ganzen Welt übertragen, an die Globalisierung auf wirtschaftlichem und politischem Gebiet.

Der Kolonialismus in der Wirtschaft existiert weiterhin, sicherlich noch für lange Zeit. Trotzdem halte ich es für äußerst bedeutsam, dass einige der ehemaligen Kolonien es geschafft haben, sich eine demokratische Verfassung zu geben. Wir haben jetzt unsere eigenen Gesetze, und wir sind für unser Schicksal selbst verantwortlich, im guten wie im schlechten. Manche dieser Länder kommen damit überhaupt nicht zurecht, weil sie unter den Problemen leiden, die der alte Kolonialismus zurückgelassen hat und die der neue Kolonialismus, von dem Sie sprechen, noch vergrößert: etwa in Indien und Pakistan, aber auch in Israel und Palästina. Das konfliktträchtige Erbe Europas lastet auf uns, doch es markiert nur eine weitere Phase im Kampf um die Unabhängigkeit.

Was hält die Zukunft in politischer, sozialer und ökonomischer Hinsicht für Afrika bereit angesichts auch der ethnisch-religiösen Auseinandersetzungen in Ruanda, im Sudan oder in Äthiopien, der von Korruption beherrschten Diktaturen, der bankrotten Volkswirtschaften?

Die Demokratien, die Europa hervorbrachte, haben sich teilweise über mehrere Jahrhunderte entwickelt, und sogar heute sind sie beileibe nicht vollkommen. Wir sind erst seit ein paar Jahren auf diesem Weg, und deshalb ärgert es mich immer wieder, wenn Amerikaner und Europäer zu uns sagen: „Warum habt ihr hier noch nichts gemacht, warum habt ihr da noch nichts verändert?" Gebt uns Zeit; ihr habt sie euch auch genommen.

Gewiss, Veränderungen geschehen nicht über Nacht; Ihre schriftstellerische Arbeit scheint ja geradezu geprägt von der Vorstellung, dass die Geschichte ein allmählicher Prozess ist, der in manchen Augenblicken eine abrupte, nicht vorhersehbare Wendung nimmt. Aber hat der Kolonialismus die Menschen Afrikas nicht ihrer Geschichte beraubt?

Das hat er. Mir erscheint er wie eine Art Zement, der alles Organische zudeckt. Im kolonialen Kampf ging es eben darum, diesen Zement zu durchbrechen und die tieferliegenden Schichten ans Licht zu bringen. Aber man darf nicht vergessen, dass sie sehr weit zurückreichen und dass die ihnen eigentümlichen Ausdrucksformen ganz andere sind. Was die Literatur betrifft, so gab es, wie Sie wissen, keine schriftliche, sondern eine starke mündliche Tradition, die immer existieren wird und die wir zu neuem Leben erwecken müssen. Vielleicht habe ich da eine etwas romantische Auffassung, aber ich könnte mir denken, dass im Fernsehen oder im Radio schwarze Redner auftreten, die durch ihre Stimme, ihre Gestik den ursprünglichen Menschen in seiner ganzen Vielfalt zeigen. Natürlich ist damit noch nichts gesagt über die Entwicklung der afrikanischen Literatur. Sie wiederum hängt ab von einer weiteren Eindämmung des Analphabetentums. Wer in diesem Land ein Buch schreibt, gehört zu den Privilegierten, weil ungefähr die Hälfte der Bevölkerung nicht lesen und schreiben kann. Und zu der anderen Hälfte zählen viele, die nicht mehr lesen können als eine Überschrift oder ein kleines Gedicht, denen also die Einsicht und das Vergnügen durch das geschriebene Wort vorenthalten wird. Das ist in meinen Augen ein Verbrechen gegen die Menschlichkeit.

In Ihren Werken wird spürbar, wie sehr Sie die Integrität der neueren afrikanischen Literatur schätzen, die sich zunächst dem nationalen Befreiungskampf verschrieb, dann, in der postkolonialen Ära, gegen die schwarzen korrupten Machthaber opponierte. Zu diesen Autoren gehören Chinua Achebe, Wole Soyinka und viele andere, die im Westen leider weniger bekannt sind. Intellektuelle Rechtschaffenheit inmitten politischer und sozialer Wirrnis, so würden Sie wohl deren Haltung beschreiben.

Genau. Sie enttarnen das falsche, gefährliche Spiel der Regime, indem sie eintauchen in ihre Gesellschaft und wenigstens Teile der Wahrheit zutage fördern. Einige von ihnen überleben das Exil, andere werden dort zum Schweigen gebracht. Das ist beunruhigend und traurig. In Südafrika haben wir eine Reihe von sehr guten Schriftstellern verloren. Und solche fallen nicht vom Himmel.

In der Anthropologie spricht man vom Bedürfnis nach kultureller Identität oder nach verschiedenen, koexistierenden kulturellen Identitäten. Sehen Sie eine Möglichkeit, dass es in Südafrika eines Tages gestillt werden könnte?

Das ist eine ziemlich heikle Frage. Ich denke, wir müssen uns mit der Pluralität der kulturellen Identitäten abfinden. Seltsamerweise fällt dies den Afrikaandern unendlich schwer. Die Inder, die Italiener, die Griechen, die Juden jede dieser Bevölkerungsgruppen pflegt ihre eigenen Kulte und Riten. Nur den weißen Südafrikanern wird es dabei Angst und Bange, weil sie ihre Vormachtstellung eingebüßt haben. Sie begreifen eine homogene Kultur als Ausdruck ihrer Herrschaft, aber diese besteht nun nicht mehr. Sie hat sich überlebt, und nichts kann sie zurückbringen. Aber auch mit der neuen Verfassung und der Regierung sind wir nicht ein Volk. Dass wir alle zusammenfanden, war ein wahres Wunder, aber oft hält es der Realität nicht stand. Überall taucht der alte Rassismus von neuem auf, ob in Schulen oder in Fabrikhallen. Das Wunder muss Tag für Tag erarbeitet werden.

Es war vom Gesetz sanktionierte Willkür, die schwarze Bevölkerung in den sogenannten homelands *anzusiedeln, wo die Rassendiskriminierung ebenso weiterging wie in den* townships *und eine freie Zulu-Republik von vornherein ausschloss. Wie sieht es heute dort aus?*

Die Menschen, die an solchen Orten lebten, hatten nicht einmal das Recht auf ein eigenes Zuhause. Dies waren Schlafstädte, und sie bestehen nach wie vor. Vor einigen Jahren reiste ich durch Mexiko, wo die Revolution 1912 stattfand, und es deprimierte mich zu sehen, dass die illegal gegründeten Siedlungen um Mexiko-City einfach als Elendsviertel weiterbestehen, in denen ganze Generationen ihr Dasein fristen. Deshalb frage ich mich besorgt, ob und wie wir dieses Problem in den Griff bekommen. Aber auch hier darf man nicht vergessen, dass es nicht durch die neue Freiheit verursacht wurde, sondern aus einer Zeit noch vor der Apartheid stammt.

Sie erwähnten, dass Upton Sinclairs Roman The Jungle (Der Sumpf) *über die Schlachthausarbeiter in Chicago besonderen Eindruck auf Sie gemacht habe, vor allem weil Sie sich an die schwarzen Minenarbeiter in Springs erinnert fühlten, die Sie aus Ihrer Kindheit kannten.*

Ja, dieses Buch hatte eine nachhaltige Wirkung auf mich. Denn niemand in meiner Familie und in meinem Freundeskreis war in der Gewerkschaft. Ich wusste nicht einmal, was eine Gewerkschaft ist, und dass Arbeiter überhaupt irgendwelche Rechte haben. Mir wäre nie in den Sinn gekommen, dass man eine organisierte Arbeiterschaft als Quelle des Widerstands und der Auflehnung betrachten kann.

Wie würden Sie die Beziehung zwischen Fiktion und Realität in Ihrem Werk umschreiben?

Nun, es gibt alle möglichen Realitäten; da sind die Ereignisse von gestern, die Ereignisse von heute, die Ihr oder mein Leben berühren, Dinge, die in der Welt geschehen und unsere Aufmerksamkeit beanspruchen. Daneben aber existiert die vorgestellte Realität, die sich aus vielen Realitäten zusammensetzt. Meine Prosa gehört wohl in diese letztere Kategorie, abgesehen von meinem ersten Roman, der, wie die meisten ersten Romane, eng mit der eigenen Lebensgeschichte verknüpft ist: Man übt Rache an der Mutter, am Vater oder an anderen Personen. In meinen darauffolgenden Romanen und Erzählungen tauchen dann vielerlei Gestalten auf, die mit meinem Leben nicht das geringste zu tun haben und die an kein bestimmtes Alter oder Geschlecht, an keine spezielle Hautfarbe gebunden sind. Ich habe mir immer, selbst in den Zeiten der Rassentrennung, das Recht genommen, über schwarze Figuren zu schreiben, so als wären sie ein Teil meiner selbst. Meine schwarzen Schriftstellerfreunde sagten zu mir: „Du weißt etwas über uns, das wir noch nicht wissen, und wir wissen etwas über dich, das du noch nicht weißt. Über die Innenwelt nähern wir uns der Außenwelt.

Das heißt, Sie sehen sich nicht in der Tradition eines Realismus, wie er die europäische Literatur des 19. Jahrhunderts und in gewissem Maß auch die neuere afrikanische Literatur kennzeichnet.

Zunächst würde ich die Frage stellen, was man unter „Realismus" versteht. Er eignet dem Journalismus, dessen Möglichkeiten begrenzt sind, aber für einen Schriftsteller gibt es nichts Unrealistischeres als Realismus. Mit seiner Arbeit geht er weit über das hinaus, was noch der beste Journalist leisten kann. Realismus ist also nichts anderes als eine Erscheinungsweise der Wirklichkeit, wie sie der Autor wahrnimmt. Die heutige, sogenannte postmoderne Literatur tendiert dazu, diese Wirklichkeit immer mehr zu fragmentieren, aber das ist ungefähr so, als würde man einer Eidechse den Schwanz abschneiden: sie lebt weiter, und auch der Roman besteht fort in seinen Bruchstücken. Zugleich stelle ich mit Genugtuung fest, dass er allmählich wieder eine philosophische Qualität erhält, die ihm seit dem Minimalismus eines Albert Camus fehlte. Und: Er lässt Raum für Abschweifungen, die nicht mehr nur Einschübe des Autors darstellen, sondern – man denke an das Werk des Nobelpreisträgers José Saramago – auch Ansichten und Wünsche eines im Text selbst zu Wort kommenden Lesers. Folglich ist der Roman jetzt eine offene Form, für vielerlei Inhalte empfänglich, eine Einladung, stets jenseits von Realismus.

Sie beriefen sich einmal auf Czesław Miłosz, den bedeutenden polnischen, damals in Berkeley lebenden Dichter, der sagte: „Was soll die Poesie, wenn sie weder Menschen noch Völker rettet?" Also hat der Schriftsteller die Aufgabe, sich mit seiner Zeit, ihren Schrecknissen, unmittelbar auseinanderzusetzen und durch das Wort, das auch eine Waffe ist, auf sie einzuwirken.

Diese Frage beschäftigt die Autoren seit jeher. Einige würden sie umformulieren: Was soll die Poesie, wenn sie allein darauf abzielt, den Menschen von Nutzen zu sein? Und was assoziieren wir eigentlich mit „Nützlichkeit"? Ein Gedicht schreiben, um weiter auf Entdeckungsreise zu gehen, um die unterschiedlichen Aspekte eines Geheimnisses näher zu erforschen, hier und da zu erhellen, ist das nicht auch ein Beitrag für den Menschen? Milosz schrieb diesen Satz unter dem Eindruck des Nationalsozialismus, als er im politischen Engagement die letzte Rechtfertigung seiner Kunst sah.

Jedenfalls hatten Ihrer Meinung nach Salman Rushdies Satanischen Verse *einen ähnlich großen Einfluss auf die postkoloniale Gesellschaft wie Günter Grass'* Blechtrommel *auf die deutsche Gesellschaft der Nachkriegszeit.*

Aufgrund ihrer dichterischen, von der Fantasie gespeisten Kraft entlarven die *Satanischen Verse* nicht nur den religiösen Fundamentalismus, sondern auch den Kolonialismus in seiner falschen Herrlichkeit. Sie zeigen auf, wie die Menschen durch die Obrigkeit unterdrückt, vertrieben, mundtot gemacht werden und zwar überall auf der Welt.

Frau Gordimer, Sie betonen den vielschichtigen, gleichsam ganzheitlichen Charakter der afrikanischen Kultur, grenzen ihn ab gegen die eindimensionale Rationalität nordamerikanischer und europäischer Prägung. Glauben Sie, dass dieser Kontinent seine Traditionen, seine geistige Lebendigkeit, seine kreative Sensibilität, sein Selbstverständnis angesichts fortschreitender Technisierung und Industrialisierung bewahren kann?

Nein, das glaube ich nicht. Aber ich denke und hoffe, dass von hier Impulse ausgehen, die andere Kulturen, andere Sprachen bereichern. Ich will Ihnen ein Beispiel geben. Noch zur Zeit der Apartheid erfuhr unsere Theaterszene, wo man bis dahin nur Broadway Musicals, Komödien aus dem Londoner West End und einige Stücke südafrikanischer, natürlich weißer Autoren gespielt hatte, eine tiefgreifende Wandlung. Ein oder zwei weiße Theaterleute taten sich mit Schwarzen zusammen, die sonst immer als eine Art Bühnendekoration benutzt worden waren, und überließen ihnen die künstlerische Gestaltung. So entstand ein schwarzes, nicht-rassistisches Theater, durchaus vergleichbar mit dem La Mamma Theatre in New York. Inzwischen haben wir eine ganze Reihe schwarzer Dramatiker, die sich mit der Vergangenheit und der Gegenwart unseres Landes intensiv auseinandersetzen. Das heißt, sie schöpfen aus ihrer oralen und mehr vom Gefühl bestimmten Tradition, um das „importierte" europäische Theater zu verändern und mit neuen Inhalten zu erfüllen.

Könnte man also sagen, dass politische Toleranz erlernbar ist?

Wir müssen uns ständig darum bemühen. Bei uns Menschen ist nichts auf ewig festgelegt, nichts wirklich abgeschlossen. Wenn es in unseren vielfältigen Beziehungen etwas Gutes gibt, dann müssen wir es genau im Auge behalten, täglich, es überprüfen, in uns selbst, in den anderen, in der Regierung, die wir wählen. Wir können nie behaupten, in einer vollkommenen Demokratie zu leben oder absolut gerecht zu sein. All das ist ebenso zu hinterfragen wie die Verbindungen der Menschen untereinander.

Hat der Patriotismus heute und in Zukunft noch Sinn, wenn man bedenkt, wie schnell er in Nationalismus umschlagen kann? Geschichte und Gegenwart bieten dafür genügend erschreckende Beispiele.

Ich hege ein tiefes Misstrauen gegen den Patriotismus. Sicherlich dient er in gewissen Phasen einem politischen Zweck, wie in unserem Befreiungskampf gegen das Apartheidregime oder im Widerstand anderer afrikanischer Staaten gegen die Übermacht der Europäer, die sich als Herren der Welt fühlen. Doch sobald man die Freiheit erlangt hat, braucht man keine Fahnen mehr zu schwenken. Offenbar sehnen sich die Menschen nach irgendwelchen Zeremonien, nach Idolen und Sprüchen, die ihnen Halt geben. Der Verlust der Religion geht nicht nur einher mit einem immer stärkeren Extremismus in Glaubensfragen, er zeitigt auch ein inneres Vakuum, dem man durch übertriebenen Nationalstolz zu entfliehen versucht.

Wir kamen darin überein, dass sich der Westen heute lediglich anderer Mittel bedient, um seine Expansionspolitik fortzusetzen. Die wirtschaftliche Globalisierung, gründend auf einer weltumspannenden Kommunikations- und Medientechnologie, lässt für eine Pluralität der Kulturen offenbar keinen Platz mehr?

Wenn wir sicherstellen könnten, dass diese Technologie die unterschiedlichen Stimmen der Kulturen zum Ausdruck bringt, wäre sie durchaus zu bejahen. Aber wo immer ich mich aufhielt, ob in anderen Teilen Afrikas, in Osteuropa, in Indien, wurde sie dominiert vom kleinsten gemeinsamen Nenner, nämlich von der amerikanischen Kultur.

Das empfinden Sie als Bedrohung?

Ja, und vielen anderen, die um die ursprünglichen Kulturen besorgt sind, geht es wohl ebenso. Die Sache hat einen schlimmen Haken: Man gibt den Leuten, was sie allem Anschein nach wollen, und dann schauen sie sich im Fernsehen eine amerikanische Serie an, die die Werte einer bestimmten Gesellschaft widerspiegeln. Da die ärmeren Länder nicht die finanziellen Möglichkeiten haben, eigenständige Programme zu produzieren, entsteht der Eindruck, dass die US-Sender die Bedürfnisse der Menschen in der ganzen Welt befriedigen. Es wird erst gar nicht der Versuch unternommen, deren wahre Bedürfnisse zu verstehen und zur Entfaltung zu bringen. Hier wären die für Kultur Verantwortlichen in den Regierungen und in den Medien aufgerufen, dem Übel abzuhelfen.

Demzufolge sollte man dem nächsten Jahrhundert wünschen, dass es seine Visionen, Maßgaben und Fortschritte aus mehreren gleichberechtigten Modernitäten – nicht nur einer westlichen Modernität – herleitet.

Diese Heterogenität ist eine wesentliche Voraussetzung für menschliche Freiheit. Wo sie fehlt, herrscht Ungleichgewicht, Terror, Rassismus. Die Apartheid war verkehrt, daran besteht kein Zweifel; man kann sie nicht von zwei Seiten betrachten. Aber sobald sie ganz abgeschafft ist, zeigt sich, dass die Grundfragen des Lebens, zumal die ethischen, viele Seiten haben.

Johannesburg, 04.03.1999

Redaktionell bearbeitet und übersetzt von Jochen Winter

„Die Naturgeschichte kennt keinen Fortschritt"

STEPHEN JAY GOULD

In der Geschichte der Menschheit zählt man bis heute drei große Erschütterungen: Kopernikus, der gleichzeitig die Erde und den Menschen aus dem Zentrum des Universums entfernt hat. Darwin, der die Evolution des Menschen irgendwo im Reich der Tiere beginnen ließ. Freud, der mit der Entdeckung des Unbewussten klargemacht hat, dass der Mensch nicht Herr seiner selbst ist. Der Zoologe und Geologe Stephen Jay Gould (geboren 1941 in New York, verstorben 2002) fügt eine weitere Erschütterung hinzu: Der Mensch, so sagt er, ist weder die Krone der Schöpfung noch der Zenith der Evolution. Die „Ursache" dafür liegt Gould zufolge an der einfachsten und ältesten Lebensform auf der Erde: den Bakterien. Die mehrzelligen Lebensformen, wie Fische, Vögel, Säugetiere und letztendlich der Mensch, sind sicherlich unvergleichlich komplexe Phänomene, aber der Mensch repräsentiere nur „einen kleinen unwichtigen Zweig des gigantischen Baumes der genealogischen Evolution." Mit anderen Worten, die lebenden „überlegenen" Kreaturen sind nur durch Zufall entstanden.

Stephen Jay Gould war Geologieprofessor in Harvard, Konservator der Abteilung für Paläontologie der Wirbellosen am Museum für vergleichende Zoologie in Harvard und Mitglied der Abteilung für Geschichte der Naturwissenschaften. 1996 erhielt er eine Forschungsprofessur für Biologie an der Universität von New York. Deutsche Veröffentlichungen: *Der Jahrtausend-Zahlenzauber: die Scheinwelt numerischer Ordnungen* (Fischer, 2000), *Ein Dinosaurier im Heuhaufen* (Fischer, 2000), *Wie das Zebra zu seinen Streifen kommt* (Suhrkamp, 2008), *Der Daumen des Panda: Betrachtungen zur Naturgeschichte* (Suhrkamp, 2009).

*

Herr Gould, Sie unterscheiden deutlich zwischen Evolution und Fortschritt – das heißt, in der Natur findet eine Weiterentwicklung statt, die nicht gleichbedeutend ist mit Höherentwicklung, wie bereits Ortega y Gasset überlegte.

Gewiss gibt es einzelne Gattungen, die mit der Zeit komplexer werden und folglich den Begriff Fortschritt nahelegen. Betrachtet man indessen die Evolution im Ganzen, lässt sich eine solche Tendenz nicht erkennen, denn die ersten Einzeller auf der Erde vor dreieinhalb Milliarden Jahren waren Bakterien – und sie sind auch jetzt noch die am weitesten verbreiteten Organismen. Von daher steht die gesamte Geschichte des Lebens unter dem beherrschenden Einfluss der ständig und überall vorhandenen Bakterien. Ich bestreite also keineswegs, dass das Leben sich seit Anbeginn entwickelt und immer mehr Formen unter immer mannigfaltigeren Umweltbedingungen hervorgebracht hat, aber das beweist nicht, dass der Diversifikation eine zielgerichtete Dynamik oder ein Drang zum Fortschritt zugrunde liegt. Dieser falsche Eindruck entsteht nur deshalb, weil wir so sehr daran gewöhnt sind, uns auf die eigene Spezies zu konzentrieren. Der Mensch ist zwar in neurologischer Hinsicht das ausgereifteste Lebewesen, doch er bildet bloß einen kleinen Zweig am riesigen Stammbaum der Evolution. Demgegenüber machen Insekten 80 Prozent der tierischen Lebewesen aus. Sie sind äußerst resistent und wahrscheinlich erfolgreicher als wir; trotzdem zeigt ihre Entwicklung weder ein wachsendes Maß an Intelligenz noch irgendwelche Anzeichen von Fortschritt.

Auf einen Nenner gebracht: Die Evolution bezweckt insgesamt mehr Komplexität, nicht aber lineare Kontinuität.

Richtig. Würde man eine Reihenfolge der komplexesten Lebewesen in der Entwicklungsgeschichte festlegen, begänne sie mit der Bakterie, setzte sich fort mit einem reicher strukturierten Einzeller, dann wohl mit einer Qualle, einem Nautilus und einem Fisch. Später erschiene eine Amphibie, ein Dinosaurier, ein Säugetier und irgendwann schließlich ein Mensch. Doch das ist keine evolutionäre Sequenz: Wir stammen weder von einer Qualle noch von einem Dinosaurier ab, sondern von einer kleinen Familie unauffälliger Reptilien.

Und auch Darwins Selektionstheorie enthält keinerlei Belege, die einen stetigen Fortschritt zumindest vermuten lassen?

Nein, denn sie basiert einzig und allein auf dem Mechanismus der Anpassung an die natürliche Umwelt. Alle Organismen bringen einen Überschuss an Nachkommen hervor, die genetisch voneinander abweichen, so dass in der Regel diejenigen überleben, die zufällig besser auf die äußeren Veränderungen eingestellt sind. Damit ist nichts über einen etwaigen Fortschritt gesagt. Ein Parasit zum Beispiel, der auf oder in dem Körper seines Wirts lebt und eine so einfache Gestalt angenommen hat, dass er lediglich ein winziges, sich vermehrendes Gewebe darstellt, ist an seine Umgebung genauso gut angepasst wie das komplexeste Lebewesen auf diesem Planeten. Darwin hat das klar zum Ausdruck gebracht. In eines seiner Notizbücher schrieb er, ein wenig an sich selbst gerichtet: Sprich nie von höheren oder niedrigeren Organismen, da ist nichts als örtliche Anpassung. Ich denke, Darwins Konzept einer diversifizierenden, nicht progressiven Entwicklung wurde von der allgemeinen Kultur nie wirklich aufgenommen, weil die Leute hierin unbedingt einen Fortschritt sehen wollen. Das gibt ihnen Trost – können sie sich doch auf dem Höhepunkt eines kalkulierbaren Prozesses fühlen, der von Anfang an dem Menschen galt. Unter den Biologen jedoch überwiegt bis heute die Lehrmeinung, dass Evolution nichts anderes ist als lokale Adaptation.

Nach heutigem Kenntnisstand hat sich das menschliche Gehirn vor etwa 100 000 Jahren allmählich verändert. Trotzdem vermeiden Sie hinsichtlich der Konsequenzen dieser Kapazitätserweiterung den Ausdruck „kulturelle Evolution" und bevorzugen stattdessen „kulturelle Veränderung".

Der Ausdruck „kulturelle Evolution" behagt mir nicht, weil die Ähnlichkeiten zwischen kultureller Veränderung und biologischer Evolution weitaus unbedeutender sind als die Unterschiede. Diese fallen viel stärker ins Gewicht, weshalb es irreführend wäre, den kulturellen Prozess mit dem natürlichen Prozess im Sinne Darwins zu assoziieren. Ich will das anhand zweier Beispiele verdeutlichen. Erstens: Alles, was wir erlernen, bringen wir sogleich der nächsten Generation bei – wir geben an sie jene Eigenschaften und Fertigkeiten weiter, die wir selbst erworben haben. Die biologische Evolution hingegen weist kein derartiges Prinzip auf: An die Nachkommen werden ausschließlich Gene vererbt, die völlig unberührt bleiben von lehrreichen Erfahrungen und nützlichen Taten. Zweitens: Die vom Menschen verursachte kulturelle Veränderung resultiert aus dem Zusammenwirken verschiedener Traditionen – auf diese Weise gelangte etwa das Rad von der einen Kultur in die andere. Genau das kann in der biologischen Evolution nicht geschehen; sobald sich eine Gattung abspaltet, behält sie die einmal eingeschlagene Richtung für alle Zeit bei. Sie unterhält zwar auch danach ökologische Wechselbeziehungen zu anderen Gattungen, aber eine genetische Verschmelzung findet nicht mehr statt.

Wer also für die kulturelle Veränderung ein biologisches Äquivalent sucht, sollte eher von Infektion denn von Evolution sprechen. Damit erheben Sie implizit einen wichtigen Einwand gegen die These des Soziobiologen Edward O. Wilson, der in seinem Buch Consilience *die Bezeichnung epigenetische Entwicklung prägt und darauf beharrt, dass die kulturellen Wandlungen zwar durch das veränderte genetische Erbe in den jeweiligen Perioden der Menschheitsgeschichte verursacht wurden, dass sie dieses dann aber ihrerseits beeinflussten. Demnach wären Natur- und Kulturgeschichte miteinander verknüpft.*

Aber nur sehr lose! Sicherlich ist unser Bewusstsein genetisch bedingt. Ohne dieses Bewusstsein besäßen wir keinerlei Vorstellung von Kultur. Mit anderen Worten: Wenn die genetische Evolution uns nicht dazu gebracht hätte, eine bestimmte mentale Funktionsweise zu entwickeln, gäbe es auch keine Kulturgeschichte. Zugleich jedoch gehe ich davon aus, dass die Kulturgeschichte nicht die geringsten Rückwirkungen auf das menschliche Gehirn hatte. Meines Erachtens ist unser jetziges Gehirn genauso beschaffen wie das der Menschen vor Tausenden von Jahren, als so etwas wie Zivilisation noch gar nicht existierte.

Auf welchen Zeitabschnitt würden Sie den Beginn der Kultur datieren? Ab wann gestaltet der Mensch die Umwelt gemäß seinen Ideen, so dass man von Kultur- und Geistesgeschichte sprechen kann?

Derlei Fragen haben weniger mit der wissenschaftlichen Forschung als mit Definitionen zu tun. Einige behaupten, die kulturelle Entwicklung fange erst dort an, wo eindeutige Beweise für den Gebrauch von Werkzeugen vorliegen. Andere dagegen meinen, dass sie ohne die Sprache überhaupt nicht zu denken sei – aber das ist dann schon viel später. Der Mensch fertigt und benutzt Werkzeuge seit etwa 2 Millionen Jahren, und infolgedessen veränderte er seine Lebensbedingungen. Ob man hierin ein Merkmal der Kultur sieht, hängt davon ab, welche Erklärungsmuster angewandt werden.

Jedenfalls vertreten Sie die Auffassung, dass der Ursprung des Selbstbewusstseins weiterhin im Dunklen liegt und wohl niemals exakt zu erfassen ist.

Nun ja, auf der wissenschaftlichen Ebene lässt sich feststellen, dass die Vorfahren des Menschen nicht über die Geisteskraft verfügten, die wir mit „Bewusstsein" umschreiben würden. Dann jedoch wurde das Gehirn viel größer und es bildete sich die Fähigkeit zur Selbstreflexion und zur Abstraktion aus, die mit der Entwicklung der Sprache einherging. Sicherlich vollzog sich dieser Prozess aus einem bestimmten, äußerst komplizierten, mit der Selektionslehre vereinbaren Grund, aber wir kennen ihn nicht. Die Wissenschaft weiß keine Antwort auf die Frage, warum das alles geschah oder ob dem nicht vielleicht sogar eine kosmische Bedeutung zukommt. Solche und andere Probleme bleiben meines Erachtens stets unlösbar.

Angesichts der sehr frühen bildlichen Darstellungen etwa in Lascaux oder Altamira ist man beeindruckt von der Kraft, mit der die Hauptmotive unseres Daseins in eine unverwechselbare Zeichensprache übersetzt wurden. Muss man deshalb nicht Ernst Cassirer beipflichten, der gerade diese Gabe, Symbole zu schaffen, als das entscheidende Charakteristikum des Menschen betrachtete?

Natürlich, aber sie gibt keinerlei Aufschluss darüber, ob die dahinter verborgenen Ansichten in Bezug auf das Leben, auf Gott richtig oder falsch sind, denn hierbei handelt es sich lediglich um Ausdrucksformen des menschlichen Geistes. Zweifellos ist er imstande zu idealisieren und folglich Symbole hervorzubringen, doch das besagt nicht, dass die Natur tatsächlich derartige Archetypen beinhaltet.

Nichtsdestotrotz sind wir mit dem Faktum Tod konfrontiert. Im Gegensatz zum Tier wissen wir, dass wir sterben werden. Allein diese Erkenntnis ist schwerwiegend genug, um das Interesse an metaphysischen Perspektiven beständig wachzuhalten, ja regelrecht zu erzwingen, wie dies bereits Georges Bataille sagte.

Durchaus, Freud zum Beispiel argumentierte ganz ähnlich. Auch wenn sich unser Gehirn aufgrund rein evolutionärer Faktoren vergrößerte – und nicht deshalb, weil wir des Todes gewahr werden sollten –, ist doch das Bewusstsein der eigenen Sterblichkeit das Schmerzlichste und Erschütterndste, was wir je erfahren haben, und so müssen wir eine Erklärung dafür finden. Freud meinte – und hierin stimme ich ihm zu –, dass die Religion in erster Linie einen Versuch darstellt, die Konsequenzen dieser Gewissheit zu bewältigen. Indem wir uns über die Vergänglichkeit klar werden, nähern wir uns dem eigentlichen Menschsein.

Ebenso aber deuteten Sie zuvor an, dass numinose Paradigmen ausschließlich der Kulturgeschichte, nicht der Naturgeschichte inhärent seien.

Theologie und kulturelle Veränderung machen nur Sinn, wenn man sie mit dem Zustand und den Zielen einer Gesellschaft in Verbindung bringt. Da die Natur keine moralische Ordnung ist, kann ich nicht sehen, welche Stelle theologische Konzepte darin einnehmen sollten.

Fest steht allerdings, dass der Mensch seit Urzeiten die Natur gewissermaßen als Widerspiegelung einer höheren Macht verstand, die deren Ordnung überhaupt erst gewährleistete. Insofern war die Vorstellung vom Heiligen ein konstitutives Merkmal seines Bewusstseins, Mircea Eliack und Rudolf Otto haben darauf verwiesen, wie auch René Girard in seiner wichtigen Schrift über die Gewalt und das Heilige.

Ja, doch dieser Sachverhalt erklärt nicht, ob es wirklich immaterielle Wesenheiten ohne materielles Substrat gibt. Man mag die soziologischen wie die anthropologischen Aspekte der Religion studieren und entdecken, dass sich alle Kulturen mehr oder weniger deutlich am Begriff des Heiligen orientieren – die Existenz Gottes wird dadurch nicht bewiesen. Es wäre ein fataler Irrtum, von der Neigung der Menschen, einem Glauben anzuhängen, auf das Vorhandensein oder die Unanfechtbarkeit des Gegenstands zu schließen, auf den er sich richtet. Vergessen wir nicht, unser Geist ist ein sehr unvollkommenes Instrument; beispielsweise fällt es den Menschen schwer, sich mit der Wahrscheinlichkeitstheorie vernünftig auseinanderzusetzen, den meisten erscheint sie gar als ein Buch mit sieben Siegeln. Das ändert jedoch nichts daran, dass diese Theorie eine geeignete Methode zur Lösung bestimmter wissenschaftlicher Probleme bietet.

Kann man demnach sagen, dass Darwins Evolutionslehre die Gegenwart Gottes von vornherein ausschließt?

Nein. Es ist ganz einfach so, dass die Evolutionslehre wie die Wissenschaft im Allgemeinen die Fragen der Religion nicht behandelt und sie folglich auch nicht beantwortet. Wenn im Universum eine übermächtige Kraft wirkt, dann befindet sie sich außerhalb des Bezugsrahmens, den die Wissenschaft umfasst und ausfüllt. Sie beruht auf Empirie und Evidenz, für alles Übrige hält sie keine Erklärungen bereit. Die Gläubigen braucht das nicht zu bekümmern: Sie haben ihre religiösen Anschauungen nie auf die realen Strukturen der Natur gegründet.

Heißt das, Wissenschaft und Religion bleiben voneinander getrennt, sie können nicht in einen Dialog treten, der vielleicht dazu beitrüge, dass sie sich Impulse über-

mitteln, wechselseitig befruchten und so ihre bisher bestehenden Grenzen überschreiten?

Jedes relevante Problem hat eine wissenschaftliche und eine religiöse oder ethische Dimension. Sie können nicht verschmelzen, eben weil die jeweiligen Ansätze und Vorgehensweisen auf unterschiedliche Bereiche der Wirklichkeit abzielen. Beide Dimensionen aber koexistieren gleichberechtigt und dadurch sind wir in der Lage, hier nach wissenschaftlichen, dort nach religiösen oder ethischen Antworten zu suchen. Ich bestreite also keineswegs, dass Wissenschaftler mit Theologen sprechen sollten, im Gegenteil, sie müssen mehr und mehr einander verstehen lernen.

Heute begegnen sie sich zwangsläufig auf dem Feld der Biotechnologie. Bejahen Sie einen solchen Eingriff?

Das hängt davon ab, wofür er dient! Wie jede weitreichende technologische Veränderung besitzt die Biotechnologie ein beträchtliches Potenzial, das zu heilsamen oder zu unheilvollen Zwecken eingesetzt werden kann. Man sollte sie also weder missachten noch unterbinden, nur weil sie sich eventuell schädlich auswirkt. Ich hege keine Bedenken, wenn dank ihrer Verfahren jetzt zum Beispiel eine neue Reissorte verfügbar ist, die Vitamin A enthält. Das ist eine wichtige, ja lebensrettende Weiterentwicklung des natürlichen Reises, dem dieses Vitamin fehlt – weshalb mehrere Hundert Millionen Menschen, die ihn als Grundnahrungsmittel verzehren, unter einem Vitamin-A-Mangel leiden. Die Biotechnologie wird durch ihre Nutzanwendung in der Landwirtschaft und in der Medizin viele Menschen gesünder machen.

Ein Rückblick auf die Kulturgeschichte zeigt, dass der Mensch seit langem schon Pflanzen veredelt, damit sie seinen Bedürfnissen mehr entsprechen. Durch solche und vergleichbare Unternehmungen lebt er inzwischen auf einem Planeten, den er ganz nach eigenem Gutdünken transformiert hat.

Fast alle Grundbestandteile unserer Nahrung – Weizen, Roggen, Gerste, Hirse, Reis – sind Produkte einer künstlichen Selektion: Wir haben sie gezüchtet und genetisch verändert. Darüber hinaus roden wir Wälder, unterbrechen wir natürliche Kreisläufe, löschen wir Arten aus. Die Technologie schafft neue Umweltbedingungen, was evolutionäre Konsequenzen hat und demnach mit dem Darwinismus genau übereinstimmt – denn Organismen passen sich der wechselnden Umgebung an und es überleben diejenigen, die dazu besser geeignet sind.

Ungeachtet dessen, ob Darwin tatsächlich die technischen Umwälzungen der letzten 150 Jahre mit seiner Theorie in Einklang gebracht hätte – sprengt die Biotechnologie nicht das ethisch Vertretbare? Leitet sie nun eine neue Phase in der Evolution des

Menschen und der übrigen Lebewesen ein? Oder anders ausgedrückt: Revolutioniert die Technologie die Biologie?

Unter Umständen schon, wenn wir unser genetisches Programm und das der Organismen verstärkt umfunktionieren. Auf diese Weise hätte der kulturelle Wandel definitiv einen Rückkoppelungseffekt auf die Evolution. Wenn nicht, werden wir uns in biologischer Hinsicht kaum ändern.

Zahlreiche Indikatoren deuten darauf hin, dass der kulturelle Wandel aufgrund immer ausgefeilterer Technologien – nicht nur in der Biologie, sondern auch im Kommunikationsbereich – künftig weiter die kulturelle Mutation beschleunigt.

Ja, dadurch erlangen wir eine enorme Macht. Der evolutionäre Prozess geht viel zu langsam vonstatten, um einen derart schnellen kulturellen Wandel noch beeinflussen zu können: Schließlich sind Gehirn und Körper des Menschen im Laufe der letzten 50 000 Jahre völlig gleich geblieben. Substantielle biologische Veränderungen könnten nur durch Genmanipulationen – und mit der Zeit möglicherweise auch durch das Internet oder den Cyberspace – eintreten, aber das wäre dann, wie gesagt, eine Folgeerscheinung des von uns selbst forcierten technischen Fortschritts.

Sind der Entwicklung der menschlichen Spezies biologisch bedingte Schranken gesetzt? Wie wären sie beschaffen?

Offensichtlich gibt es uninteressante Schranken wie etwa die, dass wir nicht vier Meter groß werden, eben weil wir uns dann kaum aufrecht halten könnten, oder dass wir nicht ohne Schlaf und Essen auskommen. Zugleich jedoch sind wir meines Erachtens flexibel genug, um ethisch wünschenswerte Verhaltensweisen weiter auszubilden. Sich dafür einzusetzen, erscheint mir wirklich sinnvoll. Ich glaube nicht, dass wir von Natur aus unfähig sind zu lernen, keine Kriege zu führen und uns selbst nicht zugrunde zu richten. Wir können uns eines Besseren belehren.

Der Mensch mit seiner Fähigkeit zur Einsicht – ist er als solcher von der Evolution geplant? Kann man sagen, dass sie die Entstehung des Bewusstseins auf der Erde oder im All von Anfang an beabsichtigt hat?

Man muss unterscheiden und einerseits die Vorhersagbarkeit der menschlichen Existenz, andererseits die Vorhersagbarkeit irgendeiner Art von bewusstem Leben erörtern. Wir können ziemlich sicher sein, dass ein solches Wesen mit zwei Augen, fünf Fingern und all den für uns typischen Eigenschaften einzigartig ist, denn jede Gattung auf der Erde ging aus circa 100.000 meist zufälligen evolutionären Ereignissen hervor, von denen jedes eine andere Wendung hätte nehmen können. Deshalb wäre es müßig, nach Sciencefiction-Kreaturen mit zwei Augen und fünf Fingern Ausschau zu halten. Die Frage hingegen, ob es im Weltraum weitere Lebensformen mit Bewusstsein gibt, können wir nicht beantworten. Wir wissen lediglich, dass es sich hier ein Mal entwickelt hat. Doch ganz gleich, welchen Grad an Komplexität eine Art, Gattung oder Familie erreicht – es ist keine Gewähr gegeben, dass sie nicht eines Tages von der Erdoberfläche verschwindet. In der Geschichte des Lebens traten immer wieder Perioden ein, die von Massenauslöschungen gekennzeichnet waren. Die Dinosaurier etwa schienen relativ gut gewappnet zu sein, bis dann der große Meteorit auf der Erde einschlug. Der Zustand völligen Gleichgewichts kann – gemessen an der Zeitskala der Evolution – nie von Dauer sein.

Also ist es durchaus möglich, dass die Evolution auch ohne den Menschen ihren Lauf nimmt, wie sich auch schon der Anthropologe Clifford Geertz fragte?

Oh ja, sie kam dreieinhalb Milliarden Jahre sehr gut ohne uns zurecht. Wir sind erst seit dem Bruchteil einer geologischen Minute hier. Allerdings glaube ich, dass der Mensch hinreichend intelligent ist und trotz all seiner Schwächen genügend moralisches Empfinden besitzt, um zu überleben, vielleicht sogar noch lange Zeit. Ich bin kein Pessimist, eher ein tragischer Optimist – eben weil es mich besorgt, dass wir meist ein bisschen zu spät beginnen.

Cambridge, 03.02.2000
Redaktionell bearbeitet und übersetzt von Jochen Winter

„Warum haben manche Länder sich entwickelt und andere nicht?“

SAMUEL HUNTINGTON

Samuel Phillips Huntington (geboren 1927 in Minneapolis, Minnesota, inzwischen gestorben am 24. Dezember 2008 auf Martha's Vineyard, Massachusetts) ist einer der bekanntesten Politologen der Welt. Als Professor für politische Wissenschaften an der Universität Harvard leitet er das John M. Olin Institute for Strategic Studies. Huntington machte sich einen Namen mit der Veröffentlichung seines Buches *Political Order in Changing Societies* (1968). Er war dann 1976 Koautor der Studie *The Crisis of Democracy: On the Governability of Democracies* und wurde noch im selben Jahr unter der Präsidentschaft von Jimmy Carter zum offiziellen Berater des Weißen Hauses ernannt.

Schon 1960 war Huntington Mitbegründer des Magazins *Foreign Policy*. Weltberühmt machte ihn 1993 ein in *Foreign Affairs* erschienener Artikel, in dem er den drohenden Zusammenstoß der westlichen Zivilisation mit den anderen Zivilisationen vorhersagte. Daraus wurde drei Jahre später das Buch *The Clash of Civilizations and the Remaking of World Order* (1996) (deutsch: *Kampf der Kulturen. Die Neugestaltung der Weltpolitik im 21. Jahrhundert.* Goldmann, 1998). Der 11. September 2001 hat seine geopolitische Vision erst recht in den Vordergrund der Aufmerksamkeit geschnellt und damit auch seine These, dass die politischen Hauptakteure des 21. Jhs. die Zivilisationen sein werden. In seinen letzten Jahren hat Samuel Huntington sich vor allem mit der Grundfrage nach den kulturellen Einflüssen auf die wirtschaftliche und politische Entwicklung der Welt befasst wie etwa in seinem zusammen mit Lawrence Harrison verfassten Buch *Streit um Werte. Wie Kulturen den Fortschritt prägen* (Europa, 2002). Er hat außerdem noch zahlreiche andere Bücher geschrieben, von denen auch großen Eindruck gemacht hat: *Who Are We? Die Krise der amerikanischen Identität* (Europa, 2004). In diesem letzten Buch analysiert er die Grundlagen der Identität und insbesondere der amerikanischen Identität angesichts einer neuen Einwanderungswelle.

*

Herr Professor Huntington, Sie haben den Begriff der Kultur bzw. Zivilisation und ihrer Tragweite für die Außenpolitik, die Ökonomie und für die Weltordnung insgesamt in die öffentliche Diskussion eingeführt. Wie sind Sie zu dieser Reflexionsperspektive auf die globale Situation der Menschheit gekommen?

Ich habe begonnen, mich in dieser Weise für die Kultur zu interessieren, als ich in den 1980er Jahren die politischen und ökonomischen Entwicklungsprobleme der Dritten Welt studierte. Die Frage war: Warum haben manche Länder sich entwickelt und andere nicht? Ich habe mir z.B. die Wirtschaftsstatistiken Südkoreas und Ghanas angesehen. 1960 waren sie noch absolut identisch. Beide zeigten dieselbe Aufschlüsselung ihres Bruttoinlandsprodukts (BIP) zwischen primärem Sektor (Landwirtschaft und Bergbau), industriellem Sektor und Dienstleistungssektor. Sie verfügten annähernd über dasselbe Bruttosozialprodukt (BSP) je Einwohner und über dieselbe Verteilung ihrer Exporte. Und sie erhielten vergleichbare Summen an Entwicklungshilfe. Fünfundzwanzig Jahre später aber ist Südkorea eines der großen Industrieländer und eine der erstrangigen Nationalökonomien in der Welt geworden, die mit multinationalen Konzernen operiert: ein Exporteur von Ausrüstungsgütern der Schwerindustrie, elektronischen Geräten und einer ganzen Reihe hochentwickelter Industrieprodukte. Umgekehrt ist Ghana mehr oder weniger das alte Ghana geblieben. Wie hat man sich diesen Unterschied zu erklären? Sicherlich gibt es viele Erklärungen, aber mir schien es, als würde es zum guten Teil an der Kultur liegen. Hier die Südkoreaner mit ihrer Wertschätzung der Arbeit, der Disziplin, der Organisation, des Lernens, der Erziehung, der Ökonomie und Sparsamkeit – lauter Faktoren, die den Erfolg der südkoreanischen Wirtschaft größtenteils mitbedingt haben. Das ghanaische Volk hingegen hat an sehr anderen Werten festgehalten und sich kaum verändert. Ich habe mir also Gedanken gemacht über die Rolle, welche die Kultur bei der Bildung des menschlichen Gesellschaften und in ihrer Evolution wohl spielt. Schließlich ist gegen Ende der 80er Jahre der kalte Krieg zu Ende gegangen, und ich war bei der Untersuchung der in dieser Zeit aufgetretenen Phänomene immer wieder erstaunt über die wichtige Rolle, welche die mehr und mehr deutlich werdenden kulturellen Verwandtschaften, Ähnlichkeiten und Unterschiede bei der Neustrukturierung der Politik nun überall spielten.

Der Zusammenprall der Kulturen, *Ihre in der ganzen Welt aufmerksam zur Kenntnis genommene Studie beruht auf der Grundthese, dass die kommenden Auseinandersetzungen in der Weltpolitik – nach den ideologischen Polemiken zwischen dem Ostblock und dem westlichen Lager – nunmehr zwischen Gruppierungen stattfinden werden, die von der Zugehörigkeit zu verschiedenen Zivilisationen oder Kulturen bestimmt sind. Aber scheint es nicht, als würden Sie den religiösen und ethnischen Grenzlinien auch innerhalb von Kulturen und Zivilisationen eine immer größere Bedeutung zumessen?*

In der Tat. Ich würde aber gerne hervorheben, dass eine Ethnie wohl mit einer bestimmten Zivilisation zusammenfallen kann, aber auch von aus verschiedenen Zivilisationen hervorgegangenen Volksgruppen gebildet sein kann. Unter Zivilisationen verstehe ich sehr weiträumige kulturelle Regionen wie den Okzident, die islamische Welt, die chinesische oder die orthodoxe Zivilisation, Lateinamerika und andere Entitäten dieser Dimension. Sicherlich hat es immer wieder auch

Konflikte innerhalb dieser Einheiten gegeben, aber künftig scheint mir die treibende Kraft der Entwicklung in den Konflikten zwischen verschiedenen Zivilisationen zu liegen. Solche Konflikte aber besitzen ein Eskalationspotential zu größeren Kriegen, als sie innerhalb der Zivilisationen zu gewärtigen sind.

Sprechen Sie von Ihrem Politik-Modell für die Zeit nach den kalten Krieg?

Ja, ich habe das Modell erstmals 1993 in meinem Artikel für die Zeitschrift *Foreign Affairs* vorgestellt, noch vor der Publikation des Buches im Jahre 1996. Das Modell scheint mir nichts von seiner Erklärungskraft für die Weltprobleme verloren zu haben, und man kann alle möglichen Phänomene namhaft machen, die sich gut in das Schema fügen. Dennoch möchte ich unterstreichen, dass kein Modell alles erklären kann. Ein derartiges Analyseschema funktioniert umso mehr, je besser es die Kraftlinien erklären kann. Am Ende des kalten Krieges haben so etliche Autoren verschiedene Anweisungen zum Lesen der Zeichen der Zeit vorgeschlagen. Mein Freund und früherer Schüler Francis Ford Fukuyama hat sein berühmtes Modell vom „Ende der Geschichte“ vorgeschlagen. Andere Autoren haben Ansichten vertreten wie die, dass die Welt in Zukunft zwischen Reiche und Arme geteilt sei oder dass sie ganz einfach im Chaos versinken würde. Alle diese Leseweisen haben etwas für sich, aber die meine dürfte von den Hauptelementen des verstrichenen Jahrzehnts doch besser Rechenschaft geben als alle andern. Auf jeden Fall haben sich die optimistischen Hoffnungen auf eine Welt, in der die Länder sich zusammentäten, um wirklich und echt zu kooperieren, absolut nicht bewahrheitet.

Die Geschichte hat schon vor tausenden von Jahren andere Beispiele mächtiger Reiche gekannt: Mesopotamien, das alte China, die Indus-Kultur. Aber zum ersten Mail in der Menschheitsgeschichte ist die Weltpolitik zu einer zugleich multipolaren und multikulturellen geworden. Ist die Verwestlichung eindeutig ein Phänomen der Modernisierung?

Ja, in der Tat halte ich diese Unterscheidung für äußerst wichtig. Seit vier Jahrhunderten erst sind alle Gesellschaften dabei, sich in eine Tradition einzureihen. Der Prozeß der Modernisierung, d.h. die Expansion der Herrschaft des Menschen über die Natur und die Entwicklung der Maschinen und der Maschinerie als der Quelle der Schöpfung von Reichtümern über die Land- bzw. Subsistenzwirtschaft hinaus: nichts von alledem war noch in Gang gekommen.

In großem Stil wirklich begonnen hat diese Phase der Modernisierung in England, hat sich dann während des ganzen 19. Jhs. in den Ländern des Westens verbreitet, um im 20. Jh. auch einige nicht-westliche Länder zu erfassen, in allererster Linie bekanntlich Japan. Die Welt hat sich so in moderne und traditionelle Länder geteilt. Und die Teilung ist mehr oder weniger zusammengefallen mit der Spaltung zwischen den westlichen und den nichtwestlichen Ländern. Heute sehen wir nun, wie sich auch manche nichtwestliche Länder modernisieren, so dass diese doppelte Differenz zu einer einzigen wird. Wir haben also im 21. Jh. eine Situation, in der die Gesellschaften des Planeten sich mehrheitlich modernisiert haben, ohne sich deshalb zugleich zu verwestlichen. Vielmehr kommen die Gesellschaften im Zuge ihrer Modernisierung an einen Punkt, wo sie mehr und mehr ihre eigenen angestammten Werte, ihre Religion und ihre Lebensart verteidigen. Aus diesem Grunde machen diese Länder, obwohl sie ganz auf Modernisierungskurs liegen, ihre Fortschritte nicht im gleichen Schritt.

Sie heben in diesem Zusammenhang auf den wachsenden Einfluß Asiens und des Islams in ökonomischer, demographischer und militärischer Hinsicht ab, wie es schon die Sinologen John Fairbank und Joseph Needham getan haben.

Unter den größeren Zivilisationen des Planeten bleibt der Westen klar das dominierende Ensemble und wird es praktisch für das ganze Jahrhundert auch bleiben. Aber ich würde China und den Islam tatsächlich als seine beiden Hauptkonkurrenten einstufen. Ich erwarte zwar nicht, dass sie den Westen ausstechen, aber sie werden ihn herausfordern.

Sie betrachten die Bruchlinie zwischen Reichen und Armen als sekundär. Die Berichte der Weltbank zeigen aber immerhin deutlich an, dass dieser Graben sich in mehreren Regionen der Welt vergrößert. Die Welthandelsabkommen rufen eine immer stärkere Opposition hervor. Kann man gleichwohl, wie Sie es tun, behaupten, dass der Graben zwischen reich und arm, im Begriff ist, aus dem Feld der Politik zu verschwinden?

Gewiß wird er nicht verschwinden. Aber man man sollte neben dem Graben zwischen reich und arm in gewissen Ländern auch unterscheiden denjenigen zwischen reichen und armen Ländern. Doch in der Tat vertieft sich in einigen Ländern, zu denen auch die Vereinigten Staaten gehören, der Graben zwischen den Reichen, die sich an der Weltwirtschaft beteiligen und darüber immer reicher werden, und denen, die aus unterschiedlichen Gründen an dieser weltweiten Ökonomie nicht beteiligt sind und deren Einkünfte praktisch stagnieren. Dieser Graben findet sich auch in anderen westlichen Gesellschaften, in Europa und anderswo, besonders ausgeprägt aber in den Vereinigten Staaten aufgrund der Einkommensunterschiede, die hier immer markant waren.

Hingegen hängt die Tiefe des Grabens zwischen reichen und armen Ländern stark von dem betreffenden Land ab. In den letzten Jahren sind einige Länder zu ansehnlichem Wohlstand gekommen. Noch vor dreißig bis vierzig Jahren zählten die meisten asiatischen Länder zu den ärmsten, während heute Singapur eines der vier oder fünf reichsten Länder der Erde ist und Taiwan und Südkorea zu den zwanzig reichsten Ländern gehören. Wenn umgekehrt Afrka in der gleichen Zeitspanne wenig vorangekommen ist, so liegt dies nicht zuletzt an der Labilität der Staaten, an Stammeskriegen und anderen Faktoren.

Wie erklären Sie sich das Wiederaufleben der Religionen – des Islam, des Hinduismus, des Buddhismus, des Protestantismus – an der Jahrtausendwende? Die „Fundamentalismen" bzw. die säkularen und religiösen Nationalismen als Strömungen des Anti-Modernismus, mit diesem komplexen und doch auch sehr realen Begriff zu reden, erklären das Phänomen ja nicht ganz.

Erinnern wir uns daran, dass es vor etwa zwanzig Jahren im Zusammenhang mit einem Wandel der gesellschaftlichen und ökonomischen Verhältnisse in Erscheinung getreten ist. Und wenn Sie darauf achten, welche Individuen und Gruppen diese Neubelebung des Religiösen hauptsächlich getragen haben, sehen Sie, dass sie sich alle ähnlich sehen. Es sind nämlich im wesentlichen Leute, die aus ländlichen Gegenden in die Städte gezogen sind und dort eine technische oder sonstige weiterführende Ausbildung gemacht haben: Sie stehen nun in vollem gesellschaftlichem Aufschwung und wenden sich in dieser Situation der Religion zu, um in ihr die gewünschte Unterstützung und Leitung zu finden, die ich schon angesprochen habe. Diese religiösen Bewegungen verstärken wiederum gerade die Werte, die dazu geeignet sind, den sozialen Aufstieg und die Industrialisierung der Gesellschaft zu befördern. Tatsächlich stellen alle diese Bewegungen im Grunde Abarten der protestantischen Ethik dar, wie sie Max Weber chrakterisiert hat. Alle setzen sie auf die Ökonomie, die Arbeit und die Werte der Familie.

Kann man schlicht vom Westen als solchen reden? Ist dieser nicht aus mehreren Traditionen zusammengesetzt: einer katholischen (mit seiner lateinamerikanischen Variante), einer kalvinistischen, einer scholastischen, einer protestantischen? Kann man also einen einzigen Okzident den anderen Zivilisationen gegenüberstellen, wie Louis Massignon bereits Mitte des 20. Jahrhunderts fragte?

Meines Erachtens hat es sehr wohl einen Sinn, einfach vom Westen zu reden. Die meisten Leute reden vom Okzident, als handele es sich dabei um eine natürliche kulturelle Einheit. Mir persönlich scheint es schon angemessen, Lateinamerika als eine eigene Zivilisation zu unterscheiden. Wenn Sie den Okzident auf die Länder des Nordatlantiks, Westeuropas und Nordamerikas plus etwa noch Australien und Neuseeland beschränken, so bleiben immer noch mehrere Traditionen, und historisch ist der Westen immer in sich geteilt gewesen. Sie sprechen die Reformation und Protestantismus, den Katholizismus und die Gegenreformation an; doch alle diese Konflikte sind doch, bis auf den in Nordirland, verschwunden. In Europa hat der Westen seine Einigungsbewegung seit einigen Jahrzehnten weithin abgeschlossen. So viele Kriege haben sich die Länder Europas in der Vergangenheit geliefert, die für die Zukunft undenkbar geworden sind. In diesem Sinn scheint mir der Okzident allerdings eine kulturelle Einheit aufzuweisen. Und bestimmte Werte und Traditionen sind in der Tat spezifisch westlich.

Aber die westliche Tradition ist dennoch nicht notwendig dominant?

Das ist schwer zu sagen. Sie übt offensichtlich einen beträchtlichen Einfluß aus, was noch nicht heißt, dass sie drauf und dran wäre, die anderen Kulturtraditionen – in China, Japan, Südostasien, Indien, Russland und der islamischen Welt – zu verdrängen. Alle diese Gesellschaften haben ihre eigene Kultur mit ihren eigenen Traditionen. Sehen Sie nur, was in Russland passiert ist. Nach dem Zusammenbruch der Sowjetunion, dachte man vielfach, dass Russland nun in der Spur sei, sich zu verwestlichen und also die Demokratie westlichen Stils mitsamt der Marktwirtschaft zu übernehmen; und in den Vereinigten Staaten haben viele sich vorgestellt, dass das ganz schnell und wie natürlich vonstatten gehen würde. Es ist nicht so gekommen, im Gegenteil haben wir eine nun wirklich ganz natürliche Reaktion der Russen gegen die Einflüsse des Westens erlebt. Und es sieht ganz so aus, als würden sie ihren Weg finden und ihr eigenes politisches System ausbilden, das vermutlich teils demokratisch, teils nicht demokratisch sein wird; und als würden sie ein Wirtschaftssystem ansteuern, das wohl eine Spielart des Kapitalismus darstellt, aber eines staatlich gelenkten Kapitalismus, und damit sehr verschieden von demjenigen, den wir in den Vereinigten Staaten kennen, oder auch von dem, der in Westeuropa praktiziert wird.

Diese Frage stellt sich heute in der Globalisierung allgemein – für China, für Indien und andere Länder. Ist Modernisierung denn ohne Verwestlichung vorstellbar?

Ja, ich denke schon. Japan hat sich bereits modernisiert, ohne zu einem westlichen Land zu werden. Andere asiatische Gesellschaften haben die gleiche Ausgangslage. China wird sich modernisieren, ja ist schon voll dabei, und wird doch ganz gewiß keine westliche Nation werden, in keinem der Momente, aus denen seine Kultur besteht.

Vor einigen Jahren hatte der russische Präsident Jelzin bei seinem Besuch in China den Vereinigten Staaten mit seinen Atomwaffen gedroht und ihnen zu verstehen gegeben, dass China und Russland sich – so wie heute bei der Militarisierung des Weltraums mit ihren Satelliten – zusammentun könnten, um gegen die Mächte des Westens vorzugehen. Wir können aber getrost sein, dass keiner von beiden etwas Derartiges tun wird, aus dem einfachen Grund, dass sie vom politischen System, der Wirtschaft und Technologie des Westens viel zu abhängig sind.

In der Tat hängen China und Russland in mehrfacher Hinsicht vom Westen ab. Die Vereinigten Staaten weisen ein starkes Handelsdefizit gegenüber China auf, das sich auf rund 60 Milliarden Dollar jährlich beläuft. Dieses Defizit ist aber zugleich ein mächtiger Hebel für Chinas Entwicklung, und so werden die Chinesen sich gewiß hüten, ihre guten Beziehungen zu den Vereinigten Staaten aufs Spiel zu setzen, weil ihnen dies den Zugang zum amerikanischen Markt verlegen würde. Auch Russland ist für sein Teil gar sehr auf die Wirtschaftshilfe der westlichen Länder, des Weltwährungsfonds (IWF) und anderer vom Westen gelenkten Institutionen dieses Formats angewiesen. Aus diesem Grund haben Mächte wie China und Russland bei all ihren Antagonismen mit dem Westen immer auch gewisse Grenzen zu beobachten.

Dennoch war das Treffen Jelzins mit den chinesischen Führern symptomatisch für ein wachsendes Ressentiment in der Welt gegen die Handlungen und Unternehmungen des Westens, allen voran der Vereinigten Staaten. Dieses Ressentiment kam etwa zum Ausdruck anläßlich der NATO-Intervention in Bosnien und im Kosovo, in Reaktion auf die amerikanischen Pläne zu einem Raketenabwehrsystem und schließlich der westlichen und amerikanischen Kritik an der russischen Intervention in Tschetschenien. Alle diese Vorkommnisse haben bei Regierenden und Volk in Russland tiefsitzende antiamerikanische Gefühle in Wallung gebracht.

Die Meinungsverschiedenheiten zwischen den Vereinigten Staaten und China über den Welthandel, Taiwan, Tibet, die Verbreitung chinesischer Langstreckenraketen, die Fortschritte der chinesischen Nukleartechnologie bis hin zu so schweren Zwischenfällen wie der irrtümlichen Bombardierung der chinesischen Botschaft in Belgrad haben die sino-amerikanischen Beziehungen beträchtlichen Belastungsproben ausgesetzt und ein Wiederaufleben des chinesischen Nationalismus angeheizt, ähnlich dem Wiederaufflammen des russischen Nationalismus. Es ist also nur natürlich, dass diese beiden Großmächte ein gemeinsames Interesse haben, auf eine Einschränkung des amerikanischen Einflusses hinzuwirken.

Warum meinen Sie, dass das Gleichgewicht der Kräfte sich zuungunsten des Westens verschieben könnte? Hat seine Überlegenheit in wirtschaftlicher, technischer, militärischer und kultureller Hinsicht seit dem Sturz des Ostblocks nicht ständig zugenommen?

Sicherlich, aber das geht im wesentlichen auf das Konto des Zusammenbruchs der Sowjetunion, die der Gegenspieler des Westens im Weltmaßstab war. Heute haben wir eine Situation, in der nur noch eine einzige Supermacht übriggeblieben ist, nämlich die Vereinigten Staaten.

Nichtsdestoweniger gibt es daneben noch weitere *major powers*, wie ich sie nennen möchte: die Europäische Union, China, Russland, Japan, Indien und ein paar andere. Und das bringt die Politologen dazu, sich zu fragen, welcher Natur die Welt von heute eigentlich ist: Ist sie wirklich unipolar oder nicht vielmehr im Grunde multipolar? Meines Erachtens ist sie eine Mischung aus beidem. Wir leben also in einer uni-multi-polaren Welt mit einer Supermacht und sechs bis sieben Großmächten. Im Weltmaßstab dürfte jede zählende Aktion auf die Unterstützung der Supermacht sowie einen Schulterschluß mit anderen größeren Mächten angewiesen sein. Deswegen halte ich es vonseiten maßgeblich verantwortlicher Politiker in Amerika für einen Irrtum, dass sie geglaubt haben, gewisse globale Probleme einseitig auf eigene Faust regeln zu können; denn die Vergangenheit hat gezeigt, dass das ein Ding der Unmöglichkeit ist. Die Behandlung der Weltprobleme erfordert die Kooperation mehrerer gewichtiger Mächte. Zwar ist es wohl richtig, dass die Vereinigten Staaten in ihrer Eigenschaft als Supermacht in vielen Fällen von ihrem Vetorecht im Sicherheitsrat der UNO Gebrauch machen und damit verhindern können, dass gewisse Probleme einen unliebsamen Lauf nehmen. Wenn wir aber wirkliche Entwicklungen, wie wir sie ernstlich wünschen und mittragen möchten, einleiten wollen, werden wir dazu die Zusammenarbeit mit andern Ländern brauchen.

In jedem Fall bleibt Amerika die „unerläßliche Nation", an der kein Weg vorbei führt. Wie schon im 19. Jh. mit der historischen Prophezeiung einer „offenkundigen Bestimmung" als Bringerin des Fortschritts?

Ich weiß nicht recht, welche Bedeutung das Wort „unerläßlich" hier haben soll. Das Unerlässliche, das ich meine, ist, wie gesagt, die Teilhabe Amerikas an jedem Unternehmen mit globaler Perspektive.

Und Sie halten daran fest, dass die nicht-okzidentalen Gesellschaften wie Japan nach der Meji-Restauration von 1868 oder China oder Indien sich modernisieren können, ohne ihre kulturelle Identität zu verlieren?

Absolut! Und ich denke doch, dass Japan ein überzeugendes Beispiel dafür liefert.

Sie zitieren häufig den „Untergang des Abendlandes", das sehr umstrittene und sehr anfechtbare Werk von Oswald Spengler. Scheint Ihnen seine Vision, aus einem Abstand von nun fast hundert Jahren, einigermaßen zuzutreffen?

Wenn Sie die okzidentale Geschichte der letzten hundert Jahre betrachten, so kann kein Zweifel sein, dass der Westen einen Niedergang seines Einflusses erfahren hat. Nach dem Zweiten Weltkrieg regierten die westlichen Länder direkt fast die Hälfte der Landmasse und der Bevölkerung des Planeten. Heute regieren die westlichen Länder nur noch die westlichen Länder. Das stellt an sich schon einen fundamentalen Wandel dar. Gewiß, der Einfluß des Westens ist immer noch äußerst stark. Viel stärker als der jeder anderen Zivilisation, aber die Vorrangstellung des Westens ist nichtsdestoweniger zurückgegangen.

Bei der Konferenz zum Versailler Vertrag am Ende des Ersten Weltkrieges haben sich Georges Clemenceau, Lloyd Gorge und Woodrow Wilson noch einfach an einen grünen Tisch gesetzt und entschieden, welche Länder weiterbestehen sollten und welche zu bestehen aufhören sollten. Sie haben die Grenzen auf einer Karte eingezeichnet, haben Bevölkerungen, um die es ihnen ging, genommen, um sie hinzusetzen, wo es ihnen gut schien, haben Weltregionen ausgewählt, um sie zu ihren Kolonien zu machen usw. usf. Sie haben die Welt schlicht und einfach unter sich aufgeteilt. Welche westlichen Großpolitiker würden sich heute noch unterstehen, so zu handeln?

Sie sprechen ein Phänomen an, das Sie – mit einem Begriff, der für Ihr Denken grundlegend sein dürfte – „Indigenisierung" nennen. Was macht diese „Vereinheimischung" der Welt so wichtig?

Der Terminus bezeichnet die Gegenbewegung gegen die Globalisierung, eine Reaktion, die aus den sozioökonomischen Modernisierungsprozessen resultiert: Die Menschen verspüren das Bedürfnis, auf ihre Wurzeln zurückzukommen.

Scheint Ihnen dieses Bedürfnis berechtigt oder kritisieren Sie es?

Ich glaube, es ist ein vollkommen natürliches Bedürfnis, und ich habe daran nichts auszusetzen.

Welche Unterscheidung machen Sie zwischen Modernismus und Modernität? Ist die Renaissance der nichtokzidentalen Religionen nicht eine Art Revolte gegen die westlichen Gesellschaften, ohne deswegen schon eine Revolte gegen die Modernität zu sein?

Ich würde da keine Unterscheidung einführen wollen. Die Individuen, die in den religiösen Wiederbelebungsbewegungen engagiert sind, nehmen zugleich am Prozeß der Modernisierung teil.

Um eine historische Dimension einzuführen: Welche Unterscheidung machen Sie zwischen der protestantischen Reformation des 16. Jhs. und der wachsenden Bedeutung des Islam heute?

Ich glaube, zwischen diesen beiden geschichtlichen Bewegungen lassen sich ein paar sprechende Parallelen ziehen. Die meisten fundamentalistischen Bewegungen des Islam weisen gewisse Ähnlichkeiten mit dem Protestantismus auf. Dessen Attacken auf eine in seinen Augen korrupte etablierte Ordnung, die katholische Kirche und das Papsttum des 16. Jhs. finden ein Echo in den Attacken des islamistischen Fundamentalismus gegen die in seinen Augen unterdrückerischen Regierungen vieler muslimischer Gesellschaften. Diese Gesellschaften befleißigen sich einer gewissen Reinheit der Lehre und der Sitten, religiösen Eifers und regelrecht-rechtschaffenen Betragens, wie es auch für die protestantische Reformation kennzeichnend ist.

Ich habe in meinem Buch eine Beschreibung der Situation eingefügt, wie sie zur Zeit der Reformation in einer Stadt oder einem Marktflecken in England geherrscht hat, und parallel dazu eine Beschreibung Teherans auf dem Höhepunkt des iranischen Revolution zu Anfang der 1980er Jahre. Die Ähnlichkeit ist frappant, geht es doch in beiden Fällen nachdrücklich um Moral und Sittlichkeit, um Reinheit und die Einhaltung eines streng religiösen Codes.

Sie rechnen mit der Möglichkeit, dass die zukünftigen Beziehungen zwischen den Kulturen und Zivilisationen eine feindselige Wendung nehmen könnten. Meinen Sie nicht auch, dass das Überleben der Spezies „Mensch" ohne interkulturellen Dialog und interreligiöse Verständigung nicht auskommen wird?

Ich halte es für wesentlich, den Dialog zwischen den Kulturen und Zivilisationen zu fördern, denn ich glaube, dass es zu ihrer Koexistenz keine Alternative gibt. Wollte man hingegen einer der Zentralthese meines Buches häufig entgegengehaltenen Kritik glauben, würde sie eine *self-fulfilling prophecy* betreiben, weil ich die Wahrscheinlichkeit einer Konfrontation zwischen den Zivilisationen in den kommenden Jahren behaupte. Und schon die bloße Tatsache der Vorhersage eines Ereignisses mache sein Eintreten wahrscheinlicher.

Doch keine Prophetie hat die Kraft, sich selbst herbeizuführen, und ebensowenig ihr Gegenteil. In den Jahren 1950er und 1960er Jahren haben viele durchaus seriöse Experten einen Atomkrieg zwischen den Vereinigten Staaaten und der Sowjetunion prophezeit. Im damaligen Stadium der Geschichte, zur Zeit der Interkontinentalraketen- und der Berlin-Krise, erschien ein solcher Krieg als eine reale Möglichkeit. Doch im Kielwasser dieser Prognose haben sich einige Akteure über diese Möglichkeit beunruhigt, und Experten und Staatsmänner haben sich von neuem Gedanken gemacht, wie einem drohenden Atomkrieg zu entgehen wäre. Also hat man diese und jene Initiativen ergriffen, um das Rennen nach Atom- und konventionellen Waffen unter Kontrolle zu bekommen, hat das rote Telephon zwischen dem Kreml und dem Pentagon installiert und regelmäßige Treffen zwischen den sowjetischen und amerikanischen Führern verabredet.

Ich denke, die seit Lancierung meiner These vom clash of civilisations zu Tage getretenen Reaktionen zeigen, dass die verantwortlichen Akteure sich mehr und mehr über diese Eventualität Sorgen machen. Dadurch ist – und ich freue mich darüber – eine weit ausladende Bewegung ausgelöst worden, die darauf abzielt, den Dialog zwischen den Kulturen anzufeuern. Mehrere Regierungschefs, der Präsident der Republik Iran, der Präsident der Bundesrepublik Deutschland, der Präsident der Republik Tschechien und andere Staatschefs haben ihre willige Bereitschaft zu einem Dialog zwischen den Nationen bekräftigt. Die Generalversammlung der Vereinten Nationen hat eine Resolution angenommen, die das Jahr 2001 zum „Jahr des Dialogs zwischen den Zivilisationen" erklärt. Es stimmt hoffnungsvoll, dass so manche Verantwortlichen versuchen, die Leute dazu zu bringen, ihre Differenzen miteinander zu diskutieren und Punkte der Übereinstimmung auszuloten. Dialog ist nicht zwangsläufig gleichbedeutend mit Übereinstimmung. Das ist wohl wahr. Wenn man über bestimmte Fragen spricht, entdeckt man vielleicht, dass man ganz verschiedener Meinung ist; aber schon allein das Erkennen der Nichtübereinstimmung kann recht nützlich sein.

Man hat manchmal den Eindruck, dass Sie vor allem den Dialog mit dem Islam für sehr schwierig halten. Dabei fehlt es in der Geschichte doch nicht an ermutigenden Beispielen für einen solchen Dialog, gerade auch in der Philosophie und der Theologie; denken wir nur an Moses Maimonides, an die Beziehungen Spaniens zum Islam bis ins 15. Jh., an Averroes und viele andere...

Dieser Dialog ist offenbar möglich und er hat, woran sie zu Recht erinnern, in der Vergangenheit auch zu wiederholten Malen stattgefunden. Im Laufe der Jahrhunderte hat der Okzident vom Kontakt mit der islamischen Zivilisation viel lernen können, und einige Grundlagen unserer klassischen Kultur sind uns durch den Islam übermittelt worden.

Jedoch ist diese Beziehung zwischen Islam und Abendland auch häufig von viel Gewalttätigkeit, Kriegen, Kreuzzügen und Dschihads geprägt gewesen: einer gewaltsamen islamischen Expansion, darauf einer ebenso groben Reaktion des Okzidents und schließlich der Heraufkunft des okzidentalen Imperialismus. Wir wissen, dass die Geschichte eine konfliktreiche war, und ich bin sicher, dass die Österreicher nicht vergessen haben, dass die Türken Wien zweimal belagert haben und nur wenig gefehlt hat, und sie hätten es eingenommen.

War der Golfkrieg ein Krieg der Kulturen?

Der Golfkrieg von 1990-91 hat begonnen infolge der Invasion eines muslimischen Staates in einen andern. Insofern handelte es sich dabei um eine klassische Form von Aggression, verübt durch ein Land gegen ein anderes. In den ersten Phasen dieser Krise haben die Vereinigten Staaten unter der Führung von George Bush sen. eine Länder aus verschiedenen Zivilisationen vereinigende Koalition gegen Saddam Hussein auf die Beine zu stellen vermocht. Was einen bemerkenswerten diplomatischen Erfolg darstellte.

Betrachtet man die Reaktion der moslemischen und insbesondere der arabischen Länder, so haben deren Bevölkerungen den Einmarsch der Truppen Saddam Husseins nicht gebilligt, aber sie haben auch die Initiative der Vereinigten Staaten und ihre führende Rolle bei dem Militäreinsatz gegen den irakischen Präsidenten-Diktator missbilligt. Die Aufbietung einer 500.000 Mann starken Armee auf saudi-arabischem Boden und damit im Epizentrum der islamischen Welt hat starke Proteste in diesem Land und anderswo hervorgerufen.

Insgesamt hatte dieser Konflikt m.E. das Ergebnis, die Differenzen zwischen den Zivilisationen zu akzentuieren. Jedesmal, wenn in den Folgejahren die Vereinigten Staaten versucht haben, sich mit anderen Ländern zusammenzuschließen, um gegen den Irak, als dieser wirtschaftliche Sanktionsmaßnahmen verletzte oder Drohungen vortrug, neue Strafaktionen durchzusetzen, hat, mit Ausnahme Kuwaits, kein anderes moslemisches Land die Vereinigten Staaten wirklich unterstützt. Die einzigen Länder aber, die, bei zwei Gelegenheiten, bereit waren, mit Streitkräften zu Lande und zur See am Persischen Golf an der Seite der Amerikaner zu kämpfen, waren unsere kulturell engen Verwandten Großbritannien, Kanada, Neuseeland und Australien, alles anglophone Länder. Frankreich z.B. hat sich hingegen verweigert.

Wenn man die Geschichte Amerikas betrachtet, sieht man, dass die Kultur der Vereinigten Staaten immer eine Kultur der Grenze, der „Frontier" bzw. der Anvisierung von

Grenzen gewesen ist. Der Historiker Frederick Jackson Turner und andere haben schon im 19. Jh. auf die herausragende Bedeutung der „Frontier" für die Geschichte dieses Landes auf ökonomischer, technologischer und politischer Ebene hingewiesen. Die Geschichte kennt andere gewichtige Beispiele dieses Kulturtyps wie etwa Spanien unter der Herrschaft Roms. In den Kulturen der Grenzregionen ist das Gespür für die eigentlich kulturellen Fragen und die Kreativität immer stark gewesen, was sich auch an großen Gestalten zeigt, die aus diesen Grenzzonen hervorgegangen sind. Seneca z.B. stammte aus Spanien, einer Grenzmark des römischen Reiches. Andersherum gefragt: Fallen solche Grenzsituationen in gewissen Kulturen vielleicht auch negativ ins Gewicht?

Das ist eine wichtige Frage. Ich gehe ziemlich d'accord mit dem, was Sie da andeuten. Dennoch muß man auch bei den Grenzen wohl unterscheiden, ob es sich um Grenzen zwischen Gesellschaften handelt, die wirtschaftlich und gesellschaftlich mehr oder weniger auf demselben Entwicklungsniveau stehen, oder, wie im Falle der Landnahme der Vereinigten Staaten, um Zusammenstöße zwischen einer sehr fortgeschrittenen Gesellschaft und wirtschaftlich ganz zurückgebliebenen indianischen Stämmen.

Russland bietet das andere große Beispiel einer auf den Begriff der Grenze ausgerichteten Gesellschaft, – war ihre Geschichte im dem 18. und 19. Jh. doch eine der Expansion nach Sibirien und Zentralasien bis zum Pazifik. In deren Verlauf hat Russland im Kaukasus einen vierzigjährigen Krieg geführt, um sich die Tschetschenen zu unterwerfen. Wie wir wissen, zieht sich dieser Krieg hin bis zum heutigen Tag. Zwar hat es seine Herrschaft über dieses Volk für einige Zeit aufrichten können; doch die Tschetschenen haben seither, wann immer es möglich schien, jede noch so geringe Gelegenheit ergriffen, um sich gegen die Russen aufzulehnen und Widerstand zu leisten.

Sie sagen gern, dass manches, was für den Westen der reinste Universalismus ist, von der übrigen Welt leicht als eine Abart von Imperialismus aufgefasst werden kann.

Das liegt auf der Hand. Die Chinesen, die Inder, die Russen, ja selbst die Franzosen oder die Kanadier führen ständig den kulturellen Imperialismus Amerikas im Munde. Sie verabschieden sogar Gesetze darüber.

Sind die Kulturen denn in sich geschlossene Entitäten/Einheiten oder nicht vielmehr einem immer mitlaufenden Prozeß der „Akkulturation" unterworfen? Sind, anders gesagt, die kulturellen Identitäten nicht eher interkulturelle Identitäten? Hat der Mensch wirklich eine Identität und nicht eher mehrere Identitäten, wie der Ökonom Amartya Sen sagt? Er kann etwa in Indien geboren sein, zugleich Moslem sein oder Hindu oder ein Sikh, er kann klassische westliche Musik von Gustav Mahler lieben oder indische spirituelle Musik von Ravi Shankar. Es gibt immer viele Identitäten, nicht nur eine.

Ich habe meinerseits nachdrücklich hervorgehoben, wie sehr manche Kulturen und Zivilisationen miteinander zu tun haben, und auf die Dynamik, die Entwicklung und den Wandel in ihnen aufmerksam gemacht.

Ist das nicht eine pazifistische Utopie? Wir sprechen von einer Pluralität der Kulturen, von der Notwendigkeit eines Dialogs zwischen den Religion usw., doch gleichzeitig gibt es Drohungen gegen Europa aus dem Iran und dem Irak mit konventionellen oder chemischen oder nuklearen Waffen und aus Pakistan mit der Atomwaffe. Andere Atommächte wie China oder Indien bleiben im Vagen. Wir haben heute in der Welt eine ganze Reihe von Ländern mit nuklearem Potential – von Israel bis zu gewissen Ländern, die sich gerne der Atomkraft bemächtigen möchten, wie Ägypten und Nordkorea oder der Iran. Wie ist die Notwendigkeit des Dialogs der Kulturen untereinander zu vereinbaren mit der Nötigung zur sogenannten Realpolitik?

Sie weisen darauf hin, dass einige Länder große Anstrengungen unternehmen, in den Besitz von Atomwaffen zu gelangen, eine Motivation, die durch die unbestreitbare Überlegenheit der Vereinigten Staaten auf dem Felde konventioneller militärischer Rüstung noch angespornt wird. Die Russen haben deswegen eine neue Militärdoktrin angenommen, welche die zentrale Rolle der Nuklearwaffen in ihrer Strategie und den Willen zum Einsatz von Erstschlagswaffen erklärt, falls sie ihre vitalen Interessen bedroht sehen sollten. Sie haben diese Wahl getroffen, weil sie die amerikanische Überlegenheit auf dem Gebiet der konventionellen Waffen, wie sie im Golfkrieg und dann auch im Kosovokrieg klar zu Tage getreten ist, am Ende nur noch zur Kenntnis nehmen konnten. Die Chinesen haben offenbar eine ganz ähnliche Haltung eingenommen.

Sie haben Länder erwähnt, die sich – außer den fünf Mitgliedern des Sicherheitsrats – in den Besitz von Atomwaffen gebracht haben. Das sind Indien, Pakistan, Israel, der Irak, welcher in Verbindung mit den beiden erstgenannten daraufhin arbeitet, der Iran, der höchstwahrscheinlich an das Know how heranzukommen sucht, und Nordkorea, das bereits über nukleare Kapazitäten verfügen dürfte. Alle diese Länder aber fühlen sich auf die eine oder andere Weise durch andere Länder bedroht, die notabene anderen Zivilisationen angehören. Dann gibt es noch sechs weitere Länder, die Kernwaffen entweder schon besaßen (nämlich die Ukraine, Kasachstan, Weißrußland und Südafrika) oder (wie Brasilien und Argentinien) Programme angefahren hatten, um sie sich zu verschaffen, dann aber darauf verzichtet haben. Diese sechs Länder aber haben alle dies gemein, dass sich sich von andern Ländern und zwar solchen aus anderen Kulturkreisen nicht bedroht fühlen.

Brasilien und Argentinien nun hatten sich gleichwohl auf ihre Weise an einer Art Rüstungswettlauf beteiligt. Doch diesen beiden Ländern bot die Etablierung eines demokratischen politischen Systems die Möglichkeit, ihre Kräfte zusammenzuschließen. Dieser Zusammenschluß ist in meinen Augen auch eine Frucht des neuen Modells von Weltpolitik, in welchem kulturell verwandte Nationen zusammenarbeiten. Brasilien und Argentinien jedenfalls sind auf diesem Wege im

Rahmen der Bemühungen zur wirtschaftlichen Integration Südamerikas zu regionalen Führungsmächten aufgestiegen.

Das System des Mercosur[1] (Gemeinsamer Markt des Südens) ist vor kaum zehn Jahren erst gegründet worden, und hat sofort einen anhaltenden Erfolg gezeitigt. Nach der Europäischen Union ist es das erfolgreichste Beispiel für wirtschaftliche Integration in der Welt. Dadurch haben die Umsätze im Handelsaustausch und die Ströme von Investitionskapital zwischen Brasilien und Argentinien (sowie inzwischen einigen weiteren Mitglieds- und Assoziierten Staaten) beträchtlich zugenommen. Unter ähnlichen Umständen, wo keine Bedrohung von anderen Ländern aus wiederum anderen Kulturen zu besorgen ist, werden auch andere Nationen ihre Ambitionen auf Kernwaffen gern zurückstellen und dafür umso größere Anstrengungen unternehmen, auf dem Gebiet der Wirtschaft und in anderen Bereichen zu kooperieren.

Was meinen Sie? Wird der Synkretismus zwischen den Kulturen, den verschiedene Länder, so wie seit dem 17. Jh. etwa Brasilien, schon erlebt haben, wird solche „Kreolisierung" als Zeichen des Friedens im Sinne des Anthropologen Gilberto Freyre vielleicht dazu berufen sein, ein Modell für die Weltzivilisation abzugeben?

Ich weiß nicht, ob Brasilien sich als Modell der Weltzivilisation präsentieren lässt. Hingegen ist es wohl wahr, dass die Interaktion zwischen Menschen aus verschiedenen nicht nur Ländern, sondern Kulturen Modellcharakter hat.

Montaigne hat geschrieben: „Un honnête homme, c'est un homme mêlé." Könnte das ein Hoffnungszeichen für die Zukunft sein?

Ich hoffe es.

Cambridge/MA, 04.02.2000
Übersetzt von Konrad Honsel

1 spanische Abkürzung für *Mercado Común del Sur* (Gemeinsamer Markt des Südens), konstituiert 1991 – A.d.Ü.

„Philip, ich möchte die Welt sehen!"

PHILIP JOHNSON

Philip Johnson (geboren 1906 in Cleveland, Ohio, verstorben 2005 im Alter von 98 Jahren in seinem berühmten Glass House in Connecticut) war eine der wichtigsten Figuren der modernen Architektur. Anerkannt als Anführer der modernistischen Bewegung war er gleichzeitig der Vorläufer der Postmoderne und des Dekonstruktivismus. Sein Talent brachte ihm 1979 den Pritzker Preis (er gilt als Nobelpreis für Architektur) ein, dessen erster Preisträger er war sowie die Goldmedaille des Amerikanischen Instituts der Architekten.

Nach dem Studium der Philosophie an der Harvard Universität, wendet sich Philip Cortelyou Johnson der Architektur zu: einerseits als Kritiker, andererseits als Direktor der Abteilung für Architektur und Design des Museums der Modernen Künste (von 1930 bis 1936). Während seiner Zeit beim MOMA hat er sich insbesondere durch die Organisation der Ausstellung „Der internationale Stil, Architektur seit 1922", die dem amerikanischen Publikum die neuesten Leistungen der europäischen Architektur (Le Corbusier) und die Konzepte des Bauhaus bekannt machten, hervorgetan.

Von 1939 bis 1942 studiert Philip Johnson bei Walter Gropius und Marcel Breuer in Harvard, um dann seine eigene Agentur zu eröffnen. Von 1946 bis 1954 kehrt er wieder zurück in die Abteilung, die er zuvor beim MOMA verlassen hatte. 1947 widmet er seinem Freund und Meister Ludwig Mies van der Rohe eine Ausstellung und ehrt ihn, indem er sein Glass House baut, dessen minimalistische Architektur, sein Volumen, seine Farben und seine Materialien von dem berühmten Farnsworth House (1945-1950) von Mies van der Rohe inspiriert wurden. 1956 schließt er sich mit Letzterem zusammen, um das Seagram Building, einen Glasturm mit 38 Etagen, zu bauen. 1967 baut er mit Richard Foster das Museum Kreeger. Mit John Burgee, einem Architekten, der für seine komplexen Konstruktionen von gleichzeitig großem Ausmaß bekannt ist, arbeitet er an sehr unterschiedlichen Aufträgen: dem IDS Center von Minneapolis (1972), der Crystal Cathedral in Kalifornien (1980). 1984 zeichnen sie zusammen die Pläne für den Sitz von AT & T Corporate (heute: Sony-Tower).

Philip Johnson hat sich stets seinen kritischen Geist bewahrt, indem er versuchte, durch seine Erfahrungen in der Architektur dem Stil seiner Epoche stets voraus zu sein; das zeigen Bauten wie die Kunsthalle in Bielefeld (1968), die Wolkenkratzer Pennzoil Place in Houston oder das AT & T Building in New York (1978-1982), die Puerta de Europa (1991-1995) in Madrid oder der Turning Point (1996) in Wien. Die Gebäude von Johnson sind Glanzleistungen architektonischer Formen in der Architekturgeschichte des 20. Jahrhunderts.

*

Herr Johnson, bevor Sie das Studium der Architektur begannen, haben Sie sich an der Harvard University mit Geschichte und Philosophie befasst. Welchen Einfluss hatte die Philosophie auf Ihre Arbeit?

Der Einfluss war umgekehrt proportional zu dem, was mir beigebracht wurde: An der Universität lernt man Dinge, die man im Leben nicht braucht. Das Leben ist das Gegenteil der akademischen Welt, und so bevorzuge ich die Vorgehensweise des Einzelgängers. Ich war immer gegen anerkannte Theorien, weshalb ich in der Jugend mancherlei Schwierigkeiten hatte. Ich widersetzte mich den sokratischen Lehren, den platonischen Gewissheiten, und fühlte mich viel mehr zu Nietzsche und Heraklit hingezogen. Als Anhänger des letzteren sage ich: Es gibt nichts als den Wandel, es gibt kein Absolutes, Mr. Platon hat sich geirrt: Sein Würfel ist bloß ein abstrakter Gegenstand, der in der Realität keine Entsprechung findet. In der Kunst ist alles wahr und gut. Unter uns Architekten bezieht sich niemand mehr auf Platons Würfel, auf seine idealen Formen. Früher, vor 50 Jahren, glaubte ich noch daran, aber seitdem hat sich meine Architektur verändert, habe ich mich verändert, hat sich die Welt verändert. Der Wechsel ist wesentlich interessanter als die Eindeutigkeit. *Vive la différence!* Bejahen wir die bunte Vielfalt, den Pluralismus! In meiner bislang letzten Arbeit mache ich mich über die platonischen Körper sogar lustig. Da sind vier zusammenhängende Gebäude, denen jeweils einer dieser Körper zugrundeliegt, aber ich verforme ihn, spiele mit ihm. Ich habe das Glück, sehr alt zu werden, das Alter ist das einzig Positive in der Welt, denn in der Jugend ist man einfach zu dumm. Man sorgt sich um das Älterwerden, doch wenn man alt ist, sorgt man sich um nichts. Ich bin jetzt viel glücklicher als je zuvor. Das ist die Zeit meiner größten Klarheit, meiner größten künstlerischen Fertigkeiten. Ich werde immer besser, und die nächsten zehn Jahre werden die fruchtbarsten meines ganzen Lebens sein. Ich baue keine Wolkenkratzer mehr, weil niemand einem alten Mann einen Auftrag erteilt, der sich über einige Jahre hinzieht, aber ich wäre bestens geeignet dafür ... Da fällt mir ein: In Rotterdam entsteht gerade ein von mir entworfenes Hochhaus, und seine flammengleiche Form bereitet mir enorme Freude ...

Als junger Mann unternahmen Sie ausgedehnte Reisen durch Europa, etwa nach Paris und Chartres, in die Toskana und nach Rom. Welche Eindrücke haben diese frühen Begegnungen mit der europäischen Kunst bei Ihnen hinterlassen?

Ich hatte schon in sehr jungen Jahren eine Vorliebe für Architektur, natürlich ohne sie genauer zu kennen. Als ich 1919, im Alter von 13 Jahren, mit meiner Mutter die Kathedrale von Chartres besuchte, war ich derart überwältigt, dass ich in Tränen ausbrach. Diese Reaktion, so undifferenziert sie auch ist, bildet im

Grunde den einzigen Maßstab für die Beurteilung von Architektur. Das intensive Gefühl, das ein vollkommenes Bauwerk auslösen kann, tragen wir stets in uns. Nur einmal noch war ich wirklich hingerissen vom Parthenon auf der Akropolis. Ich erinnere mich lediglich an einige Details, die Säulen, Kapitelle, Giebel, aber die sind wunderbar.

1929 ernannte Alfred Barr, der Gründer des Museum of Modern Art in New York, Sie zum Direktor der Abteilung für Architektur und Design lange bevor Sie sich als Architekt hervortaten.

Ja, das Studium der Architektur begann ich erst 1939, zehn Jahre nach der Gründung des Museums. Alfred Barr war mein Guru und Freund, mit dem ich 1932 die erste amerikanische Ausstellung über moderne Architektur veranstaltete. Sie leistete einen wichtigen Beitrag für die hiesige Architektur im Zeichen des *International Style*, der dann im Seagram Building von Mies van der Rohe seinen krönenden Abschluss fand.

Zu jener Zeit schrieben Sie, Design orientiere sich vor allem an der Funktion und bediene sich neuer Konstruktionsprinzipien und Materialien wie Beton, Stahl und Glas.

Meine akademische Ausbildung vollzog sich zunächst im Geiste Platons, Aristoteles, Descartes und der Aufklärung, und so stand für mich das funktionale Element im Vordergrund. Heute denke ich anders: Die Funktion ist die untauglichste Inspirationsquelle für Architektur, weil sie keine Form hervorbringt, die den Menschen zu rühren vermag. Nur sehr wenige Architekten schaffen das unter den Lebenden allein Frank Gehry. Das einzige Gebäude, das mich in eine Stimmung wie damals in Chartres versetzt, ist Gehrys Guggenheim Museum in Bilbao. Ich fahre jedes Jahr dorthin, um die Erinnerung aufzufrischen an das von ihm inszenierte Spiel der Formen in der Luft, und bin erstaunt, wie er sie derart anordnen konnte, dass sie mich ein ums andere Mal ergreifen.

Der Architekturhistoriker Lewis Mumford verfasste im Katalog zu jener inzwischen legendären Ausstellung einen Aufsatz über den sozialen und politischen Aspekt der Städteplanung, um so dem Vorurteil zu begegnen, es handle sich bei den gezeigten Exponaten um eine elitäre Auseinandersetzung mit rein ästhetischen Fragen.

Mumford und ich waren keineswegs Freunde. Ich hielt ihn für einen sozialen Programmatiker und brillanten Denker, aber er hatte keine Augen. Wer blind ist, besitzt keinen Sinn für Kunst. Mir dagegen bedeutet sie sehr viel, denn ich lerne alles durch optische Eindrücke. Das soziale Anliegen ist durchaus ehrenwert, doch mit Architektur hat es nicht das geringste zu tun ganz im Gegensatz zu Malerei und Skulptur. Ohne Mondrians konstruktivistische Kompositionen sind die modernen, rechtwinkligen Gebäude gar nicht vorstellbar.

Sie stellten auch Arbeiten von Walter Gropius und natürlich Mies van der Rohe aus, dem Sie sich wesentlich näher fühlten.

Gropius mochte ich genausowenig wie seine Theorien und seine Bauweise; diese Ablehnung beruhte auf Gegenseitigkeit. Er verstand die Architektur als eine soziale Übung, und darin ähnelte er vielen modernen Architekten. Van der Rohe war von anderem Schlag: ein großer katholischer Denker, allerdings kein praktizierender Katholik, und das verband uns. Darüber hinaus war er ein Künstler, der wusste, dass die Architektur eine Kunst ist, die sich nicht im Funktionalismus erschöpft. Und er hatte recht: Heute interessiert es niemanden mehr, wo sich im jeweiligen Bauwerk die Treppen und Aufzüge befinden sollen. Meine Studenten an der Yale University zeichnen keine Grundrisse, sondern bilden aus ihren Häusern Skulpturen. So ist es richtig: Beginne mit den Formen, die dich faszinieren, die du als passend empfindest.

Sie organisierten Ausstellungen wie Object 1900 *und* Today or Machine Art, *in denen Ihr Augenmerk besonders den sogenannten Ungestalteten Gebrauchsgegenständen galt.*

Ja, sie waren sehr wichtig und sind es auch weiterhin. Wir kommen jetzt wieder auf sie zurück. Der überaus begabte Philippe Starck zum Beispiel schert sich um überhaupt nichts, er entwirft einfach Objekte, die manchmal völlig nutzlos sind, ja nicht einmal funktionieren! Vielen heutigen Designern ist das ein Dorn im Auge, und gewiss wären Alfred Barr sowie der frühe Philip Johnson ebenfalls dagegen gewesen.

Wenn Sie an das Bauhaus zurückdenken, was bleibt von dessen Theorien, von dessen angestrebter Verbindung zwischen Wissenschaft, Kunst und Technik? Siegfried Giedion sprach darüber in seiner Mechanization Takes Commande.

Das Bauhaus war die einzige maßgebliche Stilrichtung, die uns in den zwanziger Jahren Impulse verlieh, und so schlossen wir alle uns ihm an. Fatalerweise schätzte ich gerade jene Mitglieder, die sich nicht so sehr an seine Grundsätze hielten, insbesondere Kandinsky, Klee und andere Maler. Sie bewahrten ihre künstlerische Freiheit, schenkten den Gebrauchsgegenständen keine Beachtung. Gropius hingegen, ein tief überzeugter Marxist, konzentrierte sich ganz auf die praktischen Aspekte.

Erst in den sechziger Jahren haben Sie sich von Mies van der Rohes Stil entfernt. Von da an eignete Ihren Arbeiten etwas Neoklassizistisches. Sie verwendeten zunehmend Materialien wie Marmor und Bronze, um eine gleichsam aristokratische Architektur zu schaffen, die an die Vergangenheit erinnerte.

Das war sicherlich eine Reaktion gegen den Modernismus, gegen den schwarzen Kasten! All diese Wolkenkratzer in jeder amerikanischen Stadt wollten so aussehen wie das Seagram Building, aber das gelang ihnen nicht: sie waren und sind nur billige Glaskästen. Deshalb schlug ich diesen höchst klassischen Weg ein und baute das AT&T Building. Eine Reihe von befreundeten Architekten folgte mir; es handelte sich um eine äußerst lebendige Bewegung, die dann zum Stillstand kam, heute aber ihre Auferstehung feiert.

Ihr Erscheinungsbild war stets das eines Aristokraten. Es widersprach sämtlichen populistischen Konzeptionen in der Architektur. Von daher warf man Ihnen mehrfach vor, „undemokratische" Auffassungen zu vertreten. Nahmen Sie diese Kritik ernst?

Natürlich nicht. Die Demokratie ist das einzige Regierungssystem, das sich in der Realität bewährt. Ich war aufgeschlossen für den neuen Nationalsozialismus und Kommunismus, weil sie sich von der Idee der Revolution leiten ließen. Ich bin immer für Revolution, für totale Veränderung, aber das hat nichts mit Architektur zu tun. Derlei Vorwürfe tangieren mich also keineswegs. Ich wurde zum Nationalsozialisten allerdings nur für kurze Zeit, Oscar Niemeyer zum Kommunisten. Er ist es wohl noch heute.

Wenn man Niemeyers Büro an der Avenida Atlantica in Rio de Janeiro betritt, fällt einem sofort das große Metallschild auf, das ihn als Ehrenmitglied der Kommunistischen Partei Frankreichs ausweist. Darauf ist er nach wie vor stolz.

Gut, soll er es sein. Ich jedenfalls rühme mich nicht meiner Affinitäten zum deutschen Nationalsozialismus.

Sie haben sich davon gelöst?

Aber ja; politische Bewegungen interessieren mich nur insoweit, als sie funktionsfähig sind, als sie einen Beitrag leisten zur Architektur. Das war sowohl in der Monarchie wie unter den vom Volk ausgeübten Herrschaftsformen der Fall, doch weder bei Hitler noch bei Stalin.

Wie kam es, dass der frühe Nationalsozialismus Sie in seinen Bann zog? Hing das mit Ihrer elitären ästhetischen Geisteshaltung zusammen?

Der Künstler in mir fühlte sich angesprochen. Ich dachte, wenn einer uns in eine neue Welt führt, so wird er bedeutende Architektur in Auftrag geben und seine Sache besser machen, als wir es von der Demokratie her gewohnt waren. Aus eben diesem Grund liebäugelte ich auch mit dem Kommunismus vor Stalin. Aber dann kam der Irrtum ans Licht: Hitlers Gebäude ähnelten doch sehr denen unter Franklin D. Roosevelt. Ich war zutiefst enttäuscht. Außerdem darf man in diesem Zusammenhang nicht vergessen, dass Mussolini die moderne Kunst begeistert aufnahm, doch er entwickelte sich nicht weiter, was diejenigen völlig desillusionierte, die mit ihm nach einem anderen Weg suchten. Schrecklich ist, dass all die revolutionären Strömungen in Diktaturen endeten, ohne ihre Führungsaufgaben zu erfüllen wie das Christentum. Seither habe ich nicht mehr das Gefühl, die Welt erobern und gigantische Projekte in die Tat umsetzen zu müssen. Ich bin viel bescheidener geworden, im Gegensatz zu Frank Lloyd Wright, der bis zum Schluss an Utopia glaubte und in seiner letzten Arbeit jenen berühmt-berüchtigten, eine Meile hohen Wolkenkratzer für 130.000 Bewohner entwarf.

Jedenfalls haben Sie nicht wie er behauptet, der größte Architekt Amerikas zu sein.

Das bin ich auch nicht. Frank Lloyd Wright hingegen war der größte Architekt der Welt. Als ich ihn einmal den größten Architekten des 19. Jahrhunderts nannte, bekam er einen Wutanfall. Damit wollte ich ihn jedoch nicht kränken. Er war ein Mensch des 19. Jahrhunderts, seine Weltanschauung entsprach der damals vorherrschenden, sozialdemokratisch geprägten Atmosphäre. Ich mochte ihn sehr; uns beide verband eine tiefe Freundschaft.

Und welche Beziehung hatten Sie zu dem brasilianischen Gartenarchitekten Roberto Burle Marx, zu seinen von Philosophie und Ökologie bestimmten Gestaltungen der lebendigen Natur in Brasilien, besonders in Rio de Janeiro und in der Hauptstadt Brasilia?

Ich achtete ihn als Freigeist, originellen Designer und Bildhauer. Seine Gärten orientieren sich weder am französischen noch am englischen Stil. Doch keine der Anlagen, die ich besucht habe, gewährte mir eine echte gefühlsmäßige Befriedigung. Meine eigene Landschaftsarchitektur ist in erster Linie englisch, obwohl ich mir über derartige Klassifizierungen keine Gedanken mache.

Sie haben irgendwann gesagt, dass sie sich auch als Landschaftsarchitekt sehen.

Ja, das stimmt. Eine ganze Reihe von Leuten meint sogar, meine Landschaften seien besser als meine Häuser, aber beide Arbeitsbereiche sind untrennbar miteinander verknüpft. Hier zum Beispiel, auf meinem Anwesen in Connecticut, habe ich die ursprünglichen Neuengland-Mauern aus dem 19. Jahrhundert stehen lassen und noch stärker hervorgehoben, so dass sie quasi ein Rückgrat bilden für die dazwischen liegenden Gebäude und Felder. Auf diese Weise machte ich mir die Landschaftsarchitektur zunutze, wie sie von den Farmern entwickelt worden war.

Manche Kritiker hielten Ihnen vor, Sie hätten keinen eigenen, kontinuierlichen Stil, Sie seien eklektisch, Sie errichteten nur schöne Häuser und ließen Ihren Fantasien freien Lauf. Man unterstellte Ihnen zudem einen gewissen Opportunismus gegenüber den Bauherrn, weil es Ihnen immer wieder gelang, einflussreiche Persönlichkeiten wie

Nelson Rockefeller oder Donald Trump für Ihre Arbeit zu gewinnen. Es war die Rede davon, dass Sie um jeden Preis Aufsehen erregen wollen ...

Solche Reaktionen, die vom Neid bis zur Dummheit und Besserwisserei reichten, mögen hier und da berechtigt gewesen sein. Man hielt mich für einen Schauspieler, einen Menschen mit zwei Gesichtern, der widersprüchliche Meinungen vertritt, der alle möglichen Stile ausprobiert, um das Publikum zu unterhalten, der das AT&T Building allein deshalb bauen konnte, weil konservative Kräfte mit am Werk waren. Aber im Grunde gehorche ich nur meinen Stimmungen und verleihe ihnen Ausdruck, so wie jeder Künstler es tut.

Legen Sie bei Ihren öffentlichen Gebäuden, bei Ihren Büro- und Wohnhäusern Wert darauf, dass sie um ein Zentrum angeordnet sind, einen inneren Ort, der die unterschiedlichen Aspekte der Konstruktion vereint? Ich denke dabei an Ihre Bibliothek in Boston. Überspitzt formuliert: Sollte die Architektur eine geistige Mitte besitzen?

Die Beantwortung dieser Frage überlasse ich den Philosophen. Ich bin kein Philosoph, sondern ein Künstler. In der Bostoner Bibliothek gibt es tatsächlich einen wichtigen Mittelpunkt, die große Treppe, die das Ganze zusammenhält. Sie markiert zugleich meinen Übergang zum Klassizismus: Mit ihr wollte ich meinen Respekt gegenüber dem ursprünglichen Gebäude bezeugen. Dieses Wechselspiel zwischen Altem und Neuem ist ein wesentlicher Bestandteil der Architektur.

Der französische Anthropologe Marc Augé stellte vor einigen Jahren die These auf, dass der modernen Architektur mehr und mehr jene metaphysischen Zentren abhanden gekommen seien, die in früheren Epochen von der Kirche oder vom Marktplatz ausgefüllt wurden. Er sagte, unser heutiges Leben spiele sich zwischen Einkaufszentren und Supermärkten, zwischen Schnellstraßen und Flughäfen ab, an den von ihm so genannten „Nicht-Orten". Der Mensch verliere dabei seine Identität, sein eigenes metaphysisches Zentrum. Sehen Sie diese Gefahr ebenfalls?

Nein; ich glaube, wir setzen die traditionelle Architektur mit anderen Mitteln fort. Meine Träume von der Stadtplanung bestehen darin, in die gegenwärtige Struktur der Stadt behutsam einzugreifen und sie anhand der Vorgaben zu modifizieren. Nehmen Sie etwa New York, nicht Manhattan, das ist zugebaut, fertig, sondern den Rest, das Hinterland: dort sähe ich gerne hohe Gebäude, die 30 bis 40 Meter über dem Erdboden schweben und herrliche Formen bilden, ohne dem ursprünglichen Gefüge zu schaden. Die polnischen, italienischen, jüdischen Viertel bleiben bestehen, werden aber überlagert von gleichsam schwerelosen modernen Bauten. Das kommt den Arbeiten von Le Corbusier nahe, aber was soll's, ich schätze ihn ganz besonders. Ich ersinne andersgeartete Formen, die gewiss nicht billig sind, doch immer noch billiger, als alles abzureißen und neu aufzubauen wie Papst Julius II. es in Rom, in der Via Giulia versuchte, was daran scheiterte, dass die Römer deren mittelalterliche Architektur bewahren wollten.

So stelle ich mir zum Beispiel eine große Autobahn vor, die, vergleichbar den Eisenbahnlinien in New York, hoch oben verläuft, und darunter gehen die Menschen wie eh und je ihren Geschäften nach. Man darf den Kern der Städte und Vororte nicht antasten, aber man kann mühelos in die Lüfte bauen.

Sicherlich war und ist das minimalistische Glass House, das Sie für sich hier in New Canaan, Connecticut, errichtet haben und in dem wir uns gerade aufhalten, das Zentrum Ihres Lebens. Es hat eine gewisse Analogie mit den Bauten von Mies van der Rohe.

Ja, ich kehre immer wieder gerne in dieses Haus zurück. Es hat gewisse Ähnlichkeiten mit den Häusern Mies van der Rohes. Trotzdem, Mies hasste es, und zwar aus zweierlei Gründen. Es schwebt nicht wie sein eigenes, das er zur gleichen Zeit erbaute. Außerdem verabscheute er meine Ecken, weil sie klassisch sind, weil ich sie mit Säulen ausgestattet und dann jeweils in der Mitte der Glasfront die Tür eingesetzt habe. Dieses Konstruktionsprinzip wandte ich an vier Stellen des Hauses an. Mies empfand das als übertrieben, als zu symmetrisch. Er bevorzugte die freien Ecken, ich hingegen mag sie auch heute noch so, wie sie sind.

Offenbar hatten Sie stets eine Vorliebe für die historisierende Architektur, die ja eine Möglichkeit darstellt, wesentliche Gestaltungselemente der Vergangenheit in die gegenwärtigen Ausdrucksformen zu integrieren. Sie erinnert den Menschen daran, dass seine geistigen Wurzeln tiefer reichen, dass sich sein Dasein nicht allein im Status quo erschöpft. Hierin liegt wohl auch einer der Gründe, warum Sie religiöse Bauwerke schufen, die Crystal Cathedral *in Garden Grove, Kalifornien, oder die* Roofless Church *in New Harmony, Indiana. Inwiefern aber spiegelt die heutige Architektur das Gefühl für das Heilige wider, das seit Urzeiten den Menschen mit den übernatürlichen Kräften und der kosmischen Ordnung in Berührung brachte? Hat sie es nicht endgültig verbannt?*

Das ist eine wichtige Frage, die ich leider nicht beantworten kann. Tatsächlich sehne ich mich zurück in eine Zeit wie die der Höhlenmalereien von Altamira oder Lascaux, um meine religiöse Verehrung zu bekunden. Aber wem soll ich hier und jetzt huldigen? Dafür fehlen mir, fehlen uns die Voraussetzungen. Also muss ich über das reflektieren, womit sich die gesamte moderne Kunst auseinandersetzt, nämlich mit der Abwesenheit des Heiligen. In diesem Sinne hat Picasso seine Sache gar nicht schlecht gemacht. Ich suche nach jenem jungen Architekten, der zum Picasso der Architektur avanciert. Einer wird kommen!

Demnach sind Sie davon überzeugt, dass man Gotteshäuser ohne übergreifende Idee vom Heiligen entwerfen kann.

Genau, ich errichte sie, weil ich darin das gleiche Gefühl empfinden möchte wie damals in Chartres oder heute im Guggenheim Museum von Bilbao.

Die Crystal Cathedral bezeichneten Sie einmal als einen Ort für geistliche Unterhaltung.

Ah ja? Das ist eine seltsame Umschreibung, aber mit dieser Kathedrale hatte ich wirklich Glück. Die ersten Pläne waren zunächst anders; als dann der Besitzer sie begutachtete, sagte er zu mir: „Philip, wenn ich predige, will ich die ganze Welt sehen." Gut, nun sieht er die ganze Welt.

Hegen Sie im Hinblick auf das nächste Jahrhundert oder gar das nächste Jahrtausend einen bestimmten Wunsch?

Nein. Für mich beginnt einfach ein neues Jahr, alle übrigen Spekulationen sind mir zuwider. Ich besitze ein Haus in Kalifornien, in Big Sur, am wunderbarsten Ort auf Erden. Dort werde ich immer wieder sein und nichts tun als schauen.

Keinerlei Träume, keinerlei Botschaften, die die Menschheit oder den Globus im Ganzen betreffen?

Die Menschheit als solche existiert für mich nicht. Sie ist weniger wichtig als die Kunst unserer Zeit, zu der nur einige große Künstler beitragen. Aber vielleicht können wir die Architektur reformieren, damit sie zu einem besseren Nährboden für die Malerei wird.

Und welche Richtung sollte die Architektur Ihrer Meinung nach nehmen? Sie verfolgen die Arbeiten von Richard Meier, Frank Gehry, Rem Koolhaas, dem Kollegen Jeoh Ming Pei oder der britisch-irakischen Architektin Zaha Hadid sehr genau?

Ich möchte die Jüngeren und die nächsten Generationen ermuntern, über Formen nachzudenken und ihre eigenen Wege zu beschreiten. Der Vorteil der Kunst besteht eben darin, dass sie sich weder um praktische noch um philosophische Fragen zu kümmern braucht. Sie orientiert sich allein an ästhetischen Gesichtspunkten, die sich kaum in Worte fassen lassen. Worte führen nicht weiter; das Einzige, was zählt, ist die Einbildungskraft des Einzelnen.

New York, 06.04.1999
Redaktionell bearbeitet und übersetzt von Jochen Winter

„Ich rechne nicht mit dem angekündigten Tod des religiösen Gefühls"

LESZEK KOŁAKOWSKI

Leszek Kołakowski (geboren 1927 in Polen, gestorben 2009 in Oxford), Philosoph und Philosophiehistoriker, hat 1966 die Aufmerksamkeit der gesamten Welt auf sich gezogen, als er von der Kommunistischen Partei ausgeschlossen wurde, nachdem er sich für oppositionelle Studenten eingesetzt hatte. Zwei Jahre später entzog man ihm die Unterrichtserlaubnis, was Kołakowski veranlasste, Polen zu verlassen. In den siebziger Jahren hat der Denker, der immer an Fragen gearbeitet hat, die mit der Geschichte der Mythen und der Philosophie der Religion verbunden waren, in Oxford und Chicago unterrichtet. 1977 erhielt er den Friedenspreis des deutschen Buchhandels. Zu seinen wichtigsten Werken gehören die Studie *Die Hauptströmungen des Marxismus – Entstehung, Entwicklung, Zerfall* (Piper, 1988) und *Der metaphysische Horror* (C.H. Beck, 2002). Es geht Kołakowski stets darum, den Menschen verständlich zu machen, dass sie, außer über rationale Gedanken und ihre Resultate, in der Zukunft über ein Reservoir an Bildern und mythischen Visionen verfügen müssen, wenn die Existenz und das Bewusstsein im wahrsten Sinne des Wortes menschlich bleiben sollen. Ferner sind erschienen: *Mini-Traktate über Maxi-Themen* (Reclam, 2000), *Der Himmelsschlüssel – Erbauliche Geschichten* (Patmos 2007).

Nach Ihrem Ausschluss aus der Kommunistischen Partei Polens und Ihrer Entlassung als Professor an der Universität Warschau im Jahre 1968 haben Sie vornehmlich an den Universitäten von Berkeley, Yale, Montreal, Chicago und Oxford gelehrt. Wie empfanden Sie diesen Wechsel von Ost nach West, der Sie mit den stark empiristisch und positivistisch geprägten Strömungen der angelsächsischen Philosophie konfrontierte?

Dieser Wechsel war gar nicht so drastisch, da meine universitäre Ausbildung in Polen hauptsächlich auf dem Gebiet der analytischen Philosophie stattgefunden hatte. Nach den kürzeren Aufenthalten in Berkeley, Yale und Montreal pendelte ich viele Jahre zwischen Chicago und Oxford. In Chicago gehörte ich neben der philosophischen Fakultät einer speziellen Kommission für sozialwissenschaftliche Fragen an, die so unterschiedliche Persönlichkeiten wie den Schriftsteller Saul Bellow, den Philosophen Alan Bloom und den Soziologen Edward Shils zu ihren Mitgliedern zählte. Diese Kommission, in ihrer Art ein Unikum, hatte zum Ziel, die europäische Geistestradition noch mehr ins amerikanische Denken zu integrieren. In Oxford las ich vor allem über historische Themen, allerdings nur in geringerem Umfang, weil ich das Privileg hatte, mich vor allem der Forschung widmen zu können. Ich war zwar Fellow, brauchte mich aber um die am College vorherrschenden positivistischen und analytischen Denkrichtungen nicht weiter zu kümmern.

Die amerikanische Form des Pragmatismus, von Charles Peirce und William James, von John Dewey und George Herbert Mead begründet und weiter ausgearbeitet, wurzelt in der naturwissenschaftlichen Methodik und führt letztlich dazu, dass jede Erkenntnis an ihrem Nutzen, ihrem Erfolg in der äußeren Realität gemessen wird. Solche Prämissen haben auf die gesamte angelsächsische Welt einen kaum zu überschätzenden Einfluss ausgeübt, man darf wohl sagen bis heute denkt man etwa an die Philosophie von John Rawls oder Quine in Harvard. Sind Sie deren Anziehungskraft in all den Jahren, die Sie in den USA verbrachten, nie erlegen?

Nein. Der pragmatische Ansatz ist insofern berechtigt, als er durch seine rationalistische Tendenz eine Reinigung der Erkenntnis erstrebt, aber ins Extrem getrieben eliminiert er die Idee der Wahrheit. Diese Abschaffung kann ich nicht akzeptieren. Niemand wird bestreiten, dass die analytische Philosophie seit dem ersten Drittel des 20. Jahrhunderts einen wichtigen Beitrag zu unserem Denken geleistet hat, doch ich habe keinen Grund anzunehmen, dass sie alles mit einschließt, dessen unser Geist bedarf. Sie wissen: In Bertrand Russells *A History of Western Philosophy* wird Husserl noch nicht einmal erwähnt, so als habe er gar nicht existiert. Für mich existiert er sehr wohl. Es gibt auf dieser Denkschiene eine ganze Reihe von willkürlichen Urteilen nach dem Motto: erst das Urteil, dann die Untersuchung, ähnlich wie in *Alice im Wunderland*.

Lassen Sie uns näher eingehen auf das Defizit, das Utilitarismus eines Bentham, Positivismus eines Auguste Comte und Pragmatismus gleichermaßen hinterlassen. Es besteht ein Widerspruch zwischen dem Glauben an eindeutige Kriterien, mit denen die Wirklichkeit in einerseits zweckgebundene, andererseits sinnvolle, logische Aussagen übersetzt werden soll, und dem Glauben an Werte, die diese Wirklichkeit überhaupt erst bedingen und zugleich übersteigen, die sich jedoch der rein mathematischen Analyse entziehen.

Gewiss, aber entscheidend ist, ob wir uns diesem Problem vom logischen oder vom anthropologischen Standpunkt aus nähern. Von der Logik her besteht kein Widerspruch, solange man einige Prinzipien der Rationalität voraussetzt, die ich allerdings nicht so ohne weiteres übernehmen würde. Von der Anthropologie her sieht die Sache anders aus. Aus diesem Blickwinkel tut sich zwischen den beiden Positionen eine unverkennbare Kluft auf. Meines Erachtens rührt sie daher, dass die Hierarchie unserer Werte einen tiefgreifenden Wandel erfahren hat. Metaphysische Reflexion und religiöse Überzeugung liefern uns keine Güter, die wir für wichtig erachten; allein der Naturwissenschaft und dem technologischen Fortschritt ist es zu danken, dass Autos fahren, Fernsehgeräte funktionieren und die Nahrungsmittelproduktion effizienter geworden ist. Wenn sich also unsere Wertvorstellungen in der Weise geändert haben, dass wir ausschließlich jenen Dingen eine Bedeutung beimessen, die mit Hilfe der Wissenschaft herzustellen sind, dann bleibt für Metaphysik und Glaube kein Platz mehr, genauer gesagt: sie erscheinen unnütz, überflüssig. Deren Abwesenheit ruft jedoch ein seltsames kulturelles Unbehagen hervor, das nicht richtig geheilt werden kann, weil es an der dafür nötigen Medizin fehlt. Folglich rechne ich nicht mit dem völligen Verschwinden, dem angekündigten Tod der metaphysischen Fragen und des religiösen Gefühls.

Prognostizieren Sie ein Wiederaufleben der Spiritualität im 21. Jahrhundert, wie sie zum Beispiel Simone Weil verstand? In dem Sinne, dass der Mensch dem Mysterium der Welt und seinem eigenen Schicksal im Rahmen der Evolution mit größerem Verantwortungsbewusstsein und Respekt begegnet? Oder wird das genaue Gegenteil eintreten?

Es tut mir leid, aber ich bin kein Futurologe. Die Futurologie ist ja eine sehr akademische Wissenschaft von etwas, das nicht nur nicht existiert, sondern das nie existieren kann, weil die Zukunft nie existieren kann, solange sie Zukunft bleibt und nicht Gegenwart wird. Deshalb ziehe ich es vor, mir nicht die Rolle des Propheten anzumaßen. Denken Sie nur einmal an die heutigen Propheten etwa, an wirklich kompetente, kluge Wirtschaftswissenschaftler und an ihre Vorhersagen, die nach einem Jahr oft reine Makulatur sind. Auch in Bezug auf die geistige Zukunft der Menschheit kann man sich die intelligentesten Prognosen vorstellen, aber nichts lässt sich mit Sicherheit sagen außer der Phrase, dass wir überall sich widersprechende Tendenzen beobachten, dass wir selbst hin und her gerissen sind zwischen gegensätzlichen Wünschen und Neigungen und niemals wissen, was sich schließlich als „siegreich“ erweist. Einen endgültigen Triumph wird es wahrscheinlich ohnehin nicht geben. Eben das ist das Schicksal der Menschheit: niemals zufrieden, niemals einheitlich, niemals der Zukunft gewiss zu sein. Und so soll es auch sein. Gott will nicht, dass wir das Morgen kennen, außer in sehr seltenen Fällen, wenn er durch den Mund seiner Propheten spricht. Aber auch sie können sich täuschen.

Können wir trotzdem nicht wenigstens versuchen, die Konturen einer künftigen, spirituell ausgerichteten Weltanschauung zu ziehen? Angesichts der übermächtigen Profanisierung aller Lebensbereiche habe ich da auch meine Zweifel, aber wäre es nicht vorstellbar, dass diese neue Geistigkeit keine Institution, keine Glaubenslehre und Liturgie wie etwa bei der katholischen Kirche benötigt, dass sie vielmehr die Menschen im ursprünglich ökumenischen Sinne durch die Ehrfurcht vor dem großen Geheimnis des Lebens vereint? Kann der Glaube nicht derart vergeistigt sein, dass die Begegnung mit Gott zu einer gleichsam alltäglichen Erfahrung wird? Genau davon handelt ja zum Beispiel die Befreiungstheologie des peruanischen Religionsphilosophen und Armenpriesters Gustavo Gutiérrez, der eine Spiritualität der Alltagskultur, gepaart mit sozialer Verantwortung, erstrebt.

Zu diesem Thema gibt es eine ganze Reihe von Arbeiten, vor allem Rudolf Ottos klassische Schrift *Das Heilige*, in der verblüffende Ähnlichkeiten zwischen den Mystikern verschiedener Kulturen etwa Eckhart und Shankara aufgezeigt werden. Die Mystik ist eine zwar sehr wichtige, aber eher seltene Form von Religiosität. Ihre Anhänger können sehr wohl ohne dogmatische Bindungen leben und einen direkten Kontakt zu Gott herstellen, weshalb die geistlichen Institutionen sie oft mit Argwohn betrachten. Sowohl in der katholischen wie in der protestantischen Kirche lassen sich dafür zahlreiche Belege finden. Ich persönlich glaube nicht, dass man auf derartige Institutionen verzichten kann: Die Menschen brauchen nicht nur das individuelle Gebet, sondern darüber hinaus ein gemeinschaftliches religiöses Leben. Die Religion ist ein soziales Phänomen und als solches auch notwendig. Allerdings wissen wir natürlich nicht, ob die entsprechenden institutionellen Formen im nächsten Jahrhundert die gleichen sind wie heute. Vielleicht entdecken die Menschen andere Möglichkeiten, ihre religiösen Gefühle und Überzeugungen zum Ausdruck zu bringen; aber im wesentlichen werden sie dabei auf Priester angewiesen sein, welche die Kontinuität des religiösen Lebens gewährleisten. Wenn deren Glaube nicht genügend gefestigt ist, wenn sie zu viele Zweifel haben, schwindet allgemein die Religiosität, oder besser: wird die eine religiöse Anschauung allmählich durch eine andere ersetzt.

Hat die mystische Erfahrung in Ihrem Denken oder in Ihrem persönlichen Leben je eine besondere Rolle gespielt?

Nein, ich bin kein Mystiker. Aber ich gehe davon aus, dass die mystische Erfahrung, so peripher sie auch gewesen sein mag, auf die Geschichte der großen Religionen nachhaltig eingewirkt hat.

Welche Bedeutung hat Ihrer Meinung nach die Beziehung von Wissen und Glauben für den Erkenntnisprozess?

Es versteht sich von selbst, dass die Kategorien des Wissens von denen des Glaubens grundsätzlich unterschieden sind. Die christliche Lehre hat diese Trennung von Anfang an vollzogen, sie gar zu ihrem entscheidenden Charakteristikum erklärt. Doch die Frage, wie der Unterschied genau zu definieren sei, bildete den Ausgangspunkt endloser Diskussionen. In der Geschichte des Christentums gab es stets eine extrem anti-philosophische Richtung, einen Widerstand gegen alles weltliche Wissen, die ihre Legitimität aus einigen Paulus-Briefen beziehen konnte. Tertullian gehörte dieser Richtung an, und später, im 11. Jahrhundert, wurde sie vertreten von den sogenannten Anti-Dialektikern; Petrus Damiani etwa sagte, dass Mönche, die sich den weltlichen Wissenschaften widmen, genauso seien wie Ehemänner, die ihre treuen Frauen mit Dirnen betrügen. Und er betonte: Es war der Teufel, der als erster die Menschheit in Grammatik unterwies, denn da die Schlange dem ursprünglichen Menschenpaar verkündete: „Ihr werdet sein wie Götter", brachte sie diesem das Wort „Gott" im Plural bei. Indem Adam und Eva dann von der Frucht am Baum der Erkenntnis und des Lebens speisten, stürzten sie das ganze Menschengeschlecht ins Unglück. Was es mit dieser Frucht auf sich hat, verschweigt die Bibel, und so sehnen wir uns nach ihr, ohne sie erreichen zu können. Solches Streben nach Wissen aber wurde nicht nur von der orthodoxen Lehre abgelehnt, sondern auch von der reformierten. Bei Luther und Calvin taucht der Begriff Philosophie nur selten auf und immer als etwas Verachtenswertes. Sie waren davon überzeugt, dass die Philosophie ein verhängnisvolles Unterfangen sei, göttliche Dinge zu begreifen, und eben dadurch die menschliche Vernunft verderbe. Luther schreibt, wer die aristotelische Logik auf die Heilige Dreifaltigkeit anwende, höre zwangsläufig auf, an diese zu glauben. Die irrationale, ja obskurantische Haltung des Protestantismus verwandelte sich schließlich auf wundersame Weise in den Rationalismus der Aufklärung ein sehr sonderbarer Vorgang, aber von eminenter Bedeutung für die europäische Kulturgeschichte.

Führt die Gottesleugnung – mit allen Nuancen des Agnostizismus und Atheismus – nicht unweigerlich in den moralischen Nihilismus – die Frage, die sich auch Pierre Klossowski stellte?

Nichts nötigt uns zu der Annahme, dass ungläubige Menschen automatisch Schurken sind, und ebensowenig können wir voraussetzen, dass unter den Gläubigen das Gute über das Böse dominiert. Scheinbar fromme Christen tun verwerfliche Dinge, während Atheisten ein vorbildliches Verhalten an den Tag legen. Der springende Punkt ist der: Wir leben im Zeitalter der Säkularisierung, die in sich widersprüchlich ist. Da sie erst seit einigen Jahrzehnten mit aller Macht um sich greift, wissen wir nicht, wie eine Gesellschaft aussieht, in der die religiöse Tradition völlig vergessen, verloren und begraben ist – ganz zu schweigen davon, dass diese in moralischen oder geistigen Überresten weiterbestehen kann. Wenn wir uns dennoch eine areligiöse Gesellschaft vorzustellen versuchen, so entspräche sie in vielem dem geometrischen Modell des Thomas Hobbes – beherrscht von Angst und Habgier, wahrscheinlich regiert von einem Tyrannen. Würde das religiöse Erbe tatsächlich verschwinden, hätte damit auch der Unterschied zwischen Gut und Böse keine Gültigkeit mehr. Aber das kann ich nicht beweisen, eben weil die dafür notwendigen empirischen Bedingungen nicht erfüllt sind.

Sie sprechen vom in sich widersprüchlichen Prozess der Säkularisierung. Wir sind heute Zeugen einer quasi monopolistischen, sehr profanen Vernunft, welche seit Descartes die Welt in ein rationalistisch-mechanistisches System verwandelt und sämtliche Lebewesen in Maschinen umfunktioniert. Der Mythos ist in der industriellen und der postindustriellen Welt durch den Logos ersetzt. Aber kann der Logos und die Ratio in einer humanen Welt ohne den Mythos existieren?

Ja, seit der Aufklärung ist die Vernunft gleichsam der natürliche Feind des Glaubens. Sie erstrebt das Monopol, verneint alles, was sich ihrem Anspruch widersetzt. Sie allein will definieren, worin echtes Wissen besteht, und stellt die Kriterien auf, die in der gegenwärtigen Wissenschaft angewandt werden. Aber dabei handelt es sich um eigenmächtige Bestimmungen: die Grundsätze des Empirismus sind selbst keine empirischen Aussagen, sondern arbiträre Normen, die unserem Denken aufgezwungen werden. Derartige Kriterien haben eine gewisse Berechtigung, insofern die wissenschaftliche Erkenntnis anhand ihrer Nutzleistung verifizierbar ist. Das jedoch entbindet uns keineswegs der Frage nach der Letztbegründung. Für mich ist die Idee der Wahrheit nicht nur das Relikt eines alten metaphysischen Aberglaubens, der sich überlebt hat. Der Mensch kann sich ihrer nicht entledigen, kann sie nicht eintauschen gegen den Gedanken der Effizienz.

Glauben Sie, dass der – zugegeben vielschichtige – Begriff des Mythos in der heutigen Welt noch über eine Bedeutung verfügt? Werden wir weiterhin beeinflusst durch Mythologie und wenn ja: Wodurch unterscheidet sie sich von ihrer archaischen Form?

Die Beantwortung dieser Frage hängt davon ab, was man unter Mythos versteht. Gewiss gibt es auch heute religiöse und säkulare Mythen, die sich zu Geschichten kristallisiert haben, Volkslegenden, die wahr, halb wahr oder völlig frei erfunden sind und jedenfalls nie wirklich überprüft werden können. Ich halte sie für wichtig, ja notwendig für das nationale Gewissen, den Bestand der Nation überhaupt. Der Mythos ist in meinen Augen keineswegs gleichbedeutend mit einer „falschen" Geschichte, eben weil er sich durch seine Funktion definiert, nicht durch seine historische Genauigkeit. Im Anschluss an Karl Jaspers wiederhole ich: Mythen sind keine Theorien, aus denen sich abstrakte moralische oder metaphysische Grundsätze ableiten lassen, sondern Phänomene *sui generis*.

Und der Marxismus, wie deuten Sie ihn geistesgeschichtlich? Sie haben ihm mehrere Studien gewidmet. Welchen Stellenwert besitzt er jetzt, im Übergang zum dritten Jahrtausend – sowohl als philosophische Konzeption wie in Hinsicht auf seine politische Umsetzbarkeit?

Diese beiden Aspekte müssen natürlich voneinander getrennt werden. Der Marxismus war eine utopische Fantasie, die allerdings auf einigen sehr realen gesellschaftlichen Verhältnissen beruhte. Obwohl sich alle Voraussagen von Marx in Bezug auf die künftige Entwicklung der Gesellschaft und der Wirtschaft als falsch erwiesen haben, beinhalten sie doch zumindest den Glauben daran, dass eines Tages eine Weltkultur entstehen wird, in der die unterschiedlichen menschlichen Interessen auf wundersame Weise miteinander in Einklang sind. Marx teilte diese Vision mit allen utopischen Philosophen des 19. Jahrhunderts, mit Saint-Simon, Fourier …

…und mit dem englischen Sozialreformer Robert Owen, der 1825 in Indiana die Lebens- und Siedlungsgemeinschaft „New Harmony" gründete, oder mit den nordame-

rikanischen Transzendentalisten Emerson und Thoreau, deren intuitiver Idealismus auch ein Protest war gegen das Kommerzdenken, gegen den bloßen Materialismus, ein Plädoyer für das kommunal-utopische Experiment ...

Ja, und diese Sehnsucht nach einer vereinigten Menschheit ist durchaus verständlich, wenn man sich nur einmal das Leben der Arbeiter im viktorianischen England vergegenwärtigt. Der Mythos vom Proletariat, von jenem kommenden Prometheus, kann also nicht abgelöst werden von seinem zeitgeschichtlichen Hintergrund. Rückblickend auf die Erfahrungen mit dem Totalitarismus im 20. Jahrhundert wird zwar oft behauptet, die kommunistischen Bewegungen und Regimes hätten nichts mit dem ursprünglichen Marxismus zu tun, aber eine solche Erklärung ist allzu simpel. Schon lange vor der Russischen Revolution prophezeiten verschiedene Denker wie etwa Bakunin, dass die in die Praxis umgesetzte marxistische Doktrin eine schreckliche Tyrannei zur Folge hätte, dass die an die Macht gelangten Führer der Arbeiterschaft einen Despotismus statuieren würden, der noch schlimmer wäre als der bestehende. Trotzdem sollte man die Kritik ein wenig abmildern, denn Marx assoziierte Kommunismus keineswegs mit Gulag. Obwohl zwischen seiner Theorie und dem leninistisch-stalinistischen Sozialismus ein nicht zufälliger Zusammenhang besteht, gab es doch einige sozialistische Strömungen, die nicht totalitär ausgerichtet waren und die in der zweiten Hälfte des 19. Jahrhunderts eine große Rolle spielten; diesen verdanken wir immerhin die Einrichtungen des Wohlfahrtsstaates. Leider wurde der Begriff „Sozialismus“ von den Leninisten und Stalinisten vereinnahmt, und so weiß heute niemand mehr, was damit eigentlich gemeint ist. Man denkt sofort an Gulag.

Sehen Sie zumal nach dem Zusammenbruch der Sowjetunion, nach der Öffnung der Ostblockstaaten Anzeichen dafür, dass der interkulturelle Dialog eine neue, intensivierte Form annimmt? Würde er nicht zur Überwindung all jener politischen und sozialen Konflikte beitragen, deren verheerende Auswirkungen das 20. Jahrhundert heimsuchten?

Dieser Dialog mag sich hier oder dort vertiefen, aber ich glaube nicht, dass die Kulturen in einer Art Schmelztiegel aufgehen werden. Ihre Eigentümlichkeiten bleiben wohl auch in Zukunft erhalten. Der Gedanke, sie einfach zu beseitigen, ist eine akademische Illusion, die daher rührt, dass Wissenschaftler auf einer bestimmten Ebene jenseits der kulturellen Unterschiede miteinander kommunizieren können. Doch solche Leute bilden nur eine kleine Gruppe.

Also werden wir einerseits mit einer Globalisierung auf wirtschaftlichem Gebiet konfrontiert sein, andererseits mit einer ethnischen Partikularisierung, wie sie in der früheren Sowjetunion und auf dem Balkan zu Tage tritt, aber auch in vielen anderen Teilen der Welt, in Ruanda ebenso wie in Indonesien, in China und in den Ländern der islamischen Tradition.

Ja, das ist ein Prozess voll innerer Widersprüche, der nicht vorherzusehen war. Denn schließlich dachten sowohl Sozialisten wie Liberale des 19. Jahrhunderts, dass die Nation mit ihren ethnischen Besonderheiten bald verschwinden würde zugunsten einer Weltkultur, die alle Menschen vereint. Dies ist nicht geschehen, und es wird meiner Meinung nach auch nie geschehen, weil wir große Mühe haben, uns mit der gesamten Menschheit zu identifizieren. Offenbar brauchen wir eine kulturelle Nische, in der wir den eigenen Traditionen begegnen und uns heimisch fühlen. Zwar waren die Weltreligionen bestrebt, die Menschheit unter einer moralischen Idee zu subsumieren, aber von diesem Ziel sind wir noch weit entfernt.

Demzufolge würden Sie die Vorstellung von weltweit gültigen Menschenrechten vom „Weltethos", das der Theologe Hans Küng apostrophiert nicht ohne weiteres bejahen?

Es kommt darauf an, welche Rechte wir diesem Begriff zuordnen. Ich zögere, die sogenannten sozialen Forderungen mit auf die Liste zu nehmen. Betrachten wir zum Beispiel das Recht auf Arbeit; es hat eine andere Qualität als das Recht auf Leben und auf Freiheit. Wenn jemand ohne Gründe eingesperrt und gefoltert wird, dann gibt es bestimmte Stellen oder Personen, die dafür zur Rechenschaft zu ziehen sind. Aber wer ist verantwortlich, wenn jemand seine Arbeit verliert? Setzen wir das Recht auf Arbeit voraus, muss eine Institution es vertreten und bewahren, und das kann nur der Staat sein. Der Staat aber, der die Macht hat, alle Menschen mit Arbeit zu versorgen, trägt totalitäre Züge. Deshalb würde die Einbeziehung eines solchen Rechts in die Menschenrechte die Billigung despotischer Zustände bedeuten. Ich denke, die Idee der Menschenrechte beruht letztlich auf der Idee der Menschenwürde, lässt sich also ausschließlich auf Individuen anwenden, nicht auf Gruppen und Klassen. Der einzelne Mensch besitzt eine Würde, ungeachtet seiner Herkunft, seines Geschlechts, seines Alters. Das ist der unverzichtbare Ausgangspunkt, sobald wir darangehen, allgemeine Menschenrechte zu formulieren.

Oxford, 06.01.1999

Redaktionell bearbeitet und übersetzt von Jochen Winter

„In meinem Interesse für die Sprache geht es um einen materiellen Zugang zum Geist"

JULIA KRISTEVA

Julia Kristeva, geboren 1941 in Sliwen (Bulgarien), ist promovierte Literaturwissenschaftlerin, Philosophin, Psychoanalytikerin und Schriftstellerin. Seit 1966 lebt Julia Kristeva in Frankreich. Sie wird Mitarbeiterin der Zeitschrift *Tel Quel* und Mitglied einer Gruppe von Schriftstellern zusammen mit Michel Foucault, Roland Barthes, Jacques Derrida, Jean-Pierre Faye und Pierre Sollers, den sie später heiratet. Nachdem sie die Seminare Jacques Lacans besucht hat, wird sie 1979 Psychoanalytikerin. Als Literaturtheoretikerin setzt sie sich für einen Dialog zwischen Semiologie und Psychoanalyse ein. Sie lehrt Semiologie an der State University of New York und an der Université Paris VII Denis Diderot, ist Mitglied des Institut Universitaire de France und leitet auch das Centre Roland Barthes, dessen Aktivitäten der Forschung von Doktoranden und Lehrkräften gelten, die literarische Texte in interdisziplinärer Perspektive untersuchen. 2004 hat Julia Kristeva für ihre „wegweisenden Arbeiten über Fragestellungen am Schnittpunkt von Sprache, Kultur und Literatur" den norwegischen Holberg-Preis erhalten. Sie ist Ehrendoktor von Universitäten wie Harvard oder der New Yorker New School for Social Research. Ihr Denken steht in der Linie des Neo-Strukturalismus; es hat beträchtlichen Einfluß auf die feministische Theoriebildung gehabt und in zahlreichen human- und sozialwissenschaftlichen Disziplinen eine internationale Ausstrahlung entfaltet. Julia Kristeva hat über zwanzig Bücher publiziert. Deren bekanntestes ist *Die Revolution der poetischen Sprache* (Suhrkamp, 1978)]; außerdem seien zitiert: *Fremde sind wir uns selbst* (Suhrkamp, 1990), *Die neuen Leiden der Seele* (Junius, 1994), *Sens et non-sens de la révolte (Discours direct). Pouvoirs et limites de la Psychanalyse I* (Fayard, 1996), *La Révolte intime. Pouvoir et limites de la Psychanalyse II* (Fayard, 1997), *Das weibliche Genie. Das Leben, der Wahn, die Wörter,* Bd.1 – *Hannah Arendt* (Philo-Verlag, 2001), Bd. 2 – *Melanie Klein* (Philo-Verlag, 2005), Bd. 3 – *Colette* (Fayard, 2002), *La Haine et le Pardon. Pouvoirs et limites de la Psychanalyse III* (Fayard, 2005); dazu noch drei Romane: *Les Samouraïs* (1990), *Le vieil homme et les loups* (1991), *Possessions* (1996).

*

Sie messen der Revolte große Bedeutung zu, einer ständigen Revolte, wie Sie sie wünschen... Was steckt hinter diesem Wunsch?

Dahinter steckt wahrscheinlich eine persönliche Unruhe und die Sorge um das Wieder-neu-beginnen-können. Ich glaube nämlich, dass die Freiheit ein Neubeginn ist, nicht eine Überschreitung, wie man oft hört, denn die Idee der Überschreitung bestünde in dem Glauben, dass die Freiheit einer gewissen Anzahl von Regeln unterworfen ist, was sie beträchtlich einschränken würde. Wenn man die Freiheit als einen Neubeginn sieht, so bringt das einen dazu, das Wort Revolte anders zu sehen und mit anderen Kriterien zu bestimmen, als es die militanten Protestbewegungen möchten. Leider ist das Thema der Revolte für die meisten von uns schier unauflöslich mit der Vorstellung von (politischer) Revolution verbunden: Französische Revolution, die russische Februar- und Oktober-Revolution, die Revolte vom Mai 68, welche ebenfalls als ein eminent politischer Augenblick bzw. eine wesentlich politische Bewegung verstanden wurde. Ich meine aber, dass dieser Begriff von Revolte eine Verkürzung ihrer Grundidee darstellt. Sehen wir auf die Etymologie des Wortes, die über ital. *rivoltare* und lat. *revolvere* auf die Sanskrit-Wurzel „vel" verweist, so haben wir den Sinn „dévoilement" (d.h. Enthüllung, Entdeckung) sowie Zurückwendung, Umwälzung und Neubeginn. Das ist auch das Wort für die Bewegung der Planeten, wie man sie mit der ganzen Himmelsmechanik in der Renaissance entdeckt. Darin steckt aber auch die Idee einer Erforschung der Vergangenheit im Blick auf eine Reinkarnation, also die proustsche Revolte (der Suche nach der verlorenen Zeit), aber ebenso – und ich hoffe Sie mit diesem Gedanken zu überraschen – die Idee Freuds! Die Anamnese oder Wiedererinnerung ist für Freud eine ‚Re-volte', denn es geht doch darum, das Vergangene wiederzufinden, um das Triebschicksal zu verändern. Gemeinhin denkt man bei der Psychoanalyse an eine Adaptation, und für viele, vor allem in den Vereinigten Staaten, ist es eine Art Normalisierungstechnik. So wie Freud aber den Begriff versteht (und er benutzt das Wort – nicht gerade „Revolte", aber „Wiederkehr" u.a. – häufig), meint es das Bestehen auf der Möglichkeit, auf etwas zurückzukommen, um ab ovo beginnen zu können (*renaître*). So steckt in dem Wort Revolte sehr wohl ein Moment von Renaissance (d.h. Wiedergeburt).

Ich suche danach auf verschiedene Weisen, und besonders auf einer persönlichen Ebene, weil mir scheint, dass die politischen Revolutionen heute beschränkt sind: beschränkt durch die Technik, durch die neue Weltordnung, durch die Notwendigkeit zur Respektierung dieser und jener Rechte, was auf eine Ordnung eher der Rechtsprechung als der Revolte hinausläuft. Nichtsdestoweniger bleibt auf der Ebene der individuellen Freiheiten und der Spiritualität der Begriff der Revolte ein wesentlicher, wenn man den psychischen Raum lebendig erhalten will. Der Raum der Seele ist der einzig „heilige", der uns noch bleibt; und damit er die Eingriffe der Technik, der Menschenrechte, der Justiz – bei allen Wohltaten, die diese Begriffe bezeichnen – überlebt, d.h. als Fähigkeit zur permanenten Renaissance überlebt, scheint mir eine Rehabilitierung des Begriffs der Revolte als

Neubeginn, als persönliche Befragung und Prüfung (*interrogation*) unerlässlich. Das steckt für mich in der Revolte.

Nach Nietzsche („Gott ist tot") und der Rationalisierung der Technokratie – kratos im klassisch-antiken Sinn als „Macht" verstanden – : stehen wir da vielleicht unter der Drohung eines neuen Nihilismus?

Absolut! Ich glaube, man muss den Nihilismus als eine Zerstörung des Sinns verstehen. Hannah Arendt hat nachdrücklich darauf bestanden, dass das Denken im Gegensatz zum Rechnen oder Kalkül zu sehen ist. Die Menschen von heute sind, wo sie leistungsfähig sind, rechnende Wesen, will sagen: Leute, die im allgemeinen gehorchen („spuren") und im besten Fall Verstand und Vernunft zeigen, um sich anzupassen. Aber ist das wirklich der beste der Fälle? Wenn wir wirklich wollen, dass das Denken ein Spezifikum der Menschengattung bleibt, nämlich als die Fähigkeit zur Selbstbefragung und -erneuerung, so dürfen wir in der Tat besorgt sein, dass diese Fähigkeit heutzutage bedroht ist durch etwas, das ich Nihilismus nennen möchte. Und zwar bedroht durch den Nihilismus als die bloße Fähigkeit zum Überleben der Gattung als Gattung, ohne die Dimension der Prüfung, des Interrogativen. Man kann das ganz konkret in der Gegenwart erleben, beispielsweise im Kosovo. Es gibt dort eine serbische, auch eine kosovarische Bevölkerung, die sich durch die kommunistische Gleichmacherei gedemütigt fühlte und meint, sich durch nationale Empörung und Erhebung nationalistischer Ansprüche salvieren zu können. Ebendas nenne ich Nihilismus! Weswegen? Weil die Ideen der Nationalität, der nationalen Identität u.a. nicht zur Frage gemacht, sondern als feststehende, unantastbare, absolute Gegebenheiten genommen werden. Wo immer ein absoluter Wert behauptet wird, verschwindet der Sinn und tritt der Nihilismus an seine Stelle. Das angeführte Beispiel ist ganz und gar frappant; aber dieselbe Mutation bedroht ebensogut auch jeden beliebigen Moment des täglichen Lebens, des technischen, des universitären, des städtischen usw.

Die europäische Kultur – von der Renaissance bis heute, von Pico della Mirandola bis Marsilio Ficino und darüber hinaus – ist eine Kultur des Zweifels und der Kritik. Ist sie in ihrer moralischen und ästhetischen Kraft gefährdet?

Vielleicht wird es Sie verblüffen, wenn ich sage, dass m.E. die europäische Kultur, wo nicht die höchste, so doch eine der höchsten Errungenschaften der Menschheit darstellt, und dass es zu unseren Aufgaben als Intellektuelle heute gehört, zu versuchen, sie zu retten, indem wir sie entwickeln. Und dies auf mehreren Ebenen. Zum einen ist die europäische Kultur diejenige, die die Tatsache zur Evidenz gebracht hat, dass das Menschenwesen koextensiv ist mit dem Denken. Und zwar ist es koextensiv, d.h. reicht es soweit wie das Denken qua Fähigkeit zur Infragestellung oder Prüfung und nicht zum Kalkül, zum Handel oder zum Gebet wie in anderen Zivilisationen. Das Denken als von den Griechen in die Welt gebrachtes Wunder meint die Möglichkeit des Fragens und Hinterfragens. Das ist der eine wesentliche Punkt. Zum andern hat die europäische Kultur zur Evidenz gebracht, dass das Menschenwesen koextensiv ist mit der Liebeserfahrung, mit der Fähigkeit zur Liebe. Irgendwie ist gewiß jedermann liebesfähig. Und doch muß die Erotik verfeinert und geläutert werden, wie es das 18. Jahrhundert oder schon die Renaissance getan hat. Daher ist die Idee der Liebe eine europäische, mit chinesischen und indischen Vorläufern zwar, doch eine Idee, die erst im Ausgang des Mittelalters durch zwei große Spitzenleistungen entwickelt worden ist (denen ich anderenorts schon einmal nachgegangen bin), nämlich die höfische Dichtung und die Mystik der Zisterzienser. Irgendwo im Wetteifern zwischen den Troubadouren und dem hl. Bernhard von Clairvaux um die wahre Minne gab es eine Ausfaltung des Seelenraumes als eines Raumes der Liebe, in welchem Platz war für beide Geschlechter. Ein außerordentlicher, fürwahr bis dato unerhörter Gedanke! Dieser hatte sich schon früher geregt, bereits mit dem Hohen Lied, das im ersten Jahrhundert unserer Zeitrechnung in die Bibel Eingang gefunden hat, wenn es auch den Eindruck erweckt, es stamme aus der Zeit König Salomons! Wir haben also eine Ader in der europäischen Kultur, die, auf die Liebe als das Wesen des Menschen setzend, von Beginn an auf beide Geschlechter und durch ihre Spannung hindurch auf die Möglichkeit einer Einheit bzw. Einigung setzt. Und schließlich möchte ich noch einen dritten Punkt hervorheben in dem, was mir an der europäischen Kultur so kostbar erscheint und dessen Wesen selbst noch in der Bedrohung, der es ausgesetzt ist, lebendig bleibt, und das ist die Hinterfragung der Identität. Wie Sie wissen, leben wir heute in einer Zeit, in der der Mensch Schutz zu finden glaubt in der Geltendmachung seiner Identität – ich bin X, also meinetwegen Franzose, Deutscher, Jude, Christ, Bosniake oder Kosovare, Mann oder Frau – und sich deswegen auf seine spezifische Gemeinschaft beschränkt. Nun sind wir aber – in Europa vielleicht mehr als anderswo, ich würde sogar sagen: allein in Europa – auf die Idee gekommen, dass jegliche Identität zu hinterfragen ist, in Gedanken zu umkreisen, mit einem Wort: zu dekonstruieren. Auf eben solche Zersetzung der Metaphysik sind Leute wie Nietzsche, Heidegger, Hannah Arendt und andere in unserer Zeit verfallen. Und ich sehe auch Freud als Teil dieser Bewegung. Es ist eine spezifisch und ausnehmend europäische Idee, die in der Grundlegung der modernen Freiheit ihren Ort hat, insofern sie uns erlaubt, uns nicht in Entitäten einschließen zu müssen, die doch zwangsläufig immer im Krieg mit anderen liegen. Proust, den ich, wie Sie wissen, sehr schätze, sagte, Hamlet sei auf einen Gedanken gekommen, der unsere ganze Zivilisation zusammenfasst: „Sein oder nicht sein, das ist hier die Frage" – und es ist fürwahr die Grundfrage. Proust schloß daran den Gedanken an – und Sie werden die Ironie in dieser ganz und gar spezifischen Einlassung des großen Satirikers zu schätzen wissen –, dass die Franzosen es nicht mit dem „Sein oder nicht sein (*être ou ne pas être*)" hätten, sondern mit dem „Eine(r) davon sein oder nicht davon sein (*en être ou ne pas en être*)": also dem In-sein (wie man heute gern sagt) oder Dazugehören! Man hat hier also die Idee der eigenen Identität in die Idee der Zugehörigkeit zu etwas verwandelt, gehört also zum Clan der Verdurins oder derer von Guermantes, oder zum Clan der Homosexuellen oder dem der Katholiken, der Franzosen, der Juden usw. Proust fand das ja ganz legitim, weshalb er auch dieses großartige Fresko der Clangesellschaften genüsslich ausmalt, aber er fand das alles zugleich ziemlich lächerlich. Und die ganze Arbeit des Intellektuellen und insbesondere des Schriftstellers – weil doch in der Sprache all dies letztlich zur Entfaltung kommt – besteht darin, diese Identität auseinanderzunehmen bis in die Sprache hinein – nicht um sie zu zerstören, sondern um sie zum Singen und Klingen zu bringen, um sie in ihrer Erhabenheit zu zeigen. Diese Fähigkeit zum Befragen bis ins Intimste und Vertrauteste hinein, bis in unsere Sprache, um etwa daraus diese Rosette, diesen hyperbolischen Satz, diese Metaphernreihe von *Auf der Suche nach der verlorenen Zeit* zu machen, auch das ist eine Errungenschaft der europäischen Kultur. Ich meine übrigens, dass der unübersehbare Bedeutungszuwachs der Ökonomie selbst in den sozusagen positiven Momenten der Evolution der Menschheit wie Beschaffung von Konsumgütern, Informationsmöglichkeiten, reisen können etc. dies alles massiv bedroht; aber schließlich gehört doch auch dies zu unserer Berufung und unserer Unruhe: zu wissen, dass diese Fragefähigkeit gefährdet ist, das so Gefährdete aber ein Schatz ist, für den sich einzusetzen sich lohnt.

Was denken Sie von den feministischen Bewegungen und ihrem Aufschwung, zumal in Europa und den Vereinigten Staaten, mit ihrer ganzen Komplexität und ihrer historischen Dimension?

Ich denke davon viel Schlechtes wie von allen Bewegungen und bin doch zugleich auch ein Teil davon. Ihre Frage berührt mich sehr, weil ich wie Sie glaube, dass das nicht zu Ende ist, nicht zu Ende nämlich als Frage, nicht so sehr als Bewegung. Die feministische Bewegung ist in der Folge anderer wie von der Vorsehung geschickter Bewegungen auf den Plan getreten, immer mit der gleichen Idee von Revolution im – nicht wahr? – politischen Sinne des Wortes. Man dachte, wenn die neue prometheische Figur der Geschichte schon nicht der Dritte Stand und auch nicht die Bourgeoisie gewesen war, so müsste es das Proletariat oder dann die Dritte Welt sein; und in einem bestimmten Augenblick hat man geglaubt, sie in den Frauen, den endlich sämtlich zusammengeschlossenen, zu finden. Damals (in den 70er Jahren) gab es, wie ich mich erinnere, eine belgische Zeitschrift mit dem Namen *Grif, Groupe de recherche sur les femmes*, die ich sehr gemocht habe. Man hat dort ein Interview mit mir gemacht, dem ich den Titel „Une*s* femme*s*" (etwa: Eine Frau*en*) gab, was heißen sollte, dass ich mir die Möglichkeit einer Frauenbewegung oder -gruppe vorstellen könne – unter der Bedingung, dass sie sich aus inkommensurablen Individuen zusammensetzt und jedes derselben seine Einzigartigkeit beiträgt. Das ist in etwa auch die Meinung meines letzten Buches, *Le génie féminin,* mit seinem ein wenig provozierenden Titel, dessen Sinn doch klar der ist, statt an die Bewegung vielmehr an die Einzigartigkeit einer jeden zu appellieren und damit zu erklären: wenn die Frauenbewegung eines Tages einen Sinn haben sollte, so nur wegen dieser in ihr aufgehobenen Einzigartigkeiten. Heute gemahnt die Situation in Frankreich nach der Debatte über die Gleichstellung von neuem an die Notwendigkeit einer Gruppenlösung. Es scheint, als würde die große Mehrheit der Franzosen die Gleichstellung befürworten, etliche Intellektuelle aber nicht so. Ich für mein Teil bin unbedingt dafür. Zunächst aus einem politischen Grund: Mit einer zunächst auch nur zahlenmäßigen Anerkennung des Gleichheitsgrundsatzes, die auf die Akzeptanz einer größeren Teilhabe der Frauen – anders gesagt also: der Hälfte der Menschheit – an der Führung des Lebens in Stadt und Staat hinausliefe, wäre schon etwas erreicht. Daß sie nicht einfach spontan erlangt werden kann, hat nicht viel zu sagen, denn das Gesetz hat eine symbolische, ich möchte fast sagen: pädagogische Berufung, und es wäre gut, wenn die Verfassung sich in diesem Sinne ausspräche. Aber ich bleibe bei diesem Argument nicht stehen, das ja nur eines der Wiedergutmachung ist – den Frauen ist Unrecht geschehen, sie sind an der Führung der Geschäfte nicht beteiligt worden, geben wir ihnen also diese Chance. Das ist schon mal nicht schlecht, aber es ist nicht genug! Ich gehe einen Schritt weiter und sage: Die Verfassung ist unser „Heiligtum", nämlich die Grundlage der Republik; und diese Grundlegung beruht auf der Anerkennung einer Einzigartigkeit, die wir das Allgemeine nennen. Befragen wir das Allgemeine: es ist nicht unschuldig, es ist ein geschichtlich Geschaffenes, es ist die Essenz der Metaphysik. Das Allgemeine hat sich konstituiert als Ort der Vereinigung der menschlichen Fähigkeiten. Unsere Fähigkeit zu denken, zu fühlen, uns mit anderen zu verbinden, sie ist wahrgenommen worden im Bezug vielleicht schon auf das Symbol des Phallos, aber sicherlich doch auch auf das Gesetz des Vaters als Wesen einer Einheit. Die Menschheit hat lange gelebt von dieser Idee des bestimmenden Zentrums, *monothéisme oblige*, und es war ja auch, so kann man wohl sagen, etwas Wunderbares, das die Disziplin, die Selbstbeherrschung, die Vereinigung der Fähigkeiten, kurz: eine gewisse Macht des Individuums über sich selbst ermöglicht hat. Neben all diesen Wohltaten hat es aber auch viel Zensur mit sich gebracht, und die Zensur hat sich auf dem Körper niedergeschlagen: Das Allgemeine will nämlich nichts davon wissen, was mit dem Körper geschieht, mit seinen ganzen Polyphonien, seiner Vielfalt, seinen verschiedenen Trieben und Strebungen, seiner Perversion. Und was dabei weiter ausgegrenzt wurde, war und ist das Weibliche, das andere Geschlecht, das Fremde allgemein. Wir sind also in einen ganz neuen Moment des politischen Denkens eingetreten, der darin besteht, das Allgemeine nicht auszugrenzen – wir brauchen es, um die Energien miteinander zu verbinden, sie auf eine Mitte auszurichten und sie zu meistern –, sondern um es zu komplettieren durch die Realisierung des Gedankens, dass es sich zu zweit, also mit dem andern Geschlecht zusammen, erst recht machen läßt. Denn die Frauen sind ebenfalls der Selbstbeherrschung, der Einigkeit, der Macht, der Zentrierung fähig, aber auf eine andere Weise, insofern das Verhältnis zu ihrem eigenen Leib, zur Sinneswahrnehmung bzw. Sinnlichkeit und zur Fortpflanzung ein differentes Verhältnis zum Gesetz, zur Macht, zum Verbot bedingt. Infolgedessen dürfte diese andere, weibliche Sensibilität, dieses andere Verhältnis zu den Sinnen und zum Einen, unsere Kultur wahrscheinlich bereichern. Um aber auf Ihre Frage nach der feministischen Bewegung zurückzukommen, so könnte die Anerkennung des Platzes der Frauen – wenn wir denn dahin kommen, was noch nicht gesagt ist – sehr wohl eine Veränderung unseres Sinns für das Heilige mit sich bringen, was beinahe einer Kulturrevolution gleichkäme; doch bis dahin dauert es gewiß noch Jahrhunderte! Bliebe noch die weniger optimistische Lösung, wonach Frauen einfach nur die besseren Geschäftsleute, die besseren Lenker der Weltordnung sind, wie man es häufig von Frau Thatcher und Golda Meir gesagt hat. Das wäre eine Möglichkeit, die nicht auszuschließen ist, aber ich setze auf die andere der Bereicherung der Palette des Menschlichen.

Sie sprechen von dem Fremden in uns. Ist das die verborgene Seite unserer Identität, der Raum, der unsere Zuflucht in ein uns Eigenes zu nichte macht?

Sie spielen auf ein Buch an mit dem Titel *Étrangers à nous mêmes...*, das ich vor einigen Jahren geschrieben habe. Mehreres hat mich dabei angezogen... Gewiß habe ich mich dabei auch mit meinem eigenen Schicksal als Emigrantin befasst, mit der Frage: Wie wird man zu einer Fremden? Es gibt zweifellos wirtschaftliche und politische Zwänge; aber auf einer tieferen Ebene, glaube ich, ist das Los des Fremdseins im Grunde mit einem Muttermord verbunden. Denn der Fremde ist jemand, der seine Muttersprache, den Familienschoß, in dem er groß geworden ist, verlässt (oder verlassen muß) und eine neue Identität annimmt. Es ist eine Art Wiedergeburt, was impliziert, dass es einen Tod gegeben hat, also eine zugleich sehr gefährliche und äußert beflügelnde Erfahrung. Manche haben darin eine Art Unstern gesehen; das ist dann die Trägödie des Fremden. Andere, das jüdische Volk z.B., haben darin eine Erwählung gesehen. Mir scheint, dass man sich heute in den Überlegungen über die Fremdheit im wesentlichen auf die ökonomischen Gründe und die Probleme der politischen und juridischen Integration beschränkt... All das ist wichtig, ohne Zweifel, aber man berücksichtigt, außer in den analytischen Milieus, denen auch ich angehöre, sehr viel weniger die Mutation des Menschenwesens, die das heute zu beobachtende Umsichgreifen des Fremdenschicksals zur Voraussetzung hat. Denn wenn es auch immer Fremde oder Ausländer gegeben hat, so sind wir heute mit der Entwicklung der Technik und des Handels, mit Internet, den Telekommunikationsmitteln usw. tatsächlich in einen neuen Menschenraum eingetreten. Dieser neue Raum bedeutet, dass wir alle mehr oder weniger oder, besser gesagt, mehr und mehr Fremde sind – und wenn wir es nicht schon sind, es noch werden. Das lässt tief blicken, denn es impliziert, dass etwas von der Identität, auf die der Mensch immer gebaut hat, weggebrochen ist: Wir werden künftig nicht mehr nur eine Sprache haben, nicht mehr nur ein Zuhause, wie es früher für die meisten von uns selbstverständlich war; und das kann eine Quelle großer Leiden sein. Ich habe etliche Patienten, in deren Seelenhaushalt sich dieses Schicksal des Fremdseins eingegraben hat. Nun, das ist manchmal keine leichte Sache... Man wagt es ja kaum zu sagen, aus Angst, dass es als Anschuldigung verstanden wird, als harte Kritik, ja als Diabolisierung der Fremden, der Ausländer. Aber das ist ganz und gar nicht meine Absicht; ich versuche lediglich, die Aufmerksamkeit darauf zu lenken, wie fragil der psychische Raum ist, in dem der Fremde sich bewegt. Aufgrund des Nichtvorhandenseins einer grundlegenden Sprache, einer soliden Identität und eines Ortes, auf den Verlaß wäre, entsteht die Gefahr eines Verlustes der moralischen Orientierung. Statt einem Gesetz habe ich deren mehrere: das kann eine Befreiung sein, aber auch eine Einladung zur Korrumpierung, zum Mafiosen. Oder so: Ich habe keine Sprache, meinen Impulsen und Trieben Ausdruck zu geben, alle meine Sprachen sind fremde Sprachen, sind mir gleichgültige Hüllen; und das Ergebnis: ich somatisiere! Die Mehrzahl der ausländischen Studenten, die von den Krankenstationen der Studentenwohnheime betreut werden, leiden, wo nicht unter Depressionen, so unter psychosomatischen Störungen, denn die sekundär erworbene Sprache ist eben genau eine sekundäre Sprache, die nicht auf der Höhe des Trieblebens ist und daher eine tiefe ungestillte Trauer zurücklässt. Soviel zu den negativen Aspekten des Fremdenschicksals. Zu den positiven zählt, wenn man alle Klippen glücklich umschifft hat, das Erlebnis einer Art Wiedergeburt, und infolgedessen eine große Erfindungsgabe und Schaffenslust. Wissen Sie, Freud ist einer, der – durch die kleinen Seelennöte der Leute, die mit seiner Hilfe besser durchs Leben zu kommen suchten, hindurch – die Menschen als Reisende gesehen hat, als er sich vom ausgehenden 19. bis in die 30er Jahre des 20. Jahrhunderts hinein mit den Triebschicksalen seiner Wiener Bourgeois-Klientel befasst hat. Er hat in ihnen das Schicksal des religiösen Menschen gesehen: Der Mensch von Freud ist immer noch der Mensch der Eiszeit, der die Entdeckung macht, dass es einen Sinn gibt und dass man diesen Sinn je nachdem Gott nennen oder durch Fetische, Totems, Tabus usw. darstellen kann... Freud hat die religiöse Anthropologie aufgrund dessen ins Leben gerufen, was die Menschen seiner Zeit ihm auf der Couch zu verstehen gaben, und doch ist das Bild, das er sich von der Menschheit gemacht hat, eines der Evolution. Der religiöse Mensch hat seit der Zeit der Höhlenbewohner bis heute in seinen Verboten wohl Änderungen erfahren, ist aber im Grunde der den religiösen Verboten unterworfene Mensch mit seinem eingefleischten Sinn für das Heilige geblieben. Sind wir aber mit dieser zunehmenden Fremdheit heute nicht in einer kritischen Phase der Menschheitsentwicklung angelangt, und ist nicht der Sinn für das Heilige selber dabei, in Frage gestellt zu werden, und wenn dem, wie ich glaube, so ist, wo liegt dann die Lösung? Die Rückkehr zu den alten Religionen ist eine davon, die aber allen möglichen Konformismen und eventuell Fundamentalismen in die Hände spielt. Man kann aber auch meinen, dass wir es mit einer bloßen Modulation des Heiligen zu tun haben, mit der Einbeziehung neuer Elemente, als da sind die Spezifität des Weiblichen, die Perversion, die Psychosen oder auch noch all das, was die moderne Kunst hinzubringt, und dass alles in die Konzeption dieser in Evolution begriffenen Menschheit integriert werden muss. Sie sehen, wie die Frage nach dem Fremden Horizonte aufreißt, was die Geistesverfassung und den Sinn des Menschlichen angeht ...

Es gibt natürlich auch andere Parameter, die mich zu dieser Überlegung gebracht haben, solche eher politischer Natur. Frankreich ist ein Land, in dem die

Fremdenfeindlichkeit zur Schaffung einer wichtigen Partei von hartnäckiger Lebensdauer geführt hat, ich meine den nationalistischen *Front national*, der heute wohl etwas im Niedergang begriffen scheint. Seine Existenz wirft einige Fragen auf zur Rezeption des Fremden im französischen Kulturraum. Ich liebe und verehre die französische Kultur, in die ich sehr jung schon eingeführt worden bin, weil meine Eltern in Sofia die ausgezeichnete Idee hatten, mich zu den Dominikanerinnen in den Kindergarten zu schicken. Dennoch ist es mir, als ich dann nach Frankreich kam, so vorgekommen, dass die französische Kultur, so einladend und universalistisch sie sich sonst gibt, auch extrem verschlossen war – wofür es bestimmt viele Gründe gibt. Nun kann man auch über die vorhin mitgeteilte metaphysische und psychoanalytische Überlegung hinaus das Gefühl haben, dass die französische Kultur das Fremde nicht recht dulden mag. Unsere Studenten beklagen sich darüber, dass sie nie in den Familien ihrer französischen Kommilitonen empfangen werden, dass die Beziehung sich auf das Café beschränkt, aber kein Gedanke an eine Einladung! Es ist eine Art Ausgrenzung, wenn wir auch versuchen, wo möglich gegenzusteuern. Die französische jüdische Gemeinde kann ein Lied davon singen, hat sie doch einst für ihre Mitglieder den Status von Bürgern der Revolution zuerkannt bekommen und begegnet doch immer noch zwar keiner antisemitischen Hetzjagd, aber doch einer untergründigen Zurückweisung. Ich spüre es am eigenen Leibe, man akzeptiert mich bei der Rechten wie bei der Linken, aber eine Französin werde ich nie sein, obwohl ich, paradoxerweise, im Ausland für die Quintessenz des Pariserischen gehalten werde! All das wirft Fragen auf über die französische Kultur, ihre politischen Grundlagen usw. Die Geschichte dieser Abschließung ist lang, sie reicht von der Verwaltung über das Königtum zu den verschiedenen Institutionen, vom Collège de France bis zur Académie Française – lauter Dinge, die den nationalen Stolz auf die Sprache und die Kultur zementieren, aber auch Fragen hervorrufen nach den Problemen der Zukunft, so über die Integration der Ausländer, über den Austausch unter Franzosen, Engländern, Deutschen usw. im europäischen Raum. Deshalb habe ich während der letzten Wahlkampagne zumal die proeuropäischen Parteien aufmerksam verfolgt, denn ich finde, dass sie ein neues Frankreich darstellen, das man unbedingt ermutigen muss; es ist zwar weit davon entfernt, für ganz Frankreich zu stehen, doch ist es ein vorgeschobener Posten des französischen Geistes, wie man ihn im Gedankengut der Aufklärung finden konnte und wie er leider immer noch minoritär ist.

Die Futurologen, selbst die großen – von Herman Kahn und seinem Hudson Institute in den Vereinigten Staaten bis zur cellule de prospective *der Europäischen Kommission in Brüssel –, haben sich immer wieder geirrt... Was lässt sich also von der Zukunft noch sagen? Welche Gefahren lauern auf uns?*

Das ist eine Frage, die man weder einem Analytiker noch einem Schriftsteller stellen sollte, denn unser Stoff ist doch eher das Gedächtnis und die Vergangenheit... Doch ausgehend von dem, womit ich mich auskenne, kann ich vielleicht einige der Risiken skizzieren, die unserer Zukunft zum Nachteil gereichen könnten. Beispielsweise habe ich mit andern Kollegen die Erfahrung gemacht, dass unsere heutigen Patienten nicht mehr die gleichen sind, die Freud gehabt hat, und habe also, in etwas allgemeinen Worten, von den „neuen Leiden der Seele" gesprochen. Kommen diese neuen Seelenkrankheiten nun etwa daher, dass die Analytiker anspruchsvoller geworden sind, anders hören, etwa schärfer, kritischer, differenzierter, subtiler? Oder haben sich eher die Menschen gewandelt? Ich glaube, dass beide Gründe zusammenwirken. In allen Fällen geht das, was wir konstatieren, in die Richtung dessen, was die Zukunft womöglich an Schwierigkeiten für uns bereit hält, vielleicht sogar in die Richtung einer Zerstörung des psychischen Raumes; und das finde ich schon sehr beunruhigend! Ich sagte Ihnen vorhin, dass mir eine der großen Errungenschaften des Okzidents darin zu liegen scheint, den seelischen Raum nicht gerade konstruiert zu haben (denn alle Menschen aller Himmelsstriche haben das, in unterschiedlichem Maße, getan), sondern daraus einen Gegenstand der Untersuchung und des Wissens gemacht zu haben. Das hat angefangen mit den Griechen, die sich seit Platon und Aristoteles und auch in der Medizin für die Seele interessiert haben; das hat sich kristallisiert mit Plotin in seinen Ausführungen über Nous und Psyche, ist weitergegangen mit den Christen, die ägyptische Techniken aufgenommen und das Aug' in Aug' des Narziß mit seinem Bilde in die zum Gebet aneinandergelegten Hände transformiert haben; und in dieser inneren Sammlung hat sich der psychische Raum des Menschen erst Platz geschaffen: als die Innerlichkeit des Menschen auf seinem Wege ins Jenseits, sei's auf seinem Gang in die Hölle oder seinem Aufbruch ins Paradies, gleichviel. Aber es ist ein Bereich der Erforschung, der Introspektion, der uns das Beste und das Schlimmste ermöglicht, ebensowohl Höhenflüge wie Schandtaten. Man hat den Eindruck, als sei dieser seelische Raum, den Freud auf seine Art erschlossen hat und den die Leute uns durch ihre Reden auf der Couch entdecken, in Gefahr. Warum? Unsere Patienten leiden an verschiedenen Konflikten, aber sie haben oft nicht die Worte, um sie zu sagen, ja nicht einmal Bilder dafür! Sie schauen Fernsehen, aber um sich zu entspannen („abzuhängen"), nicht um zu denken, um die Worte zu finden; wenn Sie sie fragen, was sie gesehen haben, so können sie es nicht sagen. Aus dem Bild wird schlicht ein Mittel zum Wegwischen des psychischen Raums, was ja auch sein Gutes hat, denn es beruhigt für eine Weile, aber nur für eine Weile, und dann ist der Konflikt wieder da. Wie also ließe sich der Konflikt dennoch lösen? Mehrere Lösungen bieten sich an, alles negative. Einmal die psychosomatischen Krankheiten: Ich habe keine Darstellung, ich habe keine Worte, ich habe keine Bilder, aber meine Leber oder meine Bauchspeicheldrüse reagiert oder mein Hals oder mein Kopf, denn er tut mir weh ...; und dennoch ist auf physiologischer Ebene keine Beeinträchtigung der Organe festzustellen. Das hindert die Organe nicht daran, anstelle dieses Puffergebildes von psychischem Raum, der bislang die Konfikte in den zwischenmenschlichen Beziehungen auszustehen vermochte, nun selber zu leiden. Zweite Option: exzessive Zuflucht zu Drogen, zu Alkohol oder andereren Substanzen (übrigens mehr und mehr zu anderen Substanzen), um zu vergessen, um das Gewissen, den Raum der Seele nicht erkunden zu müssen...; es bringt wohl Erleichterung auf Zeit, aber auf Dauer keine Lösung. Dritter Fluchtweg: Vandalismus, zu Tätlichkeiten übergehen, sich mehr oder weniger offen auf eine mafiose Tour einlassen, kurz: Gewalt und Korruption und alle möglichen Machenschaften, die ebenso Übergriffe wie Zerstörungen sind und sich über alle Hemmungen hinwegsetzen. All diese Phänomene sind äußerst beunruhigend, und wenn wir Analytiker sie beobachten in dieser Laboratoriumssituation, die das Setting der Couch darstellt, so versuchen wir dieser Angst oder Verwahrlosung oder Heruntergekommenheit auf eine geeignete Art aufzuhelfen, indem wir die fehlenden Worte finden und dazugeben oder bisweilen sogar die fehlenden Bilder. Ich führe in einem meiner Bücher das Beispiel eines Patienten an, der mich aufgesucht hat, weil er es einfach nicht fertigbrachte, von seinen inneren Spannungen und Nöten zu erzählen; er artikulierte sich in einer sehr schematischen intellektuellen Sprache, und alles Persönliche erschien ihm zu naiv oder unpassend, um davon zu reden, bis ich eines Tages gewahr wurde, dass dieser Mann, ein Ingenieur, Bilder zeichnete. Eigentlich zeichnete oder malte er gar nicht, sondern machte Collagen. Ich konnte mich davon überzeugen, als er, nachdem ich mich für sie interessierte, Dias von ihnen mitbrachte. Er schnitt also aus Illustrierten Stücke von den Körpern oder Gesichtern der Großen dieser Welt aus, von Männern und Frauen aus der Politik, von Filmstars oder Figuren aus dem Show-Business usw., und setzte sie nach seiner Fasson neu zusammen: es war ein gewalttätiger Akt der Zerstörung und Wiederzusammensetzung. Dabei fügte er auch Farben hinzu, wie es ihm gefiel, um aus alledem wieder ein einheitliches Gebilde zu machen. Ich fing also an, ihm von der Gewaltsamkeit zu sprechen, die sich darin ausdrückte. Und in sehr kruden, kindlichen Worten bestritt er zuerst, dass es sich um Gewalt handele, so dass wir darüber miteinander in Streit gerieten, bis er zu seinen eigenen Worten fand. Der Analytiker hat also eine Arbeit, ich möchte sagen: der Begleitung, zu leisten, die darin besteht, sich mit dem unnennbaren Schmerz des anderen zu identifizieren und ihm eine Sprache zu geben, fast wie man einem Kleinkind das Sprechen beibringt. Dann wird der andere die Worte, die wir ihm aufpropfen, irgendwann zurückweisen, um seine eigenen Worte zu finden: es ist gleichsam eine Hebammenarbeit der Wiedergeburt und Rekonstruktion des Selbst. Natürlich wäre es ein Unding, derlei im normalen Alltagsleben zu versuchen; es ist eine äußerst subtile und langwierige Arbeit, daher die Wichtigkeit, die ich der Psychoanalyse zumesse, einer auf die neuen Leiden der Seele eingestellten Analyse, die fähig ist, das Unbehagen zu erfassen und neue Krankheitsbilder zu erkennen, um den Leuten zu einer kommunikationsfähigen Sprache zu verhelfen und so gewissermaßen die Arten des Unwohlseins in Ausdrucksformen zu verwandeln. Die Destruktion des psychischen Raumes ist eine der Gefahren der Zukunft und wirft selbstverständlich Fragen nach der Erziehung, der Kultur und der Politik auf. Folgen sind z.B. Schwierigkeiten beim Lesen und Schreiben, zwei Fähigkeiten, die sehr von der Beschaffenheit des seelischen Raumes abhängen. Wenn wir des mentalen Wohlbefindens ermangeln, das darin besteht, sich in seiner Denkfähigkeit – die von einer gewissen Geborgenheit und Ausgeglichenheit des familialen Lebens abhängt – einigermaßen sicher zu fühlen, dann können wir noch so schöne Lese- und Schreibtechniken erlernen, ja sie schon beherrscht haben, – irgendwann im Leben kommt der Augenblick, in dem man sich davon im Stich gelassen fühlt! Vielleicht überrascht es Sie ja, wenn ich Ihnen sage, dass ich auf meiner Couch Leute habe, die in den Medien, in Verlagshäusern oder Fernsehanstalten arbeiten und mir gestehen, dass sie nicht mehr lesen können. Wenn sie damit anfangen, dann wissen sie nach zwei Minuten, einer Seite schon nicht mehr, was sie gelesen haben, weil der psychische Raum es nicht mehr fassen kann, er ist nicht mehr gelassen und solide genug, um all das zu assimilieren, zu verarbeiten und wiederzugeben. Das bedeutet auch, dass es keinen „Anderen", kein Liebes- oder soziales Band gibt, um diesen psychischen Raum zu sichern. Stets läuft es darauf hinaus, dass diese Basis der Kultur, die das Schreiben und Lesen ausmacht, worauf unsere Zivilisation doch gründet, drauf und dran ist, rissig zu werden aufgrund eben dieser Bedrückung, ja Verstörung des Raums der Seele!

Sie sprechen von einem Band zwischen Psychoanalyse und Glauben. Wir haben auch an Simone Weil gedacht. Worin besteht es Ihrer Meinung nach?

Der Glaube ist ein weites Feld und ich habe mich ihm im wesentlichen über die Dimension der Verbindung zum Anderen und des Vertrauens genähert, also über das Credo des christlichen Glaubens. „Credo" kommt aus einer Wurzel mit *cor, cordis* (Herz): ich gebe dir mein Herz – in der Hoffnung auf Erkenntlichkeit oder Gegengabe. Diese Dimension steht parallel zur Dimension des Finanzkredits, denn sie bedeutet ebenfalls eine Investition. Das mag wie eine Blasphemie erscheinen, aber im Glauben steckt in der Tat eine dem „ich investiere in etwas und erwarte dafür Dividenden" analoge Logik. Der Gläubige erbringt gegenüber einem Diener und Mittelsmann Gottes gewisse seelische Leistungen und darf dafür gewisse Tröstungen und eventuell das ewige Leben erwarten; auch das ist eine Transaktion. Und so etwas gibt es also auch in der Psychoanalyse? Ja und zugleich Nein! Ja, denn der Patient gibt uns seine Traumata, seine Liebesenttäuschungen, seine Demütigungen, sein sexuelles Versagen, seine psychosomatischen Krankheiten, seine Lese- und Schreibschwierigkeiten, alles, was wir von ihm wissen, auf dass er in einer Übertragung – die nichts anderes ist als eine neue Liebe zu diesem „Arzt", zu diesem geheiligt-verflixten Menschen namens Analytiker, dem unterstellt wird, zu wissen, was mir blüht – etwas erwarten kann, was nämlich? Nicht das ewige Leben, nicht einmal einen Trost, aber den Sinn dessen, was ihm geschenen ist. Er erwartet einen Sinn, er will wissen, was das alles zu bedeuten hat; also gebe ich ihm den Sinn, in dem ich ihm den Unsinn daran aufzeige. Auch diesbezüglich ist die Antwort des Analytikers ziemlich verschieden von der des Glaubens, denn indem wir Sinn geben, zeigen wir zugleich, dass dieser Sinn nicht kapitalisierbar ist, will sagen: dass derjenige, der hier den Sinn gibt, der Analytiker, ihn auch nicht besitzt, und dass es keine Instanz gibt, die über den absoluten Sinn verfügte, weder eine Institution noch ein Jenseits noch einen

Gott. Der Sinn, so sagt der Analytiker im Grunde, ist nur konstruierbar: Wir wollen ihn jetzt konstruieren, wir beide unter uns, in der Übertragung-Gegenübertragung, die uns verbindet; und an einem bestimmten Punkt, in einem bestimmten Augenblick werden Sie sich „außer der Zeit" wiederfinden, d.h. Sie werden den Vertrag kündigen: ich werde Sie aus dem Vertrag, der uns verbindet, entlassen und freigeben, Sie werden mich aus Ihrem Kommen und aus Ihren Übertragungen, aus Ihrem Erinnern und ihrem Erzählen entlassen und freigeben. Wir werden uns nicht nur trennen, Sie werden auch ohne Sicherungsleine bleiben, aber das wird Sie an Ihr Unbewußtes verweisen, das ebenfalls außer der Zeit ist, weil es der Ort der Ent-Bindung ist, der Ort des Begehrens in seiner Wildheit, seinem Bezug zum Tod, seiner Brutalität. Nun, und was werden Sie dann tun? Sie werden wohl schon eine Erinnerung an unsere Beziehung behalten, die selber ein wenig einem Glaubensakt, einem Autodafé gleicht, aber diese Erinnerung wird sie nicht dazu bringen, treu zu bleiben, sondern kreativ zu werden. Sie werden es richten und neumachen, wie Sie es vermögen. Diese Dimension der Kreativität jenseits der Trennung, jenseits des Unsinns und der Leere, die eine genuin psychoanalytische Dimension ist – sie ist anders, aber doch nicht fremd einer gewissen mystischen Erfahrung, insofern der Mystiker im Verhältnis zur Institution und sogar zum Glauben dissident ist, nämlich als derjenige, der zweifelt. Und doch glaube ich, dass kein früherer Mystiker in so expliziter Weise wie die Analyse eine derart, ich möchte sagen: unvermittelt-unausgeglichene oder unversöhnte Sicht des Menschen gehabt hat. Der Mensch des Glaubens ist ein Mensch der Versöhnung: ich glaube an Gott und erstrebe das Einswerden mit Ihm, ich werde die Tröstung finden, nicht erst im ewigen Leben, sondern schon in dieser Vereinigung mit der Instanz des Sinns und der Macht. Die Analyse zeigt uns jedoch, dass Mann und Frau von Grund auf Triebwesen, begehrende Wesen sind; und da das stärkste Begehren das Begehren nach dem Tod, der Todestrieb ist, sind sie unvermittelt-unversöhnte, nicht miteinander im Einklang stehende Wesen. Wir sind Wesen im Konflikt, streitende Wesen. Die Versöhnung ist immer eine provisorische, und der Streit charakterisiert uns nicht nur, er lässt uns sogar frohlocken, bereitet uns Genuß: Sade, Artaud, Proust, sie stehen dafür, dass die Dimension des Genießens gerade in diesem Unversöhnlichen des psychischen Apparats zu suchen ist. Nun, keine Frage, ein schwer erträgliches Los! Sie werden mich fragen: und was wäre, bitteschön, die Moral von alledem bzw. welche moralische Lösung bliebe da noch übrig? Mit dem Glauben hatte man schließlich das Verbot, hatte das Moralgesetz, das restriktiv sein konnte; aber daran hatte man doch etwas! Welche Moral aber bliebe noch für diesen unversöhnten Menschen nach dem Bild der Psychoanalyse? Nun denn, es ist ein Moralgesetz der Invention, der Kreativität, dem wir uns ungern stellen, weil es uns, ohne uns den Immoralismus eines Nietzsche abzuverlangen, auf die Notwendigkeit verweist, in jedem Augenblick die Moral neu zu erfinden.

Ihre linguistische Arbeit, die von historischen Beispielen in verschiedenen Kulturen ausgeht, enthält ein enormes politisches Potential. Wie verstehen Sie das eigentlich?

Ich habe mich für die Sprachwissenschaft aus materialistischer Sicht interessiert, was vielleicht verwundern kann, denn man ist es nicht gewohnt, die Sprache als einen Stoff zu verstehen; doch wer schreibt, wird verstehen, was ich meine. Proust sagte, dass er sich beim Schreiben in einer neuen, abkühlenden rosa Materie bewege, und nannte die Sprache eine Materie. Für mich jedenfalls bedeutete das Interesse an der Sprache eine Möglichkeit, mich in materieller Weise dem Geist zu nähern. Als ich mein sprachwissenschaftliches Studium zwischen 1960 und 1970 begann, gab es mehrere Strömungen, die einen materiellen, also konkreten Zugang zur Sprache eröffneten, darunter auf der einen Seite die saussuresche Linguistik, die den Strukturalismus ermöglicht hat, zusammen mit Roman Jakobson und dem russischen Formalismus, auf der anderen Seite die Linguistik von Noam Chomsky mit der generativen Grammatik und die Linguistik des Äußerungsaktes von Émile Benveniste, die mich maßgeblich geprägt hat. Diese verschiedenen Strömungen machten sich den Vorrang im Wissen über die Sprache streitig. Der Strukturalismus blühte in den 1960er Jahren, namentlich die strukturale Linguistik, wie sie Jakobson in Beziehung zur Sprache der Dichtung entwickelt hatte. Die chomskysche Richtung der Sprachwissenschaft, eher cartesianisch inspiriert, aber im wesentlichen interessiert an der grammatikalischen Synthese, dem Akt der Syntax und den darin vorausgesetzten zugleich logischen und semantischen Entwicklungen, hatte in diesen Jahren ebenfalls ihre Anhänger. Ich meinerseits fühlte mich insbesondere von der Arbeit Émile Benvenistes angezogen, der mir dann auch ein guter Freund geworden ist und mich sehr ermutigt hat; leider ist er viel zu früh gestorben. Wir haben zusammmen die Association Internationale de Sémiologie gegründet, und zwar in den Jahren 1968-1969, wenn ich mich recht erinnere. Er war einer der wenigen, vielleicht der erste und am Ende vielleicht überhaupt bislang der einzige Sprachwissenschaftler, der sich für den Platz der Sprache in der freudschen Entdeckung des Unbewußten interessiert hat. Er hat diesem Thema einen denkwürdigen Aufsatz gewidmet („Bemerkungen zur Funktion der Sprache in der Freudschen Entdeckung") und hat darin einen Kommentar über den Platz der Sprache im Unbewußten abgegeben, der recht verschieden ist von der Konzeption Lacans, aber bislang keineswegs überholte Perspektiven eröffnet. Vor allem hat er sich für das interessiert, was er die „Linguistik des Äußerungsaktes" nannte, d.h. die Schöpfung des Sinns in der Interaktion des Dialogs: wenn ich spreche, wende ich mich an einen andern, und die Voraussetzungen der Antwort des anderen wirken auf den Sinn ein, den ich meiner Rede gebe. Das ist außerordentlich wichtig und sollte heute, wo die sprachwissenschaftlichen Studien nicht mehr so ideologisch aufgeladen betrieben werden, wieder aufgenommen werden, denn seine Überlegungen haben uns noch viel zu sagen. Ich habe mich dann zumal für die Grenzzustände der Sprache interessiert, von denen ich seit den 1960er Jahren zwei näher in den Blick genommen habe. Der erste ist das Sprechenlernen der Kinder, d.h. eine Periode und eine Struktur der Sprache, wo sie als solche noch gar nicht existiert, sondern sich aus melodischem Nachplappern, sog. Echolalien erst herausbildet. Ich habe dieses dem „symbolischen" vorausgehende Stadium das „semiotische" genannt, denn in ihm beginnt man Zeichen auszumachen, die Objekte adressieren, mit Personen kommunizieren und sich syntaktisch aufbauen. Der zweite Grenzzustand, den ich mir klarmachen wollte, ist derjenige der Destruktion der Sprache in der Psychose. Diese beiden Grenzfälle der Sprache haben mir, glaube ich, dazu verholfen, nun auch den Platz der Sprache in den literarischen Erfahrungen der Moderne besser zu verstehen. Denn die literarischen Texte, wie sie sich seit dem ausgehenden 19. Jahrhundert von Mallarmé und Lautréamont bis zu den Surrealisten und zu Artaud darstellen, geben sich doch oft recht esoterisch und gelten daher als für Normalsterbliche unverständlich. Aber diese Unverständlichkeit und das Unbehagen, das sie mit sich bringt, ist – so jedenfalls meine Hypothese – der Tatsache geschuldet, dass es sich um eine psychische Grenzerfahrung handelt, um eine Erfahrung des Leidens, der Depression oder auch der Ekstase in der Nachbarschaft zur Psychose und vielleicht auch zum Autismus, wenn man darunter einen sensoriellen Überschwang verstehen darf, der mit Worten kaum wiederzugeben ist. Um in diese Sprachen einzutreten, die oft kaum kommunizierbare Bereiche konstituieren, muss man ins Mark der Sprache eindringen können: ich habe mich für die Linguistik in Wirklichkeit also aus Interesse an Gegenständen interessiert, die gar keine linguistischen Gegenstände im eigentlichen Sinne sind. Daher macht die Semiologie, wie Saussure sie gegen Ende des 19. Jahrhunderts definiert, auf Sprache basierende menschliche Tätigkeiten zu ihrem Gegenstand, die sich auf die Sprache der Mitteilung, auf Kommunikation nicht beschränken lassen. Nehmen Sie irgendein Gedicht von Mallarmé oder einen Text von Artaud: das ist natürlich Sprache, die immer etwas mitteilt, aber Sie spüren sofort, dass sie hier keine unmittelbare Mitteilung intendiert. Doch was dann? – eine „*Chiffration mélodique [...] avec nos fibres*" (eine melodische Chiffrierung ... mit unsern Fasern), sagt Mallarmé, d.h. eine Übersetzung des oft unnennbaren Sinnenlebens in ein Gewebe aus Sprache. Um diese Sprachzustände zu verstehen, musste ich in die Linguistik einsteigen, aber auch aus ihr heraustreten. Ich werde mich immer meiner ersten Begegnung mit Chomsky erinnern, es ist schon über zwanzig Jahre her; wir waren bei Jakobson und ich sagte ihm, dass ich mich für den Stil interessiere, worauf er mir sofort entgegnete, das sei kein Gegenstand der Sprachwissenschaft. Ach wie schade! Denn was mich interessierte, das war doch, durch die Linguistik hindurch den Stil zu erkennen, will sagen: im Medium und Stoff der Sprache den Ausdruck einer subjektiven Erfahrung wiederzufinden – da, wo die Sprache Fleisch und Blut annimmt, wie die Texte sagen. Und eben deshalb durfte ich die literarischen Texte auch nie hinter mir lassen, die im übrigen auch umgekehrt die Sprachwissenschaft auf den Prüfstand stellen und bisweilen dazu nötigen, sich zu wandeln. Eine solche sozusagen Linguistik „in Aktion" zu entwickeln scheint mir immer notwendiger, sowohl in Beziehung zur Klinik wie auch in der Theorie. So fragte ich mich schon, als ich anfing, mich mit den psychischen Erfahrungen zu befassen, wie der Sinn dieser oder jener schwierigen, ja unverständlichen Rede in Beziehung auf die ästhetischen Erfahrungen zu verstehen wäre, die inzwischen mein liebster Untersuchungsgegenstand geworden sind.

Sie sprechen von der Bedeutung des Weiblichen und der sinnlichen Erfahrung als Gegengift zur technischen Rationalisierung, zur Brutalisierung im beruflichen wie im privaten Leben und auch in der Wirtschaft – ein Umstand von dem schon Denis de Rougemont gesprochen hat – und direkt von der fundamental wichtigen Rolle der Frauen für das Überleben unseres Planeten, nicht wahr?

Ja, ich habe nach dem Vorbeiziehen der bereits erwähnten feministischen Bewegungen versucht, nachdrücklich die Frage nach dem Beitrag der Frauen zur zeitgenössischen Kultur zu stellen, und zwar im wesentlichen unter zwei Aspekten: dem Verhältnis der Frauen zum Sinn und ihrem Verhältnis zum Überleben der Gattung. Der Sinn ist, wie schon oft gesagt worden ist, unser Heiliges, ist das, was die menschliche Gattung auszeichnet. An diesem Verhältnis zum als unser aller Heiliges bezeichneten Sinn lassen sich zwei Aspekte unterscheiden: die Seite des Opfers und die Seite der Fruchtbarkeit. Man findet, namentlich in den indoeuropäischen Sprachen, die beiden Bedeutungen des Wortes ‚heilig'; selbst im Altgriechischen findet sich, wie Benveniste gezeigt hat, diese doppelte Bedeutung des Heiligen im Sinne von Geopfertem, was auf die Opferriten verweist, und im Sinne von Kraft, womit zumal die Fortpflanzung oder die Lebenskraft gemeint ist. Die Frauen haben in alledem eine besondere Stellung. Was zum ersten den Opferaspekt angeht, so denkt man, der Sinn sei das, was sich profiliert, wenn man den Körper preisgibt: man opfert eine Pflanze, man opfert ein Tier, um eine vertikale Beziehung herzustellen, die den Sinn dieses Tieres oder dieser Pflanze in bezug auf Gott darstellt, und gleichzeitig stiftet man eine horizontale Beziehung, die den Bund der miteinander opfernden Brüder darstellt. Jedes Wort hat diese doppelte Bedeutung des Opfers: es gibt das Ding auf; indem es auf einen Sinn verweist, kann es letztlich als göttlich angesehen werden; und es stellt gleichzeitig eine Kommunikation her. Was also geopfert wird, ist der sinnliche Gegenstand und die Sinnesempfindung – die Psychoanalytiker würden sagen: der Trieb –, aber ebenso die Sinnlichkeit und Sinneswelt überhaupt. Wenn ich ‚Tisch' sage, sehe ich nicht alle möglichen Tische, höre ich nicht die Geräusche von oder an Tischen, es erscheint vielmehr der Sinn des Wortes ‚Tisch'. Die in der Sprache waltende Opferdimension lässt sich mithin sehr gut erfassen. Wie jedermann steht auch die Frau in dieser Opferdimension, bis auf folgenden wesentlichen kleinen Unterschied: Aufgrund ihrer größeren Nähe zu ihrer Mutter, die dasselbe Geschlecht hat wie sie und mit der sie von Beginn an osmotische Beziehungen verbinden, die sich später verlieren, weil sie das Triebobjekt wechselt – zum Mann –, vollzieht sich eine Wandlung, die das besondere Verhältnis zur Mutter just in der Verdrängung bewahrt. Sie sehen, dass der Stellenwert des Sensorischen im weiblichen Wesen äußerst gewichtig bleibt: tief verdrängt, aber, ich möchte sagen: auch permanent beansprucht. Es ist eine Dimension, die die Frauen in ihrer Erfahrung des Heiligen und auch der Kultur beizutragen haben, nämlich eine Wertschätzung des Heiligen, insofern es auf den sinnlichen Leib verweist, einen Leib, den Baudelaire als duftenden und atmenden beschreibt und der auf immer verbunden ist mit dem Paradies der Kindheit und der Osmose mit dem Mütterlichen. Die andere Dimension, auf die ich aufmerksam machen wollte, was die Frauen betrifft, ist die der sexuellen Reproduktion. Wir leben in einer Welt, die den Männern und Frauen alle möglichen Techniken zur Verfügung gestellt hat. Unsere Generation hat sich die Pille erschaffen, und seitdem ist die Mutterschaft kein Schicksal und kein Fluch mehr, sondern eine Sache der Wahl. Und außerdem gibt es die genetischen Eingriffsmöglichkeiten, künstliche Befruchtung, Klonen etc. In diesem Zusammenhang darf man konstatieren, dass viele Frauen die Mutterschaft nicht nur deshalb wünschen, weil es, wie Freud gesagt hat, eine Weise ist, an den Phallus und an die Macht zu kommen, sondern auch, weil es sie ihrer Mutter, ihrer Leiblichkeit und ihrer Schöpferkraft näherbringt. Doch wissen wir schon, was wir zu diesem Bedürfnis nach neuer Mutterschaft – ich sage „neuer“, weil es eine frei gewählte ist – sagen sollen? Wissen wir, was wir zu dem Verlangen (im sensoriellen Sinne des Wortes) sagen sollen, das viele Frauen danach tragen, ein Leben zur Welt zu bringen, nach einem Akt also, der doch auch die kulturelle Berufung impliziert, eine Zivilisation, den Sinn für eine Sprache und eine Kultur weiterzugeben usw.? Diese ganze Arbeit der Begleitung der Mutterschaft bleibt in unserer Zivilisation vorerst ein Desiderat. Und es ist etwas, das in den kommenden Jahren schwer ins Gewicht fallen wird, weil wir, wie mir scheint, die Sorge um den Nachwuchs und seine Gewährleistung als Vorrecht der Männer und Frauen nicht den fundamentalistischen Religionen überlassen sollten. Im Augenblick sehe ich nur den Papst sowie einige Geistliche und religiös Engagierte sich dafür einsetzen, doch die meisten Laien unterschätzen die Frage entweder oder meinen, sie werde sich von alleine lösen. Ich denke aber, dass wir da eine große Verantwortung haben und dass das Begehren der Frauen, den Menschen Mütter zu bleiben in der Liebe zu Männern, vielleicht eine der solidesten Weisen ist, der Robotisierung zu widerstehen.

Sie assoziieren die Mutterschaft mit dem Heiligen und der Mutter Maria, was – unter Intellektuellen – doch ziemlich selten ist!

Ich stamme aus der orthodoxen Kirche, und ich habe mich schon manchmal gefragt, ob mein Beharren auf Maria nicht einigermaßen atavistisch ist, denn die Bedeutung, die sie dort hat, ist ja bekannt. Ich sage das, um für meine Anhänglichkeit auf mildernde Umstände zu plädieren. Doch das ist nur Ironie, denn in der Tat denke ich, dass Maria eine äußerst interessante Figur ist, deren Ärchäologie wir beileibe noch nicht hinreichend geleistet haben. Wir haben bei Simone de Beauvoir und sämtlichen Feministinnen und Feministen die mit ihr transportierten negativen Momente (Stichwort: Opfer der Leiblichkeit) kennen gelernt; sie ist eine Jungfrau, was bedeutet, dass durch die Figur Marias über der weiblichen Sexualität im Christentum eine Zensur lastet – das ist gesagt und angeprangert worden, ich muss darauf nicht zurückkommen, teile diesen Gesichtspunkt aber voll und ganz. Nichtsdestoweniger bleiben im Mythos von Maria mehrere Momente, die – von seiten der Sublimation und der Wertschätzung der kulturellen Berufung zur Mutterschaft – in dieser Verdrängung nicht aufgehen, die man sich noch nicht hinreichend klargemacht hat und die neu zu überdenken mir wichtig scheint. Da ist beispielsweise der Horror vor der Frau. Die Frau ist eine Figur, die Schrecken erregt, siehe nur die Mythen, Legenden und Gerüchte um Medusa und andere Hexen. Kommt es daher, dass der weibliche Körper, ohne sichtbares Geschlecht, die Vorstellung der Kastration heraufbeschwört? Das ist eine Hypothese, die ernst zu nehmen ist. Oder rührt es von der Macht der Mutter über das Kind her, woher ja auch die Angst vor der mütterlichen Allmacht kommt? Das ist ein anderer wichtiger Aspekt. Von all diesen Momenten habe ich versucht in einer Ausstellung Rechenschaft zu geben, die zu meiner Freude der Louvre mir letztes Jahr zu kuratieren Gelegenheit gegeben hat und die ich dem Motiv der Enthauptung gewidmet habe. Noch vor dem abgeschlagenen Haupt Johannes' des Täufers zeigt uns unsere Tradition die enthauptete Medusa, und viele Bilddarstellungen verweisen uns auf das Bedürfnis, welches das Menschenwesen offenbar verspürt, sich einer bedrohlichen, der Frau zugeschriebenen imaginären Macht zu entledigen. Nun ist die Jungfräulichkeit ein vom Christentum aufgebrachtes Phantasma zur Beschwichtigung der Furcht vor dem Weiblichen. Das hat die weibliche Sexualität und das weibliche Geschlecht insgesamt in Verruf gebracht, aber es hat auch den Künstler beruhigt und dazu ermutigt, nun auch das Antlitz und den Körper der Frau zu malen. Wir sind so zu einer Aufhebung des Tabus über die Darstellung des weiblichen Körpers und des menschlichen Leibes überhaupt gelangt. Hier gäbe es vieles darüber zu sagen, wie die so von ihrer Schuldigsprechung befreite Oralität bzw. das dem Jesusknaben zurückgegebene Recht, an der Brust seiner jungfräulichen Mutter zu nuckeln, etwa auch der ödipalen Beziehung zum Vater das Schuldgefühl genommen und ihre Darstellung freigegeben hat. Eine christliche Kunst aber ohne den Mythos von Maria ist nicht denkbar. Es ist also eine äußerst reichhaltige Dimension, die wir hier im Detail nicht nachzeichnen können; aber ich wollte diese Fährte hervorheben. Außerdem ist da noch das große Problem des unerlässlichen Opfers in der Berufung zur Mutterschaft: dass sie dann auch die Trennung von dem Kind verlangt. Das ist haufenweise Stoff für Klagelieder und weiblichen Masochismus, wie man weiß und beklagen kann. Dennoch bleibt es richtig und wichtig, dass dieses Kind, das ein Teil von mir ist, ein vollberechtigtes eigenständiges Subjekt werden soll. Das Kind ist ein Objekt, sagt man, aber es ist kein erotisches Objekt und kein bloßes Vorstellungsobjekt; es ist das Sublimationsobjekt par excellence, und die Mütter machen das ganz wunderbar und ganz alleine: sie lösen sich von ihrem Narzissmus, weil sie es unter ihrem Herzen getragen haben, das Kind. Ganz von alleine lösen sie sich von der Lust oder auch von dem Hass, den das Kind in bezug auf den Gatten bedeutet; und sie machen aus diesem Liebesobjekt ein autonomes Wesen. Wir stehen hier am Anfang der Beziehung zwischen dem einen und dem anderen. Es ist wirklich ein Wunder, dass ein Individuum soweit kommt, und es sind die Mütter, die es schaffen. Das Christentum hat versucht, diese Sache zu denken. Das Ergebnis: *Stabat Mater* allerorten; das ist ganz außerordentlich! Doch haben wir Laien von heute das Gefühl, daran einen Schatz zu besitzen, und haben wir seine modernen Konsonanzen schon gefunden? Nichts ist weniger sicher als das ...

Man hat von dem Verlust des Heiligen seit der Aufklärung, Diderot, Descartes, Pascal gesprochen. Wie verstehen Sie heute diesen Mangel an Metaphysik, an Transzendenz nicht nur in den Humanwissenschaften, sondern auch in der Politik und im täglichen Leben? Ist es das, was uns fehlt?

Ich würde nicht weiter gehen wollen als Hannah Arendt, so wie ich sie gelesen und, vielleicht nach meiner Fasson, interpretiert habe. Sie wissen, es ist eine der Schlüsselideen ihres Werkes, dass der Totalitarismus, der in einer stalinistischen und in einer Nazi-Version aufgetreten ist, auf zwei Dingen beruht: auf der Zerstörung des Denkens und auf der Zerstörung des menschlichen Lebens. Das sind zwei Phänomene, die man auf verschiedene aber konvergente Weise in den beiden Ausprägungen des Totalitarismus findet. Ist es der Verlust der Transzendenz, der Verlust des Heiligen, der diese doppelte Zerstörung ermöglicht hat? Die amerikanische transzendentalistische Schule sagt, die Säkularisierung, der Verlust Gottes führe zum Totalitarismus. Die Antwort Hannah Arendts ist dagegen sehr subtil: einerseits ist die Säkularisierung eine Bewegung, die zumindest seit dem Mittelalter datiert, also kann man die Greuel der modernen Welt nicht auf die transzendentale Obdachlosigkeit alleine zurückführen; anderseits ist es derselbe Transzendenzverlust, der Horizonte eröffnet und Freiheiten erzeugt hat; und schließlich machen diejenigen, die uns zu Gott zurückkehren lassen wollen, um die Greuel der modernen Welt zu bekämpfen, einen utilitaristischen, ja nihilistischen Gebrauch von Gott. Warum? Weil sie sich Gottes bedienen, als sei er ein Wert. Wir verlieren unsere Werte und finden dafür einen Wert in Gott wieder – nichts könnte nihilistischer sein als dies: das Heilige als einen Wert zu betrachten. Das Heilige, wenn es authentisch ist in dem Sinne, wie ich es aus meiner ästhetischen und psychoanalytischen Erfahrung heraus zu sagen versucht habe, ist die menschliche Unruhe, die Möglichkeit der Sinnbefragung und die Chance, daraus einen Ort permanenter Wiedergeburt zu machen. Aber göttliche, heilige und fingierte Werte in den religiösen Institutionen als Gegengift und Heilmittel für die Sackgassen der Moderne aufbieten zu wollen, ist ein nihilistisches Vorgehen, das das Heilige in seinem starken Sinne verrät.

Sie haben von der Globalisierung gesprochen, und zwar sehr kritisch, vor allem im Hinblick auf die Drohung, mit welcher der fanatische Neoliberalismus der Vereinigten Staaten die Welt überzieht.

Ich bin im Hinblick auf die amerikanische Kultur voller Bewunderung und vorsichtig reserviert zugleich. Voller Bewunderung erfüllt mich ihre Gastfreundschaft, ihre Offenheit dem Fremden gegenüber, ihre Neugier, ihr aufmerksamer Sinn für die Erziehung jedes einzelnen Individuums. Das ist unbestreitbar ein Vorzug und gewisse Momente der Globalisierung gehen auch in diese Richtung: Öffnung der Grenzen, Kosmopolitismus, gesteigerte Information, was uns erlaubt, allseitig zu kommunizieren. Das stellt meines Erachtens einen Gewinn dar, den man nicht verteufeln darf; und das sage ich umso nachdrücklicher, als es zumal in Frankreich sogenannte „souveränistische" Tendenzen gibt, denen zufolge man sich auf Errungenschaften zurückbesinnen solle, die aus dem französischen Jakobinismus stammen und mir sehr regressiv und oft nachgerade verhängisvoll vorkommen. Hinwiederum müssen wir auf der Hut sein vor einer, wie ich sagen möchte, schematischen Militanz, die aus einer bezeichnenden Grundtendenz der amerikanischen Kultur resultiert, nämlich der, sich Elemente der europäischen Kultur anzueignen, um sie in Werte zu übersetzen, die man anderen polemisch entgegenhalten kann. Dabei geht der in Europa gepflegte Sinn für die Debatte, die Infragestellung, die Vertiefung, die wache Sorge verloren. Das wird dort im Nu ein mehr oder weniger computertauglich verrechenbarer Wert, was etwas schrecklich Einschränkendes und Beschränktes hat, das mich immer wieder tief verstört! Und dann gibt es auch in der Globalisierung einen Verrat der kosmopolitischen Idee, denn idealiter müsste die Globalisiserung dem Weltbürgertum von Kant entsprechen, d.h. der Vielfalt der Kulturen, während man doch vielfach eine Auslöschung dieser Vielfalt zugunsten nur einer einzigen Kultur erlebt, die selbstverständlich die amerikanische ist. Wenn es darauf hinauslaufen sollte, so werden wir, glaube ich, nicht wenige sein, uns dieser Tendenz zu widersetzen, um uns vielmehr für eine Idee einzusetzen, die ebenfalls eine von Hannah Arendt verfochtene ist, nämlich die der kulturellen Vielfalt.

Wenn man an Theologen wie Jean Guitton oder den Schweizer Hans Urs von Balthasar oder Jacques Maritain denkt, kann man dann nicht zu der Ansicht kommen, dass die christliche Eschatologie sich mit der Desakralisierung des Christentums gewandelt hat?

Ja, zweifellos... Sie hat sich mit der Desakralisierung gewandelt in dem Sinne, dass man das Göttliche als absolute Instanz in Frage gestellt hat. Insofern das die Tendenz ist, die alle Denkrichtungen der Dekonstruktion verfolgen, ist es doch wohl ein Gewinn. Hingegen scheint mir, dass in dieser Desakralisierung wenigstens zwei Elemente der christlichen Eschatologie sich behauptet haben, die mir wesentlich scheinen, nämlich der Sinn für die Singularität, wie ihn beispielsweise Duns Scotus herausgearbeitet hat, und die Bedeutsamkeit der Geburt als Anfang. Das verlangt vielleicht ein paar Erläuterungen... Unter den starken Behauptungen, die ich an der christlichen Eschatologie festhalten möchte, weil sie mir bereits auf der Suche nach einer modernen Freiheit zu sein scheinen, ist der Akzent, der auf die individuelle Einzigartigkeit gelegt wird. Wir finden das bei Duns Scotus, der, wie Sie wissen, darauf bestanden hat, dass es weder universelle Werte noch eine Nominallogik gibt, sondern dass der einzige Wert in der konkreten Realität jedes Menschen liegt, in der *haecceitas.* Eben diese Singularität zeigt der Akt der Bezeichung auf beispielhafte Weise. Das ist eine Sache, die in der Tradition des Christentums nicht dementiert wird, durch die Desakralisierung hindurch unsere Erbschaft bleibt und die Essenz der Menschenrechte ausmacht. Weiter wäre zu nennen die vom Hl. Augustinus stark gemachte Idee der Geburt als des ontologischen Fundaments der Freiheit. Wenn die Geburt das Grundlegende für die Freiheit ist, nämlich die Möglichkeit zu einem Anfang, so wie jedes Menschenwesen, das zur Welt kommt, die Gattung neu beginnen lässt, so beginne ich hier die Freiheit zu gebrauchen, indem ich einen neuen Schritt mache und tätig werde: ich erhebe mich z.B. von diesem Stuhl oder beginne, einen Roman zu schreiben oder auf Ihre Fragen zu antworten – und alle diese Momente von Anfang sind Wiederholungen der Tatsache, dass ich geboren bin. Dieses Band zwischen dem Akt der Freiheit und dem Geburtsakt verdankt sich im Grunde dem christlichen Inkarnationsmysterium. Ich kann nicht finden, dass dieser Quasi-Wert, den ich nicht Wert, sondern Botschaft des christlichen Erbes nennen möchte, aufklärerisch dementiert worden ist; er ist, wie mir scheint, durch die Entheiligung im Gegenteil affirmiert worden, wenn man sie nicht im Sinne eines platten Atheismus, sondern im Sinne eines interrogativen Denkens versteht.

Sie sagen, dass unsere Moderne einer positiven Definition dessen, was Humanität ausmacht, verlustig gegangen ist. Die Frage: „Was ist Humanität?" stellt sich daher umso prägnanter.

Ja, weil wir dafür eine negative Definition von Humanität haben. Wir sprechen beispielsweise von Verbrechen gegen die Menschlichkeit – und merken dabei plötzlich, dass sie existiert, die Humanität, aber e contrario. Wir haben keine positiven Werte außer den vorhin genannten, und diese stammen aus der Erbschaft des laizisierten Christentums: die Einzigartigkeit des Individuums und die Freiheit der Geburt und damit des menschlichen Beginnens.

Wenn Sie an Teresa von Avila denken, an Octavio Paz und seinen großen Essay über die Liebe oder an Emmanuel Levinas mit seinem Denken an den „Anderen" oder Martin Buber mit dem ‚Ich' und dem ‚Du' – ist Ihrer Meinung nach die Erfahrung der Liebe allemal mit dem Symbolischen, dem Imaginären und dem Realen verbunden?

Ich habe mich intensiv mit der Frage der Liebesbeziehung auseinandergesetzt, weil sie – wie wir zu Beginn unseres Gesprächs feststellten – eine der wesentlichen Gegebenheiten des abendländischen Denkens ist, aber auch weil Freud die Liebe zur Grundlage der analytischen Beziehung gemacht hat: Übertragung-Gegenübertragung – das bedeutet Liebesbeziehung. Also warum ist diese real, imaginär und symbolisch? Wir sprechen hier in Begriffen Lacans, die ich auf meine Weise so aufgenommen habe, dass es zum einen den symbolischen Akt gibt, nämlich den Bundesvertrag, das Sich-einander-Versprechen der beiden Liebenden, zum anderen das Imaginäre, nämlich die Möglichkeit, aufgrund dieses Vertrags freie Reden zu produzieren, die wir aus unseren eigenen Phantasmen schöpfen und denen mitteilen können, die wir lieben, anderen aber nicht, und also einen Raum phantasmatischer Enthüllung unserer selbst an und für den andern innerhalb der Liebesbeziehung, und schließlich drittens das Reale, nämlich die erotische Liebe, die sich entwickelt und irgendwann an ihr Ende kommt, und sei es bis in eine die Liebenden einander konfrontierende Nacht der Aggressivität und Gewalt hinein.

Die Fronten im Kampf um den Positivismus, die sich seit Auguste Comte bis zu Karl Popper im 20. Jahrhundert und Jürgen Habermas heute in der Diskussion um die Wissenschaft und den Prozeß der Erkenntnis verflüchtigt haben, spielen in der Ära der Postmoderne keine Rolle mehr. Was ist an ihre Stelle getreten?

Ich bin nicht sicher, ob ich mit den Ideen von Postmodernismus so viel anfangen kann. Ich glaube zu verstehen, worum es sich handelt, habe aber eher das Gefühl, dass wenn es dabei um die Frage geht, was uns nach dem Durchgang durch einen gewissen sehr puristischen, formalistischen Avantgardismus noch bleibt..., nun, so würde ich sagen, bleibt uns die Reevaluierung der ganzen Tradition als Aufgabe. Ich denke da an ein Satz von Proust, der besagt: „Ein zeitgenössischer Autor ist ganz und gar Autor und er ist nur ein einziger". Also hätten wir von Homer bis Proust insgesamt einen einzigen Schöpfer-Urheber, – das mag recht verwegen und paradox erscheinen, aber es leuchtet mir ziemlich ein, die Vorstellung nämlich, dass die jeweilige zeitgenössische Schöpferkraft eigentlich die ganze Tradition umfasst, indem sie sie analysiert und auf ihre Weise neu schafft. Wir sind von der Vergangenheit ja nicht abgeschitten, man ist nicht vom Himmel gefallen. Eine radikale Infragestellung und Herausforderung muss eine Neu- und Umwertung sein, die ihre Wurzeln kennt; und wenn man das nicht macht, macht man gar nichts.

Wie erklären Sie sich den Ursprung der Sprache in der Evolutionsgeschichte des Menschen – denken Sie an den Paläoanthropologen Levi-Gourhan etwa? Die philosophischen Spekulationen darüber haben nie aufgehört; die religiösen Glaubensvorstellungen schreiben ihren Ursprung der Macht Gottes zu.

Ich kann Ihnen nur sagen, dass die Linguistik in dem Moment ihre Grundlegung gefunden hat, in dem man sich dieser Frage versagt hat. Die Société de Linguistique de Paris hat es in ihre Statuten geschrieben, dass man Sprachwissenschaftler nur ist, wenn man nicht die Frage nach dem Ursprung der Sprache beantworten will; also stellt sich für mich diese Frage ebenso wenig wie irgendeine andere Ursprungsfrage. Hingegen habe ich es als Psychoanalytikerin mit der Frage zu tun, warum die einen Kinder zur Symbolisierungsfähigkeit gelangen, während anderen der Zugang zum Spracherwerb nicht gegeben zu sein scheint. Und hier befinde ich mich zwischen zwei Parametern. Zum einen gibt es den biologischen Parameter, über den man leider nicht besonders viel weiß; man kann lediglich mit guten Gründen davon ausgehen, dass eine gewisse geeignete Naturausstattung dem Erwerb der Symbolisierung förderlich ist und eine andere nicht. Daneben gibt es noch eine Dimension, die Melanie Klein, über die ich zur Zeit arbeite, als erste untersucht hat und die besagt, dass der Mensch, im Widerspruch zu dem, was Freud gesagt hat, nicht nur ein Benutzer, sondern ein Schöpfer von Symbolen ist. Inwiefern? Sie sieht das von der Beziehung des Kindes zu seiner Mutter her, und diese Beziehung verweist sie auf das Weibliche und den Platz, den die Mütter in Kultur und Zivilisation einnehmen, wo sie nicht bloße Gebärerinnen sind, sondern Übermittlerinnen der Kultur. Das ist eine Weise, den anderen – in diesem Fall das kleine Kind – in Sicherheit zu wiegen, ihm Vertrauen einzuflößen und sich zugleich von ihm zu trennen, also auf der Klaviatur von Gratifikation und Schmerzzufügung zu spielen. Melanie Klein hat gerade der Seite des Schmerzes, der Trennung und der Leere große Bedeutung beigemessen, sie hat bezüglich der Symbol-Genese sogar von Depression gesprochen, aber man versteht auch sogleich, dass dieser Kummer und diese Depression sehr moderat sein müssen, so wie auch die Dissonanzen beim wohltemperierten Klavier, auf dass daraus Symbol entsteht und nicht Krankheit. Und die Mütter spielen dabei eine äußerst wichtige Rolle. Eher in dieser Sicht möchte ich mein Forschen situieren, nicht in der Suche nach einem mythischen Ursprung.

22.6.1999
Paris
Übersetzt von Konrad Honsel

„Es beunruhigt mich nicht, ins Nichts überzugehen"

CLAUDE LÉVI-STRAUSS

Claude Lévi-Strauss (1908 in Brüssel als Sohn französischer Eltern geboren) ist eine der interkulturellen Hauptfiguren unserer Zeit, einer der wichtigsten Anthropologen des 20. Jahrhunderts, dessen Einfluss weit über die Grenzen seiner Wissenschaft hinausgeht. Er studiert zuerst Philosophie und erhält seine Aggregation.

Seine Karriere als Ethnologe beginnt 1934, als er sich als Strukturalist bezeichnet und gebeten wird, Soziologie in São Paulo zu unterrichten, wo er bis 1939 bleibt. Er organisiert seine erste Expedition zu den Nambikwara-Indianern von Brasilien, über die er später in *Traurige Tropen* (Suhrkamp, 1978) berichtet. Ab 1939 lebt er in den USA. Während des 2. Weltkrieges trifft er in New York Roman Jakobson, der ihn in Kontakt bringt mit der Strukturalen Linguistik. Ihm wird klar, wie fruchtbar sich das Konzept der „Struktur" auf soziale Fakten anwenden lässt.

1948 kehrt er nach Frankreich zurück und unterrichtet an der Ecole Pratique des Hautes Etudes. Er verteidigt seine den Verwandtschaftssystemen gewidmete Dissertation: *Die elementaren Strukturen der Verwandtschaft* (Suhrkamp, 1981) und markiert so den Anfang des Begriffs von „Struktur" in der Ethnologie. Gleichwohl hat er sich immer dagegen verwehrt nur als ‚Strukturalist' wahrgenommen und bezeichnet zu werden.

1958 veröffentlicht er *Strukturale Anthropologie* (Suhrkamp, 1967). Im gleichen Jahr erhält er die Professur für Sozialanthropolgie am Collège de France. 1962 erscheinen *Das Ende des Totemismus* (Suhrkamp, 1965) und *Das wilde Denken* (Suhrkamp, 1968). Er wendet anschließend die strukturalistische Methode beim Studium der Mythen an. Die *Mythologien* erscheinen in 4 Bänden: *Das Rohe und das Gekochte* (Suhrkamp, 1971), *Vom Honig zur Asche* (Suhrkamp, 1972), *Vom Ursprung der Tischsitten* (Suhrkamp, 1973) und *Der nackte Mensch* (Suhrkamp, 1975).

1973 wird Lévi-Strauss in die *Academie Française* gewählt. In deutscher Sprache erscheint 1977 *Der Weg der Masken* (Suhrkamp). Bis zu seiner Pensionierung 1982 unterrichtet er weiter am Collège de France. Weitere Veröffentlichungen folgen: *Der Blick aus der Ferne* (Fink, 1985), *Die eifersüchtige Töpferin* (Greno, 1987), *Das Nahe und das Ferne* (Fischer, 1989) und *Die Luchsgeschichte: Zwillingsmythologie in der Neuen Welt* (Suhrkamp, 2004).

*

Sie gehen davon aus, dass die abendländischen Kulturen dazu übergehen müssen, von den als „primitiv" bezeichneten Kulturen zu lernen, von ihren Mythen, in denen der Sinn für Religiosität ebenso zum Ausdruck kommt wie die Urkraft der menschlichen Kreativität.

Ich glaube, es sind weniger unsere Kulturen, die dazu aufgerufen sind, als unsere philosophischen und wissenschaftlichen Denkweisen, denn diese haben sich in einer ganz anderen Richtung ausgebildet. Wir müssen ein Verständnis dafür gewinnen, dass der im Mythos verwurzelte Mensch mit seinen charakteristischen Mitteln genau die Fragen stellt und zu beantworten sucht, die auch die unseren sind und deren Klärung wir von getrennten wissenschaftlichen Disziplinen erwarten. Die Beschäftigung mit den Mythen hat in mir die Überzeugung reifen lassen, dass die geistigen Muster: die Ideen, Einstellungen und Neigungen, auf allen Entwicklungsstufen durch eine deutliche Verwandtschaft gekennzeichnet sind.

In Das Wilde Denken *erklären Sie, dass zwischen der archaischen und der modernen Anschauung keine wesentliche Kluft besteht. Folglich haben wir auch nicht das Recht, über diese frühe Welt abschätzige Urteile zu fällen.*

Ich würde nie behaupten, diese sei besser als jene. Doch als westlicher Mensch des 20. Jahrhunderts halte ich den wissenschaftlichen Ansatz, wie er sich im Abendland durchgesetzt hat, für „fortgeschrittener", wenngleich uns das nicht von der Aufgabe entbindet, andere Formen der Wirklichkeit zu erforschen und in die Überlegungen mit einzubeziehen.

Man kann Ihnen also nicht den Vorwurf machen, Sie hätten in Ihrer strukturalen Anthropologie die Konzeption einer chronologisch ablaufenden Geschichte aufgegeben zugunsten eines auf den gesamten Raum projizierten Synchronismus?

Nein, eigentlich nicht. Tief im Innern sehe ich mich als Historiker. Allerdings gehe ich davon aus, dass man die Entstehung und die Funktionsweise einer Ordnung, in der verschiedene Realitäten sich manifestieren, nur zu begreifen vermag, wenn man genau weiß, aus welchen strukturellen Elementen sie zusammengesetzt ist.

Demnach kann man auch nicht behaupten, die „primitiven" Kulturen seien zeitlos oder statisch und die zivilisatorisch fortgeschrittenen Gesellschaften entzögen sich einer anthropologischen Untersuchung, weil sie dem geschichtlichen Prozess unterworfen sind, wie Lévy-Bruhl vermutet hat.

Nein, ganz und gar nicht! Die Kulturen, die wir „primitiv" nennen – und die heute praktisch verschwunden sind –, befinden sich ebenso in der Geschichte, und bei ihnen geschahen viele Dinge – Kriege, Epidemien, Emigrationen – wie die späteren Gesellschaften. Der eigentliche Unterschied liegt darin, dass die einen ein Interesse haben an der Geschichte und bestrebt sind, aus ihr Nutzen zu ziehen, derweil die anderen gewissermaßen bedauern, in der Geschichte zu sein, und sich mit aller Hingabe vorstellen, sie so gut es geht zu überwinden. Aber diese Tendenz kann auch in Gesellschaften mit schriftlicher Tradition vorherrschen, und sie ist nicht das einzige Merkmal, das ihnen ein besonderes Gepräge gibt.

Haben Sie sich je darum bemüht, den Wandel der vorgeschichtlichen Kulturen zu ergründen? War es Ihnen ein Anliegen, die Ethnologie auf die Gegenwart zu beziehen, sie in einen Dialog mit den heutigen Kulturen zu bringen, wie Ihr Freund Michel Leivis dies auch versuchte?

Ich habe nur wenige Untersuchungen durchgeführt, die sich mit unseren Gesellschaften direkt auseinandersetzen. Das geschah während meines Brasilien-Aufenthalts, als ich meine jungen Studenten damit beauftragte, in ihrer eigenen Stadt, nämlich São Paulo, Feldforschungen zu betreiben. Zusammen erstellten wir eine ganze Reihe von Studien zur sozialen Morphologie, von denen sich noch einige Spuren in den Archiven der dortigen Universität finden müssten. In Frankreich habe ich selbst solche Projekte nicht weiter verfolgt, sie aber initiiert und betreut. Das von mir gegründete und geleitete Laboratoire d'Anthropologie brachte umfangreiche Arbeiten über einige Dörfer im Burgund hervor.

Sind die Mythen in Ihren Augen immanente Paradigmen, mit denen sich die Welt erklären lässt, im Sinne des Paläonanthropologen Leroi-Gourhan?

Ich würde nicht von „immanent“ sprechen; das ist ein großes Wort, über dessen genaue Bedeutung man sich erst einmal verständigen müsste. Doch sicherlich stellen die Mythen einen Versuch dar, einige Aspekte der körperlichen und der sozialen Welt zu erklären, indem sie sukzessiv bestimmte Schwierigkeiten, denen die Menschen begegnen, mit bestimmten anderen Ebenen derselben Realität in Beziehung setzen und dabei offenbaren, dass sich auf allen Ebenen in etwa das gleiche abspielt.

Sie haben die Mythen der indianischen Kulturen Nord- und Südamerikas mit der europäischen Gralslegende verglichen. Wie ist das möglich? Kann man derartige Verwandtschaftsstrukturen zwischen räumlich und zeitlich weit voneinander entfernten Kulturen voraussetzen?

Das ist eine schwierige Frage, die sich nicht eindeutig beantworten lässt. Alles weist darauf hin, dass die Vorläufer des homo sapiens, etwa der *homo erectus*, bereits über eine Sprache verfügten und der noch viel ältere *homo habilis* zumindest über gewisse linguistische Formen. Von dieser Periode an gab es wahrscheinlich Mythen, deren Rudimente sehr lange erhalten blieben; es ist daher gut möglich, dass ein paläolithisches Erbe existiert, das sich über die ganze Welt verteilt hat.

Und auch wenn wir uns solcher prähistorischen Spekulationen enthalten, besitzt der Mensch doch ein Gehirn, das überall und jederzeit in ähnlicher Weise funktioniert, weshalb Übereinstimmungen und Querverbindungen zwischen den Denkinhalten durchaus normal erscheinen.

Welche Rolle spielt das Werk Richard Wagners in Ihrer Mythenforschung?

Darüber bin ich mir nicht wirklich im Klaren. Fest steht, dass meine Eltern Wagner verehrten und mich seit der frühen Kindheit mit seiner Musik und seinem Denken vertraut machten. Als ich dann viel später die Mythen untersuchte, fiel mir auf, dass Wagner in der Behandlung der *Nibelungen*-Sage und der *Edda* einen Weg beschritten hatte, der sich von meinem grundsätzlich unterschied. Der poetische Text gibt bereits ein bestimmtes Deutungsmuster vor, während die Musik auf ihrem Register eine fast eigenständige, in sich vollendete Interpretation liefert. Ich hingegen habe zeigen wollen, dass der Mythos eine vielschichtige Struktur besitzt, die man nur erfassen kann, wenn man sie auf mehreren Ebenen betrachtet. Trotzdem hat mir Wagners Methode, literarische und musikalische Auslegung aufeinander abzustimmen, vielleicht unbewusst als Beispiel gedient.

Hat der Mythos in unserer chronometrischen Zeit noch eine Bedeutung, wie Roland Barthes vermutete?

Um physikalische, chemische, meteorologische und andere Phänomene zu erklären, stützen sich die Wissenschaftler nicht mehr auf mythisches Gedankengut. Aber es bleibt auf jeden Fall ein Bereich, der ungefähr den gleichen Stellenwert besitzt wie der Mythos in den archaischen Gesellschaften, nämlich die Geschichte. Die Art und Weise, wie wir sie empfinden und kommentieren, versetzt uns weiterhin in die Lage, die Vergangenheit nachzuvollziehen, die Gegenwart zu begreifen und die Zukunft zu gestalten.

Sollten die Naturwissenschaften nicht auch von einer Metaphysik, ja manchmal sogar von einem Glauben getragen sein, sollten sie sich ihrem Gegenstand nicht mit einer Art poetischem Instinkt nähern, um die Dimension des Menschen und alles Lebendigen im Rahmen der Evolution wirklich zu erhellen?

Über Metaphysik und Glauben kann ich in diesem Zusammenhang nichts sagen. Aber gewiss ist es notwendig, dass wir allen Problemen, zumal denen der Naturwissenschaften, allen Lebewesen, ob menschlicher, tierischer oder pflanzlicher Natur, mit einem Sinn für Ästhetik begegnen. Die Schönheit ist ein Schlüssel zu ihrem Verständnis.

Albert Einstein, der immer wieder auch über das Verhältnis von Wissenschaft und Religion reflektierte, schrieb in seinem 1931 erschienenen Aufsatz Wie ich die Welt sehe: *„Das Wissen um die Existenz des für uns Undurchdringlichen, der Manifesta-*

tionen tiefster Vernunft und leuchtender Schönheit, die unserer Vernunft nur in ihren primitivsten Formen zugänglich sind, dies Wissen und Fühlen macht wahre Religiosität aus... Mir genügt das Mysterium der Ewigkeit des Lebens und das Bewusstsein und die Ahnung von dem wunderbaren Bau des Seienden sowie das ergebene Streben nach dem Begreifen eines noch so winzigen Teiles der in der Natur sich manifestierenden Vernunft."

Ja, ich kenne die Stelle...

Beinhaltet Einsteins Auffassung nicht eine Art Urkodex für die Natur- und Humanwissenschaften?

Ja und nein. Mein Vorbehalt ist der folgende: Ich empfand zwar schon immer einen großen Respekt vor den religiösen Überzeugungen, denen ich mich ja die meiste Zeit meines Lebens gewidmet habe, aber in meinen Augen benennen und konkretisieren sie nur, was der Mensch nicht versteht. Und da er so wenig weiß und demnach ständig ein Gefühl von Unzulänglichkeit in sich trägt, versucht er, diese negative Realität in eine positive zu verwandeln, die er schließlich als „Gott" bezeichnet. Ein solcher Akt gewährt ihm intellektuelle und affektive Befriedigung. Auf der anderen Seite kann ich Einsteins Haltung gegenüber der Komplexität und Schönheit des Universums und der Gesamtheit der Wesen, die uns umgeben, sehr gut nachvollziehen. Jedoch verspüre ich nur vor der einzelnen Blume, dem einzelnen Tier entfernt so etwas, das einige als „Empfindung des Heiligen" apostrophieren.

Für Sie besteht also zwischen Wissenschaft und Glauben kein grundsätzlicher Widerspruch?

Nein; die Erfahrung lehrt uns, dass es hervorragende Wissenschaftler gibt, die zutiefst gläubig sind. Ich allerdings gehöre nicht dazu. Die Vorstellung, einem Glauben anzuhängen, ist mir absolut fremd... Trotzdem fühle ich mich in der Gesellschaft von Gläubigen oft wohler als in der von Rationalisten.

Ah ja? Wie passt das zusammen?

Die Gläubigen haben ein Gespür für das Geheimnis. Sie sehen darin etwas Positives, ich etwas rein Negatives. Aber immerhin erzeugt ihre Einstellung eine Atmosphäre, in der wir uns begegnen können.

Lässt sich die These vertreten, dass der Mensch sich der Algebraisierung aller Lebensbereiche entzieht, dass jede bloße Messung inhuman ist? Auch Sie empfinden doch die quantifizierende, profane Betrachtungsweise, die heute nicht nur die Wissenschaften, sondern auch die Künste und den Alltag dominiert, als eine Bedrohung, auf die bereits Georges Bataille aufmerksam machte im ‚Collège de sociologie' in den 30er Jahren des 20. Jahrhunderts mit Denis de Rougemont?

Ja, obgleich zunächst zu erörtern wäre, welche Konsequenzen sie jeweils hat. Die traditionellen Gesellschaften jedenfalls zeichneten sich insbesondere durch eine authentische Kommunikation aus, die zwischen einzelnen Personen innerhalb einer überschaubaren Gemeinschaft stattfand. Wenn wir dagegen die großen demographischen Veränderungen in Betracht ziehen, welchen die modernen, explosionsartig anwachsenden Gesellschaften ausgesetzt waren, so wird deutlich, dass sich damit auch deren qualitative Komponenten transformierten. Das hat unter anderem dazu geführt, dass die sozialen Beziehungen nicht mehr authentisch sind. Sie werden hauptsächlich von verschiedenen intermediären Instanzen gesteuert, die in der Tat quantifizieren und nummerieren. Man erstellt Statistiken, entwirft Vordrucke, führt Volkszählungen durch usw. Natürlich ist das ein Nachteil, ein Defekt unserer Gesellschaften, der die Kehrseite des manchmal so gerühmten Fortschritts vergegenwärtigt.

Stimmt Sie dieser Verlust, der mit der Vernichtung der ursprünglichen Kulturen einhergeht, nicht traurig, wie dies Clifford Geertz ebenfalls berührte?

Er betrübt mich zutiefst, weil meiner Meinung nach der Reichtum und die Anmut der Menschheit gerade in der Vielfalt der Glaubenslehren, der Sitten, der literarischen und ästhetischen Ausdrucksformen besteht, die sie hervorzubringen vermochte und deren Verschwinden ich aus nächster Nähe miterlebte. Ich tröste mich ein wenig, indem ich mir sage: Einige der traditionellen Elemente werden überdauern. Und: Wenn es in der Natur des Menschen liegt, derlei Unterschiede zu erzeugen, dann wird er sie auch in Zukunft aus seinem Innern schöpfen, allerdings nicht jene, die ich gekannt und geliebt habe. Immerhin findet er sich dann nicht mehr in jenem Zustand der Uniformität vor, als deren Opfer er sich heute zu fühlen scheint.

Sie haben sich in Ihrer gesamten wissenschaftlichen und schriftstellerischen Arbeit auf die kleinen, schriftlosen Kulturen konzentriert, sie in ihrer Authentizität und Menschlichkeit dargestellt und bereits vor 45 Jahren in den Traurigen Tropen vor dem Zerstörungsdrang, der „Monokultur" der westlichen Zivilisation gewarnt. Ist diese infolge der seither noch weiter vorangetriebenen globalen Technisierung nicht im Begriff, die Wahrnehmungsfähigkeit und Sensibilität des Menschen ganz auszulöschen?

Diese Gefahr besteht durchaus. Aber wahrscheinlich wird die Sensibilität andere Mittel finden, sich zum Ausdruck zu bringen, denn die menschliche Spezies existiert seit unvordenklichen Zeiten und hat immer bewiesen, dass die Empfindung zu den wesentlichen Bestandteilen ihrer Natur gehört. Es gibt keinen Grund, warum dies in Zukunft anders sein sollte. Wir erkennen einfach nicht mehr, in welchen Bereichen sich die Sensibilität heute manifestiert, und wir wissen nicht, in welcher Form sie einmal erscheinen wird.

In der künstlerischen Form, in Literatur, Malerei, Film. Und trotzdem, lassen Sie mich insistieren: Führt die auf allen Wirklichkeitsebenen feststellbare technische Homogenisierung nicht zu einem Verlust dessen, was man gemeinhin als die gefühlsmäßige und geistige Verbindung zwischen den Menschen bezeichnet – sowohl in den „peripheren" Kulturen wie auch bei uns, im vermeintlichen Zentrum der Welt?

Gewiss, doch wenn wir über die Bereiche, in denen diese Verbindung zum Vorschein kommmt, sprechen könnten, wären sie eigentlich nicht mehr neu, und wenn in diesem Augenblick neue Bereiche auftauchen würden, hätten wir von ihnen noch keine Ahnung. Sie offenbaren sich in einer Weise, die wir ignorieren oder ablehnen, eben weil sie unseren Gewohnheiten, unserer Erziehung und unserem bisherigen Leben zuwiderläuft.

Wird es demnach in Zukunft einen wahren interkulturellen Dialog geben, oder bleibt er eine bloße Utopie, wie sich dies im Denken Marshall Sahlins' wiederspiegelt?

Ich denke, die interkulturellen Dialoge hat es immer schon gegeben, denn keine Kultur war von den anderen völlig isoliert: Sie pflegten die Kommunikation und den Austausch. Allerdings gestaltete sich dieser Dialog in manchen Epochen intensiver als in der unseren, trotz der Kommunikationsmittel, über die wir heute verfügen. Von der Renaissance bis ins 18. Jahrhundert war das europäische Geistesleben äußerst rege und von allerlei Wechselbeziehungen zwischen den einzelnen Ländern geprägt. Leider hat es einer Pseudo-Philosophie Platz gemacht; der interkulturelle Dialog ist zu einer internationalen Hypokrisie geworden.

Das heißt, elektronische Medien, Internet, Cyberspace sind nicht dazu angetan, den interkulturellen Dialog zu fördern...

Die gegenwärtige Welt leidet nicht unter einem Mangel, sondern unter einem Übermaß an Kommunikation. Die technischen Möglichkeiten, die Sie erwähnen, sind für die Forschung zweifellos von Nutzen, aber für den interkulturellen Dialog eher schädlich.

Sollte man im Hinblick auf das nächste Jahrhundert versuchen, eine weltweit gültige Ethik zu entwerfen, die eine Art Gegengewicht zur vielzitierten Globalisierung auf wirtschaftlichem Gebiet bildet? Oder würde man damit gerade die Pluralität der Kulturen negieren, in denen sich die verschiedenen, durch die Evolution bedingten Charakteristiken des Menschen widerspiegeln?

Ihre Frage hängt unmittelbar mit dem zuvor genannten Übermaß an Kommunikation zusammen. In früheren Perioden war diese aufgrund der räumlichen Distanz zwischen den Kulturen gar nicht so leicht herzustellen, weshalb eine jede ihre eigenen Moralvorstellungen und Bräuche entwickeln konnte, ohne dadurch die anderen zu behindern. Der heutige Mensch hingegen steht vor dem Problem, dass sich andere, fremde Kulturen in seiner Heimat, ja in der unmittelbaren Nachbarschaft niederlassen und dass er sie kaum erträgt. Diesem Unbehagen versucht er zu entfliehen, indem er von einer universalen Ethik träumt, die auf alle Menschen anwendbar ist. Doch sie wäre etwas Künstliches – ganz im Gegensatz zu der gleichsam natürlichen Ethik einer Kultur, die sich im Laufe der Jahrhunderte oder Jahrtausende ausformt und konkrete Normen beinhaltet. Die Menschenrechte etwa waren in der amerikanischen und in der französischen Verfassung genau festgelegt. Zur Zeit entdeckt man ständig neue Rechte, und selbst die Vorstellung von Menschenrechten wird verwässert oder für nichtig erklärt, indem man sie bestimmten Interessen unterordnet. In bezug auf eine universale Ethik würden wir uns wohl auf die Formel einigen, dass alle Menschen das Recht haben, glücklich zu sein. Ein solcher Zustand wäre zwar wünschenswert, aber meiner Meinung nach wird er niemals eintreten.

Einverstanden, aber wie denken Sie dann über den Begriff der Menschenwürde, der nicht nur in der philosophischen Tradition des Westens, sondern auch in den asiatischen Lehren, im Hinduismus, Buddhismus, Konfuzianismus sowie in den südamerikanischen Kulturen einen hohen Wert besitzt?

Für mich bezeugt sich die Würde des Menschen prinzipiell darin, dass er ein lebendiges Wesen ist; wenn ihm infolgedessen gewisse Rechte zukommen, so unterscheiden sie sich nicht von denen anderer lebendiger Wesen. Aus dieser Perspektive müssen wir die Probleme betrachten, mit denen er jetzt konfrontiert ist. Denn sobald er sich als isolierte Einheit gegenüber dem „Rest der Schöpfung" begreift – der Einfachheit halber benutze ich diesen Ausdruck – , tun sich eben jene Abgründe auf, die wir überall vor Augen haben und die sich bis ins Innerste der Menschen selbst erstrecken.

Hat der moderne Mensch nicht viel zu verlieren, wenn er sich aus der natürlichen und der kosmischen Ordnung löst? Kann sein Diesseits ohne eine Vorstellung vom Jenseits überhaupt bestehen, eine Frage, die auch Georges Dumézil beschäftigte?

In der Tat muss sich der Mensch in jedem Augenblick als Teil der kosmischen Ordnung empfinden, und ich glaube, dieses Gefühl führt ihn auf den Weg der Weisheit. Zugleich aber ist zu bedenken, dass sich die kosmische Ordnung auf mehreren Ebenen bekundet, also auch in den zyklischen Rhythmen, die durch Sonne und Mond vorgegeben sind, die bei uns Wachsein und Schlaf aufeinander abstimmen und die organischen Funktionen regulieren. Außerdem ist die für die Reise zum Mond notwendige Zeit ein Aspekt der kosmischen Ordnung. Deshalb kann man nicht sagen, der Mensch sondere sich völlig von ihr ab. Vielmehr bewegt er sich von der einen Ebene der kosmischen Ordnung auf die andere.

Somit halten Sie die Eroberung des Weltraums für einen weiteren konstruktiven Schritt in der Evolution der Menschheit?

Ja, mir erscheint er interessant und wichtig, obwohl man ihn auch nicht überbewerten darf. Die Reise zum Mond oder zum Mars findet im relativ kleinen Umkreis der Erde statt und hat angesichts der kosmischen Entfernungen, die sich nach Milliarden von Lichtjahren bemessen, keinerlei Bedeutung. Was im Hinblick auf unsere Geschichte als ein großes Ereignis erscheint, verflüchtigt sich rasch in der Weite siderischer Räume.

Die Existenz des Menschen steht im Zeichen des Todes und der Frage, was ihn danach erwartet, im Sinne von Phillipe Ariès und Edgar Marin mit ihren großen Arbeiten über den Tod. Die Naturwissenschaften geben ihm darauf keine Antwort. Wie kann er mit diesem drohenden Nichts fertig werden?

Sie sprechen mit jemandem, der das 90. Lebensjahr überschritten hat, der dieser Grenze, auf die Sie anspielen, sehr nah ist. Ich gestehe, dass der Gedanke, ins Nichts überzugehen, mir zwar nicht behagt, mich aber auch nicht beunruhigt.

Die Liebe, die Metaphysik der Liebe, vermag sie dem Leben einen Sinn zu verleihen?

Ich weiß es nicht. Ich bin fest davon überzeugt, dass das Leben keinen Sinn hat, dass nichts irgend einen Sinn hat. Wenn Sie mich mit religiösen Vorstellungen in Verbindung bringen wollen, was ja wohl Ihre Absicht ist, dann erwidere ich Ihnen, dass ich nur zu einer großen Religion eine Affinität fühle, nämlich zum Buddhismus.

Zum Buddhismus?

Ja. Zum einen, weil er keinen persönlichen Gott kennt, zum andern, weil er die Auffassung vertritt oder weil er zulässt, dass es keinen Sinn gibt, dass in der Abwesenheit des Sinns, im Nicht-Sinn, die letzte Wahrheit liegt. Diese Art von Glauben kann ich ohne weiteres akzeptieren.

Paris, 12.01.1999

Redaktionell bearbeitet und übersetzt von Jochen Winter

„Ein Bettler strahlt entschieden mehr Würde aus..."

FEDERICO MAYOR

Federico Mayor Zaragoza (1934 in Barcelona geboren) war Generaldirektor der Unesco von 1987-1999. Unter seiner Leitung entwickelte sie ihr Programm „Culture of Peace“. Er erwirkte, dass die Generalversammlung der Vereinten Nationen das Jahr 2001 zum „Internationalen Jahr für eine Kultur des Friedens“ erklärte, und er unterstützte die Initiative, die es zustande brachte, dass die Vollversammlung der Vereinten Nationen am 10. November 1998 das erste Jahrzehnt des 3. Jahrtausends zur „Internationalen Dekade für eine Kultur des Friedens und der Gewaltfreiheit für die Kinder der Welt“ proklamierte. So war er dann auch Mitglied des Schirm- und Unterstützungskomitees zur Internationalen Koordination der diesbezüglichen Initiativen wie der 1999 von demselben Gremium angenommenen „Declaration and Programme of Action on a Culture of Peace“. Der promovierte Pharmazeut wurde 1963 als Professor für Biochemie an die Universität von Granada und später an die Freie Universität von Madrid berufen. Durch seine Arbeiten zur Molekularbiologie und besonders zum Hirnstoffwechsel von Neugeborenen hat er sich internationale Anerkennung erworben. In dieser Zeit legt er auch die Grundlagen für einen nationalen Präventionsplan zur Vorbeugung gegen mentale Entwicklungsstörungen. Vor seiner Ernennung zum Generaldirektor der Unesco war Federico Mayor spanischer Minister für Erziehung und Wissenschaft und auch Abgeordneter des Europaparlaments. Außerdem hat er vier Gedichtbände und mehrere Essays veröffentlicht. Nach seinem Verzicht auf eine dritte Amtszeit an der Spitze der Unesco gründete Professor Mayor im Jahre 2000 die „Stiftung für eine Kultur des Friedens“, deren Präsident er ist.

*

Ist in unserer Zeit schon eine „Weltinnenpolitik" – im Sinne von Carl Friedrich von Weizsäcker – möglich geworden? Und wenn sie wünschenswert wäre, ist sie auch im Begriff, von einer multipolaren Welt auf den Weg gebracht zu werden?

Meiner Ansicht nach leben wir leider in einer genau entgegengesetzten Situation. Nach jenem wunderbaren Augenblick des Zusammenbruchs der Sowjetunion haben wir geglaubt, der Moment der Reflexion sei gekommen. Wir haben geglaubt, in der Wirtschaft neue Wege beschreiten zu können, die insbesondere die sozialen Aspekte der Entwicklung der Welt tangieren würden. Doch ach, solche Weltinnenpolitik, wie Sie sie evozieren, ist dem Markt überlassen worden. Länder, die lange Jahre hindurch in Schweigen und Dunkelheit verharren mussten, haben geglaubt, nun würde der helle Tag anbrechen und ihre Stimme gehört werden. Als sie der Schreckensherrschaft entronnen waren, meinten sie, von einer demokratischen Weltgemeinschaft in Empfang genommen zu werden. In Wirklichkeit sind sie von den Geschäftsleuten in Empfang genommen worden, von den Akteuren jener ihnen so vielgepriesenen Marktökonomie, die sie sich dann zur Brust genommen haben, wie Geschäftleute zu tun pflegen.

Zehn Jahre später ist nirgendwo, weder auf der gesellschaftlichen Ebene noch auf der der Demokratie, mehr ein Korrektiv in Sicht, das diesen Proliferationsprozeß der Marktwirtschaft steuern könnte. Es ist die gleiche Sache mit den asiatischen Tiger- oder Drachenstaaten, die nichts von Raubtieren an sich hatten. Das war doch nur Make-up. Die Kapitalien kamen von draußen, die Aktionäre kamen von draußen, es war alles andere als eine weltweite Innenpolitik, sondern vielmehr eine durch gewisse Länder von außen aufgedrungene und durchgesetzte Politik.

Deswegen sollte man es m.E. besser bleiben lassen, von Globalisierung zu sprechen. Dieser Begriff ist eine Falle. Einige global players wollten mit dem Instrument der Marktwirtschaft sich die Welt schlicht unter den Nagel reißen. Viele Länder sind derart in der Tat bereits „globalisiert“, will sagen: sie haben keinen offenen Horizont, keinerlei Aussicht, sich freizumachen und flügge zu werden, vor sich. An der Schwelle des dritten Jahrtausends ist nichts wirklich global geworden außer der Armut.

Dagegen bemühen sich einige führende Köpfe in der Welt nun um einen Neustart über einen sogenannten dritten Weg, unter ihnen Staats- oder Regierungschefs so verschiedener Länder wie Brasilien mit ihrem Präsidenten Cardoso, das England Tony Blairs, auch das Italien Romano Prodis und das Deutschland Schröders. Diese Staatenlenker teilen eine gewisse soziale Vorstellung von Marktwirtschaft.

Ich war neulich in Togo und im Niger, wo mir vor allem ein von der Lepra befallenes Dorf nicht aus dem Kopf geht. Ich habe mir gesagt, dass wir verrückt sein müssen, immense Summen für die Erforschung des Weltraums auszugeben (und ich bin doch selber ein Mann der Wissenschaft). Ich verkenne auch nicht die großen nutzbringenden Kenntnisse, die wir aus dieser Forschung ziehen können; aber ich kann auch diese bodenlose Armut nicht vergessen, diese Leute, die an Malaria, an Aids dahinsiechen und kein Geld haben, sich Medikamente zu besorgen. Und ich glaube, dass wir bald den Preis für die Hinnahme all dieser Übel bezahlen müssen. Wir können uns verschanzen im Elfenbeinturm des Nordens, soviel wir wollen; der Preis wird hoch sein.

Der Historiker Paul Kennedy von der Universität Yale hat aufschlussreiche Bücher über den Aufstieg und Fall der großen Mächte geschrieben. Was werden wohl die Großmächte des neuen Milleniums sein?

Von einem Beobachtungsposten, wie ich ihn bei der Unesco innehatte, kann man gut erkennen, dass es kein triftiges Band gibt zwischen der Ausdrucksmacht und der alles beherrschenden Supermacht, zumal wenn diese sich in militärischen und ökonomischen Begriffen darstellt und versteht. Es gibt keine Korrelation zwischen der Begabung und Kreativität hier und der Macht da. Die besten Ideen können in sehr kleinen Ländern zu Tage treten. Man muß es deshalb den Supermächten in Erinnerung bringen, dass kein Land so groß ist, dass es nicht das Einstecken von Lektionen gewärtigen müsste, und auch kein Land so klein ist, dass es nicht das Zeug hätte, Lektionen zu erteilen.

In den angeblich peripheren Ländern, in denen das Bedürfnis nach Spiritualität und die Notwendigkeit empfunden wird, zum Leben mehr zu brauchen als allein die Rationalität des abendländischen Logos *– droht dort die technische Zivilisation das einheimische Reservoir an Würde nicht auszutrocknen, wie sich zum Beispiel Maxime Rodinson gefragt hat?*

In der Tat: was die Technik in Gang und ins Licht setzt, setzt das persönliche Leben zurück. Ich finde, und sage es hier gerne noch einmal, dass wir vor allem Zuschauer geworden sind, geführt von Bildschirmen, ob beim Fernsehen, am Computer oder vor der Videospielkonsole; so werden wir immer mehr zu passiven Empfängern und hören auf, Akteure zu sein. Wenn wir hingegen ein Buch lesen, üben wir eine wesentliche Fähigkeit und Tätigkeit aus: die eines Koautors im beständigen Dialog mit dem wirklichen Autor. Unser Einverständnis hier, Nicht-Einverständnis da mit diesem oder jenem Satz, dieser oder jener Passage bilden ein konstruktives und schöpferisches Denken. Diese kreative Ader ist ein kennzeichnender Wesenszug der Menschen. Die Technik verdunkelt ihn.

Der Mensch hat das Bedürfnis, neues zu erfinden, zu entdecken, zu träumen und über die vorhandene Realität hinauszugehen. Ich bin Wissenschaftler, aber ich bin auch ein Gläubiger, nämlich in dem Sinne, dass ich auf die wesentlichen, die immateriellen, spirituellen Fragen gerade keine wissenschaftlichen Antworten finde. Doch ich bin ein heterodoxer Gläubiger, denn ich hänge nicht an Zeremonien, Ritualen oder Liturgien. Und wenn ich mir die essentiellen Fragen stelle, auf die ich keine Antworten habe, so habe ich dennoch klare und allgemeinverbindliche Werte. Diese Werte bekräftigen zugleich unsere unendliche Verschiedenheit und die Einzigartigkeit jedes Menschen im Lauf seiner Existenz. In jedem Augenblick des Lebens ist ein jeder biologisch, gesellschaftlich und kulturell einzigartig. Diese Einmaligkeit in der pluralen Verschiedenheit macht unseren Reichtum aus, und die universellen Werte halten diese verschiedenen Einzigartigkeiten zusammen. In diesem 50. Jahr ihres Bestehens bezeichnet die Allgemeine Erklärung der Menschenrechte den moralischen Horizont der Menschheit, und in dieser Einheit liegt unsere Stärke.

Man fragt sich, von Giordano Bruno bis Sigmund Freud, wo die Quelle des Bösen in der Menschengeschichte zu suchen ist.

Die Lektüre des Buches der Geschichte beweist klar, dass die dominierenden Kräfte in der Geschichte immer noch Gewalt und Krieg sind. Deshalb habe ich im Rahmen der Unesco vorgeschlagen, die Geschichte zu entwaffnen bzw. die Geschichtsschreibung abzurüsten. Wir haben in einigen Ländern damit auch schon begonnen. Und zwar suchen wir klarzumachen, dass gewisse entscheidende Wendepunkte der Geschichte nicht durch die Macht, durch militärische Gewalt entschieden worden sind, sondern durch den Intellekt, durch die Denker, die Philosophen. Ich bin Katalane, und habe daher ein sehr wachsames Auge auf gewisse Definitionen. In der Geschichte hat es mächtige Handels- und Kriegervölker gegeben; aber, was wir heute bewundern, das ist die Dialektik und die Denkweise. Das alte Griechenland ist uns immer noch nahe, weil es die Demokratie erfunden hat, dieses Regierungssystem, in dem die Stimme des Volkes die bestimmende Stimme in einem Land wird. Und in Spanien stellen wir nach Jahrhunderten von Königen, Schlachten und Mächten fest, dass die spanische Geschichte eigentlich von Malern, Schriftstellern und Philosophen geprägt worden ist.

Letzten Endes sind es also die Menschen von Geist, die die Geschichte machen. Und so würde ich heute den Mächtigen gerne sagen: Ihr habt genug Unglück angerichtet in den letzten Jahrzehnten. Räumt euren Platz also lieber den Denkenden, damit Maßnahmen getroffen werden, die wirklich auf die für die Menschen zählenden Werte gegründet sind.

In den archaischen oder traditionellen Kulturen – im alten Ägypten, Mesopotamien, Griechenland und Babylon wie bei den Inkas und den Azteken – nimmt das Erzählen von Mythen einen zentralen Platz ein. In der modernen Welt ist diese Mythologie verloren gegangen; und doch hat sich die Vorstellung durchgesetzt, dass der Mensch ohne Mythen im Grunde nicht leben kann. Welche wären denn die neuen Formen von Mythenerzählung, die der Mensch des 21. Jhs. wohl brauchen könnte?

Nach meinem Dafürhalten ist der Mythos nicht das wichtigste. Die grundlegenden menschlichen Werte sind diejenigen, die Interaktion und Interrelation, also Zusammenwirken und Beziehung untereinander ermöglichen. Diese spannungsvolle Empathie, dieses Mitfühlen verkörpert sich m.E. in den Grundwerten der Solidarität, der Großzügigkeit, der Liebe, der Gleichheit. Diese Werte sind keine eitlen Luftblasen. Es sind metaphysische Werte, denn sie gehören zu dem, woran wir glauben. Diese Glaubensinhalte sind nicht beweisbar. Wenn man sie beweisen will, hört man auf, sie zu glauben, denn dann baut man auf das Ergebnis eines Experiments.

Der Mythos betrifft die Menschen von heute nur noch zum kleinen Teile. Selbst in dem afrikanischen Dorf, das ich neulich besucht habe, haben die Einwohner keine Zeit mehr, um sich mit Mythenerzählung abzugeben, wie das vordem gewiß der Fall war. Sie kümmern sich einfach bloß ums Überleben. Der kleine Teil, der noch gewisse Mythen pflegt, sind wir. Wir nähren den Mythos der Entwicklung, den Mythos der Wissenschaft o.ä. Dieser kleine wohlsituierte

Teil der Menschheit, diese hauchdünne Schicht der Menschengattung setzt sich anscheinend vorwiegend aus dynamischen jungen Leuten zusammen, die einer Konstellation materieller Mythen anhängen, ohne ihrer so recht froh zu werden. Um lieben zu können, muß man geträumt haben. Man kann nicht lieben, was man sich nicht zuvor erträumt hat. Man muß erst den Kampf träumen, wenn sein Gelingen glücklich machen soll. So ist man umso näher dem Herzen seines Lebens, je voller man in das, was es bewegt, eingetaucht war. Wenn einem all diese Dinge hingegen aufgrund seiner Wohlsituiertheit zufallen, sind sie Teil eines materiellen Mythos der unmittelbaren Wunscherfüllung. Was derart unmittelbar erlangt wird, entbehrt der Wertschätzung. Der Wert des Mythos ist also eigentlich der Wert des Traums, d.h. des Kampfes, den man ausgefochten hat, um das Ersehnte zu erlangen.

In dem afrikanischen Dorf, von dem Michel Leiris in Phantom Afrika *spricht, sind die Menschen noch fähig zu fühlen. In unserer bis zum Äußersten rationalisierten Welt, ist uns die Verbindung zur eigenen Gefühlswelt weithin verloren gegangen. Unsere westliche Welt ist ein gefühlsentleertes System geworden. Aber kennt die Menschenwürde nicht sehr verschiedene Formen, je nachdem, ob man in einer hochtechnisierten oder in einer traditionellen Gesellschaft lebt? Gibt es da noch eine allgemeinverbindliche menschliche Ethik?*

Im Grunde findet man viel mehr Menschenwürde bei einem Bettler als bei denen, die soviel besitzen, dass sie dessen gar nicht mehr gewahr oder gar froh werden. Das Schlüsselwort ist: miteinander teilen. Wir müssen die Welt mit andern teilen und uns ihnen mitteilen können. Und zwar müssen wir besser teilen lernen wegen der ungeheueren Asymmetrie, die die Welt in Spannungen versetzt und Gewalt hervorruft, vielleicht gar einen neuen Weltkrieg. Ein Ausspruch – von ganz unten, aus der dritten Welt? – fasst es m.E. prägnant zusammen: „Vordem haben sie uns mit Waffen getötet, heute töten sie uns dadurch, dass sie uns vergessen und totschweigen.“ Man muß begreifen, dass all diese vielen Leute da sind, ohne dass jemand weiß oder wissen will, was sie durchmachen, unter was für Bedingungen sie leben müssen. Wenn wir es wüssten, wenn wir von ihrer Lage wirklich persönlich berührt wären, so würden alle unter uns, die Gläubige sind, statt nur in die Kirche zu gehen, ihre Weigerung kundtun. Sie würden sich weigern, wieder in die Kirche zu gehen, solange sie nicht ein wirkliches Teilen auf den Weg gebracht hätten. Teilen ist nicht: geben von dem, was man im Überfluß besitzt. Teilen heißt vielmehr: denen, die es brauchen, von dem Seinen geben, weil es Menschen sind, frei und gleich wie wir. Teilen heißt, gewahr zu werden, dass die Wahrheit der Andere ist.

An dieser Jahrtausendwende sind wir mit mächtigen religiösen Fundamentalismen konfrontiert – nicht nur im Islam, sondern auch im Hinduismus und selbst im Buddhismus und den protestantischen Organisationen Nordamerikas. Handelt es sich dabei nicht um Reaktionen auf die technische Homogenisierung der Welt, die Miene machen, sich zu einer gefährlichen Form von Antimodernismus oder sogar Terrorismus zu entwickeln?

Das ist eine Sache der Ausgrenzung. Auch wir Saturierten sind auf unsere Art gewalttätig, denn wir finden uns ab mit der Armut der andern, und auch die Armut ist eine Form von erlittener Gewalt. Die auf der Straße lebenden Kinder – sind sie nicht Symptome einer Form von Gewalt? Die Tausende und Abertausende von Obdachlosen selbst in den reichsten Ländern der Welt – sind sie nicht Ausdruck einer Form von Gewalt und Ausgrenzung? Wir müssen also vorsichtig sein, wenn wir von Fundamentalismus sprechen. In meinem Land haben wir einen gewalttätigen Extremismus, der nicht religiös begründet ist, sondern auf nationalistischen Ressentiments. Für mein Gefühl stellt jede Einstellung, die man anderen aufnötigen will, eine Form von Fundamentalismus dar.

Unsere Welt der Reichen kennt auch einen Fundamentalismus des Geldes. Denn ist der Materialismus des Geldes nicht der Fundamentalismus des Westens und insbesondere der USA?

Alles, was man den anderen aufnötigt, ist eine Form von Gewalt. Diese unmittelbar physische Gewalt braucht gar nicht als solche in Erscheinung zu treten. Nehmen wir etwa die paradoxe Situation der jungen Leute, die Drogen nehmen und sich damit in wirklich pathologische Lagen bringen. Aber es sind doch nicht weniger mit Empfindungsvermögen begabte Wesen, die es umso mehr nötig haben, dass man sie entsprechend behandelt. Es waren ganz normale Individuen, die, in Abhängigkeit von Drogen oder Alkohol geraten, unbedingt auf gewisse medizinische Fürsorge angewiesen sind. Doch lässt man ihnen diese Hilfen angedeihen? Lassen wir, Hand aufs Herz, Ihnen wirklich die Aufmerksamkeit, Hilfsbereitschaft und Zuwendung zukommen, deren sie bedürfen? Tatsächlich wohl kaum.

Aus diesem Grunde sehe ich es ungern, wenn man die Länder der Dritten Welt als fundamentalistisch einstuft. Schließlich pflegen wir unsere eigenen Fundamentalismen. Oder nehmen wir in unserer Umwelt, in den Straßen unserer reichen, properen, imposanten Städte, nicht achselzuckend das Los all dieser am Existenzminimum vegetierenden Obdachlosen hin?

Wir von der Unesco sagen: Wenn wir den Frieden wollen, müssen wir es mit den Wurzeln der Konflikte aufnehmen. Packen wir die Aggression und Gewalttätigkeit also an der Wurzel an! Was aber sind diese Wurzeln? Die Ausgrenzung ist sicherlich die allerwichtigste von ihnen. Wie könnte man sie ausschalten? Wir sollten diese Frage zweifellos in enger Abstimmung mit den Verantwortlichen in Politik und Gesellschaft angehen, um bei all diesen Individuen eingreifen zu können, die aufgrund ihrer religiösen oder nationalen Überzeugungen, sich berechtigt glauben, auf die ihnen angetane Gewalt ihrerseits mit Gewalt zu antworten.

Im Rahmen ihrer Kompetenzen und Möglichkeiten kann die Unesco diesen Menschen Erziehungsmaßnahmen vorschlagen, die ihnen in ihrer Kindheit oder in ihrer Jugend verwehrt waren, um ihnen zu zeigen: Der Zug der Erziehung, den ihr seinerzeit nicht habt kriegen können, soll nicht für immer für euch abgefahren sein. Ihr könnt ihn hier immer noch kriegen, es ist nicht zu spät. Und dasselbe sollten wir auch den Outcasts und zu-kurz-Gekommenen unserer Gesellschaft sagen, indem wir ihnen neue Wege eröffnen, wodurch wir erst glaubhaft machen, dass sie unter diesen aussichtslosen Bedingungen nicht länger leben müssen, sondern ihre Menschenwürde wiedererlangen können.

Samuel Huntington hat jene berühmte These vom Zusammenprall der Zivilisationen *lanciert, die einen angemessenen Begriff vom notwendigen Dialog zwischen den Kulturen vermissen lässt. Damit schreibt er gewissermaßen dem islamischen Fundamentalismus die Rolle zu, die einst die Sowjetunion spielte. Wie stehen nach dem Ende des Kalten Krieges nun die Chancen für einen solchen Dialog zwischen den Kulturen?*

Ich finde, dass Huntington damit eine Provokation vom Stapel gelassen hat. Ich kann einfach nicht glauben, dass er das ernst gemeint hat. Aber sicherlich hat er eine Menge Reaktionen, Abstreitungen und Widerspruch hervorgerufen. Die Kritiken haben gar schneeballartig zugenommen. Vielleicht hat er es darauf angelegt, auf die erdrückende Zurückweisung seiner These. Jedenfalls würde ich diese Deutung vorziehen.

Aber er ist nichtsdestoweniger ein renommierter Professor der Politikwissenschaften, der dem amerikanischen Establishment nahesteht und als offizieller Berater des Weißen Hauses gewirkt hat. Hätte er wohl als Anthropologe oder Philosoph auch soviel Gehör gefunden?

Ich bin geneigt mir vorzustellen, dass die Falken ebenso intelligent sind wie Huntington. Der Unterschied zwischen jenen und ihm ist der, dass er eine Theorie in die Welt setzen und ruhig abwarten kann, welche Reaktionen sie wohl auslöst. Die Falken hingegen, die solche Töne von sich geben, prägen mit den von ihnen getroffenen Wahlen die tatsächlich betriebene Politik, und ihre Entscheidungen sind nicht bloß theoretische. Deren Realitätsmächtigkeit ist so stark, dass wir zum Ende der Präsidentschaft Clintons, des Demokraten, republikanische Falken hatten, die seine Entscheidungen im wesentlichen bestimmten.

Das Phänomen Huntingtons ist vom selben Schlag wie das seines Schülers Fukuyama, dieses Professors, der nach dem Fall der Berliner Mauer das Ende der Geschichte prophezeite. Damals habe ich spontan mit der Veröffentlichung eines Artikels reagiert, in dem ich mich, kurz gesagt, weigerte, dieses kapitale Ereignis für den Exitus der Geschichte zu halten, sondern vielmehr den Vorschlag machte, es als ein Signal für das Ende bzw. zur Beendigung der Kriege, der Unterdrückung und also der Geschichte als Machtgeschichte zu verstehen. Dieser Geschichte als Machtspiel möchte, hoffte ich, die Humangeschichte im eigentlichen Sinne folgen, die gegründet wäre auf unsere immense Fähigkeit zum Sprechen, Denken und Dialogisieren, d.h. Miteinander-Reden.

Diese Fähigkeit ist nicht gleichbedeutend mit Gelehrigkeit, um nicht zu sagen: Gefügigkeit. Ich hasse Dozilität, denn sie erstickt schon im Keim jede Möglichkeit, irgendetwas von Belang in die Tat umzusetzen. Weit entfernt, solcher Willigkeit als Folgsamkeit das Wort zu reden, sprach ich mich vielmehr für Perseveranz aus: für Beharrlichkeit in der Fähigkeit zu denken und im Zeitigen der Früchte, die ihr Gebrauch verspricht, auf dass wir unsere Stimme hören lassen und vernehmen, weil unserer Zukunft davon abhängen dürfte.

Wir sind in Afrika, in Asien und in Lateinamerika heute Zeugen einer fortschreitenden Auslöschung der aus den archaischen Kulturen stammenden Traditionen. Die vorausgegangenen Jahrhunderte verschwinden in der virtuellen Welt. Ist diese technische Homogenisierung der Welt nicht eine grundstürzende Bedrohung für die kulturellen und literarischen Identitäten vieler Nationen auf der Erde?

In mancherlei Hinsicht wird heute überall, zumal in der Berichterstattung der Medien, eine recht uniforme Sprache gesprochen. Dennoch bin ich nicht gerade optimistisch, aber einigermaßen hoffnungsvoll, denn man kann bereits eine Reaktion auf diese Erscheinung beobachten. Die Unesco hat sich medienwirksam und erfolgreich für die Rettung des Tempels von Abu Simbel vor den Wassern des Assuan-Staudamms eingesetzt. Auch noch für andere Monumente aus Stein. Wie Sie wissen, ist das Profil der Sphinx von Gizeh mit der Zeit verwittert. Und doch erkennen wir in ihr immer noch die Züge des Königs, dessen Porträt sie darstellt. Den Mitgliedern der Unesco ist auch klar geworden, dass Denkmäler weniger fragil und weniger verwundbar sind als Menschen. Aus diesem Grunde hat sie sich vorgenommen, sich in Zukunft zumal für den Schutz der Menschen einzusetzen.

Unser Erbe ist vor allem immaterieller und spiritueller Natur. Auch genetischer. Und so hat die Unesco eine allgemeine Erklärung über das menschliche Genom und die Menschenrechte vorbereitet, die inzwischen von der Generalversammlung der Vereinten Nationen angenommen worden ist. Damit haben wir einen ganz entscheidenden Schritt getan, denn von daher können wir sozusagen den Begriff eines ethischen Erbes destillieren. In diesem Werk der Bewahrung des immateriellen Erbes stellen die Sprachen das Element dar, aus dem sich diese immense Verschiedenartigkeit zusammensetzt. Diesen Reichtum müssen wir schützen. Letztlich müssen wir die Vielfalt der Kulturen vor der drohenden Uniformierung in Schutz nehmen. Angesichts dieser Gefahr ist es wichtig, wohlüberlegt die richtigen Wahlen zu treffen: Was muß in erster Linie geschützt werden, um diese Verschiedenartigkeit zu erhalten? Die Hochmögenden und Macher dieser Welt, die sich auf das Verkaufen und Ankaufen von allem Möglichen verstehen, müssen dafür gewonnen werden, in diese Verteidigung der Kultur in ihrer Vielfalt zu investieren.

Von Alexis de Tocqueville bis zu John Locke, von Jefferson bis Hamilton und Thomas Paine, von der Französischen Revolution bis zur Amerikanischen Verfassung beruhte die gesamte Geschichte der okzidentalen Auffassung vom Menschen auf der Freiheit des Individuums auf dem ‚Possessive Individualism' von John Locke, der Naturrechtslehre mit ihrem Eigentumsbegriff. Im konfuzianischen China, im Hinduismus und Buddhismus hingegen ist die Auffassung von Freiheit und Individualität eine andere. Hat der Westen von diesen Kulturen hinsichtlich der Freiheiten und des Individuums noch etwas zu lernen?

Die Freiheit ist das Eingangstor für alle anderen geistig-spirituellen Dimensionen. Wo es keine Freiheit gibt, wo der Fatalismus regiert, da hat in meinen Augen die Menschlichkeit ihr Recht verloren. Deshalb leben wir halb im Licht, halb in der Finsternis. Diese Teilung ist permanent, und eben in ihr liegt die Freiheit. Der Mensch möchte zugleich glauben und nicht glauben, erst weiß sehen und dann schwarz sehen, und in diesem prekären Gleichgewichtsspiel trifft man endlich seine Entscheidungen: vorurteilslos, freimütig und zwanglos. Die Freiheit ist wesentlich in Kraft, wenn sie einem erlaubt, sich auszudrücken und die Früchte seiner gelebten Erfahrung, seines Denkens und seines Vorstellungsvermögens mitzuteilen.

Nach Jahrhunderten der Säkularisierung, nach Aufklärung, Utilitarismus und Pragmatismus hat der Okzident auf dem Wege von Jeremy Bentham bis John Dewey den Sinn für das Heilige anscheinend verloren. Findet diese Dimension des Heiligen irgendwann irgendwo vielleicht zu einem neuen Aufgang? Kann der Mensch ohne das Heilige leben?

Übertreibung von Säkularisierung hier und Ausbleiben von Säkularisierung da stellen symmetrisch sich entsprechende Risiken dar. Die Evolutionen verlangen Willens- und Urteilsfreiheit, die Freiheit zu einem eigenen Lebensentwurf und zum Eingehen von Bindungen. Es hat Zeiten gegeben, in denen der Staat den Anspruch erhob, sakrosankt zu sein und den Bürgern gewisse Denk- und Glaubenshaltungen aufzuprägen. Nun aber ist die Wahl der Religion und der Glaubensüberzeugung Sache des Individuums, ist sie die Antwort jedes Einzelnen auf das Mysterium und die letzten Fragen. Heute erleben wir anscheinend eine gegenläufige Bewegung. In einem gewissen Stadium unserer okzidentalen Geschichte brach sich eine Reaktion gegen das Auferlegte Bahn. Diese Reaktion zielte darauf ab, aus dem Menschen eine voll und ganz eigenständige, auf seine Art vollkommene Person zu machen. Zu Zeiten der Inquisition war allein Gott vollständig und vollkommen. Erinnern wir uns an den Dialog Galileis mit Kardinal Bellarmin und dessen Vorschlag an den Gelehrten, die Rede zu halten, mit der er sein Heil erwirken könne. Bei der Unesco pflege ich, wenn man mir bedeutet, etwas sei doch die Regel oder das einschlägige Gesetz, immer zu fragen, um welches Gesetz es sich handle. Wir sind dazu da, die Gesetze, die sein müssen und gelten sollen, zu modifizieren. Wir sind dazu da, die Realisierung der uns anvertrauten Mission, zu ermöglichen, will sagen: wir müssen durch Erziehung und Kultur die Bedingungen des Friedens erschaffen.

Ich bin also nicht der Meinung, dass dem Heiligen feindliche Tendenzen eine wirkliche Bedrohung darstellen. Hingegen schiene es mir sogar wünschenswert, dass die liturgischen Belange vereinfacht würden, denn oft stehen diese dem für das Sakrale empfänglichen Sinn, statt ihn zu bekräftigen, überflüssigerweise im Wege. Schließlich ist es doch der Glaube oder good will und seine heilsame Spannung, den man seinen Kindern vermitteln will, nicht Kultus und Ritual. Es geht darum, ihnen die Mittel an die Hand zu geben, sich verantwortlich zu entscheiden, wozu ein Unterbleiben der Säkularisierung ebenso zu vermeiden ist wie ein Übermaß an Säkularisierung. Derart erweist sich die Erziehungsaufgabe als vordringlich. Wenn wir unseren Kindern die Fähigkeit vermitteln, ihr Überleben zu meistern, und dabei denkende und fühlende Wesen zu bleiben, sehe ich keine Gefahr.

Worin bestünde, so zu fragen, der Kairos der Moderne? Doch nicht zuletzt in der Begegnung der Kulturen, im Dialog zwischen den Kulturen und Zivilisationen?!

Der *Kairos* der Menschheit ist immer gewesen und wird immer bleiben die Liebe. Die Gefühle der Liebe sind die tiefsten, die das Menschenwesen seinesgleichen überhaupt entgegenbringen kann. Als Generalsekretär der Unesco habe ich mir eingehend Gedanken darüber gemacht, was Kultur wirklich bedeutet und worin sie ihren höchsten Ausdruck findet. Meines Erachtens liegt er in unserem alltäglichen Verhalten, denn alltäglich und üblicherweise benehmen wir uns den Traditionen und Denkweisen entsprechend, die uns überliefert worden sind, ob wir sie nun vergessen haben oder erinnern, und demgemäß, was wir erfinden, entdecken und hören. Unser Verhalten in jedem Augenblick ist das Resultat all dessen. Die Kultur, das ist Verhaltensweise, und zwar die wichtigste, die es überhaupt gibt: der Ausdruck eines tiefen Gefühls von Austausch, Mitteilung, Gabe. Ihr Wesenszug ist in meinen Augen die Gabe, denn geben heißt empfangen. Darauf gründet sich auch mein Verständnis von Solidarität. Und all das beruht auf der Liebe.

In verschiedenen Teilen der Welt, so in Afrika oder seit der katholischen Scholastik des 16. Jhs. in Lateinamerika, haben die kulturellen Traditionen eine gewisse Kompatibilität mit der modernen Technologie bewiesen. Dennoch sind der Darwinismus eines George Herbert Mead oder eines Herbert Spencer, der Kalvinismus und der Empirismus Nordamerikas kompatibler mit dieser Modernität denn die transzendentale geistige Erbschaft Lateinamerikas seit der katholischen Scholastik des 16. Jahrhunderts mit dem Denken wie Molina oder Juárez. E contrario hat sich etwa Japan, das in seiner überkommenen schintoistischen Tradition auch ein sehr empirisch ausgerichtetes Wissen besaß, seit der Meji-Restauration von 1868 viel besser an die Technologie angepasst. Könnte es sein, dass die Kompatibilität der diesem Modell am meisten entgegengesetzten Gesellschaften sich nur um den Preis des Verlustes ihrer kulturellen Identität herstellen lässt?

Man muß diese Überlegungen in retrospektiver Weise anstellen. Die Uniformierung, wo immer die Technik über die Tradition sich hinweggesetzt hat, hat verheerende Konsequenzen gehabt. Aber die Technologie hat auch Vorteile mit sich gebracht. Die Kreativität auf technologischem Gebiet hat zur Erlangung einer gewissen Perfektion verholfen, und auch das ist eine Form des Wissens. Man darf also nicht meinen, dass die Technologie alle Tradition und alle anderen Fähigkeiten hinwegfegen müsste. Mir ist einmal eine ziemlich fanatische Person begegnet, die mir als Anhängerin einer bestimmten Ideologie versichert hat, sie könne gewisse Dinge lediglich im Bereich der Kunst akzeptieren, aber keinesfalls in der Beziehung zu anderen. Da habe ich sie gefragt, was sie wohl täte, wenn ihre beiden Kinder krank würden: welchen Arzt würde sie dann konsultieren, den fachlich besseren oder den ihr ideologisch genehmeren? Sie hat zugegeben: den besseren Arzt würde sie konsultieren wollen. Und ich habe ihr geantwortet, in Fragen der Technologie, des Fortschritts und der Erkenntnisse wäre es doch dasselbe: man müsse immer das wählen, was im Interesse der Menschen jeweils das Beste ist.

Die Fortschritte der Zivilisation ruhen auf zwei Pfeilern: der Hochtechnologie und der hochentwickelten menschlichen Sensibilität. In Zukunft dürfte diese sozusagen Hochsensibilität ebenso essentiell wichtig sein wie die Hochtechnologie. Man hat diese Technologie, das praktische Summum des menschlichen Wissens schaffen können, weil es eine Fähigkeit zu Entdeckung und Invention gab. Dazu fällt mir immer jenes Gespräch ein, das ich einmal mit Professor Krebs, dem Nobelpreisträger für Biologie, hatte. Ich arbeitete gerade, es war schon später Abend, mit den ultramodernen Apparaturen des Laboratoriums für Biochemie der Universität Oxford, als er hereintrat und mich fragte, was ich mache. Ich sagte ihm, ich versuche diesen technologisch avancierten Instrumentenpark zu nutzen, um gewisse Arbeiten durchzuführen. Darauf sagte er mir: „Gehen Sie draußen schauen!". Das sollte heißen: Forschung, das heißt sehen, was die anderen nicht sehen, denken, was noch kein anderer gedacht hat. Die Technologie selber kommt von dieser menschlichen Fähigkeit zu sehen und zu denken her. Diese Hochsensibilität müssen wir verteidigen: die handwerkliche Produktion und die traditionelle Kreativität, die unsere kulturelle Persönlichkeit ausmachen.

Auf wirtschaftlichem Gebiet fällt die Serienproduktion identischer Gegenstände in den Bereich der industriellen Technologie. Die aus der handwerklichen Produktion hervorgehenden Gegenstände der menschlichen Sensibilität hingegen sind von ganz anderer Art. Die beiden Bereiche sind emblematisch für die beiden Aspekte des Lebens.

Gibt es einen Weg in die Moderne ohne Verwestlichung?

Im Laufe langer Geschichtsperioden war die Moderne bald in China, bald in Griechenland, bald in Indien, bald bei den Mayas zu Hause. Das können wir von Glück sagen. Wenn dem nicht so wäre, hätten wir die Uniformierung schon längst. Auf jeden Fall hoffe ich, dass wir auch in Zukunft Mittel und Wege finden, um eine Modernisierung parieren zu können, die nur noch eine einzige Kultur, eine einzige kulturelle Ausdrucksweise widerspiegeln würde.

Gibt es nicht so etwas wie universelle Werte oder eine globalisierte Ethik? Und laufen wir nicht Gefahr, auf einen totalitären Universalismus zuzusteuern?

Die Allgemeine Erklärung der Menschenrechte verbürgt allen Menschen einen kostbaren Horizont moralischer Orientierung. Sämtliche Gebote fassen sich nach dem Herrenwort zusammen in die Liebe zu Gott und zum Nächsten bzw. zu den andern. Analog können wir behaupten: Alle Menschrechte fassen sich zusammen in diese Charta der Menschenwürde. Diese Würde ist die Essenz aller Dinge, aber sie setzt Freiheit, Gerechtigkeit, Gleichheit und Solidarität voraus. Das sind die vier Präambeln der Verfassung der Unesco, die Quintessenz dieser Erklärung der Menschenrechte.

Welche wären die Gestalten unserer Zeit, Männer oder Frauen, deren Gedächtnis wir festhalten sollten um dessentwillen, was sie im 20. Jh. geleistet haben?

Auf dem Gebiet der Wissenschaft wären zahlreiche Erfolge erinnerungswürdig. Auf philosophischem Gebiet bewundere ich vor allem Miguel de Unamuno und Xavier Zubiri. Dazu hätte ich eine interessante Anekdote beizusteuern. Es gab in der damaligen Sowjetunion einen Maler, der immer an der Seite der Hierarchen des Regimes zu sehen war. Dieser Kunstschöpfer sonnte sich also im Umkreis der Macht jener fürchterlichen Menschen, was mir zuwider war, wiewohl ich seine Werke schätzte. Eines Tages übersandte er mir eines als Geschenk, und kündigte mir in derselben Sendung zugleich an, er betrachte sich nun als hinreichend wichtige Person, um offiziell als Dissident anerkannt zu werden. Denn in der Tat war jemand, der sich damals ohne VIP-Status zum Dissidenten erklärte, im Nu von der Bildfläche verschwunden.

Mutter Teresa ist für ihre Großherzigkeit und den Einsatz für ihre religiösen Glaubensüberzeugungen bewundert worden, obschon man damit ihrem Denken nicht automatisch beipflichtete. Auch was Franklin D. Roosevelt gegen die Große Depression zustande gebracht hat, wie er die kollektive Moral in die Pflicht genommen hat, indem er allabendlich sich im Radio an das amerikanische Volk wandte, um es für seinen Vorschlag eines *New Deal* zu gewinnen, ist eine denkwürdig wichtige Initiative gewesen, denn so hat er seine Landsleute von der Möglichkeit überzeugt, an die Versprechen des *American Dream* anzuknüpfen, jenes Traumes, den Amerika bald darauf in der ganzen Welt propagieren konnte.

Michail Gorbatschov hat dann für seine Landsleute in einem Imperium, das unter erzwungenem Schweigen, Willkürherrschaft und Unterdrückung begraben war, eine einschneidende Wende herbeigeführt. Er hat die Fenster zu Freiheit und Demokratie geöffnet, und wenn diese Öffnung auch immer noch zerbrechlich ist, so bleibt sie doch eine der großen Hoffnungsträger dieses beginnenden Jahrtausends.

Der wirtschaftliche Wohlstand allein macht die Menschen noch nicht glücklich. Es ist zwischen qualitativem zivilisatorischem Wachstum und rein quantitativem wirt-

schaftslich-materiellem Wachstum zu unterscheiden. Die Statistiken der UNO und der Weltbank zeigen es. Sie selber haben sich auf die „menschliche Hochsensibilität" und die den Völkern Afrikas und Lateinamerikas eigene intuitive Intelligenz berufen. Ist es nicht gefährlich, wenn wir der von uns so genannten Dritten oder Vierten Welt unseren Materialismus aufnötigen?

Zweifellos! Aber selbst dann noch könnten wir ja, statt weiter in Waffensysteme, vielmehr in Entwicklungshilfe investieren, so dass dort eine Aufbauindustrie entstehen kann, – und die Gefahr des Wettrüstens würde verschwinden. Aus diesem Grunde kam es 1974 zu jenem denkwürdigen Vollversammlungsbeschluß der UNO, der vorsah, dass die reichen Länder 0,7 % ihres BNE (Bruttonationaleinkommen), damals noch BSP genannt, in die Entwicklungshilfe der armen Länder stecken sollten. Bis auf Schweden und Norwegen hat sich aber keines der in Anspruch genommenen Länder in der Lage gesehen, dieser Empfehlung zu entsprechen. Wir haben die gleichen Maßnahmen in Sachen des Erziehungswesens und dann, im Rahmen der UNO-Konferenz für Umwelt und Entwicklung 1992 in Rio de Janeiro, in Sachen des Umweltschutzes getroffen – mit ebensowenig Erfolg. Dennoch ist es wichtig, die Gesamtheit der Völker des Planeten in diesem Sinne zu erziehen bzw. zu ermahnen, denn auch schon dadurch würden wir eine Verlangsamung des Bevölkerungswachstums erzielen. Die vorderhand einzige gute Nachricht diesbezüglich ist die, dass ansatzweise ein Rückgang – allein aufgrund besserer Aufklärung bzw. Erziehung – bereits eingetreten ist, womit sich die allzu pessimistischen Prognosen der 1990er Jahre dementieren lassen. In dem Maße, in welchem die Erziehung Platz greift, realisieren die Frauen und Männer, die heranwachsenden wie auch die erwachsenen, dass sie ihr Schicksal in der Hand haben und verhalten sich entsprechend. Seit sieben Jahren hat Indien seinem demographischen Wachstum von neuem einen Riegel vorgeschoben – diesmal aber, indem es den Etat seines Erziehungssystems verdoppelt hat. Wenn in anderen betroffenen Teilen der Welt auch so verfahren würde, würden manche Bedrohungen verschwinden.

Im Laufe des 20. Jhs. hat der Sozialismus einen enormen Einfluß ausgeübt, selbst auf die größten Geister wie George Orwell, Jean-Paul Sartre, Albert Camus, den mexikanischen Wandmaler Diego Rivera, den Schriftsteller Michail Bulgakow und den Komponisten Dimitri Schostakowitsch oder auch noch auf Louis Aragon, Arthur Koestler oder Manès Sperber. Der Architekt Oskar Niemeyer und Gabriel García Márquez berufen sich heute noch auf ihn. Wie soll man sich erklären, dass der Sozialismus, der ökonomisch nicht tragfähig war, so viele bedeutende Intellektuelle inspirieren konnte?

Auch ich kann keine ökonomische Theorie akzeptieren, die nicht von vornherein erklärt, dass im Mittelpunkt all ihrer Überlegungen und Anstrengungen der Mensch steht. Das jedenfalls war im Sozialismus der Fall, und aus diesem Grunde haben all diese hellen Köpfe ja gesagt zum Vorhaben der Ausmerzung der Ungleichheiten, zur Einrichtung einer gerechteren Teilung, einer Aufteilung des Bodens, die verhindert, dass es einerseits Land ohne Menschen und anderseits Menschen ohne Land gibt. Alle diese Probleme sind nach wie vor aktuell, und damit bleibt auch die Anziehungskraft eines solchen Projekts bestehen. Nur, was ist dann geschehen? Das Projekt ist in einigen Ländern in die Tat umgesetzt worden, insbesondere in der Sowjetunion und den andern Ländern des ehemaligen Ostblocks. Aber der kommunistische Block ist zusammengebrochen, weil er, sobald die Gleichheit eingeführt war, die Freiheit vergessen hatte. Umgekehrt ist auch der Kapitalismus auf dem Wege des Zusammenbruchs, weil er wohl die Freiheit durchgesetzt, aber die Gleichheit vergessen hat. Anders gesagt, die soziale Sensibilität, verlangt mit der Freiheit zugleich auch Billigkeit (oder Chancengleichheit), Solidarität und Gerechtigkeit. In Togo hat mir ein führender Kader einmal rundheraus erklärt: „Ihr könnt von uns keinen dauerhaften Frieden und ein Andauern der Misere zugleich verlangen". Damit hatte er allerdings Recht.

Sie haben den Namen Albert Camus' genannt. Er hatte dafür folgende Formel: „Vous pouvez, mais vous n'osez pas" („Sie können, aber Sie wagen es nicht"). Das Wagen, darauf kommt es an. Ich war noch recht jung, als ich mit meiner Familie nach Oxford gegangen bin. Ich war damals in Spanien schon Professor, wollte aber meine Kenntnisse in Biochemie verbessern. Beim Betreten des Campus von Oxford habe ich folgende Maxime entdeckt, den Wahl- und Wappenspruch der ehrwürdigen Einrichtung: *„sapere aude*!" („Wage zu wissen!") Später habe ich begriffen, dass es ebenso wichtig ist, sich auf das „wissen zu wagen" zu verstehen. Wenn man zu der Überzeugung kommt, bestimmte Überlegungen, Konzeptionen oder Argumente weitergeben zu sollen, so muss man das wagen. Wir sind, wie mir scheint, in solchen Situationen aber eher recht schweigsam geworden. Was ist geschehen? Wenn ich mich seinerzeit in die Sowjetunion begab, um hie und da ein paar bescheidene Fenster zu öffnen, etwa einige Wissenschaftler für eine gewisse Zeit mit mir in den Westen zu nehmen, wo ihnen vor ihrer Rückkehr vielleicht noch ein Ehrendoktorat verliehen wurde, dachte ich mir oft: wie schade und bedrückend, diese Welt des Schweigens, wo die Individuen keine Chance haben, sich zu äußern. Heute ist dieses Schweigen vorbei. Und doch, was sagen die Intellektuellen und Akademiker, was sagen all jene, die Bescheid wissen und die Mächtigen dieser Welt ins Bild setzen und warnen müssten, dass der Globus in Gefahr ist? Werden in ein oder zwei Jahrhunderten die Menschen noch Luft zum Atmen haben? Ich habe es oft gesagt und wiederhole es: die Zeit spielt in der Ethik eine grundlegende Rolle. Wenn wir erkennen, dass ein Prozeß irreversibel ist, daß er auf einen *point of no-return* zusteuert, dann liegt es in unserer Verantwortung, ihn umgehen zu lernen. Morgen wird es immer zu spät sein; die Entscheidungen müssen heute getroffen werden. Das müssen wir uns klarmachen, und zuallererst einer zu schweigsamen *scientific community*.

Paris, 21.11.1998
Übersetzt von Konrad Honsel

„Auch ein Mensch, der im Staub liegt, kann groß sein"

YEHUDI MENUHIN

Yehudi Menuhin (geboren 1916 in New York als Kind jüdisch-russischer Eltern und gestorben 1999 in Berlin) war einer der berühmtesten Geiger und Orchesterleiter des 20. Jhs, aber auch ein großer Humanist und Mann des Friedens. Er war bekannt mit Ch. Chaplin, J. Nehru, I. Gandhi, M. Dietrich, I. Strawinski, und ein geschätzter Freund einflussreicher Zeitgenossen in der ganzen Welt bis hinauf zu Staatschefs und königlichen Hoheiten. Menuhin war Schüler von Louis Persinger, George Enescu und Adolf Busch. Als rechtes Wunderkind zeichnet er sich schon früh durch die Reife, Leichtigkeit und Tiefe seines Spiels aus, Qualitäten, die durch eine lang andauernde und außerordentlich erfüllte Karriere hindurch das Kennzeichen seines Genies sein sollten: im Alter von sieben Jahren erstes öffentliches Konzert in der Carnegie Hall in New York, mit elf erste Auftritte in Europa, dreizehnjährig spielt er Bach, Beethoven und Brahms mit den Berliner Philharmonikern unter der Leitung von Bruno Walter. Nach diesem Konzert soll Albert Einstein ihm anvertraut haben: „Jetzt weiß ich, dass es einen Gott im Himmel gibt." Noch als Achtzigjähriger hat Menuhin hundertundzehn Konzerte gegeben. 1962 gründet er in England seine eigene Violinschule. 1965 erhält er den Titel eines Ritters vom Orden des British Empire. In den 1970er Jahren hat er den Vorsitz des Internationalen Musikrates der Unesco inne. Aus den 1980er Jahren stammen Aufnahmen von Jazzkonzerten mit Stéphane Grappelli. Im Jahr 1985 erhält er die britische Staatsbürgerschaft und sein Ehrentitel wird zum vollgültigen Titel eines Sir Yehudi Menuhin KBE (Knight of the Order of the British Empire) aufgewertet. 1993 schießlich wird er mit der Ernenung zum *Life Peer* in den nicht-erblichen Adelstand erhoben als Baron Menuhin of Stoke d'Abernon. Im Jahre 1980 hatte er die International Yehudi Menuhin Foundation gegründet, die begabte junge Musiker aus der ganzen Welt unterstützt. Zu den Stipendiaten dieser Stiftung zählen so bedeutende Namen wie Nigel Kennedy und Jorge Chaminé. Dieser große Humanist hat immer für die Schwachen Partei ergriffen. Während des Zweiten Weltkriegs hat er hunderte von Konzerten zur Unterstützung der Alliierten Truppen gegeben; und noch viel später welche für den Frieden im Kosovo. Er hat sich aber auch für die Sinti und Roma und andere ethnische Minderheiten hier und dort auf der Welt eingesetzt. Und noch gegen Ende seines Lebens hat er ein „Europa-Parlament der Kulturen" ins Leben gerufen.

*

Yehudi Menuhin, Sie haben die Epoche von Nehru, Nasser, Roosevelt, Adenauer und De Gaulle erlebt, – aber auch die des Nationalsozialismus und des Stalinismus. Hat der Patriotismus die Gefahr des Nationalismus immer in Schranken gehalten? Und hat dieser Begriff in Ihren Augen nach wie vor einen guten Sinn?

Ja, das hat er, denn er entspricht einer ganz natürlichen menschlichen Gemütsbewegung, insofern er das Leben des Individuums mit der Nation verbindet, der es entstammt. Dieser Begriff hat sich allerdings nur auf eine etwas künstliche Weise entwickeln können, denn der souveräne Staat ist ja selber eine künstliche Schöpfung. In das monolithische Staatsgebilde mussten Minderheiten, Oppositionsbewegungen und etliche andere Elemente erst integriert werden, um in ihm koexistieren zu können. Es ging also darum, durch vertrauensbildende Maßnahmen eine Art allgemeiner Loyalität zu schaffen. Das aber war nur auf zugleich natürlichen und wohlüberlegten Wegen zu erreichen. Leider hat sich dabei auch eine gewisse Botmäßigkeit breit gemacht, wobei ein an die Vorstellung der Nation geknüpfter Patriotismus sich bisweilen in sektiererisch-quasireligiösen Formen durchgesetzt hat. Das war zumal bei den religiösen Zirkeln der Fall, die sich in Kalifornien entwickelt haben. Solche Bildungen können ja authentisch und zugleich vollkommen nichtsnutzig, falsch und trügerisch sein. Ich möchte nur hoffen, dass immer weniger Leute bereit sind, für die Souveränität des Staates ihr Leben zu opfern, wenn auch immer noch viele sich dazu hergeben, ja sogar danach streben. So hat der von Frau Thatcher forcierte Krieg um die Falkland-Inseln 1982 in Großbritannien einen unverhofften patriotischen Schub ausgelöst, was ihre, Frau Thatchers Überzeugung von der Fortdauer dieses Patriotismus bestärkt hat. Ich bin da nicht so sicher, sondern finde eher, dass in den jüngeren Generationen noch ein großes Potential an Idealismus steckt und dass sie überdies viel informierter sind, als wir es in ihrem Alter gewesen waren. Und wenn es uns gelänge, sie davon zu überzeugen, dass wir uns ernsthaft um ihre Zukunftsaussichten bemühen, indem wir eine bessere Welt schaffen, eine die besser ist für die Kinder, weniger verschmutzt, gerechter und fairer gegenüber der Dritten Welt, so wäre ich zuversichtlich, dass sie dies nachdrücklich unterstützen würden. Wenn etwa die Europäische Union sich besser, als sie es bisher fertig gebracht hat, organisieren würde, um ein starkes europäisches Bewusstsein mit einer gesamteuropäischen Polizei- und Militärmacht zu entwickeln, so würden viele Leute dies befürworten. Vorderhand sind wir noch im Stadium eines im wesentlichen einzelstaatlichen Handelns und Intervenierens. Sicherlich, es sind keine nationalstaatlich-patriotischen Armeen mehr, die hier für allfällige Interventionen bereitstehen, aber es sind doch die Restbestände dieser Armeen, immer noch gut für Paraden und für den Knopfdruck zum Einsatz von taktischen Kernwaffen. Hingegen der unbändige Drang, in den Schützengräben zu sterben, wie noch im ersten Weltkrieg, und ebenso der Patriotismus im weiten Sinne, d.h. nicht mehr nur der einer souveränen einzelnen Nation, sondern auch der europäische Patriotismus der Vaterländer à la de Gaulle mit seinem ganzen Ideenkreis – sie existieren nicht mehr. Alles in allem befinden wir uns jeder Hinsicht in einem recht konfusen, chaotischen, verwirrenden und gefährlichen Zwischenstadium.

Die fundamentalistischen Tendenzen, die heutzutage immer mehr durchbrechen, – werden sie recht verstanden als eine auf gewisse verpflichtende Traditionen sich berufende Form von antiwestlichem Antimodernismus?

Mir scheint, wir haben ihn mit heraufbeschworen, wie man sagt. Wir haben diese Traditionen und die Länder, die sie pflegen, doch lange wie Kolonien behandelt. Heute sind wir dafür mit zwei Tendenzen konfrontiert, die in zwei Richtungen orientiert sind. Die eine ist der Föderalismus bzw. die Globalisierung. Der Globalismus ist in allen möglichen Hinsichten ja schon existente Realität: wir haben eine globale Malaise, eine globale Wissenschaft, eine globale Kommunikation. Alles ist globalisiert oder dabei, es zu werden. In dieser Evolution bleiben die souveränen Staaten das am meisten retardierende Element. Diese Staaten sind die am wenigsten globalisierten Einheiten überhaupt, und sie verlieren ihr Prestige und ihr Geld, weil sie kein globales Denken an den Tag legen. Aber gleichzeitig bleibt das Menschenwesen doch ein Tier oder vielmehr, wie ich zu sagen pflege, ein religiöses Tier. Es hängt also auch unweigerlich mit allen Fasern seines Wesens an seinem heimatlichen Dialekt, an seinem landsmannschaftlichen und gesellschaftlichen Platz, an seiner eigenen Landschaft und deren Sitten und Gebräuchen.

Angesichts dieser beiden Tendenzen ist der Fundamentalismus eine Reaktion gegen das mit der Globalisierung um sich greifende Gefühl einer chaotischen Pauschalisierung, die nicht mehr in der Lage ist, zwischen Förderndem und Abträglichem zu unterscheiden. Angesichts dieses Verlusts an Identität verwandelt sich die Identitätssuche in primitiven und rohen Fundamentalismus. Ich habe neulich gelesen, dass ein orthodoxer Jude allen Ernstes gefragt haben soll, ob man sich am Sabbat in der Nase bohren dürfe, und ich meine, dass die Frage gar noch autoritativ beschieden wurde – und zwar bejahend. Ich weiß nicht, ob eine solche Frage es verdiente, in der Synagoge diskutiert zu werden, oder doch besser Privatsache bleiben sollte. Jedenfalls wurde sie im Ernst gestellt. Bei den Moslems dürfte sie wohl dem Verlangen nach einer richterlichen Entscheidung entsprechen, ob einem Dieb die Hand abzuschlagen sei oder nicht. Das sind fundamentalistische Debatten ohne jeden Bezug zu unserer Zeit; und doch haben sie sehr wohl einen, denn sie sind imstande, Menschen zu Tausenden zu dezimieren.

Die Herrschenden bedienen sich des Fundamentalismus zur Manipulierung der Massen, um sie in eine bestimmte Richtung oder in die Irre zu führen. Niemand scheint die internationalen Implikationen dieser Situation so recht zu erfassen. Ich habe vorgeschlagen, man sollte in solchen Fällen eine für die Welt verantwortliche Macht anrufen können. Dabei geht es nicht um einen Rückfall in selbstherrlichen Kolonialismus eines Landes, sondern um die Durchsetzung von Recht und Ordnung mit der vereinten Autorität der Nationen Europas und der Welt. Nehmen wir an, wir kommen, um Schlimmeres zu verhüten, zu dem Schluß: Wir müssen als Europäer in Algerien intervenieren, die dortige Regierung entmachten und einen Generalgouverneur einsetzen, einen vom Format der großen Tradition der französischen, britischen oder amerikanischen Generalgouverneure. So einen, wie MacArthur einer war. Wir brauchen Köpfe dieses Formats, um Algerien aus der Krise zu führen, ohne auf die Kosten zu sehen. Das Geld kann aus den Bodenschätzen an Gas und Erdöl kommen, die Algerien weiterhin exportiert. Es stellt eine sichere Quelle von Einkünften dar. Algerien soll also sein Erdöl fördern und für dieses Geld ein von der Europäischen Union bzw. den Vereinten Nationen installiertes Regime unterhalten. Es gibt keine andere Alternative, hatten wir angenommen. Doch ich möchte hinzufügen: der hier benötigte Gouverneur könnte auch ein Moslem sein – es gibt unter ihnen kompetente Leute, die in der Lage wären, diese Funktion zu übernehmen.

Samuel Huntington, der amerikanische Politologe, hat einen aufsehenerregenden Essay publiziert mit dem Titel Der Zusammenprall der Zivilisationen. *Der Verfasser ist der Meinung, nach der Auflösung des Ostblocks, der ehemaligen Sowjetunion und ihrer Satelliten, sei die Welt eine multipolare geworden. In dieser Welt, schreibt er, würden die westlichen Länder gegenüber China und dem Islam an Bedeutung verlieren. Und anstelle der Bedrohung durch das Sowjetimperium sieht er nun von dort eine neue Bedrohung der westlichen Welt heraufziehen.*

Mir ist das Szenario nicht recht plausibel. Wenn man nur auf die rein zahlenmäßige Parität schaut, so zählen diese Regionen der Welt ungleich mehr Einwohner, und ihre Wissenschaft und ihre Industrie werden uns eines Tages vielleicht ebenfalls voraus sein. Doch eines missfällt mir an dieser Schocktheorie ohnehin, und das ist ihr reißerisch-ressentimentgeladener Charakter. Muß man, um ein Buch zu verkaufen, denn aggressiv auftreten? In meinen Augen ist das nicht nützlich; der Kontrast und die Verschiedenheit der Zivilisationen verdienen eine andere Darstellung.

Zweifellos möchte Amerika angesichts der sprudelnden Quelle von Irritationen, die Israel darstellt, sich gern engagieren. Jedenfalls fürchte ich, dass es seinen Wünschen entspricht. Benjamin Netanjahu ist ja der Meinung, das sei die ultimative Lösungschance. Er gehört eben zu jenen Leuten, die glauben, ein Sieg sei möglich. Hier gibt es aber keinen möglichen Sieg. Doch sie glauben weiter daran. Sie möchten einen Krieg mit der islamischen Welt vom Zaun brechen. Das ist der Schock, der zu fürchten ist. Aber dieser Schock braucht nicht zu sein. Sie würden die Situation viel besser meistern, indem sie erklären, dass die in der Golfregion vorhandenen militärischen Kräfte dazu da sind, den Frieden zu gewährleisten. Wir werden nicht als erste schießen, müssten sie glaubhaft versichern, sondern werden nur dann schießen, wenn jemand den Frieden obstruieren will. Eine solche Haltung würde uns die Zustimmung der arabischen Welt eintragen, die Saddam Hussein und sein gefährliches Kriegsspielzeug ja selber gerne loswerden möchte. Und es würde uns die Unterstützung Russlands und Chinas eintragen, wenn wir nur mit Zustimmung der Vereinten Nationen intervenieren würden. Das würde auch den Vereinigten Staaten starke Unterstützung und Rückendeckung eintragen, wo ihre Politik momentan in verschiedenen Regionen der Welt doch eher missbilligt wird. Wenn die Vereinigten Staaten hingegen an der Seite Israels die Initiative ergreifen würden, würden sie feindselige Reaktionen von Seiten der Nachbarn des israelischen Staates hervorrufen, die dieser sich im wesentlichen selber zuzuschreiben hätte. Nationaler Hass kann schlimmer sein als religiöser und Rassen-Hass. Die Juden haben es in der Vergangenheit zur Genüge erfahren.

Sie kennen die berühmte Formulierung, die man Malraux zuschreibt: „Das 21. Jh. wird religiös sein oder es wird nicht sein." Gehen die großen Religionen – das Christentum, der Islam, der Hinduismus, der Buddhismus – gestärkt in dieses neue Jahrhundert? Stellt eine eventuelle Renaissance der Religionen eine Bedrohung oder eine Wohltat dar?

Die Gefahr einer solchen Renaissance liegt in dem Fundamentalismus, der die Religionen gegeneinander abgrenzt und aufbringt. Und umgekehrt liegt das Hoffnungsvolle einer solchen Renaissance in dem, was dieseReligionen gemeinsam zustande bringen können. Es kommt darauf an, dass sie mit der Welt, wie wir sie heute kennen, zu einer friedlichen Koexistenz finden können. Sagen wir es klar und deutlich: Es ist lächerlich, immer noch zu glauben, dass Gott sechs Tage gearbeitet und am siebten Tag geruht hat. Ich halte dafür, dass er immer noch an der Arbeit ist und wir Teil dieses Werkes und seines Werkmeisters sind. Wir gehören alle zu diesem Universum und haben alle einen Sinn fürs Unendliche und die Ewigkeit in uns. Das ist unser aller Kennzeichen. Wir leben kurze Leben, die aber in ein langes Fortwähren hineingehören. Wenn man zugibt, dass ein Funken von Unendlichkeit und Schöpfergabe in uns steckt, so ahnt man vielleicht auch schon, woher unsere Schaffenslust und dieses permanente Bedürfnis zur Vorbereitung der Zukunft kommt. Auf dieser Grundlage wäre es vielleicht möglich, manche Religionen miteinander zu versöhnen, zumal die sogenannten animistischen. Die Achtung vor dem Baum und vor allen Wesenheiten, die die Natur uns bietet, dürfte der Papierindustrie keineswegs gleichgültig sein.

Der in ganz verschiedenen Traditionen vorhandene wesentliche Begriff des Mitleids könnte ein Bindeglied der Religionen sein: ein Moment interkultureller Identität zur Vereinigung von Milliarden von Individuen, die ganz verschiedenen Kosmologien anhängen, der Theologe Johan Baptist Metz hat darauf verwiesen, wie auch Jacques Maritain.

Es ist ebenfalls wichtig, gewisse im Grunde aggressive Energien des Menschenwesens zu kanalisieren. Statt sie einfach so, wie sie sind, auszubeuten, wären diese vielmehr erst anders auszurichten, auf bestimmte heilsame Ausdrucksmöglichkeiten, Unternehmungen oder Abenteuer wie etwa die Raumfahrt, die Erforschung der Ozeane oder der geologischen Formationen. Diese Energien können sich ja auf unendlich verschiedene Arten entfalten. Und ich glaube, dass es vielfach darum geht, die Menschen gegen ihren natürlichen Hang zu erziehen, auf dass sie unterscheiden und sich entscheiden lernen zwischen der schlechten und der guten Person, die potentiell in ihnen steckt. Dazu kommt es nicht aufs Schreiben-und-lesen-Lernen an oder auf die Scheidung zwischen Wissen und

Ignoranz, sondern vielmehr darauf, sich gleichzeitig für zwei entgegengesetzte Vorstellungen öffnen zu können. Der Fanatiker oder Fundamentalist kann sich immer nur auf eine Idee einlassen. Er glaubt, es gäbe immer nur einen geraden und richtigen Weg, nämlich seinen eigenen, und dass man also hierfür und dafür eine Hand abhacken und den Frauen das Singen verbieten muss wie im Iran nach der Vorschrift der Scharia. Unter den Menschen, die solche Vorstellungen durchsetzen, handeln manche aus – teils ungeheuerlicher – Berechnung und bedienen sich ihrer, um die Leute bis ins Innere zu kontrollieren, sie etwa in den Tod zu schicken, indem man sie glauben macht, sie gingen geradewegs ins Paradies. Das sind die Schlimmsten. Effektiv gute Personen anderseits sind solche, die sich sagen können, „das und das ist es, woran ich glaube", und dabei durchaus aufgeschlossen sind für andere Ideen. Und das Allerwichtigste bei den gut entwickelten Personen und was sie von den schlecht entwickelten unterscheidet, ist dies, dass sie wissen, dass diese Disposition zum Schlechten auch ihnen nicht fremd ist. Und umgekehrt sind die effektiv schlechten Personen umso ungeheuerlicher, je mehr sie glauben, die guten zu sein.

Heutzutage herrscht überall in der Welt, von China bis Russland und in Europa wie in Amerika ein schierer Materialismus, eine Gier nach Konsum. Wie könnte man gerade in Ländern der Peripherie wie etwa Argentinien, Chile und in Großräumen wie Afrika und Asien eine kulturelle, religiöse, spirituelle Identität davor bewahren, von dieser, wie es heißt, ökonomischen Liberalisierung zu Nichte gemacht zu werden?

Der Preis an Humanität, der für solche Entwicklung zu zahlen ist, ist schon absehbar. Es gibt zunehmend Unruhen, nicht allein in den von Ihnen eben genannten Ländern, sondern z.B. auch in Deutschland, wo die Regierung die Renten bald nicht mehr zahlen kann. Oder in Indonesien, das von Unruhen geschüttelt wird wegen der Nahrungsmittelpreise, die vom Internationalen Währungsfonds (IWF) durchgedrückt worden sind. Und die Nahrungsmittelpreise sind dabei nur ein Teil des Preises, den das Land zahlen muß, um seine wirtschaftliche Bonität wiederzugewinnen. Diese herrschende Vorstellung, dass nur eine reiche Wirtschaft überleben könne und überhaupt das Recht zum Überleben habe, hat unabsehbare Konsequenzen.

Ich für meinen Teil würde es ja lieber sehen, wenn weite Bereiche unserer Volkswirtschaften mehr auf freiwilligen und gemeinnützigen Diensten beruhen würden. Ich würde auch gerne sehen, dass die übliche Diskriminierung der Arbeits- und Wohnungslosen aufhört, auf die man mit dem Finger zeigt, nur weil sie keinen Job bekommen können. Sie haben doch auch Anrecht auf eine menschenwürdige Behandlung und Anstellung und darauf, für letztere bezahlt zu werden, – aber wohl besser nicht in Geld, sondern in anderen Formen der Unterstützung, die etwa ähnlich funktionieren können wie Kreditkarten. Damit könnten sie dann ins Kino gehen oder ins Fußballstadion und einmal Urlaub machen, womit ihnen auch ein Recht auf Freizeit, Unterhaltung und Erholung zuerkannt würde, vorausgesetzt, dass sie niemandem Unrecht tun und ihre gemeinnützige

Arbeit anerkannt wird als integrierender Bestandteil eines moralischen Gesellschaftsvertrags. Solch ein Leben ohne Geld dürften die zwölf Millionen Menschen, die in Europa ohne Arbeit sind und doch auch träumen und tanzen möchten, ihrem jetzigen vorziehen; und das Recht darauf sollte ihnen zuerkannt werden unter zwei Bedingungen: ihrem Nächsten kein Unrecht zu tun und zum Gemeinwohl beizutragen.

Ich habe z.B. den Nachrichten entnehmen können, kommunale Schwimmbäder müssten geschlossen werden, weil kein Geld da sei, sie zu reinigen. Bei zwölf Millionen Arbeitslosen macht das keinen Sinn. Wenn die Leute das Recht hätten, ihren Arbeitsbereich zu wählen, und zugleich das Recht, das Eingehen von finanziellen, Eigentums- und kommerziellen Verpflichtungen zu verweigern, um sich stattdessen in gesellschaftlichen Bereichen nützlich zu machen, in denen es nicht darum geht, Profite zu realisieren, und wenn diese Wahl sie nicht inferiorisieren, zu Menschen zweiter Klasse degradieren würde, so hätten wir sicherlich keine zwölf Millionen Arbeitslose.

Die Einstellung zur Armut ist immer entscheidend wichtig gewesen. Angesichts eines Gemäldes von Velasquez ließe sich sagen: „Seht nur diesen Bettler! Also kann auch ein Mensch, der im Staub liegt, groß sein!" Die Idee von Größe ohne materiellen Reichtum ist typisch für eine bestimmte mediterrane Tradition: Existieren nämlich, um zu „sein", nicht um zu „haben", wie bei Octavio Paz in Das Labyrinth der Einsamkeit *oder auch bei Carlos D. de Andrade oder Jorge Luis Borges. In der kalvinistischen Welt jedenfalls gilt diese Einstellung nichts. Im mächtigen Amerika kann ein im Staub liegender Mensch kaum ein großer sein. Anscheinend sind Armut und Würde etwas anderes, je nachdem, ob man sich in New York, London oder Paris oder ob man sich in Afrika, Lateinamerika oder Indien befindet.*

Oh ja, sie können sehr verschieden verstanden werden, auch in Indien. In einem Dorf, das sich gerade einmal ernähren kann, ist die Armut kompatibel mit Würde, mit Festlichkeiten, mit Kurzweil und Vergnügen, mit recht erzogenen Kindern und mit Achtung vor dem Eigentum. Umgekehrt ist die Armut in den Slums um die großen Städte wie Kalkutta oder Bombay eine entwürdigende, weil sie abhängig ist vom Geld. Dort haben die Armen keinen Boden und keine Tradition, die sie stützen würde, und sie sind vollkommen abhängig von der Ökonomie des Reichtums. Im mediterranen Raum hingegen ist Armut traditionell kein Grund, nicht sein Brot oder sein Nudelgericht, das Öl, den Wein oder die Orangen mit dem Nächsten zu teilen. Nur wird das alles heute überschwemmt von allerlei minderwertigen, oft auch noch chemisch verhunzten Lebensmitteln.

Wenn der Materialismus eine Gefahr darstellt, schlägt diese dann nicht auch auf die zwischenmenschlichen Verhältnisse durch – vielleicht bis zur Bedrohung der elementaren Solidarität der Menschen?

Der Mangel an Geld macht die Menschen aufeinander mißgünstig und neidisch, weil sie glauben, das Geld würde ihre Bedürfnisse stillen. Tatsächlich kann man mit Geld einige Schwierigkeiten ausräumen, aber schlussendlich kann man damit dem Elend nicht beikommen. Menschen, die Geld haben, dabei aber unbefriedigt bleiben, legen viel eher Hand an sich. Die wahren Werte im Leben sind nicht käuflich. Diese Werte lassen sich nur durch Gabe und Gegengabe erlangen. Ich würde es gerne erleben, auf der Straße jemandem zu begegnen, der sich mit einer Gruppe von Kindern abgibt, um ihnen etwas beizubringen, oder sich sonst um sie kümmert. Aber heutzutage betrachtet man doch jeden Menschen, der einem über den Weg läuft, als einen potentiellen Feind, der einen ausrauben könnte. Die Leute sind aufgewachsen im Erleiden oder der Befürchtung von Missgunst, Neid, Rache und Hass. Ich schätze mich sehr glücklich, noch eine Kindheit ohne solche Bedrohlichkeiten erlebt zu haben.

Für Sie als Musiker und Künstler – worin besteht für Sie der Sinn des Lebens?

Der Sinn des Lebens besteht im Vergnügen. Mein Vergnügen besteht z.B. darin, ein Musikstück zu analysieren und mir vorzustellen, wie ich es am liebsten hören würde. Der Sinn des Lebens liegt in der Transformation unserer dringendsten Bedürfnisse in Kunst – in die Kunst zu leben, sich zu ernähren, was weiß ich… . Mit andern Worten: Alles beginnt mit einem Rohmaterial, das man nach und nach verfeinert. Da liegt der Sinn. Er liegt auch darin, immer wieder und immer mehr zu lernen, zu begreifen, zu geben und zu helfen. Ohne dieses Bemühen werden wir an den letzten und absoluten Sinn des Lebens nie herankommen. Ohnehin werden wir nie genau wissen, was nach dem Tode geschieht. Wir wissen nur, dass wir, so wie wir einmal geboren worden sind, auch einmal sterben werden. Das ewige Leben würde jede Zukunft unterbinden.

Also gibt der Tod dem Leben erst seinen Sinn und seine Intensität, wie der Philosoph und Anthropologe René Girard meint?

In der Tat, ganz gewiß. Aber ich glaube, das Problem der heute lebenden Menschen besteht gerade darin, dass ihnen dieser Gedanke fremd ist. Der Gedanke an das Ganze ist ihnen derart fremd bzw. sie sind derart bar allen tieferen Sinns, dass sie nichts anderes erwarten und suchen als unmittelbare Gratifikationen. Wenn ich von Vergnügen spreche, so soll das auch heißen, dass man sich mit dem begnügt, was man hat. Wenn man in einer einigermaßen intakten Umwelt lebt, wenn die Bäume um uns herum gesund sind, wenn die Luft, die wir atmen, rein ist, wenn unsere Nahrung gut ist, wenn unsere Straßen schön sind, dann sollten wir wirklich zufrieden sein können.

Was sind für Sie, denen so sehr am Heiligen der Kunst, der Musik, aber auch an der Weisheit des Menschen liegt, – was sind für Sie die in der Geschichte wirkenden Kräfte bzw. die Kräfte der menschlichen Evolution?

Gegenwärtig sind sie beschränkt auf die wirtschaftlichen Triebkräfte, die unglücklicherweise auch noch einhergehen mit der Kontrolle, der Autorität, der Beherrschung, der militärischen Macht und einer konventionellen Weltklugheit, die meint, der Kapitalismus, die Demokratie, die Freiheit und das Vergnügen gehörten im Grunde zu derselben Familie von Werten und, wenn man einen von ihnen erlangt, so bekäme man die anderen obendrein. Was aber eine großer Irrtum ist.

Wir müssen unser Verständnis dessen, was wirklich unser Sein und unsere Existenz ausmacht, öffnen und erweitern. Ich will mir beispielsweise nicht einreden lassen, unser gesamtes Wohlergehen und unser ganzer Bewegungsspielraum hinge ab von der Erwirtschaftung einer Wachstumsrate von wenigstens zwei oder drei Prozent, darunter begänne die Rezession und, wenn sie erst unter Null fallen würde, bedeute das praktisch den Rückfall in die Barbarei und dass wir unseres Lebens nicht mehr sicher sein könnten. In Wirklichkeit hängt die Zivilität unseres Betragens doch einzig und allein davon ab, ob wir morgens mit ein wenig Zuversicht aufwachen können. Diese Hoffnung muss gleichzeitig aus der Gesellschaft um uns herum und aus unserem Innern kommen. Und ebenso müssen wir alltäglich unser Tagwerk beschließen können mit dem Gefühl, einen kleinen Fortschritt gemacht zu haben. Ohne solchen Fortschritt und Hoffnungsschimmer aber würde unsereinem abverlangt, in einer fürchterlichen Situation zu leben.

Das Konzept des Sozialdarwinismus, die dem 19. Jh. entstammenden Ideen von Spencer und Fiske vom Überleben nur der Bestangepaßten, die in der nordamerikanischen Zivilisation eine so bedeutende Rolle gespielt haben – haben sie nach wie vor einen bedenkenswerten Sinn oder sind sie eher gefährlich?

In Darwins Welt war der Fitteste imstande, in einer gegebenen Umwelt zu überleben, indem er sich ihr anpasste. Heute ist die gegebene Umwelt eine künstliche, und der ihr am besten angepasste ist auch der cleverste. In Amerika ist dieser Bestangepaßte auch der Rücksichtsloseste und Verdorbenste. Auf genetischer Ebene lässt sich schwer nachweisen, ob er seine wunderbaren Gaben der Nachkommenschaft weitergeben kann (wie noch bei der natürlichen Zuchtwahl). Diese Nachkommen werden vielleicht ganz im Gegenteil kultiviert und sehr anders sein, wenn die Gelegenheit dazu günstig ist. Die Vergangenheit ist überreich an Evolutionen dieser Art. Ein Beispiel dafür ist die Aristokratie. Geharnischte Ritter, die sich in Tjosten und Aventüren für die Farben ihrer imaginären Damen schlugen – nicht wahr?, das hatte doch noch was. Diese Leute waren bereit, sich in die Schanze zu schlagen im Namen der feinen Lebensart und der Schönheit. Heute aber machen eher Waffenschieber und Drogenhändler von sich reden.

Der Mensch kann ja nicht leben ohne einen tragenden Sinn, ohne eine kosmische Ordnung und historische Traditionen – da hat sich seit Dantes Divina Commedia *nichts verändert. Was bedeutet für Sie Tradition?*

Ich liebe die Tradition, wo sie mit der Zeit gegangen und dennoch am Leben geblieben ist, ohne jemandem zu schaden. Diesbezüglich bin ich Traditionalist mit einem eingestandenen Faible für die konstitutionelle Monarchie. Sie ist wie das Auge des Wirbelsturms, und niemand will sie mehr niederreißen. Es ist ja schon wunderbar: so ein Individuum, das über jeden Tadel erhaben ist. Es ist der Anfang von Höflichkeit und Anstand und nichts Politisches. Der konstitutionelle Monarch ist angestammtermaßen der höchste Repräsentant seines Landes und nicht zu stürzen oder abzuwählen wie etwa ein Präsident. Die Situation, in die man z.B. einen Menschen wie Clinton gebracht hat, hat ihn als Präsidenten noch lächerlicher gemacht wie sein eigenes Handeln. Denn ist etwa die Außenpolitik der Vereinigten Staaten durch das persönliche Betragen dieses Mannes beeinträchtigt worden? Ich glaube nicht. Es handelt sich doch um zwei verschiedene Sphären, die man nicht hätte miteinander vermischen dürfen. Doch zweifellos muß ein Mensch, der die Macht hat, einen Krieg auszulösen, gewissen Kontrollen unterworfen werden.

Sie selber haben sich ja im zweiten Weltkrieg mit Ihren Konzerten, die Sie in der ganzen Welt gegeben haben, sehr für den Frieden engagiert. Wäre denn die Idee eines gerechten Krieges Ihres Erachtens zu verteidigen?

Es gibt in der Tat Beispiele von gerechten Kriegen. Die Besetzung eines Landes mit weit überlegenen Kräften kann eine bedeutende Tat sein. Der Zweite Weltkrieg hätte einer dieser Kriege sein können. Der Krieg gegen Deutschland, der Krieg zwischen Deutschland und Russland – sie wären gerechtfertigt gewesen, wenn sie den Schutz der Zigeuner, der Juden, der Slawen und die Verteidigung des Rechtsstaats gegen die Gangster zum Ziel gehabt hätte. Wenn das die in diesem Globalkonflikt auf dem Spiel stehenden und umkämpften Prinzipien gewesen wären, so hätte sich um sie ein gerechter Krieg führen lassen. Dann hätte dieser Krieg aber zehn Jahre früher stattfinden müssen, denn damals hätte er der Welt einen Weltkrieg noch ersparen können. Aber in Wirklichkeit ist Amerika durch Japan und Russland in den Krieg hineingestoßen worden, weil es überfallen worden ist. Die einzigen Länder, die sich, aufgrund ihres Vertrages mit Polen, wirklich gegen Deutschland erhoben haben, sind Frankreich und England gewesen. Eigentlich hat England die freie Welt alleine und ohne rechte Erfolgsaussichten verteidigt. Insgesamt aber kann für die Rechtfertigung dieses Krieges leider kein triftiger humaner Beweggrund geltend gemacht werden.

Auch die amerikanische Landung in der Normandie gehört nicht in diese Kategorie?

Es war eine gerechte Operation vielleicht in militärischen Begriffen, nicht aber ihrer Intention nach. Die Intention war nicht der Schutz von Minderheiten oder von Menschenwürde im weiten Sinne.

Jahrhundertelang spielte sich die Geschichte der Menschheit in einer Dialektik zwischen Idealpolitik und sog. Realpolitik, zwischen Erasmus und Macchiavell ab. Wo könnte beides etwa ins Gleichgewicht kommen?

Bis vor nicht allzu langer Zeit hätte man die Antwort auf diese Frage für im Grunde evident gehalten. Die Politik hat zu Krieg und zu Genozid geführt, und das ist immer als durchaus akzeptabel betrachtet worden, selbst bei den zivilisierten Völkern der Vergangenheit wie Griechenland und Rom. Und doch ist der Hass auf eine Kultur, die Zerstörung ihrer Städte und das Niedermetzeln ihrer Menschen nie soweit gegangen, sie auszulöschen. Auf jeden Fall hinterließ und hinterlässt eine Kultur ihre Spuren.

Heutigentags müsste die von Ihnen angesprochene Idealpolitik eine Politik sein, die auf unterstützungswürdige Ziele ausgerichtet ist, die Schutz bietet und die die Menschheit instand setzt, den schier erdrückenden globalen Herausforderungen die Stirn zu bieten. Auf allen Ebenen hätte diese Politik die Beiträge der Individuen zu integrieren, nicht nur ihre persönlichen Interessen, nicht nur ihre Wählerstimmen, und zwar nicht nur im regionalen oder nationalen Maßstab, sondern in einer Folge von immer weiteren konzentrischen Kreisen, deren allerweitesten, sagen wir (mangels eines präziseren Ausdrucks), die Religion darstellt und deren engster mit dem Neugeborenen anfängt. Die politische Praxis war anfänglich Sache der jeweiligen Gesellschaft, später hat sie im Zusammenhang mit der Ausweitung des allgemeinen Wahlrechts immer größere und weitere Bereiche erfasst. Nun gibt es über diese herkömmlichen Kreise der politischen Praxis hinaus auch noch andere. Nur scheinen die Politiker als die Repräsentanten einzelner Gesellschaften leider kein rechtes Bewußtsein von diesen erweiterten Kreisen zu haben.

Heute ist unser Planet ökologisch starken Bedrohungen ausgesetzt – vonseiten des Klimas, der Energie, des Wassers, des umgebenden Raums, der Meere. Kann es da eine Realpolitik geben, die ökologisch verantwortlich ist?

Obwohl sie kulturell nur schwach repräsentiert sind, haben wir grüne Parteien, die einer von vielen Leuten geteilten Einstellung Ausdruck geben, welcher die Politiker aus eigenem Antrieb nie stattgegeben hätten, hätte sie sich nicht in Wählerstimmen niedergeschlagen. Die Tatsache, dass ein großer Teil der Bevölkerung diese grünen Parteien unterstützt, zeigt aber, dass diese Parteien bereits einen Einfluß auf die Politik haben.

Anderseits meine ich, dass, rein ökologisch gesehen, das Engagement viel weiter gehen könnte. Ich glaube, dass die Regierung, sofern sie in den Händen von Interessengruppen ist, dem Willen der Mehrheit zuwiderhandelt. Gallup-Umfragen in den Vereinigten Staaten etwa machen deutlich, dass die Bevölkerung dem ökologischen Wohlergehen und den damit verbundenen Verpflichtungen einen viel höheren Stellenwert (als den tatsächlich praktizierten) einräumt und dass diese hohe Meinung klar über den Schutz der Wälder hinausgeht.

Letztendlich leben wir eben nicht in einer repräsentativen Demokratie, sondern in einem repräsentativen Klassen- und Kommerzsystem.

Nach Machiavelli ist man in der Politik bisweilen zu unmoralischen Handlungen genötigt. Was halten Sie davon?

Das ist nicht nur in der Politik so. „Du sollst nicht stehlen" lautet eines der zehn Gebote. Da war ich neulich erfreut, zu lesen, dass eine französische Mutter, die in einem Supermarkt Nahrungsmittel entwendet hatte, von der Anklage des Diebstahls freigesprochen worden ist, weil die Juristen ein aus dem 18. Jh. stammendes Gesetz wiederentdeckt haben, das im Falle äußerster Notlage Mundraub für straffrei erklärt. Anders gesagt, wirft das die Frage auf, bis zu welchem Punkt diese Gebote absolut zu nehmen sind. Dieses fünfte hat für die Eigentümer gewiß absoluten Wert. Denjenigen, die nichts besitzen, gilt es verständlicherweise etwas weniger. Mit dem Gebot „Du sollst nicht töten" ist es das Gleiche. Wann ist es gerechtfertigt, einen anderen zu töten? Es kann unter Umständen tatsächlich gerechtfertigt sein, zu töten.

Sie haben in Ihrem Leben als Künstler aber auch im öffentlichen und politischen Leben stets die Menschlichkeit hochgehalten. Und Sie haben Diktaturen erlebt. Was sind – im Sinne von Thomas Hobbes „homo homini lupus est" oder von Sören Kierkegaard – die Wurzeln des Bösen in der Geschichte, das Ihnen doch immer so nahe gegangen ist?

Das wirkliche Übel kommt aus brutalen und grausamen Vorurteilen und der damit einhergehenden Selbstgerechtigkeit. Man verübt dieses Böse, um seine Macht, sein Wohlbefinden oder seine Sicherheit durchzusetzen und indem man die Fähigkeit des Menschen, dem Bösen zu folgen, ausnützt. Ich darf es noch einmal sagen: Der gute Mensch ist sich dessen bewusst, dass er auch das Böse begehen bzw. übel tun kann. Das macht ihn wesentlich aus. Im Gegensatz dazu ist der böse Mensch eben dafür blind und begeht er das Böse, nur um unbeirrt seinen Weg zu gehen und im Rennen zu bleiben. In der Welt des Sports kann man (z.B. mit Dopingkontrollen) beweisen, dass die Sieger im Wettkampf die Besseren gewesen sind, und die Verlierer geben ihre Niederlage im allgemeinen freimütig zu. Im Wettkampf ums Überleben aber geht es um Leben oder Tod; und wenn z.B. einer Gruppe von zehn Personen einmal nur noch ganz wenig Nahrung übrig bleibt, so wird eben eine sie sich wohl einverleiben und die neun andern werden leer ausgehen und vermutlich zugrunde gehen.

In Homers Odyssee *wie im* Gilgamesch-Epos *und bis zu Vasco da Gama und darüber hinaus hat sich der Mensch Gedanken gemacht über sein Schicksal. Hat die Menschheit, teleologisch gesprochen, einen Sinn?*

In mancherlei Hinsicht hat die Evolution des Menschengeschlechts bestimmte Richtungen verfolgt. Das ist auf dem Felde der Erkenntnis und des Verständnisses der Humaniora, der Psychologie, der Geologie und sogar der Historie der Fall. Die Erkenntnis besteht in der Verbindung anscheinend unverbundener Elemente und der Beobachtung der Art und Weise, in der sie sich gegenseitig beeinflussen. Wir verfügen demnach über einen stetig anwachsenden Fundus von Kenntnissen, der uns selbst und alles einschließt, was wir nur berühren, denken und uns vorstellen.

Wir gehen mithin einem weiteren Anwachsen der Kenntnisse entgegen. Im physischen Bereich kann sich etwa ein Kreislauf von Leben da entwickeln, wo alle Elemente sich gegenseitig fördern und speisen. Ich werde nie die ersten Tage, ja die ersten Stunden vergessen, die ich nach unserer Ankunft in Indien 1953 erlebt habe. Indira Gandhi hatte uns mit dem Wagen am Flughafen abgeholt. In den Straßen gab es sonst noch nicht viele Autos; aber überall sah man Kühe, die mit Würde und Selbstsicherheit einhergingen, ihres Status als heilige Kühe gewiß. Als Gegengabe spendeten sie ihre Kuhfladen und ihre Milch, und man sah herrliche Frauen Körbe voll dieses heiligen Kuhdungs davontragen. Diese Substanz war eine erster Ordnung, denn es war der erste Stoff, den man im Austausch gegen das, was man nahm, zurückgab. Er enthielt alles Wesentliche, stand er doch für Dünger, Wärme und Baumaterial. Und die Bäume waren voll von Affen und von Vögeln, welche die Insekten auf dem Rücken der Kühe aufpickten. Schließlich waren da auch noch Menschen. Und man begriff, das all das einen vollendeten Kreislauf von Geben und Nehmen bildete. Wenn man darauf achtgab, diesen Kreislauf nicht zu durchbrechen, so würden die Bäume weiter Affen und Vögel beherbergen, die dank der Insekten auf den Kühen zu leben hätten, so wie die Menschen von ihrer Milch und ihrem Dung. Hochbeinig-hochmütig, elegant und prächtig gekleidet gingen sie daher in großartiger Allüre, viel großartiger als irgendeine hochhackig die Fifth Avenue herunterklappernde Schöne.

Dieser Kreislauf konnte gleichsam ins Unendliche ausgedehnt werden. Umgekehrt aber konnte man auch, und das hat man getan, die Affen nach Europa oder den Staaten verfrachten, um sie in den Labors zu Versuchstieren umzufunktionieren, und dafür die Autos die Straßen erobern lassen und zugleich die Kühe, ihre Fladen und ihre Milch daraus zu vertreiben – und fortan hatten diese ihren heiligen Wert verloren.

Eine Frage, die T.S. Eliot schon aufgeworfen hat: Ist die Technologie, was immer ihre Form sein mag, eine Kraft der Evolution? Und wenn ja, ist diese Kraft eine wohltätige oder eine unheilvolle?

Sie kann, wie jede Kraft, gut oder schlecht sein. Die erste Auswirkung der Technologie ist zwangsläufig eine Umwälzung, denn sie bricht mit den natürlichen Zyklen, an deren Stelle wir dann künstliche Zyklen einsetzen müssen. Doch man muß sich die Gebrechen klar machen, die man sich damit einhandelt und zu kompensieren hat. Die Gebrechen des Lesens und Schreibens sind der Verlust an

Gedächtnis und Intuition, welchen manche wiederum mit technischen Innovationen ersetzen zu können meinen. Denn in Wirklichkeit zieht der Computer einen beträchtlichen Verlust an Abstraktionsvermögen nach sich. Jeder Fortschritt bringt auch Beeinträchtigungen mit sich. Wenn wir den Verlust erkennen und zugeben können und uns bemühen, ihn wieder wettzumachen, indem wir unseren Kindern Achtsamkeit auf andere, Ausbildung von Intuition und Schärfung des Gedächtnisses beibringen, so können wir vielleicht einigermaßen kompensieren, was wir sie durch das Lesen- und Schreiben-Lernen verlieren lassen. Zu diesem Behufe sollten wir ihnen am besten täglich Gedichte und Lieder nahebringen.

Der Logos – die technische Rationalität – ist ohne den Mythos *in der Moderne nicht lebbar. Man kann ohne Mythologie, d.h. Mythenerzählung nicht leben. In der Gesellschaft von heute haben die Mythologien aber neue Formen angenommen. Was werden, über die von Roland Barthes zur Geltung gebrachten Mythen des Alltags hinaus, wohl die Mythen des 21. Jhs. sein?*

Eine große Frage, die Sie da stellen! In der Tat brauchen wir Mythen, denn wir benötigen auch Erklärungen für das, was wir nicht wissen. Noch die ungebildetste Person braucht wenigstens eine gewisse Vorstellung über die Art, wie die Welt zustande gekommen ist, über die Zeit, die das etwa gebraucht hat, und den Urheber dieser Schöpfung. Aus diesem Grund haben wir uns Mythen ausgedacht. Da wir diese Kenntnisse auf keinerlei materielle Beweise gründen können, muß die Beweisform eine mythische sein. Ein solcher Beweis kann manchmal sehr schön sein, vor Einbildungskraft sprühen und großartige Bilder oder Musik hervorbringen. Das ist unsere Mythologie: ein Ersatz für das Reale, ein Ersatz, der uns davor bewahrt, uns gegenseitig bis aufs Messer zu streiten.

Die Mythenerzählung von heute bringt bestimmte Helden oder Stars auf die Bildfläche. Zunächst die der Popkultur, des Rock und Jazz. Dann die großen Figuren in den verschiedenen Szenen, im Sport, im Film etc., oder solche, die viel Geld gemacht oder viele Leute betrogen haben. Heute gibt es auch einen Mythos der brutalen Gewalt, der ziemlich finster ist. Das ist die Hall of Fame derer, die sich durchsetzen und dabei sämtliche Rücksichten und Hemmungen hinter sich lassen. Ja, die Zerstörung der natürlichen Hemmung ist ein Mythos an sich geworden. Er illustriert diejenigen, die es geschafft haben, sich über jede Art von Mitleid und Vorbehalt erbarmungslos hinwegzusetzen. Solche Individuen haben sich ein ungeheures Heldenrenommee errungen. Man braucht doch nur zu schauen, welche Spielzeuge die Kinder heute gekauft kriegen wollen und welche Namen sie ihren Miniaturgefährten geben.

Es gibt im Deutschen einen Ausdruck, das Numinose, *– Rudolf Otto und Mircea Eliade haben ihn aufgebracht – zur Bezeichnung dessen, was die traditionellen Gesellschaften für natürlich und für das Leben wesentlich halten. Was denken Sie über die Stellung dieses* Numinosen *heute?*

Ich denke, dass es immer noch reichlich authentisches Gespür für die wahren Werte gibt und dafür, dass sie imstande sind, das *Numinosum* zu reflektieren. Ich für mein Teil würde es wiedergeben als ‚das Unantastbare'.

So wäre das Unantastbare für Sie die geheime Kraft der latenten Geschichte, die Kraft des existenten Unsichtbaren, von der ein Dichter wie W.H. Auden spricht?

Es gibt noch eine andere Vorstellung dieser Art. Man redet den Frauen immer mehr ein, doch ja nicht mehr zu stillen wie weiland die Heilige Jungfrau den Jesusknaben. Heutzutage kann auch eine Lesbierin das Kind einer anderen Lesbierin aufziehen. Wir brechen alle natürlichen Regeln und schaffen neue nie dagewesene Situationen, die unsere Fähigkeit zu fühlen und zu handeln auf die Probe stellen. Wir haben jeden klaren Begriff für das Wie und Warum verloren, wir haben uns verirrt, blicken nicht mehr durch: Haben wir es hier mit einer Mutter und ihrem Kind zu tun? Wenn ja: ist das Kind ein natürlich empfangenes bzw. ausgetragenes oder das Produkt einer künstlichen Befruchtung? Wir wissen es nicht mehr. Wir können nur dessen sicher sein, was wir selber erlebt, gefühlt, kennen gelernt haben.

Sie haben von Indien gesprochen. Es gibt noch andere Regionen der Welt, in Afrika, in Asien, in Lateinamerika, wo ein Leben in traditionellen Bahnen, geprägt von metaphysischen und spirituellen Erfahrungen, überlebt und sich behauptet hat – ein sinnliches, kreatives und authentisches Leben, ein Leben der Imagination und der Alltagskultur mit einer Ästhetik der Künste, aber auch einer Ästhetik der Straße. Meinen Sie, diese Schätze werden sich im Zuge der Industrialisierung und Modernisierung verlieren oder werden sie an gewissen Orten noch weiterleben können?

Indien dürfte einer dieser Orte bleiben, aber die Erosion wird doch fortschreiten. Erst einmal ist Indien ein industriell weit fortgeschrittenes Land. British Airways etwa hat dort sein Zentrum für Informationsverarbeitung hinverlegt, denn die Inder sind sehr intelligent und billiger als die englischen Ingenieure. Die Inder sind außerdem immer ein Volk des Denkens gewesen. Kennen Sie die wunderbare Geschichte von Homi Bhabha, dem großen indischen Atomphysiker? Also, bei seiner Ankunft in den Vereinigten Staaten haben ihn die Journalisten des *Time magazine* gefragt, wie er sich erkläre, dass ein so rückständiges Land wie Indien einen Wissenschaftler seines Formats habe hervorbringen können, der sich nicht einmal damit begnüge, ein Wissenschaftler zu sein, sondern der auch sehr gut die indische Musik und überdies unsere westliche Kunst und Musik ausgezeichnet kennt, zu den Festspielen nach Bayreuth fährt etc., der, kurz gesagt, ein universal gebildeter Gentleman ist als wie nach dem Ideal der Renaissance. Worauf er geantwortet hat: „Nun ja, sehen Sie, in Indien haben wir lange heiße Sommer, in denen wir viel Zeit damit verbringen, uns im Schatten der großen Bäume unsere Gedanken zu machen." Das war seine Antwort. Er hat ihnen damit zu verstehen gegeben, dass Indien zwar weder das Automobil noch das Flugzeug noch die Kühlschränke erfunden, aber derweil nachgedacht hat.

Ist nicht auch in diesen Ländern die Fähigkeit des Denkens und insbesondere die des „Fühlens", und zwar mit Empathie und intuitiver Intelligenz, drauf und dran, zu verschwinden?

Ich fürchte: ja.

Wo wird dann die Einbildungskraft und die Sensibilität aber bleiben, wenn man schon weiß, dass sie der Technologie und der Modernität der industrialisierten Länder mit ihrer Computerisierung, Chronometrisierung der Zeit, Standardisierung des täglichen Lebens und Jagd nach der reinen Rentabilität weichen müssen?

Wir waren so verrückt, den aufzuteilenden Kolonien damals diese gradlinigen Grenzen zu verpassen, weil die Diplomaten derlei gern, Zigarren rauchend, am grünen Tisch abzumachen pflegten, und ich bin überzeugt, die Aufteilung Afrikas hat ihnen Gelegenheit gegeben, hunderte von Zigarren zu paffen. Diese geraden Linien entsprachen weder den natürlichen Grenzen noch denen der Stammesterritorien, sie entsprachen gar nichts an den Ländern selber. Und nachdem wir sie ihrer Identität beraubt hatten, wollten wir diese Völker zur Demokratie bekehren. Natürlich konnte daraus nichts werden, und diese Völker befinden sich heute in einem fürchterlichen Zustand fast andauernden Krieges, bei dem einige dreiste Schlaumeier es fertigbringen, sich das ganze Geld, das wir diesen Ländern zukommen lassen, unter den Nagel zu reißen.

Nach dem Zusammenbruch des sowjetischen Imperiums kann die Ausweitung der Macht des Kapitalismus von einem rein ökonomischen Standpunkt aus wohl funktionieren. Was aber ist mit der andern Seite der Medaille? Haben die traditionellen Gesellschaften Asiens, der islamischen Welt, Lateinamerikas wirklich keine andere Wahl, als dabei ihre Identität zu verlieren?

Das kapitalistische System sah sich plötzlich wie auf einen Sockel erhoben. Stellte es doch dieses unvergleichlich chancenreiche System dar, das eine wachsende Anzahl von Individuen, ja die ganze Menschheit in der Hoffnung wiegte, an materiellen Reichtum heranzukommen und aller Sorgen ledig zu werden. Und diese Hoffnung ist zusammengelaufen mit allem andern, wofür Amerika steht: mit der Demokratie, der Freiheit usw. Aber diese Konjunktur kann nur von kurzer Dauer sein. Sie nutzt sich ab und verbraucht sich sehr schnell. Die Illusion dieser zu Kapitalismus und Demokratie gewordenen Perfektion enthüllt ihre ganze Schwäche an den unzähligen Orten, an denen ein neues soziales Bewusstsein und Gewissen erwacht. Und wir werden vielleicht noch sehen, ob nicht ein Schock unerhörter Natur die Unverträglichkeit zwischen den Erfordernissen der Ökonomie und denen der Menschen zum Platzen bringt.

In einer Unterhaltung mit Edward Teller, dem Erfinder der Wasserstoffbombe, habe ich versucht, auf die prekäre Verbindung zwischen den Naturwissenschaften und den Humanwissenschaften zu reflektieren. Dieses missing link *ist in meinen Augen der* Kairos *der Moderne, mit dem sie am Scheideweg steht. Bis zu Leibniz und Spinoza waren die Mathematiker mit der Philosophie verbunden geblieben. Und noch im 19. Jh. baute man den Doktor der Physik in der philosophischen Fakultät. Das ist heute anders. Und Teller meint in der Nachfolge Francis Bacons, der Mensch dürfe und solle alles, was auf dem Gebiet der Naturwissenschaften in seiner Reichweite steht, ohne jede Einschränkung bzw. Selbstbeschränkung auch verwirklichen.*

Hat er dabei auch an die Vorbehalte bzw. Vorsichtsmaßnahmen gedacht, die die Anwendung bestimmter Erfindungen wie gerade der Bombe doch gebietet?

Er ist der Ansicht, dass die Menschheit in ihrer Evolution immer wieder ihr Gleichgewicht finde. Und er meint, dass die von Präsident Reagan lancierte „Strategic Defense Initiative" (SDI), auch „Krieg der Sterne" genannt, ihre Rechtfertigung bereits darin gefunden hat, dass sie den Zusammenbruch des Sowjet-Imperiums beschleunigt hat. In diesen Zusammenhängen liegt für ihn das moralische Problem. Und von daher interessiert ihn die ethische Dimension der Naturwissenschaften wenig. Wie verstehen Sie die moralische Dimension der Naturwissenschaften?

Der Mensch ist zum Guten wie zum Bösen fähig. Eine natürliche Moral gibt es tatsächlich. Wir neigen nur leider dazu, sie in Rubriken aufzufächern: hier die Toleranz, da die Freiheit usw. Das sind Worte, mit denen man Kindern beispielsweise nichts beibringen kann. Überhaupt kann man Moral als solche, und auf so trockene und künstliche Art, meines Erachtens nicht lehren. Hingegen können auch schon Kinder in Situationen kommen oder gebracht werden, in denen sie sich normalerweise rücksichtsvoll und duldsam zeigen werden, wenn sie diese richtig zu nehmen wissen. Schon in der Schule müssen die Individuen lernen, dass sie aufeinander angewiesen sind. Und so kann sich beim Einzelnen ganz natürlich in dem Maße eine Moral herausbilden, als er begreift, dass kein Mensch ohne das hilfreiche Zutun tausender anderer, die in Küchen, Werkstätten, Flugzeugen usw. arbeiten, überleben kann. Das nenne ich eine lebendige, vom Leben gelernte Moral.

Wir müssen auch lernen, dass und was es Fremdes und Anderes gibt. Es ist eine Quelle der Bereicherung. In gewissem Maße sind, auf der biologischen Ebene, die Männer und Frauen anders, und diese Andersheit ist grundlegend. Dann gibt es Differenzen, Andersartigkeit zwischen den Kulturen, die wie lebende Bäume und Wälder sind. Wir aber errichten Barrieren zwischen ihnen. Die Quellen der Moral liegen in uns, so wie auch die Quellen des Bösen. Die Quellen der Moral liegen in der Arbeit, die wir zu leisten versuchen, und in dem Vertrauen, das wir bei den anderen gewinnen möchten. Ohne Vertrauen zu leben, ist etwas Schreckliches. Allein unter dem Hass aller andern zu leben, muß genauso schrecklich sein. Kurz: Ich begreife die Moral nicht als von oben erteiltes Gebot.

Die Moral ist also nicht durch eine transzendentale Instanz, käme sie nun aus dem Jenseits oder sonst wo her, aufzuerlegen? Sie muß vielmehr aus empirischer Humanität, aus erfahrener Menschlichkeit erwachsen?

Ja, doch wir müssen Bedingungen schaffen, die solchem Wachstum günstig sind, wie bei Pflanzen in einem Gewächshaus. Es braucht für eine jede Pflanze die angemessene Temperatur und Feuchtigkeitszufuhr. Das ist nicht maschinell zu produzieren. Deshalb glaube ich, dass die Haltung mancher Länder nicht akzeptabel ist.

Gehörte in diesen Rahmen auch der gerechte Krieg, von dem wir vorhin sprachen, eine Frage, die sich auch etwa Simone Weil während des 2. Weltkriegs stellte?

Ja, aber ein solcher Krieg müsste auf der Grundlage einer unbestreitbaren Autorität und Vollmacht geführt werden. Eine solche Intervention kann also weder von Amerika noch von Europa ausgehen, sondern nur von der Weltgemeinschaft insgesamt.

Die Moral entsteht aus der Achtung und Schätzung der großen Werke und der großen Menschen der Vergangenheit sowie aus dem Bewusstsein, dass wir in unseren eigenen Leben von deren Gegenwarten abhängen, in unserer Kunst wie in unsrem Wissen und im Vertrauen der anderen und in die anderen. Das ist die Basis der praktischen Moral, für die ich eintrete und die sich geradewegs einreiht in eine große philosophische Tradition.

Stuttgart, 19.02.1998
Übersetzt von Konrad Honsel

„Ja, die Poesie kann den Menschen erlösen“

CZESŁAW MIŁOSZ

Bevor der Dichter, Romanschriftsteller und Essayist Czesław Miłosz 1980 den Nobelpreis für Literatur erhielt, war er, selbst in seinem Heimatland Polen, nur in literarischen Kreisen bekannt. Geboren 1911 in Szetejnie, Litauen, macht er seinen Schulabschluss und sein Hochschulstudium in Wilna. Mit 22 Jahren veröffentlicht er seinen ersten Gedichtband. Nachdem er ein Stipendium für ein Studium in Paris erhalten hat, arbeitet Miłosz für den polnischen Rundfunk in Wilna und Warschau. Während des Zweiten Weltkriegs ging er in den Untergrund, um gegen die Besatzung der Nazis zu kämpfen. Zwischen 1945 und 1951 ist er Kulturattaché in New York, Washington und Paris. Im Exil hat er einige seiner Hauptwerke geschrieben, unter anderem die Essaisammlung von 1953, *Verführtes Denken* (Suhrkamp, 1974), in der er seinen Bruch mit dem stalinistischen Regime in Polen erklärt. Später lässt sich Miłosz in den USA nieder, wo er an der Universität von Berkeley slawische Literatur unterrichtet. Vom politischen Standpunkt aus gab er sich nicht damit zufrieden, die Situation in Polen zu kritisieren, er hat außerdem den Westen und seine Zivilisationskrise kritisiert. Miłosz ist in Krakau am 14. August 2004 verstorben.

Zu seinen in die deutsche Sprache übersetzten Werken gehören: *Gedichte* (Suhrkamp, 1982), *West- und Östliches Gelände* (DTV, 1986), *Hündchen am Wegesrand* (Hanser, 2000), *Mein ABC: Von Adam und Eva bis Zemtrum und Peripherie* (Hanser, 2001), *Das Tal der Issa* (Suhrkamp, 2002).

*

Sie kamen in Litauen zur Welt, haben in Wilna Ihre Jugend verbracht, einer Stadt, die, wie Sie einmal notierten, „dreizehn Mal von einer Hand in die andere ging“ und die oft grausamen Wechselfälle der Geschichte Osteuropas wie ein Brennglas bündelte. Bei diesen kriegerischen Auseinandersetzungen ging es nicht zuletzt auch um kulturelle und sprachliche Identität. Als Sie dort aufwuchsen, war Wilna eine polnische und eine jüdische Stadt, ja ein Zentrum des Judaismus. Wie bewerten Sie vor solchem Hintergrund den Umstand, dass Sie ein polnisch schreibender Dichter sind, dessen geistige Wurzeln eigentlich tief ins Litauische reichen?

Das ist einerseits paradox; andererseits gab es in Litauen zwei Sprachen – wie beispielsweise in Irland, wo das Gälische neben dem Englischen bestand. Während jedoch das Gälische mehr und mehr in Vergessenheit geriet, erlebte das Litauische Ende des 19. und Anfang des 20. Jahrhunderts eine Wiedergeburt und wurde zur offiziellen Sprache des unabhängigen Litauen. Meine Eltern und meine Vorfahren stammen aus Litauen; trotzdem sprachen sie seit dem frühen 16. Jahrhundert Polnisch.

Das Litauen Ihrer Jugend ist ebenso untergegangen wie das zaristische Russland Ihrer Kindheit. Welche Empfindungen löst dieser Gedanke in Ihnen aus?

Mir scheint, das ist eine Frage des Abstands. In jedem literarischen Werk spielt der Abstand eine große Rolle. Er lässt sich auf unterschiedliche Weise gewinnen; zum Beispiel infolge des Vergehens der Zeit – wie bei Marcel Proust – oder dadurch, dass Länder aufgrund neu gezogener Grenzen voneinander getrennt werden, manchmal in der Geschichte verschwinden – aber auch durch das eigene Exil. Litauen hatte für mich genau diese Funktion, dass ich darüber nachdenken und schreiben konnte wie über ein fast mythisches Land, das nur noch in meiner Erinnerung existiert.

Die Geschichte war Ihnen damals nicht nur in Gestalt der Architektur Wilnas gegenwärtig, sondern auch in der von Flüssen durchzogenen, äußerst fruchtbaren Landschaft und den Eichenhainen Litauens, wo Ihre heidnischen Vorfahren den Mythen der Sonne, der Morgenröte und des Mondes gehuldigt hatten.

Ich gehöre einem Kulturkreis an, der vom Westen beeinflusst wurde, was sich besonders in der Architektur widerspiegelte. Die Gotik breitete sich im gesamten Baltikum aus und hinterließ vor allem in Riga ihre Spuren. Wilna dagegen steht eher im Zeichen des aus Italien gekommenen Barocks; die Peter-und-Paul-Kirche stellt dessen mustergültiges Zeugnis dar. Die Köpfe der im Gewölbe angebrachten Figuren zierten Briefmarken, die ich als Jugendlicher sammelte. Das sind tiefe Eindrücke, die mich veranlassten, sogar in den Wolken über Wilna barocke Formen auszumachen. Was den Charakter der Landschaft angeht, so wurde ich in einer kleinen Holzkirche im Herzen von Litauen getauft, die von alten Eichen umgeben war. Sie mögen noch durchdrungen gewesen sein von heidnischem Geist, denn Litauen war das letzte Land Europas, das christianisiert wurde. Jedenfalls habe ich bis heute ein inniges Verhältnis zur Mythologie der Bäume.

In jener Zeit, also Ende des 14. Jahrhunderts, rückte die christliche Tradition an die Stelle der auf magischen Vorstellungen beruhenden Naturreligion, die jedoch nie ganz ausgerottet wurde, obwohl man das ewige Feuer ihrer Priester löschte und die heiligen Bäume fällte.

Gewiss, das heidnische Denken überdauerte hier und dort; zugleich fand es Eingang in die Riten des römischen Katholizismus. Ich glaube, diese Mischung aus archaischen und liturgischen Elementen wirkte in der Kindheit stark auf mein Gefühlsleben ein.

Die Sprache der Kirche und der Literatur war Latein. Das Litauische und das Polnische weisen eine Reihe von Ähnlichkeiten mit dem Lateinischen auf und beweisen damit den weitreichenden Zusammenhang zwischen den indoeuropäischen Sprachen. Von daher bildet Rom gewissermaßen die äußere Grenze und das innere Zentrum Ihres Schreibens.

Ja, ich bin mir darüber im Klaren, dass sich meine Dichtung aus der traditionellen polnischen Dichtung herleitet, die ursprünglich zweisprachig war. Zumal die Lyriker in Polnisch und in Latein schrieben, wobei das metrische System des Polnischen auf den religiösen Liedern des mittelalterlichen Lateins beruht. Die Wechselbeziehungen mit Italien sind demnach auch auf der sprachlichen Ebene unverkennbar. Jahrhundertelang galt Latein als die europäische Sprache schlechthin, die von den Gelehrten bis ins ausgehende 18. Jahrhundert benutzt wurde. Vergessen wir nicht, dass Linné, der die wissenschaftliche Nomenklatur so nachhaltig prägte, sich ebenso noch des Lateins bediente wie etwa Swedenborg.

Offenbar fühlten Sie sich von Swedenborg, seiner mystischen Naturphilosophie und seinen visionären Erlebnissen ganz besonders angezogen.

Er faszinierte mich, denn bisher konnte noch niemand das Phänomen Swedenborg erklären. Natürlich hielten einige ihn für schizophren, aber das besagt überhaupt nichts. Er zeigte keinerlei Symptome von Schizophrenie, wie wir sie heute verstehen. Seine Schau der jenseitigen Welt bleibt ein Mysterium.

Ein weiterer Autor dieser Epoche schlug Sie ebenfalls in seinen Bann, nämlich der englische Dichter William Blake. Ich denke, die von Ihnen empfundene geistige Verwandtschaft gründete auf der Ablehnung eines verabsolutierten Rationalismus und jeder doktrinären Weltanschauung.

Mit Blake verbinde ich seit langem aufregende innere Erlebnisse. Wie Sie wissen, wurde er selbst in England und Amerika erst spät entdeckt. Als ich in Berkeley lehrte, nahmen viele Studenten der revoltierenden 68er Generation Blakes Dichtungen begeistert auf. Er interessierte mich genauso wie zahlreiche andere Schriftsteller mit einer mystischen Ausrichtung. Doch er war nicht nur ein Mystiker, denn schließlich setzte er sich intensiv mit den Geschehnissen seiner Zeit auseinander – die Französische Revolution nahm in seinen Arbeiten einen wichtigen Platz ein. Darüber hinaus kritisierte er jene rationalistisch-reduktionistischen Bestrebungen in der Wissenschaft, die das 18. Jahrhundert kennzeichneten.

So erscheint es nur folgerichtig, dass Sie mit Ihrem Sinn für die metaphysischen Grundfragen des Lebens in Mozarts „Zauberflöte" das harmonische Zusammenspiel von Intuition und Ratio, von Heiligem und Profanem sehen und es als notwendige Bedingung für die Suche nach umfassender Wahrheit erachten.

Vermutlich gibt es in der Musik- wie in der Geistesgeschichte einen bestimmten Punkt, auf den wir das Zerbrechen dieser Einheit zurückführen können. Meine Reflexionen über die *Zauberflöte* wurden von dem polnischen Dichter Adam Mickiewicz inspiriert. Er hatte als junger Mann die Oper gesehen und gehörte einer Loge an, die die Welt retten wollte, ganz nach Art der Freimaurer in Mozarts Werk. Deren Mystizismus lief parallel zur rein rationalistischen Vorgehensweise und fand später dann ihren Höhepunkt in der Romantik. Sie waren noch erfüllt von der Idee, dass sich beide Strömungen nicht ausschließen müssen, sondern sich im Gegenteil auf einer höheren Stufe zusammenführen lassen.

Ist der Prozess der Säkularisierung seit der Aufklärung inzwischen nicht so weit fortgeschritten, dass man fast schon von einer Vergewaltigung des Heiligen sprechen sollte wie dies etwa zur Frage gestellt wird bei Roger Caillois oder René Girard?

In meinen Augen findet etwas wesentlich Schlimmeres statt: Das Heilige wird als Täuschung bezeichnet, es wird in Abrede gestellt, es wird zerstreut. Zwangsläufig schwindet es allmählich dahin.

Ihr Werk enthält immer wieder mehr oder weniger deutliche Hinweise darauf, dass der Verlust des christlichen Erbes überhaupt das zentrale Problem des 20. Jahrhunderts darstellt.

Dieses Thema beschäftigt mich unaufhörlich. Im Unterschied aber zu den meisten Christen und christlichen Theologen gehe ich davon aus, dass wir alle, Gläubige und Ungläubige, im selben Boot sitzen, dass die Schwierigkeiten, vor denen wir stehen, objektiver Natur sind, also nicht davon abhängen, ob wir bestimmte religiöse Überzeugungen vertreten.

Das heißt: Da Wissenschaft und Technologie unser Leben zunehmend uniformieren, verdrängen sie dank ihrer allgegenwärtigen Präsenz die ureigensten Zielsetzungen der Religion?

In gewisser Weise ja. Das Widerspiel von wissenschaftlichen und religiösen Theorien ist jedenfalls sehr aufschlussreich. Zweifellos wurde gerade die Evolutionslehre Darwins als große Gefahr für die Religion betrachtet und entsprechend bekämpft. Deshalb überraschten mich unlängst einige Äußerungen des Papstes, die eine Bestätigung dieser Lehre zu suggerieren schienen. Meine Aufmerksamkeit richtet sich dabei weniger auf die Frage, ob sie richtig oder falsch ist, sondern vielmehr darauf, inwieweit sie das Denken der Menschen im 19. und 20. Jahrhundert zu beeinflussen vermochte. Fest steht, dass der daraus resultierende geistige Wandel die religiöse Vorstellungskraft aushöhlte. Außerdem dürfen wir nicht vergessen, dass wissenschaftliche Theorien dann eine ernste Bedrohung darstellen, wenn sie vulgarisiert und in kleine Pamphlete gepresst werden. Lassen Sie mich an dieser Stelle auch hinzufügen, dass viele Marxisten getarnte Darwinisten waren, insofern sie meinten, dass die stärkste Klasse überleben werde. Und da das Proletariat für das Überleben geeigneter sei, müsse die Bourgeoisie unterliegen ...

Der Respekt vor dem Heiligen, das metaphysische Denken, die Kreativität – bezeugen sie nicht die spezifische Eigenart des Menschen im Rahmen der Evolution, anhand derer er sich definiert und aus dem bloßen Kausalzusammenhang der Biologie befreit? Ich denke an Schriften von André Leroi-Gourhan über die Religionen in der Vorgeschichte oder an die Arbeiten von Ernst Cassirer über den Menschen als das symbolische Tier.

Die Tatsache, dass der Mensch ein Bewusstsein besitzt, übt seit jeher einen großen Reiz auf mich aus. Im Kontrast zur Natur selbst und zu einigen deterministischen Konzeptionen bezüglich ihrer Abläufe erzeugt das Bewusstsein eine Art Hülle, in der wir die geschichtlichen Entwicklungen und die Position, die wir dabei einnehmen, visualisieren – und zwar mittels der Religion, der Kunst und der Literatur. Innerhalb dieser Sphäre denken, fühlen, handeln wir. Das mag einigen Vorstellungen des französischen Philosophen Teilhard de Chardin nahe kommen, den ich allerdings nicht bewundere, weil er sich meiner Meinung nach etwas vormachte. Immerhin aber entwarf er die den Menschen auszeichnende Sphäre des Bewusstseins.

Könnten Sie näher erläutern, was Sie bei Teilhard de Chardin stört?

Sein Optimismus, sein Glaube, die Menschheit würde sich dank innerer Fortschritte auf eine Begegnung mit Christus im Punkt Omega zubewegen. Aber was ist mit den unzähligen Leiden der Menschen und in der Natur? Teilhard de Chardins System bietet dafür keinen Platz. Schon das Buch Hiob ruft in mancherlei Hinsicht unsere Empörung hervor, denn Hiob erhält am Schluss zwar doppelt so viele Kamele, Schafe und Rinder, als er anfangs hatte, und wird mit weiteren Kindern gesegnet – doch was ist mit den Kindern, die vorher umkamen? Es geht hier um den Preis, der im Leben zu zahlen ist, und dagegen begehren wir auf. Deshalb ist die naive Zuversicht Teilhard de Chardins irgendwie inhuman.

Würden Sie sagen, dass die Beschäftigung mit der Biologie Ihre philosophische Weltsicht und Ihre schriftstellerische Arbeit geprägt hat?

Ja, zum Beispiel veranstaltete ich im Alter von 14 Jahren in der Schule Diskussionen über Darwin und die Evolutionstheorie. Später war die Biologie insofern bedeutsam für mich, als sie die Projektionsfläche darstellte, auf die sich meine Gegenargumente richteten. Ich las exzessiv Schopenhauer, der im gleichen Maß Künstler befruchtete, wie er von Philosophen angefeindet wurde. Seine Ideen sind unauflöslich verknüpft mit den Entdeckungen der Biologie. Indem er das künstlerische, mit ungewöhnlicher Phantasie begabte Genie weit über die kausal wirkenden Kräfte der Natur stellte und dem Mitleid mit der gesamten Schöpfung einen hohen Wert zuschrieb, schuf er die besten Voraussetzungen, um den bloß biologischen Gesetzen zu widersprechen. Aus diesem Grund bevorzuge ich ihn vor allen anderen Denkern. Er war der Philosoph der durch Kunst, durch Erhabenheit möglichen Befreiung aus dem Teufelskreis der Begierden, des Leidens und der unveränderlichen Ordnung der Welt; außerdem der erste westliche Geist, der sich als Buddhist bezeichnete. Die Probleme, die er umkreiste, sind nach wie vor aktuell.

Besteht trotz der durch die globale Technokratie bedingten Profanierung noch Hoffnung, dass die Wissenschaftler eines Tages wieder zu der Einsicht gelangen, die Wirklichkeit als etwas Magisches zu betrachten, so wie die Alchimisten und Dichter in früheren Zeiten von Michelangelo bis William Blake es getan haben?

Das ist in der Tat eine wichtige Frage. Wenn wir uns mit der modernen Physik befassen und die Welt aus der Perspektive der Quantenmechanik sehen, dann stellen wir fest, dass diese Welt nicht in unsere allgemeinen heutigen Vorstellungen übertragen werden kann. Eben das ist der springende Punkt – herauszufinden, ob zwischen den Theorien, wie die heutige Wissenschaft sie vorgibt, und den Ausdrucksformen der Kultur und der Kunst eine Brücke zu schlagen wäre. Wir leben größtenteils noch immer mit Bildern, die dem 19. Jahrhundert entstammen, die sich aus Evolutionstheorie und Fortschrittsglaube speisen, während die Physik schon längst ins 21. Jahrhundert aufgebrochen ist.

Albert Einstein arbeitete viel im Laufe seiner letzten Lebensjahre über die Soziologie der Religion. Ungeachtet dessen, ob die Paradigmen der neuen Physik in unser Auffassungsvermögen zu integrieren sind – wie haben sie unser Denken transformiert und auf welches Niveau könnten sie es in Zukunft heben?

Bis ins frühe 20. Jahrhundert galt Newtons Hypothese des absoluten Raumes und der absoluten Zeit quasi als unantastbar. Einsteins Relativitätstheorie widerlegte sie, weil sie darauf hinausläuft, dass Raum und Zeit einen Anfang haben – was durch die Untersuchungen zum Urknall bestätigt wurde. Newtons Welt gleicht – paradoxerweise, denn Newton war im Grunde seines Herzens ein religiöser Mensch – einem Gefängnis, insofern die darin vorherrschende mechanistische Sichtweise den Glauben, die Imagination, die Kunst letztlich verneint. Nicht von ungefähr benutzte William Blake in Bezug auf Newton, Locke und Francis Bacon den Ausdruck „diabolische Trinität". Einstein hat uns von all dem erlöst. Wenn es einen definitiven Ursprung gibt, dann sind auch die Mystiker im Recht, eben da sie die Ewigkeit jenseits des Raum-Zeit-Kontinuums ansiedeln. Ich meine also – übrigens in Übereinstimmung mit meinem Vetter Oscar Miłosz, dessen philosophischen Traktaten ich entscheidende Anregungen verdanke –, dass Einsteins revolutionäre Entdeckung das religiöse Denken fundamental veränderte und es im nächsten Jahrhundert weiter verändern wird.

Wenn Sie die Abkehr von den anachronistischen Tendenzen des 19. Jahrhunderts fordern, so habe ich dabei auch Ihren Landsmann und Freund Leszek Kołakowski vor Augen, der Ihnen hierin sicherlich zustimmen würde.

Leszek Kołakowski schätze ich ebenso sehr wie seine Schriften über philosophische und religiöse Fragen. In großer Distanz zum Positivismus des 19. Jahrhunderts versucht er, in ein noch relativ unbekanntes Gebiet vorzudringen, in dem Wissenschaft und Religion aufeinander treffen – obwohl er sich, schwankend zwischen Glaube und Unglaube, in einer ziemlich seltsamen Lage befindet. Er ist ja kein mystischer sondern eher ein nüchterner Denker. Und gerade diese Nüchternheit lässt ihn manchmal ein bißchen verzweifeln.

Wie Kołakowski – allerdings schon einige Zeit vor ihm – wurden Sie Anfang der fünfziger Jahre wegen deutlicher Kritik an der kommunistischen Ideologie zur Emigration gezwungen. Diese Kritik entsprang wohl nicht nur Ihrer puristischen Auslegung der kommunistischen Lehre, sondern auch Ihrem religiösen Gefühl. Konvergieren diese beiden Impulse nicht in der Lichtgestalt Dostojewskij, über den Sie in Berkeley Vorlesungen hielten?

Es stimmt, meine Ablehnung des doktrinären Kommunismus war religiös bedingt, insbesondere aufgrund meiner römisch-katholischen Erziehung. Sogar meine häretischen Neigungen, die mich zu einer Art manichäischen Einstellung veranlassten, spielten mit hinein – nämlich die tiefe Empfindung einer dualistischen, von Gut und Böse gleichermaßen beherrschten Natur, und eines ebenso dualistischen Gottes. Verglichen mit solchen metaphysischen Überlegungen kam mir der praktizierte Kommunismus äußerst schal vor. Wohlgemerkt, ich würde nicht sagen, dass der Marxismus – oder besser der Hegelianismus in seiner marxistischen Fassung – keine Versuchung für mich gewesen wäre. Mein Buch *Verführtes Denken* beschreibt gerade die Geschichte dieser Versuchung, der ich selbst ausgesetzt war und schließlich widerstand. Ich zollte darin dem Marxismus so viel wie möglich Anerkennung – und orientierte mich vielleicht an Dostojewskij, der den Atheismus so weit wie möglich bejahte, um ihn dann zu verwerfen.

Dostojewskij war für Sie auch deshalb ein ebenso markanter wie kontroverser Bezugspunkt, weil er den russischen Messianismus verkörperte, dessen heilige Stadt Moskau einst das „dritte Rom" genannt wurde.

Der Messianismus scheint eine Krankheit des slawischen Volkes zu sein. Welch paradoxe Situation, als ich, ein Pole und Katholik, über Dostojewskij las, der Polen und Katholiken hasste. Aber der russische Messianismus, den er in sich trug, hatte seine Entsprechung auch im polnischen Messianismus. In beiden Fällen war diese Bewegung vom ketzerischen Gedanken beseelt, dass nicht Christus, sondern die Nation das ewige Heil verheißt. Ich konnte Dostojewskij behandeln, weil ich sowohl gegen den russischen wie gegen den polnischen Messianismus bin; das ist eine weitere, nicht reizlose Variante.

Hier die gescheiterte Utopie des Kommunismus, dort der Niedergang der Religion– welchen Stellenwert räumen Sie der Poesie in diesem eher düsteren zeitgeschichtlichen Bezugssystem ein?

Einen hohen. Wir sind an einem Wendepunkt angelangt, wo die Poesie die so genannten „Letzten Dinge“ erforscht, was jedoch schwierig ist. Offenbar sehen viele Menschen in ihr einen Ersatz für Theologie; und möglicherweise dient sie aufgrund solcher Qualitäten den Theologen im kommenden Jahrhundert als Inspirationsquelle. Zugleich glaube ich, dass die Poesie in gewissem Sinn Rettung bringt, weil sie nicht mit Abstraktionen zu tun hat, die oft gefährlich sind, sondern mit greifbaren Dingen. Die Konzentration auf ein einfaches Bild – zum Beispiel Wasser in einer Kanne – bewahrt uns vor Zerstreuung und wirklichkeitsfremder Theorie. Ja, die Poesie kann den Menschen erlösen.

Ihre eigene Dichtung charakterisierten Sie stets als leidenschaftliche Suche nach dem Wirklichen, die Idee, welche man auch bei dem italienischen Philosophen Norberto Bobbio findet.

Das kann man auf zweierlei Weise verstehen. Einerseits ist das einzige wahre Wirkliche Gott, denn nach Thomas von Aquin ist Gott das reine Sein, womit die Suche nach dem Wirklichen der Suche nach dem reinen Sein gleichkommt. Andererseits strebe ich unablässig danach, die objektive Wirklichkeit zu erfassen. Das heißt, ich wende mich gegen die Subjektivierung in der Lyrik, durch die das Gedicht auf eine recht willkürliche Aneinanderreihung von Wörtern herabgemindert wird.

Diese Besinnung auf das objektiv Gegebene erinnert an den griechischen Dichter Konstantin Kavafis, der seine Verse in der hellenistischen Welt verankerte – von der Zeit Homers über die Dynastie der Seleukiden bis ins byzantinische Reich.

Kavafis war – beeinflusst vom französischen Symbolismus und wohl auch von englischen Autoren wie Robert Browning – ein moderner Dichter, der eine neue Dimension erschloss, nämlich die Geschichte der hellenistischen Welt, die er sich zu eigen machte. Das trieb ihn dazu, eine Art objektive Lyrik zu schreiben – und eben keine Lyrik der Eindrücke, der Gefühlszustände, wie es viele seiner europäischen Kollegen taten. Dies war durchaus erstaunlich. Darüber hinaus höre ich bei ihm prophetische Töne, denn in seinem Gedicht von 1904 mit dem Titel *Die Barbaren erwartend* nahm er die schrecklichen historischen Ereignisse des 20. Jahrhunderts bereits vorweg.

Unser Gespräch neigt sich dem Ende entgegen. Glauben Sie, dass der heutige, aus der kosmischen Ordnung herausgefallene, seiner selbst entfremdete Mensch wieder so etwas wie Geborgenheit empfinden kann, die ihn beglückt wie das Paradies?

Die Vorstellung vom Paradies erschien mir stets verlockend. Ich habe ein Gedicht geschrieben, das vielleicht zu meinen besten zählt, die in Warschau während des Krieges entstanden, und das mit naiven Reimen die Welt wiederherzustellen versucht, wie sie sein soll – im Gegensatz zu der Welt, wie sie ist. Es heißt auch *Die Welt* und beschreibt – unter der Besatzungsmacht der Nazis – das wiedergefundene Paradies, das der Kindheit. Neben der trostlosen Erfahrung existiert immer die lichte Sehnsucht nach dem Paradies.

Träumen Sie davon, nach Litauen zurückzukehren?

Diesen Traum habe ich nach 52 Jahren verwirklicht. Ich war in meinem Geburtsort, wo sich jetzt eine Czesław-Miłosz-Stiftung befindet. Es gibt Menschen, die nicht an die Orte ihrer Kindheit und Jugend zurückkehren wollen, weil sie befürchten, ihre frühen Erinnerungen könnten ausgelöscht werden. Bei mir ist es anders. Ich reise nach Litauen und die Bilder der Vergangenheit bleiben haften in meinem Geist, unberührt von dem, was ich sehe.

Berkeley, 05.04 1999

Redaktionell bearbeitet und übersetzt von Jochen Winter

„Der Kampf um die Erde ist folgenreicher als irgendein architektonisches Problem“

OSCAR NIEMEYER

Der Architekt Oscar Niemeyer wurde 1907 in Rio de Janeiro geboren. Seine *Architectura lirica* bringt die Gebäude zum Sprechen. Niemeyer studiert an der *Escola Nacional de Belas Artes.* Seine Karriere beginnt 1934 im Architekturbüro von Lúcio Costa, wo er beim Bau des Ministeriums für Bildung und Gesundheit in Rio de Janeiro mitarbeitet. Später nimmt er mit Le Corbusier, der sein geistiger Meister war, an der Ausschreibung für den Sitz der Vereinten Nationen in New York (1947) teil. Von 1951 an baut er Ausstellungspavillons im Park von Ibirapuera in São Paulo; 1955 erlangt er internationale Aufmerksamkeit bei der „Interbau“ in Berlin, die renommierte Architekten eingeladen hatte, einen ganzen Stadtteil zu bauen. 1956 beauftragt der brasilianische Präsident Juscelino Kubitschek ihn, die öffentlichen Gebäude der neuen Hauptstadt Brasília zu realisieren. Mit dem Alvorada-Palast, Residenz des Staatsoberhauptes, dem Platz der drei Gewalten, dem Nationalkongress, dem Planalto-Palast, dem Obersten Gerichtshof, den Gebäuden verschiedener Ministerien, dem Nationaltheater, dem Flughafen und insbesondere der Kathedrale, Image und Symbol der neuen Hauptstadt Brasilia, erlangt er internationalen Ruhm. Das Ausmaß und die Monumentalität dieses außergewöhnlichen Ensembles und ihre plastische Eleganz verursachten „einen Architekturschock, der Brasilien in die Moderne führte“.

Während der Militärdiktatur in Brasilien geht er nach Frankreich ins Exil, in dem er den Sitz der französischen kommunistischen Partei am Place du Colonel-Fabien in Paris (1965-1980), das Gebäude der Zeitschrift *L'Humanité* in Saint-Denis (1989), ferner die Bourse du Travail in Bobigny und das Haus der Kultur in Le Havre (1976-1978) realisiert hat. In Italien entwirft er das Gebäude des Mondadori Verlages in Mailand, das Gebäude der FATA in Turin, in Algerien die Universität von Constantine. Bei der Biennale von Venedig 1996 wird ihm der Pavillon von Brasilien gewidmet. Er ist bis heute einer der führenden Architekten der Welt

*

Wie definieren Sie Architektur? In welchem Maß gründet sie auf schon bestehenden Formen, wodurch wird sie zur Neuschöpfung?

Zunächst einmal spiegelt die Architektur die aktuelle Technik wider, und infolgedessen muss man sich diese zunutze machen. So ermöglicht insbesondere der Stahlbeton weitaus differenziertere Lösungen als die zuvor gebräuchlichen Baumaterialien. Im Wesentlichen ist Architektur – zumindest für mich – gleichbedeutend mit Erfindung, weshalb das bloße Nachdenken über frühere Errungenschaften auf diesem Gebiet keineswegs ausreicht. Wenn Sie nach Brasília fahren, werden Sie Gebäude sehen, deren Anblick Ihnen Freude bereitet oder nicht, aber Sie werden nicht sagen können, etwas Ähnliches habe es bereits in der Vergangenheit gegeben. Eben das ist Architektur. Ich gehe meinen Weg, ich entwerfe, was mir gefällt. Über meine Arbeiten sind zahlreiche Bücher erschienen; nicht dass ich verachte, was da geschrieben wird – ich will mich nur nicht beeinflussen lassen, sondern völlig frei, den inneren Bedürfnissen gemäß und in aller Einfachheit meine Architektur schaffen. Diese Haltung gibt mir Ruhe; sie bewahrt mich vor der Kritik an Kollegen, die ihrerseits tun sollen, was sie ästhetisch befriedigt, die ebenfalls gezwungen sind, einen persönlichen Stil zu finden.

Ihre Ausführungen erinnern an eine der Grundthesen Le Corbusiers: „L'architecture c'est l'invention."

Ja, Le Corbusier übte eine gewisse Wirkung auf mich aus. Die Lektüre seines Werkes, die Unterhaltungen mit ihm und auch der von Ihnen zitierte Satz, den er eines Tages mir gegenüber aussprach – all das beschäftigte mich. Doch bei meinem ersten Projekt verfuhr ich anders als er. Ich bevorzugte eine Architektur, die sozusagen schwereloser war, abwechslungsreicher, mehr im Einklang mit dem Stahlbeton. Trotz solcher Unterschiede begegneten wir uns später wieder, und in einem Punkt stimmten wir miteinander überein – nämlich dass die Architektur den schöpferischen Einfall braucht.

Offenbar aber waren Sie beide nicht ganz einer Meinung, als es um die Konzeption des UN-Gebäudes in New York ging.

Le Corbusier bat um meine Mithilfe, da sein Entwurf lebhaft diskutiert wurde. Eine Woche lang stand ich ihm zur Seite, bis dann der Chef der Planungskommission mich einbestellte und erklärte: „Hören Sie, ich habe Sie und die anderen Architekten nicht gerufen, damit Sie Le Corbusiers Ideen weiterentwickeln." Also musste ich eigene Pläne ausarbeiten, obwohl Le Corbusier meinte, dass das nur Verwirrung stiften würde. Wie er gliederte ich den riesigen Komplex in zwei Teile – in einen großen Bau für die Generalversammlung, den ich direkt an den East River verlegte, wo er heute auch steht, und in einen kleineren Bau, den ich an den Rand des Grundstücks rückte. Dazwischen fügte ich einen Vorplatz ein, weil er mir für die Gesamtkomposition wichtig erschien, und gestaltete ihn. Mein Vorschlag wurde einhellig begrüßt und angenommen – was Le Corbusier als tiefe Demütigung empfand. Nun bat er mich, den kleineren Bau in die Mitte des Grundstücks zu versetzen; dadurch aber verschwand der Platz, was ich sehr bedauerte. Ich sah mich in einer Zwangslage. Er war der Meister, ich der junge Architekt, also willigte ich ein. Am Ende wurde sein Entwurf ausgeführt, der in einigen Punkten dem meinen entsprach.

Wenn Architektur Erfindung ist, bedarf sie der Eingebung. Deshalb sagten Sie einmal, Ihre Arbeit entstünde wie im Traum, wobei Sie das Gefühl hätten, dass die Idee immer schon präsent sei.

Beim Museum in Niterói zum Beispiel, das auf einem Felsen am Meer liegt, benötigte ich eine zentrale Stütze. Der darauf ruhende Bau ist rund, und ringsherum führt ein verglaster Gang, von dem aus die Besucher die Landschaft betrachten können; dazu erfand ich eine geschwungene Rampe, auf der man sich dem Museum nähert. Das heißt, die Lösung ergab sich unmittelbar aus dem Zusammenspiel zwischen Natur und Architektur. Als es um die Moschee von Algier ging, war ich gerade am Einschlafen und stellte mir vor, wie sie aussehen sollte. Ich stand auf, skizzierte die Moschee mit ihren Säulen und dachte, dass sie aus Marmor sein müsse. Dann wieder verbarg sich die gesuchte Antwort in einem bestimmten Detail. Für das Theater in Niterói ersann ich einen Pfeiler, der zwei Meter in die Höhe ragt und das Parkett trägt, so dass die Zuschauer einen besseren Blick auf die Bühne haben. Manchmal überwiegt der funktionale Aspekt, manchmal spielt die Intuition die entscheidende Rolle.

Als Sie Anfang der vierziger Jahre – also lange vor Brasília – im Rahmen Ihres ersten Großauftrags einige Gebäude in Pampulha bauten, brachen Sie einerseits eine Lanze für die moderne Technik, andererseits beriefen Sie sich auf Baudelaire: das Unerwartete, Bizarre, Staunenerregende sei das eigentliche Charakteristikum der Schönheit.

Als Architekt muss man lesen. Ein guter Roman bedeutet mir mehr als eine Abhandlung zur Architektur. Über diese diskutiere ich mit mir selbst, indem ich Entwürfe anfertige. Gerade die Bücher, die nichts mit Architektur zu tun haben, enthalten bisweilen wertvolle Einsichten. Dass ein Kunstwerk sich durch Schönheit auszeichnet, wer wollte dem widersprechen? Oder jene Formulierung von Heidegger: „Die Vernunft ist die Feindin der Einbildungskraft" – birgt sie nicht genau den Impuls, der mich bei meiner Arbeit leitet?

Insofern die Architektur der künstlerischen Weltsicht Ausdruck verleiht, begibt sie sich auf die Suche nach der Schönheit – ohne auf vorherrschende Dogmen oder Tabus Rücksicht zu nehmen, die der Erfindungsgabe Schranken setzen, eine Überlegung, die auch in den Arbeiten der britisch-irakischen Architektin Hadid immer wieder zum Ausdruck kommt.

Ja, Architektur kann Kunst sein, aber dazu muss sie sich in völliger Freiheit entfalten. Die Freiheit ist überhaupt der Ausgangspunkt all dessen, was man im Leben unternimmt. Von daher gesehen wird eine künstlerisch veranlagte Persönlichkeit durch den Unterricht möglicherweise stark beeinträchtigt. Ein zehnjähriges Kind malt vielleicht phantastische Bilder, doch sobald man es mit Lehrstoff überhäuft und auf die Klassiker einschwört, fällt es leicht der Routine anheim. Le

Corbusier etwa hat nie eine Akademie besucht. Er ging in die Welt hinaus, um Bauwerke abzuzeichnen, und erfand so seine Architektur. Weitere praktische Erfahrungen sammelte er im Architektenbüro Auguste Perrets. Lernen ist durchaus sinnvoll – vorausgesetzt, dass es gut „verwaltet“ wird.

Für Sie gibt es zwei Formen von Architektur: die eine ist schlicht, nützlich, alltäglich, die andere ausgefeilt, imaginativ, ja sogar monumental.

In einigen Fällen stehen Zweckmäßigkeit und Wirtschaftlichkeit im Vordergrund; diese Architektur lässt sich leichter entwerfen und ausführen. Bei einem öffentlichen Gebäude hingegen hat der Architekt die zusätzliche Aufgabe, die Entwicklung der Technik zu unterstützen. Als ich außerhalb Brasiliens baute, wollte ich nicht nur meine Architektur vorzeigen, sondern auch auf den fortschrittlichen Ingenieurbau in meinem Land aufmerksam machen. Wir besitzen das technische Wissen, um kühne architektonische Leistungen zu vollbringen, und brauchen im Ausland nichts zu lernen.

In diesem Zusammenhang erwähnten Sie bereits den Stahlbeton. Ihrer Meinung nach erschließt er der Kreativität eine neue Dimension, weshalb Sie ihn als einen künstlichen Stein auffassen und behandeln. Ist er ein Beweis dafür, dass man die Technik meistern und zugleich ästhetischen Prinzipien folgen kann?

Wenn genügend Platz vorhanden ist, besteht die natürliche Lösung des Stahlbetons in der Kurve. Sie hat die Kraft, den Raum zu bezwingen. Dann muss man sich nicht mehr um eine geradlinige Architektur bemühen, die wohl eher dem Metall angemessen ist. Ich strebe einfach nach der jeweils besten Form. Sobald mir die Struktur eines Bauwerks klar wird, existiert auch schon dessen Architektur.

Beton und Poesie bilden demnach keinen unversöhnlichen Gegensatz?

Nein, ganz und gar nicht. Der Beton kann tiefe Gemütsbewegungen hervorrufen; er ist plastisch und fügt sich unseren Wünschen – das ideale Material für eine originelle, vielgestaltige Architektur.

Diese freien, schwebenden Kurven, die Sie komponieren, entstammen offenbar der Natur selbst – so als hätten Sie sie abgelesen aus den Bergen um Rio de Janeiro, aus den Wellen des Meeres, aus dem Körper der Frau.

Der Brasilianer ist umschlossen von Gebirgen, sie bedrängen ihn. Das größere Wunder aber ist die Frau.

Ihre Leidenschaft für die Schauspiele der Natur, für die conditio humana schlechthin – ist sie es, die Ihre Architektur so lebendig, so nonkonformistisch, so unerschöpflich erscheinen lässt?

Die Architektur ist keine abgesonderte Sache; sie verbindet sich mit allem. Wer sie betreibt, muss offen sein, lernen, Anteil nehmen. Jede Zeichnung legt davon Zeugnis ab, was man erfahren, genossen, verstanden hat.

Als Architekt konnten Sie eine ganze Reihe von Visionen verwirklichen und nicht zuletzt auch Ihren Lebensunterhalt verdienen. In Anbetracht dessen klingt es ein wenig seltsam, wenn Sie betonen, dass Sie Ihrer Arbeit keine besondere Bedeutung beimessen.

Ich habe über sechzig Jahre vor dem Zeichenbrett verbracht, um mich meinem liebsten Zeitvertreib mit größter Begeisterung zu widmen. Doch wichtiger als die Architektur ist das Leben, die Beziehung zu den Menschen, unser Kampf für eine bessere Welt. Es gilt zu erkennen, dass die menschliche Existenz unbeschützt ist. Zwar wird immer wieder gesagt, dass wir über eine große Intelligenz verfügen und uns enorm entwickelt haben, dass wir allmählich den Raum erobern und eines Tages mit unseren Brüdern auf fernen Planeten in Kontakt treten werden, dass die Wissenschaft alles erklären kann – aber die fundamentale Frage lautet nach wie vor: Warum sind wir hier? Und dann stellt sich heraus, dass das Leben ziemlich mittelmäßig ist, dass der Mensch geboren wird und stirbt, dass die Natur ungerecht ist. Unter solchen Bedingungen kommt es darauf an, sich anzupassen, einander die Hand zu reichen und gemeinsam voranzuschreiten, zu fühlen, wie man handeln muss, und den anderen zu helfen.

Sie stellen Ihr soziales und politisches Engagement über Ihr Metier und den Ruhm, den es Ihnen einbrachte?

Ich glaube schon. Es ist eine moralische Verpflichtung, an diejenigen zu denken, die im Dunkel hausen, die weder Geld noch ein Dach über dem Kopf haben. Gegen die Verletzungen durch den Egoismus gibt es ein Mittel: mit Freude nützlich sein, mit Vergnügen geben, begreifen, unterstützen.

Sie haben zwar Villen gebaut, aber keine einfachen Wohnhäuser, keine Viertel für die Armen. Weshalb verzichteten Sie darauf, für jene, deren Schicksal Ihnen am Herzen liegt, ein architektonisch ansprechendes Zuhause zu errichten?

Weil sich unsere Brüder in den *Slums* wohler fühlen als in geplanten Siedlungen, die keinerlei Komfort bieten und oft noch öder sind. Das alles ist schrecklich. Doch zumindest eignet diesen Randzonen eine gewisse Poesie, insofern die dort Ansässigen in einer ihnen vertrauten, überschaubaren Umgebung leben. Wir wissen, dass die Armut überhand nimmt und sich nicht mehr verdrängen lässt. Irgendwann werden die Armen in der Mehrheit sein, so dass zwangsläufig eine Wende zum Besseren eintritt.

Momentan ist davon kaum etwas zu spüren. Welchen Beitrag kann die Architektur leisten, um solche Missstände zu lindern? Wie beurteilen sie in dieser Hinsicht die Arbeit Ihrer brasilianischen Kollegen aber auch anderer Kollegen wie Pei aus New York, Rem Koolhaas, Frank Gehry, Richard Meier, T. Andō oder Renzo Piano?

Manche hiesige Bauten kennzeichnen sich durch jene Kühnheit, jene plastische Freiheit, die ich schätze, aber das Gesamtbild ist eher deprimierend. Unsere Architektur dient nur den herrschenden Klassen, für die Armen hat sie nichts übrig. Dagegen ist der einzelne Architekt machtlos. Fest steht immerhin, dass man reagieren muss, wenn sich die Verhältnisse immer weiter verschlechtern, wenn das Leben entwürdigt wird und die Hoffnung erlischt; dann bleibt nur die Revolution. Wir befinden uns an einem äußerst heiklen Punkt der brasilianischen Geschichte, keine Zeit war schlimmer als diese. Der Kapitalismus steckt wie anderswo in der Krise. Er wird zunehmend gewalttätiger, nicht wahr? Das Amazonastiefland ist in großer Gefahr; in den Vereinigten Staaten erheben sich Stimmen, die behaupten, es sei internationales Gebiet, und darum sind wir aufgerufen zum Widerstand. Der Patriotismus erhält nun eine neue Qualität, nachdem er eine Zeit lang fast verpönt war, da man an eine Welt ohne Grenzen glaubte, aber daraus wurde nichts. Der imperialistische Druck ist zurückgekehrt: Brasilien, ja ganz Lateinamerika soll gedemütigt, ausgebeutet und rekolonialisiert werden. Unglücklicherweise neigen unsere Regierungen dazu, den Nötigungen seitens der USA nachzugeben und das Land zu verkaufen. Doch wenn die Amerikaner es wagen, zum Amazonas vorzustoßen, werden Militärs und Zivilisten Seite an Seite marschieren, um ihn und jeden Menschen, der das brasilianische Leben ein wenig kennt, zu verteidigen. Der Kampf um die Erde ist folgenreicher als irgendein architektonisches Problem.

Sie waren zeitlebens überzeugt von einem humanistischen, nicht ideologischen Kommunismus. Deshalb kommt es nicht von ungefähr, dass Sie in Paris den Sitz der französischen KP erbauten und für Fidel Castro, der während eines Staatsbesuchs in Brasilien das Gespräch mit Ihnen suchte, eine innige Sympathie empfinden. Verkörpert er in Ihren Augen die kulturelle Identität Lateinamerikas? Und: Halten Sie es auch nach dem Fall der Sowjetunion mit dem Kommunismus?

In der Kommunistischen Partei habe ich die besten, großzügigsten Menschen getroffen, die sich am bereitwilligsten für mehr Gerechtigkeit einsetzten. Das Elend in der Welt ist zu groß, als dass man die Ideale der Humanität und der Solidarität einfach opfern könnte. Obwohl sie angesichts des Niedergangs der Sowjetunion in Misskredit geraten sind, werden sie schließlich triumphieren. Oder hat es etwa Sinn, die Globalisierung zu bejahen, wenn in Afrika unzählige Kinder an Hunger sterben? Was Kuba angeht, so ist es für Lateinamerika ein leuchtendes

Beispiel. Fidel Castro scharte ein paar Anhänger um sich, verjagte den Diktator Battista und begann, sein sozialrevolutionäres Programm zu verwirklichen. Dieses Heldentum erfüllte das kubanische Volk mit Stolz, und so ließ es sich auch durch die aggressive Blockadepolitik der Amerikaner nicht beirren. Selbst das Elend ertrug es mit einer Art Gleichmut, um den Kampf fortzusetzen. Heute traut sich kein Staat mehr, gegen Kuba vorzugehen oder sich in dessen innere Angelegenheiten einzumischen. Das nenne ich den Sieg der Tapferkeit!

Sie betonten einmal, dass Brasília, wo Sie alle wichtigen öffentlichen Gebäude konzipierten, keine Stadt der Zukunft sein könne, weil ihre Gesellschaft noch der Vergangenheit angehöre. Aber entstand nicht bereits Ihre fast prunkhaft wirkende Architektur im Zeichen allzu idealistischer Vorstellungen, die sich als Illusionen entpuppen, wenn man die sozialen Abgründe ringsum in Erwägung zieht?

Wie gut, etwas zu sagen, und zehn Jahre später dasselbe zu denken, nicht wahr? Leider kamen korrupte Leute an die Macht, die an einschneidenden Veränderungen zugunsten eines gerechteren Brasilien keinerlei Interesse hatten. Deshalb ist es jetzt dringender denn je, integre Politiker zu wählen. Mit Brasília wollte ich meinem Land eine auch nach außen hin sichtbare Identität geben. Dieses Projekt beschäftigt mich bis zum heutigen Tag, denn gerade sind wir dabei, die monumentale Achse fertig zu stellen. Dann folgt das Museum, die Bibliothek ... Brasília ist eine Stadt, die in vier Jahren aus dem Nichts gestampft wurde und die erst nach vierzig Jahren vollendet wird. Das zeigt, was Begeisterung, Willenskraft, Entschlossenheit auszurichten vermögen und welchen Optimismus das brasilianische Volk besitzt. Nirgendwo sonst hat man eine Stadt in vier Jahren errichtet. Es fing an mit dem Bau von Gebäuden, Straßen, Plätzen, mit der Stromversorgung und der Kanalisation. Unser Ziel war und ist, einen Ort zu schaffen, in dem die Menschen gerne leben.

Als dann in Brasilien das Militärregime herrschte, siedelten Sie nach Paris über, wo Sie von 1967 bis 1972 auf dem Montparnasse wohnten und arbeiteten. Welche Erinnerungen verbinden Sie mit jener Zeit?

Ich begegnete ganz unterschiedlichen Personen – André Malraux zum Beispiel, der mir sehr geholfen hat. Ein äußerst intelligenter, beeindruckender Mann, aufgeschlossen für alles, progressiv, engagiert, eine charismatische Figur, die die geistigen Strömungen der Epoche in sich vereinigte und auf unnachahmliche Weise deutete. Nachdem er den Alvorada-Palast in Brasília besucht hatte, sagte er zu mir: „Ah, das sind die schönsten Säulen, die ich jemals gesehen habe." Mit Sartre kam ich ebenfalls in Berührung. Er war ungeheuer klug, zugleich pessimistisch, fest davon überzeugt, dass die menschliche Existenz zum Scheitern verurteilt sei. Aber sein Pessimismus hatte etwas Konstruktives – nicht nur, weil er das Leben genoss und sich amüsierte, noch in Kriegszeiten, er tat auch einiges, um Menschen zu helfen. Einmal erklärte er, dass er gerne Geld in der Tasche habe, um

Almosen zu geben. Trotz seiner ernüchternden Weltanschauung bewahrte er sich seine Leidenschaft, und gerade dafür bewunderte ich ihn. Außerdem lernte ich Raymond Aron kennen, der mich ins Collège de France mitnehmen wollte, aber ich hatte keine Lust, mit den Professoren intellektuelle Konversationen zu führen. Und Georges Pompidou lud mich einmal zum Mittagessen in den Elysée-Palast ein; als das Gespräch auf die von mir entworfene Zentrale der Kommunistischen Partei Frankreichs kam, meinte er lächelnd: „Das ist das einzig Gute, was Sie gemacht haben." Erstaunlich, nicht? Er war doch Gaullist. Man muss die Menschen achten, wie sie sind. Jeder hat bestimmte Vorzüge. Mit dieser Einstellung geht man leichter und ruhiger durchs Leben.

In Sartres Existenzphilosophie ist die Religion a priori *die große Abwesende. Auch in Ihrem Denken und Fühlen hinterließ sie offenbar keinerlei Spuren.*

Nein, ich glaube an nichts.

Sie äußerten einmal, dass Sie gerne Katholik wären, um an das Jenseits glauben zu können.

Die Natur ist genau das: geboren werden, wachsen, sterben. Dieses Gesetz durchzieht die gesamte Materie bis zum kleinsten Kieselstein. Wenn alles sich unaufhörlich entwickelt – wie die Wissenschaft uns lehrt –, gibt es keinen Grund, religiösen Wunschträumen nachzuhängen. Als Architekt jedoch versetze ich mich an die Stelle der Gläubigen. Die Kathedrale, die ich kürzlich baute, ist teilweise durchsichtig, so dass die Menschen darin zum Himmel aufschauen können. Das gefiel dem Vertreter des Papstes, der in Brasilien weilte, ganz besonders, denn der Ort vermittelt eine Vorstellung von jenem unendlichen Raum, in dem Gott auf sie wartet. Trotzdem weiß ich, dass die Kathedrale ein Produkt der Phantasie darstellt.

Auch wenn Sie die Religion ablehnen, ist Ihnen doch die ursprüngliche Empfindung oder wesentliche Erkenntnis derer, die sie praktizieren, sehr wohl vertraut: dass unserem Dasein und unserem Tun – zumal in den Wissenschaften, in der Technologie – Grenzen gezogen sind.

Der Mensch darf glauben, dass alles geschehen kann, dass seine Intelligenz unbegrenzt ist, dass er stets nach Antworten auf seine Fragen suchen kann. Natürlich gibt es Dinge, die schwierig sind – das Problem des Lebens, des Todes, das man nie wird lösen können. Dann die Tatsache, dass das Weltall sich ausdehnt, dass neue Sterne auftauchen und irgendwann verschwinden in einem schwarzen Loch, ein dauerndes Entstehen und Vergehen, und wir mitten darin ... Ja, es tut gut, zum Himmel aufzuschauen und zu begreifen, wie winzig, wie unbedeutend man ist. Auf diese Weise sieht man die eigene Existenz auf der Erde in klarerem Licht.

Wie würden Sie den geistigen Zustand des Menschen – des Kairos – nach Anbruch des dritten Jahrtausends umschreiben? Wohin geht er?

Ich finde, in der ganzen Welt ist eine Pause eingetreten. Die Unzufriedenheit überwiegt, der Zweifel an der Zukunft. Allein das Geld regiert, nicht wahr? Der Übergang ins nächste Zeitalter vollzog sich nicht gerade mit Stolz. Im Augenblick kann ich mir kaum eine Vorstellung davon machen, was kommt.

Und wenn Sie heute auf Ihr reiches Schaffen zurückblicken – stellt sich dann nicht das Gefühl ein, dass Sie immerhin sich selbst verwirklicht haben?

Mir ist schleierhaft, was das heißen soll. Jeder verrichtet seine Arbeit – gut oder schlecht. Dieses Getue um Huldigungen und Preise erscheint mir so sinnlos wie lächerlich. Ich habe Glück gehabt, habe einige Dinge bewältigt, habe vielleicht mehr Möglichkeiten nutzen können als andere. Alles in allem nichts Außergewöhnliches.

Angenommen, Sie hätten noch einen Wunsch frei – welcher wäre es?

(Niemeyer deutet auf eine Zeichnung; sie zeigt einen Menschen, der am Abgrund steht, um in den Tod zu springen) Wollen Sie wissen, was ich denke? Betrachten Sie die Zeichnung, die ich dort an die Wand gehängt habe. Eine Minute! Lassen Sie sie nicht aus den Augen, konzentrieren Sie sich nur auf sie. Verstehen Sie jetzt?

Übertragung ins Deutsche: Curt Meyer-Clason, München. Redaktionelle Bearbeitung: Jochen Winter, Paris.

Rio de Janeiro, 21. April 2000
Redaktionell bearbeitet und übersetzt von Jochen Winter

„Ich bin ein Mann der Peripherie und liebe die Wüste"

AMOS OZ

Amos Oz (geboren 1939 in Jerusalem) ist zweifellos der weltweit bekannteste israelische Schriftsteller: sein Werk ist in über 30 Sprachen übersetzt und hat zahlreiche Auszeichnungen und Literaturpreise erhalten. Als Sproß einer zionistischen, ursprünglich russisch-polnischen Familie, wechselt Amos bei seinem Beitritt zum Kibbuz Chulda 1954 seinen Vaternamen Klausner gegen Oz, das hebräische Wort für ‚Kraft, Stärke'. Er studiert Philosophie und Literatur an der Hebräischen Universität Jerusalem und unterrichtet u.a. an den Universitäten von Oxford und Colorado. Nach dem Sechs-Tage-Krieg 1967 (und bereits mehreren Kriegseinsätzen) beginnt er zu publizieren. 1977 gründet er als Befürworter der Zwei-Staaten-Lösung mit Gleichgesinnten aus der israelischen Friedensbewegung die Organisation „Peace now", die für eine Verhandlungslösung des israelisch-palästinensischen Konflikts eintritt. Seither interveniert er bis heute in der internationalen Presse regelmäßig zu Fragen des Nahostkonflikts, u.a. auf dem Höhepunkt der 2. Intifada als Befürworter der Genfer Vereinbarung – eines alternativen nicht-offiziellen Friedensplans – vom 1. Dezember 2003. Seit 1976 sind etliche seiner Bücher (Romane und Erzählungen, darunter auch drei Kinderbücher, dazu Vorträge und Essays) auch in deutscher Übersetzung erschienen, seit den 80er Jahren meist bei Suhrkamp, etwa: *Eine Frau erkennen* (1991), *Ein anderer Ort* (2001), *Eine Geschichte von Liebe und Finsternis* (2004), *Plötzlich tief im Wald. Ein Märchen* (2005) sowie *Wie man Fanatiker kuriert* (Tübinger Poetik-Dozentur 2002, mit Izzat Ghazzawi, erschienen 2004). Amos Oz wurde in Frankreich zum Officier des Arts et des Lettres ernannt und 1988 für *Black Box* (dt. *Black Box*, 1989) mit dem Prix Femina ausgezeichnet; 1992 erhielt er in Frankfurt den Friedenspreis des Deutschen Buchhandels, 1998 den renommiertesten Literaturpreis seines Landes, den Israel Prize, 2005 den Goethepreis der Stadt Frankfurt am Main, u.a. mehr. Er lebt in Arad im Norden der Negev-Wüste und lehrt hebräische Literatur an der Ben-Gurion-Universität in Beerscheba.

*

Ihre Bücher geben eine so komplexe wie treffende Beschreibung der israelischen Gesellschaft bzw. der Männer und Frauen, aus denen sich diese Gesellschaft zusammensetzt. Und doch geben diese Bücher, in 32 Ländern erschienene Bestseller, einem nie das Gefühl, typisch israelische Romane zu sein. Könnte es stimmen, dass einer der Gründe für diesen Erfolg in der Kultur und den existentiellen Problemen der Menschheit liegt, die ebenso auch in anderen Ländern verstanden werden können?

Ich glaube nicht, dass meine Bücher dazu da sind, dem Rest der Welt Israel nahezubringen. Meines Erachtens ist hier einfach die Magie der Literatur am Werk. Je mehr Lokalcharakter sie hat und je provinzieller sie ist, desto eher rührt sie ans Allgemeine. Darin liegt ihr Zauber. Wenn sie international sein will, kommt sie nirgendwo hin. Meine Bücher sind sehr israelisch, so wie die von Tschechow sehr russisch sind, die von Faulkner sehr amerikanisch mit Mississippigeruch oder die von García Márquez sehr kolumbianisch.

Erlauben Sie mir, die Frage anders zu stellen: Würden Sie sagen, die Probleme der Menschen, Männer und Frauen, sind in der ganzen Welt und bei allen Völkern eigentlich überall dieselben?

Das ist eine wundersame Frage, denn auf einer gewissen Ebene sind alle Geheimnisse gleich. Auf einer tieferen Ebene aber differieren sie. Und wenn man noch tiefer steigt, werden sie wieder ähnlich. In gewisser Weise haben wir da Schicht um Schicht ein einziges Blätterteiggebäck von Geheimnissen; und wenn wir alle gerne Bücher aus andern Ländern, andern Kulturen und andern Epochen lesen, dann um zu entdecken, worin diese Leute uns gleichen und inwiefern sie wiederum ganz anders sind als wir. Deshalb lesen wir.

Sie haben den israelischen Süden zu Ihrem Wohnort gewählt. Der Negev, der Süden des Landes, war ja der große Zukunftstraum von David Ben-Gurion gewesen, und wir wissen auch, dass sich sein Traum nicht wirklich erfüllt hat, denn die meisten Israelis ziehen nach wie vor das Zentrum der Peripherie vor. Deshalb leben die eher armen Leute im Süden, während das kulturelle Leben sich auf das Zentrum des Landes beschränkt. Glauben Sie, dass der Friedensprozeß, wenn er sich trotz aller Rückschläge und Widrigkeiten erst einmal durchgesetzt hat, diese Realität transformieren wird? Meinen Sie, dass der Süden Israels und die andern peripheren Regionen des Landes dann einen Wandel erfahren werden und das ganze Land eine neue geopolitische Ausrichtung erleben wird?

Ich persönlich lebe in der Wüste aus mehreren Gründen. Zuallererst liebe ich die Wüste und liebe es, an der Peripherie zu leben. Ich bin ein Mann der Peripherie, keiner des Zentrums, denn das Randständige sagt mir ziemlich zu. Ob, wenn der Frieden käme, hunderttausende Israelis in die Peripherie des Territoriums umziehen wollten? Ich weiß nicht. Das hängt dann von vielen Faktoren ab, nicht unbedingt idealistischen, die Wunschvorstellungen betreffenden, sondern vielleicht von der Lebensqualität, von den Bodenpreisen oder den Baukosten und anderem dergleichen, wovon ich keine Ahnung habe. Ich vermute, dass der ursprüngliche Traum der Gründungsväter und Gründungsmütter Israels nie vollkommen in Erfüllung gehen wird. Es liegt ja wohl auch in der Natur der Träume, immer im Bereich des Wunderbaren und der Versprechungen zu verharren und insofern intakt zu bleiben, soweit sie Träume sind. Sobald er sich aber verwirklicht, verursacht jeder Traum eine gewisse Enttäuschung. Das ist beim Schreiben eines Romans nicht anders als bei einem sexuellen Phantasiebild, bei einem Garten, den man anlegt, oder eben einem Land, das man aufbaut. Auch Israel ist ein Traum, der Wirklichkeit geworden ist; und deshalb bringt er auch einige Enttäuschungen mit sich.

Sie lieben die Wüste. Warum eigentlich, die Wüste ist immer auch eine Metapher der Unendlichkeit, seit dem Mystiker Charles des Foucauld oder Isabell Eberhardt, der großen Reisenden?

Die Wüste hat mir geholfen, alles wieder in seine richtigen Proportionen zu bringen. Seit vielen Jahren schon pflege ich meinen Tag mit einem kleinen Spaziergang in die Wüste zu beginnen, schon früh morgens, gleich nach Tagesanbruch. Ich schaue nach diesen Hügeln und diesen Tälern, die seit fünfzehntausend Jahren unverändert daliegen. Dann gehe ich nach Hause, trinke einen Kaffee, stelle das Radio an und höre die Politiker ihre „niemals", „für immer und ewig", „ein für alle Mal" versichern und weiß, dass die Steine da draußen darüber nur lachen können, denn die Ewigkeit der Wüste ist eine andere als die der Politiker. Die Wüste ist für mich die große Quelle einer heilsamen Demut.

Sie leben in Israel, wo sich in den letzten Jahren anscheinend die Tendenz durchgesetzt hat, neuen Strömungen des Judentums, die sich mit neuen Ideologien in neuen Organisationen zusammenschließen, freien Lauf zu lassen. Und inmitten des Judentums ist eine starke Oppositionsbewegung aufgetreten, die sich gegen die Auswanderung richtet. Glauben Sie, dass diese Tendenz Erfolg haben wird? Oder in welche Richtung wird sich Ihres Erachtens die jüdische Sache in naher Zukunft entwickeln?

Wenn Sie von mir erwarten, dass ich mich in einen Propheten verwandle und Ihnen die Zukunft vorhersage, so muß ich Ihnen gestehen, dass ich damit meine Schwierigkeiten habe, erst recht in diesem Land, wo die Konkurrenz im Beruf des Propheten gewaltig ist. Die jüdische Religion ist immer ein sehr offenes Spiel von Interpretationen, Gegeninterpretationen und Interpretationsrevisionen gewesen. Es muss in der jüdischen Tradition so etwas geben wie ein Gen der Anarchie. Es ist nicht unerheblich, dass die Juden niemals einen Papst gehabt haben, dass sie niemals auch nur imstande waren, sich einen zu wählen. Wenn jemand auf die Idee kommen sollte zu erklären: „Ich bin der Papst der Juden", würde jeder ihm auf den Rücken tippen und herausgeben: „Hallo Papst! Du kennst mich nicht, ich kenn' dich nicht; aber mein Großvater und dein Onkel haben in Minsk oder in Casablanca seinerzeit geschäftlich miteinander zu tun gehabt. Also halt mal die Luft an und laß' dir kurz Bescheid sagen, was Gott wirklich von uns will." Das liegt in der Natur des Judentums. Selbstverständlich werden neue Interpretationen und neue Tendenzen auftreten, aber die hat es immer schon gegeben. Es liegt im Wesen der Judenheit.

Aber der Unterschied heute liegt in der Existenz des Staates Israel und in der zu Tage getretenen Verquickung zwischen der jüdischen Religiosität und den politischen Problemen des Landes. Oder ist das etwa kein neues Element, dieser fünfzig Jahre alte Staat, und zwar für das Judentum wie für Israel?

Nein, ich denke, die Situation ist ganz einfach die: Der Staat muss sich aus alledem heraushalten. Der Staat muß die jüdische Religion in Ruhe lassen. Das Judentum kann und wird prosperieren, sich entwickeln und vielleicht auch wandeln, aber der Staat darf es dabei weder unterstützen noch durcheinanderbringen. Der Staat hat sich nicht einzumischen, um das Judentum zu beleben oder zu verändern. Der Staat hat verschiedene Aufgaben zu leisten und die entsprechenden Unternehmen zu führen, der Staat ist ein Unternehmen. Er muß die Verkehrswege, die Krankenhäuser und die Kanalisation organisieren, nicht das Judentum.

Gewiß, aber gegenwärtig ist das gerade nicht der Fall. Denn in der Tat: die Realitäten des Judentums und die des israelischen Staates sind ein und dasselbe, wie bereits George Steiner überlegte!

In den zivilisierten europäischen Ländern hat die Trennung von Kirche und Staat oder von Staat und Synagoge Jahrhunderte gebraucht und oft Bäder von Blut gekostet. Vergessen wir nicht, dass Frankreich zu Frankreich nur um den Preis der Guillotine geworden ist und dass England seine Kirche erst nach zweihundertjährigem Bürgerkrieg von seinem Staat trennen konnte. Wir in Israel wollen keinen Bürgerkrieg. Es wird aber Zeit brauchen. Die Frage des Verhältnisses von Staat und Synagoge, von Religion und Staat bleibt vorerst ungelöst und wird vermutlich eine Quelle von Spannungen bleiben, deren Lösung noch ein Jahrhundert oder länger auf sich warten lassen dürfte; doch ich ziehe diese Langsamkeit einem Blutbad vor, sie ist mir lieber als ein Bürgerkrieg, der die Frage in einem halben Jahr lösen könnte. Ich will keinen Bürgerkrieg und ich will das Problem nicht unbedingt in sechs Monaten gelöst haben.

Der Kibbuz ist nach dem Tod Ihrer Mutter Ihr erstes Zuhause gewesen, doch heute fragen sich viele Leute: Warum ist der Kibbuz gestorben? Finden Sie, dass er tot ist?

Der Kibbuz ist zur Zeit nicht in sehr guter Verfassung, ja, es geht ihm schlecht. Ich glaube aber, dass diese Idee, dieses Konzept noch eine große Zukunft vor sich hat, denn schließlich gilt, wie der Dichter John Donne es vor Jahrhunderten schon formuliert hat: „Niemand ist eine Insel", d.h., füge ich hinzu, jeder Mann und jede Frau ist eine Halbinsel. In einer so bis ins Extrem sozialdarwinistischen Welt, in der die Leute härter arbeiten, als sie sollten, nur um mehr Geld zu verdienen, jedenfalls mehr als sie wirklich brauchen, um sich davon Dinge zu kaufen, die sie eigentlich gar nicht wollen, und Leute zu beeindrucken, die sie eigentlich gar nicht mögen, hat die Idee einer egalitären Gemeinschaft, glaube ich, noch eine große Zukunft, in Israel und anderswo. Oder wird es dem Kibbuz gehen wie seinen Hora-Tänzern? Ich weiß es nicht. Aber der Kibbuz selber hat nie in das Genre der Folklore gehört. Vielleicht wird der Kibbuz von morgen seine Wirtschaft mit der Hochtechnologie und nicht mehr mit Landwirtschaft und Viehzucht bestreiten. Doch wie dem auch sei, diese Idee einer egalitären Kommune birgt immer noch den Keim einer großen Zukunft, schon allein wegen der unglücklichen Gegenwart, die die unsere ist.

Aber diese Idee der Gleichheit, die doch als belebend-anfeuerndes Moment hätte wirken sollen, hat das Scheitern des Kibbuz nicht verhindern können. Wenn man schaut, was sich dort heute abspielt, so bemerkt man einen herben Mitgliederschwund, vor allem bei den Jüngeren. Außerdem verfügen die Kibbuzim inzwischen über Kapitalien. Kurz: Bezeugt Ihre Sicht der israelischen Gesellschaft mit deren stetem Bangen um den Erfolg nicht eher die Unmöglichkeit, dass solch eine Utopie je wirklich gelingen könnte?

Wir leben in einem Zeitalter wilder Begierden. Meine Leseweise der menschlichen Natur lässt mich vermuten, dass eines Tages viele Menschen sich weigern werden, dieses Spiel weiter mitzuspielen. Sie werden sich diesem darwinistischen Wettrennen hoffnungsvoller junger Leute verweigern. Dann werden sie untersuchen müssen, woran der Kibbuz gescheitert ist. Vermutlich ist der Kibbuz in dem Moment gescheitert, in dem man versucht hat, die menschliche Natur im Zeitraum einer einzigen Generation umzumodeln. Das war zu viel gewollt, es war gewissermaßen zu idealistisch. Der Kibbuz der Zukunft wird um so mehr den Sinn für Humor brauchen und Geduld aufbringen müssen für die Schwächen und Fehlbarkeiten der menschlichen Natur. Wenn er also toleranter, geduldiger und lustiger wird, wird er reüssieren.

Unter den zahlreichen Klippen, die dem Kibbuz gefährlich geworden sind, hatte eine sicherlich mit seinem Versuch zu tun, die Idee und die Realität der Familie zu modifizieren. Meinen Sie nicht, dass dieser Wille, die Konzeption der Familie zu verändern, zu den Schwierigkeiten beigetragen hat, die dem Kibbuz begegnet sind?

Die Familie! In gewissem Sinn halte ich mich ja ein wenig für einen Experten in Familienangelegenheiten, denn das Hauptthema meines ganzen Schreibens seit vierzig Jahren, fast aller meiner Romane, fast aller meiner Geschichten, resümiert sich in dem einen Wort „Familie". Ich finde, die Familie ist die seltsamste, geheimnisvollste, widersprüchlichste aller Institutionen der Geschichte und zugleich die mächtigste. Seit tausenden von Jahren hat man ihren Zusammenbruch angekündigt. Platon wollte mit der Familie Schluß machen. Jesus wollte mit der Familie Schluß machen. Alle Revolutionen beginnen mit einem Versuch, die Familie auszuschalten. Und dennoch sieht man die Familie fröhlich weiterleben – in Teheran und in Nordkorea, in Greenwich Village und in Europa, bei den Eskimos und in Afrika. Diese Institution ist ein Mysterium. Der Kibbuz muß also seinen Versuch, die Kernfamilie überflüssig zu machen, revidieren. Die Idee, sie zu einer erweiterten Familie auszudehnen, ist nicht schlecht, vorausgesetzt, dass man sich hütet, die Kernfamilie durch den Kibbuz zu ersetzen. Alles in allem ist die Familie eine schwierige, aber sehr hartnäckige Institution.

Wird die Familie auch im neuen Millenium einen zentralen Platz einnehmen?

Nun fordern Sie mich dazu auf, mich nicht nur zu Prophetien über das nächste Jahrzehnt, sondern gar über das nächste Jahrtausend zu versteigen! Selbst Jesus hat noch eine gewisse Zurückhaltung vor millenaristischen Proklamationen an den Tag gelegt. Ich will Ihnen antworten, indem ich mich auf das verlasse, was ich vor Augen habe: die Familie, die Gatten, die Eltern werden mal gute, mal schlechte Jahre haben, aber sie werden am Leben bleiben. Tatsächlich hat die Erosion der Familie nicht überall auf der Welt stattgefunden. Sie hat wohl das nordwestliche Viertel der Weltkarte berührt. Hingegen ist die Familie in Indien, China, Namibia und Lappland voll in Kraft geblieben. In gewissen Regionen Westeuropas und Nordamerikas mag sie vielleicht nachgelassen haben. Aber dieser Weltteil ist nicht die Welt, und selbst dort ist die Familie, wenn sie auch kümmert, doch lebendig. Ich kann nur noch einmal sagen: es ist eine stärkere Institution, als man gemeinhin glaubt.

Glauben Sie, dass der Begriff der Demokratie Gefahr läuft, sich mehr und mehr in Ländern festzusetzen, denen fürs erste jeder Sinn für Demokratie abgeht?

Ich kann Sie an meinen Hoffnungen teilnehmen lassen, Ihnen aber nicht vorhersagen, was geschehen wird. Ich hoffe, dass die Demokratie einen radikalen Umschwung erleben wird, denn meines Erachtens hat die sozialdarwinistische Demokratie à la Ronald Reagan oder Margaret Thatcher keine Zukunft. Denn letztlich verwandelt sich diese Form von Demokratie in eine Maskerade, nämlich in ein Maskenspiel, bei dem sehr reiche und mächtige Konglomerate darüber zu entscheiden haben, wer regiert und nach welchem Regierungssystem; wo außerdem die Regierung überhaupt an Bedeutung verliert, denn die übermächtigen multinationalen Wirtschaftskonglomerate werden mehr Macht haben als irgendeine gewählte Regierung. Dann muss entweder eine fundamentale Wende her, und zwar eine die ganze Welt erfassende, welche unsere Konzeption von Reichtum und von der Situation der armen Leute umkrempelt, oder die Demokratie verliert ihren Sinn. Die Leute könnten natürlich weiterhin wählen gehen, und sie würden sicherlich auch noch die Wahl haben zwischen zwei oder drei oder fünf Kandidaten, aber all diese Kandidaten würden auf Rechnung derselben Großkonglomerate arbeiten. Zwischen den einen und den anderen würde kein Unterschied mehr sein. Also, entweder unsere Vorstellung von der Ökonomie der Gesellschaft macht eine profunde Veränderung durch oder die Demokratie schrumpft zu einem Dekor, zu einer sinnentleerten Fassade.

Anders gesagt, Sie meinen, dass eine solche Transformation auf der ökonomischen Ebene wichtiger sein dürfte als jede Veränderung der Demokratie selber?

Nein, ich meine, dass wenn sich an der Art und Weise der Distribution des Reichtums nichts ändert, die Demokratie keinen Sinn mehr haben wird. Alle demokratischen Institutionen mögen vielleicht weiter in Betrieb sein, aber sie agieren im Leeren, denn die Entscheidungen fallen nicht mehr in den Regierungen oder den Parlamenten, sondern sie liegen bei den großen Vermögen, bei den Kräften des Geldes.

Glauben Sie, der Judaismus ist eine Lehre demokratischen Charakters?

Keine Religion lebt mit der Demokratie in schöner Harmonie. Kein Glaube kann mit Pluralismus und Toleranz fraglos koexistieren. Aus dem Grunde gibt es da eine Spannung. Ich denke allerdings, dass die jüdische Religion sich damit leichter tut als das Christentum oder der Islam, denn das Judentum kann auf eine lange Tradition der Diskussion zurückblicken. Keiner wird für dumm verkauft, und die Allgemeinheit weiß immer mehr als jeder für sich oder sein Nachbar alleine. Und mehr noch: die Juden stehen in einer langen Tradition der Diskussion mit Gott, ja seiner Infragestellung und Herausforderung. Diesbezüglich haben es die Rabbiner nie an Mut fehlen lassen. Sie haben ihn bewiesen, indem sie mit Gott haderten und ihn auch schon mal vor einen obersten Gerichtshof zogen, um ihn daran zu erinnern, dass auch er der Gerechtigkeit verpflichtet sei. Mag er auch allemal der Schöpfer und Gesetzgeber und in allen Dingen die letzte Entscheidungsinstanz sein, so er hat doch kein Recht, seinen selbstgegebenen Gesetzen auszuweichen. Das ist im Grunde eine para-demokratische Gottesidee. Ich möchte also meinen, dass das Judentum mit der Demokratie kompatibler oder, besser gesagt, weniger inkompatibel ist als andere Konfessionen. Zwischen dem Judentum und der Demokratie ist eine Beziehung herstellbar, keine leichte, aber eine lebbare.

Die ökologischen Probleme stehen nicht im Mittelpunkt der politischen Szene und Agenda Israels. Es ist noch nicht einmal ausgemacht, ob die Ökologie in Ihrem Lande als politische Größe sich durchsetzen kann. Wie erklären Sie sich, dass im Gegensatz zu den westlichen Ländern in Israel die Ökologie immer noch so unterentwickelt ist?

Ein Jahrhundert hindurch war Israel ein Projekt und ein Notfall in einem, der darin bestand, ein Flüchtlings-Auffanglager für die ihrer Heimat beraubten und ohne eigenes Land dastehenden Juden zu errichten. Wenn Sie unter dem Druck stehen, so gut es geht, schleunigst so ein Flüchtlingslager auf die Beine zu stellen, haben Sie andere Sorgen als wegen der Vögel in den Bäumen. Heute ändert sich das. Israel ist im Begriff, sich zu stabilisieren. Viele Juden haben ein Dach über den Kopf. Es ist nun auch an der Zeit, an die Luft zu denken, an das Wasser, an die Flüsse und die Felder.

Als ich Sie das letzte Mal besucht habe, haben Sie mit der Schreibmaschine geschrieben, nicht mit dem Computer. Was denken Sie, der Sie doch am liebsten mit dem Stift oder Füller schreiben, von der digitalen Revolution der Informatik und dem Internet? Wird Ihres Erachtens dieser ganze Hype wieder verschwinden, wie er gekommen ist, oder ist er wirklich der Auftakt einer Revolution?

Ich persönlich schreibe mit dem Füllfederhalter, von Hand, denn das ist viel sinnlicher: man spürt den Kontakt zwischen dem Papier und der Feder, zwischen der Tinte und den Fingern. Die Maschine hat nichts von dieser sinnlichen Erfahrung. Und es ist eben so, dass ich diese Sinnlichkeit mag, beim Schreiben wie auch sonst. Es ist schon wahr, dass das Internet gewissermaßen eine virtuelle Welt und Realität für sich darstellt, die zweifellos sehr nützlich ist, das will ich gar nicht bestreiten, die sich aber nicht als Ersatz für die Begegnung der Menschen aufdrängen soll. Ich möchte nicht in einer Welt leben, wo Liebe-machen zu einer Operation auf Distanz wird. Ich glaube, dass der drohende Verlust des direkten Kontakts, der Sinnlichkeit des Lebens, des Auge-in-Auge, des physischen Beieinanders ein schwerer Verlust ist. Und doch gebe ich gerne zu, dass, ganz praktisch gesehen, diese neuen Kommunikationsweisen sehr nützlich sind, solange sie nur nicht das wirkliche Leben zu ersetzen haben. Die bekannte Witzelei über unsere Artgenossen der Zukunft nimmt dieses Umkippen auf die Schippe: „Wer möchte schon, statt richtigen Sex zu haben, den Vibrator in die Kaffeemaschine stecken, um einen Kaffee zu kriegen?“ Gewöhnlicher Sex ist besser.

Ist für Sie das Hebräische nicht eine neue Sprache und zugleich eine sehr alte? Wie nehmen Sie Ihre Sprache wahr? Hat nicht das Wort an sich eine wichtige Bedeutung für Sie?

Mich zu fragen, ob die Sprache mir etwas bedeutet, kommt mir so vor, als wenn man einen Geiger fragen wollte: „Bedeutet Ihnen die Geige wirklich etwas?“ Das Hebräische ist schließlich mein alleiniges und einziges Instrument. Darüber kann ich nicht objektiv sein. Es ist die Liebe und Leidenschaft meines Lebens. Es ist eine wunderbare Sprache, eine seltsame und sehr eigenartige, denn sie ist siebzehnhundert Jahre lang wie tot liegen geblieben, bevor sie vor weniger als hundert Jahren als gesprochene Sprache wieder zum Leben erweckt wurde. Tatsächlich war sie gar nicht tot, sie war nur in Schlaf gefallen – wie Dornröschen: *la Belle au bois dormant*. Ja, es ist kaum ein Jahrhundert her, dass sie wieder wachgeküßt worden ist. Das moderne Hebräisch ähnelt dem Englischen des elisabethanischen Zeitalters, es ist eine vulkanisch aktive Sprache, die explosive Verwandlungen zeitigt: es saugt Idiome, Wörter und Ausdrücke anderer Sprachen auf, ganz wie das Englische zur Zeit Shakespeares, der etwas damit anzufangen wusste, dass es mit einem halben Dutzend anderer Sprachen geschlafen hatte. Ich finde das wunderbar.

Im Hebräischen haben manche Wörter in der religiösen Sprache und für die Frommen eine andere Bedeutung wie in der profanen Sprache der Laien. Hat dieser doppelte Sinn viel zu bedeuten für Sie und Ihren Sprachgebrauch?

Viele Wörter im Hebräischen, aber nicht alle besitzen eine alte, theologische, ja sogar mystische Bedeutung; und daneben gibt es einen säkularen, alltäglichen Sinn. Das gibt uns einen wunderbaren, manchmal auch diffizilen Spielraum, und so überkommt mich bisweilen die Lust, meine eigene Kammermusik darin zu spielen wie in einer riesengroßen, sehr alten und fast leeren Kathedrale. Da muß ich dann auf die Akustik achtgeben, denn wenn ich nicht aufpasse, habe ich im Nu ein Wort fallen lassen, das Auslöser mächtiger Echos ist, wo ich doch vielleicht überhaupt kein Echo haben wollte oder wo ich dieses Echo vielmehr nur in ironisch-parodistischer Weise anklingen lassen wollte, um Tiefe hereinzubringen oder etwas von Frucht und Zittern hervorzurufen. Es ist wirklich ein seltsamer Hör- und Sendesaal bzw. Resonanzraum, diese hebräische Sprache, zumal wenn man zeitgenössische Musik darin spielt; doch wenn der Schriftsteller sich der Möglichkeiten und Gefahren einer solchen Sprache bewusst ist, kann er erstaunliche Wirkungen damit erzielen.

Es gibt in Israel neben den Israelis ja auch Palästinenser. Ich weiß, dass Sie jeder Prophetenrolle abhold sind, aber wenn Sie den Schleier der Zukunft an einem Zipfel etwas anheben wollten – unter welchen Bedingungen oder auf welchen Wegen, meinen Sie, könnte man eventuell einem Frieden näherkommen, eine Frage, die sich bereits J. B. Singer als großer Schriftsteller im Exil in New York stellte?

Der Friede kommt näher, er ist auf dem Wege. Ich kann Ihnen keinen Zeitplan nennen noch versichern, dass er nun in sechs Monaten oder in drei Jahren zustande kommen wird, aber er ist im Kommen. Nicht weil die Israelis etwa auf einmal entdeckt hätten, dass sie an den Palästinensern doch ziemlich schlecht gehandelt hätten, und ihnen nun sagen wollten: „Das Land ist Euer, kommt nur und liebt uns“ oder weil umgekehrt die Palästinenser auf die Knie fielen und uns anflehten: „Das Land soll uns wenig bedeuten, wenn Ihr uns nur Eure Liebe schenkt.“ Wie die meisten Konflikte wird sich auch dieser am Ende aufgrund beiderseitiger Ermüdung und Erschöpfung lösen. Die Ermüdung ist ein Syndrom, aber eines, das ein Segen sein kann. Immer noch glaubt jedes Lager, ganz und gar Recht zu haben, aber schließlich muß man doch einmal leben und sich dazu mit einer halben Gerechtigkeit begnügen, indem man auf eine totale Gerechtigkeit verzichtet. Jedermann kennt doch die Lösung: sie besteht in der Existenz zweier Staaten. Die Israelis und die Palästinenser bilden nicht ein Land, sondern sie konstituieren zwei Länder. Sie bilden nicht eine Nation, sie setzen zwei Nationen zusammen. Sie können momentan noch keine Flitterwochen haben, sie müssen erst eine anständige Scheidung vollziehen und dann noch eine rechtschaffene Gütertrennung hinbekommen. Das tut not und das wird auch kommen. Ich kann Ihnen nicht genau sagen, wo die Grenze verlaufen wird, wie viel Zeit das Ganze erfordern wird oder wie viel unschuldiges Blut noch vergossen werden muß, bevor man endlich so weit sein wird. Aber alle Welt weiß doch, dass wir letztlich ein Kondominium mit zwei separaten Häusern/Hausteilen haben werden bzw. ein Haus mit zwei Wohnungen für zwei Familien.

Wenn Sie in Israel sind und dort von Freiheit sprechen, entgegnen Ihnen viele Israelis (mit) „Sicherheit!". In Israel bilden diese beiden Worte ein festes Paar. Wie sehen Sie diese Freiheit?

Israel wird seine Freiheit erlangen, wenn seine Bürger, alle ohne Ausnahme, Israelis sein werden, weil sie Israelis sein wollen, und nicht, weil man sie dazu zwingt. Israel wird seine Sicherheit erlangen, wenn das Problem der palästinensischen Flüchtlinge von 1948 gelöst sein wird. Es kann nicht im Rahmen von Erez Israel gelöst werden, – das gewiß nicht, schon nicht wegen der größeren, viel zu großen Zahl –, aber es muss gelöst werden, und nicht unbedingt dadurch, dass Israel die ganze Verantwortung dafür auf sich nimmt. Die Verantwortung liegt bei beiden Seiten; doch wie dem auch sei: solange Hunderttausende von Palästinensern in den Flüchtlingslagern dahinvegetieren und versauern, wird keine Sicherheit möglich sein. Wenn ich israelischer Premierminister wäre, würde ich eine Bedingung stellen, eine israelische Forderung zur Bedingung machen: entweder man findet zu einer Gesamtlösung, welche Wohnungen, Arbeitsplätze und einen Staat für die palästinensischen Flüchtlinge beinhaltet, oder Israel unterzeichnet keinen Friedensvertrag.

Wenn ich Sie recht verstanden habe, sprechen Sie sich dafür aus, dass das palästinensische Volk ein eigenes Land haben muß?

Ja, Palästina. Das Land wird geteilt werden müssen zwischen bzw. in Israel und Palästina, und die palästinensischen Flüchtlinge werden auf den Boden Palästinas zurückkehren bzw. umgesiedelt werden müssen, denn auf dem Boden Israels können sie sich nicht wieder niederlassen. Wenn sie in Israel implantiert würden, würde Israel aufhören, Israel zu sein. Sie werden also im zukünftigen Palästina Wohnung nehmen müssen: auf der Westbank und im Gazastreifen.

Eine Sache würde ich noch gerne zur Sprache bringen, die des Humors. In Ihrem Schreiben, in Ihren Büchern steckt viel davon. Ist es der jüdische Humor oder ein allgemeiner oder ganz einfach Ihrer?

Ich hoffe, es ist meiner; aber ich hoffe auch, dass der jüdische Humor nicht im Gegensatz steht zum allgemein menschlichen. Ich hoffe, dass diese Dichotomie, sofern sie aufgemacht werden sollte, falsch ist, denn für mich ist der Humor ein Heiler und Erlöser. Mein Leben lang habe ich mich mit dem Fanatismus auseinandergesetzt und denke, ich habe in der Materie eine Menge Erfahrung gewonnen. Und wenn Sie mir versprechen, dass Sie, was ich Ihnen nun sagen möchte, mit Humor aufnehmen wollen, so will ich Ihnen verraten, dass ich glaube, das Prinzip der Heilung und erfolgreichen Behandlung des Fanatismus gefunden zu haben. Diese Behandlung ist und braucht nichts anderes als Sinn für Humor. Wenn ich den so nötigen Sinn für Humor dazu noch in Gelatinekapseln abfüllen und dieselben ganzen Völkern und Populationen zu schlucken geben könnte, um sie auf diese Weise gegen den Fanatismus zu immunisieren, so dürfte ich wohl einen Nobelpreis verdient haben, nicht den für Literatur, aber den für Medizin. Doch ich gebe zu, dass meine Idee, alle Welt Humortabletten schlucken zu lassen, selber ein bisschen was Fanatisches an sich hat. Der Fanatismus ist überdies sehr ansteckend, man kann ihn sich schon zuziehen, indem man ihn nur zu bekämpfen sucht. Würde ich an den Messias glauben, würde ich ernstlich die Ankunft eines Heilands und Erlösers erwarten, so möchte ich den kommenden Messias daran erkennen, dass er lacht und lustige Geschichten erzählt, dass er uns lachen lernen lässt. Humor, das ist doch die Fähigkeit, eine gegebene Situation nicht allein so zu sehen, wie sie uns erscheint, wie wir sie mit unseren Augen sehen, sondern auch so, wie der andere sie sieht. Sich selbst und den andern sehen, die Frau und den Mann, die Israelis und die Palästinenser, die Reichen und die Armen, das wär's. Sinn für Humor haben, das heißt eben, beide Seiten der Medaille sehen zu können. Deshalb glaube ich an die im Wesen erlösende Kraft des Humorsinns. Und dazu ist der Humor auch noch lustig, das ist schon eine gute Sache.

Was erhoffen Sie sich von dem anbrechenden Millenium?

Ich habe einen ganz einfachen Wunsch. Ich hoffe darauf, dass die Leute aufhören, sich gegenseitig umzubringen, dass sie aufhören zu töten, um zu leben bzw. bevor sie zu leben wagen. Mir stellt es sich so dar, dass die Geschichte, diese Geschichte, die ganze Geschichte des zu Ende gehenden Jahrtausends, des vorausgegangenen Jahrtausends und desjenigen, das ihm vorausgegangen war, dreitausend Jahre Bäder von Blut gewesen sind. Die Tatsache, dass die Menschen fortfahren, sich gegenseitig zu töten und also zu sterben, aus gewiß wesentlichen Gründen zu sterben – das macht für mich den Fluch der Menschheit aus. Wenn diese Grausamkeit und Gewalttätigkeit reduziert werden könnte, – ich glaube, dann wäre ich schon zufrieden. Wenn dieser Wunsch in Erfüllung gehen könnte, so würde ich das Jahrtausend gerne erleben, nur um Gelegenheit zu haben, mich mit Ihnen an der Schwelle des nächsten darüber wieder zu unterhalten.

Was für eine Zukunft steht der Literatur bevor? Erwarten Sie, dass die Menschen vor lauter Fernsehen, Internet und Computerei immer weniger lesen? Und wenn es mit dem Lesen schlechter bestellt wäre, wie ginge es dann dem Schreiben?

Seit dem 18. Jahrhundert und ja vor allem dank der Frauen, die ohne Ausgeherlaubnis ans Haus gebunden waren und Bücher lasen, haben die Romane, die Sagen und Geschichten und die Poesie mit dem Publikum einen langen Honigmond von über 200 Jahren erlebt. Niemals haben die Leute mehr gelesen als in dieser Geschichtsperiode. Ich rechne damit, dass künftig die Situation sich nach und nach wieder normalisieren wird und die Bücher wieder die Angelegenheit einiger Personen werden, die sich wirklich nicht von ihnen trennen können. Das aber ist eine Minderheit, und das Bücherlesen wird sich auf sie beschränken. Mich betrübt das, aber ich bin Realist. Die meisten Leute werden wohl ohne Bücher auskommen. Stattdessen werden sie vor Bildschirmen sitzen, vor allen möglichen Bildschirmen. Aber es wird immer eine Minderheit geben, zu der ich mich zähle, die auf die libidinöse Lust auf ein Buch, das ich spüren kann, das ich anfassen und aufmachen und durchstöbern, auf das ich meine Finger legen und auf dem ich meine Duftmarke hinterlassen und das ich sogar mit ins Bett nehmen kann, nicht verzichten wollen. Es ist ein ganz besonderes, sehr sinnliches Vergnügen, worauf einige Liebhaber niemals verzichten werden.

Jerusalem, 6. Juni 1999

Übersetzt von Konrad Honsel

„Die Größten sind die Demütigsten“

RAIMON PANIKKAR

Raimon Panikkar, einer der größten Religionsphilosophen, wurde 1918 in Barcelona als Sohn einer katholischen Spanierin und eines indischen Hinduisten geboren. Mit Doktortiteln in Chemie, Philosophie und Theologie hat er an den besten Universitäten der Welt unterrichtet, von Havard und der Universität von Kalifornien bis nach Rom und Varanasi in Indien. Seine Publikationen, die ihm internationalen Ruhm eingebracht haben, aber auch seine Aktivitäten als Priester und Hindu haben aus ihm einen der originellsten Denker im Bereich des Zusammentreffens der Kulturen und den Religionen gemacht. Er ist ein Theoretiker und Praktiker des interkulturellen und interreligiösen Dialoges, einer der größten Kritiker der Zivilisation unserer Zeit.

Als „Wanderer“ zwischen dem Abendland und der Weisheit des Ostens ist Raimon Panikkar Verfasser von mehr als 40 Büchern, die in verschiedene Sprachen übersetzt wurden. Heute zurückgezogen in Katalonien lebend, blickt er mit dem Abstand stiller Kontemplation auf die zeitgenössische Welt. Zu seinen in Deutschland erschienenen Werken gehören *Gottes Schweigen* (Fischer 1996), *Gott, Mensch und Welt: die Drei-Einheit der Wirklichkeit* (Via Nova 1999), *Christophanie* (Herder, 2006), *Einführung in die Weisheit* (Herder, 2002) und *Liebe – Urquell des Kosmos* (Herder, 2008).

*

Denkt man daran, dass das Britische Empire das 19. Jahrhundert stark prägte, kann man dann sagen, dass es sich im 20. Jahrhundert um ein amerikanisches Jahrhundert handelte, wenn man an die Weltkriege und den Kalten Krieg, an den Sieg der neoliberalen Wirtschaft nach dem Zusammenbruch der Sowjetunion denkt?

Das Ideal eines Weltstaates halte ich für idealistisch und kolonialistisch. Es herrscht heute immer noch eine einzige Kultur, die die Welt dominiert – die westliche Kultur. Das Britische Empire, um mit demselben Beispiel anzufangen, ist in Indien erfolgreich gewesen, und nach dem Zusammenbruch des Imperiums erfolgreicher als vorher. Die Inder haben sämtliche soziale Institutionen nachgeahmt: Parlament, Sprache, Demokratien, Wahlen, das juristische System. Was ist aber wichtiger: der ökonomische oder der geistige Faktor, den Markt zu beherrschen oder den Geist der Menschen? Ökonomisch und politisch gesehen, betrachtet man die Außenpolitik der verschiedenen offiziellen Institutionen, verfügt Amerika natürlich über einen großen Einfluss. Wenn ich aus einer anderen Sicht, aus einem interkulturellen Gesichtspunkt die Weltlage sehe, kann ich nicht die Maßstäbe anwenden, die für die Bejahung der Frage stehen. Man spricht heute Englisch in der Welt, aber die ganze Welt ist keine Hotelkette, in der Englisch gesprochen wird. Wenn Zweidrittel der Welt die Maßstäbe der sogenannten Ersten Welt akzeptieren, dann sind wir Lakaien und können einfach nur sagen: Es handelte sich um ein amerikanisches Jahrhundert, und die sogenannte neue Weltordnung ist noch immer eine *pax americana*. Wenn wir das annehmen, geht eine geistige Dimension der Welt verloren.

Der amerikanische Historiker Paul Kennedy hatte vor wenigen Jahren einen großen Erfolg mit seinem Buch Der Aufstieg und der Niedergang der großen Mächte. *Darin wird nur die Ökonomie behandelt, keine anthropologischen Faktoren.*

Folglich liegt eine abstrakte Sicht der Weltgeschichte vor, obwohl in diesem Fall die Geschichte des Bruttosozialprodukts und der Wirtschaft legitim ist. Es ist ein intelligentes, wichtiges Werk. Nur ist die Weltgeschichte nicht nur der Verlauf der Ideen, sondern das Schicksal der Menschen. Eine Ökonomie, die nur mit Waren, mit Zahlen, mit Objekten zu tun hat, ist keine menschliche Ökonomie. Wenn es um die Geschichte der Menschheit geht, kann man von Menschen nicht absehen.

Ist die Technologie nicht eine der entscheidendsten Schubkräfte der menschlichen Evolution gewesen, vor allem in ihrer kolossalen Dynamik im 20. Jahrhundert, die sie im 20. Jahrhundert hervorbrachte seit der Industriellen Revolution des 18. und 19. Jahrhunderts ?

Es genügt uns nicht zu sagen, dass die Technologie heute zu einer der stärksten, ich würde vielleicht hinzufügen – zu einer der schrecklichsten Kräfte auf der Welt geworden ist. Die technologische Mentalität durchdringt alle Lebensbereiche, das kann man nicht leugnen. Denn Technologie ist nicht nur eine Maschine. Die Technokratie – die Kraft, *Kratos*, die ursprünglich Interesse für die Technik und Maschinenkonstruktion erweckte, machte die Anwendung der Technologie möglich. Das ist eine Geisteshaltung und eine Denkweise. Dabei ist Technokratie ein Novum in der Weltgeschichte. Darin ist ihre Größe und die Tragödie, weil die Zukunft des Menschen auf dem Spiel steht. Ich sagte immer und bin bereit, es zu verteidigen, dass Technokratie mit Demokratie unverträglich ist. Technokratie heißt die Macht der Technologie. Ihre Praxis ist undemokratisch. Die Praxis, *Power*, Veto, die Eliten, und dann eine Gesellschaft, die Geheimpolizei hat, kann nicht demokratisch sein. Das ist die Macht, die entscheidet, ob wir die Atomenergie haben oder nicht. Die Atomenergie, die Fusion und die Spaltung des Atoms, was heißt das? Ich habe keine Ahnung. Man muss mindestens sieben Jahre lang Kernphysik studiert haben, um eine verantwortungsvolle Antwort auf diese Frage zu geben. Wir wissen nicht worum es geht, wir haben unsere Sensibilität verloren. Für mich ist die Fusion des Atoms eine kosmische Abtreibung, von der ich mich abwende. Das technokratische Denken will Gott werden, es will den Himmel erobern und den Turm von Babel errichten. Der Druck der Technokratie stellt letzten Endes ein Negativum für die Würde des Menschen und für die Geschichte der Menschheit dar.

Bedeutet es, dass im Vergleich zu Beginn der industriellen Revolution in England, später in Frankreich, Holland, Deutschland, – ich spreche hier in globalen Begriffen – das 20. Jahrhundert keinen Fortschritt brachte?

Der Fortschrittsgedanke überzeugt mich nicht. Er setzt einen linearen Zeitbegriff voraus und hat gar keine wissenschaftliche Grundlage. Die Extrapolation eines Zeitbegriffs, der innerhalb des Sonnensystems ausgearbeitet ist, ist außerhalb dieses Systems ein Fehlschuss. Abgesehen davon, ist die naturwissenschaftliche Zeit keine wirkliche Zeit, sie ist eigentlich nur eine Matrix und eine Chiffre, um Rechnungen aufzustellen. Worum handelt es sich – um eine tote, astrophysische Welt, von der wir nicht einmal wissen, wie sie wirklich existiert, oder um das menschliche Leben, um unsere Erfahrung? Wenn ich sage, dass ich an die Fortschrittsideologie nicht glaube, will ich nicht sagen, dass es keine Bewegungen, keine Dynamik, keine großen Momente, keine Sternstunden der Menschheit gegeben hat. Ich glaube nur nicht an etwas Monotones, Lineares, das auf derselben Ebene verläuft.

Würde es bedeuten, dass die Technologie in ihren zahlreichen Varianten, die Menschheit zu keinem Fortschritt brachte, im Gegenteil? Hat uns die Technologie nicht mehr Freiheit gebracht?

Diese vermeintliche Freiheit ist keine Freiheit. Geht es um die Freiheit, wenn ich in einem Supermarkt von zehn verschiedenen Marken wählen kann? Die Freiheit ist nicht Wahlfreiheit aus bestimmten Angebot, so dass, je mehr Angebote ich habe, desto freier bin ich. Der Konsum ist keine Freiheit. Schon Buddha hat gesagt: „Je mehr du Wünsche hast desto weniger frei du bist." Die Freiheit wächst mit der Anerkennung des Notwendigen, um ganz paradox zu sein. Ich bin umso freier, je weniger ich von außen her bedingt und determiniert bin. Ich glaube, dass *grosso modo*, die Technokratie vielmehr die Dehumanisierung provozierte. Sie ist in das Reich des Qualitativen eingeschrieben.

Erleben wir eine Algebraisierung der Welt, eine wachsende Abstraktion des Lebens und den Verlust der humanen Identität?

Ja. Und das hat alte Wurzeln in der westlichen Welt, angefangen mit Sokrates. Was ist die geniale Entdeckung von Sokrates? Der Begriff. Die begriffliche Welt wird zu der wirklichen Welt. Die Welt der Begriffe kann man manipulieren und Mathematik treiben – man glaubt, dass die wirkliche Welt der mathematischen Welt gehorcht. Das stimmt aber nicht. Heute beginnt ein Teil der Naturwissenschaftler es zögernd und hoffnungsvoll zu betrachten, dass die Wirklichkeit den begrifflichen Strukturen unseres Gehirns vielleicht doch nicht folgt.

Wenn wir auf die Zivilisationsgeschichte des Menschen von 6 Millionen Jahren zurückblicken (obwohl die Daten immer noch nicht genau festgestellt worden sind), wenn man sich darauf konzentriert und sich fragt, was in der Wirklichkeit ein Menschenwesen sei, so kann man vielleicht letztendlich sagen, der Mensch ist wohl mehr als ein Glied in der Kette der rein empirischen und biologischen Zusammenhänge, die im Laufe der Evolution stattfinden. Was hat ihm dieses Surplus gebracht? War es nicht die Idee der Transzendenz, der Metaphysik und des Sakralen, die ihn zu einem Menschenwesen brachten?

Da habe ich gar keine Zweifel. Gegenfalls, die Idee, dass der Mensch unter den 6 Millionen anderen Menschen einzigartig sei und dass sein Leben etwas bedeuten kann, wäre grotesk. Andererseits fühlt der Mensch nicht, dass er ein Mensch ist. Wenn er nur ein einfaches Glied in der Kette ist, wird er zu einer Megamaschine; er wird vielleicht eine artifizielle Intelligenz besitzen, aber keine menschliche Würde. Wenn wir nicht glauben, dass der Mensch ein Mikrokosmos ist, aber auch kein *microtheos* – und Mikrokosmos heißt nicht eine kleine Welt, das sind 6 Millionen der kleinen Welten. Nein. Der Mikrokosmos heißt die ganze Welt im Kleinen, dass in dir selbst sich das Schicksal der ganzen Menschheit abspielt. Und wenn wir das nicht glauben, haben wir die menschliche Würde völlig verloren.

Was macht den Menschen mehr als nur zum homo oeconomicus*, wie dies bereits Mircea Eliade feststellte?*

Sein Selbstbewusstsein, wobei er sein Gewissen entdeckt. In vielen lateinischen Sprachen hat man ein einziges Wort für Bewusstsein und Gewissen – *consciencia*. Dieses Bewusstsein zum Gewissen ist, was die menschliche Würde ausmacht, und deshalb bin ich einzigartig, und weil ich einzigartig bin, bin ich nicht vergleichbar, – man kann nur gleiche Teilbereiche vergleichen. Deshalb bin ich außerhalb irgendeiner Klassifizierung. Der Mensch ist ein trinitarisches Mysterium: Gott ist Mensch und der Mensch ist göttlich. Der Mensch ist materiell und die Materie ist geistig. Das Göttliche, das Menschliche, das Materielle soll man unterscheiden, aber nicht trennen – dies ist der letzte Schritt gegen die Fragmentalisierung der Wirklichkeit. Die Trinität ist nicht ein religiöses Attribut, sondern eine Grundbeschaffenheit des Menschen.

Kann es im Rückblick auf die Geschichte in der Interpretation des Menschen überhaupt Objektivität geben, eine Frage, die in der positivistischen Philosophie Karl Poppers immer wieder aufscheint?

Rein objektiv ist dies unmöglich, subjektiv ist es falsch. In der Spaltung zwischen Objekt und Subjekt, die entsteht, wenn die Epistemologie sich von der Ontologie trennt, liegt ein Philosophicum vor: entweder Idealismus à la Fichte oder reiner Objektivismus entsprechend der Naturwissenschaften. Das Dilemma ist völlig falsch, weil keine dualistische Beziehung zwischen Objekt und Subjekt entsteht. Das ist eine großartige und schwierige philosophische Aufgabe des kommenden Jahrhunderts. Die Struktur der Welt ist nicht dialektisch, sie ist anders geschichtet.

Das bedeutet, dass der Versuch, Gesetze oder gar Gesetzlichkeiten im Rückblick auf die Geschichte, zumindest wenn man nur die letzten Jahrhunderte oder gar Jahrtausende wie ein Appendix in der Evolutionsgeschichte des Menschen der Jahrmillionen darstellt, wenn man nur sie nehmen würde, lassen sich irgendwelche Gesetzlichkeiten der letzten Jahrhunderts begreifen oder gar ableiten, aus denen man warnende Schlussfolgerungen für die Zukunft ziehen könnte im Sinne einer universellen Geschichte?

Sie lassen mich jetzt in eine Situation geraten, die ich nicht annehme. Nämlich soziologische Gesetze eines letzten Endes akzidentellen Wettlaufs. Im Großen und Ganzen ist das eine *petitio principi*. Wenn ich die Welt so abstrahiere, dass die Menschen keine Menschen sind, nur eine Menge von zweifüßigen Tieren, die sich irgendwo rumbewegen, und deren Bedürfnisse ich messen und befriedigen kann, und wenn das für mich das Kriterium der Menschengeschichte ist, wahrscheinlich kann ich einige Gesetze irgendwie ausspinnen. Obwohl es auch in der Biologie Mutationen gibt, auch in der Geologie Katastrophen, Erdbeben und viele andere Dinge, genauso hat es in der menschlichen Geschichte viele Situationen gegeben, die man nicht vorhersehen konnte und die dennoch aufgetreten sind. Da ich an die menschliche Freiheit glaube, da ich an diese Einzelfälle, sozusagen Einzelfälle als maßgebende Fälle betrachte – wäre Gandhi nicht gekommen. Bitte. Sooner or later. Ja, vielleicht.

Wer bewegt die Geschichte? Das historische Gesetz? Ist es das Individuum oder thought and action *– eine Interaktion zwischen der Ideen- Geistes- und Realgeschichte, der symbolischen Kräfte im Sinne von Ernst Cassirer, Wertestrukturen, die sich in der Ideengeschichte akkumulieren im Sinne von Isaiah Berlin, und zu gleicher Zeit agieren wie die empirische ökonomische und soziale Geschichte? Einzelne Figuren, Sie haben Gandhi erwähnt, sind sie die Getriebenen oder sind sie Treibende?*

Weder noch. Wer bestimmt den Zeitgeist? Der Einzelne bestimmt den Zeitgeist, oder im Gegenteil der Zeitgeist gibt seine Kapazität dem Einzelnen und lässt ihn auftreten? Weder noch. Das Leben ist Leben, weil es sich aus innen her bewegt, sonst ist es kein Leben, nur eine automatische Bewegung von physikalischen Gesetzen. Ich glaube nicht an Systeme, denn sie repräsentieren das Leben *a priori*. Warum bin ich gegen Kopernikus? Weil er uns hat glauben lassen, dass die Welt, das Universum ein totes Tier ist, nicht mal ein Tier, eine Masse von Körpern, die sich ohne Leben von außen her bewegen. Wer bewegt sie? Wer bewegt die Geschichte? Hast Du mir gesagt das Individuum oder von außen her? Und ich habe gesagt: „Weder noch." Das Leben bewegt das Individuum.

Aber das Leben ist kein privates Eigentum. Das Leben ist göttlich. Es gibt eine Dimension in der Realität, an die wir alle irgendwie anknüpfen und von der wir Zuschauer, Verfasser, Autoren und Spieler sind. Das Schicksal der Welt, der Verlauf der Weltgeschichte lässt sich nicht, weder naturwissenschaftlich noch dialektisch, noch logischerweise ableiten. Dann sind wir wiederum in einer rein mechanistischen Weltauffassung gefangen. Und diese Grundlage muss man wirklich jetzt untersuchen. Und das kann die westliche Zivilisation allein nicht entscheiden. Die anderen, nichtwestlichen Kulturen alleine finden auch keine Lösung. Deshalb ist der Dialog, die Zusammenarbeit, die Kollaboration für das Weiterleben erforderlich.

Der Harvard-Politologe Samuel Huntington schreibt in The Clash of Civilisations, *dass die Welt am Ende des 20. Jahrhunderts zwar moderner, aber weniger westlich sein wird. Die Frage ist: Kann es eine Modernität ohne Verwestlichung geben?*

Für mich ist die Modernität in der ganzen Ambivalenz des Wortes eine Erfindung des westlichen Geistes. In Indien ist dieses Thema seit den fünfziger Jahren ein ständiges Problem. Einige sind der Meinung, Modernisierung heißt Verwestlichung. Andere sagen, die Modernität oder die Moderne sei mit dem westlichen Geist nicht wesentlich verbunden, da die Naturwissenschaft universell sei und die Technologie keine Diskriminierung kenne und folglich werde diese Ordnung zur Weltordnung. Das bestreite ich. Die Technologie ist nicht universell, vor allem ist sie nicht neutral, sie muss an die Kultur angeglichen werden. Das Streben nach Modernität ist endogen im Westen und exogen in fast allen anderen Kulturen. Der Begriff Modernität ist immer noch ein kolonialistischer Begriff, der nur eine Modernität als Modell für den Fortschritt anderer Kulturen darstellt. In vorigen Jahrhunderten wurde sie durch eine Armee gestützt, heute stützt sie eine Technologie. Modern heißt, sich an die Zeit anpassen. An welche Zeit? Die Modernität ist wesentlich mit dem westlichen Geist verbunden, der Idee der Materie, des Raumes, der Idee der linearen Zeit.

Der chronologischen Zeit im Sinne der großen Physiker wie Niels Bohr und Erwin Schödinger?

Zeit, Raum und Materie sind in dieser Form große, geniale Erfindungen einer einzigen Kultur – der westlichen Kultur. Es darf aber nicht sein, dass wir sämtliche andere Kulturen nur als Folklore herabsetzen. Der Evolutionsgedanke erlaubt uns zu glauben, dass wir an der Spitze der Evolution stehen und deshalb alle anderen Kulturen noch nicht entwickelt sind. Dass die westliche Zivilisation heute eine Zivilisation ist, die sich von diesem Standpunkt als Erobererin der Welt sieht, lässt sich kaum bestreiten. Wenn Modernisierung Verwestlichung und Demokratisierung heißt sowie alles, was im Westen ursprünglich als westliche

Werte gewachsen ist, ist man nicht berechtigt, diese Werte zu universalisieren. Man muss die entsprechenden Äquivalente für andere Kulturen finden. Ich bin vor allem gegen die monolithischen, monistischen, totalitären Systeme, die nur ein Modell, eine Begriffswelt, eine Religion, eine Ideologie, eine Modernität für die ganze Welt anerkennen wollen.

Kann man sagen, dass der Universalismus des Westens, der sich im 20. Jahrhundert amöbenhaft planetarisierte, sei es durch die Technokratie oder durch die Kriege, eine neue Form des Imperialismus darstellt?

Ich würde sagen eine neue Form des Kolonialismus, Imperialismus hat einen moralischen Unterton. Kolonialismus heißt der Glaube, dass man mit einer Kultur die ganze Welt erfassen, verstehen kann und deshalb nur ein einzigartiges Paradigma hat: ein Gott, eine Zivilisation, ein Volk, ein Reich, eine Weltbank, eine Weltdemokratie, was immer die verschiedenen Syndrome eines einzigen Mythos, des westlichen Mythos oder des kolonialen Mythos sind. Das ist unnatürlich, das entspricht nicht der *conditio humana*. Wir brauchen die Anerkennung des Pluralismus, und der Pluralismus heißt *de jure* die Anerkennung der Vielheit der menschlichen Kulturen und Religionen, die gegenseitige Toleranz und Respekt.

Die Weltreligionen erleben heute einen Aufschwung und erhalten eine politische Dimension. Aber keine Kosmologie darf einen Anspruch auf die Totalität des Menschen haben – weder Islam noch Christentum, oder Buddhismus, Konfuzianismus etc. Das Kairos unserer Zeit besteht gerade in der Begegnung der Religionen und Kulturen, in einer Interkulturalität.

Und das ist meines Erachtens, was Samuel Huntington dazu führt, zu sagen, dass der Kampf der Kulturen ein religiöser Schock sein wird, weil er entdeckt hat, dass die Religionen die Seele sämtlicher Kulturen verkörpern. Was er vielleicht übersehen hat, ist, dass die Seele seiner Kultur auch eine Religion ist, die universale Ansprüche erhebt.

Man kann sogar über eine gewisse Verträglichkeit oder Nichtverträglichkeit, Kompatibilität oder Nicht-Kompatibilität zwischen Kultur- und Religionstraditionen und Werten in der Kultur auf der einen Seite und der modernen Technologie auf der anderen Seite sprechen. Es gibt bestimmte Kulturtraditionen, die eher pragmatisch, empirisch, zur objektiven Logik orientiert sind, wie Calvinism in Nordamerika. Es gibt auch andere Formen des Pragmatismus, wie in Japan mit dem Schintoismus. Sie sind schließlich mehr kompatibel mit den modernen Technologien als die Kulturen mit starken Metaphysik, die wie zum Beispiel Lateinamerika in den spirituellen Traditionen der katholischen Scholastik seit dem 16. Jahrhundert fest verwurzelt sind.

Meiner Meinung nach lässt es sich eine gewisse Zeit vertragen. Auf die Dauer ist es eine Schizophrenie, die sich rächen wird und die sich nicht erhalten lässt.

Aber die Geduld der Geschichte ist viel langfristiger als die Geduld der Menschen. Japan ist ein Opfer dieser Schizophrenie. Sie zeigt sich in der modernen Wirtschaftskrise in Japan, die die Krise der kulturellen Identität des Volkes bestimmt.

Der Nobelpreisträger für Literatur, Kenzaburo Oe sagte ganz richtig, dass der Zusammenbruch diesen japanischen Fortschritts- und Wachstumsglaubens eine solche Sinnleere in Japan entstehen ließ, dass die Japaner zu zweifeln beginnen.

Also. Davon bin ich völlig überzeugt. Die technische Homogenisierung führt zum Verlust der Menschen ihrer kulturellen und religiösen Identität und letztendlich auch ihrer humanen Identität.

Wir erleben heute in der ganzen Welt einerseits eine technische Homogenisierung und Uniformierung, andererseits eine dramatische Balkanisierung durch die ethnisch-religiösen Konflikte von Afghanistan, Pakistan, Tschetschenien und Jugoslawien bis Sri Lanka, Algerien, Sudan, Burundi. Ist diese Reaktion nicht eine Form der Antimodernismus?

Bestimmt.

Kann es einen Ausgleich geben zwischen dem ökonomischen und politischen Modell der Liberalisierung der Weltmärkte und der Beibehaltung einer Authentizität, der Eigenart, einer kulturellen und religiösen Identität der jeweiligen Kulturen?

Ich möchte auf diese Frage auf zwei Ebenen reagieren. Die erste Ebene ist die eurozentrische und technozentrische Haltung. Ich sehe die Welt anders. Für mich ist das Bild der Welt unter einer sehr engen eurozentrischen, ökonomischen und politologischen Perspektive im Sinne von Machtpolitik, und diese Sicht entspricht für mich nicht der wahren Welt. Wenn wir das menschliche Maß, wie die Vorsokratiker schon entdeckt haben, verlieren, dann verlieren wir die Menschlichkeit und reden nur abstrakte Sachen. Unter Welt verstehe ich nicht den abstrakten Weltbegriff, sondern eine menschliche Welt und die Menschen, die leben, leiden, kämpfen, sterben. Das ist für mich die wahre Welt und nicht die Welt der Zeitungen, die Welt des Fernsehens oder die Welt der Politik. Die Welt ist ein lebendiger Organismus und keine Organisation. Die Frage bezieht sich eher auf eine Organisation. Ein lebendiger Organismus lebt nach anderen Gesetzen als eine Organisation, weil er Leben hat, eine Seele, einen Mythos, Ideale, Liebe, und die ganze Menschheit ist ein lebendiger Organismus. Je weniger Gesetze und Pläne ein lebendiger Organismus hat, desto gesünder und glücklicher lebt er. Und wir wollen ihn in ein Korsett, in den Käfig der Begriffe der politologischer, philosophischer, wirtschaftlicher Natur einkerkern. Jetzt möchte ich auf die Frage, deren Hintergrund ich kritisiert habe, eine direkte Antwort geben. Es gibt keinen Ausgleich, keine Kompatibilität zwischen Technokratie und Kultur.

Wir sind auf einem falschen Weg. Die Richtung der heutigen Welt ist eine falsche Richtung, die zur Katastrophe führt.

Die fundamentalistischen Bewegungen in verschiedenen islamischen Ländern, die auch eine Art des Antimodernismus darstellen, sind für die westliche Welt bedrohlich. Amerikanische Sicherheitsberater sprechen von der Notwendigkeit des Primats der amerikanischen Sicherheits- und Außenpolitik als notwendige Voraussetzung für eine gewisse Weltsicherheit.

Darf ich vielleicht etwas übertrieben reagieren? Ich habe selbst erlebt, wie eine solche Einstellung für eine gute Anzahl der deutschen Bevölkerung eine Plausibilität hatte. Wenn ein politischer Führer die Welt beherrscht und Europa eine Ordnung geben will, soll es dann Sicherheit für die ganze Welt geben? Hier liegt das gleiche Syndrom vor, obwohl beides nicht vergleichbar ist. Das eine ist ein pathologischer Fall eines politischen Verbrechens, das andere ist viel subtiler, viel intelligenter, demokratischer in Anführungszeichen, missionarischer.

Wie die ganze amerikanische Außenpolitik seit dem 17. Jahrhundert mit der Doktrin von Monroe 1823.

Ich muss gestehen, ich habe das Alte Testament, die Bibel nicht wirklich verstanden, bis ich nach Amerika gegangen bin. Da habe ich wirklich erlebt, was es heißt heutzutage, 40 Jahrhunderte später, dieses Bewusstsein eines erwählten Volkes mit der missionarischen Obsession, für den Frieden und den Wohlstand der ganzen Welt verantwortlich zu sein. Die Geschichte wiederholt sich.

Das berühmte Manifest Destiny im 19. Jahrhundert, welches so wichtig war für Imagination und Bewusstsein der amerikanischen Zivilisation. Fast so wie Moby Dick *von Melville oder Walt Whitman in der Literatur...*

Die politische Überzeugung dieser Obsession von Sicherheit ist in der modernen Philosophie verwurzelt. Ihren Ursprung findet man bei Descartes, im Positivismus und Pragmatismus und auch vorher. Was ist die menschliche Situation Descartes? „Ich schenke kein Vertrauen, niemandem." Das Wichtigste ist, dass ich wirklich sicher bin, gewiss bin. Er sucht die Gewissheit. Aus dieser Angst, aus Ungewissheit zu leben, und um philosophieren zu können, um leben zu können muss ich gewiss sein, und jeder Schritt muss ganz gewiss sein. Daher diese politische Obsession von Sicherheit. Diese Denkweise schenkt den Menschen gar kein Vertrauen. Und man kann den Menschen kein Vertrauen schenken, wenn man nicht ein Vertrauen hat an etwas, was übermenschlich ist. Man kann es Gott, Karma, Schicksal, Vorstellung, was auch immer nennen. Gewissheit heißt mehr Macht, mehr Geld, mehr Armee, mehr von Allem. Aber das ist pathologisch. Ich will nicht sagen wie Freud, dass die ganze Kultur ein pathologisches Symptom ist, aber die heutige Kultur ist ungerecht, institutionell ungerecht. Hier ist mein Urteil über das System, nicht über die Leute.

Wenn wir über die menschliche Würde sprechen, stellt sich natürlich die Frage der Menschenrechte. Die Menschenrechte, in der Form, wie sie in der Deklaration des Vereinigten Nationen im Jahre 1948 formuliert sind, sind nach dem Zweiten Weltkrieg in einem sehr abendländisch westlichen Sinn entstanden. Immer mehr merkt man, dass andere, nichtwestliche Kulturtraditionen, islamische, konfuzianische, russisch-orthodoxe, der Schintoismus Japans, viele Beispiele, eine andere Traditionen der Menschenrechte haben. Nun ist die Kernfrage die einer Annerkennung einer Pluralität der Kulturen sowie der Kulturtraditionen mit dem Bekenntnis zu der Ideenvielfalt von der Würde des Menschen und damit zur Idee der Vorstellungsvielfalt von Menschenrechten und Menschenpflichten. Auf der anderen Seite ist der Begriff des Weltethos, vom Theologen Hans Küng formuliert. Also der Gedanke, dass wir immer stärker ein im westlichen Sinne demokratisches Weltethos brauchen, eine Universalisierung der Menschenrechte in der westlichen Tradition, wie sie seit Jahrhunderten über die gesamte Geistesgeschichte Westeuropas und Amerikas ausgebildet wird. Würden Sie heute eher der Universalisierung der Menschenrechte, des Weltethos zustimmen oder der Vorstellung einer Relativität der Werte und der Vielheit der Kultur im Sinne der Menschenrechte?

Relativität heißt nicht Relativismus. Relativität heißt, dass sämtliche menschliche Auffassungen, sämtliche menschliche Bejahungen sinnvoll sind und innerhalb eines Kontextes einen Sinn haben. Ohne Kontext haben sie keinen Sinn. Sind die Menschenrechte universell? Meine Antwort ist: Nein. Die Menschenrechte sind nicht universell und sie lassen sich nicht, wie sie 1948 formuliert wurden, universalisieren. In dieser Form gehören sie zu einer protestantischen, individualistischen Ideologie. Heißt es, dass die Menschenrechte, die wir im Westen oder in den Vereinten Nationen jetzt formulieren, keinen Wert haben und von anderen Kulturen nicht beachtet werden müssen? Wieder nein. Die Menschenrechte sind eine westliche, unvollkommene politisch begrenzte Formulierung eines Kerns, der eine Validität, eine Würde und einen Sinn auch für andere Kulturen hat. Angesichts dieser Formulierung oder vielleicht schon vorher habe ich meine Theorie der omeomorphischen Äquivalente entwickelt. Das omeomorphische Äquivalent ist eine Analogie des dritten Grades. Wir müssen in anderen Kulturen jene begrifflichen Gebilde, Kontexte, Symbole oder Worte finden, die in den verschiedenen, jeweils anderen Systemen die ähnliche, aber nicht dieselbe Rolle spielen; in diesem Fall ist es die menschliche Würde, um eine gewisse Ordnung in der Welt zu stiften. Deshalb bin ich theoretisch gegen Hans Küngs Universalisierungsprozess, praktisch bin ich für ihn. Also praktisch. Wir müssen etwas pragmatisch haben, was uns in der Welt der Gesetze, in der Welt der Jura, in der Welt des menschlichen Handelns berühren kann, das als Transzendenzpunkt funktioniert, wie Gott in anderen Zeiten so funktionierte, dass uns als Referenz hilft, eine gewisse menschliche Ordnung zu führen. Hier ist die Polyvalenz und zugleich die Ambivalenz.

Nach der amerikanischen Dominanz am Ende des 20. Jahrhunderts in der heutigen multipolaren Welt haben wir verschiedene Spieler, sei es China, die islamischen Staaten, Japan, Russland, die groben lateinamerikanischen Staaten. Wie könnte die Macht strukturiert sein, wenn man gewisse Sicherheitsinteressen der Gesamtwelt im Auge behalten muss?

Die Macht? Ich möchte mit einer Gegenfrage antworten: Welche Macht ist heute dafür verantwortlich, dass die Menschen einander nicht wechselseitig töten: Polizei, Armee, Kommissionen? Fast eine Milliarde Menschen leben von weniger als einem Dollar am Tag. Jeden Tag verhungern 20.000 Kinder. Was hilft uns eine Weltmacht, Polizei oder ein internationaler Sicherheitsrat, um uns vom Hungertod oder vor dem Krieg zu retten? Welche Macht soll dann diese Übermacht überwachen, damit sie keine Ausschreitungen begeht *ad infinitum*? Stellt man sich die Frage von Hobbes, so kann man nur sagen: *homo homini lupus est*, dann gibt es keine Hoffnung, und kein Mensch, keine Übermacht, kein Gleichgewicht der drei Mächte von Japan, USA und Europa wird uns retten. Das ist ein tiefes menschliches und metaphysisches Problem. 300 Jahre v. Chr. sagte Platon, also kein Christ, *homo homini deus est* – der Mensch sei ein göttliches Wesen für jeden anderen Menschen. Deshalb lässt sich das Problem nicht technisch lösen. Ich lasse mich nicht auf nur die machtpolitischen Ziele ein. Diese Zivilisation und diese Art und Weise zu denken, ist infantil und gefährlich zugleich. Wir sind unterentwickelt im Westen, wo ist die Kunst des Lebens geblieben?

Wenn man über die Lebenskunst der traditionellen Kulturen spricht, fragt man sich, wo soll im nächsten Jahrhundert das Reservoir an Sensibilität, an Imagination überhaupt noch herkommen, wenn wir die Erkaltung, die Verarmung, die Kommerzialisierung der bildenden Kunst, der Literatur im Zuge der Technokratisierung aller Lebensbereiche in Amerika und in Europa? In der starken Ersten Welt, in den Industriestaaten müssten wir eigentlich nicht diese Kunst des Lebens von den traditionellen und archaischen Kulturen des sogenannten Dritter Welt lernen, ihre Metaphysik und ihre gelebte Spiritualität?

Ich teile vollkommen Ihren Skeptizismus gegenüber der kulturellen Kapazität der modernen Industriestaaten auch in der Frage der humanen Sensibilität.

Haben Sie nicht den Eindruck, dass in der Literatur, in der Musik, im Film ein gewisses Element der Tragik im schöpferischen, im griechischen Sinne zunehmend im 20. Jahrhundert in der Gedankenwelt eliminiert wird? Der moderne Mensch will keine Tragik. Die Werbung will keine Tragik. Wir lachen, wir sind jung, sterben nie. Ist nicht die Eliminierung der Tragik eine Verminderung des menschlichen Lebens und letztlich seiner Identität selbst, wie die Dialektik vom Leben und Tod?

Die griechische Tragödie als Muster kann man erst dann verstehen, wenn man die ganze griechische Götterwelt miteinbezieht. Die Tragödie ohne Oberwelt der Götter, ohne Transzendenz führt zur Verzweiflung – und darin liegt die Anziehungskraft der Werbung. Warum zieht die Werbung uns so sehr an? Weil die göttliche Welt in der modernen technokratischen Gesellschaft aus dem Blick verloren ging, wir wollen auf keinen Fall Leid, Schmerz, Misserfolg. Und wenn die Tragik tatsächlich eintritt, dann sind wir gezwungen zum *keep smiling, keep young*. Die Werbung knüpft dort an und hat einen gewissen Erfolg. Aber Tragik im klassischen Sinne gehört zu der menschlichen Natur. Das heißt, die menschliche Natur ist ein Paradoxon, das nicht rational begriffen werden kann. Und gerade das führt mich dazu, zu behaupten, dass die größte Epidemie der modernen Welt die Oberflächlichkeit ist. Das führt uns leider auf das Niveau der Tiere, sogar noch unter dieses Niveau, weil unsere spontanen Reaktionen nicht so gut entwickelt sind wie die tierischen Instinkte. Irgendwann bekommt dieses Bewusstsein eine andere Dimension, aber man hat heute keine passenden Formen. Wir müssen alte Worte gebrauchen, und die alten Worte sind so oft missbraucht worden und manchmal auch missverstanden worden, weshalb man sie heute kaum zu gebrauchen wagt.

Der große amerikanische Ökonom John Kenneth Galbraith meinte, die zweite Hälfte des 20. Jahrhunderts wäre friedlich gewesen. Er hatte wohl nur die westliche Welt im Visier, viele Kriege wurden aber ‚exportiert', nach Korea, Vietnam, nach Somalia, in den Kongo, ans Horn von Afrika, nach Ruanda oder Mozambique. Aber seit 1945 hat die Welt mehr Tote in lokalen Kriegen in Afrika, in Asien, in Lateinamerika gesehen als der gesamte Zweite Weltkrieg. Das heißt der Krieg ist ein Topos.

Ein Topos, jawohl. Im Durchschnitt sterben dreitausend Menschen jeden Tag im Krieg. Vor Jahren habe ich ein Thema für UNESCO vorgeschlagen: die Umwandlung von einer Kultur des Krieges zu einer Kultur des Friedens. Seit 6000 Jahren haben wir in einer Kultur des Krieges gelebt. Diese Umwandlung, diese *Metanoia* ist vielleicht die Sternstunde unserer weltgeschichtlichen Situation. Da ist die Verantwortung der Intellektuellen oder der Machthaber, derjenigen, die Macht haben – die intellektuelle, politische, wirtschaftliche und religiöse Macht. Wir stehen an einem *turning point*. Das glaube ich. Jetzt kommt Transformation, Metamorphosis klingt schöner. Und das ist ein spirituelles Problem, ein mystisches Anliegen. Entweder entfalte ich „das dritte Auge", um nicht nur mit den tibetanischen Lamen zu reden – „das dritte Auge" ist die dritte Dimension der Welt, dieser Welt, der Politik und aller Sachen – es lässt aber auch eine andere unsichtbare Dimension sichtbar werden. Oder keine Hoffnung, der Krieg von allen gegen alle. Wir gehen auf die Katastrophe zu. Und die Technologie macht diese diabolische Möglichkeit möglich, was vorher fast unmöglich war. Hier hat der interkulturelle und der interreligiöse Dialog ein besondere Signifikanz. Die Religion als politische Dimension, als der Weg zum Frieden.

Worin besteht die Verbindung zwischen den verschiedenen Weltreligionen?

In der gegenseitigen Befruchtung und Bereicherung. Vor allem im Gedanken der *compassion*, des Mitgefühls, oder vielleicht besser im *caruna* – das sanskritische Wort aus der buddhistischen Tradition ist fast in allen Traditionen zu finden. *Compassion* heißt mitleiden, mit den anderen leiden. Das heißt meine Individualität überwinden, denn sonst leide ich nicht mit. Das ist der erste Schritt.

Es gibt immer eine Dialektik aus Realpolitik und Idealpolitik. Wo liegen Grenzen und Möglichkeiten?

Die Grenzen liegen darin, das Dilemma zu vereinigen. Wenn Realpolitik heißen soll, dass etwas gegen die Ideale geht, weil die Realität, gleichsam Machiavelli, nicht moralisch ist, ist dies für mich keine Realpolitik. Und die Idealpolitik, die einfach nur in einer künstlichen Welt verharrt, ist wiederum keine Realpolitik. Wir leben in diesem falschen Dilemma: entweder – oder. Realpolitik gegen Idealpolitik. Gandhi wurde einmal gefragt: „Wie ist es möglich, dass ein Guru, ein Heiliger, Politik treibt?" Und Gandhi antwortete: „Nein, ich bin kein Heiliger, der Politik treibt. Ich bin ein Politiker, der heilig sein will, der zu Heiligkeit strebt." Und darin war seine Kraft.

Darf ich daraus schließen, dass der einzelne durchaus Einfluss auf den historischen Verlauf nehmen kann? Wenn man am Anfang eines neuen Millenniums auf die ganze Geschichte der menschlichen Zivilisation zurückblickt, stellt man sich die Frage, die immer wieder seit Herodote und Thukydide, Jakob Burckhardt und Arnold Toynbee gestellt wurde: Hat die Geschichte irgend einen Sinn?

Historie hat einen Sinn. Ich kann einen mehr oder weniger künstlichen Sinn in der Geschichte finden und mich zufrieden erklären. Die Geschichte geht nicht auf ein vorher bestimmtes Ziel und will es verwirklichen. Das glaube ich persönlich nicht. Sinn heißt nicht notwendigerweise aristotelisches *telos* oder christliche Kathologie. Das Wesen der Zeit besteht im Rhythmus und nicht in der Richtung auf das *telos* hin. Ich glaube nur, dass wir jetzt vielmehr am Ende der Weltgeschichte sind. Wir leben in einer apokalyptischen Zeit, weil die Zeiterfahrung und das gesellschaftliche Bewusstsein, das zukünftige Denken – das *telos*, in die Krise geraten sind. Das archaische Denken, vorher juvenalisch, ist also Vergangenheit, *in nihilo tempore*. Weder die Vergangenheit, noch die Zukunft haben eine Anziehungskraft mehr. Sämtliche messianischen, paradiesischen Gedanken sind gescheitert: das Paradies von Marx, das Paradies vom Kapitalismus, das Paradies von Amerika. Das Paradies ist weder in der Zukunft, noch in der Vergangenheit. Deshalb mit zwei Augen, nur mit reiner Vernunft kann man das Rätsel der Welt nicht verstehen. Nur durch das „dritte Auge" kann man die Zukunft und das kommende Millennium sehen.

Hat das menschliche Leben einen Sinn, ich komme um diese Frage nicht umhin?

Nichts persönliches, individuelles, sondern das Leben der Menschheit hat einen Sinn. Jeder für sich ist eine Fraktion. Jeder ist ohne den anderen undenkbar, das Individuum ist wiederum eine Abstraktion. Die Wirklichkeit des Menschen ist, falls ich Kauderwelsch rede, Person zu sein. Und Person ist kein Individuum. Eine Person ist ein Netz von Beziehungen, welches ein sie, ein er mitträgt und nicht so, dass jeder nur für sich existiert. Wir sind Verfasser der Geschichte, wir geben der Geschichte einen Sinn. Jeder ist ein Mitspieler in diesem trinitarischen Tanz der ganzen Gegenwart. Wenn das Leben keinen Sinn hat, obwohl hier Sinn ein Symbol ist, dann sind all unsere Gespräche über die Menschenwürde, die menschliche Persönlichkeit, die Sakralität des Individuums eine leere Rede. Das menschliche Leben hat einen Sinn. Das glaube ich. Wenn man entdeckt, dass das Leben ein Geschenk ist, dass man an diesem Bankett des Lebens für eine Zeit eingeladen ist, dann entdeckt man, dass die elementarsten Dinge des Lebens die fundamentalsten sind. Aber das ist eine persönliche Entdeckung.

Und eine letzte Frage. Wenn Sie auf Ihr Leben, jetzt am Anfang des 21. Jahrhunderts, zurückblicken, was sind die wenigen Ereignisse und Menschen, seien es Philosophen, Naturwissenschaftler, Dichter, Mystiker, was auch immer, Menschen, von denen Sie glauben, sie haben das 20. Jahrhundert geprägt?

Oh, es gibt große Genies, wir alle kennen sie. In meinem Leben habe ich viele bedeutende Denker kennen gelernt, die ich bewundert habe und die mich beeindruckt haben. Es kommt darauf an, was du imstande bist zu lernen. Du kannst von einer Blume lernen, vielleicht mehr als von einem Denker, von einem einfachen Gedicht, das ein einziges Mal gesungen wird, und du sagst, das ist eine Offenbarung. Ich will nichts gegen die bekannten Namen sagen. Aber ob sie die Bedeutendsten, die Einflussreichsten sind … dieses Urteil würde ich mir nicht erlauben. Die Welt wird weder von Politikern, noch von Denkern, noch von Großmächten regiert und das sind nicht sie, die ihre Zusammenhalt sichern. Kurz gesagt, die Größten sind die Demütigsten, die Unbekannten, die anonymen Helden. Und deshalb können sie mit solcher ungetarnter Freude leben. Sie brauchen nicht dieses Podium, auf dem sie das Gewicht des Leidens der Welt tragen. Sie tragen es aber selbstverständlich.

Barcelona, 21.02.1998

Redaktionell bearbeitet und übersetzt von Gala Naoumova

„Nie wird der Mensch in der Indifferenz leben können“

PAUL KARDINAL POUPARD

Als privilegierter Zeuge der Tätigkeit dreier Päpste: Johannes XXIII., Paul VI. und Johannes-Paul II., steht Paul Kardinal Poupard (geboren 1930 aus einer Winzerfamilie des Anjou), der ehemalige Kultusminister Johannes Pauls II. – d.h. offiziell: Präsident des Päpstlichen Rates für Kulturfragen –, im Ruf eines hochgebildeten Mannes. Seine Schriften sind teilweise in mehrere Sprachen übersetzt worden. In der katholischen Kirche und Kurie steht er für einen Willen zur Öffnung und zum Dialog zwischen den Religionen. Er wird allenthalben geschätzt für seine profunde Vertrautheit mit den Fragen des Erziehungswesens, des Verhältnisses von Kultur und Glauben sowie der Beziehungen zwischen Kirche und Staat. 1954 zum Priester geweiht, ab 1971 zehn Jahre lang Rektor des Institut Catholique in Paris, wurde er 1979 zum Titularbischof von Usula und zum Weihbischof des Erzbistums Paris ordiniert, 1985 dann in das Kardinalskollegium aufgenommen. Im Jahr seiner Bischofsweihe schon zum Präsidenten des Päpstlichen Rates für den Dialog mit den Nichtgläubigen berufen, wird ihm neun Jahre später, 1988, auch das Amt eines Präsidenten des päpstlichen Rates für Kulturfragen anvertraut. Diese beiden Ämter, zu denen nach dem Konklave 2005, an dem er teilnahm, zusätzlich noch die Berufung durch Benedikt XVI. zum Präsidenten des Päpstlichen Rates für den Interreligiösen Dialog hinzukam, hatte er bis zu seinem Rücktritt auf eigenen Wunsch im Jahre 2007 inne. Als Autor ist er mit zahlreichen Veröffentlichungen hervorgetreten wie etwa in den Jahren 1980-87 (in der Reihe *Que sais-je?* der Presses Universitaires de France) mit *Le pape, Le Vatican, La foi catholique, Les religions*. Neuerdings: *Le développement des peuples : entre souvenirs et espérance*, erschienen bei Parole et Silence 2008. Auf Deutsch ist zuletzt erschienen: *Wozu ein Papst? Von Petrus zu Johannes Paul II.* (Verlag Bonifatius-Druckerei, 1982). Außerdem hat er den monumentalen *Dictionnaire des religions* (PUF 1993/2007) herausgegeben.

*

Wir leben in einer Epoche, die, wie es scheint, von einer wachsenden Indifferenz gegenüber den moralischen und religiösen Werten der Tradition gekennzeichnet ist, – als sei der Mensch nicht mehr in der Lage, sich der Wahrheit zu stellen. Was denken Sie?

Sie sprechen ein beunruhigendes Phänomen an, wenn der Mensch bekanntlich auch so beschaffen ist, dass er nie so ganz in der Indifferenz verbleiben kann. Es ist zweifellos eine fortschreitende Gleichgültigkeit gegenüber jahrtausendealten Werten festzustellen, der eine wachsende Aufmerksamkeit für ephemere Werte gegenübersteht. Da die Möglichkeiten zum Aufmerken aber beschränkt sind, kommt heraus, was Paul Ricoeur als die Atrophie der Ziele bestimmt hat, welche mit einer Hypertrophie der Mittel einhergeht. Wir befinden uns in einem Zug, der mit voller Geschwindigkeit durch die Gegend rast und über den der Zugführer die Kontrolle verloren hat. „Ich weiß nicht, wohin wir fahren, aber hinfahren tun wir mit Sicherheit", sagte ein Politiker. In dieser Äußerung liegt eine Ironie, aber, wie ich finde, auch etwas Tragisches.

Vielleicht fehlt uns heute jene Metaphysik der Kulte, wie sie im Oeuvre von Jacques Maritain oder von Gabriel Marcel evoziert wird...

Als junger Schulrektor in Paris war ich einmal bei Gabriel Marcel, am Boulevard Saint-Germain, zum Diner und erinnere mich noch gut an unsere Unterhaltung, die sich bis tief in die Nacht hinzog. In diesem alten Mann, dem Verfasser des wunderbaren *Homo viator* nagte ein Zweifel oder vielmehr eine Angst vor dem, was ihm als ein Verlust des Seins erschien. Etwas Ähnliches sagte mir kurz vor seinem Tod auch der Dichter Pierre Emmanuel: „ist es nicht, als wären wir einer Amnesie des Seins verfallen...".

Millionen junger Leute versammeln sich, um den Besuch des Papstes zu erleben. Zeugt das nicht von einem echten Bedürfnis nach Spiritualität?

Ich habe an diesen Weltjugendtagen (im August 1997 in Paris) teilgenommen, denn man hat mich gebeten, dort die sogenannte Große Katechese zu übernehmen. Also bin ich zur Kirche Saint-Roch gegangen. Die etwas ängstlichen Organisatoren hatten mich schon mehrfach vorgewarnt: „Es wird vielleicht niemand kommen". Bei meiner Ankunft saßen da die Jungen und Mädchen auf dem Boden, und schon ihre Mienen und Gebärden zeigten eine Erwartung, wie sagte doch Simone Weil: eine Erwartung der Wahrheit. Der mir vorgesetzte Passus aus dem Evangelium, ein bisschen steil wie die Südseite des Himalaya: die Begegnung Jesu mit dem reichen jungen Mann, der ihn fragte, was er tun müsse, um das ewige Leben zu erlangen. Jesus sagte ihm: „Komm, und folge mir nach!", worauf der junge Mann, der reich war, traurig von dannen ging. Dieses Gleichnis ist auch ein Symbol der Kultur unserer Zeit. Viele junge Leute besitzen heute Dinge, die ich in ihrem Alter nicht hatte..., aber vielleicht war ich glücklicher als sie mit meinem kleinen blauen Ball, den mir meine Mutter zu Weihnachten geschenkt hatte – das war während des Krieges. Der kleine blaue Ball, ich habe ihn monatelang gehabt; ich glaube, ich habe ihn so gern gehabt, weil er mir die Liebe meiner Mutter verkörperte. Vielleicht ist nicht nur unser Jungvolk in dieser Beziehung eher eine Waise. Wir mögen darin den vom Evangelium gewiesenen Weg zur Glückseligkeit wiedererkennen: „Selig die Armen im Geiste, denn ihrer ist das Himmelreich." Denn der Arme weiß, dass er arm ist; er weiß, dass er nicht von ihm abhängt, der Lauf der Zeiten, welcher bewirkt, dass die Jahreszeiten aufeinanderfolgen, dass die Flüsse sich ins Meer ergießen und dass die Sonne die Nebel aufsteigen lässt, damit sie wieder auf die Erde niedergehen, um sie zu befruchten. Ohne einen systematischen Antagonismus aufstellen zu wollen, geschieht es mir doch oft, wenn ich mit Menschen spreche, die fast nichts haben, was sie ihr eigen oder ihre Habe nennen könnten, dass ich finde, sie haben dafür mehr Sein als andere, die mehr Habe haben.

In Lateinamerika haben Millionen von Menschen an der großen Bewegung der sog. Befreiungstheologie teilgenommen. Wie hat man im Rückblick das Wirken ihrer führenden Vertreter, Gustavo Gutiérrez in Peru und Dom Helder Camara und Leonardo Boff in Brasilien, zu beurteilen?

Ich habe Lateinamerika besucht und kennen gelernt, vom äußersten Süden bis zum äußersten Norden und dazwischen das riesige Brasilien, das fast einen Kontinent für sich darstellt. Und ich war, als dort zutage trat, was man die Theologie der Befreiung nennt, frappiert zu sehen, dass sie einem zutiefst christlichen Boden entstammte und doch zugleich wie ein Angstschrei war. Ein Angstschrei, ausgestoßen von Leuten, darunter Theologen, welche die Leiden ihres Volkes teilten, und das bisweilen auch auf etwas überspannte Weise, sodass die katholische Hierarchie, selbst hier in Rom, sich darüber Sorgen machte. Aber im Abstand von einigen Jahren kam der Vatikan auf eine erste Verurteilung zurück in einem Dokument, das die Befreierrolle Jesu in Erinnerung brachte. Während der deutschen Besetzung Frankreichs, als Jean Anouilh als letztes seiner *„pieces noires"* die *Antigone*, einen wahren Schrei des aufbegehrenden Bewusstseins, schrieb, publizierte ein Priester der französischen Arbeiter-Mission eine neue Übersetzung des Evangeliums in der Sprache des Volkes, die er *Le Liberateur* betitelte. So ist die von Einäugigen vermeinte Neuigkeit in Wirklichkeit die Reaktivierung eines Elements der Tradition. Aus der Dynamik der Gleichnisse des Evangeliums verstehen wir, dass Jesus nicht gekommen ist, das Volk Israel von den bösen Römern, die es besetzt hielten, zu befreien, sondern dass er es eingeladen hat, sich von dem Bösen und der Sünde zu befreien, die im Herzen des Menschen sitzt. Und diese Sünde ist der Ursprung der Ungerechtigkeiten. Die Theologie der Befreiung hat inzwischen einen langen Weg zurückgelegt, und jetzt begreift, glaube ich, jeder ganz ohne Argwohn, was in ihr zum Ausdruck kam. Im letzten Monat war ich in Pueblo de Los Angeles und habe gleich am ersten Tag in der Morgenfrühe in Notre-Dame de Guadalupe eine Messe gelesen. Ich habe die Inbrunst der Menschen gesehen und gespürt, denen diese Hl. Jungfrau, die ihnen mit den Zügen einer Eingeborenen erschienen ist, eine Identität gegeben hat, die zugleich kulturell und spirituell ist, und dazu ein Gefühl großer Würde. Was mich bei meinen Besuchen in Brasilien vor allem berührt hat, ist dieser Reichtum an Menschlichkeit. Eines Tage habe ich am Strand von Copacabana eine weiße Gestalt bemerkt.

Man sagte mir, das sei eine *Ichat*, also, nicht wahr?, die Jungfrau Maria und zugleich die Göttin des Meeres. Man sieht daran, dass diese erniedrigten Völker den christlichen Glauben angenommen haben, ohne je eingehend katechisiert worden zu sein. Ihre uralte Weisheit hat sich nicht immer dazu verstehen können, eine Entscheidung zu treffen, und konnte gewissermaßen nicht anders, als völlig verschiedene Realitäten in ein und demselben Bild zu vereinigen. Als Christ, der ich bin, nehme ich, wenn ich so sagen darf, meine Zuflucht zu jenem Herrenwort im Johannesevangelium, das ich ganz wunderbar finde und das da sagt: „Im Haus meines Vaters sind viele Wohnungen." Ich muß immer daran denken, wenn ich an populären Liturgien teilnehme. Ich finde, dass diese Kulturen oft einen ungemein starken Sinn für das Leben haben; er drückt sich auf verschiedene Weisen aus, unter anderem etwa in den Gestalten der Mutter Erde sowie der Sonne und ihres Lichts. Dann gibt es aber auch die tragischen Verirrungen jener blutrünstigen Götter, die zur Gründung von Stadt und Staat z.B. das Blutopfer der Kinder fordern. Und diesen unmenschlichen Praktiken gegenüber, glaube ich, war das Christentum wirklich eine Befreiung. Das ist überhaupt eine meiner Grundüberzeugungen, nämlich dass in jeder Kultur wie auch im Herzen jedes Menschen einerseits das liegt, was seine Humanität ausmacht, anderseits aber auch Abgründe von Inhumanität lauern. Das ist beileibe keine Besonderheit der alten Kulturen, wir können es von jeder Kultur sagen.

Glauben Sie, dass der Mensch mit den Wissenschaften die Welt der inneren Erfahrung, der Religion und der Transzendenz hinter sich gelassen hat?

Ich habe einige Jahre meiner kurzen Existenz dem Dialog zwischen Glauben und Wissenschaften gewidmet, nämlich jenem, der von Galilei ausgegangen ist. Der Hl. Vater hatte mich aufgefordert, den Versuch zu machen, aus dem Abstand von dreieinhalb Jahrhunderten die nebulöse Aktenlage dieses leidvollen Dossiers zu klären. Mein zuletzt zu diesem Thema erschienenes Buch heißt daher just *Galileo Galilei. 350 ans de l'histoire*. Ich glaube, dass es uns gelungen ist, besser verstehen zu lassen, wie damals Wissenschaftler wie Galilei den jahrtausendealten Irrtum der ptolemäischen Kosmologie erfasst haben, ohne doch in der Lage zu sein, einen wissenschaftlichen Beweis dafür zu liefern. Und Männer des Glaubens wie Kardinal Bellarmin, von dem ich in dieser Recherche eine kurze, sehr inspirierte Schrift wiederentdeckt habe, haben sich dafür ausgesprochen, wenn die neue Hypothese wissenschaftlich begründet und ausgewiesen sei, dann würden wir besser daran tun, anzuerkennen, dass wir uns in unserer Leseweise der Heiligen Schrift geirrt haben, als uns mit dem Glauben an etwas bewiesenermaßen Falsches lächerlich zu machen. Für mich ist ein solcher Diskurs der Prüfstein für diesen Dialog zwischen dem Glauben und der Wissenschaft. Wir finden uns wieder in der Wahrheit. Niemand kann endlos in Zweifel und Ungewissheit leben, weder Individuen noch Nationen noch Kulturen noch Zivilisationen. Die Menschheit ist dazu da, Fragen zu stellen. Und seit den vorsokratischen Philosophen sind unsere Verwunderungen vor dem Schauspiel der Welt auch immer dazu angetan, auf jene drei Fragen zu antworten, die der Maler Paul Gauguin in dem großen Bild mit seinen Tahitianern unsterblich gemacht hat: *Woher kommen wir? Wer sind wir? Wohin gehen wir?*

Wenn wir also von Wissenschaft sprechen, so lässt schon das Wenige, das ich davon weiß, mich sagen, dass es wohl Wissenschaft gibt, aber nicht *die* Wissenschaft. Wir haben die Physiken, die exakten Wissenschaften, die Humanwissenschaften, aber auch Erkenntnislehren innerhalb dieser Wissenschaften... Und die Wissenschaften, um es in einem Wort zu sagen, lehren uns immer mehr über das Wie und lassen uns erst recht in unserem Unwissen über das Warum. In einem von mir organisierten Kolloquium habe ich einmal jenen Ausspruch von Einstein zur Sprache gebracht, den ich so schön und tiefsinnig finde: „Die forschende Intelligenz, die nicht auf das Geheimnis gestoßen ist, ist wie das Auge, welches noch kein Licht gesehen hat." Anderswo sagt Einstein auch: „Das Unbegreiflichste, nicht wahr?, ist doch, dass das Universum uns begreiflich sein soll." Das führt uns allerdings sehr weit...

Was sagen Sie zu der Ordnung und Schönheit, die man ebenso im Kosmos findet wie auch im Innern der Materie? Kann ein Wissenschaftler die Existenz einer Intelligenz höherer Ordnung, ja vielleicht sogar eine jenseits der existierenden Welt anerkennen, wie die Physiker Freeman Dyson und vor ihm schon Albert Einstein sich gefragt haben?

Ich habe in der Päpstlichen Akademie der Wissenschaften eine ganze Schar von Wissenschaftlern, Intellektuellen und Menschen von Kultur zusammengebracht und anzuregen versucht, über die Interrelation – nicht Antinomie – zwischen Wissenschaft und Kultur nachzudenken. Ich jedenfalls habe, von den alten Griechen geerbt, die tiefe Überzeugung, dass der Mensch ein Mikrokosmos im Makrokosmos ist. Denn das macht m.E., dass der Mensch sich in der Welt nicht fremd fühlt als in einer feindlichen Natur, sondern dass er, wie es sogleich das erste Kapitel der Genesis offenbart, vom Schöpfer aller Dinge eingesetzt ist zum Hüter all dieser Herrlichkeiten. Das gäbe schon viel Stoff, uns über die Verirrungen der Moderne Gedanken zu machen. Der Mensch hat nämlich, nicht wahr?, vergessen, dass er – nach der berühmten Formel (des zweiten, jahwistischen, Schöpfungsberichts) – nur als Bebauer und Bewacher, nicht aber als Besitzer und Herr der Natur bestellt ist. Hier haben wir alle Fragen, die den der Natur geschuldeten Respekt betreffen, in nuce. Doch im durchorganisierten Aufbau der Welt, wie ihn der Mensch nach und nach entdeckt, geht das durchdringende Fragen und Forschen der Wissenschaft, wie es ihr eigen ist, zugleich ins unendlich Große und ins unendlich Kleine, um zwischen diesen beiden erstaunliche, ja schwindelerregende Beziehungen und Entsprechungen festzustellen... So kann die Wissenschaft dank der Quantenphysik und der Atomphysik nun sehen, wie das, was unseren an der Oberfläche haftenden Blicken als eine unbewegliche Struktur erscheint, in der Tat in andauernder Bewegung begriffen ist. Und all das soll bloß die Frucht des Zufalls und der Notwendigkeit sein?! Das wäre doch einfach ein Eingeständnis der Ignoranz, schlicht unwürdig eines zivilisierten Menschen.

Der Mensch hat das herannahende Ende dieses Jahrtausends oft mit dem Bilde der Apokalypse assoziiert. Betrachtet man die bereits Millionen von Jahren währende Evolution des Menschen, kann man dann sagen, sie sei zu Beginn des 21. Jhs. an einem Wendepunkt angelangt?

Wissen Sie, ich war ja maßlos erstaunt, als ich seinerzeit auf dem Campus der Universität von Chicago der Vorführung des Films *Apocalypse Now* beigewohnt habe. Ich habe mir gesagt: Was ist nur in diese Amerikaner gefahren, dass sie vergessen haben, dass „Apokalypse" doch keineswegs dasselbe ist wie „Katastrophe"? Es ist doch ein Wort aus dem Griechischen, aus der Offenbarung des Johannes, des Visionärs von Patmos, das die für das Ende der Zeiten angekündigte neue Erde bezeichnet, und zwar nicht als eine niederschmetternde Katastrophe, sondern als ein Versprechen, das hoffen läßt. Nämlich auf den neuen Himmel und die neue Erde, in der es keine Trauer und keine Tränen, kein Zetern und Jammern mehr geben wird. Es ist also gerade das Gegenteil der Parabel der Zeit, was hier von der Schöpfung bis zur apokalyptischen Endzeit, vom Verlust bis zum Wiederfinden des Paradieses geht. Aber die Einbildungskraft des Menschen ist nun offenbar so beschaffen, dass sie, wenn ich dieses Bild zu Hilfe nehmen darf, vom Poetischen ins Prosaische gefallen ist. Würde mich jetzt eine Köchin hören, würde sie wohl, daran denkend, wie sie ein Omelett zubereitet, sich sagen: Oh nein!, wenn man es an seinen beiden Enden abschneidet, fällt es doch in sich zusammen! Das ist es: man hat den Anfang und das Ende vergessen. Ich denke, man müsste die drei ersten Kapitel der Bibel mit der Schöpfungsgeschichte und die drei letzten Kapitel des Neuen Testaments mit der geheimen Offenbarung des Johannes wiederlesen...

Sind wir heute nicht beim Verschwinden jeder menschlichen Solidarität inklusive der Philosophien, die sie unterstützen, angelangt und stattdessen bei einer unverantwortlichen Konsumgier?

Ja, damit sind wir wieder bei dem, was wir vorher schon sagten: Atrophie der Ziele neben Hypertrophie der Mittel. Zum Verkümmern der Nächstenliebe gibt es, dazu passend, eine Art kompensatorischer Bulimie. Dazu fällt mir persönlich immer wieder das erste Kapitel der Genesis ein, die Freude Gottes über seine Schöpfung: „Und Gott sah, dass es gut war." So auch nach der Erschaffung des Menschen, des Mannes und der Frau. Trotz all des Elends und trotz des Übels bleibe ich überzeugt davon, dass es im Herzen jedes Mannes und jeder Frau, jeder Kultur und jeder Zivilisation einen guten Kern gibt, den Frucht bringen zu lassen uns obliegt. Wenn ich Künstlern begegne, wie gerade neulich wieder, so lege ich ihnen ans Herz: „Wir müssen auf die Philosophie der großen Transzendentalien unserer Vorgänger zurückkommen", ich meine auf das *unum et verum et bonum et pulchrum*. Das Gute, Wahre, Schöne und Eine – es gehört zusammen. Und aus deren Verlust kommt das Böse, das *malum*. Unsere Kultur muss diese grundlegende Kohärenz wiedergewinnen. „Alles, was steigt, konvergiert", sagte Teilhard de Chardin. Er hatte Recht. Und wir sehen doch, dass wir uns bei viel zu vielen Menschen, die miteinander in Streit liegen, ständig bemühen müssen, ihnen wieder zu Bewusstsein zu bringen und sie wieder daran glauben zu lassen, dass wir alle derselben Menschen-Familie angehören: mit Gott als unserem Vater droben und also lauter Brüder und Schwestern neben uns. Daher wartet, glaube ich, im neuen Jahrtausend ein großer langer Weg zur Menschlichkeit auf uns Menschen.

Kann der Mensch ohne Mythen leben, wie Paul Ricoeur sich gefragt hat?

Unter diesem Gesichtspunkt muss man sich, denke ich, eher an Platon halten als an Heidegger. Platon war ja der Meinung, im *Mythos* liege mehr Philosophie als im *Logos* oder, anders gesagt, es liege immer mehr im Mythos, als in dem Wort, das ihn ausdrückt. Und für den Christen ist es ein faszinierender Gedanke im Anfang des Johannesevangeliums (1,14), dieses: *Kai ho logos sarx egeneto /Et verbum caro factum est,* d.h. „Und das Wort ist Fleisch geworden". Das Verbum divinum, das Wort Gottes hat sich im Gleichnis zum Ausdruck gebracht, um seine göttliche Botschaft zu übermitteln. Das ist meine Überzeugung, und die Krise, die ich die großen Religionen durchmachen sehe, legt mir den Gedanken nahe, sie möchte vielleicht auch daher kommen, dass deren Ausdrucksweise sich rationalisiert hat, ja, dass sie den Sinn für die Symbole verloren haben. Bei dem vorhin angesprochenen Treffen einer Million Jugendlicher in Paris habe ich bei der Taufvigil auf der Rennbahn von Longchamp selber erleben können, dass die so einfachen Symbole des über die Stirn gegossenen Wassers, des Öls und des Lichts keine großen Erklärungen brauchen, um verstanden zu werden. Auf diese Konzeption müssen wir zurückkommen, indem wir uns klarmachen und darauf achthaben, dass unsere Kultur diesen Mythos als Träger von Wahrheit in etwas, das gar nicht wahr wäre, verwandelt hat. Und dabei ist es doch so, dass die Mythen, von denen ich spreche, gar nichts Mythisches im Sinne von etwas erdichtetem Falschem sind, sondern sie bedeuten im Gegenteil eine Fülle von Wahrheit, die der Logos, das Wort, nicht zu enthalten vermag.

Gibt es nicht vielleicht einen engen Zusammenhang zwischen dem Skeptizismus eines David Hume und dem Utilitarismus eines Bentham, die in den vergangenen Jahrhunderten die Geister beeinflusst haben, und dem wachsenden mechanistischen Materialismus der modernen Welt?

Die Begriffe können wechseln: Pragmatismus, Skeptizismus, Materialismus – die Liste dieser -ismen wäre leicht zu verlängern, und im übrigen bin ich wenig erbaut von solcher Zusammenpferchung von Geistesverwandtschaften durch Ismen. Ich halte lieber mit Shakespeare dafür, dass es eine Menge Philosophie außerhalb der Philosophie-Bücher gibt, für die ich doch große Achtung und oft auch Neigung empfinde. Doch wir müssen uns immer wieder auf die Alltäglichkeit der Existenz besinnen, um die Dimension ihrer Ewigkeit zu erfassen. Neulich habe ich mit dem Filmemacher Theodoros Angelopoulos gesprochen, nachdem wir uns zusammen seinen neuen Film *Die Ewigkeit und ein Tag* angesehen hatten. Der Film beeindruckt durch eine starke Wahrnehmung der Ewigkeit als einer in der Zeit schon gegenwärtigen. Und er hat das Wesentliche der christlichen Botschaft erfasst. Die Würde der Handlung liegt darin, dass der Mensch seine Freiheit in seinen Taten verantwortungsvoll verkörpert und also für sie Rechenschaft schuldig ist. Uns obliegt heute eine große Erziehungsaufgabe, nämlich darauf hinzuwirken, das grundlegende Band zwischen – mit den Begriffen der Grammatik zu sprechen – Subjekt, Verb und seinem direkten oder indirekten Objekt wiederherzustellen. Wir müssen etwa den Heranwachsenden helfen, die vielmehr die Grammatik des – ich verabscheue das Wort und noch mehr die Sache – Zapping praktizieren. Sie machen es ja nicht bewusst bzw. sie sind ja auch nicht damit zufrieden, sie suchen nur nach etwas, das ihnen gefällt. Da sehen sie ein Bild, sehen aber darüber hinweg, dass es in einer Folge von Bildern steht. Vielleicht haben wir da ja schon das Trauerspiel unserer Kultur: der Augenblick lässt einen die Dimension der Zeit vergessen, die aus der Ewigkeit kommt und in die Ewigkeit eingeht. Es gibt mir sehr zu denken, wenn ich sehe, dass die Häufigkeit der Kirchenbesuche abnimmt, während doch die der Pilgerfahrten zunimmt. Eine Pilgerreise unternimmt man, um das Unmittelbare, Alltägliche hinter sich zu lassen und sich den großen Fragen des Lebens zu stellen. Darum geht es auch in dem großen Jubeljahr, das heranrückt und dem ich eine ganz wichtige maieutische Funktion zutraue. Die Pilgerreise ist ein starker Taktschlag, ja eine intensive Zeit, die uns, um den Titel eines anderen „schwarzen Stücks" von Anouilh aufzunehmen, den „Reisenden ohne Gepäck" in uns entdecken lässt. Der moderne Mensch ist doch ein wenig wie dieser mit allen möglichen Dingen beladene, jedoch der wirklich hilfreichen Ausrüstung ermangelnde Reisende. Das Fahrenlassen dieses überflüssig-hinderlichen Sperrguts lässt uns erst die wesentliche Ausrüstung wiedererkennen, die uns Not tut. Das ist zumindest meine Überzeugung.

Steht die Theorie der Evolution des Menschen im Sinne von Darwin nicht im Widerspruch zu den kirchlichen Dogmen?

Was sagt die Kirche? Wenn Sie also mich fragen, unterscheide ich als Schüler von Pascal verschiedene Größen- und Denkordnungen. So gibt es die Ordnung der Materie, gibt es die Ordnung des Geistes, gibt es die Ordnung der Liebe und der Caritas. Und ich glaube, dass die kleinen Kinder das ebenso gut begreifen wie die Erwachsenen, und ein Winzer aus meinem Dorf im Anjou ebenso wie ein Professor der Sorbonne. Die Kirche hat ihre Achtung zum Ausdruck gebracht für das, was die Wissenschaftler in ihren Studien über Evolutionsphänomene alles herausgefunden haben. Und mir scheint, die subtile Pointe dieser Studien und Forschungen ist die, dass es nicht *eine* Evolution, sondern über die Welt verstreute Evolutionen gibt. Sie wissen es ebenso gut wie ich, dass auch von keiner Schultradition des Evolutionsdenkens die Rede sein kann: die Theorien kommen und gehen, unsere Bibliotheken sind voll davon; und jede wissenschaftliche Theorie beginnt, ganz anders als man vielleicht glaubt, mit der Erklärung, dass die vorherige nichts verstanden oder wenigstens das Wesentliche übersehen habe. Wenn man also vom Fortschritt der Wissenschaften spricht, so vergisst man dabei gern dazuzusagen, dass das kein linearer Progress ist, sondern ein Fortschritt in Sprüngen, der über Zurückweisung, Vergessen und Wiederentdeckung geht. Was die Kirche sagen und zu verstehen geben möchte, ist das, dass sie gewiss mit ausnehmend wacher, verstärkter und erneuerter Achtung all die bedeutenden Ergebnisse dieser Forschungen über Evolutionen zur Kenntnis nimmt. Unser Gedächtnis erweitert sich ja unablässig in phantastische Dimensionen. Die erinnerte Zeit wird immer größer. Die letzten Ausgrabungen in Afrika rücken die Entstehung des Menschen auf was weiß ich wie viel Millionen Jahre zurück. Das ist ganz und gar faszinierend. Und dabei kommen wir, wenn ich richtig sehe, ob Urknall oder nicht, auf einen immer kleineren Abstand zum Ausgangspunkt. Aber den Ausgangspunkt selber wird die Wissenschaft nie erreichen. Wir müssen uns hier in der Aufeinanderfolge der Zeiten situieren, nicht aber im Ursprung der Zeit.

Wie soll man sich am Beginn des neuen Milleniums die kosmische Ordnung mit der physischen Welt zusammenreimen?

Meines Erachtens steckt in diesem imaginären Neubeginn etwas ganz Interessantes, denn was ist der tausendste Jahrestag schließlich anderes als eine rechnerische Konvention, über die man sich endlos streiten kann? Doch gleichviel, an einem bestimmten Punkt zieht diese symbolische Zahl unfehlbar die Aufmerksamkeit auf sich. Und vielleicht führt uns ja die Symbolik des Jahres 2000 wie einst die des Jahres 1000 auf das, was Malraux in *La condition humaine* gesagt hat. Denn wie in dem erwähnten Film von Angelopoulos setzt uns dieses Werk als den Mikrokosmos im Makrokosmos wieder ein. Und ich glaube, wir haben noch viel zu tun, um im Wort jene Dimension wiederzufinden, die macht, dass unsere Kultur letztlich auch eine Humanisierung der Natur ist. Die Jahrtausendwende? In den alten Chroniken ist zu lesen, dass um das Jahr 1000 herum die Christenheit sich in den weißen Mantel der Kirche gehüllt hatte. Warum sollte es im Jahre 2000 nicht ebenso sein? Ich würde es mir wünschen.

Auf der Suche nach einer neuen Weisheit spricht man heute vom Gott-Menschen, d.h. von einer Vergöttlichung des Menschen bwz. einer Angleichung des Göttlichen an den Menschen. Der vergöttlichte Mensch und der zum Menschen gemachte Gott – macht das vielleicht eine neue Form des Humanismus möglich, die an die Stelle der Metaphysik des Mittelalters und der nachaufklärerischen Zeiten treten könnte?

Viele Fragen stecken in Ihrer Frage. Ich nehme am besten wieder auf, was ich vorhin über die verschiedenen Ordnungen des Erkennens sagte. Sie haben schon begriffen, dass ich es mit den Antipoden von Auguste Comte und seinen drei Zeitaltern der Geschichte der Menschheit – erst kam die Theologie, dann die Philosophie, schließlich die Wissenschaft – halte. Er war damit wirklich auf dem Holzweg. Umso mehr Platz räume ich in meinem *Dictionnaire des religions* dafür

Mircea Eliade ein, der von der Überzeugung ausgeht, dass der Mensch nicht nur *homo faber* und *homo ludens* sondern auch *homo religiosus* ist. Religion meint ja, wie eine ihrer möglichen Etymologien lautet, *religare*: das, was miteinander verbindet bzw. an etwas rückbindet, nicht aber entgegensetzt. Sie ist also das, was den Himmel mit der Erde verbindet und den Menschen an Gott zurückbindet. Und ich denke doch, wenn Sie im Geiste die Kulturen und Religionen der Welt durchgehen, so sehen Sie, dass sie alle letztendlich nur auf eine einzige Frage, auf eine einzige Erwartung, auf ein einziges Verlangen Antwort geben, das keiner besser zum Ausdruck gebracht hat als der hl. Augustinus im ersten Absatz seiner Bekenntnisse: „...Auf Dich hin, o Herr, hast Du uns geschaffen, und ruhelos ist unser Herz, bis es seine Ruhe findet in Dir." Der Mensch kommt von Gott und geht zu Gott. Malraux, dem Agnostiker auf der Suche nach Transzendenz, und vielen andern auch sollte ein anderer Artikel des *Dictionnaire des religions* gewidmet sein. Malraux hat in seinem Vorwort zu *L'enfant du rire*, dem wunderbaren Buch unseres gemeinsamen Freundes Pierre Bockel, damals Militärpfarrer der von Malraux gegründeten unabhängigen Partisanen-„Brigade Alsace-Lorraine" der französischen Résistance, später Erzpriester des Straßburger Münsters, geschrieben: „Warum auf den Mond gehen, wenn man nur Selbstmord begehen will." Das ist die erste Frage zum Millenium, die zweite, ebenfalls von Malraux gestellt, wäre: „Wie kann man eine Kommunion zustandebringen ohne Transzendenz?" Ich glaube, jeder Mensch hat, ohne jemals eine Universität besucht oder ein einziges Philosophie-Buch gelesen zu haben, eine metaphysische Dimension, einen Sinn für Metaphysik. Denn auch heute, wo Tausendjahrfeiern angesagt sind, organisieren der Mann wie die Frau ihr Leben gemäß der Idee, die sie sich davon machen. Und was ist denn die Philosophie anderes als: sich eine bestimmte Vorstellung machen vom Menschen bzw. vom Mann, von der Frau, von der Liebe, von der Arbeit, vom Leiden, vom Tod? Die großen Fragen können verwischt werden, aber sie werden niemals verschwinden. Und alle Kulturen wie auch alle Religionen versuchen, auf diese Grundfragen eine Antwort zu geben. Bitteschön, ich bin nicht Madame Soleil und werde nicht die Zukunft vorhersagen! Die Zukunft, sagte Georges Bernanos, macht man nicht so, wie die Kühe dem Vorbeifahren der Züge zuschauen, sondern man macht sie. Anders gesagt: die Zukunft hängt auch von der verantwortlichen Freiheit jedes einzelnen ab, und diese kann sich jeweils in sehr verschiedene Richtungen orientieren. Aber im Hintergrund des menschlichen Tuns wird immer sein Begehren aus der Zeit zur Ewigkeit stehen. Und, wenn auch oft unbewusst, ist die Antwort auf dieses Begehren – wie es sich schon im ersten Kapitel der Genesis ausdrückt, wo der Mensch, von der Frau verführt, den verbotenen Baum der Erkenntnis des Guten und Bösen wählen will – das Verlangen, den Platz Gottes einzunehmen. Am besten auf den Punkt gebracht hat es vielleicht Maurice Blondel in seiner meisterlichen Promotionsthese *L'Action* von 1893, in deren Vorwort er schreibt: „Jedermann träumt davon, Gott zu sein, fragt sich nur, ob ohne Gott, gegen Gott oder mit Gott." Ich denke, in dieser Formel haben Sie alle Kulturen und Zivilisationen, die in der Geschichte der Menschheit aufgetreten sind, einbeschlossen. Und für den Gläubigen – für mich ist das eine Glaubensüberzeugung – macht sich Gott zum Menschen, auf dass der Mensch Gott werde. Damit vollendet er den Traum der ganzen Menschheit, denn er ist authentisch wahrer Gott als Sohn des ewigen Vaters, und er ist authentisch wahrer Mensch als Sohn der Jungfrau Maria. Und wenn die Philosophen und Theologen nicht damit zu Rande kommen, die, wie wir es nennen, Einsicht in diesen Glauben zu gewinnen, so deshalb, denke ich, weil in dieser simplen Behauptung mehr Philosophie und Theologie liegt als in allen Büchern der Philosophie und Theologie zusammen.

Wie können wir heute die ethische Verantwortung für die Biogenetik, die Nanotechnologie und die digitale Revolution auf uns nehmen?

Wir kommen damit wohl wieder auf die bereits aufgeworfene Grundfrage zurück: Was ist der Mensch? Ist er, wie Malraux irgendwo gesagt hat, „ein elendes kleines Häuflein von Geheimnissen"? Ich als Schüler von Pascal, wie gesagt, möchte mit ihm lieber sagen: „Der Mensch geht unendlich über den Menschen hinaus." Im Menschen gibt es mehr als den Menschen. Unser großes Problem heute ist aber, dass wir die Einmütigkeit unserer Überzeugungen verloren haben. Gewiss, alle Epochen der Menschengeschichte sind solche von Konflikten gewesen. Aber in der Vergangenheit gab es innerhalb der einzelnen Kulturen doch eine tiefgehende Einhelligkeit: diejenige der Christenheit, die der islamischen Welt, die der hinduistischen Welt, diejenige der schintoistischen, der taoistischen, der buddhistischen Welt. In Zukunft werden wir die Gleichzeitigkeit dieser Vielfalt zu leben haben. Und überdies sind wir von der Vielheit oder Pluralität zum Pluralismus übergegangen. Nämlich von der Feststellung des Bestehens einer Vielfalt zu einer Art Denkweise oder Ideologie des Pluralismus. Jacques Maritain hat diesen Zustand als den einer Niedergeschlagenheit der Menschheit diagnostiziert: dass wir uns in allem unterscheiden, uns den anderen in allem entgegensetzen, unser gemeinsames Menschsein also erst noch wiederzuentdecken haben. Das war, Sie erinnern sich, zu Beginn des Kalten Krieges. In dieser Situation einer allgemeinen Niedergeschlagenheit und Zerstrittenheit kam es, anderes gesagt, nun darauf an, das volle und ganze Menschsein, wie ich es nennen möchte, wiederzufinden. Dieser Aufgabe habe ich im Päpstlichen Rat für die Kultur diese ganzen Jahre des Nachdenkens, mit dem Horizont des Jahres 2000 vor Augen, gewidmet, und zwar im Hinblick auf einen neuen integrativen Humanismus, der es vermöchte, die Wissenschaften, die Philosophie, die Theologie, nicht zu vergessen die – sehr wichtige – ästhetische Dimension mit den Künsten, wieder auf einen Nenner zu bringen.

Denken Sie vielleicht daran, dass in der bildenden Kunst Joseph Beuys, Kandinski mit seiner Schrift ‚Über das Geistige in der Kunst' von 1912 oder Mark Rothko z.B. keinen großen Sinn für Spiritualität gezeigt haben? Aber da sind doch auch noch Giacometti oder die neorealistischen Filme Mamma Roma *und* Accattone *von Pasolini,* Rom, offene Stadt *von Roberto Rossellini und heute die Filme von Manoel de Oliveira und An-*

gelopoulos, und noch viele andere Filme wie Die Nächte der Cabiria *oder* Die Schwindler *von Fellini oder auch die Filme von Vittorio de Sica,* Fahrraddiebe *oder* Umberto D.*; oder denken wir einfach an* die Zwanzig Liebesgedichte *von Pablo Neruda. Gibt es darin nicht eine beachtliche spirituelle Sichtweise bzw. Vision?*

Ich möchte zunächst gern mit einem andern Wort von Malraux, das mir immer wieder dazu eingefallen ist, antworten, demzufolge die Kunst „Das Wechselgeld des Absoluten *oder* Das Absolute in kleiner Münze" (so der Titel des dritten Bandes seiner *Psychologie de l'Art* von 1950) ist. Ich meine, dass in diesem Wort alles gesagt ist: Der Mensch hat den Sinn für das Absolute verloren und versucht ihn, in der Kunst wiederzufinden – erfolglos, weil die Kunst das nicht hergibt. Ich möchte ihr gerne mehr zutrauen, denn in meinen Augen gibt es die konvergenten Wege der Schönheit, Wahrheit und Güte – wir haben ja vorhin die großen Transzendentalien schon angesprochen. Ich glaube, daß der Weg der Schönheit einer der privilegierten Wege zur Wahrheit ist. So habe ich in einem Kolloquium mit New Yorker Künstlern die Entdeckung gemacht, dass in der abstrakten Kunst auch eine Suche nach dem Unendlichen betrieben werden kann, das in den Formen nie aufgeht. Darüber könnten wir uns noch lange unterhalten. Letzte Woche war ich in Griechenland, und wieder einmal bin ich auf die Athener Akropolis gestiegen, nach Delphi gegangen und habe die dortigen Museen besucht. Die Pythia hat sich nicht vernehmen lassen, aber die an die Stirnseite des Tempels geschriebene Botschaft war geblieben: „Erkenne dich selbst!" Ich bin auch in Ravenna gewesen, um der Biennale des Bronzestandbilds von Dante zu präsidieren. Die Künstler sind ja imstande, mit einem Minimum an Material das Unendliche und Absolute zum Ausdruck zu bringen... Und ich denke auch, dass es an ihrer Fähigkeit zur Vergeistigung der Materie liegt, dass es einen Weg zur Wahrheit durch die Kunst gibt. So gibt es ein mächtiges Gegengift zur Materialisierung des Geistes, die in der Tendenz unserer Zivilisation liegt. Vor einigen Jahren bin ich von Tokyo nach Kyoto und auf den Heiligen Berg gegangen, wobei ich an das *mysterium fascinans et tremendum* denken musste: denn wie am Sinai steht auch der dort erschienene Gott in einer Verbindung mit dem Berg. Der Mensch hat das Bedürfnis, das Teil des Heiligen, das in ihm steckt und überhaupt in jedem menschlichen Leben, so gering und verachtet es auch scheinen mag, wiederzuerkennen: im allerärmlichsten Kind, im allergebrechlichsten Greis. Es gibt diesen heiligen Charakter der Person, der sich für den Christen auf den Schöpfungsakt Gottes gründet, welcher macht, dass der Mensch, jeder Mann und jede Frau, wenn sie auch nichts davon ahnen, einen Widerschein des Mysteriums Gottes und seiner Unendlichkeit an sich hat.

Kardinal Schönborn von Wien hat in der New York Times neulich die Frage gestellt und damit eine Diskussion angestoßen: Ist der Glaube in der Lage, der Evolution einen Sinn zu geben?

Im biblischen Schöpfungsbericht liegt mehr als in allen Philosophien der Welt. Wenn Gott sagt: laßt uns den Menschen machen nach unserem Bild und

Gleichnis, so erschafft er ihn nicht aus nichts. Er nimmt dazu Materie, denn, nicht wahr?, Adam ist aus Lehm und Letten gebacken. Das soll heißen, dass die Kirche immer ein Band zwischen der Materie und dem Geist festgehalten hat. Aber nachdem Gott so den Menschen geschaffen hatte, hat er ihm seinen Geist eingehaucht. Ich glaube, die Geschichte des zu Ende gehenden Jahrhunderts zeigt, insbesondere mit der Tragödie des NS und des Marxismus-Leninismus, mit den Konzentrationslagern und dem Gulag, dass, wenn der Mensch dieser Gottebenbildlichkeit vergisst, er damit vergisst, dass er allemal ein transzendentes und achtungswürdiges Wesen und Subjekt ist, und dann keine Skrupel mehr hat, die andern Menschen als Objekte, Gegenstände zu behandeln. Irgendwo im Menschen, und noch bei den geringsten und verachtetsten, gibt es, ich wiederhole es, diesen Stolz, ein Mensch zu sein. Wissen Sie, Sie müssen mich entschuldigen, dass ich einmal aus Die *Gesänge des Maldodor* von Lautréamont zitiere, denn das ist keine Referenz, die mir ansteht: „Man hat mir gesagt, ich sei der Sohn des Mannes und der Frau, – dabei glaubte ich, viel mehr zu sein."

Sie haben die großen Übel des 20. Jhs. angesprochen, die Opfer der Nazismus und des Stalinismus... Aber man vergisst darüber bisweilen, dass auch die Großmächte unserer Zeit ihre Kriege nach Korea und Vietnam, nach Äthiopien und Ruanda-Burundi exportiert haben... Warum lässt Gott all dies Übel und Leid zu? Es stellt sich die Frage nach der Theodizee.

Die Theodizee steht im Zusammenhang einer Problematik... Und in der Ordnung dieser Problematik selber gibt es keine hinreichende Antwort auf die Frage. Ich für mein Teil kann nur versuchen, in der Ordnung des Mysteriums zu antworten – nämlich des Mysteriums, des Geheimnisses des Glaubens, dass Gott Mensch geworden ist und das Los des Menschen bis hin zum Tod, ja zum Tod am Kreuze auf sich genommen hat: dass er also das ganze Leiden des Menschen bis zum Tode auf sich genommen hat und dass er so das eine und das andere, das Leiden und den Tod, verwandelt und verklärt hat. Maria stand am Fuße des Kreuzes, so wie auch heute viele Frauen am Fuße des Kreuzes stehen, die keine Antwort auf das Problem haben und dennoch dieses Mysterium der Liebe leben. Eine andere triftige Dimension als diese sehe ich nicht.

Soll das heißen, dass die Metaphysik der Liebe in der Lage wäre, eine Lösung für die Frage nach dem Sinn des Lebens zu finden, wie Octavio Paz schreibt?

Die Liebe ist das erste Wort bei Johannes. Ich sage mir immer: Gott ist die Liebe, Gott ist das Sein, Gott... Wir können seit den Vorsokratikern so viele philosophische Definitionen des Göttlichen finden, aber wenn Gott nicht letztlich Liebe ist, kann er als Rächer, Herr des Gerichts oder, was immer man glauben mag, erscheinen – dann ist er uns verschlossen. Wenn er aber Liebe ist, so ändert das alles. Ich glaube, wir sind hier in der Herzkammer des Mysteriums der Wesen, denn jedes Menschenwesen ist doch die Frucht zweier Lieben, derjenigen des

Mannes und derjenigen der Frau. Dieser prokreative Akt der Fortpflanzung ist zuallererst jene Liebe des Schöpfers, die aus den Menschen Wesen macht, die fähig sind, in der Liebe zu leben. Und vielleicht wird es am Ende das Innewerden eben dieses Umstands sein, dass niemand ohne Liebe leben kann, was uns eines Tages des Grundübels unserer Zeit entheben könnte. Das Drama unserer Zeit ist es doch, dass die Leute, wie man gemeinhin sagt, Liebe machen wollen, ohne Kinder zu machen; und daher haben wir Kinder, die keine Liebe erfahren und denen man zur Kompensation dafür alle möglichen Dinge gibt. Aber den Mangel an Liebe kann man damit niemals ersetzen. Deshalb ist für mich das erste und letzte Wort in dieser Frage: Liebe.

Gibt es den gläubigen Wissenschaftler, den Wissenschaftler, der zugleich Glaubender ist?

Paul Valéry am Ende seiner *Carnets* war einer, wie Sie wissen. In einem Büchlein, das ich vor einigen Jahren veröffentlicht habe, *Nous croyons en Jésus-Christ*, habe ich die einen oder anderen Wissenschaftler unter meinen Freunden um ihr Zeugnis gebeten, unter ihnen auch Paul Germain, der ja immer noch ständiger Sekretär der Pariser Akademie der Wissenschaften ist. M.E. muß man diese falsche Entgegensetzung zwischen der Wissenschaft und dem Glauben hinter sich lassen. Wissenschaft und Glaube gehören jeweils einer anderen Ordnung an; je nachdem, ob einer glaubt oder nicht glaubt, kann die Wissenschaft ein Hindernis oder im Gegenteil eine Hilfe sein. Und immer wieder bin ich erstaunt über die Vieldeutigkeit, die das Verhältnis annehmen kann. Man kann sich niemals auf einen eindeutigen Standpunkt zurückziehen. Und man hat auch gesagt: „Wenig Wissenschaft entfernt von Gott, viel Wissenschaft führt zu ihm zurück." Oft trifft das zu, ich möchte nicht behaupten: immer. Wichtig im Leben ist jedenfalls nicht, ob einer ein Schriftsteller, ein Philosoph, ein Staatsmann oder ein Spezialist für Quantenphysik ist, sondern: ein Mensch zu sein. Und wenn die Kosmonauten aus dem All zurückkommen, finden sie zu Hause wie alle anderen Menschen Frau und Kind mit den alltäglichen Freuden und Problemen wieder vor. Das ist das Los des Menschen.

Sie haben von der Liebe zu den Kindern heutzutage gesprochen... Wie könnte man denn den Widerspruch lösen zwischen einerseits der Statistik der Armut und des Hungers, die in verschiedenen Regionen unseres Globus in Afrika, Asien oder Lateinamerika den Schluss nahelegt: „Man darf keine Kinder mehr in die Welt setzen", und anderseits der Lehre der katholischen Kirche, die sagt: „Man darf nie vermeiden wollen, Kinder zu haben"?

Das erste, was ich klarstellen möchte, ist dies, dass im Gegensatz zu der üblichen Meinung die Kirche nicht auf Geburtenausstoß versessen ist und also nicht behauptet: „Man muß um jeden Preis Kinder haben." Zweitens möchte ich bemerken, dass die Kirche eigentlich sagen möchte: „Ungehörig ist eine egoistische Haltung des Typs: der Kuchen hat nur eine beschränkte Größe, also müssen wir

die Anzahl der Mitesser beschränken. Überwinden wir lieber den Egoismus und teilen die Kuchenstücke weiter auf." Drittens sagt die Kirche auch noch: „Vergesst nicht die Kreativität; lasst euch etwas einfallen!" Es gibt so viele Möglichkeiten, von denen unsere Vorfahren noch keine Ahnung hatten und die wir heute nutzen. Sie haben die Statistiken der Bevölkerungsentwicklung erwähnt. Ich will nicht behaupten, dass sie alle irreführend sind, aber ich konnte, wenn ich auch noch nicht das Alter von Methusalem erreicht habe, doch schon einige Zeit beobachten, dass selbst die seriösesten amtlichen Statistiken und Prognosen, einschließlich derjenigen der Vereinten Nationen, von der Realität immer wieder nach unten korrigiert worden sind. Das heißt, dass die zu meiner Studentenzeit vorausgesagte Bevölkerungsexplosion nicht stattgefunden hat. Andere Bomben sind hingegen sehr wohl explodiert. Als gelernter Historiker, wie Sie wissen, darf ich feststellen, dass eine wachsende Abschwächung des demographischen Wachstums eingetreten ist. Als ich neulich in Québec war, sagte mir der dortige Rektor beim Empfang: „Mein Vater hatte noch fünfzehn Geschwister, ich selber habe noch sechs, und meine Schulkinder haben teilweise gar keine mehr." Nun, das heißt doch, dass sich – auch ohne verordnete Geburtenkontrolle – eine Geburtenregulierung eingestellt hat und zwar nun auch, nach einer Phase des Ungleichgewichts, in der gestern noch sogenannten Dritten Welt, die wir heute verschämt die in Entwicklung begriffene Welt zu nennen pflegen.
Wenn meine Pariser Freunde mich, wenn ich wieder einmal aus Bangkok oder Bangalore oder Marrakesch oder Salvador de Bahía zurückkomme, fragen, was mich etwa besonders beeindruckt habe, so antworte ich ihnen, daß ich da unten viele schöne Kinder mit strahlenden Augen gesehen habe, während ich in der Rue de Médicis oder im Jardin du Luxembourg vor allem Damen sehe, die ihren Hund spazieren führen. Nun ja... Also, ich denke, dass die Zukunft der Welt eher jenen Kindern gehören sollte als den ausgeführten Hunden. Damit will ich ganz einfach sagen, dass es für eine Welt, die keine Kinder mehr hervorbringt, schwieriger werden dürfte, die Liebe zu bewahren. Es gibt eben ein wesentliches inniges Band zwischen der Liebe und den Kindern. Und eine Zivilisation erschöpft sich und wird unfruchtbar, wenn Mann und Frau in ihrer ehelichen Beziehung unfruchtbar werden. Als Papst Paul VI. mich seinerzeit beauftragt hat, vor der Internationalen Presse die Enzyklika *Populorum progressio* zur Bevölkerungsentwicklung vorzustellen – das war damals, 1967, meine erste Pressekonferenz – , appellierte er an eine verantwortliche Elternschaft. Das war auch meine Überzeugung und ist es heute nicht weniger. Und ich denke, dass die Menschheit, die doch so viele Dinge zwischen Himmel und Erde schon gemeistert hat, sich, in verantwortlicher Ausübung ihrer Freiheit, auch als fähig erweisen wird, die demographische Frage zu lösen.

Welche Rolle könnte die katholische Kirche künftig in Ländern wie Kuba, China, Israel oder solchen der islamischen Welt in Sachen Friedenspolitik spielen?

Wenn Sie erlauben, darf ich hier einen kulinarischen Vergleich bemühen: Die Kirche bringt, wenn Sie so wollen, die krönende Kirsche auf die Torte. Es ist nicht Sache der Kirche, die Politik zu machen. Aber sie kann der Politik dieses Supplement von Seele hinzubringen, ohne welches die Politik versackt. Dies meine erste Bemerkung. Meine zweite Bemerkung stand schon in meinem ersten, 1967 erschienenen Buch über den Vatikan und ist seitdem vielfach wieder aufgegriffen worden, ohne dass man noch wüsste woher: Die Kirche macht eigentlich keine Politik mehr, und, wenn sie es doch tut, dann nur aus Notwehr, widerwillig und ungern. Ich möchte diesbezüglich gerne zwischen der Politik und dem *Politischen* unterscheiden – d.h. im Französischen: *distinguer* la *politique* du *politique.* Die Kirche macht keine Politik, während diejenigen, welche Politik machen, oft an der Kirche bemängeln, dass die Art und Weise, in der sie sich über Politisches äußert, ihre eigene Art, Politik zu machen, störe – wenn Sie verstehen, was ich damit sagen will. Pius XI. hat einmal gewagt zu sagen, dass die Caritas die größte der Tugenden ist und das Politische das größte Feld, das die Caritas zu bestellen hat.

Teilen Sie die Ansicht von Machiavelli, derzufolge man in der Politik bisweilen genötigt ist, unmoralisch zu handeln?

Keineswegs. Wenn die Politik sich im Rationalen verschließt, kommt es am Ende soweit, dass sie gerade nicht mehr vernünftig handelt. Und ich für mein Teil gebe mehr auf die Intelligenz als auf die Vernunft und mehr auf die Möglichkeiten des Politischen als auf das, was die Politiker daraus machen. Die Kirche, lassen Sie mich so sagen, wünschte sich, dass die Politiker in staatsmännischer Verantwortung handelten. Ich bin überzeugt, dass Johannes Paul II. für den Sturz des Sowjetregimes eine nicht zu unterschätzende politische Bedeutung gehabt hat, so wie übrigens auch für den Sturz von Duvalier: es muß sich da etwas ändern, hat er gesagt. Und dasselbe war auch in Paraguay und auf den Philippinen mit Marcos der Fall. Wir kennen alle das berühmte Wort von der Revolution, die ihre Kinder frisst. Im Gegensatz dazu bringt die Kirche ständig neue Kinder hervor. Noch einmal sei es gesagt: Die Kirche sagt, dass sich auf der Grundlage von Hass nichts Dauerhaftes errichten lässt, sondern einzig aufgrund von Liebe; sie hat definitiv das erste und das letzte Wort in der Welt, von der Genesis bis zur Apokalypse und vom Schöpfungsmorgen bis zum Jüngsten Tag. Doch muss der Mensch es immer wieder gesagt bekommen, denn er ist, wie wir nur zu gut wissen, ein ständig der Versuchung ausgesetztes Wesen. Mein Namenspatron, der Hl. Paulus, für den ich die größte Bewunderung hege, hat es so gesagt: „Es gibt zwei Menschen in mir, einen, der das Böse tut und es doch nicht tun will, und einen andern, der das Gute nicht tut und es doch tun möchte."

Meinen Sie, dass der interkulturelle und interreligiöse Dialog eine Kraft ist, die für eine Politik des Friedens heutzutage viel ausrichten kann?

Beim Hl. Stuhl bin ich, wie Sie wissen, mit dem interreligiösen Dialog beauftragt. Und ich bin davon überzeugt, dass dieser Dialog nicht nur nützlich, sondern notwendig ist, ja unerlässlich; und dass er gespeist wird von der Achtung, die man sich gegenseitig entgegenbringt. Ohne Zweifel ist jeder Dialog ohne solche Reziprozität Manipulation. Die katholische Kirche begrüßt es, dass die Gläubigen anderer Religionen wie etwa des Islam ihre jeweiligen Kultstätten haben können. Das erfordert umgekehrt aber auch, dass ihre eigenen Gläubigen ebenfalls die Freiheit zur Ausübung ihres Gottesdienstes erhalten: es ist ganz natürlich, dass die Moslems auch bei uns ihre Moschee haben, aber es wäre widersinnig, in Mekka hingegen keine Kirche zuzulassen.

Wie beurteilen Sie die fundamentalistischen Tendenzen von heute, die es ja nicht nur im Islam, sondern z.B. auch im amerikanischen Protestantismus gibt?

Ich sehe zwei antagonistische Tendenzen, die sich gegenseitig hochschaukeln. Soviel ist jedenfalls gewiss: Ein wirklich Gläubiger würde sich durch einen Andersdenkenden in seinem Glauben zu Unrecht bedroht fühlen; denn das tut er nur, wo er sich seiner Identität in seiner eigenen Existenz nicht recht sicher ist. Der Fundamentalist will den anderen gar zurückstoßen, ihn zunichte machen; das ist am Anfang, meine ich, eine Angstreaktion. Und umgekehrt gibt es eine genau entgegengesetzte Reaktion, wo der andere, um das Zusammenleben zu erleichtern, so tut, als wäre doch alles Jacke wie Hose, wie die Bauern in meinem Dorf sagen, kurzum das Ähnliche zum Gleichen und also in Synkretismus macht. Der wahre Gläubige hingegen ist das Gegenteil von beiden Extremen: er folgt einem die Mitte haltenden Gratweg, der nicht immer leicht zu gehen, aber in Wirklichkeit der einzig menschenwürdige ist. Denn wenn ich von der Wahrheit meines Glaubens nicht selber voll überzeugt bin, ist es eine schnöde Nichtswürdigkeit, ihn andern aufzuzwingen, nur weil ich sein Diener bin. Und ebenso ist es meiner als Mensch unwürdig, den Glauben des andern nicht zu respektieren. Folglich würde ich es in dem Dialog mit dem Andersdenkenden an Glaubwürdigkeit und Glauben fehlen lassen, wenn ich ihm meine Gründe zu glauben nicht offenlegte. Und ebenso würde ich es an Achtung ihm gegenüber fehlen lassen, wenn ich die Gründe, die er mir angibt, nicht hören und verstehen wollte. Und so bin ich, wenn es unglücklicherweise zur Zeit auch gar nicht so aussieht, davon überzeugt, dass wir mit dem Dialog auf einem guten Weg zur Vervollkommnung der Menschlichkeit sind.

Und der Aufstieg der Religionen heute, so wie der des Buddhismus in den Vereinigten Staaten und sogar in Europa und auch der anderer Religionen wie des Islam und verschiedener Formen von „Weisheit" und spirituellem Eklektizismus und die Konjunktur des „Marktes der religiösen Traditionen" – trübt das unsere Zukunftsaussichten?

Na ja, wie das bekannte englische Sprichwort sagt: „Neighbour's green looks greener". In unseren alten Ländern hat sich eine gewisse spirituelle Ermüdung breit gemacht; so glaubt man, es gäbe anderswo eine reizvollere exotischere Spiritualität zu entdecken. Wir haben diese Gefahr vorhin schon gestreift. In meinen Augen aber ist etwa die Wiederverkörperung ein regressiver Rückschritt gegenüber der Wieder-Auferstehung. Jesus-Christus ruft den Menschen zu einem neuen Leben; und der Mensch, der diesen Ruf annimmt, verspürt kein Bedürfnis nach Reinkarnation in Avataren oder danach, in der Immanenz eingeschlossen zu bleiben. Er glaubt, dass Christus in seiner Transzendenz das Heil gebracht hat. Er achtet wie ich sicherlich auch diejenigen, die diese Botschaft nicht erreicht; doch wenn er ihnen von seiner Glaubensüberzeugung spricht, so hofft er ihnen damit eine Befreiung und ein Licht, größer als das ihre, vorzuschlagen.

Und die Menschenrechte?

Wir haben kürzlich den fünfzigsten Jahrestag der Erklärung der Menschenrechte durch die UNO gefeiert. Ich leitete die Schlusssitzung des Zyklus „Über Toleranz". Nach meinem Vorschlag hätte er eigentlich heißen sollen: „Von der Toleranz zur gegenseitigen Achtung. Für einen integralen Humanismus". Im Haus des Friedens sind viele Wohnungen – ich bin zwar kein Prophet, doch glaube ich, dass dies eines der großen Diskussionsthemen der kommenden Jahre sein wird. Die Menschenrechte beruhen auf dem Universalismus und sind ohne ihn nicht denkbar. Es gibt eine allgemeine Menschennatur, die des nach dem Bild und Gleichnis Gottes erschaffenen Menschen, und es gibt eine Allgemeinheit der Menschenrechte, die sich in anderer Weise kundtut. Als ich in meinen jungen Jahren an der Sorbonne studierte, redete noch kein Mensch von einem Recht zur Einmischung. Heute ist man auf dem Weg zur Postulierung eines solchen Rechts zur humanitären Intervention. Wir befinden uns in einer Phase der Menschheitsgeschichte, in der das fortschreitende Bewusstsein von der Universalität der Menschenfamilie offenbar wird und sich in Begriffen einer solidarischen Verantwortung manifestiert.

Zwei Dialektiken stehen sich heutzutage gegenüber: auf der einen Seite die technologische Homogenisierung, auf der anderen die Partikularisierung, die politische, ethnische, bisweilen auch religiöse Balkanisierung... in Tschetschenien, im Kosovo, in Indien, in China, in Afrika, in Lateinamerika und sonstwo.

Wenn Sie also mich fragen, so widersetze ich mich der Balkanisierung ebenso sehr wie der Globalisierung. Ich bin davon überzeugt, dass die Technik ebenso wie die Sprache des Fabeldichters je nachdem das Beste oder Schlimmste sein kann. Erlauben Sie einen kurzen Exkurs in das Feld der Ökonomie: da schien irgendwann der Moment gekommen, an dem nur noch Großunternehmen eine Überlebenschance hätten. In der heutigen Wirtschaftskrise aber sieht man doch, dass gerade die kleinen und mittleren Unternehmen sich am besten behaupten.

Ich habe soviel Vertrauen in die menschliche Natur und in die Weisheit der Frauen und Männer dieser Zeit, dass sie den erwähnten Antagonismus der beiden meines Erachtens unumgänglichen Pole – nennen Sie sie Homogenisierung und Partikularisierung – in eine schöpferische Spannung wenden. Wenn das Menschenwesen die Dimension der Person aus den Augen verliert, ist es nur noch ein isoliertes Individuum. Ich liebe mein angevinisches Dorf, und habe doch mit Freude entdeckt, dass ich auch Franzose, Katholik, Europäer bin und der Gemeinschaft der Menschen angehöre. Dennoch bleibe ich ein Kind des Anjou. Anders gesagt, meine Loyalitäten und Anhänglichkeiten schließen sich nicht aus, sondern sie ergänzen sich.

Rom, 16.12.1998
Übersetzt von Konrad Honsel

„Mensch und Natur sind Geschöpfe der Zeit"

ILYA PRIGOGINE

Der belgische Physiker und Chemiker russischer Herkunft, Ilya Prigogine (geboren 1917 in Moskau, gestorben 2003) ist mit seiner Familie 1921 aus Russland emigriert. Nach einem kurzen Aufenthalt in Berlin lässt er sich in Brüssel nieder. Die wissenschaftliche Arbeit Prigogines, deren Kern seit Mitte der vierziger Jahre das Studium des irreversiblen Prozesses der Thermodynamik ist, hat schnell seinen starken Neigungen zur Kunst und Philosophie genutzt. Die Entdeckungen Prigogines bilden die Grundlage, den Wandel der toten Materie zur lebenden Materie zu beschreiben und führten zu revolutionären Anwendungen in verschiedensten Gebieten, weit über Chemie und Biologie hinaus; zu so unterschiedlichen Bereichen wie Automobilverkehr, Insektengemeinschaften, dem Wachstum von Krebszellen bis zur Analyse der Sozialsysteme. 1977 erhält er den Nobelpreis für Chemie. Prigogine spricht von der „Wiederentdeckung der Zeit", da Newton und Einstein diese Dimension außerhalb des menschlichen Geistes als nicht-existent ansahen. Seine Lösung beruht in dem, was er als „Zeitpfeil" bezeichnet: „Die Zeit spielt eine Rolle in der Konstruktion des Realen, das nur eine Möglichkeit von vielen ist. „Falls es Dinge gibt, die organisiert sind und andere nicht, so ist dies die Wirkung der Zeit".

Zu seinen ins Deutsche übersetzten Werken gehören: *Dialog mit der Natur* (Piper, 1981), *Vom Sein zum Werden* (Piper, 1992), *Das Paradox der Zeit* (Piper, 1993) und *Die Gesetze des Chaos* (Insel, 1998).

*

Mit Ihren Forschungen über die dynamischen, komplexen, irreversiblen Prozesse in Physik und Chemie, die einen neuartigen Dialog des Menschen mit der Natur verheißen, haben Sie das heutige, durchaus revolutionär zu nennende wissenschaftliche Weltbild mitgeprägt. Könnten Sie kurz erläutern, in welchen grundsätzlichen Aspekten es sich von den klassischen, mechanisch-kausalen Modellen unterscheidet, wie sie durch Francis Bacon, Galilée Descartes, Newton und ihren Nachfolgern vorgegeben wurden?

Die heutige Wissenschaft lässt uns eine Welt entdecken, die unendlich reicher, unbeständiger, überraschender und auch gefährlicher ist als jene der klassischen Wissenschaft. Deren Begründer gingen davon aus, dass die Naturgesetze ebenso umfassend wie unwandelbar seien, dass alles, was existiert, was geschieht, anhand einheitlicher Schemata erklärt werden könne, die das Postulat der Rationalität erfüllen. Man glaubte, die Abläufe der Natur ließen sich durch eine stetige Reduktion auf immer kleinere Bausteine zumindest im Prinzip vollständig erfassen, und die daraus abgeleiteten Axiome würden nicht nur sämtliche Wissenslücken bald schließen, sondern auch – unter vorgegebenen Anfangsbedingungen – für alle Zukunft die gleiche Gültigkeit besitzen wie in der Vergangenheit. Mit diesem Ansatz hat die klassische Wissenschaft einen beispiellosen Erfolg gehabt: Zwischen ihren theoretischen Hypothesen und ihren experimentellen Antworten besteht eine erstaunliche Übereinstimmung. Mittlerweile erkennen wir jedoch, dass die Vorstellung, die fundamentalen naturwissenschaftlichen Probleme könnten rasch gelöst werden, eine Illusion ist, und dass die Annahme, die Welt verhielte sich wie ein Automat, der ewig mehr oder weniger einfachen, ihm inhärenten mathematischen Gesetzen folgt, eine Idealisierung darstellt. Determinismus und Reversibilität gelten lediglich für Grenzfälle, wenn physikalisch-chemische Systeme sich im Gleichgewicht befinden, wohingegen Irreversibilität und Indeterminismus die Regel zu sein scheinen. Das heißt, gerade die irreversiblen Prozesse, die zuvor als unliebsame Störungen aus der Untersuchung verbannt wurden, rücken jetzt ins Zentrum des Interesses, insoweit sie häufig der spontanen Selbstorganisation der Natur – also plötzlich auftretenden, gleichgewichtsfernen Zuständen der Materie – zu Grunde liegen. Diese resultieren aus einer vielschichtigen Dialektik von Zufall und Notwendigkeit, wobei geringfügige Schwankungen drastische Veränderungen nach sich ziehen können, und weisen neue Formen von Kohärenz und Wechselwirkung auf. Damit kommt der Zeit eine entscheidende Rolle zu: Sie ist nicht mehr nur ein Parameter der Bewegung, sondern misst innere Entwicklungen in einem Raum des Ungleichgewichts. Ihr eignet die Qualität des Schöpferischen, und deshalb fungiert sie als treibende Kraft sowohl auf der makrokosmischen wie auf der mikrokosmischen Ebene. Ob Astro- oder Elementarteilchenphysik, ob Thermodynamik, Biologie oder Chemie – in allen Disziplinen haben Schlüsselbegriffe wie Evolution, Diversifikation, Instabilität, die den Blick auf die zunehmende Komplexität des Lebendigen lenken, Einzug gehalten. Auf eine Formel gebracht: Das Künftige ist nicht länger im Gegenwärtigen enthalten. Vor diesem Hintergrund gelangen wir zwangsläufig zu einer Naturauffassung, die der klassischen Wissenschaft fremd war.

Hat das zur Folge, dass sich zwischen den divergenten Lehrmeinungen ein unüberbrückbarer Abgrund auftut?

Nein, meine Arbeit besteht darin, die Entwicklungsprozesse in die Grundgesetze der Physik zu integrieren. Ich will keineswegs bestreiten, dass die Newtonschen Axiome auf bestimmte Systeme anwendbar sind – aber nur dann, wenn man diese grob vereinfacht und solchermaßen zu Ausnahmen stilisiert, deren reversibler Charakter im Widerspruch steht zu unserer ureigenen Erfahrung und zu den irreversiblen Phänomenen, die wir ringsum beobachten. Sicherlich gehorchen etwa die Rotationen der Planeten um die Sonne dem Gravitationsgesetz, doch dieses bezieht sich lediglich auf die Anziehung zwischen größeren und kleineren Massen. Es macht keine Aussagen darüber, was auf dem jeweiligen Planeten passiert, welche geologischen und vielleicht sogar biologischen Vorgänge dort stattfinden. Beispielsweise setzt sich Venus aus völlig anderen Stoffen zusammen als Jupiter, und diese Tatsache ist nicht nur neu und faszinierend – sie offenbart auch den unerschöpflichen Reichtum des Universums und letzten Endes die Macht, die der Irreversibilität innewohnt. Jeder Planet durchläuft eine einzigartige Entwicklung, ebenso aber deuten alle Entwicklungen in die gleiche Richtung – so wie Sie und ich in der gleichen Richtung altern. Sämtliche Strukturen bewegen sich auf die Zukunft zu, um höhere Komplexitätsgrade zu erreichen, die das Resultat früherer Veränderungen und Verzweigungen sind. Genau diesen Sachverhalt möchte ich in die traditionelle Wissenschaft mit einbringen, und ich glaube, dass es mir dank meiner Mitarbeiter sowie verfeinerter mathematischer Verfahren gelungen ist, unsere Vorstellung von den Naturgesetzen einer Revision zu unterziehen.

Wie beeinflusst der von Ihnen skizzierte Paradigmenwechsel in den Naturwissenschaften die Geisteswissenschaften, speziell die Philosophie und die Anthropologie, welche immer im Gleichgewicht sein sollten im Sinne von Claude Lévi-Strauss?

Der Hauptakzent der abendländischen Metaphysik lag auf dem Sein; nun vollzieht sich der Übergang von der Ontologie des Seins, der statischen Substanz, zu einer Ontologie des Werdens. In dieser Phase gewinnen wir tiefere Einsichten in die Auswirkungen der Zeit, in die Phänomene der Entwicklung. Wir wissen nicht genau, wohin sie uns führen, eine Fülle von Möglichkeiten tut sich auf. Zu Beginn des dritten Jahrtausends stellen wir fest, dass die Tür in die Zukunft weit offen steht, dass die Welt nicht abgeschlossen oder vollendet ist, sondern im Entstehen begriffen, und dass demnach unsere Entscheidungen ein besonderes Gewicht haben. Von daher rührt unsere existenzielle Unruhe: Eingedenk Hegels Diktum, wonach man leichter Sklave als Herr ist, fragen wir uns eindringlich, wie das Morgen zu gestalten sei, eben weil wir auf Grund der vermehrten Kenntnisse hinsichtlich der Komplexität der natürlichen Abläufe eine um so größere Verantwortung tragen. Außerdem wird uns bewusst, dass wir in diesem unermesslichen, extrem mannigfaltigen Universum eine verschwindend kleine und zugleich privilegierte Stelle einnehmen – denn was uns auszeichnet, ist die Kreativität. Der schöpferische Geist bringt Neues hervor, und darin ähnelt er der Natur, die ihrerseits unaufhörlich Neues schafft. Anstatt einer von vornherein festgelegten Bestimmung zuzustreben, wie die klassische Wissenschaft es wünschte, entpuppt sie sich als höchst innovativ. Für den Menschen heißt das: Er steht nicht mehr isoliert einer passiven, stummen, toten Natur gegenüber, um sie nach Art des Monologs einer einseitigen Befragung zu unterziehen und dabei weiter zu entzaubern, sondern tritt in Kommunikation mit ihr, um durch einen genuinen, subtilen Dialog deren erfinderischen, ja kunstvollen Aktivitäten nachzuspüren. Beide, Mensch und Natur, sind Geschöpfe der Zeit und schon deshalb unauflöslich miteinander verknüpft. In dem Maße, wie wir den irreversiblen Charakter der Zeit zu ergründen suchen, nähern wir uns dem Verständnis der dynamischen Ordnung, die uns umgibt und wie jedes andere Lebewesen in ein Netz von Wechselwirkungen einfügt. Wir unternehmen jetzt die ersten Schritte auf diesem Weg, und das Ergebnis unserer Bemühungen ist ebenso ungewiss wie der Wandel in der Natur.

Auf welche Theorien beriefen Sie sich, um den Pfeil der Zeit, der sich nicht umkehren lässt, zum tragenden Teil Ihres Gedankengebäudes zu machen? Welche Wissenschaftler betrachten Sie als Ihre Vorreiter?

Mein ursprüngliches Anliegen war, das Werk des österreichischen Physikers Ludwig Boltzmann fortzuführen. Er galt als Pionier der Evolution in der Physik – wie Darwin in der Biologie. Einstein wiederum zeigte, dass wir einem sich entwickelnden Universum angehören, und begründete damit die moderne Kosmologie. Jedoch hielt er am Gedanken eines im Wesentlichen zeitlosen Alls fest, was sich infolge der allgemein anerkannten Urknalltheorie, die das Szenarium eines zeitabhängigen, expandierenden Universums entwirft, wo neue Sterne erscheinen und irgendwann in schwarzen Löchern verschwinden, als Irrtum erwies. Einsteins gescheiterter Versuch, sämtliche Gesetze der Physik in einer einzigen einheitlichen Feldtheorie zusammenzufassen, spiegelt sich wider in den Konzeptionen heutiger Wissenschaftler wie etwa Feynman oder Hawking, die meinen, dass die Natur sehr einfach sei und durch wenige Gesetze der klassischen Mechanik und der Quantenmechanik – quasi durch eine Weltformel – beschrieben werden könne. Meines Erachtens sind das Überbleibsel einer Wissenschaft des Seins, die vor der ungeheuren Vielfalt in der Natur versagt. Man vergegenwärtige sich nur einmal, wie viele unterschiedliche Arten von Ameisen, Schmetterlingen oder Viren auf diesem Planeten existieren. Und man vergesse auch nicht, dass es zum Beispiel keine plausible Erklärung dafür gibt, warum und wie Reptilien zu Vögeln wurden. Die Darwinsche Lehre besagt, dass die Vögel der Umwelt besser angepasst waren als die Reptilien, aber das stimmt nicht: Nur einige Reptilien bildeten Flügel aus – und, was noch merkwürdiger ist, manchen wuchsen Federn, bevor sie fliegen konnten. Das Gleiche trifft auf die Affen zu: Aus einer oder mehreren speziellen Arten entwickelten sich Menschen, die meisten anderen hingegen blieben Affen. Hier muss eine ganze Reihe von Veränderungen stattgefunden haben, und wir wissen nicht, wie sie sich auf der Ebene des Genoms manifestierte. Die großen Übergänge von der Materie zum Leben, vom Leben zur Entwicklung des Lebens sind ebenso ungelöste Rätsel wie Ursprung und Entwicklung des Universums. Unter diesen Voraussetzungen reifte in mir die Überzeugung, dass die Wissenschaft nicht umhin kann, die Mechanismen des Werdens zu thematisieren – und dass dies im 21. Jahrhundert ihre eigentliche Herausforderung sein wird. Mit anderen Worten: Während Einsteins Relativitätstheorie auf einer nichteuklidischen Geometrie beruht, ist die Wissenschaft des Werdens eher eine Wissenschaft der Erzählung, die sich durchaus mit *Tausendundeiner*

Nacht vergleichen lässt. Scheherazade erzählt eine Geschichte, bricht ab, um am nächsten Abend eine schönere Geschichte zu erzählen, dann eine noch schönere. Übertragen auf unsere Perspektive: Es gibt eine kosmologische Geschichte, innerhalb derer sich die Geschichte der Materie entfaltet, die ihrerseits die Geschichte des Lebens beinhaltet, aus der schließlich die Geschichte des Menschen hervorgeht. In diesem Sinne kann man von einem narrativen Element sprechen, ja vom Roman der Natur, den wir zu entschlüsseln beginnen. Wenn wir den Vorstoß unternehmen, das Werden zu verstehen, streben wir danach, das Neue zu verstehen, die Kreativität, also auch uns selbst. Die Werke eines Michelangelo oder eines Beethoven sind, nach menschlichem Maßstab, Zeugnisse imponierender Kreativität. Was sie im kosmischen Maßstab bedeuten, vermögen wir nicht zu beurteilen – aber das ist auch gar nicht unsere Aufgabe.

Sie entwerfen das Bild einer Welt, die im Kleinsten wie im Größten durch Wunder, Geheimnis, Schönheit charakterisiert ist und als solche nun auch von den Naturwissenschaften zunehmend gewürdigt wird. Damit einher geht offenbar eine klare Absage an die anthropozentrische Auffassung: Gerade auf Grund seiner Kreativität, seines inzwischen erworbenen Wissens kann der Mensch gegenüber Natur und Kosmos nicht mehr die dominante Mittelstellung einfordern, muss er sein Denken und Handeln ausrichten an den Gesetzen einer allgegenwärtigen Ordnung, die ihn in jeder Hinsicht übersteigt, wie einst auch Paul Ricœur vermutete.

Kopernikus und Kepler leiteten den Wechsel vom geozentrischen zum heliozentrischen System ein, und seitdem hat sich die Position des Menschen im All immer weiter relativiert. Wer die Aufnahmen von Galaxien, von kosmischen Ereignissen betrachtet und dann die von unserem kleinen Globus, wie sie durch Satelliten übermittelt werden, kann kaum noch an der anthropozentrischen Perspektive festhalten: Der Anblick dieses herrlichen Schauspiels ändert radikal unsere Vorstellungswelt. Jener Philosoph, der ihr möglicherweise am nächsten kam, war Giordano Bruno, den ich sehr bewundere. Er wurde auf dem Scheiterhaufen verbrannt, weil er auf spekulativem Wege folgerte, dass eine unendliche göttliche Kraft notwendig unendlich viele Universen schafft. Ein einziges Universum würde nicht die Bedingungen erfüllen, die sowohl für Gott als auch für den ingeniösen, jede Grenze überschreitenden menschlichen Geist verbindlich sind. Dieser Gedanke war für die Kirche unerträglich, denn zahllose Universen würden zahlloser Jesus-Christus-Gestalten bedürfen, die im Unendlichen ihr Erlösungswerk zu vollbringen hätten. Damit aber wäre das Dogma der Einmaligkeit Jesu hinfällig und die Kirche ihres unumschränkten Anspruchs beraubt, für das allgemeine Seelenheil zu sorgen. Brunos Standhaftigkeit, seine Weigerung, die von ihm so leidenschaftlich vertretenen Thesen zu widerrufen, hat mich stets beeindruckt. Sie nehmen eine unserer grundlegenden Annahmen bereits vorweg – nämlich dass sich die Urkraft nur in einer unendlichen Anzahl von Universen ganz verwirklichen kann. Dementsprechend erweitert sich der Horizont unseres Denkens ins Kosmozentrische.

Wenn der Mensch diese Vision verinnerlicht, wenn er angesichts der kosmischen Harmonie Achtung, ja Ehrfurcht empfindet – gelangt er dann nicht zu einem tieferen Verständnis seiner selbst und des Lebens auf der Erde, ist er dann nicht auch gezwungen, zwischen Wissenschaft und Religion eine neuartige Synthese herzustellen, die schon Einstein in seinen Aufsätzen „Wie ich die Welt sehe" oder „Religion und Wissenschaft" andeutete, wo er schrieb, dass die kosmische Religiosität die stärkste und edelste Triebfeder wissenschaftlicher Forschung sei?

Für mich besteht zwischen Wissenschaft und Religion kein prinzipieller Widerspruch, im Gegenteil: Die Wissenschaft offenbart uns ein Universum, das die Kalkulationen und Imaginationen Einsteins noch übertrifft und deshalb durchaus religiöse Gefühle, ja eine Ahnung vom Heiligen wachzurufen vermag. Solange man, mechanistisch argumentierend, die Welt mit einem Automaten und den Menschen mit einer Maschine verglich, war für solche Regungen kein Platz. In dem Maße, wie wir jetzt tiefer eindringen in die Komplexität des Lebens und des Bewusstseins, inspiriert unser Erstaunen den Gedanken an etwas Heiliges. Allerdings bleibt offen, womit er in Beziehung gebracht wird – mit der Natur oder mit Gott. Die Idee der Transzendenz hat ihren Ursprung entweder in der Natur oder außerhalb davon, in einem übernatürlichen Schöpfer. Ich glaube, der heutige Mensch interessiert sich vornehmlich für die immanente Transzendenz, für die selbsttätigen Prozesse, aus denen immer differenziertere Formen und Strukturen hervorgehen, aber das heißt nicht, dass die Wissenschaft sie definitiv erklären oder dass die Religion durch den Verweis auf eine jenseitige Harmonie alle diesseitigen Fragen beantworten könnte. Die Welt ist nicht nur harmonisch und schön, sondern auch unwirtlich und grausam; das Leiden nötigt uns, die Tragik des Lebens, ja des Universums im Auge zu behalten und falsche Idealisierungen zu vermeiden. Fest steht lediglich, dass diese Welt durchdrungen ist von Kreativität, und genau darauf konzentrierte sich ein Denker wie Teilhard de Chardin. Doch als Christ, als Jesuit sah er die von Anfang an auf den Menschen abzielende Entwicklung der Natur vom Punkt Alpha ausgehen und im Punkt Omega enden, der mit der Apotheose zusammenfällt. Was dann geschehen soll, entzieht sich indes der Beschreibung. Das erinnert an Dantes *Göttliche Komödie*: Die Höllenqualen der Verdammten sind leichter zu schildern als die paradiesische Glückseligkeit der Erwählten.

Die Neuzeit steht unter dem Diktat rigoroser Rationalität, wertfreier Forschung und exakter Erkenntnis, die, wie Sie eingangs betonten, gerade wegen ihrer technischen Anwendbarkeit große Triumphe feierten. Indem Sie nun die wissenschaftliche Untersuchung ergänzen durch die Erfahrungswirklichkeit des Menschen – seine Zeitlichkeit, seine Einbindung in die Natur, seinen vom Beobachteten nie ablösbaren Beobachterstandpunkt –, erscheinen letztlich auch Logos und Mythos nicht mehr strikt voneinander getrennt, sondern als die beiden komplementären Spiegelungen ein und desselben Bewusstseins, mit dem wir den Rätseln des Lebens auf die Spur zu kommen versuchen, was auch Gegenstand des Lebenswerks von Emanuel Levinas ist.

Logos und Mythos schließen sich ebenso wenig aus wie Wissenschaft und Religion. Der Mythos umgrenzt und vervollständigt den *Logos*, denn jenseits unseres Wissens breitet sich die unermessliche Nacht des Nichtwissens aus. Genau an dieser Nahtstelle setzt die Transzendenz ein, die uns Zugang verschafft zum Mythos. Wer ihn gering schätzt oder gar ablehnt, stellt bloß die eigene Ignoranz unter Beweis; einem solchen Menschen genügt es, die täglichen Bedürfnisse zu befriedigen. Er vergisst, dass jede Tätigkeit, jede Geste vor der mit Sternen übersäten Szenerie des Universums stattfindet. Daher ist die Erforschung des Weltraums ein bahnbrechendes Unternehmen, dank dessen wir begreifen: Es gibt noch etwas außer uns.

Halten Sie es für angebracht, dass sich die abendländische Zivilisation verstärkt an anderen Kulturen – etwa der indischen, chinesischen oder lateinamerikanischen – orientiert, die auf Grund ihrer von spiritueller Erfahrung wie von humanen Werten geprägten Traditionen imstande sein könnten, das zerrissene Band zwischen dem Menschen und der Natur, dem Kosmos, abermals zu knüpfen?

Nein. Da in Indien, China und Lateinamerika die schon seit der Frühgeschichte vorhandenen sozialen Ungleichheiten im Laufe der Epochen um so eklatanter hervortraten, können wir hinsichtlich der menschlichen Würde kaum etwas von ihnen lernen. Was die spirituelle oder philosophische Seite betrifft, bin ich ebenfalls skeptisch. Zwar verkörpert Buddha ein religiöses Symbol, zu dem ich eine besondere Affinität empfinde und das ich dem Kreuz vorziehe, weil dieses gleichbedeutend ist mit Leiden und demnach keine wirkliche Lösung unserer Probleme verspricht. Wenn ich eine Buddha-Statue betrachte, sehe ich immerhin den Menschen, der über sein Schicksal reflektiert und sich dadurch vielleicht zu retten vermag. Doch die Lösung, die Buddha sucht, ist nicht die meine: Er will sich befreien von der Welt, von einem traurigen und verachtenswerten Leben, um den Kreislauf der Geburten endgültig zu durchbrechen, wohingegen ich behaupte, dass das Leben gerade deshalb immer noch traurig und mangelhaft ist, weil zu wenig Menschen daran Anteil nehmen, weil Kriege, ethnische Säuberungen und ähnliche Katastrophen weiterhin an der Tagesordnung sind. Man muss das kollektive Übel an der Wurzel packen, anstatt es samt allem Vergänglichen als Illusion zu bezeichnen und dem Nichts zu überantworten, wie der Buddhismus dies verlangt. Der Konfuzianismus wiederum beruht in erster Linie auf genau festgelegten Verhaltensregeln – auf der Achtung vor den Eltern, der Einhaltung der Gesetze, der Verpflichtung, keine Unruhe zu stiften – und ist demzufolge jeder gesellschaftlichen Veränderung abgeneigt. Mit dieser Art von Denken kann ich nicht übereinstimmen.

Wohin aber brechen wir nun auf? Welche Ideen, Mythen, Utopien werden das dritte Jahrtausend bestimmen?

Vor einiger Zeit wurde unter 250 Personen des öffentlichen Lebens eine diesbezügliche Umfrage durchgeführt, wobei eine Antwort überwog: Sie gab der Hoffnung Ausdruck, dass dieses Jahrtausend im Zeichen eines harmonischeren Verhältnisses des Menschen zur Natur und zum anderen Menschen steht. Das ist auch meine Utopie. Damit wir dieses Ziel erreichen, muss das Gefälle zwischen den Nationen sich verringern und die Neigung zu willkürlichen politischen Entscheidungen, die Krisen oder Konflikte heraufbeschwören, nachlassen. Die Bemühungen um ein friedliches Europa haben schon Früchte getragen: Die Europäische Gemeinschaft kennzeichnet sich heute durch mehr Homogenität als in früheren Zeiten, sodass zum Beispiel ein Krieg zwischen Deutschland und Frankreich undenkbar ist. Auf allen Kontinenten treten übernationale Organisationen in den Vordergrund, die, trotz alter Feindschaften, eine intensivere Zusammenarbeit zwischen den beteiligten Ländern ermöglichen. Von daher befürworte ich eine fortschreitende Globalisierung, im Zuge derer der Mensch respektiert und die Vernunft akzentuiert wird. Wir sollten einsehen, dass die akuten Gefahren von einem Mangel an Solidarität sowie einem Übermaß an Irrationalität und Ignoranz herrühren – nicht von Wissenschaft, Technologie, Informatik. Indem wir nun dank dieser Instrumentarien die Welt mehr und mehr als ein komplexes Gebilde begreifen, in dem Schönheit und Schrecken nebeneinander existieren, gehen wir über einseitig materialistische oder idealistische Konzeptionen hinaus: Die *Conditio humana* wird uns künftig vielleicht tragischer erscheinen denn je – und gerade deshalb nach neuen Lösungen verlangen.

Brüssel, 18.12.1998
Redaktionell bearbeitet und übersetzt von Jochen Winter

„Wenn Tocqueville in das Amerika von heute zurückkäme...“

ARTHUR M. SCHLESINGER JR.

Arthur Meier Schlesinger Jr. (geboren den 15. Oktober 1917, gestorben am 28. Februar 2007) war (in der Nachfolge seines Vaters Arthur M. Schlesinger Sen.) einer der großen amerikanischen Historiker des 20. Jhs. Als Chronist mit bisweilen spitzer Feder hat er die Politik von Staatsmännern wie Andrew Jackson, Franklin D. Roosevelt, John F. Kennedy und Robert Kennedy analysiert; er war aber nicht nur Beobachter, sondern auch Akteur des politischen Lebens, in welcher Eigenschaft er etwa in der Entourage Präsident Kennedys als dessen Sonderberater wirkte. Er hatte sich als Historiograph und durch seine sozial-liberalen politischen Stellungnahmen bereits einen Ruf erworben, als er von einer größeren Öffentlichkeit als eine inspirierende Stimme des politischen Denkens von John F. Kennedy und seines Regierungsprogramms der *New Frontier* wahrgenommen wurde. Auf ihn geht auch die kritisch auf die Administration Richard Nixons gemünzte Prägung von der *Imperial Presidency* zurück. Er wurde geboren in Columbus, Ohio, als Sohn von Arthur M. Schlesinger Sen., der selbst schon ein renommierter Historiker war. Nach Studium und Stipendium in Harvard diente er nach dem Kriegseintritt der USA im Office of War Information und im Office of Strategic Services, einem Vorläufer der CIA. Nach dem Krieg wirkte er bis 1961 als Professor für Geschichte an der Universität von Harvard. 1961 wurde er zum Mitglied der American Academy of Arts and Letters gewählt und 1966 nahm er einen Ruf an die City University of New York an. Schon 1947 war er als eines der Gründungsmitglieder der Organisation *Americans for Democratic Action* hervorgetreten. Im Hintergrund wirkte er als Redenschreiber in den Wahlkampagnen schon für Adlai Stevenson 1952 und 1956, dann zumal für die Kennedys bis hin zur Kampagne Edward M. (Ted) Kennedys 1980. Und noch hoch in den Achtzigern war er seit 2005 als Blogger im Periodikum *The Huffington Post* zu vernehmen. Als Autor von über 20 Büchern hat Arthur M. Schlesinger mehrere begehrte Preise gewonnen: bereits 1946 erstmals den Pulitzer Preis (für Geschichte) für *The Age of Jackson*; 1965 den National Book Award für *A Thousand Days*, den Bericht über seine Mitarbeit in der Kennedy-Administration; 1966 für dasselbe Buch zum zweiten Mal den Pulitzer Preis (für Biographie) und 1979 ebenfalls ein zweites Mal den National Book Award für *Robert Kennedy and His Times*. 1998 wurde ihm schließlich die National Humanities Medal verliehen.

*

Mr. Schlesinger, seit die ideologische Spaltung zwischen Ost und West passé ist, sind wir mit einem Ausbruch ethnischer und religiöser Spannungen konfrontiert. Betrifft dies allein die Vereinigten Staaten oder ebenso auch andere Weltteile?

Eine Zeit lang hat der kalte Krieg einige ziemlich eingefleischte Antagonismen religiöser, rassischer oder sprachlicher Provenienz in den Schatten gestellt. Mit dem Ende des kalten Krieges haben diese Antagonismen eine in manchen Ländern recht alarmierende Urständ erlebt. Die mörderische Zeit, die Jugoslawien seither durchgemacht hat, zeigt, zu was für tragischen Exzessen solche Antagonismen führen können. Sie haben manchmal die Kraft, ganze Länder auseinanderzureißen. Viele Menschen sind bereit, aus religiösen Gründen – eher als aus allen andern – in den Tod zu gehen. Das ist die ultimative Drohung, verhängt von Individuen, die glauben, den Willen des Allmächtigen auszuführen. Der einzigartige Charakter des Christentums liegt gewiss, wie Abraham Lincoln gesagt hat, in seiner Fähigkeit, die so schwachen und irrtumsanfälligen Sterblichen über den ganzen Abstand, der sie vom Allmächtigen trennt, zu ihm hin zu ziehen. Der Allmächtige verfolgt seine eigenen Ziele; und jedes Menschenwesen, das meint, diese Ziele ausmachen zu können, macht sich einer unverzeihlichen Sünde schuldig, nämlich derjenigen, sich an die Stelle des Allmächtigen zu setzen.

Sind die ethnischen und religiösen Konflikte an die Stelle der ideologischen Auseinandersetzungen des kalten Krieges getreten?

Mir scheint es so. Auf der ideologisch-politischen Ebene hat die Demokratie gesiegt, auf der ökonomischen der Markt; und die ehemaligen Kommunisten haben sich in die neuen Zeiten hinübergerettet, indem sie mit Joint-Ventures Geld verdient haben und ihre korrupten Usancen vom totalitären Regime auf das demokratische übertragen haben.

Wie haben die Vereinigten Staaten von Amerika es nur geschafft, ohne eine gemeinsame ethnische Grundlage im Laufe der zwei Jahrhunderte ihrer Geschichte eine geeinte politische Nation zu werden?

Die USA besitzen einen Vorzug: Diese Nation beruht in der Tat nicht auf einer gemeinsamen ethnischen Grundlage, sondern auf einer religiösen, insofern sie im Wesentlichen protestantisch und nicht so sehr weiß ist. Die amerikanische Staatsbürgerschaft definiert sich nicht in ethnischen Begriffen, sondern über die Einwilligung in die Verfassung und in die Gesetze des Landes. Manche wie Robert N. Bellah nennen das *civil religion*, was mir als Definition irreführend erscheint, denn Religion impliziert m.E. den Glauben an eine übernatürliche Ordnung. Auf jeden Fall besitzt Amerika aber eine staatsbürgerliche Kultur des Gemeinschaftssinns, der theoretisch jedermann willkommen ist, – wenn wir es praktisch auch nicht geschafft haben, im Einklang mit diesen Prinzipien zu leben, denn der sogenannte melting pot hat in Wirklichkeit doch nur eine sehr ungleiche Assimilation erlaubt.

So sind lange Zeit die katholischen Iren ausgeschlossen gewesen, nach ihnen die Italiener, nach diesen wiederum die Osteuropäer, danach die Juden Osteuropas und schließlich die Orientalen. Und natürlich ist die schwarze Minderheit in diesem Lande noch lange nicht wirklich voll angekommen und angenommen, nachdem einst der Sklavenhandel ihr nachhaltig den Zugang zu einer vollgültigen Mitgliedschaft in der amerikanischen Gesellschaft verwehrt hatte. Nichtsdestoweniger haben wir von Zeit zu Zeit einige Fortschritte zu verzeichnen gehabt: John F. Kennedy war der erste irischstämmige katholische Präsident, obwohl gewisse Politiker ernstlich die Frage gestellt hatten, ob ein Katholik jemals zum Präsidenten gewählt werden könne, was heute eine sinnlose Frage ist. Bald wird ein Jude an der Reihe sein, ins Weiße Haus einzuziehen. 1964 hatte bereits Barry Goldwater, ursprünglich ein Jude und von der Konfession her Episkopale, sich als Kandidat beworben. Oder es wird vielleicht eine Frau sein, was wir noch nie gehabt haben. Dabei sind die Frauen die einzige bisher nicht zum Zug gekommene Minderheit, die sogar die Mehrheit der Wähler stellt. In den 30er Jahren hatte Roosevelt erstmals eine Frau in sein Kabinett berufen. Wir bewegen uns aber immerhin in die richtige Richtung. Die Bewegung von der Ausschließung zur Assimilation stellt eine der Haupttendenzen der amerikanischen Geschichte dar. Als ich jung war, und noch vor einem halben Jahrhundert wäre die Vorstellung, im Federal Supreme Court schwarze Richter zu haben, als Generalstabschef des Heeres einen schwarzen Offizier, in Virginia einen schwarzen Gouverneur, in den Großstädten der Südstaaten wie New-Orleans, Dallas, Charleston oder Birmingham oder erst recht in Chicago, New York, Los Angeles, Detroit, Kansas City oder Seattle schwarze Bürgermeister zu haben oder in den Meistermannschaften der Baseball-Profiligen schwarze Spieler, noch ganz undenkbar gewesen. Insgesamt würde ich mit dem Dichter Robert Frost sagen, dass wir noch meilenweit laufen müssen, bevor wir uns ein wenig Rast gönnen können.

Schon andere haben Sie dazu aufgefordert, die Identität der amerikanischen Zivilisation zu definieren. Sie zitieren Hector Saint-John, jenen Brief eines amerikanischen Farmers, in dem erklärt wird, was einen Amerikaner ausmacht. Seine Frage „What is an American?" ist mittlerweile über zweihundert Jahre alt. Welche Antwort würden Sie geben?

Von ihrer Geschichte her haben die Vereinigten Staaten ein Fundament, das sprachlich anglophon und konfessionell protestantisch ist. Das ist der Herd unserer Institutionen. Indessen hat die Ankunft von Neuankömmlingen, die andere Sprachen sprechen, andere Glaubensüberzeugungen haben, aus anderen Kulturen kommen, dieses Fundament verändert. Anders gesagt, die Assimilation ist ein Prozess auf Gegenseitigkeit. Die Leute kommen, lernen Englisch, finden sich in den Geist eines aus England übernommenen Rechtssystems, doch gleichzeitig modifizieren sie auch die Kultur, die sie in Empfang nimmt. Offensichtlich hat sich eine Differenz zwischen Großbritannien und den Vereinigten Staaten aufgetan, und einige dieser Unterschiede sind unseren Neuzugängen geschuldet und der Evolution der amerikanischen Kultur. Der Soziologe Orlando Patterson hat (in seinem Buch *The Ordeal of Integration*) hervorgehoben, dass in keinem anderen Land der Welt die unteren Volksklassen die herrschende Kultur in einem derartigen Ausmaß modifiziert und bereichert haben, wie dies bei den Schwarzen Amerikas der Fall ist. In *The Disuniting of America.* habe ich selber die Gefahr hervorgehoben, die davon ausgeht, die ethnischen, rassischen und religiösen Gemeinschaften als solche perpetuieren und separat halten zu wollen. Mein Buch hat so die Assimilation und Integration verteidigt; und eine der repräsentativsten Statistiken über die amerikanische Gesellschaft bezeugt ja die Verbreitung von Eheschlüssen über religiöse, ethnische und rassische Schranken hinweg. Heute heiraten Amerikaner japanischen Ursprungs weniger Landsleute japanischen, sondern solche europäischen Ursprungs. Ebenso heiraten amerikanische Juden inzwischen Nichtjuden in einem Ausmaß, dass manche sich schon über das Weiterbestehen der jüdischen Gemeinde in den Vereinigten Staaten Sorgen machen. Lange Zeit sind Heiraten zwischen Schwarzen und Weißen in etlichen Staaten illegal gewesen. Unlängst hat man festgestellt, dass sich ihre Häufigkeit im Zeitraum einer Generation vervierfacht hat. Kurzum, mir will es scheinen, dass die Liebe und die Sexualität über die Befürworter einer Entzweiung der Vereinigten Staaten obsiegen werden.

Nachdem die inneramerikanische Grenze der USA juridisch und real gegen Ende des 19. Jhs. verschwunden ist, hat man sich nun die Eroberung des Weltraums als „new frontiers“ *zum Ziel gesetzt. Frederick Jackson Turner hat seinerzeit die entscheidende Rolle des* frontier *für die nordamerikanische Identität analysiert. Diese amerikanische Idee eines Landes auf der Suche nach neuen Grenzmarken kennt man aus andern Demokratien so nicht, nicht einmal aus ehemaligen Kolonien oder Dominions wie Argentinien, Australien oder Kanada, die doch auch weite Teile ihres Territoriums erst durch Kolonisation erschlossen hatten, dort hatte man vor allem in Lateinamerika eine Punktbesiedelung an den Hütten aber keine Flächenbesiedelung, lange Zeit einen Merkantilismus, keine Identität zwischen der Idee der Verfassung und der Verfassungswirklichkeit, bis ins 20. Jahrhundert ein gebrochenes Verhältnis zur Moderne – sehr im Gegensatz zur nordamerikanischen Kultur.*

Was wird man in fünfhundert Jahren vom 20. Jh. erinnern? Vermutlich werden diese Menschen den Zweiten Weltkrieg und den kalten Krieg als ebenso abwegige Ereignisse empfinden wie wir heute den Dreißigjährigen Krieg oder die Menschen des 17. Jhs. den Hundertjährigen Krieg. Auf der anderen Seite wird das 20. Jh. für immer als dasjenige in Erinnerung bleiben, in dem der Mensch seine Verhaftung an die Erde durchbrochen hat, um die Eroberung des Raumes in Angriff zu nehmen. Ich bin zwar schon mit der Lektüre von Jules Verne und H.G. Wells aufgewachsen, aber hätte mir doch nie träumen lassen, dass ich es erleben würde, dass ein Mensch auf dem Mond herumgeht.

Da die Mehrzahl der Nordamerikaner sich nach wie vor zumal nach ihrer ethnischen Provenienz definiert, – wo sind die Grenzen der Interpretation der amerikanischen Geschichte, wie es ja auch Grenzen für die Deutung der Wirtschaftsgeschichte gibt?

Ich glaube nicht, dass sich die Mehrheit der Amerikaner über Ihre Zugehörigkeit zu dieser oder jener Volksgruppe definiert, sind sie doch fast alle aus interethnischen Verbindungen hervorgegangen. Der Anteil dieser Mischehen ist sogar derart hoch, dass eine Auswertung nach der Volkszugehörigkeit überhaupt schwer hält: Man kann einen italienischen Vater und eine jüdische Mutter haben, oder auch eine angelsächsische Mutter und einen schwarzen Vater. Die Amerikaner sind in einem Grade die Kinder solcher Mischungen, dass es ziemlich künstlich erscheint, von dem ethnischen Charakter des Trennenden zwischen den einzelnen *communities* ein großes Wesen zu machen. Nach dem Zweiten Weltkrieg haben wir wohl eine Periode des Kultes der „Ethnizität" erlebt, als gewisse Meinungsführer, die Betreiber dieser Ideen und teilweise auch Politiker, die Karte der Volksgruppenzugehörigkeit spielten. Die Verschiedenheit seiner Menschen ist für dieses Land eine große Bereicherung, angefangen mit der chinesischen, italienischen oder französischen Küche. In vielen amerikanischen Städten gibt es so etwas wie ein Chinatown oder ein Little Italy, sogar ein Yorkville oder ein Quartier von Deutsch-Amerikanern, und diese Verschiedenheit ist nur zu begrüßen. Umgekehrt geht jetzt und in Zukunft jede Vorstellung von linguistischer, religiöser und ethnischer Apartheid fürwahr gegen die Substanz Amerikas.

Wird Amerika auch im 21. Jh. einen wesentlichen und dominanten Platz in der Welt einnehmen und was wird seine Rolle in der Weltzivilisation sein?

Ich hoffe, dass die Führungsrolle der Vereinigten Staaten den Gedanken einschließen wird, dass wir allein auf uns gestellt kaum eines unserer Ziele erreichen können dürften. Unsere Stellung einer wirtschaftlichen und militärischen Supermacht ist nicht von Dauer. In den meisten Dingen, die wir erstreben, bedürfen wir der Zusammenarbeit mit anderen Ländern. Dass die Vereinigten Staaten den Vereinten Nationen viel Geld schulden, macht einen der großen Skandale der gegenwärtigen Welt aus. Gewiss, die Organisation der Vereinten Nationen, so wie sie beschaffen ist, ist eine unvollkommene Einrichtung, aber sie stellt das einzige Instrument einer planetaren Zusammenarbeit dar und dies verdient unsere Unterstützung.

Tocqueville stammte aus aristokratischem Milieu – er erkannte die Gefahren der jungen amerikanischen Demokratie, er sprach etwa von der Tyrannei der Mehrheit. Er kam nach Amerika just am Beginn einer neuen Demokratie und eines neuen Zeitalters. Er hat dieses Amerika beobachtet und ihm einige Ereignisse und Merkmale seiner künftigen Kulturgeschichte in Politik, Religion, Philosophie und sozialem Leben abzulesen versucht. Was hat sich davon als triftig erwiesen und worin hat er sich etwa geirrt?

Fast alle Beobachtungen Tocquevilles über die amerikanische Demokratie haben ihre Sachdienlichkeit behalten. Zwar hat er sich zu einigen irrigen Prognosen verstiegen, seine Vorhersage eines Rassenkrieges war falsch, aber seine Erahnung künftiger rassischer Spannungen hat sich als vollkommen zutreffend erwiesen. Tocqueville ist vor hundertundsechzig Jahren in dieses Land gekommen, als es zwischen zwölf und dreizehn Millionen Einwohner zählte, doch ist das Band, das es mit der Nation von zweihundertsiebzig Millionen Amerikanern, wie wir sie heute kennen, verbindet, deutlich genug, um einer sich durchhaltenden amerikanischen Identität innezuwerden. Und wenn Tocqueville auch die fünfzig Jahre nach ihm eingetretenen Änderungen in der Presse- und Parteienlandschaft Amerikas noch nicht voraussehen konnte, so hat er doch auf Anhieb den sie charakterisierenden Mangel an Disziplin erkannt. Er hat geschrieben, dass der amerikanische Politiker, zumal der an der Legislative mitwirkende Kongressabgeordnete, sich seinen Wählern allemal stärker verbunden fühle als seiner eigenen Partei, was allein schon einige Aspekte der amerikanischen Politik erklären kann, welche die erheblich mehr Fraktionsdisziplin gewohnten Europäer nach wie vor zu erstaunen pflegen. In Europa waren die Versammlungsfreiheit, die Autonomie der Staaten sowie die Pressefreiheit lange umkämpft, die Tocqueville doch alle als Basiselemente der Freiheit betrachtete.

Tocqueville hat auch betont, es gäbe keine genuine amerikanische Philosophie. Wenn es so etwas wie eine amerikanische Philosophie gibt, schrieb er, dann tendiert sie zum Pragmatismus bzw. logischen Empirismus. Denken Sie, dass die Geschichte des Denkens, der Werte und der Kultur Amerikas, insofern sie sich in der amerikanischen Philosophiegeschichte widerspiegelt, auch eine wie immer geartete tranzendentale oder metaphysische Ader hat? Selbst der Transzendentalist Emerson nahm Anteil an der Sozialpolitik seiner Zeit und an gewissen sozialutopischen Experimenten in Neu-England. In Lateinamerika zehrt die Geschichte des Denkens und der Philosophie ganz und gar von der Erfahrung der Klassik des 18. und 19. Jhs, die zutiefst metaphysisch, spirituell und transzendental ist und ohne die geringste Verbindung mit empirischen Tatsachen. Lateinamerika hat nichts Pragmatisches – keinen Wittgenstein, keinen Sozialdarwinismus, keinen George Herbert Mead, keinen Herbert Spencer –, sondern ist sehr intuitiv. Es hat wohl Bergson mit seiner ‚intuitiven Intelligenz' und die Tradition des Existentialismus rezipiert – so wurde etwa Heideggers ‚Sein und Zeit' unmittelbar ins Spanische übersetzt –, aber nichts von logischem Substantialismus oder analytischem Empirismus. Nordamerika steht mit seiner ganzen pragmatischen Tradition von John Dewey, William James oder Charles S. Peirce, die bis John Rawls und Quine in Harvard reichte oder Robert Nozick und Stanley Cavell heute, die seine originale Stimme wiedergibt, zu Lateinamerika in Dichotomie. Tocqueville war der erste gewesen, der insofern den substantiellen Beitrag der nordamerikanischen Kultur zur Geschichte des Denkens und der Philosophie erkannt hat.

In der Tat, dies Schwelgen der Lateinamerikaner in Abstraktionen ist eine rechte Plage. Wenn in internationalen Kolloquien ein solcher das Wort ergreift, so ist man darauf gefasst, für die nächste Dreiviertelstunde in eine abstrakte sinnfreie Rhetorik abgehoben zu haben, welche allerdings die Frucht einer gehegten Tradition ist. Zwar haben auch wir unsere metaphysischen Seiten, aber diese sprechen sich zumeist in Form der Theologie aus, die in den Vereinigten Staaten eine starke Tradition hat. Vor der Unabhängigkeit hat sich die Dualität der kolonialen Kultur in den Gestalten Jonathan Edwards', des großen Theologen, einerseits und Benjamin Franklins, des Erfinders, Wissenschaftlers und Manns der Praxis, anderseits ausgedrückt. Goethe sprach von einem faustischen Deutschland mit zwei Seelen in seiner Brust. Seitdem ist die Figur Edwards' wohl auf das Format eines vulgären Predigers in der Art Billy Grahams geschrumpft. Und doch gehört noch der einflussreichste amerikanische Theologe des Jahrhunderts, Reinhold Niebuhr, zur gleichen Kategorie wie Jonathan Edwards. Die denkwürdige Arbeit von William James anderseits hat darin bestanden, die Konzeption des Lebens nach Benjamin Franklin zu systematisieren, um aus dem Pragmatismus eine Philosophie zu machen. So ist der Pragmatismus entstanden, teils aus einer persönlichen Erfahrung, teils aus den Prinzipien der Psychologie. William James hatte ja als Psychologe begonnen, und sein Buch *Principles of Psychology* ist eine Grundbuch der Psychologie geblieben. Auch er hat viel aus der emersonschen Tradition geschöpft, und zwar dem m.E. interessanteren, weniger offenkundigen Aspekt bei Emerson, also nicht aus seinem Transzendentalismus, sondern aus seinen dunkleren, in den Essays über Schicksal und Geschichte zu Tage tretenden Überlegungen, namentlich in den sehr scharfen Beobachtungen über die menschliche Natur, die sogar Nietzsche aufmerken ließen. Ohnehin war James' Vater mit Emerson befreundet, und in dieser Atmosphäre sind die beiden James Jrs. aufgewachsen. Und dann war William James auch ein bewundernswürdiger Schriftsteller, der von seinem Bruder Henry sagte, dieser schriebe seine Romane als Psychologe, während er selber seine psychologischen Werke als Romancier schreibe. Sein Freund Charles S. Peirce war übrigens schon ein originellerer Kopf als der wohlhabende, aber auch sehr großzügige James, der ihn, als er keine Arbeit zu finden wusste, jahrelang finanziell unterstützt hat.

Sie denken also, dass die amerikanische Kultur eine ihr eigene metaphysische Dimension herausgebildet hat, eine Frage, die sich auch Isaiah Berlin immer wieder stellte in seiner Ideengeschichte der angelsächsischen Tradition?

Eine ihr eigene theologische Dimension, würde ich sagen. Wir haben uns damit die Heimsuchung durch Hegel erspart. William James' Essay über den Hegelianismus stellt eine bravouröse Zurückweisung von dessen Anspruch und Einfluss dar. So haben wir uns eher in der empiristischen Tradition unter dem Einfluss von Hume und Locke situiert.

In Ihren Augen lässt sich die amerikanische Identität niemals festlegen, sondern ist immer im Fluss. Wenn sie also in einem unendlichen Prozess begriffen ist – wohin wird dieser wohl führen?

Wenn Tocqueville noch einmal zurückkäme in das Amerika von heute, so dürfte er das Land seines Buches wiedererkennen, und auch ein gewisses Kontinuum amerikanischer Identität. Der fortschreitende Übergang von der Ausschließung zur Assimilation hat diese Identität weitergeführt und bereichert, sie aber auch verwandelt, sodass wir inzwischen nicht nur vieles von der französischen, italienischen, chinesischen, indischen oder japanischen Kochkunst übernommen, sondern uns ebenso ein breites Spektrum so fremder wie exzentrischer Familiennamen eingegliedert haben. Die alten englischen Traditionsnamen sind immer weniger tonangebend, ob in der Welt der Politik, im Showbusiness, in der Literatur oder in den Kirchen. Der vielbeschworene melting pot beginnt endlich zu funktionieren, doch bis dahin hat es eine beträchtliche Zeit gebraucht.

Der Messianismus – der die Außenpolitik Amerikas seit Jahrhunderten geprägt hat, im 19. Jh. auf den Philippinen, in Lateinamerika mit der Monroe-Doktrin, dann in China und in Kuba – ist, so meinen Sie doch, in Amerika stärker als in Europa?

Es handelt sich um einen rhetorischen Messianismus, der besagt: Amerika gibt der Welt ein Beispiel, aber es hält sich deswegen nicht schon für autorisiert, da und dort in der Welt zu intervenieren. Das Problem liegt bei den Widerständen, die jede Intervention hervorruft: sechs Amerikaner werden getötet, darauf ein Sturm der Empörung im Kongress und im ganzen Land, gefolgt vom sofortigen Abzug der amerikanischen Truppen. Auf einer rhetorischen Ebene sind wir also bereit zu allem Möglichen, doch in der Praxis bedeutet das leider immer auch, dass unsere Soldaten den Kopf hinhalten müssen. Deshalb lieben wir in diesem Falle den Luftkrieg wegen seines aseptischen Charakters: man hebt ab, drückt auf ein paar Knöpfe, landet wieder, und genehmigt sich ein Gläschen zur Stärkung.

Besitzt die Weltwirtschaft von heute noch eine Ethik?

Die Neugier ist ja stets eine sehr mächtige Triebfeder der Menschen gewesen. In Südamerika ist die Sklaverei von Priestern verteidigt worden, die doch das Spielen, Zechen oder Tanzen für Sünde hielten. Die Selbstzufriedenheit und Selbstgefälligkeit hat immer und überall als eine der jämmerlichsten Schwächen gegolten, in der heutigen Welt wie in den entlegensten Epochen. Manche Individuen stolzieren durch die Welt, indem sie freigebig Urteile über andere Individuen austeilen. Die Geschäftswelt möchte zwar ethisch und moralisch honorig sein, aber in Wirklichkeit ist es nur ein Mittel der Kreditwürdigkeit, um Geld zu verdienen, Güter und Innovationen an den Mann zu bringen, und das kann auch sehr destruktiv wirken. Der Markt muss nach solchen Zielvorgaben taxiert und abgeschöpft werden. Die schöpferische Zerstörung ist Teil des kapitalistischen Prozesses, und gerade deshalb müssen wir alles tun, was in unserer Macht steht, um dieses zerstörerische Potential zu beschränken, wenn der Kapitalismus über die Schwachen und Wehrlosen herfällt.

Halten Sie es für möglich, dass die Implantierung einer liberalen Marktwirtschaft in Ländern, die wie etwa Madagaskar oder Peru seit Jahrhunderten in kulturell ganz anderen Traditionen leben, die Gefahr heraufbeschwört, dass diese ihre kulturelle und religiöse Identität verlieren?

Das Leben ist voller Überraschungen, man kann die Geschichte mit ihren Wechselfällen nicht regulieren. Marx hat im Blick auf Indien gemeint, dass trotz der Verbrechen der Briten und der Plünderungen anderer europäischer Kolonialmächte die Kolonisation den Subkontinent aus dem Schlummer der asiatischen Produktionsweise aufgeweckt und dazu gebracht habe, Motoren, Lokomotiven und Eisenbahnen zu produzieren sowie ein modernes Handelswesen aufzuziehen. In einem gewissen Sinne war das alles der gewöhnliche Lauf der Dinge, doch liegt es nun im Wesentlichen an Indien selber, zu entscheiden, was es vom Westen übernehmen oder nicht übernehmen will, denn keine Macht der Welt wird ihm irgendetwas aufnötigen können, denn keine hat die Macht dazu.

Die Technologie der modernen Medien, Musterbeispiel der Fernsehkanal CNN, lässt etwa den Einwohnern von Ecuador oder Kolumbien zur Information über ihre eigenen politischen Verhältnisse gar keine andere Wahl, als sich an die von Atlanta, dem Sitz von CNN, ausgestrahlte Version zu halten. Müsste man, um dieser gefährlichen Entwicklung entgegenzutreten, nicht überall auf der Welt Informationszentren ins Leben rufen, um in der Pluralität der Kulturen auch eine Pluralität von Informationsquellen zu gewährleisten?

Ich sehe andere Gefahren, die viel schwerer wiegen. Die Leute hören, was sie hören wollen. Was ist dagegen zu sagen? Wenn ihnen Hollywood nicht gefällt, sollen sie Hollywoodproduktionen meinetwegen doch ignorieren. Ich werde nichts tun und es soll auch nichts getan werden, um die Wahlfreiheit der Menschen einzuschränken.

Sie vertrauen also auf die Selbstheilungskräfte des Marktes?

Sie haben recht verstanden, dass ich an einen menschengerechten Markt glaube. Die große Kraft der Demokratie liegt in ihrer Fähigkeit zur Selbstkorrektur. In einer gesunden Demokratie wird sich, wenn etwas sich als zu rigide, zu übel, zu destruktiv erweist, eine korrigierende Gegenbewegung entwickeln. Solche autokorrektiven Prozesse können bei krassen Fehlentwicklungen kaum ausbleiben.

Haben Sie einen Wunsch für das neue Jahrhundert?

Ich wünschte, dass die Gemetzel und Blutbäder aufhören. Ich wünsche, dass die Entwicklung der internationalen Institutionen es möglich mache, die Menschen einander näher zu bringen und zusammenarbeiten zu lassen für menschenwürdige Ziele. Aber ich wünsche mir keine Weltregierung; nein, das wäre ein Desaster.

New York, 25.03. 1999
Übersetzt von Konrad Honsel

„Allein die Schönheit rettet uns ...“

MICHEL SERRES

Michel Serres (geboren 1930 in Agen als Sohn einer Bauernfamilie) ist Philosoph, Philosophie- und Wissenschaftshistoriker. Er erhält seine Aggregation für Philosophie 1955. Von 1956 bis 1958 dient er als Marineoffizier auf verschiedenen Schiffen der Marine: Geschwader im Atlantik, Wiedereröffnung des Suezkanals, Algerien, Geschwader im Mittelmeer. Michel Serres erhält seinen Doktor 1968 und unterrichtet dann Philosophie in Clermont-Ferrand, Vincennes, Paris I. In seinen zahlreichen Werken interessiert er sich unter anderem für Wissenschaftsgeschichte (*Hermès*, t. I-V, Minuit, 1969-1980, dt. bei Merve). Seine Philosophie, die sich gleichzeitig an die Sensibilität wie an die konzeptionelle Intelligenz richtet, sucht die möglichen Verbindungen zwischen den Naturwissenschaften und den Sozialwissenschaften auf. 1990 wird er in die *Académie française* gewählt, zudem ist er Kommandeur der Ehrenlegion. Als strenger Epistemologe sorgt er sich zudem um die Ausbildung und die Verbreitung des Wissens. Michel Serres zeichnet sich durch eine atypische Laufbahn aus, die ihn von der Marineschule zur *Académie française* geführt hat. Seit 1982 verbringt er einen Teil des Jahres an der Universität Stanford, an der er Geschichte unterrichtet. *Der Naturvertrag* (Suhrkamp, 1994) von Serres wurde als eine Art postmoderne Philosophie der Natur gelesen. Er reagiert darin auf die Globalisierung der Umweltprobleme. Weitere deutsche Veröffentlichungen: *Die fünf Sinne. Eine Philosophie der Gemenge und Gemische* (Suhrkamp, 1998), *Thesaurus der exakten Wissenschaften* (Zweitausendeins, 2001), *Der Parasit* (Suhrkamp, 2008), *Aufklärungen: Gespräche mit Bruno Latour* (Merve, 2008). Ohne auf der Kultur jenseits des Atlantiks zu beharren, fällt Michel Serres ein absolut optimistisches Urteil gegenüber der Entwicklung der neuen Technologien. Als Wissenschaftshistoriker und Visionär unterscheidet er sich von zahlreichen seiner Kollegen, indem er die aktuellen gesellschaftlichen Umwälzungen der kontinuierlichen Evolution des Menschen zuschreibt.

*

Ihr philosophisches Oeuvre ist Zeugnis der geglückten Verbindung von exakter Wissenschaft und intuitiver Intelligenz. Wie gestaltet sich Ihrer Meinung nach das Wechselverhältnis zwischen philosophischem, wissenschaftlichem und literarischem Erkenntnisprozess?

Mit Ihrer Frage spielen Sie auf eine sehr alte Tradition in der französischen Sprache an, die sich ebenso im Deutschen, Spanischen und Italienischen nachweisen lässt. Montaigne, Diderot, Voltaire waren Philosophen, im Besonderen Philosophen der Wissenschaft, und zugleich der Erzählung keineswegs abgeneigt. Eben dies trifft auch auf Nietzsche, Cervantes und Dante zu. Selbst heute erzählen die meisten Bücher der Physiker oder Astronomen, der Biologen oder Biochemiker die größte Geschichte überhaupt – nämlich jene, die zum Beispiel mit dem *Big Bang* beginnt, sich fortsetzt mit der Entstehung der Sterne, der Galaxien, dann mit der Abkühlung der Planeten, dem Ursprung des Lebens, dem Auftauchen des Menschen usw. In der Gegenwart wie in der Vergangenheit scheint sich also die Wissenschaft in bestimmter Weise um diese wunderbare Erzählung zu formieren, die unendlich oft wieder aufgenommen, korrigiert, neu gestaltet wird – gemäß den Ergebnissen, welche die Wissenschaft jeweils zeitigt. Doch in der gesamten Geistesgeschichte hat sie bisher keine Erzählung ausgearbeitet, die besser strukturiert war und der Wahrheit näher kam als die jetzige. Das heißt, wir nehmen teil an einer ziemlich außergewöhnlichen Synthese aus exakter wissenschaftlicher Erkenntnis und deren narrativer Darstellung. Unsere umfassenden Denkmodelle korrespondieren mit der einmaligen Legende der anorganischen Materie, des Lebens, des Menschen, der Sprache. Die Erforschung und Aufzeichnung solch faszinierender Entwicklung hat uns zu den wissenden Tieren gemacht, die wir nun sind.

Zwei Figuren nehmen in Ihren Texten eine zentrale Stelle ein: Hermes und Harlekin. Beide beleuchten aus verschiedenen Perspektiven die gegenseitige Durchdringung von Wissenschaft und Kunst, insofern die eine, Hermes, als gleichsam archetypischer Mittler zwischen den Wissens- und Lebensbereichen fungiert, während die andere, Harlekin, die schillernde, häufig auch chaotische Vielfalt des Lebens widerspiegelt.

Ein Philosoph muss nicht nur Ideen entwerfen, sondern auch philosophische Figuren. Seit langem schon fühle ich eine starke Affinität zu Hermes, der bekanntlich der griechische Gott der Übersetzer, der Boten, der Händler, der Diebe und der Beziehungen ist. Ein bisschen in Opposition zu den Tendenzen in der Philosophie während der sechziger Jahre, die sich eher Prometheus zuwandte – dem Gott, der den Göttern das Feuer stahl und für die Menschen gewissermaßen zum „Held der Arbeit" avancierte –, ging ich davon aus, dass die Gesellschaft der Produktion, die wir vom 19. Jahrhundert geerbt haben, der Gesellschaft der Kommunikation weichen und folglich Prometheus durch Hermes ersetzt wird. Ich glaube, diese Hypothese hat sich bestätigt; ich war wohl der erste, der eine Gesellschaft der Kommunikation vorhersagte. Eben das ist die Rolle, die Aufgabe, das Ziel der Philosophie: das Künftige zu antizipieren. Was den Harlekin angeht, so habe ich ihn in erster Linie gewählt, da er eine aus der *Commedia dell'Arte* stammende, auch von Leibniz übernommene philosophische Figur verkörpert, anhand derer ich über die Mischung der Kulturen sprechen wollte, über das Zusammentreffen der diversen Traditionen und Sprachen. Der Harlekin erschien mir dafür sehr geeignet, weil er gewöhnlich Kleidungsstücke unterschiedlicher Größe, Form und Farbe trug und ich in ihm ein markantes Symbol dessen sah, was man heute abstrakt als Vielkulturalität bezeichnet.

Der wissenschaftliche Fortschritt bezieht seine Inspiration offensichtlich stets aus dem schöpferischen Chaos, dem Wunderbaren und Unerwarteten, das der Harlekin repräsentiert. In diesem Zusammenhang haben Sie einmal erklärt, der poetische Impuls stünde keineswegs im Widerspruch zu den Naturwissenschaften, ja sei deren eigentliches Elixier.

Ende des 19. und Anfang des 20. Jahrhunderts machte der französische Mathematiker und Philosoph Henri Poincaré die großartige Entdeckung, dass in Newtons Konzept der scheinbar ewig gleichförmigen Himmelsmechanik Abweichungen auftreten, die mit linearen Gleichungen nicht eindeutig zu erklären sind. Das Phänomen der so genannten Nichtlinearität führte dann zur Chaostheorie unserer Tage. Bergson hat den Gedanken einer durch und durch schöpferischen, begrifflich unfassbaren Entwicklung auf das Leben selbst und das Universum im Ganzen übertragen, was für die Geschichte, zumal die Geistesgeschichte nichts anderes bedeutet, als dass sie der Kontingenz unterliegt. Tatsächlich ist die Geschichte der Wissenschaften unvorhersehbar, sie manifestiert sich in sprunghaften Veränderungen. Nur ein Dummkopf weiß immer, was er sagen wird, wohingegen ein kluger Mensch stets mit berücksichtigt, dass etwas Überraschendes geschehen kann. Deshalb ist diese Einbeziehung des Unvermuteten ein entscheidendes Merkmal der Intelligenz und der geistigen Arbeit, welches notwendigerweise auch die Wissenschaft aufweist. Wissenschaft und Poesie – die sich etymologisch ja von „verfertigen" herleitet – verbindet wohl die gleiche Gründlichkeit und Sorgfalt: hier im methodischen Vorgehen, dort im präzisen Gebrauch der Sprache.

Gewiss, aber seit Descartes gründen die Naturwissenschaften und in zunehmendem Maße auch die Geisteswissenschaften hauptsächlich auf dem Prinzip strikter Rationalität, das an die Kriterien der Objektivität, der Nachprüfbarkeit und der – begrifflich oft überstrapazierten – Wertfreiheit geknüpft ist. Die Überzeugung, dass die so ausgerichtete menschliche Erkenntniskraft sich im Laufe der Zeit alles Seienden bemächtigen kann, bedingt in letzter Konsequenz den Ausschluss ethischer und metaphysischer Fragen. Wie kann, vor solchem Hintergrund, der heutige Mensch zu ihnen zurückfinden, wie wird er wieder empfänglich für die Unerschöpflichkeit der Welt und damit für einen tieferen Lebenszweck?

Das Thema, das Sie hier umkreisen, ist äußerst komplex. Es stimmt, wir gebieten mit wachsender Sicherheit über die wissenschaftlichen Resultate, sind jedoch um so mehr im Zweifel, welchen Weg die Wissenschaft nehmen sollte. Da befinden wir uns erneut an der Schwelle des Unerwarteten und Unvorhersehbaren. Wenn Sie mich über den Sinn (*sens*) des Lebens befragen, also auch darüber, welche Richtung (*sens*) es im Einzelfall oder im Allgemeinen einschlägt, dann antworte ich Ihnen, dass wir das niemals wissen werden. Wir kennen weder das Ziel künftiger Entwicklungen noch das der Geschichte an sich. Glücklicherweise haben die Menschen Kinder, die manchmal ungehorsam sind, die etwas tun, womit ihre Eltern nicht gerechnet haben, und dadurch jene Probleme lösen, denen diese hilflos gegenüberstanden. Selbstverständlich verursachen sie ihrerseits dann neue Probleme, und ergo offenbart sich der Sinn des Lebens gerade in solchen Richtungswechseln, die den kontinuierlichen Verzweigungen der Bäume ähneln.

Der Physik-Nobelpreisträger Charles Roubia sprach von seiner tiefen Bewunderung für die Schönheit sowohl des äußeren Kosmos wie der inneren materiellen Welt. Obwohl der exakten Forschung verpflichtet, würdigte er eine höhere Ordnung, welche die Vorstellung, dies grandiose Werk sei lediglich eine Frucht des Zufalls und der Statistik, unendlich übersteigt. Er glaubt, dass es sich einer jenseits des Alls angesiedelten Intelligenz verdankt.

Charles Roubia legt hier sein ganz persönliches Bekenntnis ab, das ich respektiere. Zwei Aspekte sind dabei auch für mich wesentlich. Der erste berührt die zuvor erwähnte Beziehung zwischen Wissenschaft und Poesie. Wenn man sich der Astronomie, der Biochemie oder einer vergleichbaren Disziplin widmet, ist man vor allem beeindruckt von der Schönheit. Nicht nur von der Harmonie oder der verwirrenden Mannigfaltigkeit der Welt, sondern konkret vom Wunder, wie es sich bereits in der Verbindung mehrerer Zellen etwa im Organismus eines Fötus manifestiert. Würde man am Ende der neun Monate Schwangerschaft sämtliche Stränge der DNS aller Zellen dieses Kindes aneinander reihen, ergäbe sich eine Strecke, die eine Million Mal länger ist als die zwischen Erde und Mond hin und zurück. Dass eine Frau dann ein so ingeniös gestaltetes Wesen gebärt, erstaunt und begeistert mich immer wieder. Von daher gilt: Ohne Verständnis für Schönheit versteht der Mensch überhaupt nichts. Sie allein rettet uns und darf von der Wahrheit niemals abgetrennt werden. Damit sind wir beim zweiten Aspekt angelangt, bei der Theologie. Angesichts solchen Wunders ist man zu glauben geneigt, dass es einen Schöpfergott gibt. Was aber ist der Glaube? Nun, er lässt sich folgendermaßen sehr gut definieren. Fassen wir den Abstand zwischen 0 und 1 als ein kleines Segment auf, wobei der Punkt 0 die Gewissheit bezeichnet, dass Gott nicht existiert, und der Punkt 1 die Gewissheit, dass Gott existiert, so ist der Glaube die dauernde Reise des Geistes zwischen dem kategorischen Atheismus und der uneingeschränkten Anerkennung einer numinosen Macht. Er ist jener Zustand grundsätzlichen Zögerns, in dem wir uns stets befinden, schwankend zwischen den beiden extremen Hypothesen. Und er ist das, was erst das Christentum ersonnen hat, denn die anderen Religionen besaßen Traditionen, jedoch keinen Glauben. Jenes einfache Wort „credo", das dem römischen Recht entlehnt und in die christliche Theologie eingeführt wurde, bereitete eine andere Gesellschaftsordnung vor: die unsere – gegründet auf den Glauben und die unterschiedlichen Grade, in welchen er sich nach der gegebenen Definition äußert.

Ist in der gegenwärtigen, von Wissenschaft beherrschten Epoche eine Ethik ohne Glauben vorstellbar, Theologen von Jean Guitton bis Jacques Meritain haben immer wieder darüber nachgedacht?

Das weiß ich nicht. Die Ethik ist mit der Schwierigkeit konfrontiert, dass sie der Wissenschaft nicht im vorhinein diktiert werden kann, eben weil man die Freiheit der Gelehrten nicht beschneiden und außerdem die Forschungsergebnisse nicht vorhersehen kann. Folglich versucht man hinterher, eine verbindliche Ethik zu formulieren, aber dann wird sie vom jeweiligen Resultat zurückgedrängt, denn sobald die Wissenschaft eine neue Möglichkeit entdeckt, strebt die Technik danach, sie zu verwirklichen, haben die Menschen den berechtigten Wunsch, sich diese Erfindung anzueignen. Was also bleibt zu tun, da die Ethik *a priori* nicht anwendbar und *a posteriori* zwecklos ist? In Bezug auf die Wissenschaft wurden ethische Fragen, die heute die Chemie, die Biochemie und die genetischen Manipulationen betreffen, schon vor zweieinhalb tausend Jahren in Griechenland gestellt. Damals entwickelte sich die Anatomie in positiver Weise, wodurch die Medizin dank der hippokratischen Schule einige beachtliche Erfolge verzeichnete. Hippokrates erkannte sofort, dass der Arzt gleichsam Herr über Leben und Tod seiner Patienten ist, und deshalb fügte er den eigenen wissenschaftlichen Arbeiten einen Anhang bei, der heute in allen entwickelten Ländern als „hippokratischer Eid" bekannt ist. Dieser berühmte Eid beweist, dass eine Ethik über einen sehr langen Zeitraum aufrechterhalten werden kann: Jeder angehende Arzt muss ihn wie eh und je am Ende des Studiums ablegen. Daher stehen wir jetzt vor der Aufgabe, den hippokratischen Eid auf sämtliche Wissenschaften auszudehnen. Schon vor fünf oder sechs Jahren habe ich einen wissenschaftlichen Eid vorgeschlagen, mit dem sich der Wissenschaftler nach abgeschlossenem Studium einverstanden erklärt. Das heißt: Sein Gewissen verpflichtet ihn, für die von ihm durchgeführten Untersuchungen persönliche Verantwortung zu übernehmen und in diesem Bewusstsein den ethischen Charakter seines Wirkens zu gewährleisten. Ich glaube, hierin liegt die Lösung des ethischen Problems, das die moderne Forschung evoziert.

Doch sogar wenn der Wissenschaftler einen solchen Eid für sein Fachgebiet schwört, ist damit keineswegs garantiert, dass auch der Technokrat die Regeln beachtet. Sie sprachen ja davon, wie schnell die Technik in die Praxis umsetzt, was die Wissenschaft theoretisch fundiert und verfügbar macht. Bis zu einem gewissen Punkt in der Geistes- und Kulturgeschichte war das nicht allzu beunruhigend, da sich die Technik auf der Folie eines mehr oder weniger metaphysisch geprägten Denkens entwickelte, das ihr letztlich die Grenzen aufzeigte. Indem sie aber nun selbst zu einer Art Maschinengott oder zumindest zu einer Glaubenslehre wurde, kommt man nicht umhin zu fragen, wodurch dem technologischen Fortschritt überhaupt noch irgendwelche Zügel angelegt und dessen zivilisatorisch immer bedrohlichere Folgen eingedämmt werden können.

Die Idee des Fortschritts entstammt der Zeit zwischen dem 17. Jahrhundert und der Aufklärung; sie verheißt eine fortlaufende Aufwärtsbewegung auf dem Gebiet wissenschaftlicher Erkenntnis, die stetig zum Wohl der Menschheit beiträgt. Allem Anschein nach hat sie bis zur Mitte des 20. Jahrhunderts überdauert und dann einen ziemlich tiefen Einschnitt erfahren. Die Atombombenexplosionen in Hiroshima und Nagasaki machten mit einem Schlag deutlich, dass Wissenschaftler – noch dazu einige der besten – fähig waren, eine Waffe zu konstruieren, die Zehntausende von Menschen auf der Stelle tötete und die, weiter entwickelt, Millionen von Menschen vernichten und das ganze Leben auf dem Planeten auslöschen könnte. Dieses Fiasko erschütterte die Physik in ihren Grundfesten; auch die Chemie scheiterte an bestimmten Problemen, infolge deren die Umwelt stark belastet wurde; und schließlich warf die Biologie selbst ethische Fragen auf, weil manche ihrer Bestrebungen dies nahe legten. Eine Wissenschaft nach der anderen sah sich Hindernissen gegenüber, die der Idee des Fortschritts Abbruch taten. In diesem Stadium wuchs eine Generation heran, die eine absolut negative Einstellung zu Wissenschaft und Technik hatte und beide ebenso leidenschaftlich verdammte, wie sie zuvor gerühmt worden waren. Ich denke, sowohl die Idee ungebremsten Fortschritts als auch die vernichtende Kritik daran suggeriert eine zu radikale Lösung, die nicht wirklich ernst zu nehmen ist. Der wissenschaftliche Entwicklungsprozess beinhaltet wie sämtliche menschlichen Angelegenheiten etwas Unerwartetes und Unvorhersehbares, eine Mischung aus Gutem und Schlechtem, aus Gewinn und Verlust. Alles hat seinen Preis. Die Wissenschaft wird uns wahrscheinlich weiterhin zahlreiche Vorteile bieten, für die wir jedoch bezahlen müssen.

Glauben Sie in Anbetracht der Evolution des Menschen während der letzten zwei oder drei Millionen Jahre, dass er als geistiges, Symbole schaffendes, zur Transzendenz fähiges Wesen eben dieser Evolution einen Sinn verleihen kann, der über die Kette des rein biologisch-empirischen Ablaufs hinausgeht, wie es etwa der Evolutionstheoretiker O. E. Wilson aus Harvard überlegte?

Wir haben noch keine genaue Kenntnis davon, wie sich die Dinge innerhalb dieser immensen Zeiträume entwickelt haben; außerdem gibt es meiner Meinung nach ebenso viele Evolutionstheorien wie Biologen. Jeder pflegt seine Form von Darwinismus, weshalb es äußerst schwierig ist, sich in diesem Gewirr zurechtzufinden. Man braucht schon eine zugleich globale und kompromisslose Sicht, um im Brustton der Überzeugung zu behaupten, der Mensch ist dies, der Mensch ist das. Fest steht nur, dass er sich aus unterschiedlichen Facetten zusammensetzt. Er hat zum Beispiel die Sprache der Kommunikationsprozesse erfunden, die in der Tat gut funktionieren – aber nicht unbedingt besser als beim Einzeller, der ebenfalls eine Methode entdeckte, auf bestimmte Schwierigkeiten in seiner Umgebung zu reagieren. Diese Nachricht verbreitete sich dann rasch unter den benachbarten Einzellern – fast so, wie es heute qua Internet geschieht. Kurzum: Ich hoffe, dass unser Schicksal unter dem Zeichen der Transzendenz steht, doch beweisen lässt sich das nicht.

Besteht nicht die Gefahr, dass Internet und das Cyberspace, die Medien einer ganz ins Virtuelle übertragenen Realität, die klassische Metaphysik, ja die Religion selbst ablösen?

Das wäre zu viel gesagt. In den mythischen und religiösen Traditionen hatten die göttlichen Weltschöpfer nie direkt mit den Kommunikationssystemen zu tun. Gewöhnlich waren es untergeordnete Wesen, die sich um die Übermittlung der Botschaften kümmerten – etwa der bereits genannte Hermes oder die Engel des Christentums. Wir erleben heute, wie die globale Entwicklung eines Übertragungs- und Beziehungsnetzes die Kodierung und Weitergabe von Information grundlegend verändert. Ähnliches ereignete sich im Morgengrauen der Geschichte, als die Schrift gesellschaftliche, politische und wissenschaftliche Umwälzungen bewirkte, und dann im 16. Jahrhundert, als die Erfindung des Buchdrucks einen kaum zu ermessenden Einfluss auf die Religion, die Forschung, die Wertordnung ausübte. Von daher wohnen wir der dritten Revolution der Datenträger und des Informationsaustauschs bei, die nicht weniger folgenreich sein wird als die beiden vorangegangenen.

Indem wir nun der Informationstechnokratie huldigen, ohne dass wir uns inhaltlich etwas zu sagen hätten, verbannen wir allmählich den genuin spirituellen Charakter unserer Existenz aus dem Bewusstsein. Was könnte diese Zivilisation, um dem entgegen zu wirken, von den archaischen Kulturen lernen, eine Frage die bereits Michel Leiris, Roger Caillois und Georges Dumézil in ihren historischen Überlegungen bewegte?

Aber wir selbst sind archaisch in vielen unserer Handlungen! Man vergegenwärtige sich nur einmal, dass der Salzgehalt unseres Blutes dem des Meeres entspricht, dass es folglich das Milieu der Meerestiere reproduziert, deren Nachfahren wir sind. Mein Körper schließt aufgrund seiner mehrere hundert Millionen Jahre dauernden Evolution alle Merkmale des ursprünglichen Lebens ein – und zugleich etwas sehr Neues, insofern ich manches weiß in Sachen Biochemie oder zeitgenössischer Philosophie. Das Gleiche gilt für unsere Zivilisation. Wir sind einerseits modern, genau unterrichtet über die letzten Resultate der führenden Wissenschaftler, andererseits jedoch fest verwurzelt im archaischen Denken. Deshalb begreife ich es als ein elementares pädagogisches Ziel, den Kindern die alten Fabeln, biblischen Traditionen, griechischen Tragödien usw. nahe zu bringen. Die Dokumente früherer Kulturen werden heute oft vergessen oder abgetan, obwohl sie uns vor Augen führen würden, woher wir kommen und wer wir sind.

Dieses Vergessen belegt doch sehr eindrücklich, welch schwere Verluste im geistig-seelischen Bereich die technologische Homogenisierung der Industriestaaten zeitigt. Muss der abendländische Mensch nicht mit einer gewissen Melancholie feststellen, dass die ärmeren Länder der Peripherie in ihren Lebensformen und künstlerischen Werken noch von einer ausgeprägten Spiritualität und Kreativität durchdrungen und eigentlich kultivierter sind – denken Sie an die große Literatur Lateinamerikas oder die oralen mytischen Traditionen Afrikas mit dem Ahnenkult?

In der Welt, die wir bewohnen, gibt es kein Zentrum mehr und folglich keine Peripherie. Die neuartigen Kommunikationskanäle bilden ein Netz, das sich über den Planeten spannt, und dieses Netz hat im Gegensatz zum Kreis oder zum Quadrat seine Mitte überall und nirgends einen Umfang. Egal, wo man sich gerade aufhält: Man ist immer irgendwie in der Mitte, in Nachbarschaft zum Anderen, auch wenn er, geographisch gesehen, an einem fernen Ort lebt. Die künstlerischen Werke, die Sie ins Feld führen, sind daher nicht durch die Trennung zwischen Zentrum und Peripherie zu erklären, sondern eher durch das Unglück. Sie bleiben auf geheimnisvolle Weise verbunden mit den Grundkonstanten des Daseins, mit dem Leid, der Trauer, dem Tod – und darin unterscheiden sich die heute auf uns kommenden großen südamerikanischen Romane keineswegs von den griechischen Tragödien. Nein, sie befinden sich nicht außerhalb oder am Rand – denn von was wären sie weit weg? Die Menschen in den reichen Ländern sind ganz einfach zu dick, zu abgestumpft, ohne vitale Erfahrung; ein bedeutendes Werk aber schafft man vor allem mit seinem Körper.

Es ist jetzt häufig die Rede davon, dass im 21. Jahrhundert der interkulturelle und interreligiöse Dialog intensiviert werden müsse, damit die unsagbaren Schrecken des 20. Jahrhunderts sich nicht wiederholen. Halten Sie ihn für realisierbar oder für utopisch?

Zunächst sollte man registrieren, dass in der gesamten Menschheitsgeschichte die herrschende Klasse noch nie so ignorant war. Um den Dialog zwischen den Kulturen zu fördern, müssen die Politiker – und im Weiteren auch die wirtschaftlich Mächtigen – eine umfassende Bildung besitzen. Wären sie in der Vergangenheit klüger gewesen, hätten sie in den Städten und auf dem Land nicht solches Unheil angerichtet. Der Begriff Kultur meint ja üblicherweise zweierlei: erstens, in anthropologischer Interpretation, die Gesamtheit der Bräuche einer Familie, eines Stammes oder eines Volkes, die praktiziert und in eine bestimmte Sprache gekleidet wird; zweitens, aus akademischer Perspektive, die geistige Höherentwicklung, abzielend auf Verfeinerung und Schönheit. Ich füge eine dritte Bedeutung bei: die Wechselbeziehung, die zwischen der eigenen und der universalen Kultur besteht. Kultur, das ist der Dialog zwischen den Kulturen, der seit jeher stattfindet und sich dank unserer technischen Möglichkeiten sowie einer zunehmenden Aufgeschlossenheit gegenüber dem Fremden in Zukunft wohl noch vertiefen wird.

Am Ende also triumphiert die Liebe?

Sie ist die einzige Lösung. Aber sie existiert nur selten, zwischen zwei Personen noch seltener. Im Allgemeinen wird sie verzehrt von der Macht, vom Geld, von der Konkurrenz und der Zerstreuung. Diejenigen aber, die sich ihr hingeben, konstituieren die geheime Aristokratie der Menschheit. Man trifft und sieht sie kaum. Sie sind weder Präsident der Republik noch Wissenschaftler noch Finanzier. Sie bestechen durch ihre Einfachheit, und diese ist vielleicht der Schlüssel zur Heiligkeit. Sie sind das Salz der Erde, von welchem das Evangelium spricht. Die Liebe wäre die Lösung für jeden Menschen, doch niemand will sie. Ah, viele reden von ihr, aber sie in jedem Augenblick des Lebens aus tiefstem Herzen, mit unverbrüchlicher Treue zu empfinden und zu zeigen – das ist, leider, die große Ausnahme, und eben darin liegt wahrscheinlich unsere größte Tragödie.

Paris, 12.01.1999

Redaktionell bearbeitet und übersetzt von Jochen Winter

„Wir sind erfüllt von der Sehnsucht nach Transzendenz"

WOLE SOYINKA

Der Schriftsteller Wole Soyinka, geboren 1934 in dem Dorf Isara in West-Nigeria, ist der erste afrikanische Schriftsteller, der 1986 den Nobelpreis für Literatur erhalten hat. Soyinka, den man weit über die literarischen Kreise seines Landes verehrt, hat niemals aufgehört, sich über die politischen Ereignisse Nigerias, dessen Diktator Abacha 1995 den Schrifsteller Ken Saro Wiwa hinrichten ließ, zu äußern. Er selbst ist mehrere Male in Nigeria inhaftiert worden und war einmal für zwei Jahre im Gefängnis von Kaduna in Einzelhaft. Anschließend hat er in Paris, New York und in der Nähe von Los Angeles gelebt. Seit dem Tod von Abacha, im Sommer 1998, ist Wole Soyinka mehrmals vorübergehend nach Nigeria zurückgekehrt. Er hat insbesondere internationalen Erfolg durch seinen Roman *Aké: die Jahre der Kindheit* (Reclam 1987) erfahren, der anhand von Kindheitserinnerungen ein dichtes Bild der afrikanischen Gesellschaft zwischen Tradition des Kontinents und eines durch die europäischen Werte beeinflussten Bürgertums zeigt.

Er hat nacheinander in Nigeria, Ghana, Großbritannien sowie den USA unterrichtet und gleichzeitig Tragödien, Komödien, Gedichte, Romane und autobiographische Texte geschrieben. Wole Soyinka wurde 1997 Präsident des Parlaments internationaler Schriftsteller, welches er mitbegründet hat. Heute ist er Vizepräsident von *The North American Network of Cities of Asylum*, das sich zur Aufgabe gemacht hat, auf der ganzen Welt Asyl für bedrohte oder im Exil lebende Schriftsteller einzurichten (Russel Banks ist der Präsident und Salman Rushdie der Vizepräsident). Sein Stück *König Baabou*, in der Art wie *König Ubu* von Alfred Jarry geschrieben, setzt den Diktator Sani Abacha und seine verrückten Killer in Szene.

Er ist auch Autor von *Ibadan: Streunerjahre 1946-1965* (Amman, 1998), ein autobiographischer „Doku-Roman", in dem er beschreibt, wie er zum Schreiben kam, während sein Land die Unabhängigkeit gewann.

Zu seinen Werken gehören auch: *Die Ausleger* (Walter, 1983), *Stücke* (Henschel, 1987), *Zeit der Gesetzlosigkeit* (Ullstein, 1981), *Klima der Angst* (Amman, 2005), *Brich auf in früher Dämmerung* (Amman, 2008).

*

Sie sagten einmal, die afrikanischen Religionen hätten allen Grund, anderen Religionen, zumal der christlichen, mit Vorsicht und Skepsis zu begegnen.

Ja, dieses Misstrauen scheint mir dringend geboten, ob gegenüber dem Christentum oder dem Islam oder dem Hinduismus. Die so genannten Weltreligionen, die einerseits die universale Brüderlichkeit predigen, haben andererseits blutige Phasen eines extremen Separatismus durchlaufen, von dem sie sich bis auf den heutigen Tag nicht befreien konnten. Solange sich Christen von Nichtchristen, Moslems von Katholiken, Hindus von Moslems distanzieren und die „Feinde" eben deshalb bekämpfen, weil sie nicht der gleichen Theologie anhängen, wird der Begriff des Menschlichen auf schreckliche Weise verkürzt. Im Gegensatz dazu sind die meisten afrikanischen Religionen, die ich kenne, nicht bereit, einen derartigen Separatismus zu akzeptieren und zu praktizieren. Die Yoruba zum Beispiel, von denen ich abstamme, vollziehen keine Trennung zwischen Gläubigen und Andersgläubigen. Vielmehr sind sie überzeugt, dass jedem Individuum von Anfang an ein persönlicher Schöpfergott eignet. Dieser entwickelt sich in dem Maße, wie ein Kind älter und reifer wird, wodurch dann in der Jugend oder im Erwachsenenalter eine neue schützende Gottheit an die Stelle der alten treten kann. Das heißt: Die Götter sind Teil eines Prozesses, in dem sie einander bedingen und ablösen, anstatt sich aufzuheben und zu zerstören. So betrachtet der Yoruba den Christen nicht als Fremden, sondern als jemanden, der der gleichen Welt angehört wie er selbst.

Diese Offenheit des afrikanischen Geistes gegenüber dem Anderen, das als eine erweiterte Form des Eigenen, gewissermaßen als dessen Spiegelung aufgefasst wird, geht dann vom religiösen Gefühl unmittelbar über in den kulturellen Bereich, der seinerseits von der Vielgestaltigkeit der Mythen, ihrer Lebendigkeit im täglichen Leben zeugt, wie dies der afrikanische Theologe John Mbiti sagte.

Fest steht, dass die unterschiedlichen Mythen der afrikanischen Stämme, ihre jeweils spezifischen Weltanschauungen in einem komplementären Verhältnis stehen. Dabei wird das zunächst Fremde eher assimiliert als konterkariert. Ich will Ihnen ein Beispiel geben, das dies verdeutlicht und gleichzeitig zu verstehen gibt, wie tief das Numinose ins scheinbar Profane eingreift. Shango ist für die Yoruba der Gott des Blitzes und in manchen Fällen auch der Vertreter der ausgleichenden Gerechtigkeit. Wenn nun seine Anbeter auf ein Ereignis aus einer anderen Welt stoßen – etwa Elektrizität –, dann verfluchen sie es nicht als etwas Gottloses, als Teufelswerk. Nein, sie untersuchen ihre bisherigen mythologischen Erklärungen und fragen sich: Haben wir nicht eine Gottheit, deren Macht und Wirkung diesem Phänomen entspricht? Und siehe da: Elektrizität und Blitz beruhen auf der gleichen Kraft, versinnbildlichen das gleiche Grundprinzip, und schon wird Shango zur Gottheit der Elektrizität! Die Religion nimmt ungewohnte äußere Erfahrungen in sich auf, indem sie sie mit ihrem ursprünglichen Korpus an Symbolismen in Einklang bringt und – bereichert – damit fortbesteht.

In diesem Zusammenhang heben Sie auch die Tatsache hervor, dass die präkoloniale Geschichte Afrikas keinerlei Hinweise auf Kriege enthält, die aus religiösen Motiven geführt wurden, dass die Auseinandersetzungen stets rein politisch oder wirtschaftlich bedingt waren – die Idee, welche sich durch die literarischen Werke des Nigerianers Chinua Achebe zieht.

Das ist meine tiefe Überzeugung. Auf der Suche nach einer Art humanisierenden Welttheologie kann man von einigen afrikanischen Religionen – insbesondere von der Verehrung der Yoruba für ihren Gott Orisha – einiges lernen. Sie zetteln keinen Krieg an, um sich selbst genugzutun, sie führen keine gewaltsamen Bekehrungen durch, um im Namen einer unsichtbaren Gottheit zu den Waffen zu greifen, obwohl diese eigentlich sehr menschenfreundliche Glaubenssätze übermittelt hat. Ungeachtet der Moses-Geschichte und der Zehn Gebote, ungeachtet auch der besonderen Privilegien, die den Propheten zukommen, kann kein Mensch behaupten, von einem höchsten Wesen direkte, überprüfbare Vorschriften und Lehren empfangen zu haben, denn niemand hat solche Gottheiten je erblickt. Wir verfügen lediglich über die Informationen seitens der Propheten, Seher, Theologen. Und für mich ist die eine Sammlung von Weisheiten nicht gültiger oder ungültiger als die andere.

Eine weitere Gemeinsamkeit der afrikanischen Kulturen zeigt sich darin, dass sie das Geheimnis des Lebens achten und würdigen. Diese Haltung ist den westlichen, von Ratio und technologischer Machbarkeit beherrschten Denktraditionen mehr und mehr abhanden gekommen. Wie würden Sie vor solchem Hintergrund den afrikanischen Beitrag für das Verständnis der verborgeneren Beziehungen zwischen Mensch und Erde, Mensch und Himmel umschreiben – die Frage ist sehr präsent im Werk von Jean Rouch, zum Beispiel in Ich, ein Schwarzer *(*Moi, un Noir*).*

Die afrikanische Anschauung ist zuallererst von einer wahren Humanität gekennzeichnet. In ihrem Zentrum steht der ganze Mensch und sein Dasein. Das bedeutet: Er kann nicht geopfert werden – weder für die Wissenschaft noch für eine göttliche Offenbarung noch für irgendwelche Hypothesen. Immer geht es um die menschliche Entität, auch und gerade in jenen Bereichen, wo wir uns um Erkenntnis bemühen. Deshalb haben zahlreiche afrikanische Gottheiten nicht den Status der Vollkommenheit, im Gegenteil, sie werden auf die Ebene der Sterblichen heruntergeholt: Sie sind sterblich, begehen Fehler, müssen dafür büßen und sich dem Urteil der Menschen unterwerfen. Das ist in meinen Augen ein entscheidendes Merkmal. Es verhindert jene krassen Ausgeburten fundamentalistischen Wahns, der die Welt im Auftrag einer religiösen oder geistigen Doktrin heimsucht und verzehrt. Derlei kann in afrikanischen Religionen nicht passieren.

Und wie lässt sich die Kluft zwischen der in sich vielschichtigen afrikanischen Mentalität und der zunehmend stereotypen westlichen Denkgewohnheit noch genauer cha-

rakterisieren, wenn wir uns die rasante Mechanisierung der Industrienationen vergegenwärtigen, die letztlich zur Vernichtung kultureller Diversität führt?

Das Problem der westlichen Welt liegt darin, dass sie Wissenschaft und Technologie vergöttlicht und das Leben diesen Götzen unterordnet. Dagegen ist in den afrikanischen Religionen jeder zivilisatorische Fortschritt bereits antizipiert. Mit anderen Worten: Das Wissen kann sich unendlich ausdehnen, indem man unvoreingenommen immer neue Sachverhalte integriert, allerdings ohne sie zu verherrlichen. In den menschlichen Beziehungen gibt es gewisse Leitlinien, die durch das kreative Vermögen niemals beeinträchtigt werden dürfen, weshalb die Technologie stets im Dienst der Beziehungen, der organischen Entwicklung der Gesellschaft sowie einiger elementarer Methoden zur Erkenntnisgewinnung steht. Diese tief im Humanen verwurzelten Leitlinien verbürgen den Zusammenhalt der Gemeinschaft, sie bestimmen darüber, was in die Praxis umgesetzt werden soll, was das intrakulturelle Gleichgewicht zerstören könnte, was im Rahmen der technischen Errungenschaften erwogen werden muss. Man sagt nicht: Weil wir eine Atombombe haben und also ihrem Diktat gehorchen, zünden wir sie auch; weil wir im Zeitalter des Internet leben, das die totale Kommunikation ermöglicht, können wir auch alles kommunizieren. Nein, man gebietet dem Einhalt, stellt sich über die Forderungen, die eine neue Technologie durchzusetzen versucht. Ich meine, das ist der fundamentale Unterschied zwischen den afrikanischen und den mechanistisch denkenden europäischen Gesellschaften.

Kann man demzufolge von einer genuin afrikanischen Philosophie sprechen – in der Weise, dass diese sich aus einem traditionellen Kanon entfaltet? Und: Wie gestaltet sich das Wechselverhältnis zwischen Philosophie und Mythologie?

Die afrikanische Philosophie ist ebenso wenig einheitlich wie die afrikanische Religion oder die afrikanische Kunst. Die Vorstellungen der Dogon etwa weichen deutlich ab von denen der Yoruba oder der Kwazulu. Von daher sollte man sich hüten, hier mit eindimensionalen Erklärungsmustern zu arbeiten. Und wie in allen anderen Gesellschaften hat die Philosophie ihre Ursprünge in der Mythologie. Insofern die letztere ein symbolhaftes Konstrukt darstellt, erscheint die erstere als dessen abstraktes Derivat. Eigentlich aber ist die Philosophie selbst ein Konstrukt, das die gleiche Wertigkeit besitzt wie das mythologische, weil es ebenfalls darauf abzielt, Phänomene zu interpretieren und Erkenntnis zu produzieren. In beiden Fällen haben wir es mit einem äußerst komplexen, äußerst anziehenden Gedankengebäude zu tun, in dem sich das Weltmuster abbildet, erinnert man sich an die Arbeiten von Robert Ranke-Graves oder Romano Guardini in seiner Schrift ‚Vom Ende der Neuzeit'.

Dabei muss man sich allerdings vergegenwärtigen, dass die westlichen Gesellschaften zu Beginn des 21. Jahrhunderts ihre Verbindung zum Mythos – zumindest in seiner klassischen Form – allem Anschein nach verloren haben.

Ganz zu Recht legen Sie den Akzent auf „klassisch" – ja, der Westen hat die klassische Mythologie hinter sich gelassen. Doch dafür entstehen immerfort neue

Mythen, zum Beispiel der des Weltraums. Er wird heute wiederbelebt und neu aufbereitet, nicht zuletzt vom Kino. Offensichtlich handelt es sich hierbei keineswegs um einen geistigen Mythos; ich differenziere zwischen einem solchen, der auf das innere Zentrum des Menschen gerichtet ist, und jenem anderen, der seine Existenz allein der Technik verdankt und dadurch Verbreitung findet. Um den sowohl instinktiv wie spirituell geprägten Mythos zu verlebendigen, wenden sich die Menschen der Religion zu, mit welcher sie aufwuchsen. Dieses Ideengut überdauert. Leider führt es in den jetzigen europäischen Kulturen ein Schattendasein, weil Dichtung und Musik nicht mehr davon durchdrungen sind. Ich hoffe, uns Afrikanern bleibt das erspart.

Genau darauf will ich hinaus. Die Säkularisierung hat einen Verlust der Spiritualität zur Folge, sie raubt dem Menschen den Ort, der ihm in einer metaphysisch interpretierten Ordnung zustand. Spätestens seit der Renaissance entfernt sich das abendländische Denken von dieser Ordnung, negiert sie, um den Postulaten der Messbarkeit und der Wirtschaftlichkeit zu genügen. Wie kann der Europäer diesem Prozess entgegen wirken, damit ihm wieder so etwas wie geistige Geborgenheit, intellektuelles und kosmisches Gleichgewicht zuteil wird, mit Folgen auch für das politische Leben?

Er muss sich unbedingt auf die Gemeinschaft besinnen, sie zum Gegenstand der Betrachtung machen, um so aus seiner geistigen Verbannung zurückzukehren. Zugleich jedoch sollten wir den Ausdruck „geistige Geborgenheit" mit Bedacht verwenden; gerade in den vorwissenschaftlichen Epochen wurden Denker und Gelehrte aufs Rad geflochten oder auf dem Scheiterhaufen verbrannt, weil sie die so genannte geistige Geborgenheit, die herrschende, scheinbar sichere Ordnung in Frage stellten. Die mittelalterliche Hierarchie übte ihre Macht aus, indem sie einige der ihr widersprechenden Tendenzen mit aller Gewalt unterdrückte. Daher respektiere ich nur jenes Wissen, das sämtliche Lebensbereiche durchstrahlt, das vom Priester, von der Frau, vom Kind weitergegeben wird. Dies ist die geistige Geborgenheit, auf die ich mich beziehe.

Sie sprechen von der notwendigen Wiederanbindung des Einzelnen an die Gemeinschaft. Wie aber kann der bis zum Überdruss aufgeklärte, den Prinzipien des Subjektivismus und Liberalismus – seit dem Konzept des possessive Individualism *von John Locke im 18. Jahrhundert entwickelt, aber auch schon früher – verpflichtete Mensch des Okzidents den Weg dorthin finden? Welche Möglichkeiten hat er, sein Ich zu übersteigen, dem man inzwischen auch in der Ökonomie eine absolute Dimension gegeben hat, wie Benjamin Barber zurecht überlegte?*

Sicherlich ist dieser Individualismus eine weitere Form von Fundamentalismus – eine Ideologie, in der die Vorstellungen von Freiheit und Würde ins Extrem getrieben werden. Zunächst einmal haben sie ja durchaus ihre Berechtigung, weil sie den Einzelnen davor bewahren, in der Masse unterzugehen. Und doch ist er es, der die Gemeinschaft konstituiert. Erst wenn er dies übersieht, wenn er leugnet, dass er als Teil eines Ganzen zwangsläufig dem Gemeinwohl dient, gerät er ins Abseits. Es gilt, die Interessen des Einzelnen und die der Gemeinschaft immer wieder gegeneinander abzuwägen. Weder darf er geopfert werden, noch darf er sich ihr entfremden und sie aufgrund eines unstillbaren Machthungers ausbeuten. Jedenfalls stimme ich mit Ihnen darin überein, dass der grassierende Individualismus ein furchtbares geistiges Übel darstellt.

Es schädigt, ja zersetzt die westlichen Gesellschaften nicht nur von innen her, sondern beeinträchtigt auch deren Verhältnis zu den vermeintlich peripheren Kulturen, das sich häufig in einer hochgradig ethnozentrischen Perspektive ausdrückt. Dem deutschen Afrikaforscher Leo Frobenius etwa werfen Sie vor, er sei nie wirklich eingedrungen in die afrikanische Ideen- und Lebenswelt, er habe nie den ernsthaften Versuch unternommen, das Wesen des afrikanischen Menschen zu verstehen.

Frobenius hatte vorgefasste Konzepte und Paradigmen, denen er subsumierte, was ihm genehm war, um dadurch auszuschließen, was er ablehnte oder nicht begriff. Seine unerträgliche Arroganz ging so weit, dass er angesichts der prächtig gedeihenden afrikanischen Kultur behauptete, sie könne gar nicht von den hier ansässigen Menschen geschaffen worden sein, sie verdanke sich irgendwelchen Einwanderern einer fernen, höher entwickelten Zivilisation, und die ersteren seien nur deren geistig zurückgebliebene Nachfahren. Er war einfach nicht fähig, die organischen Beziehungen zwischen Volk, Kultur und Kreativität zu erkennen und zu achten. Er besaß noch nicht einmal die Demut, die Mythologie genauer zu erforschen und sie in Zusammenhang zu bringen mit den reichhaltigen Zeugnissen der Kultur, die sich ihm darboten. Er kam hierher, schnappte sich, was er wollte, und konstruierte daraus seine schönen, scheinbar mustergültigen anthropologischen Formeln.

Diese dünkelhafte Einstellung haben die Europäer und Nordamerikaner nie abgelegt. Heute leisten sie finanzielle und wirtschaftliche Unterstützung vornehmlich für jene Länder der Dritten Welt, die sich in ihren Augen „gut benehmen" – politisch und wirtschaftlich über IWF, die Weltbank oder die Entwicklungsministerien – oft ohne Beachtung der eigenen indigenen Werte. Sie exportieren exogene Technologien, die oft zu den kulturellen und religiösen Werten des jeweiligen Landes im Widerspruch stehen und sie riskieren dabei ihre humane Identität zu verlieren. Die Kultur ist mehr als Folklore, die Technologie muss akkulturiert werden. Alle Kulturen haben ihr „kreatives Kapital", auch in der Politik.

Ja, derartige Almosen sind beschämend. Dennoch glaube ich, dass ein Geldgeber das Recht und sogar die Verpflichtung hat zu fragen, wie die von ihm bereitgestellten Mittel eingesetzt werden – ob sie in ausländischen Banken verschwinden oder ob ein Machthaber sie dazu missbraucht, das Volk zu unterdrücken, das die entsprechenden Wirtschaftsgüter mühsam erzeugen muss. Wenn also der angestrebte Zweck, nämlich die Steigerung der Lebensqualität, nicht erfüllt und darüber hinaus eine weitere Form von Sklaverei eingeführt wird, dann obliegt es den reichen Staaten, ihre Entwicklungshilfe neu zu überdenken.

Seit einiger Zeit neigen sie ja dazu, manchen afrikanischen Ländern einerseits die Schulden zu erlassen und ihnen andererseits das Recht auf Selbstbestimmung zuzubilligen. Wie beurteilen Sie solche Gesten?

Warum müssen sie es überhaupt erst zubilligen? Hätten die armen Länder es nicht von vornherein beanspruchen sollen? Gut, wir wissen, dass dieses Thema der eingehenden Erörterung bedarf. Wenn man in Betracht zieht, welch hoher Anteil der Entwicklungshilfe allein dafür aufgewandt wird, die Fachleute der Geberländer vor Ort zu unterhalten – gewöhnlich in einem afrikanischen Land, das wir vor zehn Jahren untersucht haben, sogar 85 Prozent –, dann ist man schokkiert und kann nicht fassen, wie es zu so einer totalen Abhängigkeit kommen konnte. Die nachkoloniale Ära war nicht die der Befreiung, sondern die der Rohstofflieferungen in die ehemaligen Kolonialmächte, die infolgedessen zu immer größerem Wohlstand gelangten. Diese sehr einseitige Beziehung wird bis heute aufrechterhalten, indem sich die Geberländer gleichsam Statthalter in Gestalt von afrikanischen Diktatoren suchen, mit denen sie Geschäfte ohne besondere Gegenleistungen abschließen können. Doch irgendwann ist der Punkt erreicht, an dem jede unserer Nationen sich fragen muss, wie lange sie die ausbeuterischen reichen Gesellschaften noch für das eigene Leid verantwortlich machen will, an dem wir einfach sagen: Jetzt ist es genug, wir wollen uns der korrupten Herrscher entledigen, tatsächlich unabhängig werden, mit unseren Handelspartnern gerechtere Bedingungen vereinbaren und die Güter herstellen, die wir für uns selbst brauchen.

Eine Möglichkeit, dem alles vereinnahmenden Mahlstrom des rein utilitaristischen Denkens zu widerstehen, läge wohl in der erneuten und bewussten Auseinandersetzung mit den geistigen Traditionen der eigenen Kultur. Sollten die Afrikaner eine solche Rückkehr zu ihren Wurzeln anvisieren, in der Kunst, im Film, in der Literatur, von N. Farrah in Somalia bis zu den musikalischen Traditionen in Nigeria mit seinem ethnischen Pluralismus oder im Senegal?

Hierbei besteht immer die Gefahr, dass man blind wird für die Wurzeln der anderen. Außerdem kann keine Gesellschaft ihren Urzustand wiederherstellen. Aber es gibt eine Quelle, die wir stets in uns tragen, einen Kern, in dem Kultur, Mentalität und Geschichte zu einer Einheit verschmolzen sind, auf dem wir tagtäglich aufbauen und den wir weiter formen. Sich dessen zu erinnern, ist meines Erachtens unerlässlich.

Die im afrikanischen Geist tief verankerte Fähigkeit zur Transzendenz liefert dafür die besten Voraussetzungen, gerade auch weil sie die strikte Trennung zwischen den

Ahnen, den Lebenden und den noch Ungeborenen beseitigt – ich denke zum Beispiel an Kult der Ahnen in vielen afrikanischen Kulturen, von Madagaskar bis nach Nigeria.

Ja, praktisch alle Religionen dieses Erdteils vertreten die Überzeugung, dass die drei Welten ein einziges Kontinuum bilden. Es existiert nicht nur als Denkmodell, offenbart sich nicht bloß in den verschiedenen Riten und Feiern, sondern bestimmt auch die unmittelbare Wahrnehmung. So hat ein neugeborenes Kind die gleichen Merkmale wie ein Vorfahre und wird schon früh fast wie ein Erwachsener behandelt. Dieser Glaube an das Kontinuum zieht sich wie ein roter Faden durch die sozialen Strukturen der afrikanischen Gesellschaften.

Welche Rolle spielt dabei der Opfergedanke seit Marcel Mauss, den der Abendländer heute so vehement aus seinem Bewusstsein verdrängt?

Wenn man sich von Ahnen oder Geistern umgeben weiß, wenn das Diesseits beständig in ein unsichtbares Jenseits überleitet, dann hat das symbolische Opfer hauptsächlich die Funktion, diese Wechselwirkung zwischen den Daseinsebenen zu bewahren.

In Ihrem Roman Aké schreiben Sie über den Baobab, den Affenbrotbaum, der über sehr viele Jahre gewachsen ist und die unerschütterliche Dauer inmitten alles Veränderlichen repräsentiert.

Ja, hier haben wir es mit dem Paradox von Ewigkeit und Wandel zu tun, das den einzelnen Menschen und die Gesellschaft im Ganzen kennzeichnet. Die eine Wirklichkeit besitzt zwei Gesichter, und wir sind mit beiden zugleich konfrontiert.

Diese Auffassung liegt auch jener Mädchenfigur des Romans zugrunde, der Bukola, die den endlosen Kreislauf des Lebens (ábikù) durchwandert, indem sie immer wieder stirbt und neu geboren wird. Sie verkörpert die Wesensmerkmale einer jungen Schamanin, die in Trance fällt und mit toten Seelen in Kontakt tritt. Gehen Sie davon aus, dass die schamanistische Tradition in den afrikanischen Kulturen weiter bestehen wird?

Sie ist nie auszulöschen, weder bei uns noch bei anderen Völkern. Leider nimmt sie in den europäischen Gesellschaften sektiererische Formen an, weil die Menschen dort keinen natürlichen Zugang mehr haben zur magischen Realität, zum schamanistischen Aspekt der eigenen Existenz. Sobald der metaphysische Drang unterdrückt wird, quält er die Psyche und entlädt sich irgendwann auf unheilvolle Weise. Das zeigt, dass wir erfüllt sind von der Sehnsucht nach Transzendenz und ihr nicht entfliehen können.

Solche Sehnsucht entstammt dem Unterbewusstsein, artikuliert sich dank der Intuition und gelangt in Religion und Kunst zur gültigen Darstellung.

Den Ursprung der Kreativität haben auch europäische Denker erkannt; Arthur Koestler zum Beispiel betonte mehrfach das intuitive Element noch in der exakten Wissenschaft, das die analytische Intelligenz bedingt. Für den Künstler sind Intuition, schöpferische Kraft und unterschiedliche Grade der Besessenheit unauflöslich miteinander verknüpft. Er arbeitet auf der Ebene des Unterbewussten, bisweilen im Schlaf, und wenn er dann erwacht, fällt ihm plötzlich eine Metapher, eine Wortfolge, eine musikalische Phrase ein. Aber dann bearbeitet er sie mit den Werkzeugen des Bewusstseins; auch der afrikanische Künstler schafft, entgegen manchem Vorurteil, nicht nur in der Ekstase.

In solcher Hinsicht erscheint der Satz von Peter Brook, dass in jedem Europäer ein Afrikaner steckt, doch sehr treffend.

Diese Auffassung könnte die westliche Welt von ihrer schablonenhaften mechanistischen Methode kurieren. Und vergessen wir nicht: Der umgekehrte Fall trifft ebenfalls zu.

Upland, Kalifornien, 03.04.1999
Redaktionell bearbeitet und übersetzt von Jochen Winter

„Die Technologie ist keine Kraft"

EDWARD TELLER

Der amerikanische Physiker ungarischer Herkunft Edward Teller, d.h. ursprünglich Teller Ede, geboren 1908 in Budapest und gestorben 2003 in Stanford, ist vor allem durch seine Arbeiten zur Entwicklung der Wasserstoffbombe bekannt geworden. Mit achtzehn Jahren ging er, um als Jude studieren zu können, nach Deutschland an die Technische Hochschule Karlsruhe und später an die Universitäten München und Leipzig, wo er 1930 bei Werner Heisenberg mit einer quantentheoretischen Dissertation promovierte. 1934 sah er sich genötigt, aus Deutschland zu emigrieren, landete ein Jahr später in den USA und erlangte 1941 die amerikanische Staatsbürgerschaft. Noch im gleichen Jahr beginnen die Amerikaner die Planungen zu einer Atombombe, das sogenannte *Manhattan-Projekt*, in das Teller alsbald einsteigt. Mehr als zehn Jahre lang arbeitet er daraufhin mit Enrico Fermi, Robert Oppenheimer u.a. für dieses Ziel an der Universität von Chicago und in den geheimen Forschungslabors von Los Alamos (Neu-Mexiko). 1952 wird er Professor für Physik an der Universität Berkeley und Direktor des Radiation Laboratory in Livermore (nachmals Lawrence Livermore National Laboratory). Auch nach seiner Emeritierung im Jahr 1975 bleibt er als Honorardirektor dieses Strahlenlaboratoriums weiterhin aktiv und streitbar. Der als ‚Vater der Wasserstoffbombe' angesehene Teller ist immer ein glühender Verfechter dieser Waffe geblieben, im Gegensatz zu mehreren Wissenschaftlern, die im *Manhattan-Projekt* mit ihm zusammengearbeitet hatten. Dies und seine belastenden Aussagen in den Untersuchungsausschüssen der McCarthy-Ära (namentlich über Robert Oppenheimer) bewirkten eine tiefe Entfremdung zwischen ihm und der scientific community, die soweit ging, dass sein Kollege und Konsorte, der amerikanisch-polnische Nobelpreisträger Isidor Isaac Rabi, erklären konnte: „Die Welt wäre besser ohne Edward Teller".

*

Jedes Jahrhundert hat seine Entdeckungen. Das 15. Jh. hat die Erfindung des Buchdrucks durch Gutenberg und Kolumbus' Indienreise nach Amerika erlebt. Das 17. Jh. war das von Newton, Galilei, Descartes und Locke. Das 19. dann das von Bell und dem Telefon und von Edison und der elektrischen Glühlampe usw. Wie würden Sie in der Rückschau das 20. Jh. einschätzen?

Mir scheint es wahrhaftig vollkommen verschieden von den vorhergegangenen Perioden. Am Anfang des Jahrhunderts hat man enorme Entdeckungen gemacht:

die Relativitätstheorie Einsteins und die der Quantenmechanik durch Bohr und seine Schüler. Die Mehrzahl der Leute und sogar der Intellektuellen aber hat praktisch nichts davon begriffen. Doch für die Erkenntnis, das Wissen und die Philosophie sind sie ebenso wichtig, ja noch wichtiger als die größten Entdeckungen der Vergangenheit wie etwa die der Erdbewegung. Man hat sie eben nur nicht begriffen.

Dann haben die Dinge ihren Lauf genommen. Es kamen zwei Weltkriege, in denen die Technologie eine bedeutende Rolle gespielt hat. Und, teils aus diesem Grunde, sind neue Entwicklungen vorangetrieben worden. Jedermann denkt da natürlich gleich an die Kernenergie und die Atomexplosionen. Da spielen zwei Dinge mit, die den Leuten Angst machen, weil sie sie nicht begreifen, nämlich zum einen die Relativitäts- und die Quantentheorie, und im Endergebnis etwas, das ihnen durch seine Gewalt Furcht und Schrecken einflößt, die Atom- oder Wasserstoffbombe. In der zweiten Hälfte des Jahrhunderts hat die Vorstellung der reißenden Bewegung, in die wir eingetreten sind, an Kraft gewonnen und die Gemüter ergriffen: Wir gehen zu schnell voran. Wir haben nicht das Recht, so gewaltige Dinge zu entdecken und verstehen zu wollen. Wir müssen langsamer und bedachtsamer vorwärtsgehen. Sonst laufen wir in unsere Zerstörung hinein.

Das große Paradigma ist in meinen Augen die Entdeckung – oder vielmehr die Reihe von Entdeckungen – über das Klonen, also die künstliche Erzeugung eines lebendigen Geschöpfs aus Zellmaterial. Um 1930 hätte man eine solche Neuigkeit noch mit Freudenschreien begrüßt. Heute jagt sie den Leuten Angst ein. Ich habe keine Angst, ich habe lediglich Angst vor der Angst. Ich glaube, dass wir den eingeschlagenen Weg weitergehen sollten, aber indem wir dafür Sorge tragen, dass unsere Entdeckungen nicht missbraucht werden.

Die Entdeckungen Albert Einsteins haben unser Weltverständnis erschüttert mit seiner Relativitätstheorie.

Einstein hat zwei große Entdeckungen gemacht, die nicht voneinander zu trennen sind. Die erste ist die, dass die Zeit und der Raum auf viel interessantere Weise miteinander verbunden sind, als man geglaubt hatte. Beispielsweise kann man nun nicht mehr sagen, dass zwei Ereignisse simultan stattfinden, ohne dass man zugleich die Verbindung mit dem Raum präzisiert. Die andere Entdeckung besteht in der Erklärung der Gravitation durch etwas ganz Eigenartiges, nämlich – ich nenne das Stichwort, obwohl es sich so einfach nicht erklären lässt – die Krümmung des Raums. Das hat nichts mit Quantenphysik und auch nicht viel mit den Atomen zu tun. Die Entdeckungen der Teilchenphysik sind im Schoße der Quantentheorie gemacht worden. Die wirklich große Entdeckung aber war die, dass wir zwar vieles begreifen und vieles bestimmen können, dass wir aber keine hinreichenden Voraussagen über die Zukunft machen können. Wenn man sich der Vergangenheit zuwendet, so kann man die Verknüpfung zwischen Ursache und Wirkung nicht bestreiten. Aber noch mit dem findigsten Gebrauch der Kausalverhältnisse – und anderes haben wir nicht – bleibt die Zukunft weitgehend unvorhersehbar. Also könnte so etwas wie die Willensfreiheit durchaus existieren. Das ist vielleicht die größte Entdeckung, die wir Bohr und seinen Schülern verdanken. Und diese hat wiederum Einstein nicht begriffen, sondern er hat sie bekämpft.

In welchem Ausmaß hat die Arbeit von Einstein das Newtonsche Weltbild transformiert?

Newton hat eine besondere Rolle gespielt. Er hat etwas Falsches, aber zugleich sehr Wichtiges gesagt, das gesagt werden musste. Er hat nämlich klar und deutlich behauptet: „Überall vergeht die Zeit auf dieselbe Weise, sodass man Gleichzeitigkeit, wo auch immer sie stattfindet, definieren kann." Einstein hat ihm an diesem Punkt widersprochen, und er hatte Recht damit, Newton hingegen Unrecht. Aber Newton hat das große Verdienst, seine unzutreffende Vorstellung nicht nur so obenhin behauptet zu haben: vielmehr hat er sie genau beschrieben und damit ermöglicht, ihr mit eben solcher Genauigkeit zu widersprechen.

Können Sie als Physiker glauben, dass der Mensch als das Geschöpf der Geschichte, das er ist, tatsächlich quantifizierbar ist bzw. durch Quantifizierung wirklich verstanden werden kann? Denn gibt es nicht auch noch andere Perspektiven im Prozess der Erkenntnis so wie Intuition und Empathie, Physiker wie Hans Peter Dürr vom Max Planck Institut oder Carl Friedrich von Weizsäcker würden dies bejahen?

Eines der wichtigsten Dinge, die der Wissenschaftler überhaupt zu sagen hat, sind die vier Worte: Ich weiß es nicht. Ich weiß nicht, was Leben ist. Ich weiß nicht, was Bewusstsein ist. Ich erfahre es, aber ich begreife es nicht. Und gibt es von derart nicht Begriffenem nicht noch mehr? Ich kann nur sagen, dass ich genau weiß, dass wir so klein sind, ich und meine Vermögen zu begreifen, dass es vieles gibt, was ich nicht begreife. Die beste Antwort darauf ist: Weiß' Gott! Aber wir wissen leider nicht, was Gott ist.

Kann es für einen Physiker so etwas wie Gott überhaupt geben?

Ich rede nicht von Dingen, die ich nicht begreifen kann. Ich habe versucht zu begreifen, was das Wort Gott bedeuten mag, aber ich habe es nicht begriffen. Ich muss es also bei den besagten vier Wörtern bewenden lassen: Ich weiß es nicht.

Das 20. Jh. ist also das Jahrhundert der Wissenschaft und der Technologie gewesen. Ist denn die Technologie in Ihren Augen letztlich die entscheidende Triebkraft der Evolution des Menschen in der Universalgeschichte der Menschheit?

Ich bin ganz und gar nicht einverstanden mit den Begriffen, in der Sie Ihre Frage formulieren. Zu Beginn des 20. Jhs. hat die Wissenschaft große Fortschritte gemacht, und zwar auf dem Gebiet der Theorie ebenso sehr wie auf dem ihrer Anwendung. In der zweiten Hälfte desselben aber hat sich eine Bewegung entwickelt, deren Augenmerk auf die Umwelt gerichtet ist. Das rührte im Wesentlichen daher, dass viele Leute glaubten, die Wissenschaft habe so schwerwiegende Konsequenzen, dass wir den Fortschritt also verlangsamen, ihn sogar zum Stillstand bringen müssten. Ich sehe darin eine mächtige Negationsbewegung, die unseren Fortschritt und unsere Zukunft überhaupt stark in Frage stellt, und bin der Meinung, dass sie völlig verfehlt ist. Ich glaube vielmehr, dass die Gefahr von der Angst ausgeht, von der Angst vor dem Fortschritt, weniger von ihm selber.

Wie stellen Sie sich zu den Möglichkeiten der Biotechnologie der Zukunft, zum Klonen von Menschen beispielsweise? Halten Sie derlei für ethisch vertretbar?

Ich meine, dass es jedenfalls unzulässig wäre, jemanden ohne sein Einverständnis zu klonen. Es könnte wohl soweit kommen, aber es sollte verboten werden. Anderseits eröffnet die Klontechnik viele Möglichkeiten, die etwa für die Tierzucht eines Tages noch sehr wichtig werden könnten. Und man kann sich im übrigen durchaus vorstellen, dass manche gar zu gerne neugeschaffen werden möchten. Muss man es aber verbieten, dass so jemandem zehn identische Brüder zur Welt gebracht werden, wenn es hoffentlich dazu auch eine Ethik gibt, die ihnen zeigt, wie man sich zueinander verhalten und betragen soll? Ich für mein Teil würde es nicht verbieten. Diese Angst vor der Zukunft ist etwas ziemlich Neues. Ich teile diese Furcht nicht. Ich habe keine Angst davor, aber ich gebe zu und sehe wohl, dass die Möglichkeit besteht, demnächst diese Art gravierender Transformationen zu produzieren. Darüber muss man nachdenken und die Optionen regeln.

Das heißt also, dass die Technologie für Sie eine positive Kraft in der Entwicklung des menschlichen Fortschritts darstellt?

Die Technologie ist keine Kraft. Die Technologie bietet lediglich die Eröffnung von Möglichkeiten, die zum Guten wie zum Schlechten gebraucht werden können. Um 1900 war man gemeinhin der Meinung, dass der Fortschritt eine nützliche Sache sei. Heute ist man mehr und mehr überzeugt, dass die Technologie eine Gefahr darstelle. Ich bin ein alter Mann und neige immer noch zur guten Meinung von 1900, nicht aber zu dem allgemeinen Misstrauen gegen die Technologie, wie es sich im Laufe dieses letzten Jahrhunderts herausgebildet hat.

Aber ist es nicht auch so, dass die Naturwissenschaften im 20. Jh. immer mehr in Abhängigkeit von der Technologie geraten sind, vom Teleskop über die Kernenergie bis zum Computer, wenn Sie nur an Alan Turing, Albert Einstein, Robert Oppenheimer, Werner Heisenberg, Niels Bohr oder Max Planck denken?

Die Technologie und die Wissenschaft gehören zusammen. Bekanntlich machen sich die Grünen und ihre Anhänger stark gegen die angebliche Überschätzung der Technologie. Aber dieser Angriff trifft zwangsläufig auch die Wissenschaft selber.

Ich hingegen bin überzeugt, dass die Wissenschaft an sich gut und notwendig ist und dass sie eine wohltätige Wirkung auf die Menschheit ausübt: weil wir dank ihrer nicht nur besser verstehen und begreifen, sondern auch selber besser werden. Man kann diese Überzeugung nicht haben, ohne wie ich darauf zu vertrauen, dass man neue Entdeckungen und Erfindungen so nutzen kann, dass sie jedem von uns Nutzen bringen. Und wenn angesichts der schrecklichen Erinnerungen, die uns allein der Zweite Weltkrieg hinterlassen hat, der Zweifel daran unbestreitbar ist, so müssen wir doch auch sehen, dass die beiden Weltkriege nicht durch die Wissenschaft, sondern durch den Ultranationalismus hervorgebracht worden sind. Ich finde, dass heute z.B. in Europa große Anstrengungen unternommen werden, die Nationalismen zu beschränken und den Kontinent zu einigen. Das ist ein sehr gutes Zeichen. Hätte man früher so gehandelt, hätte man die zwei Weltkriege vermeiden können. Und ich glaube, man würde einen großen Fehler begehen, eine sichere Zukunft anzustreben, ohne die Wissenschaft dafür in Anspruch zu nehmen.

Als Naturwissenschaftler, und zumal auf dem Gebiet der Atomforschung, haben Sie sich gewiss ihr Leben lang fragen müssen, ob man das moralische Recht hat, auch wirklich alles zu erforschen, was zu studieren und zu untersuchen man die Fähigkeit hätte. Francis Bacon und viele andere nach ihm – wie etwa Friedrich Dürrenmatt in Die Physiker *– haben die Macht des Wissens zum Thema gemacht. Haben Sie niemals moralische Skrupel dieser Art verspürt? Haben Sie nie dem Gedanken Raum gegeben, dass man die menschliche Verantwortung für alles wissenschaftlich Mögliche eigentlich nicht übernehmen kann? Zum Beispiel, als Sie seinerzeit an der Entwicklung der Atombombe gearbeitet haben oder dann, unter der Reagan-Administration, an der „Strategischen Verteidigungsinitiative" (SDI), dem Programm zur militärischen Eroberung und Kontrolle des Weltraums, besser bekannt unter dem Namen „Krieg der Sterne"?*

Ich glaube, dass ich als Wissenschaftler drei Aufgaben zu erfüllen habe; und dass es außerdem noch eine vierte gibt, die nicht die meine ist. Ich bin verantwortlich für die Entdeckung. Ich bin verantwortlich für die Anwendung derselben. Und ich bin verantwortlich für das allgemeine Verständnis beider. Aber ich bin nicht verantwortlich zu machen für die politischen Entscheidungen, die aufgrund der neuen Entdeckungen gefällt werden. Diese Art von Entscheidung lag einstmals bei den Königen, dann vielleicht bei den Kapitalisten, und im Folgenden, wie Sie lieber wollen, bei den Hollywood-Magnaten oder der Presse. All das hat sich gewandelt. Die Entscheidungen dürften aber auch gar nicht von den Wissenschaftlern getroffen werden. In einer Demokratie ist es vielmehr das Volk, das sie treffen muss. Uns Wissenschaftlern obliegt lediglich die Verantwortung dafür, die Allgemeinheit über die bewiesenen und beweisbaren Erkenntnisse wahrheitsgemäß zu informieren. Über alles Übrige habe ich keinen Deut mehr zu sagen als irgendsonst einer der zweihundertfünfzig Millionen US-Amerikaner. Mir scheint, dass diese irrige Frage mit dem Umstand zu tun hat, dass man heutzutage viele

Wissenschaftler, die ansonsten ihre Arbeit korrekt geleistet haben, auf Gebieten tätig werden sieht, auf denen sie nicht kompetent sind.

Manche Ihrer Physikerkollegen wie Carl Friedrich von Weizsäcker oder vor ihm Werner Heisenberg und Liese Meitner im Exil in Skandinavien oder auch solche in Amerika haben in den letzten Jahrzehnten von bestimmten Anwendungen der Kernenergie mehr und mehr Abstand genommen. Hat Ihnen das nicht auch gewisse Zweifel eingeflößt? Sie sind ja immer ein Fürsprecher der Kernenergie gewesen, sowohl hinsichtlich ihres strategisch-militärischen Einsatzes wie auch ihrer friedlichen Nutzung.

Meine Antwort auf diese Frage ist ganz klar: ich habe darüber niemals Zweifel gehabt. Ich glaube nach wie vor, dass die Kernenergie eine wichtige Wissenschaft ist und eine bedeutende Errungenschaft darstellt. In ihrer Anwendung hat sie allerdings viele Leute beunruhigt und beängstigt. Das schmälert ihre Bedeutung aber keineswegs.

Befürchten Sie wirklich nicht im mindesten, dass die destruktiven Kräfte der Kernenergie einmal durchbrechen und damit ihre – von Oppenheimer bis zu Fermi und Weizsäcker – vielfach geäußerte Ablehnung rechtfertigen könnten? Immerhin gehörten Sie zu den wenigen Nuklearwissenschaftlern, die auch noch nach 1945 – selbst nach Hiroshima und Nagasaki – sich zugunsten der militärischen Nutzung der Atomkraft ausgesprochen haben.

Und ich bin immer noch überzeugt, damit recht getan zu haben. Der wichtigste Beweis ist vielleicht erst fünfzig Jahre später zu Tage getreten, als die Sowjets das Handtuch geworfen haben. Ich habe mich lediglich an die Wissenschaft gehalten, an das verfügbare Wissen. Ich kenne die Beweggründe der anderen Seite nicht und will sie auch nicht zu erklären versuchen; aber das Offensichtliche nicht sehen zu wollen, ist meines Erachtens schlicht und einfach verkehrt.

Der Mensch muss demnach in der Wissenschaft praktisch ins Werk setzen, wessen er theoretisch fähig ist, ohne Angst oder Besorgnis über die ethischen Folgen, die das für Politik und Zivilisation haben kann?

Er muss diese Sorge der Verantwortung insofern an den Tag legen, als er klar zum Ausdruck bringt, was getan worden ist und getan werden muss, sodass jedermann es verstehen kann. Dann liegt es an dem Gemeinwesen, die Sache zu entscheiden. Das ist die politische Situation heute oder zumindest diejenige, die am wenigsten Widersprüche mit sich bringt, bzw. die am wenigsten problematische. Ich meine die in der Demokratie. Ich will nicht sagen, das sei das Ideal, sondern nur, dass wir Besseres nicht haben – und dass die Demokratie jedenfalls durch Ignoranz nicht verbessert wird.

Halten Sie Politik, Philosophie und Physik für inkompatibel?

Im Laufe meiner Karriere hat sich die Frage nach dem Einfluß der Politik mit großer Schärfe gestellt. Sie hat mich dazu getrieben, nach Amerika zu kommen. Sie hat mich auch dazu gebracht, an der Entwicklung von Waffen zu arbeiten, wozu ich von mir aus überhaupt keine Lust hatte, denn die Physik ist viel interessanter. So hat die Politik wohl viel mit meinem Leben, aber nicht mit meiner Einstellung zur Physik zu tun.

Das bedeutet doch, dass Sie als Physiker immer versucht haben, selbständige und unvoreingenommene Antworten zu finden und Ihrer wissenschaftlichen Arbeit treu zu bleiben?

Ich kam gar nicht umhin. Als Physiker habe ich auch einige mit der Politik verbundene Probleme zu lösen gehabt und lösen können. Das einzige, worin ich mich von den anderen unterschied, war dies, dass ich Probleme der Technik technisch, nicht philosophisch anging.

Was sind in Ihren Augen die größten Errungenschaften der Geschichte der Menschheit auf dem Gebiet der Naturwissenschaften?

Das sind auf jeden Fall die beiden epochalen Entdeckungen, von denen ich schon gesprochen habe: die Quantenmechanik und die Relativität. Im 19. Jh. hat man viel über die Elektrizität, den Magnetismus und das Licht dazugelernt – m.E. außerordentlich interessante und wichtige Dinge, aber eben nicht so fundamental wie die genannten Entdeckungen, die man zu Beginn dieses nun ausgehenden Jahrhunderts gemacht hat. In den Zeiten davor hatte man immerhin die periphere Stellung der Erde sowie die Existenz unzähliger Sterne entdeckt und damit erkennen müssen, dass wir nur einen außerordentlich geringen Bruchteil des Kosmos ausmachen. Das waren die einschneidenden Ereignisse. Gewiss sind auch schon lange vorher wichtige Entdeckungen gemacht worden. Aber diese zuletzt erwähnten haben im Laufe der letzten fünf Jahrhunderte doch eine entscheidende Rolle gespielt.

Wenn Sie auf die Geschichte des Menschen zurückblicken, können Sie da so etwas wie einen linearen Fortgang der Dinge ausmachen, der es gestattete, von einem „Fortschritt" zu sprechen? Und was wären Ihres Erachtens die Triebkräfte der Geschichte in diesem Sinne, E. M. Cioran bezweifelt dies etwa in seinem historischen Skeptizismus?

Ich denke, es gibt einen Fortschritt, aber nicht auf einer Linie, sondern eher in der Beschleunigung, und zwar hinsichtlich der Chance, ein gutes Leben zu führen. Diese liegt nicht so sehr an dem, was technisch-praktisch möglich ist, sondern an dem, was die Menschen wollen. Für mich sind die schlimmsten von

Menschen verübten und erlittenen Dinge nicht durch die unglaublichen Exzesse der Weltkriege dieses Jahrhunderts bezeichnet, sondern ist die größte Katastrophe schon ein paar Jahrhunderte früher passiert. Der Dreißigjährige Krieg hat die Bevölkerung Mitteleuropas im Laufe dreier Jahrzehnte um die Hälfte dezimiert. Und herausgekommen ist lediglich die Losung: *Cuius regio, eius religio.* Wer regiert, der soll auch über die Religion entscheiden. Diese unscheinbare Maßgabe war das ganze greifbare Resultat der Glaubenskriege, die Millionen von Menschen das Leben gekostet haben. Ich glaube ja, dass wir uns heute in einer Situation befinden, in welcher der Konflikt zwischen den gegensätzlichen menschlichen Willensstrebungen sich über den ganzen Planeten erstreckt. Was sich wirklich entwickelt hat, sind nicht die Lösungen, sondern die zu lösenden Probleme und der Grad ihrer Dringlichkeit. Und mir scheint, dass ohne den technischen Fortschritt die Schwierigkeiten ebenso gewaltig wären, wenn nicht sogar noch größer. Und ich bin überzeugt, dass die Lösungen auf jeden Fall außerhalb der Wissenschaften zu suchen und zu finden sind – in dem Potential der Menschheit, sich über ihre gemeinsamen Interessen zu verständigen.

Braucht es dazu für das neue Jahrhundert so etwas wie eine globale Ethik? Oder würde eine solche nicht vielmehr einer Schmälerung der menschlichen Verschiedenartigkeit Vorschub leisten, wie sie doch für die Evolution und die Universalgeschichte des Menschen prägend gewesen ist?

Eine Universalethik mag eine Lösung sein. Ich für mein Teil würde mich schon mit einer Ethik begnügen, die es, weil die Welt doch immer mehr zusammenrückt, den Leuten erlaubte, sich ein bisschen besser zu verstehen und zu einer Art Gleichgewicht zu finden.

Und was soll aus der modernen Vielfalt der Kulturen und Religionen werden?

Die Verschiedenartigkeit ist eine Tatsache. Die Transformation derselben kann sicherlich nur nach und nach eintreten. Wenn man alle Probleme zusammen lösen will oder wenn man sich einbildet, sie alle gelöst zu haben, ist man gewiss auf dem Holzweg.

Zu Beginn des 20. Jhs. hat der Historiker Oswald Spengler in seinem Buch Der Untergang des Abendlandes *eine polemische Prophetie über den Niedergang der Stärke der westlichen Welt an die Wand gemalt. Glauben Sie, dass die Prophezeiung eingetroffen bzw. dabei ist, sich zu realisieren? Oder hat sich nicht vielmehr das Gegenteil herausgestellt?*

Die Zeit um 1900 herum war noch eine eher glückliche Zeit. Die Erfahrung des letzten großen militärischen Konflikts ging damals auf die napoleonischen Kriege zurück. Sicherlich hatte es in der Zwischenzeit auch andere Kriege gegeben, aber doch keine so gravierenden. Im Laufe der letzten Dezennien nun haben wir, zumal im Westen, doch im Wesentlichen Frieden und Fortschritt erlebt. Oswald Spengler hat richtig gesehen, dass der Westen tatsächlich keine so entscheidenden Fortschritte gemacht hatte, wie er selber meinte. Man muß zugeben: darin haben ihm die beiden Weltkriege Recht gegeben. Aber ich glaube nicht, dass er uns damit groß geholfen hat, es besser zu machen. Sich zu bessern, das ist eine Aufgabe, für die es einen langen Atem braucht; und man wird sie nur schaffen können, wenn man den Fortschritt annimmt und dazu benützt, die Völker einander näher zu bringen.

Stanford, 09.04.1999

„Menschlich sein, vollauf"

TU WEI-MING

Tu Wei-Ming (geboren 1940) ist ein chinesischer Historiker und Philosoph, Spezialist des Neo-Konfuzianismus. Er wurde im Januar 1996 zum Leiter des Yenching-Instituts in Harvard ernannt. Nach seinem Harvard-Diplom lehrte er chinesische Geschichte und Philosophie an den Universitäten von Princeton und Berkeley. Seit 1981 unterrichtet er in Harvard. Er war Mitglied der „Gruppe herausragender Personen", die von Kofi Annan und der UNO eingeladen wurden, um den Dialog zwischen den Kulturen zu erleichtern, und Mitglied der Amerikanischen Akademie der Künste und Wissenschaften. Seine Forschungen erstrekken sich auf den konfuzianischen Humanismus, die chinesische Geistesgeschichte, die philosophischen Traditionen Chinas und das asiatische religiöse Denken. Tu Wei-Ming nahm am Weltwirtschaftsforum 2006 in Davos teil. Seine Geschichte der chinesischen Philosophie in fünf Bänden wurde 2001 in China herausgegeben. Er hat außerdem Bücher in Englisch veröffentlicht, unter ihnen *Neo-Confucian Thought: Wang Yang-ming's Youth; Centrality and Communality; Humanity and Self-Cultivation: Essays in Confucian Thought; Selfhood as Creative Transformation; Way, Learning, and Politics : Essays on the Confucian Intellectual; Confucianism and Human Rights; Confucian Traditions in East Asian Modernity : Moral Education and Economic Culture in Japan and the Four Mini-Dragons.*

*

Sie sprechen vom Konfuzianismus als einem schöpferischen Wandlungsprozess. Was verstehen Sie darunter?

Das Hauptanliegen der konfuzianischen Tradition besteht darin zu erlernen, menschlich zu sein, vollauf, ganz und gar menschlich, mit Tiefe. Offensichtlich sind wir das alle, menschliche Wesen, aber im Gegensatz zu den anderen Tieren versuchen wir wissentlich zu erlernen, unserer eigenen Menschlichkeit gegenüber echt zu sein. Oft vergleicht man dieses konfuzianische Vorgehen des menschlichen Erlernens mit einer Form sozialer Ethik, mit der Idee, dass man lernt, menschlich zu sein, indem man sich anderen anschließt und sein Beziehungsnetz ausdehnt, angefangen bei den Verwandten, den Eltern, oder den ersten Beschützern, dann den Geschwistern, den anderen Familienmitgliedern und so fort. Zum Beispiel ist unser Körper eine Realisierung, eine Errungenschaft, aber wir sind nicht seine Besitzer: Wir werden unser Körper. Wir drücken uns auf ethnischer, wie auf ethischer und religiöser Ebene aus. In diesem Sinne schreibt sich das Ich ständig in einen Verwandlungsprozeß ein, und diese Verwandlung ist nicht passiv, sie ist schöpferisch.

Sie präsentieren den Konfuzianismus als eine Lebensphilosophie. Würden Sie so weit gehen, ihn als eine Erkenntnisquelle zu präsentieren, die unseren westlichen Bedürfnissen zu entsprechen vermag?

In gewissem Sinne sind alle großen ethischen und religiösen Traditionen universal, weltumspannend. Karl Jaspers evoziert die alten Kulturen wie den Hinduismus, dem wir den Jainismus und den Buddhismus in Südostasien, den Konfuzianismus und den Taoismus, sowie andere spirituelle Traditionen in China hinzufügen können, und schließlich das Judentum, das Christentum und den Islam. Man muß ebenso eine ganze Reihe religiöser Eingeborenentraditionen erwähnen, die als Strömungen gleichfalls in der Lage sind, zur Menschheit als ein Ganzes betrachtet sinnvolle Ideen beizutragen, auch wenn sie tief in einer besonderen Kulturform verwurzelt bleiben. Aus diesem Grund ist die kulturelle Identität für gewisse spezifische Segmente der menschlichen Gemeinschaft so wichtig. Die Verschiedenheit und die Universalität sind alle beide am Werk.

Ist der Konfuzianismus eine Gesellschaftsphilosophie und eine weltliche Ziviltheologie des praktischen Engagements in den moralischen Fragen der Welt?

Stellen wir die Frage anders: Um welche Philosophie geht es hier? Philosophie, das ist Liebe zur Weisheit, Selbstreflexion, persönliche Erkenntnis im griechischen Sinne des Begriffs. Wenn wir aber das Thema erweitern und alle großen ethischen und religiösen Traditionen berücksichtigen, dann wird die Philosophie zu einer Lebensweise oder Lebensform. Aus dem Grund ist sie wesentlich an eine ganze Reihe von spirituellen Übungen oder Arten spiritueller Disziplin gebunden. So konzentriert die konfuzianische Tradition ihre Aufmerksamkeit auf den Prozess, das Menschliche zu erlernen. Was sie dazu führt, es in all seinen Aspekten zu erfassen. Wir lernen die Sprache, nicht nur die verbale, sondern auch die des Körpers, die der Kommunikation, die Sprache des Selbstverstehens. Wir können sogar soweit gehen, die konfuzianische Idee in Betracht zu ziehen, dass die Selbstkultivierung den Körper verwandelt, um daraus einen ästhetischen Ausdruck des Ichs zu machen. Mit anderen Worten, über das Ritual, die Kommunikation, die Diskussion verwandeln wir unseren physischen Körper, um dann in der Lage zu sein, uns auf der ästhetischen Ebene auszudrücken. In eben diesem Sinne werden die Ästhetik, die Ethik und die Religion in den holistischen Prozess der Entfaltung des Menschlichen integriert.

Gibt es eine Affinität zwischen dem Konfuzianismus und beispielsweise dem Pragmatismus des amerikanischen Philosophen John Dewey, welche die Qualität der Handlung betont, über ein minutiöses Studium der Lehren des Konfuzius, bis hinein in den politischen Bereich?

Diese Affinität ist tatsächlich stark, nicht nur mit dem Pragmatismus John Deweys, sondern auch mit dem Charles Peirce eigenen Instrumentalismus in seiner Idee der symbolischen Handlung oder des symbiotischen Systems. Mit anderen Worten, die menschlichen Wesen sind zugleich symbolische Tiere. Sie sind nicht nur Zeichen, sondern auch Symbole, die einen tiefen Sinn tragen. Und dieser Typus von Interaktion, dieser Typus von Praxis, ermöglicht es, dem Individuum zu helfen, nicht einmalig wie ein isoliertes Ritual, sondern indem sie es ins Zentrum einer Beziehung einschreiben, in die Kommunikation mit dem Ich der anderen.

Betrachten Sie den traditionellen Konfuzianismus als eine Philosophie der zeitgenössischen Welt?

Nicht nur halte ich den Konfuzianismus für zeitgenössisch, ich meine auch, dass er das notwendige Potential besitzt, um eine wichtige Inspirationsquelle für die künftigen Generationen zu werden. Es ist üblich, das konfuzianische Erbe als eine sehr lange historische Tradition zu betrachten. Einige sehen darin sogar ein simples feudales Wissensbündel, das der Vergangenheit angehört. Ihnen zufolge seien wir in eine moderne Periode eingetreten, die von Kräften einer anderen Ordnung geleitet wird und in der diese Tradition nicht mehr funktionieren würde. Ich gehöre jedoch zu denen, die glauben, dass die Tradition es gerade ermöglicht, unsere Welt oder die Welt der Zukunft zu verstehen. Wir brauchen eine Vergangenheit im Leben, denn diese Vergangenheit macht es möglich, uns selbst zu verstehen und die künftigen Generationen zu verstehen. Deswegen brauchen wir eine klare Sicht der Zusammenhänge zwischen der Vergangenheit, der Gegenwart und der Zukunft. Auch hier haben wir es wieder mit einer kontinuierlichen Strömung zu tun. Der Konfuzianismus ist also nicht nur zeitgenössisch, ein Attribut, das zwei Bedeutungen annehmen kann. Das Zeitgenössische kann helfen, die Fortdauer des Gegenwärtigen zu verstehen, oder sich im Gegenteil als kurzfristig zu erweisen: Was jetzt relevant wäre, hätte über die bloße Gegenwart hinaus keinerlei Nutzen mehr. In eben diesem Sinne schreibe ich der konfuzianischen Tradition eine gewisse, ganz zweifellos zeitgenössische Fortdauer zu.

Wäre die religiöse Dimension der Selbstkultivierung ein neuer Ausdruck der atheistischen Philosophie?

Im vergleichenden Religionsstudium ist man der Meinung, dass viele Geistestraditionen zutiefst religiös sind, einige aber wieder nicht, da sie eher im gesellschaftlichen Bereich oder in der politischen Welt verankert sind. Nun wird der Konfuzianismus häufig als säkularer Humanismus definiert, der einzig an der säkularen Welt *hic et nunc* interessiert sei. In der Tat, als man Konfuzius zum Thema der Geister befragte, antwortete er: „Wir verstehen die Menschen nicht, wie könnten wir die Geister verstehen?“ Zum Tode befragt, sagte er: „Wir sind unfähig, das Leben zu verstehen, wie könnten wir wirklich den Tod verstehen?“

Einige Exegeten haben, wie mir scheint, seine Absichten missverstanden und daraus geschlossen, er würde sich mehr für die Lebenden interessieren als für die Toten und mehr für die Menschen als für die Geister. So wie ich es lese oder verstehe, entdecke ich dort ein sehr subtiles Element, das nicht auf einem oberflächlichen Verstehen der Dinge beruht, nämlich dass es unmöglich ist, den Tod zu verstehen, wenn man das Leben nicht versteht. Mit anderen Worten, man muss das Leben verstehen als eine Vorbedingung für das Empfindungsvermögen für den Tod, und umgekehrt, um das Leben in seiner ganzen Bedeutung zu erfassen, muss man den Tod verstehen. Wenn man die Menschenwelt nicht versteht, kann man nicht so tun, als würde man die Geister verstehen, aber das Verstehen der Menschen ist eine Vorbedingung, die helfen kann, die geistige Welt zu erfassen. Also setzt das volle Verstehen des Menschlichen die Kenntnis der geistigen Welt voraus. In genau diesem Sinne fasse ich die konfuzianische Tradition als grundsätzlich humanistisch auf, als eine religiöse Ethik, in der die Ethik und das Religiöse gleichermaßen eine Rolle spielen. Und dies ist eine sehr weite Auffassung des Menschlichen, die die vier Dimensionen impliziert, das Ich, die Gemeinschaft, die Natur und den Himmel. Drei Grundprinzipien sind am Werk, die diese vier Dimensionen beherrschen.

Umgekehrt lässt ohne die wohlwollende Unterstützung der Gemeinschaft der individuelle Schwung nach. Es gibt also einen Raum für die Interaktion. Gleichzeitig ist eine dauerhaft harmonische Beziehung zwischen der menschlichen Spezies insgesamt und der Natur erforderlich. Die Natur im konfuzianischen Sinne des Wortes ist das eigentliche Domizil des Menschlichen. Hier ist nicht die Rede von jener existentiellen Angst eines menschlichen Wesens, das in eine Welt geworfen ist, die es nicht kennt und die es nach anthropozentrischen Voreingenommenheiten modellieren müßte. Wir sind Teil des Universums, wir sind dessen legitime Glieder, mit demselben Recht wie die Bäume und die Pflanzen. Schließlich gibt es auch eine Beziehung zwischen dem Herzen des Menschen und dem Weg des Himmels. Zum Glück besteht diese Beziehung aus Gegenseitigkeit, aus wechselseitigen Antworten, und eben dies ermöglicht eine Interaktion zwischen der menschlichen Welt, hier und jetzt, und dem Paradies, einem Paradies, das nicht auf die Natur allein reduzierbar ist, sondern das an einer unvergleichlich viel größeren Vision des Universums teilhat.

Ist nicht der Konfuzianismus, gekennzeichnet durch das Fehlen des Glaubens an einen Gott, der in einen einzigartigen und bestimmten historischen Willen eingeschrieben ist, die Besonderheit der westlichen Philosophien?

Viele Leute behaupten allerdings, dass es keinen monotheistischen Gott gibt, es sei denn, völlig außerhalb der Welt, und wenn dieser Gott die Welt geschaffen hat, dann verfügen wir anderen, seine Geschöpfe, nicht über die Intelligenz, die Rationalität, oder welches Mittel auch immer, um zur Bedeutung des menschlichen Seins, so wie Gott es geplant hat, vorzudringen. Denn es wäre Blasphemie unsererseits, so zu tun, als würden wir den Tenor des göttlichen Plans aussprechen. Dennoch enthält die monotheistische Tradition eine tiefe Bedeutung, derzufolge wir nach dem Bilde Gottes geschaffen wurden. Unsere Würde, unsere Geistigkeit ist durchdrungen von der Gnade und der Liebe Gottes. Selbst die menschliche Rationalität ist kostbar. Die katholischen Theologen haben große Anstrengungen entfaltet um zu versuchen, die Welt über den rationalen Diskurs zu verstehen, der eine Gabe Gottes ist. Auch die Konfuzianer glauben fest, dass unsere Existenz aus einer gewissen Vernunft herrührt, aufgrund dieser uralten Redewendung, älter sogar als Konfuzius :“Der Himmel erschafft die vollkommenen Menschen“, oder „Der Himmel bringt die vollkommenen Menschen hervor“. Mißverstanden ist dies eine seltsame Vorstellung, die auf einen Widerspruch im Hinblick auf den konfuzianischen Humanismus hinauslaufen könnte. In diesem Sinne ist die Kreativität des Kosmos nicht nur jene äußerliche unpersönliche Kraft, die nichts mit dem Menschlichen zu tun hätte. Wenn diese besagte Kreativität nicht persönlich ist, dann ist sie sehr menschlich, denn sie ruft neue Realitäten ins Leben. Als menschliche Wesen haben wir an eben diesem Prozess teil, und es liegt in unserer Verantwortung wahrzunehmen, inwieweit unsere Kreativität eine Art Resonanz mit der des Kosmos begründet.

Die Adepten des Konfuzianismus haben vielleicht nicht dieselbe Auffassung vom persönlichen Gott, denn sie reagieren auf einen kosmischen Prozess, auf eine Transzendenz, die als das Paradies definiert ist. Und Konfuzius sagt, wenn der Himmel wünscht, dass diese Kultur fortdauert, dann werden die Individuen, die böse Absichten gegen mich hegen, unfähig sein, mir zu schaden. Darin liegt eine Dimension von Auftrag beschlossen. In diesem Sinne setzt die menschliche Kultur das Werk der kosmischen Kreativität fort. Der Kosmos wird also als die Kreativität an sich betrachtet, und die menschliche Selbstverwandlung bildet die Fortsetzung dieses kosmischen Prozesses.

Bevorzugen Sie die metaphysische Dimension des Konfuzianismus als Mittel, um im gewöhnlichen Leben die Weisheit zu erlangen?

Diese metaphysische Dimension existiert insofern, als das Ziel des Lebens die bloßen gelebten Realitäten überschreitet. Natürlich leben wir in dem, was Sie eine säkulare Welt nennen, aber viele spirituelle Traditionen, die mit dieser Welt unzufrieden sind, erschaffen spirituelle Heiligtümer außerhalb, Kirche, Tempel, Synagoge oder Reliquiar, die heilige Bereiche sind. Die Konfuzianer sind empfänglich für dieses Vorgehen, aber sie teilen eine andere Auffassung der säkularen Welt als heilig. Statt ein spirituelles Heiligtum außerhalb dieser zu gründen, betrachten sie das Universum der menschlichen Beziehungen, der Familie, der Freundschaft, ja sogar der Politik und der gesellschaftlichen Beziehungen. All diese Dimensionen der Welt können verwandelt werden, um vom säkularen Register in den Bereich des Heiligen überzugehen. Man kann das Säkulare als heilig betrachten, wenn man meint, dass die konfuzianische Idee von Ritual an die Stelle des heiligen Ritus tritt.

Glauben Sie, es ist möglich, auf der Basis des Konfuzianismus eine Philosophie von weltweiter Bedeutung zu gründen? Vielleicht sogar eine, die andere Antworten auf die abendländische Aufklärung mit der Betonung des ‚Ichs' hat, im Sinne einer ‚Gemeinsamsethik', welche Verantwortung für die gesamte Gesellschaft übernehmen könnte, die einer schieren Betonung der ‚Individualethik' westlicher Prägung seit der Ratio Descartes' oder Rousseaus überlegen wäre?

Das glaube ich, und ich glaube auch, dass es in unserer Verantwortung liegt, wir, die wir der konfuzianischen Tradition verpflichtet sind, dieses Unternehmen zu versuchen. Mit anderen Worten, wir wollen unseren Beitrag zur Weltgemeinschaft leisten, damit das lokale Wissen, trotz seiner großen historischen, ethnischen und kulturellen Spezifität, einen weltweiten Sinn annimmt. Diese weltumspannende Kraft eines lokalen Wissens ist es, die aus einer Form von Konfuzianismus hervorgeht. Dieses Werk muß im Rahmen eines pluralistischen Universums verstanden werden. Die Welt wird niemals völlig konfuzianisch, islamisiert, christianisiert oder buddhistisch sein. Die Welt des XXI. Jahrhunderts ist in gewisser Weise eine zweite *Achsenzeit*. Die erste *Achsenzeit*, mehr als ein Jahrtausend vor Christus, war jene lange Periode, in der die Hauptreligionen entstanden und sich unabhängig entwickelten. Zahlreiche Menschen lebten in der christlichen Welt, ohne Beziehungen zur nicht-christlichen Welt zu unterhalten. Vergessen wir auch nicht den Einfluss des mahajanischen Buddhismus und des Konfuzianismus auf den japanischen Schintoismus.

Sie haben sich nach der Beschaffenheit des konfuzianischen Ichs befragt. Haben Sie die Antwort gefunden?

Diese Frage des Ichs ist unendlich komplex. Es geht hier nicht allein um die Selbstidentität, sondern auch um die Selbsterkenntnis, das Selbstverstehen angesichts der zahlreichen Dimensionen menschlicher Erfahrung. Ich studiere den Konfuzianismus, aber auch den mahajanischen Buddhismus. Jahrelang war ich sehr gefordert von dieser sehr starken buddhistischen Ich-Auffassung. Dieses Ich ist seiner Beschaffenheit nach zusammengesetzt, es vereinigt viele harmonische Kräfte, und es ist eine Illusion, an die Existenz eines Ichs hinter dieser zusammengesetzten Beschaffenheit zu glauben. Wir haben kein Ich. In der atmanischen Hindu-Tradition ist das wahre Ich Teil des *Brahman*. Das *Brahman* und das *Atman* sind wie ein Wassertropfen, der in einen Ozean fällt, ist er einmal gefallen, so ist er Teil des Ozeans. Aus der christlichen Sicht fragen sich einige: Was ist aus dem Ich geworden? Wo ist die Person? Tatsächlich, der Wassertropfen ist verschwunden. Wenn man jedoch das Ich als diese Vereinigung von Kräften versteht, dann teilen sie dem Wasser seine Tropfenform mit, und ist dieser Tropfen einmal in den Ozean gefallen, so wird dieser zum Ich. Und das ist die Verschmelzung von *Brahman* und *Atman*.

Die konfuzianische Auffassung wiederum beschäftigt mich sehr: Zunächst einmal drückt sie jene starke Überzeugung aus, nach der jedes menschliche Wesen eine prädestinierte Existenz hat, die verwurzelt, verankert ist in einer sozialen, politischen und kulturellen Tradition. Diese Spezifität des Ichs ist einzigartig und kann nicht modifiziert werden, sogar bei Zwillingen, die trotzdem zwei unterschiedliche Positionen in der Welt einnehmen. Innerhalb des Rahmens dieses besonderen Wesens variiert nun das, was ich die ursprünglichen Bindungen nenne, die ethnische Zugehörigkeit, das Geschlecht, der Geburtsort, die Sprache, die Sozialisationsform, die Klasse, das Alter, die grundlegende religiöse Ausrichtung. Diese Kombination, diese Konstellation ist so einzigartig, dass jede Person spezifisch ist.

Verstehen Sie den Sinn des Konfuzianismus und der konfuzianischen Individualität als einen authentischen und spezifischen Prozess?

Betrachtet man den Konfuzianismus als eine lebendige Strömung, die in die gegenwärtige Welt eingebunden ist, dann ist es wichtig, dass man sich aktiv in die Welt einbringt und sich nicht in ein spirituelles Sanktuarium zurückzieht, das außerhalb von ihr liegt. Doch setzt dieses Engagement ein kritisches Bewusstsein voraus, denn zu einer säkularen Welt in einer Art von *Status quo* zu gehören, ist nicht erstrebenswert. Man muß sie verwandeln, durch die Selbstverwandlung, welche die Vorbedingung dazu ist. In dieser Hinsicht unterscheidet sich der Konfuzianismus nicht von den anderen großen religiösen Traditionen.
Jedoch ist der Konfuzianismus der Meinung, dass sich die wahre Verwandlung vollzieht, wenn die Intellektuellen eine öffentliche Rolle spielen. Ich verwende hier einen modernen Begriff, aber er ist in der Sensibilität des Konfuzianismus tief verwurzelt. Das Individuum kann Teil einer Gemeinschaft sein, oder in den Medien an Politik teilnehmen, an öffentlichen Angelegenheiten, an verschiedenen gesellschaftlichen oder religiösen Organisationen. Durch die Selbstverwandlung versucht dieses Individuum die Welt von innen heraus zu verwandeln, indem es sich darin engagiert. Dies ist eine Überzeugung, die im Konfuzianismus tief verwurzelt ist.

Stehen Sie den radikal individualistischen Tendenzen mit dem überdimensionierten ‚Ego' der Menschen in der Moderne, die das Sozialgefüge der westlichen Zivilisation untergraben haben, kritisch gegenüber?

Ich stehe diesen Tendenzen kritisch gegenüber, und nicht nur weil sie westlich sind, sondern auch weil sie Südostasien und den Rest der Welt überschwemmt haben. Es gibt eine japanische Formel, das *shing shingi* oder *shing shingshin,* welche die neue Menschheit und jene neue Generation bezeichnet, die unter dem Einfluss der Massenmedien zutage tritt und weitgehend auf die Stärke der Pressure-groups setzt. Diese Generation vollzieht ihre Schulung durch sich selbst und über die Massenmedien. Ihre Mitglieder sind sehr individualistisch, sie betrachten sich als eine neue Spezies. Dieser noch ganz neue Typ von Situation ergibt sich aus der Marktwirtschaft, die sicherlich für die Vitalität der Wirtschaftsentwicklung sehr günstig ist, aber auf anderen Ebenen katastrophal. Tatsächlich hat diese Auffassung vom persönlichen Interesse, vom menschlichen Wesen als rationalem Tier, dessen Rationalität sich einzig über das persönliche Interesse definiert, wobei ein jeder sich der Maximierung seines Profits auf einem Markt widmet, der allein von den ordnungsmäßigen Bestimmungen und unter Ausschluß jeder anderen Form von Verantwortung gelenkt wird, das soziale Gefüge stark untergraben.

Wir sind mit zwei bedeutenden Krisen konfrontiert, die der Ökologie, aufgrund unserer Unfähigkeit, uns mit dem Kosmos zu vereinigen, und die der Auflösung aller Bindungen der sozialen Gemeinschaft, von der Familie bis hin zum Staat, von der Weltgemeinschaft ganz zu schweigen.

Glauben Sie, dass jedes menschliche Wesen über ausreichende innere Ressourcen verfügt, um jene Selbstverwandlung zu vollbringen und so weise wie Buddha oder Christus zu werden?

Aus konfuzianischer Sicht ist dies eine Frage, die durch zwei sehr starke, scheinbar völlig widersprüchliche Überzeugungen schwierig gemacht wird, die jedoch dazu beitragen können, die menschliche Bedingung zu verstehen. Die erste dieser beiden Überzeugungen sieht vor, dass jedes menschliche Wesen über die inneren Ressourcen zur Selbstverwirklichung verfügt, um ein Weiser im konfuzianischen Sinne zu werden. Der Weise ist die authentischste und die aufrichtigste Manifestation des Menschlichen, es liegt also in unserer Natur, zu dieser Weisheit gelangen zu können. Doch gleichzeitig kann in einer konkreten existentiellen Situation kein menschliches Wesen, trotz all seiner Versuche, weise werden.

In der Existenzsituation kann kein menschliches Wesen die Vollkommenheit erreichen. Es gibt immer Raum für eine Verbesserung, selbst wenn man das höchste Niveau erreicht, denn dieses Niveau zu wahren, erfordert eine enorme Mobilisierung von Energie, wie die musikalische Virtuosität: Der beste der Pianisten hört niemals auf zu üben. Und wenn wir in der Lage sind, die Natur der menschlichen Wesen zu verwirklichen, dann können wir auch die Natur der Dinge vollauf verwirklichen, und eben dies ermöglicht es letzten Endes, an der Verwandlung und an den Nährprozessen des Himmels und der Erde teilzunehmen. Danach gelangen wir zur Bildung einer Trinität mit dem Himmel und der Erde, und diese Vorstellung von Trinität entspricht jener von einem Wesen, das vollkommen wird, ein Weiser. Im Idealfall, in der anthropologischen Realität des Menschen, ist jeder mit dieser Möglichkeit ausgestattet, aber auf der existentiellen Ebene geht es um einen ununterbrochenen Prozeß der Selbstverfeinerung. Diese beiden Positionen, ich bin ein Weiser, ich kann niemals weise werden, spiegeln die beiden untrennbaren Dimensionen der menschlichen Möglichkeit und Wirklichkeit.

Was bedeutet diese Reihe von Dichotomien zwischen dem Ich und der Wirklichkeit, dem Schöpfer und der Schöpfung, dem Heiligen und dem Profanen, der Kultur und der Natur im Licht der Kontinuität des Seins im Konfuzianismus?

Die Konfuzianer schenken diesem interaktiven, holistischen, dynamischen Modell tatsächlich sehr große Beachtung. Im klassischen chinesischen Denken, das nicht allein konfuzianisch ist, sondern auch taoistisch, verweist jenes Modell Yin-Yang auf einen Konflikt, eine Spannung und sogar widersprüchliche, aber auch komplementäre Tendenzen. Diese Elemente existieren miteinander, es gibt keinerlei Realität ohne eine Kraft Yang, männliche Kraft und männliches Prinzip, und eine Kraft Yin, die weibliche Kraft, und diese Reziprozität zwischen dem Männlichen und dem Weiblichen ist bei der Kreativität und der Zeugung am Wirken. Dieses Modell von Interaktion und Konflikt hat den Vorrang, und deswegen sind in unseren Augen viele Dichotomien nicht ausschließend sondern komplementär, zum Beispiel die Dichotomien zwischen der Wurzel und dem Zweig, dem Inneren und dem Äußeren, dem Teil und dem Ganzen, dem Anfang und dem Ende, der Oberfläche und der Tiefe. Aus der konfuzianischen Perspektive beschreiben sie eher das Wesentliche *hic et nunc* der menschlichen Bedingung, als ausschließende Oppositionen, die nicht zur Integration, zur Einheit kommen können. Nach diesen Letzteren kann das Geschöpf nie Schöpfer, kann der Geist nicht Körper sein. Es ist die cartesianische Idee, derzufolge das Physische nicht mental, das Heilige nicht profan sein kann. Dagegen kann in der konfuzianischen Tradition, wenn eine Person sehr wohl das Geschöpf des kosmischen Prozesses sein kann, die in diesem Körper enthaltene Person auch Schöpfer einer schöpferischen Verwandlung des Erlernens des Menschlichen sein.

Der Konfuzianismus ist weder statisch noch mechanistisch noch analytisch. Der konfuzianische Kosmos ist ein Prozess von Selbstschöpfung des Lebens. Nun ist aber der Kosmos ein System in ewiger Ausdehnung: Was hat das für den Konfuzianismus zur Folge?

Diese Vorstellung vom Kosmos als organisches, holistisches, dynamisches, transformistisches Fundament der Kreativität ist nicht allein konfuzianisch, sie ist ebenso chinesisch und findet sich im Taoismus wieder. Es gibt eine feste Überzeugung, nach der alle Modalitäten des Universums miteinander verbunden sind, und folglich die Vorstellung von einer Kontinuität des Seins. Das Universum in all seinen Modalitäten, das umfasst die Felsen, die Bäume, die Tiere, die Geister. Alle sind insofern in einem organischen Ganzen miteinander verbunden, als die Entfaltung des kosmischen Prozesses der Schöpfung all diese Wirklichkeiten hervorbringt. Als menschliche Wesen sind wir also in der Kontinuität des Ganzen mit den anderen Tieren, den Pflanzen, ja sogar den Felsen verbunden. Es besteht eine Blutsverwandtschaft zwischen allen Dingen, durch die Verbindung einer Lebensenergie und des Blutes. Was auch immer die Elemente sind, die man in der Welt oder im Kosmos erkennt, wenn man in die Tiefe geht, sind sie miteinander verbunden, gibt es zwischen ihnen eine Molekularbeziehung.

Ist die konfuzianische Vorstellung von einem Körper, der in der Unzahl von Dingen ein Ganzes mit dem Himmel und der Erde bildet, in dem Sinne anthropokosmisch, dass die völlige Verwirklichung des Ichs die Einheit der Menschheit mit dem Himmel nach sich zieht?

Tatsächlich wird die konfuzianische Tradition oft als anthropologische Tradition bezeichnet, sie ist eine Form philosophischer Anthropologie, die den Akzent auf das Menschliche, die menschliche Bedingung setzt. Einige meinen, dass dieser Akzent auf Kosten des Himmels oder der Transzendenz zustande kommt. Einige Denker vertreten die Ansicht, in der konfuzianischen Tradition sei alles Immanenz, ohne jegliche Transzendenz. In einem gewissen Maße stimme ich dieser Definition zu.

Hinzu kommt ein tiefer religiöser Sinn, denn der Himmel bringt hervor, und der Mensch vollendet. Es liegt in unserer Verantwortung, die Entschleierung des Himmels zu seiner Vollendung zu bringen. Jedes diesbezügliche Missverständnis kann sich als sehr trügerisch erweisen. Es gibt die Vorstellung, wir seien nicht nur Geschöpfe des kosmischen Prozesses, sondern dieser Prozeß schreibe uns auch vor, daran teilzunehmen.

Trägt die konfuzianische Ethik zur instrumentalen Rationalisierung bei, die die westlichen Traditionen von Grund auf verwandelt hat, wie Isaiah Berlin vermerkte, oder lässt sich von einer gegenläufigen Bewegung sprechen?

Das Wirken der instrumentalen Rationalität, ein von Max Weber verwandter Begriff, ist in der modernen westlichen Gesellschaft sehr einflussreich. Die Wissenschaft, die Technologie, die politischen Institutionen, die Marktwirtschaft gründen alle ihre Existenz und ihren *Modus operandi* auf diese Rationalität. Letztere bekleidet aber eine Vielzahl von Formen. Die Rationalität der letzten Zwecke unterscheidet sich von der der reinen Instrumente. Die instrumentale Rationalität ist also nur eine Form im ganzen Spektrum der Verantwortungen, wie auch in den westlichen Mentalitäten. In der griechischen Tradition, zum Beispiel, ist die Rationalität verbunden mit der Weisheit, der Technik und dem Erkennen und Verstehen seiner selbst. Es handelt sich nicht nur um die Fähigkeit, ein besonderes Instrument zu beherrschen, die Außenwelt in seinem eigenen Interesse zu meistern. Ich denke, dass trotz des phänomenalen Erfolges dieser Rationalität im modernen Westen die westlichen spirituellen Traditionen, das Judentum, das Christentum, der Islam und andere, sehr schwierige Fragen an diese besondere Denkweise stellen, indem sie daran erinnern, dass wir soziale Stabilität und eine Umwelt brauchen, die für die menschliche Entwicklung günstig ist.

Daher besteht die konfuzianische Tradition nachdrücklich auf der Verpflichtung, den anderen als einen Zweck an sich zu behandeln, ein Gebot ähnlich dem kantischen Imperativ: den anderen nicht als Mittel zu einem Zweck zu behandeln, sondern als einen Zweck an sich. Dasselbe gilt für die Erziehung, die Erziehung zur Selbstverwirklichung und –verwandlung. Dieser Gedanke gerät in Konflikt mit der rationalen Instrumentalität, aber er ist umfassender. Er kann sich an die Bereiche anpassen, in denen die rationale Instrumentalität richtig funktioniert. Sie haben Dewey, den Pragmatismus und den Instrumentalismus angeführt, und selbstverständlich muß man die geeignetsten Mittel wählen können, um bestimmte Zwecke zu erreichen. Man muß spezifische Fragen beantworten können, vor allem die Fragen, die vom Zusammenleben und den politischen und sozialen Realitäten gestellt werden. Diese Reflexionsbereiche sind für das Funktionieren der modernen Gesellschaft, der Demokratie und der Marktwirtschaft absolut wesentlich. Aber sie sind auch Teil eines sehr viel umfassenderen Universums, Familienleben, Freundschaft, Religion, Ästhetik, die spirituelle Verwandlung und alle Interaktionsformen, die nicht von der Marktwirtschaft regiert werden. Ich spiele auf ein gesellschaftliches Kapital an, auf kulturelle Kenntnisse, auf spirituelle Werte. Diese Bereiche müssen kultiviert werden, insbesondere durch das, was man das Studium der schönen Wissenschaften nennt.

Möchte die konfuzianische Empfehlung, die die Harmonisierung der Gesellschaft anstrebt, den westlichen Individualismus korrigieren, der sich auf die Idee des Naturrechts, des ‚Possessive Individualism', des Privateigentums nach John Locke, des persönlichen Interesses nach Adam Smith und des Privatlebens nach John Stuart Mill in der Wirtschaft gründet?

Diese Ideen von Locke, Smith und Stuart Mill haben dem konfuzianischen Universum eine schwerwiegende Herausforderung entgegen gehalten. Die Adepten von Konfuzius haben die Bedeutung des Privateigentums für die Entwicklung der persönlichen Würde, die Bedeutung des Marktes für die Wirtschaftsdynamik und die des Privatlebens zum Schutz der Rechte des Einzelnen verstanden. Die Konfuzianer haben also viel von den westlichen Denkern gelernt, was sie zur Kritik an ihren eigenen Traditionen veranlasst hat, in denen der kollektiven Teilnahme und dem öffentlichen Wohl ein Übermaß an Raum vorbehalten wird im Vergleich zu dem, der dem persönlichen Interesse zugestanden wird. Ebenso wird darin der Raum, der der politischen Stabilität gewährt wird, allzu sehr betont, auf Kosten der Wirtschaftsdynamik. Der Kontakt mit den westlichen Denkern hat es also ermöglicht, die konfuzianischen Ideen neu zu formulieren.

Dagegen gebieten hundertundfünfzig Jahre später die immense Macht der Marktwirtschaft, das ausschließliche Augenmerk auf das persönliche Interesse, das Gewicht des Privatbereichs auf Kosten des öffentlichen Bereichs, über eine Konzeption des Wohlbefindens nachzudenken, die sich nicht allein in Begriffen des individuellen Interesses oder des Interesses beschränkter Gruppen definiert, sondern im Sinne des Wohlbefindens der Kollektivität, der Nation oder der Weltgemeinschaft insgesamt.

Wie würden Sie die konfuzianische spirituelle Orientierung definieren?

Der Gebrauch des Wortes spirituell bezeichnet eine sehr viel weitere Auffassung des religiösen Seins. Ist der Konfuzianismus eine Religion? Wenn wir die Religion nach den drei monotheistischen Traditionen definieren, mit der Existenz Gottes und einer Kirche und der Verpflichtung, sich zu bekehren, um Mitglied einer religiösen Gemeinschaft zu werden, dann entspricht der Konfuzianismus diesen Kriterien nicht. Wenn man aber eine weitere Sicht der Religion hat, wenn man gewisse Restriktionen gern aufheben möchte, dann muss der Konfuzianismus dazugehören. Viele sind der Meinung, er partizipiere an einer humanistischen Geistesverfassung, aber die Besonderheit dieses konfuzianischen Humanismus ist gerade seine große Offenheit, ohne die transzendentale Dimension zu unterschätzen oder ignorieren. Er beharrt nachdrücklich auf der Wichtigkeit des Himmels. Anders ausgedrückt, in der konfuzianischen Tradition ist die höchste Manifestation der Menschlichkeit eine totale Verschmelzung des Menschlichen mit dem Himmel, was die Chinesen *Chenyengi* nennen, die Einheit, die Reziprozität des Himmels und des Menschlichen. Diese Auffassung vom Geist ist in der menschlichen Bedingung verwurzelt, sie enthält also keinerlei Negation des Menschlichen. Sie unterscheidet sich grundlegend von Nietzsches Menschlichem, Allzumenschlichem. Sie geht aus der wahrhaften Menschenwürde hervor, die in der himmlischen Natur des Menschen beschlossen ist, eine Natur, die mit Verwandlung und Schöpfung begabt ist. Der Sinn des Menschlichen besitzt also eine spirituelle Dimension, und zugleich ist diese spirituelle Dimension nicht nur eine abstrakte Idee, sie verkörpert sich im menschlichen Projekt, sie ist in der Welt hier und jetzt verankert.

Welche Rolle spielt die intellektuelle Intuition im Konfuzianismus? Ist sie an die Kontemplation und den höchsten Wert der Selbsterkenntnis gebunden, und überhaupt nicht an Irrationalismus und Weltabgewandtheit, auch nicht an einen spirituellen Eklektizismus?

Wenn wir diese intellektuelle Intuition in ihre kantische Formulierung übertragen, dann sieht man, dass der deutsche Philosoph betont, dass die menschlichen Wesen nicht durch Analyse begreifen können, nur die Phänomene oder die Erscheinungen studieren können. Die Menschen sind unfähig, das Ding an sich zu begreifen. Dieses Ding an sich bleibt also der menschlichen Rationalität auf immer verborgen. Der Mensch kann einzig die Oberflächenstruktur des Dinges begreifen, nicht seine Tiefenstruktur. In diesem Sinne können die Menschen sich selbst nicht begreifen, kein Mensch kann die menschliche Natur an sich begreifen. Hingegen teilen die Konfuzianer, die Buddhisten und die Taoisten alle jenen tiefen Glauben an die Möglichkeit der Selbsterkenntnis, die im menschlichen Begreifen der Natur als Himmelsgabe wurzelt.

Es handelt sich hier um eine andere Form des Begreifens, nicht einfach um ein Wissen, das auf das herrschende Wetter, auf eine mathematische Formel, eine technische Frage angewandt wird. Dieses Wissen ist nicht bloß eine Reflexion, es ist eine Kontemplation, eine Meditation über eine Sache. Das Wissen selbst verwandelt die Person im Laufe des Prozesses. Dieses verwandelnde Wissen ist ein verkörpertes, ein einverleibtes Wissen.

Der große Forscher Joseph Needham, der viel über die chinesische Kultur gearbeitet hat, spricht von einem Hiatus zwischen der höchsten Weisheit und der menschlichen Rationalität. Er hat den Begriff der „organischen Sicht" geschaffen. Was versteht er darunter?

Needham ist stark vom Taoismus beeinflußt. Und er hat erklärt, er wäre glücklich, als „Ehrenmitglied" der taoistischen Tradition betrachtet zu werden. Was er im Hinblick auf die chinesische und taoistische Kosmologie in Erinnerung ruft und was der Konfuzianismus teilt, ist jene Vorstellung vom Universum, das sich selbst hervorbringt, ohne Schöpfer, ohne Ordner. So funktioniert diese Welt, aus einer evolutionistischen Sicht, eine vieldimensionale und zugleich integrierte Welt. Er betrachtet die Welt nicht als Maschine, sondern vielmehr, weil er Biochemiker ist, als eine organische Entfaltung von spontaner Kreativität. Daher kann die Welt ohne Ordner geordnet sein. Die Welt ist aus einem völlig koordinierten Prozess von Kreativität hervorgegangen. Dieser evolutionistische Prozess macht es der Welt möglich, auf fließende und spontane Weise, wie ein organisches Ganzes zu funktionieren.

Wie würden sie die Idee von Religion und Philosophie selbst im Konfuzianismus von diesen selben Ideen in der westlichen Tradition unterscheiden? Gibt es Affinitäten zur abendländischen Geistesgeschichte oder radikale Abweichungen?.

Schreibt man eine Geschichte der westlichen Philosophie, dann wird man mit der Erwähnung großer Gestalten der griechischen Tradition beginnen, einiger Namen der mittelalterlichen Tradition wie Thomas von Aquin und Augustinus, um dann die moderne Periode mit der analytischen Tradition und Philosophen wie Kant und Hegel zu erörtern. Wenn man dann eine Geschichte der westlichen Religion schreibt, wird man mit Mose anfangen, Jesus Christus und Martin Luther, Kierkegaard und einer gewissen Zahl religiöser Denker. Vergleicht man diese beiden Geschichten, erscheinen sie komplementär, aber sie sind sehr verschieden. Einige werden allzu vereinfacht sagen, dass die Philosophie nachdrücklich auf dem rationalen Geist, der analytischen Methode besteht, wobei keine Prämisse der Verifizierung und der kritischen Analyse entgeht, während die religiöse Tradition den Akzent auf die Bedeutung des Glaubens, die Gemeinschaft der Gläubigen und die Tradition setzen würde. Wenn Sie dagegen eine Geschichte der chinesischen Philosophie und eine Geschichte der chinesischen Religion schreiben, werden die dominanten Gestalten dieselben sein. Deswegen verbinde ich, vielleicht befremdlicherweise, die Philosophie und die Religion. Mit anderen Worten, die philosophische Reflexion steht keineswegs in Konflikt mit dem religiösen Engagement oder dem Glauben der Religionsgemeinschaft. Die von der westlichen griechischen und jüdisch-christlichen Tradition vollzogene Trennung ist charakteristisch für den Westen, und sie bestätigt sich in der hinduistischen, buddhistischen, konfuzianischen oder taoistischen Welt nicht. In eben diesem Sinne kann die konfuzianische Tradition ebenso aus der Philosophie hervorgehen, wie aus der Religion. Tatsächlich ist sie weder religiös, noch philosophisch, denn dies ist schon eine westliche Unterscheidung, sie ist beides zugleich.

Haben der traditionelle Konfuzianismus und der Buddhismus nicht eine Dualität von Spiritualität und Materialität gemeinsam?

In der Tradition des Mahajana-Buddhismus und im Konfuzianismus gibt es tatsächlich eine klare Trennung zwischen der Materialität und der Spiritualität, die eher verwirren kann, als zu erhellen. Dies beruht zum Teil auf jener Reihe von Dichotomien zwischen dem Geist und der Materie, dem Säkularen und dem Heiligen, dem Körper und dem Geist, dem Schöpfer und dem Geschöpf, die in einem dualistischen Universum gut funktioniert.

Dagegen ist in der konfuzianischen Tradition der Körper profan und heilig zugleich, wenn die Welt, die Heiligkeit der Erde als ein Erworbenes betrachtet wird. Der Buddhismus zeigt sich sehr kritisch gegenüber der Welt des *Samsara*, dieses endlosen Kreislaufs von Geburt und Tod, der nur Illusion ist, und zieht ihr die Welt vor, die sich auf dem anderen Ufer befindet, die der spirituellen Reiche. Die Tradition des Zen- oder Mahajana-Buddhismus betont dennoch die Verwandlung der Welt hier und jetzt und glaubt, dass sich der Samsara in Nirwana verwandeln kann. Diese Idee lässt sich mit der des Säkularen und des Heiligen vergleichen, aber statt das Gefängnis der Seele zu sein, kann der Körper hier im Gegenteil der Bereich sein, in dem die Seele und der Geist sich realisieren. In diesem Sinne wird die Interaktion zwischen dem Mentalen und dem Physischen, zwischen dem Materiellen und dem Spirituellen auf die Dauer erhalten. Die klassische chinesische Idee des *Chi* oder *Qui*, die materielle Kraft, psychophysiologische Materie, sieht vor, dass die Welt durch diese Lebensenergie errichtet ist.

Sowie durch die intuitive Weisheit und die nicht-dualistische Erkenntnis...

Allerdings gibt es die Trennung zwischen dem Geist und der Materie nicht mehr, denn man findet sie sozusagen nirgends auf der Welt, auch wenn man tote Materie finden kann, die keinerlei Geist hat, gibt es keinerlei Spiritualität, oder keinen völlig entkörperten Geist, der nicht eine materielle Form hat. Zum Beispiel sind ein Tisch oder ein Kiesel keine einfachen und statischen materiellen Entitäten, sondern sehr wohl Manifestationen der Lebensenergie, die kontinuierlich ist. Das läuft auf die Bestätigung hinaus, dass nichts in der Welt statisch ist, dass alles Existenz in Verwandlung ist, in einer langen historischen Perspektive, dass alles Emotion ist. Der Kiesel ist eine Konstellation von Energiefeldern, und deswegen kann man von verschiedenen Spiritualitätsgraden der Steine sprechen. Der Ziegelstein hat vielleicht nicht so viel Spiritualität wie der Achat oder die Jade, die mit ihrer Innenstruktur eine gewisse spirituelle Kraft umschließen, die sie mit dem Menschlichen verbindet.

Ist der Gemeinsinn wesentlich für die moralische und spirituelle Entwicklung des Selbst und für Verwirklichung des konfuzianischen Denkens?

Die Idee der Gemeinschaft bestätigt sich zunächst in der Überzeugung, nach der die Person niemals eine Insel ist, sondern ein Epizentrum von Beziehungen, eine ständige Strömung. Und als solche tritt sie in Kommunikation mit vielen anderen Strömungen, und das bildet eine Gemeinschaft. Natürlich ist die Gemeinschaft, der wir den Vorzug geben, die des Vertrauens, die ich Gemeinschaft der Treue nenne und die auf Treueverpflichtungen gegenüber den Grundwerten der Gesellschaft basiert. Und in eben diesem Sinne kann eine Person nicht allein überleben. Wenn sie in der Einsamkeit lebt, verliert sie den Mut, verarmt als menschliches Wesen. Ich habe erfahren, dass in den Vernichtungslagern Kinder unter sechs Jahren unausweichlich starben, selbst wenn ihre Ernährung und andere Aspekte ihrer materiellen Bedingung akzeptabel schienen. Grund dafür war zum Teil, dass keiner auf sie Acht gab, sie lebten ohne Blickaustausch, ohne jemals umarmt zu werden, ohne dass jemand für sie sorgte, keiner sprach sie an, und dieses Schweigen und diese Isolierung haben sie getötet. Dagegen gibt es Individuen, die jahrzehntelange Einsamkeit überleben, aber das sind viel ältere Leute, die sich noch die Erinnerung daran bewahren, berührt worden zu sein, mit anderen kommuniziert zu haben, und die sich noch daran erinnern, in Kontakt mit der Außenwelt gelebt zu haben. Der Eindruck, einer Gemeinschaft anzugehören und diese Gemeinschaft zu erweitern, ist absolut wesentlich für das Überleben des menschlichen Wesens und für seine Entfaltung.

Hat die chinesische Kosmologie keinerlei Schöpfungsmythos?

Dies ist ein strittiges Thema. Es wurden sehr provokative Artikel geschrieben, in denen behauptet wurde, das Fehlen eines Schöpfungsmythos sei ein Unterscheidungsmerkmal der chinesischen Kosmologie. Umgekehrt haben viele Autoren seither das Vorhandensein solcher Mythen im ganzen Verlauf der chinesischen Geschichte hervorgehoben. Es handelt sich also nicht um einen Mangel. Das Unterscheidungsmerkmal der chinesischen Kosmologie ist zu wissen, ob ein solcher Mythos existiert oder nicht. Die These von der Kontinuität des Seins ist es, die vorherrscht. Im XVII. Jahrhundert machte ein Denker folgende Beobachtung, die für die konfuzianische Denkweise sehr charakteristisch ist und auch die chinesische Kosmologie betrifft: „Stellen wir uns vor, dass man durch die Evolution zur Welt kommt. Die menschlichen Wesen haben sich also durch zahlreiche Stadien über einen sehr langen Zeitraum hinweg entwickelt. Der Himmel und die Erde sind unsere Eltern. Dann sind die Pflanzen, die Bäume, die Tiere unsere Cousins.“ Sie sind Teil des Prozesses, der zum Aufstieg des Menschen beigetragen hat.

Gibt es im chinesischen Denken oder in der chinesischen Ideengeschichte eine wirkliche Metaphysik, die sich spürbar von der westlichen Metaphysik unterscheidet?

In China unterscheidet sich die gesamte Ideengeschichte völlig von der Geschichte des westlichen Denkens. Die Metaphysik ist eine Denkweise jenseits des Physischen und häufig an eine Form kontemplativen Denkens gebunden, die niemals Beweise erhalten kann. Deswegen meinen einige, diese Denkweise beruhe auf der Hypothese, wie die Dichtung, das Imaginäre auf den Möglichkeiten einer nicht-realen Welt. Sie ist im Westen eine wesentliche intellektuelle Übung. Wir haben in China zahlreiche ähnliche Beispiele von spekulativer Reflexion. Dennoch ist es in der konfuzianischen Tradition die gelebte Erfahrung der Individuen, die den Ausgangspunkt bildet. Es geht also um eine Reflexion über das Leben, über die Bedeutung des menschlichen Wesens und über die menschliche Bedingung. Es ist nicht einfach ein metaphysisches Denken, das über die Welt gelegt wird. Wenn wir die Existenz einer Ontologie geltend machen können, einer Reflexion über das, was Wirklichkeit ist oder einer Kosmologie, die sich mit der Art und Weise beschäftigt, wie der Kosmos entstanden ist, dann sind diese Reflexionen an Lebenserfahrungen in der Welt gebunden, die sie zum Ausgangspunkt nehmen. Es sind also keine metaphysischen Systeme, die einzig durch das spekulative Denken irgendwie erzeugt wurden. In diesem Sinne können wir sagen, dass sich die Philosophie aus einer Reihe homogener Reflexionen über die menschlichen Intuitionen zusammensetzt, die eine Weltanschauung bilden. Diese Weltanschauung besitzt eine kosmologische Bedeutung, sie ist auf ihre Weise eine Ontologie.

Wird der Mangel an analytischer Präzision durch den Reichtum der Imagination ausgeglichen?

Sicherlich, aber ich würde sagen, dass die scharfe Unterscheidung zwischen analytischer Präzision und metaphysischem Reichtum hier vielleicht nicht greift. Wir könnten eher von einer fruchtbaren Ambiguität sprechen, dem Ergebnis eines überlegten Ziels, nämlich nicht zu versuchen, alles bis ins kleinste Detail zu regeln. Ziel ist es nicht, aus der Erfahrung ein sorgfältig geordnetes System herzuleiten, sondern davon etwas Lebenskonkretes zu erwarten, das es ermöglicht, auch wenn ein geschlossenes und begrenztes System fehlt, gemäß einer reicheren holistischen Konzeption weiterzudenken, in der man noch mehr an Dimensionen entdecken kann. Es ist ein Prozess fortlaufender Entfaltung.

Ist der Konfuzianismus eine Form von Gesellschaftsethik?

Ja, denn er ist an die gesellschaftliche Teilnahme gebunden. Wir haben einen Begriff von ethischer Verantwortung, der manchmal für ebenso wichtig, wenn nicht für wichtiger gehalten wird, als die Ethik der letzten Zwecke. Die Konfuzianer interessieren sich für die Reinheit des Willens. Unsere Handlungen gründen sich mehr auf einen Zweck an sich, als auf die Mittel zu einem Zweck, aber die gesellschaftlichen Konsequenzen dieser Handlungen schreiben sich in den Rahmen der Verantwortung ein. Selbstverständlich ist man ständig mit negativen und unbeabsichtigten gesellschaftlichen Konsequenzen konfrontiert, die sich nicht aus unseren Intentionen ableiten sondern aus den Tatsachen. Dennoch wird in dieser Auffassung das Individuum verantwortlich gemacht, sogar in diesem Bereich.

Ist die überlegte kollektive Handlung wichtig?

In der Tat, insofern als die Gesellschaftsethik eine kollektive Handlung ist. Anders ausgedrückt, die Selbstverwirklichung ist eine kollektive Handlung und eine große Lehre. Ein jeder, vom Kaiser, dem Sohn des Himmels, bis zum Durchschnittsmenschen, muss die Selbstkultur als die Wurzel und Fundierung betrachten. Die Gesellschaft gilt als Schöpfung für die menschliche Entfaltung. Sie schenkt den Individuen nicht nur die Möglichkeit, im ökonomischen Sinne des Wortes zu existieren oder auf der politischen Ebene in Sicherheit zu sein, sondern auch eine im ethischen und religiösen Sinne fördernde Umwelt.

Was ist der Tenor der chinesischen Ästhetik? Was bedeutet sie für die chinesische Kultur?

Sie kennen drei klar getrennte Bereiche des modernen Denkens: die Ästhetik, die Ethik und die Religion. Im konfuzianischen Denken sind sie verbunden. Die Sinnlichkeit des Körpers schafft die Basis für gesellschaftliches Handeln und gesellschaftliche Teilnahme. Die Ausdehnung des ethischen Bereichs auf die letzten Ansinnen, ermöglicht der Ethik, sich voll zu verwirklichen. Die Ästhetik kann also einerseits als die Grundlage der Ethik betrachtet werden, als ästhetische Wahrnehmung der Natur, als grundlegende Empfindung des Schönen, aber ebenso als die höchste Manifestation des Ethischen. Konfuzius sagte, man könne den Eingebungen seines Herzens folgen, ohne die Grenzen des Richtigen zu überschreiten. Was ich bin und was ich sein muss, verschmelzen zu einem spontanen Ganzen, und dieser Sinn der Ästhetik ist selbst auch mit Sinn befrachtet.

Welche Stellung nimmt die Menschenwürde in der chinesischen Kosmologie ein?

Die Menschenwürde ist der vom Himmel verliehene eigentliche Wert des menschlichen Wesens. In den Analekten kommt folgende Maxime vor: Man kann den drei Armeen ihr Kommando nehmen, aber man kann dem gewöhnlichen Menschen nicht seinen Willen nehmen. Ist das Individuum einmal entschlossen zu handeln, so ist dieser Entschluss selbst ein Akt der Verwandlung. Im christlichen Denken muss das Individuum ungeachtet seiner Stellung, seiner Macht und seines Einflusses respektiert werden, weil es nach dem Bilde Gottes geschaffen ist. Aber im konfuzianischen Denken ist das Individuum die Verkörperung oder Manifestation des himmlischen Prinzips. Da die Natur des Individuums ihm vom Himmel übertragen ist, muss es nicht nur als legitimes Mitglied der sozialen Gemeinschaft sondern auch als Illustration des himmlischen Prinzips in den menschlichen Angelegenheiten respektiert werden.

Welche Stellung haben die konfuzianischen Auffassungen vom Ich und vom Individuum im Hinblick auf den Staat und die Gesellschaft? Ist die Selbstdisziplin eine Regierungsweise?

Die große Lehre teilt uns etwas sehr Interessantes über die äußere Verwirklichung und die innere Disziplin mit. Es lautet so: Die Grundlage der Familienregulation beruht auf der Kultur der persönlichen Leben, und wenn die Familie in Ordnung ist, dann wird der Staat regiert werden, und im Himmel wird der universale Frieden herrschen. Zu sagen, dass die Vereinten Nationen ihre Rolle angemessen spielen, würde heißen, dass jeder Mitgliedsstaat gut regiert wird. Und ein jeder dieser Staaten wäre gut regiert, weil die Familien eines jeden Staates es auch wären, da die Mitglieder dieser Familien eine gewisse Form von Harmonie erreicht hätten. Nun beruht die Kultur der Person auf ihrer Möglichkeit, ihren Geisteszustand zu korrigieren. Diese Korrektur des Geistes ist das Resultat ihres aufrichtigen und echten Willens, und vollzieht sich durch die Erweiterung des individuellen Wissens, das wiederum auf der Erforschung, der Einschätzung und dem Verstehen des Sinnes der Dinge beruht. Der Prozess dieser inneren Harmonisierung, die Entwicklung gewisser tiefen Ressourcen des Wesens im Hinblick auf ein Gleichgewicht dienen als Grundlage für das richtige soziale Handeln, für die Regierung der Staaten und den universalen Frieden.

Ein außergewöhnlicher Theologe, Reinhold Niebuhr, hat die Vorstellung vom Vorhandensein moralischer Personen, moralischer Individuen in einer unmoralischen Gesellschaft heraufbeschworen. In der konfuzianischen Auffassung müssten sich die moralischen Individuen so formen, dass sie in der Lage sind, die Gesellschaft zu verwandeln, damit aus einer unmoralischen eine moralische wird. Diese Auffassung beruht auf der festen Überzeugung, je mehr Einfluß, Macht, Zugang zu Informationen, zu Gütern, zu Ideen die Individuen besäßen, desto größer sei ihre Verpflichtung, die Gesellschaft in Ordnung zu bringen. Das zwingt sie, sich bei diesem Unternehmen der Selbstverwandlung umso hartnäckiger zu erweisen.

Welche Beziehung sehen Sie zwischen den Rechten, den Verantwortungen und den Pflichten als Kennzeichen der chinesischen Kultur?

Vor kurzem habe ich in Harvard im Rahmen eines Kurses über die Vernunft und die Moral Studenten des ersten Zyklus über den konfuzianischen Humanismus, die Selbstkultur und den Sinn der moralischen Gemeinschaft unterrichtet. Ich habe sie aufgefordert, zwischen zwei Kategorien essentieller Werte zu wählen, indem sie sie nach Priorität ordneten. Ich schlug ihnen zunächst vor zu wählen zwischen Rationalität und Sympathie, dann zwischen Gesetz und Ritual, zwischen Rechten und Verantwortung (oder Pflicht), zwischen der Person als Individuum und der Person als Epizentrum von Beziehungen und schließlich zwischen dem Begriff persönlicher Verantwortung und dem der Teilnahme an der sozialen Welt. Als man mir diesen Kurs über die Frage der Rechte und der Verantwortung vor acht Jahren übertrug, hatten die meisten Studenten die Rechte für wichtiger befunden als die Verantwortung oder die Pflicht. Heute ist es dagegen umgekehrt. Diese Entscheidungen gelten im Kontext der Vereinigten Staaten. Aber im chinesischen Kontext werden die Verantwortung und die Pflicht als eine Vorbedingung zur Ausübung der Rechte betrachtet. Die Verantwortung, besonders das Pflichtgefühl, ist nicht einfach die Verantwortung der Jungen für die Alten, der Peripherie für die Machtzentren oder des Volkes gegenüber der Regierung. Sie ist ebenso die Pflicht der kulturellen und politischen Elite. In der konfuzianischen Tradition kann man also die Vorstellung der Rechte des Volkes von der der Pflichten der Elite ableiten. Da die Elite eine immense Macht über das Volk als Ganzes besitzt, muss sie sich gewisse Pflichten gegen sich selbst auferlegen, mehr noch als dem Volk gegenüber. Sie hat also umso mehr die Verpflichtung, über die Erhaltung der gesellschaftlichen Stabilität zu wachen. Wenn sich das Bewusstsein der Rechte im klassischen Konfuzianismus niemals entwickelt hat, so können wir in dieser Beziehung behaupten, dass ein Volk des Respekts bedarf, denn es besitzt unveräußerliche Rechte, und es ist die Pflicht des Staates, darüber zu wachen, besonders der mächtigen Staaten, denn täten sie es nicht, könnten sie ihre Verantwortungen nicht ausüben.

Heute stellt sich in China die Frage nach den Menschenrechten. Sind diese Rechte, im Sinne der Würde des Einzelnen, vereinbar mit dem Konfuzianismus?

Der Konfuzianismus ist völlig vereinbar mit der Würde des Einzelnen, aber das Bewusstsein der Rechte stellt einen Diskurs dar, der sich über eine sehr lange Periode im Westen entwickelt hat. Erinnern wir uns, dass die Vereinten Nationen die erste Allgemeine Erklärung der Menschenrechte 1948 formuliert haben. Zahlreiche Rechte sind definiert worden, nicht nur politische Rechte sondern auch wirtschaftliche, staatsbürgerliche und kulturelle Rechte. Einige konfuzianische Denker haben an der Originalabfassung des Textes dieser Erklärung teilgenommen. Die konfuzianischen Ideen sind also seither in dieses Dokument integriert. Es gibt keinen Grund zur Behauptung einer wesentlichen Unvereinbarkeit des konfuzianischen Humanismus mit dieser Erklärung.

Dennoch wird diese Frage dadurch kompliziert, dass es drei Schichten von Menschenrechten gibt: die politischen Rechte, die sozio-ökonomischen Rechte und die Rechte der Gemeinschaften und Gruppen oder kulturellen Rechte. Welche Schicht muss den Vorrang haben? China stellt die ökonomischen Rechte den politischen Rechten deutlich voran. Aber ich glaube, dass jede zivilisierte Regierung, wie auch immer man diese Frage angeht, gewisse Grundregeln respektieren muss, indem sie es sich verbietet, Leute ohne Prozess festzuhalten, politische Dissidenten zu foltern und wie Kriminelle nach gemeinem Recht zu behandeln. In der modernen Welt ist das nicht akzeptabel.

Entspricht dies der aktuellen chinesischen Situation?

Meiner Ansicht nach sind diese Vorstellungen mit der konfuzianischen Tradition vereinbar. In China behauptet das politische Regime, die ökonomischen Rechte seien die wichtigsten. Dieses Regime ist zweifellos fähig, eine gewisse Zahl an ökonomischen Grundrechten zu sichern, die den Menschen das Lebensnotwendige zugestehen. Während es gewisse andere Rechte reduziert, wie die Meinungs- oder Versammlungsfreiheit. Ich denke, das heißt, von den Kategorien einen schlechten Gebrauch machen, denn es genügt nicht, sich zu ernähren, man muss auch persönlich reicher werden können, in der Lage sein, eine Erziehungsrolle für die menschliche Entfaltung als Ganzes zu übernehmen. Die Regierung muss sich also disziplinieren, um einige der Grundregeln jeder zivilisierten Regierung zu respektieren. China hat bereits alle Verträge und Konventionen in diesem Bereich ratifiziert, im Gegensatz zu den Vereinigten Staaten, die nicht so viele unterzeichnet haben. Das Unterzeichnen ist selbstverständlich nur ein Akt des guten Willens, der in Praxis umzusetzen bleibt. China ist noch nicht so weit, und rangiert auf dieser Ebene weit hinter vielen anderen Ländern. Es ist dringend notwendig, dass China in diesem Sinne lernt, dass die Regierung lernt, die Grundrechte der Individuen zu respektieren.

Wie beurteilen Sie die Situation in Tibet, ist hier nicht chinesische Selbstkritik angebracht?

Diese Situation ist nicht gut, sie muss sich bessern, was Zeit brauchen wird. Die Verständnislosigkeit ist schrecklich, und die Verwandlung wird langwierig und langsam sein, selbst wenn wir wissen, dass die Erziehung eine positive Entwicklung begünstigen kann. China, nicht nur die Regierung, sondern auch die kulturellen Eliten, ist besessen von der in Begriffen von ökonomischer und technologischer Entwicklung eng definierten Modernisierung. Daher ist China völlig unsensibel geworden für das, was sich auf einem zwangsläufig komplexen kulturellen Feld abspielt. Tibet besitzt eine Kultur, eine Tradition, die China ignoriert. Der Wandel kann dadurch zustande kommen, dass China auf Indien aufmerksam geworden ist, dessen Kultur es zu schätzen beginnt und sich an ihr orientiert.

Wenn das so ist, dann werden die chinesischen Führungskräfte und die Elite für Tibet als Kulturzentrum aufgeschlossen sein, und für den Dalai Lama, aber eher für den heiligen Mann als für den total politisierten Separatisten, der es verstanden hat, ein starkes Anti-China-Gefühl zu wecken. Unsere Regierung setzt sich mit ihrem Gebrauch nationalistischer Argumente gegen den Dalai Lama und Tibet ins Unrecht. Sie müsste sich vielmehr für die Bereicherung aufgeschlossen zeigen, die diese Kultur in wachsendem Maße sowohl dem Osten wie dem Westen bringt. Sie gehört zum kostbaren chinesischen Erbe und zum Pluralismus, mit dem das chinesische Denken die Welt erfasst. Anstatt sie kontrollieren zu wollen, müsste China verstehen, was es alles gewinnen könnte, wenn es die tibetanische Kultur sich entfalten ließe.

Was ist die humanistische Botschaft aus der kulturellen Tradition Chinas, die es der Welt mitteilen könnte?

In diesen letzten Jahren habe ich mich intensiv mit dem Dialog zwischen den Kulturen befasst und stehe infolgedessen der Vorstellung vom Zusammenprall der Kulturen sehr kritisch gegenüber. In diesem Dialog zwischen ihnen gibt es zwei sehr verschiedene Vorgehensweisen, die beide Sinn haben. Die erste hat zum Ziel, die Minimalbedingen des menschlichen Überlebens zu sichern, die allen bedeutenden Gegensätzen zwischen den Religionen übergeordnet sind. Hans Küng hat sich voll und ganz für diese Vorgehensweise eingesetzt, die sich auf zwei Grundprinzipien stützt, welche wir schon genannt haben, das erste, „Lass niemanden erdulden, was du nicht von ihm erdulden möchtest", und das zweite, das Humanitätsprinzip, aufgrund dessen man jede Person, jedes Land als einen Zweck an sich betrachtet und nicht als einen Komplex von Mitteln, die einem Zweck dienen. Doch muss sich diese Minimalforderung durch eine maximale Realisierung verbreiten. Mit anderen Worten, ich schätze, was ein anderer tut, gerade weil es nicht reicht, sich mit einer Situation zu begnügen, in der man sich nicht gegenseitig Böses antut, in der man sich nicht tötet; denn es kommt auch darauf an, ein Streben für die menschliche Gemeinschaft zu teilen, sodass wir uns zusammen entfalten können.

Wie sich entfalten? Dazu muss man die Verschiedenheit und den Pluralismus erfassen. Man darf die schädlichen Relativismen oder die ganz genauso schädlichen Vorstellungen von radikaler Andersheit nicht mehr tolerieren. Man muss dem Anderen immensen Respekt bezeugen, aufnahmebereit sein für die Verschiedenheit und den kulturellen Pluralismus, ohne der Religion und dem Relativismus in die Falle zu gehen. Um das zu erreichen, müssen wir durch Dialog, Diskussion, Debatte ein ununterbrochenes Kommunikationsnetz aufbauen.

In dieser Hinsicht kann die konfuzianische Tradition eine interessante Rolle spielen. Ich habe eine ganze Reihe von ethischen und religiösen, interreligiösen Gesprächen geführt, mit Christen, Muslimen, Konfuzianern, Juden und sogar mit Marxisten. Diese Art von Gedankenaustausch hat mir verständlich gemacht, dass das Substantiv Konfuzianer (*confucéen*) auch ein Adjektiv (*confucéen*) sein kann. Wenn es ein Gespräch zwischen Muslimen und Juden gibt, dann weiß man, wer die einen und die anderen sind. Ebenso verhält es sich mit Buddhisten und Christen. Dagegen identifizieren sich die Konfuzianer selten als solche. Sie sind konfuzianische Christen, konfuzianische Muslime, konfuzianische Buddhisten. Ihre Zugehörigkeit ist vielseitiger. Sie präsentieren sich zum Beispiel als konfuzianische Christen, denn dadurch nehmen sie für sich ein politisches und gesellschaftliches Engagement, eine kulturelle Aufgeschlossenheit in Anspruch. Das bedeutet letztenendes: „Ich interessiere mich nicht nur für den Mönchsorden oder das kommende Reich Gottes, sondern auch für die gegenwärtige Welt, mit welchen Mitteln sie verwandelt werden kann uns auf welche Weise ich mich kreativ an diesem Verwandlungsprozess beteiligen kann." Ein konfuzianischer Buddhist wird allerdings sein, was man einen humanistischen Buddhisten nennt;

er wird nicht wünschen, seine Familie zu verlassen, um einen Mönchsorden zu gründen, sich in die Welt des anderen Ufers zu begeben. Dasselbe gilt für den Bodhisattwa, der in der Welt wirken möchte, um dann das Recht zu haben, ins Nirwana einzugehen, der aber aus Mitleid in die Welt zurückkehrt, um diese Welt zu ändern. Um das zu erreichen, muss man die Heiligkeit der Erde respektieren und die menschliche Gemeinschaft verbessern.

Deshalb sind die konfuzianischen Intellektuellen imstande, alle möglichen Netze zu entwickeln, einen religiösen Dialog zu beginnen und zur Entwicklung einer Weltethik beizutragen, die sich nicht auf die Minimalforderung des menschlichen Überlebens beschränkt, sondern andere Hoffnungen verfolgt.

Kritisiert der Konfuzianismus an gewissen Werten der Aufklärung, nämlich dem materialistischen Individualismus, dem aggressiven Wettbewerb und dem schädlichen Relativismus, ihre Unfähigkeit, eine homogene, wahrhaft „menschliche" Handlungsanleitung zu formulieren?

Der Geist der Aufklärung, der aus der modernen westlichen Kultur hervorgegangen ist, war ganz ohne Zweifel die mächtigste Ideologie in der Entwicklung der Welt während dieser beiden letzten Jahrhunderte, und dieser Prozess wird sich in den kommenden Jahrzehnten ganz gewiss fortsetzen. Wir alle sind Kinder der Aufklärung. Seit Beginn des XX. Jahrhunderts haben sich die chinesischen Intellektuellen den Geist der Aufklärung zu eigen gemacht, als den höchsten Grad instrumentaler Rationalität, als Befähigung zur Unterwerfung der Natur, zur wirtschaftlichen und technologischen Entwicklung und zu jenen Werten, die der modernen westlichen Welt eigen sind, die Würde der Person, die Wahrung der individuellen Freiheiten, als da sind Freiheit, Gleichheit, Rationalität, alles Ideen und Bestrebungen, die seither zur Erfahrung der übrigen Welt gehören. Das Licht der Aufklärung leuchtet in der mittelalterlichen Finsternis, und die Menschen gelangen durch diesen Prozess, in dem wir uns noch befinden, zu ihrer Befreiung.

Wirft man jedoch einen kritischen Blick auf diese Entwicklung unter dem Aspekt der gegenwärtigen menschlichen Bedingung, auf unser Überleben als Spezies und auf die Ideologie, die uns beim Durchschreiten dieser schwierigen Krise leiten kann, dann begreift man, dass die Verherrlichung der Marktwirtschaft zu einem Übermaß an Wettbewerb, Individualismus, Anthropozentrismus führen kann. Zum ersten Mal in der Geschichte sind die Idee, der Mensch sei das Maß aller Dinge, und unsere Haltung zur Natur, zum Anderen, zu den Benachteiligten in gewisser Weise von einem überholten aggressiven Humanismus gestaltet.

Sie zitieren häufig den Philosophen John Rawls und seine Auffassung vom Individuum als Quelle berechtigter Forderungen, wie er sie in Eine Theorie der Gerechtigkeit *darstellt. Rawls zufolge sind die Individuen Ergebnisse ihrer Pflichten und ihrer Verbindlichkeiten gegenüber der Gesellschaft. In der konfuzianischen Tradition ist die Bedeutung der Verwurzelung keineswegs unvereinbar mit einer globalen Ethik hin-*

sichtlich der menschlichen Gemeinschaft. Was sind die Hauptunterschiede zwischen der Idee des Individuums und der Gerechtigkeit in der westlichen Tradition, wie sie vor allem von Rawls formuliert wird, und der konfuzianischen Tradition?

John Rawls ist ein bedeutender liberaler Denker, aber er stand auch unter dem doppelten Einfluss von Kant und dem amerikanischen Pragmatismus. Seine Position unterscheidet sich also sehr von der eines Hayek, einem anderen liberalen Denker.

Sicherlich ist das konfuzianische Denken antinomisch zu dem des Liberalismus nach Hayek. Letzterer meinte, der Individualismus ermögliche es besser, das Funktionieren des Marktes zu verstehen, als das gesellschaftliche Wohl. Er wendet sich auch gegen jeden staatlichen Eingriff in den Markt. Die Position von Rawls ist nicht so radikal.

Rawls strebt Mäßigung an und will der Regierung eine Sozialpolitik gestatten, die die Gerechtigkeit der Verteilung betont, indem sie die am stärksten marginalisierten, am stärksten benachteiligten Individuen bevorzugt. Es gibt bei Rawls eine soziale Dimension des Begriffs Gerechtigkeit. Doch als Anhänger der Lockeschen Tradition läßt er zahlreiche Elemente unberücksichtigt, die in der konfuzianischen Auffassung meiner Ansicht nach Gegenstand öffentlicher Debatte sind. So betrachtet er die Religion nicht als öffentlich sondern als strikt persönlich, und er meint, der politische Bereich solle sich nicht mit religiösen Fragen befassen. Im Konfuzianismus bildet die Religion eine der öffentlichen Grundfragen. Auch die Probleme der Moral sind nicht privat. Kurz, eine zutiefst persönliche Frage wird dennoch nicht als privat betrachtet, da sie auch einen Teil öffentlicher Verantwortung enthält. Aus diesem Grund kann sich die Trennung zwischen öffentlich und privat selbst in Nordamerika als undurchführbar erweisen.

Die konfuzianische Sicht des Privaten und des Öffentlichen ist anders, es geht um eine dynamischere Beziehung. Zum Beispiel habe ich eine sehr private Einstellung zu meiner Familie, wenn ich über sie wache und dabei über mein ausschließlich persönliches Interesse hinausgehe, doch wird meine Haltung eher öffentlich orientiert sein als die eines Individuums, das nur an sein persönliches Interesse denkt, ohne sich um seine Familie zu kümmern.

Die Familie bleibt nichtsdestoweniger eine Privatsphäre im Verhältnis zum Dorf, zur Gemeinschaft oder zum Clan. Wenn man nicht über die Idee der Familie hinausgeht, bleibt man in der Privatsphäre, man ist der öffentlichen Sphäre nicht genügend zugewandt. Wiederum kann eine Gemeinschaft als Ganzes eine Privatsphäre bilden und wird als solche wahrgenommen. Weiter kann das Interesse des Landes, und nicht nur die eines Staates oder einer Provinz, die Oberhand über gewisse Interessen der Privatsphäre gewinnen, aber das Land selbst steckt eine Privatsphäre ab. Was auch immer sein Einfluss sein mag, Amerika bildet eine Privatsphäre gegenüber den Vereinten Nationen als Ganzes. Amerika übt alle möglichen Privatrechte aus zu Lasten seines öffentlichen Geistes, insbesondere indem es wegen einiger konservativer Senatoren, die die Vereinigten Staaten nur in Begriffen von Lokalpatriotismus verstehen, seinen Beitrag zu den Vereinten

Nationen nicht zahlt. Die internationale Gemeinschaft fragt sich also nach dem öffentlichen Geist Amerikas.

Wiederum kann man aber auch aufgrund des Einflusses, nicht des Geistes sondern der Mentalität der Aufklärung, die gesamte Menschheit als eine Privatsphäre betrachten. Wir meinen, alles was kurzfristig dem menschlichen Interesse dient, sei gerechtfertigt. Wir glauben, die Natur plündern, sie zerstören, ihr alles Mögliche gegen ihr Wesen zumuten zu können, ohne zu bemerken, dass diese Art von Handlungen, die von der menschlichen Spezies begangen werden und privaten Zwecken dienen, die Dynamik des kosmischen Prozesses zerstören wird. Wir müssen also lernen, Bürgersinn an den Tag zu legen. Diese Forderung nach Unparteilichkeit, nach Öffnung auf ein weiteres Feld steht auf keinen Fall im Konflikt mit der Verwurzelung in einer lokalen Dimension. Verwurzelt sein, heißt, sich zu Hause zu fühlen, zu einer ethnischen, religiösen oder gesellschaftlichen Gruppe zu gehören. Das widerspricht aber nicht der Feststellung des persönlichen Interesses. Man muss schlicht und einfach zugestehen, dass andere menschliche Wesen anders verwurzelt, anders beschaffen sind. Es ist also wichtig, dass man es versteht, die Kommunikation möglich zu machen. Deswegen setzt die Verwurzelung auch voraus, dass man sich über seine eigenen Wurzeln erheben kann, um sich dem öffentlichen Geist zuzuwenden.

Warum ist die chinesische Politik von derart vielen Menschenrechtsverletzungen durchsetzt?

Das Argument, das die Regierung vorbringt, ist die gesellschaftliche Stabilität als Vorbedingung für die wirtschaftliche Entwicklung Chinas. Ohne die wirtschaftliche Entwicklung, die politische Stabilität und eine elementare gesellschaftliche Harmonie kann das Land der Gesellschaft nicht die Grundgüter liefern, die sie braucht. Die chinesischen Führungskräfte sind stolz darauf, das erreicht zu haben, besonders der Ex-Sowjetunion gegenüber. Meiner Meinung nach wirft dieses Argument ein Problem auf, denn die gesellschaftliche Stabilität beruht auf einem dynamischen Gleichgewicht. Und wenn sich die Regierung zum Unterdrükker macht, so ist ihre Legitimität in Frage gestellt. Demzufolge kann die Regierung nicht zur Stabilität gelangen, auch kurzfristig nicht, und ihre Auflösung kann den Staat in die Katastrophe führen.

Seit dem Ende der Kulturrevolution im Jahre 1976 hat China tiefgreifende politische Wandlungen durchlaufen. Von 1976 bis 1989 hat es eine sehr ermutigende Entwicklung erfahren, und die Regierung hat sich zunehmend allen Arten von Möglichkeiten geöffnet. Dennoch beschränkte sich die Konfrontation zwischen der Regierung und den Studenten, zum Beispiel, nicht auf den Zusammenprall zweier Ideologien. Die Studenten haben Fragen der politischen Verantwortung, besonders im Hinblick auf die Korruption oder gewisse autoritäre Kontrollmechanismen, aufgeworfen, die sie zum Gewissen der Gesellschaft gemacht haben. Von Anfang an war die Regierung unfähig, wirksam auf diese Fragen zu antworten, und ihre Administration hat die Nachwirkungen dieser Unfähigkeit gespürt. Ein Gefühl der Demütigung machte sich breit, besonders anlässlich des Besuchs von Michail Gorbatschow und anderen Führungskräften der Welt, die ein ziemlich ineffizient regiertes China ohne Harmonie vorfanden, und diese Demütigung führte zu einer brutalen militärischen Konfrontation. Die Regierung benahm sich wie ein verwundetes Tier, das sich rächen will, das versucht, die Ordnung wiederherzustellen und zu überleben, wobei es die schwierigste Methode anwendet. Diese Vorgehensweise ist es, die zur Tragödie von 1989 geführt hat.

Doch rechtfertigt diese Situation keineswegs die Schlussfolgerung, nach der die konfuzianische Tradition, oder in weiterem Sinne, die des chinesischen Denkens sich immer auf die Seite der autoritären Kontrollmechanismen gestellt und niemals das Individuum mit Respekt betrachtet hätte. Allerdings sind wir mit einem weiteren, sehr viel komplexeren Beispiel für Autoritarismus konfrontiert, dem Singapurs. In dem Fall handelt es sich nicht um einen brutal unterdrückenden Autoritarismus wie in vielen Diktaturen der jüngsten Vergangenheit. Ein anderer Mechanismus ist da am Werke, der folgendermaßen formuliert wurde: „Singapur lebt in einer sehr feindlichen Umgebung und wird sein Überleben auf die Weise sichern müssen, dass Wissenschaft, Technik und gewisse westliche Institutionen an seiner politischen Kultur teilhaben; die westliche Permissivität aber, der Individualismus, die schrankenlose Ausdrucksfreiheit, der Raum, der sogar allen möglichen exzessiven Vorstellungen gewährt wird, all das kann Singapur sich nicht erlauben, denn diese Gesellschaft muß eine gewisse interrassische, intersprachliche, transkulturelle Harmonie bewahren." Diese Argumentation ist kaum überzeugend, denn Singapur wechselt im Zeitraum einer Generation von einem autoritären Mechanismus zu einem anderen von liberalerem und offenerem Geist. Und die neue Generation ist empfänglicher für die abweichenden Stimmen. Singapur und China werden beide mit einer Demokratisierung anfangen müssen, ähnlich der, die Taiwan unternommen hat. Natürlich kann diese Entwicklung zu chaotischen Entscheidungen und verschiedenen Gewalttätigkeiten führen.

Die Frage ist, wie kann man diese Art von Prozess so ausbalancieren, dass der komplexe strukturelle Modernisierungsprozeß leichter lenkbar wird. In dieser Kombination, in der wir die Frage der Werte und Kulturen, der gegenwärtigen kulturellen Kräfte, ins Auge fassen müssen, wäre es ein Irrtum, die konfuzianische Idee von der Menschenwürde und der Entfaltung des Individuums prinzipiell für unvereinbar mit den Menschenrechten zu halten.

Sie haben die „asiatischen Werte" angeführt. Hat die konfuzianische Ethik zum Wachstum des industrialierten Asien beigetragen, wie in westlichen Argumenten so oft behauptet wird?

Das ist auch wieder eine komplexe Frage, die mich sehr stark beschäftigt. Ich habe den Eindruck, dass sich das industrialisierte Asien, samt eines Teils des sozialistischen Asien, zum konfuzianischen kulturellen Universum zählt. Will man versuchen, dieses Phänomen, über die ökonomischen Charakteristika und Kräfte hinaus, zu verstehen, muss man die institutionellen und politischen Faktoren berücksichtigen.

Wenn man sich dabei auf eine rein ökonomische Erklärung dieses Phänomens beschränken will, die die Volkswirtschaftler zufrieden stellt, wird man vielleicht sagen, Asien habe sich aufgrund der amerikanischen Präsenz, des amerikanischen Marktes, der internationalen Umwelt, des Substitutionsimports und der exportorientierten Politik ökonomisch entfaltet. Wenn wir alles in in Begriffen von Nationalpolitik, von Regierungsstrukturen und gesellschaftlichen Kräften erklären könnten, ohne die Ethik oder die konfuzianischen kulturellen Ideen anzuführen, dann wäre ich einverstanden. Nun ist aber diese Erklärung weit davon entfernt, vollständig zu sein. Ihr oberflächlicher Charakter zwingt uns, ebenfalls zu verstehen, wie die politischen Institutionen, die Gesellschaftsstrukturen und andere nicht-politische Elemente, gewisse Externalitäten, eingreifen und es diesen Gesellschaften ermöglichen zu funktionieren. Ich meine also, daß uns die Unvollständigkeit dieser Überlegungen im Gegenteil dazu zwingt, die Gewohnheiten des Herzens, die Kultur und so fort gründlich zu untersuchen. Bevor man die konfuzianischen Werte anführt, muss man sicherlich eine gewisse Zahl weiterer Faktoren prüfen, die ökonomische Situation, die gesellschaftlichen, politischen, institutionellen Charakteristika berücksichtigen. Dann muss man die Frage der Werte und der Kultur ins Auge fassen.

Diese Weltregion besteht also im eigentlichen Sinne aus einer kulturellen Kosmologie, in der aber die Ursachen des Aufstiegs auch die sind, die den Fall beschleunigen. Welche sind es?

Der erste Faktor ist die herausragende Rolle der Regierung. Der zweite ist die Familienstruktur als Grundlage der Gesellschaft, dass dieses Familiennetz die Wirtschaftsproduktivität vergrößert, oder, im Gegenteil, die Transparenz und Öffnung des Marktes untersagt. Weiter ist die Erziehung wesentlich, also verbindet sie sich in Asien mit einer weltlichen Religion. In Südostasien hat sich die Erziehung zu sehr auf die Wissenschaft und die Technologie konzentriert und nicht genug auf die Kultur. Das ist eine Lücke, deren sich diese Länder bewusst werden. Schließlich gibt es diese Tradition der Bürgeraktion, außerhalb der Justiz, außerhalb jeglichen gesetzlichen Zwanges. Es ist das, was wir die „rituelle Besserung" nennen, ein Mittel zur Lösung der Konflikte und Spannungen. Die Betonung liegt eher auf der Harmonie als auf dem Wettbewerb. Im wirtschaftlichen Sektor beruht die Wettbewerbsfähigkeit auf der Einzelinitiative, auf einem gewissen Geschick, jeden Trick auszuschalten, der Autorität die Stirn zu bieten. Bestimmte asiatische Gesellschaften unter konfuzianischem Einfluss werden zweifellos Mühe haben, sich anzupassen. Früher ist es diesen Gesellschaften gelungen, die Netze zu benutzen, von dem Vorrang der Regierung Gebrauch zu machen, sich dieser auf die Technologie gegründeten Erziehung zu bedienen, um ihr Kapital zu erweitern. Unter diesem Gesichtspunkt werden sie sich verwandeln müssen.

Sind Sie der Meinung, dass die Welt nur eine einzige Modernität zählt, oder dass es aufgrund der verschiedenen Religionen und kulturellen Traditionen eine Vielheit von Modernitäten, multiple Modernitäten gibt?

In diesen letzten Jahren habe ich mich an einem Projekt beteiligt, das sich „Multiple Modernitäten" nannte, eine Frage, die ich zuvor in einem meiner Werke aufgeworfen hatte. In weiterem Sinne, hier wird die Frage nach den Traditionen in der Modernität gestellt. Die Hypothese wäre, die Modernität sei, ausgehend von einer komplexen Geschichte aufgrund der Vielfalt innerhalb der westlichen Erfahrungen, in der westlichen Welt aufgetaucht. Die anglophone Gemeinschaft unterscheidet sich von der frankophonen oder hispanophonen. Die Geschichte der Modernität ist also komplexer als sie scheint, denn es ist nicht nur eine Okzidentalisierung am Werke, sondern mehrere Formen von Okzidentalisierung. Wenn man zugesteht, dass es eine asiatische Modernität gibt, die zutiefst westlich beeinflusst ist, dann ist also dieser Einfluss nicht homogen. Viele Komparatisten haben sich geirrt in dem, was sie „Rekonvergenz" oder umgekehrte Konvergenz nennen und damit bezeichnen, was die asiatischen Gesellschaften versucht haben, vom Westen zu lernen. Die Dynamik habe sich zur pazifisch-asiatischen Region verschoben, und diese Verschiebung sei modellhaft. Die Vereinigten Staaten und Europa werden ihrerseits von Südostasien lernen müssen, um wieder zu einer Dynamik zu kommen. Nach der Finanzkrise, die zuerst die asiatischen Wirtschaften betroffen hat, ist dieses Modell verschwunden.

Dennoch meine ich, dass die Ereignisse in Südostasien, wenn sie aus einer langfristigen Perspektive entzerrt werden, folgende Reflexionen nahelegen: Der Modernisierungsprozess kann verschiedene kulturelle Formen annehmen. Er hat in Europa angefangen, an Komplexität zugenommen, sich nach Nordamerika, dann nach Asien verschoben. Dies beweist tendenziell, dass er eine asiatische, südostasiatische Form angenommen hat, aber genauso gut kann er eine Vielzahl anderer Formen annehmen, eine lateinamerikanische, eine afrikanische, eine islamische, konfuzianische etc. Wenn das der Fall ist, dann kann man meiner Meinung nach zwei Hypothesen aufstellen, die es wert sind, an den Fakten erprobt zu werden. Die erste besteht darin, die Wichtigkeit und die Bedeutung der Traditionen in der Modernität zu unterstreichen, sodass alle Traditionsformen, die amerikanische, die französische, die spanische, die deutsche, die Merkmale ihrer eigenen Tradition haben. Nach der zweiten Hypothese würde der Modernisierungsprozess tatsächlich verschiedene kulturelle Formen annehmen, und genau deswegen ist die Rede von multiplen Modernitäten. Die unübersehbare Realität, eine spannende und komplexe Realität, ist, dass wir es in der heutigen Welt mit zwei kontinuierlichen Prozessen zu tun haben, deren gleichzeitiges Vorhandensein Konflikte erzeugt. Wir müssen ihre Interaktion begreifen.

Cambridge/MA 29.03.1999
Übersetzt von Eva Brückner-Tuckwiller

„Wenn Zeit Geld ist, dann ist Geschwindigkeit Macht"

PAUL VIRILIO

Paul Virilio (geboren 1932, lebt heute in La Rochelle) ist Stadtplaner, Dromologe, Experte für strategische Fragen, die die neuen Kommunikationstechnologien betreffen. Er ist emeritierter Professor an der Ecole spéciale d'architecture in Paris, deren Direktor er von 1972 bis 1975 war und deren Verwaltungsrat er seit 1990 vorstand. Nach seinen ersten philosophischen Essais wird er 1973 Herausgeber der Reihe „L'espace critique" beim Verlag Galilée. 1987 erhält er den Grand Prix national de la critique architecturale. 1990 wird er Programmdirektor am Collège international de philosophie unter der Leitung von Jacques Derrida. Seit 1992 ist der Mitglied im Haut Comité pour le logement des défavorisiés (im Ausschuss für Wohnungen für sozial Benachteiligte). Zu seinen Hauptwerken gehören: *Ästhetik des Verschwindens* (Merve, 1986), *Ereignislandschaft* (Hanser, 1998), *Information und Apokalypse* (Hanser, 2000), *Ce qui arrive* (Galilée, 2002), *Kunst des Schreckens* (Merve, 2001), *Panische Stadt* (Passagen, 2007), *L'accident originel* (Fondation Cartier pour l'art contemporain, 2005). Seit 1991 und der Ausstellung „La vitesse" (die Geschwindigkeit), organisiert in Jouy-en-Josas, hat er bei mehreren Ausstellungen der Fondation Cartier pour l'art contemporain (Stiftung Cartier für zeitgenössische Kunst) mitgearbeitet. Paul Virilio wurde 1990 auch in beratender Funktion an die COFRES (Compagnie francaise pour l'exposition de Séville) – Pavillon von Frankreich, zusammen mit Régis Debray, berufen. Seit seiner Gründung 2001 unterstützt er den Fonds associatif Non-Violence XXI.

Bis Ende der siebziger Jahre hatte das Konzept der „Dromologie" allenfalls einen Sinn für die Spezialisten der alten Sprachen. Dies änderte sich mit den Arbeiten des Forschers Paul Virilio, der, auf Fragen der Geschwindigkeit spezialisiert, einen sehr großen Erfolg mit den Essais *Die Eroberung des Körpers* (Fischer, 1994) und *Fluchtgeschwindigkeit* (Fischer, 1999) verbuchen konnte. In seinem Buch *Krieg und Fernsehen* (Hanser, 1993) hat Virilio erstaunliche Parallelen zwischen der Entwicklung der Militärtechnik und dem Kino zutage gefördert. Das Denken Virilios fasziniert durch seine überraschende Allianz zwischen Technik, Wissensgeschichte und Philosophie.

*

Wir haben uns in einem Cybercafé eingefunden, an einem öffentlichen Ort, der wie kaum ein anderer die heutige Informations- und Kommunikationsgesellschaft repräsentiert und eine Vorahnung davon vermittelt, wie wir morgen die elektronischen Medien benutzen werden. Web, Internet, Cyberspace – ist das die Zauberformel für eine glänzende Zukunft?

Sie wird glänzend und zugleich bestürzend sein, ähnlich wie das 20. Jahrhundert. Das Cybercafé bildet den Gegensatz zum Bahnhof, zum Hafen und sogar zum Flughafen. Dort fand der Aufbruch statt, der Exodus. Hier aber kommt alles an, die Bilder, Töne und Visionen, alles konzentriert sich in diesem Raum. Man braucht nirgendwohin zu reisen, es genügt zu warten. Das bedeutet eine Umkehrung unseres Verhältnisses zur Welt, die mir außergewöhnlich erscheint. Die Projektion auf den Horizont verwandelt sich in eine Art Introjektion aufgrund der direkt und lichtschnell übermittelten optischen Impulse.

Wenn Sie das sagen, haben Ihre Worte einen eher dunklen, pessimistischen Beiklang.

Ja, denn die erste Freiheit des Menschen bestand darin, sich ungehindert zu bewegen. Das ist zwar weiterhin möglich, aber wer durch die totale Verfügbarkeit von Information so verwöhnt wird, hat kaum mehr das Bedürfnis, den Aufenthaltsort zu wechseln. Das Internet markiert erst den Anfang dieses Prozesses, der mit der Erschließung neuer Datenautobahnen und deren Vernetzung noch verstärkt wird. Von daher befürchte ich, dass die Teletechnologien bei den Anwendern eine krankhafte Passivität verursachen, die ich einmal als Pol des Stillstands bezeichnet habe. Das heißt: Das Zentrum der Welt ist überall in den Cybercafés, die Peripherie jedoch nirgends.

Demnach werden wir – bewegungslos, wie gebannt auf Bildschirme starrend – von visuellen und optischen Signalen geradezu überschwemmt und beherrscht. Für viele hat diese Vorstellung allerdings überhaupt nichts Beängstigendes. Sie sehen darin eine besondere Chance, weltweit den offenen, interaktiven Dialog zu fördern, Vorurteile abzubauen und auf immer höhere Ebenen des Wissens zu gelangen.

Jede Errungenschaft zeitigt auch Verluste. Einerseits führt die Globalisierung dazu, dass die Menschheit mehr und mehr ein kohärentes Ganzes darstellt, auch wenn dieser Fortschritt jetzt noch mit Konflikten verbunden ist. Andererseits treffen infolge der direkt übertragenen Bilder Nahes und Fernes aufeinander, zieht sich der irdische Raum ebenso zusammen wie die Zeit, wodurch die Welt unendlich klein wird. Das Eingeschlossensein, von dem Michel Foucault in Bezug auf das 18. Jahrhundert sprach, liegt eigentlich vor uns, im 21. Jahrhundert. Ein solches Verschwinden der Distanzen erzeugt Klaustrophobie. Da ich selbst darunter leide, bin ich geneigt, sie als massive Bedrohung für die künftigen Generationen zu empfinden.

Derlei Aussagen haben Ihnen den Ruf eingetragen, ein Prophet des Unglücks zu sein, ein Skeptiker, ein Guru der Negativität.

Ein Skeptiker ja, aber weder ein Guru noch ein Prophet. Ich bin ein Kind meines Jahrhunderts, dessen Schrecknisse ich in mir trage und das ich auf eigene Weise zum Ausdruck bringe. Den Zweiten Weltkrieg habe ich im Alter zwischen sieben und 13 Jahren miterlebt, unter Bedingungen, die durch und durch irreal waren, die im Zeichen der Manipulation und der Fälschung standen und den Glauben an Nähe, an Unmittelbarkeit zunichte machten. Wir wohnten in Nantes, das die Deutschen besetzt hatten, und diejenigen, die aus der Ferne kamen und in Kampfflugzeugen am Himmel auftauchten, die Alliierten, warfen ihre Bomben ab um der Freiheit willen. Der ringsum herrschende Feind peinigte uns mit seiner Propaganda, und der Freund oben rettete uns, indem er die Stadt zerstörte und Menschen tötete. Der Junge, der ich war, traute seinen Augen nicht mehr und fragte sich, wo er inmitten trügerischer Erscheinungen Halt finden sollte. Er begegnete der vermeintlichen Wirklichkeit mit äußerstem Argwohn – und diese Einstellung hat er sich bewahrt. Sie ist bis zum heutigen Tag die meine.

Der Fortgang der Geschichte nach 1945 trug dann seinerseits dazu bei, Sie in Ihrer Auffassung zu bestärken.

Auf den Krieg folgte bekanntlich das „Gleichgewicht des Schreckens". 40 Jahre lang waren wir mit jenem Mythos konfrontiert, der sich als eine weitere Realität entpuppte. Daraus erwuchs die Gefahr, dass nicht nur eine Stadt wie Hiroshima oder Nagasaki, sondern die gesamte Erde in Schutt und Asche gelegt wird: Der Weltuntergang konnte jederzeit stattfinden. Und erneut musste man an der hiesigen Propaganda Zweifel hegen, weil sie auf einem Denkschema gründete, wonach die Bösen im Osten und die Guten im Westen angesiedelt seien. Ein derartiger Manichäismus bot genügend Anlass, sich ihm zu widersetzen und zwischen den beiden konträren Weltanschauungen eine andere Gesinnung zu entwickeln. Genau das habe ich getan.

Und diese innere Umorientierung verlieh Ihnen die Kraft, trotz der sichtbaren Menetekel die Hoffnung nicht aufzugeben.

Ja, ich bin konvertiert. 1950 trat ich dank der Arbeiterpriester zum Christentum über. Da ich aus einem linken Milieu stamme, wurde ich vor die Alternative gestellt, mich entweder zu Marxismus, Kommunismus und Totalitarismus oder zum Glauben zu bekennen. Ich habe den letzteren gewählt.

Trotzdem sind Sie nicht plötzlich zu einem Optimisten geworden, als die Angst vor einem alles vernichtenden Atomkrieg mit dem Auseinanderbrechen der Sowjetunion und dem Fall der Berliner Mauer im Jahre 1989 spürbar nachließ. Offenbar glauben Sie, dass sich nun ein neues System der Abschreckung etablieren wird, das unter Umständen zumindest ebenso effektiv ist wie das frühere.

Meines Erachtens erinnern sich die Amerikaner mit einer gewissen Nostalgie an die Zeit, als sie allein die absolute Waffe besaßen, weshalb sie heute nach einem vergleichbaren Ersatz suchen. Vielleicht handelt es sich dabei um die Informatikbombe. Sie wissen, Einstein erklärte in einem Gespräch mit Abbé Pierre, dass es drei Bomben gebe: die Atombombe, die Informationsbombe – ich würde sagen Informatikbombe – und die Bevölkerungsbombe – ich nenne sie Genbombe. Hinter der Atombombe verbirgt sich die Informatikbombe, denn ohne die Operationen auf den Rechnern hätte die Kernphysik nie eine so rasante Entwicklung genommen. Desgleichen resultiert die Genbombe aus der Informatikbombe, weil allein die Computer die Dechiffrierung und Manipulation der DNS ermöglichen. Warum also sollte nicht irgendwann ein durch die Informationstechnologien verursachter Unfall, der sich auf den ganzen Globus auswirkt, den Krieg substituieren, gewissermaßen als Fortsetzung der Politik mit anderen Mitteln? Der Cyberspace ist auch ein Instrument, das Wissen und Energie blockieren kann. Was dies bedeutet, hat man zuletzt im Kosovo gesehen, wo die Stromversorgung durch eigens dafür erfundene Grafitbomben unterbrochen wurde. Im Rahmen weltumspannender Kommunikation verfügt derjenige über eine ungeheure Macht, der das virtuelle Netz schlagartig zu durchtrennen versteht. Die Computerviren und E-Mail-Bomben sind nur die ersten Vorboten einer drohenden Katastrophe – eines *Info-War*, einer Revolution in militärischen Angelegenheiten.

Welche weiteren Indizien weisen für Sie darauf hin, dass das Leben auf dem Planeten zunehmend von jenen beherrscht wird, die sich Zugang zum allgemeinen Informationsfluss verschaffen und ihn steuern können, denken Sie an die Schreckensvisionen bereits bei George Orwell und Aldous Huxley in seiner ‚brave new world' in den 30er und 40er Jahren des 20. Jahrhunderts?

Denken Sie nur an die NSA, die National Security Agency mit Sitz in Fort Meade, Maryland, die anstelle der CIA speziell für den Bereich Telekommunikation verantwortlich ist – also nicht für die lokale Spionage, sondern für die globale nachrichtendienstliche Tätigkeit. Diese Organisation verfolgt den gesamten Informationsaustausch über Internet wie über Telefon und übt infolgedessen eine Form von Regierungsgewalt aus. Daneben vermehren sich die Anzeichen einer ständigen optischen Denunziation, die noch viel größeres Unheil anrichtet als die mündliche oder schriftliche Denunziation, wie sie etwa im Zweiten Weltkrieg für die Kollaborateure charakteristisch war. Die jetzige Revolution auf der Ebene der Information geht zwangsläufig einher mit einer Revolution auf der Ebene der Denunziation. Das heißt, Fernsehen und Internet, Web-Cam und Live-Cam sind Medien, die die Welt enthüllen und sie damit auch denunzieren. Der dort betriebene Exhibitionismus belegt das ebenso nachdrücklich wie der dazu gehörige Voyeurismus. Und diese Denunziation setzt sich fort durch die omnipräsente Video-Überwachung: In England zum Beispiel sind momentan eine Million Kameras an öffentlichen Orten installiert. Wer durch die Straßen von London wandert, wird im Laufe eines Tages 300 Mal optisch erfasst. Die Regierung Blair will dieses System auf das ganze Land ausdehnen, die Strände mit eingeschlossen. Warum nicht auch auf die Wälder? Ist das nicht die totale Enthüllung, die Hyperoptik schlechthin? Ist das nicht Orwell? Jedenfalls deutet sich hier die Zukunft des Fernsehens und des Internets an: die hemmungslose Verbreitung von Bildern ohne jede kritische Auseinandersetzung.

An welchen Schlüsselbegriffen würden Sie einerseits die fundamentalen Unterschiede, andererseits die fatalen Gemeinsamkeiten zwischen der industriellen Revolution – samt ihren Folgeerscheinungen – und der informationellen Revolution festmachen, eine Vision, die bereits Bertrand Russell in seiner Zivilisationskritik zu seiner Zeit vorausahnte?

Die industrielle Revolution ist gleichbedeutend mit Standardisierung: Die Gegenstände werden vereinheitlicht, damit sie sich vervielfältigen lassen. Die dadurch entstandenen Schäden – nicht zuletzt hinsichtlich der Wertvorstellungen und der Sitten – sind offenkundig. Die heute sich vollziehende informationelle Revolution beschwört das heikle Problem der Synchronisierung herauf. Diese bestimmt die zwischenmenschlichen und gemeinschaftlichen Beziehungen ebenso wie die Standardisierung die Produktion. In beiden Fällen macht sich ein ausgeprägter Reduktionismus bemerkbar. Eine zusätzliche Parallele ergibt sich, wenn wir uns die industriell oder zu Kriegszwecken genutzte Radioaktivität vergegenwärtigen: Sie ist für die Energie das, was die Interaktivität für die Information ist. Die Radioaktivität bezeichnet die allmähliche, durch Strahlung hervorgerufene Kontamination, die Interaktivität die unmittelbare, durch elektromagnetische Strahlen hervorgerufene Kontamination. Die Informatikbombe hat – im Gegensatz zur Atombombe – eine wesentliche Eigenschaft: die Unmittelbarkeit. Zwar bleibt die Radioaktivität über Jahrtausende bestehen, doch sie breitet sich – wie der Reaktorunfall in Tschernobyl zeigte – nicht sofort aus. Mit anderen Worten: Die neuen kybernetischen Technologien sind aufs engste verknüpft mit der extremen Schnelligkeit der Interaktivität.

Aber wie kommt es dann, dass trotz der genannten Risiken, die sich Ihrer Meinung nach zu einem fast apokalyptischen Szenario zusammenfügen, allgemein die Zuversicht überwiegt, die informationelle Revolution werde den Menschen letztlich von inneren und äußeren Zwängen befreien? Warum wirkt er ungeachtet Ihrer Analysen und Prognosen ausgesprochen zufrieden, wenn er Daten verarbeitet, im Internet surft, E-Mails losschickt oder empfängt und exzessiv telefoniert, wie dies Manuel Castells so trefflich beschreibt?

Zunächst einmal hat er Anlass, zufrieden zu sein, sitzt er doch in einem goldenen Käfig. Was ist das Beste überhaupt? Die Sprache, die Information. Das wird niemand bestreiten. Und was ist das Schlechteste? Die Sprache, die Information. Wir sind gefangen in diesem Dilemma, indem wir das Beste und zugleich das Schlechteste ersonnen haben. Ich würde also sagen, dass die momentane Zufriedenheit zum Teil durchaus gerechtfertigt ist. Die Produkte des Hightech sind eindrucksvoll, und ich habe nie behauptet, dass man sich ihrer nicht bedienen sollte. Dennoch beruhen sie auch auf einer Illusion, die wiederum mit der Promotion zusammenhängt: Die informationelle Revolution hat eine Revolution im Bereich der Werbung zur Folge. Diese konditioniert die Menschen in ähnlicher Weise, wie es durch die eingangs erwähnte Propaganda während des Zweiten Weltkriegs geschah. Aufgrund meiner damaligen Erfahrungen wittere ich sie bereits im Ansatz. Ich habe gelernt, dem Bluff zu misstrauen, und deshalb lehne ich die Werbung, zumal im Internet, die aus einem Etat von zig Milliarden Dollar finanziert wird, strikt ab. Eine Figur wie Bill Gates steht ja nicht nur für eine bestimmte Software, sondern auch für die Manipulation derjenigen, die sie verwenden und eigentlich gut daran tun.

Was könnte verhindern, dass die Zukunft noch schlimmer wird, als Orwell oder Aldous Huxley sie prophezeite? Ein Paradoxon: einerseits wächst die Welt mit dem Internet und der digitalen Revolution enger zusammen – zugleich steigern sich die Missverständnisse und die ethnisch-religiösen Konflikte weltweit, die Balkanisierung und politische Partikularisierung, eine große territoriale Nervosität breitet sich aus. Das globale Dorf wächst nicht wirklich zusammen, Vereinheitlichung ohne wirkliche Einheit, wie bereits Jorge Luis Borges und Octavio Paz festellten. Was könnte uns befreien von den Alpträumen, mit denen uns die Science Fiction konfrontiert?

Die Demokratie. Sie ist heute in Gefahr, nicht so sehr wegen einiger Diktatoren – die gab es immer schon und wird es immer geben –, als vielmehr durch die Technik selbst und ihren ungeheuren Einfluss. Im Zuge des Fortschritts ist diese fast zu einem *Deus ex Machina* geworden – ihre Schnelligkeit stellt eine eigene Form von Herrschaft dar. Wenn Zeit Geld ist, dann ist Geschwindigkeit Macht. Dabei handelt es sich um eine völlig unabhängige Gewalt, die nicht sanktioniert wurde, ja gar nicht sanktioniert werden kann. Um sie zu beeinträchtigen oder zu beseitigen, müsste man den Strom abstellen oder die Kraftwerke in die Luft jagen... In Anbetracht dessen ist es jetzt dringend geboten, die Demokratie zu erneuern: in den politischen Parteien, aber auch in den Unternehmen und in den zwischenmenschlichen Beziehungen, wo sie oftmals negiert wird. Man stellt nicht mehr die soziale Gerechtigkeit oder den freien Austausch in Abrede, sondern die Demokratie an sich. Ohne sie besteht keine Hoffnung. Allerdings bin ich in diesem Punkt nicht resignativ, im Gegenteil: Ich glaube, die Demokratie hat Zukunft, auch wenn der Weg – wie eh und je – steinig ist. Nur eines lässt mich verzweifeln: die um sich greifende Apathie, die Geist, Gefühl und Körper lähmt.

Sie bezeugt jene innere Uniformität, die aus der von Ihnen apostrophierten Informatikbombe resultiert. Im selben Atemzug sprachen Sie vorhin aber auch von der Genbombe. Deren verheerende Konsequenz wäre die Reduktion der in der Natur vorhandenen Vielfalt auf einige mustergültige Exemplare.

Ich kann mich des Eindrucks nicht erwehren, dass die Biotechnologie, die mit der Entzifferung des Genoms Klone und Chimären herzustellen vermag, eine grundlegende Veränderung des Menschen beabsichtigt – dass sie, wenn nicht den Übermenschen, so doch zumindest eine verbesserte menschliche Rasse züchten will. Da ich noch im Ohr habe, wie die Nationalsozialisten den Mythos vom Arier propagierten, befürchte ich eine Wiederkehr der Eugenik infolge der Genbombe. Es würde mich nicht wundern, wenn man in bestimmten Laboratorien danach forschte, weitere Menschenrassen zu erzeugen, von denen einige dann ausgereifter oder tüchtiger wären als andere. Hier bahnt sich eine ethische Tragödie an, die mit der von Auschwitz kaum noch zu vergleichen ist. Zuerst untersuchte Galton, Vetter von Darwin und Vater der Eugenik, die Erbmerkmale des Genies, um die „minderwertigen Sorten" – Behinderte, Juden, Zigeuner, Homosexuelle – zu eliminieren und die natürliche Selektion zu vervollständigen, woraufhin Mengele auf den Plan trat und die entsprechenden schauerlichen Experimente am lebenden Objekt im Konzentrationslager durchführte. Wer wagt jetzt den nächsten Schritt? Nicht weniger als die Natur des Menschen, ja aller Wesen, steht auf dem Spiel – oder, wollte ich einen religiösen Ausdruck benutzen, das Buch des Lebens. Damit entfaltet die Genbombe eine weitaus höhere Sprengwirkung als die Atombombe und die Informatikbombe, damit nähern wir uns einem der letzten großen Kämpfe in der Geschichte.

Sie haben das Stichwort gegeben. Das Abendland ist mit einem entscheidenden Phänomen konfrontiert: dem Verlust der Religion, der Metaphysik und der Transzendenz. Könnte es nicht sein, dass nun auf den Cyberspace all jene Eigenschaften projiziert werden, die früher – ehe er für tot erklärt wurde – Gott beanspruchte, Cyberspace als eine ‚technische Form Gottes' in der Zeit der ‚metaphysischen Verwaisung' durch die Ubiquität, Imaterialität und Intentionalität des Cyberspace?

Wie ich bereits andeutete, eignet der globalisierten Information im Innern des Cyberspace eine Macht, die manche dazu verleiten mag, ihn zum Gegenstand eines Kultes, eines Technokultes zu machen. Allgegenwart, vollkommener Überblick, Unmittelbarkeit – das sind göttliche Attribute, die auch der virtuelle Raum aufweist. Aus der Ferne handeln, steuern, beeinflussen und sämtliche Kommunikationsmittel kurzschließen – sogar dieses Kriterium beweist die Analogie zwischen der numinosen und der kybernetischen Sphäre. Der Cyberspace verdeckt also tatsächlich den Unglauben und leistet ihm eben dadurch weiter Vorschub.

André Malraux formulierte jenen berühmten Satz, dass das 21. Jahrhundert entweder religiös sein werde – oder gar nicht. Welche Voraussetzung erscheint Ihnen unabdingbar, damit die innere, von echter Spiritualität durchdrungene Erfahrung sich abermals in der Realität widerspiegelt? Anders ausgedrückt: Worauf muss eine neue Metaphysik gründen?

Wer über die Metaphysik spricht, kommt nicht umhin, auch über die Beziehung zum Tod zu sprechen. Unsere materialistische, den Konsum predigende Gesellschaft hat ihn aus dem Bewusstsein verbannt. Alles, was ernst und gefährlich ist, wird eskamotiert – angefangen beim Tod, also beim Leben selbst, beim Lebensziel: Schließlich werden wir geboren, um zu sterben, leben wir nur, weil wir vergänglich sind. Von daher glaube ich, dass man keine fundierte philosophische Vision entwerfen kann, ohne die Frage nach dem Tod wieder einzuführen. Außerdem habe ich die Vermutung, dass die Gentechnologie nur eine weitere Methode darstellt, durch die Wunschvorstellung von der Unsterblichkeit des Klons den Tod zu überspringen. Es ist doch sehr erstaunlich, wie vehement die Wissenschaften, die sich – auch auf dem militärisch-industriellen Sektor – mehr oder weniger direkt mit dem Tod befassen, ihn abtun. Die Fabrikation genetisch identischer Kopien erscheint mir als der ultimative Versuch, dem Tod auszuweichen, wobei dann das Leben ebenfalls auf der Strecke bleibt.

Der Mensch befindet sich seit Millionen von Jahren auf einer Reise durch die Evolution, stets darauf bedacht, in der Natur die Manifestation einer übernatürlichen Kraft zu sehen und beide gleichermaßen zu achten. In diesem Sinne ist er ein metaphysisches Tier; dennoch begibt er sich heute gerade jener Fähigkeiten und Qualitäten, die ihn zu einem solchen formten. Reißt er damit nicht die Wurzeln seiner geistigen Existenz aus?

Offenbar ist ihm etwas abhanden gekommen, das in der Metaphysik eine zentrale Stelle einnahm und deren unterschiedlichen Diskursen Bedeutung und Kontur verlieh: die symbolische Sprache. Sie fiel einer Aphasie zum Opfer, was gravierende Irrtümer nach sich zog. Niemand mehr spricht und versteht sie, ausgenommen einige Theologen und Philosophen. Hierin liegt wohl eine der Ursachen der Nonkommunikation: Die Entwicklung und Verfeinerung all der Techniken, mit denen wir heute umgehen, brachte die symbolische Ausdrucksweise zum Verschwinden. Aber wir können auf diese nicht verzichten; vor den Maschinen und Geräten brauchen wir sie nötiger denn je. Wir müssen sie wieder entdecken oder neu erfinden, auch wenn ich nicht weiß, ob das möglich ist.

Wenn sich der Mensch seiner geistigen und seiner biologischen Ursprünge immer mehr entfremdet, steht dann nicht zu befürchten, dass er überhaupt den Kontakt zu dem verliert, was einmal als greifbare physische Realität galt? Katapultieren ihn die Technologien der Simulation nicht in eine völlig synthetische Welt, eine Welt der Algebraisierung des Alltags, seelen- und prinzipienlos, der Mensch ein ‚kosmischer Bastard'?

In meinen Augen setzt sich die Realität aus dem Aktuellen und dem Virtuellen zusammen. Das Aktuelle hat die Perspektive des realen Raumes hervorgebracht, die im *Quattrocento* nicht nur die Gemälde von Masaccio, della Francesca oder Uccello gestaltete, sondern auch das Bild der Renaissance-Stadt und die Entwürfe eines Machiavelli, weshalb sie sowohl eine ästhetische wie eine politische Erfindung ist. Heute öffnet sich diese erste Perspektive – mit ihren Tiefen und Höhen, ihrer Stereophonie und Stereoskopie – auf eine zweite, die des virtuellen Raumes, und dadurch bildet sich eine Stereorealität aus: hier die aktuelle Realität, die an die eigentliche Welt und an die Körperlichkeit gebunden ist, dort die virtuelle Realität, die im Wesentlichen auf direkt – in Echtzeit – übertragenen Bildern beruht. Wir werden uns also künftig in einem stereorealen Raum bewegen und den Blick in diese wie in jene Richtung lenken. Beide Realitäten sind komplementär, ja sie müssen es auch sein, damit nicht alles in der Irrealität erstarrt. Trotz meiner Bedenken hege ich die geheime Hoffnung, dass die sich konstituierende Stereorealität eine ähnliche geistige Umwälzung bewirkt wie die italienische Renaissance und uns eine radikal neue Einsicht in den Weltzusammenhang gewährt. Einen solchen Schritt vorzubereiten und zu bewältigen, ist eine große Aufgabe für die Elektroniker und Videasten, vornehmlich jedoch für die Philosophen und die Theologen, die die Frage zu beantworten haben: Wie lebt man mit einer zweigeteilten Realität?

Demnach wäre dies eine Zeit des Übergangs, in welcher der Mensch erkennt, dass niemand als er selbst bestimmt, wie die Informationen verwertet und die Technologien eingesetzt werden. Er hätte sein Schicksal weiterhin in der Hand, die Zivilisationskritik etwa von Benjamin Barber setzt an diesem Punkt an.

Im 12. Jahrhundert schrieb Hildegard von Bingen: *Homo est clausura mirabilium Dei.* Der Mensch ist die Einfassung der Wunder Gottes. Das heißt: Er ist nicht das Zentrum der Welt, sondern ihr Ziel, Inbegriff ihrer Vollkommenheit. Er ist die höchste Verwirklichung der Schöpfung und zugleich deren Abschluss. Diese Wahrheit haben die Religionen und die Wissenschaften aufgrund ihrer Betonung des Anthropozentrismus und des Geozentrismus bisher immer verschleiert. Hildegards Satz aber offenbart sie.

Paris 24.11.1999

Redaktionell bearbeitet und übersetzt von Jochen Winter

„Wenn man einem Zeugen zuhört, wird man selbst zu einem"

ELIE WIESEL

Der Schriftsteller Elie Wiesel wurde 1928 in Sighetu im Norden von Transsylvanien geboren. Als Sohn jüdischer Kaufleute ist er im Geist der chassidischen Tradition erzogen worden. 1944 depotiert man ihn mit seiner Familie, zuerst nach Auschwitz, dann nach Buchenwald, wo er am 11. April 1945 befreit wird. Er ist das einzige Mitglied seiner Familie, das den Holocaust überlebt. In seinem Werk ‚Die Nacht' arbeitet er die Schrecken des Holocaust auf, das zu einem Zeitzeugnis wird. Später studiert Wiesel an der Sorbonne in Paris. Dort war die Freundschaft zu François Mauriac für ihn prägend. Bis 1966 arbeitet er als ständiger Korrespondent für die Tageszeitung *Yediot Ahronot* (Tel Aviv) in Paris und in New York bei den Vereinten Nationen. Von 1972 an unterrichtet er Literatur, Philosophie und hebräische Wissenschaften am City College von New York. Neben anderen zahlreichen Auszeichnungen hat Wiesel 1986 den Friedensnobelpreis erhalten. Er ist heute ‚University Professor for the humanities' in Boston. Wichtige Werke: *Die Nacht* (Gütersloher Verlagshaus, 1980), *Die Nacht zu begraben, Elischa* (Bechtle, 1962), *Schweigen ist unmöglich* (Suhrkamp 1997), *Die Richter* (BLT 2003), *Le temps des déracinés* (Seuil, 2003), *Un désir fou de danser* (Seuil, 2006).

*

Sie betrachten den Holocaust als eine singuläre, jedem Vergleich entzogene Tragödie in der Menschheitsgeschichte. Wie aber kann man dann erklären, dass der Genozid ein wiederkehrendes historisches Faktum darstellt – denken wir an Kambodscha, Ruanda, an Armenien mit ihren Millionen der Toten; an die Sowjetunion und seine Gulags, an China während der Kulturrevolution unter Mao?

Zwischen Genozid und Holocaust besteht dennoch ein Unterschied. Wenn es weiterhin Massaker und Gräueltaten gibt, so deshalb, weil die Welt die Lektion nicht gelernt hat. Vielleicht sind wir selbst ein wenig schuld daran. Vielleicht waren wir nicht fähig, sie in die richtigen Worte zu fassen. Falls Auschwitz den Menschen nicht geändert hat, was könnte ihn dann ändern? Falls Auschwitz ihm nicht beigebracht hat, den Hass und das Böse, den Rassismus und den Antisemitismus zu verabscheuen, was sonst wäre dazu imstande? Mir ist schleierhaft, dass einige Leute sich weigern, diese Lektion zu verstehen. Die unwürdige Diskussion, die vor zwei Jahren in Deutschland stattfand, hat mir sehr weh getan. Ich möchte nicht schlecht über andere reden, aber wenn ein angesehener Schriftsteller wie Martin Walser behauptet, er habe genug von all den Auseinandersetzungen mit dem Holocaust, wenn sogar er die Augen verschließt, wie steht es dann erst um jene, die weniger intelligent, weniger begabt, weniger kultiviert sind als er? Walsers Aussagen waren für mich gerade deshalb so schmerzhaft, weil er zur deutschen Ausgabe meiner Aufzeichnungen unter dem Titel *La Nuit* (*Die Nacht zu begraben, Elischa*) das Vorwort geschrieben hatte. Das heißt, er hat den Text gelesen, doch offenbar überhaupt nichts begriffen. Deshalb wünsche ich mir, dass meine deutschen Verleger in künftigen Auflagen sein Vorwort entfernen. Mein Name soll nicht mehr mit dem Walsers im gleichen Buch stehen.

Die Versuche, die unerhörten Schrecken in den Konzentrationslagern auf die eine oder andere Weise zu verdrängen und endlich einen Schlussstrich zu ziehen, sind ebenso wenig neu wie die Missverständnisse und Fehleinschätzungen, die das ausgeklügelte Programm der Judenvernichtung betreffen. Hannah Arendt etwa gebrauchte diesbezüglich in ihrem Buch Eichmann in Jerusalem *die verharmlosende Bezeichnung von der „Banalität des Bösen" und galt danach in Israel als* Persona non grata.

Hannah Arendt kannte ich seit der Zeit des Eichmann-Prozesses, den wir gemeinsam verfolgten. Sie war eine große Dame mit bedeutenden sozialen und philosophischen Ideen, deren Arbeiten über den Totalitarismus Epoche machten. Aber ihre Ausführungen über Eichmann erschienen mir deplatziert. Angesichts von 6 Millionen umgebrachten Menschen kann man nicht von Banalität sprechen. Es existierte ein Plan, ein System, ja eine Theorie des Mordes! Alle seit 1933 erlassenen Judengesetze zielten auf die Endlösung, die auf der Wannsee-Konferenz dann auch klar und deutlich propagiert wurde: Weitere 11 Millionen Juden sollten eliminiert werden. Entscheidungen von solcher Tragweite, die die Auslöschung eines ganzen Volkes, sein Verschwinden von der Erde und aus der Geschichte bezwecken, sind ein eschatologisches Phänomen, kein banales. Eben in diesem Punkt irrte Hannah Arendt. Trotzdem ging man mit ihr zu hart ins Gericht; sie hatte nur einen Aspekt hervorgehoben, eine bestimmte Saite angeschlagen.

Ihrer Meinung nach ist die Erfahrung von Auschwitz nicht durch Bilder zu vermitteln. Tief im Herzen lehnen Sie es ab, darüber Filme zu drehen, weil Sie die Opfer keinesfalls missbrauchen und die Überlebenden nicht ein zweites Mal in die Hölle schicken wollen.

Die Erfahrung von Auschwitz ist nicht darstellbar. Man kommt nicht umhin anzuerkennen, dass man hier an eine Grenze stößt – gewiss, eine beklagenswerte Grenze, aber sie bleibt bestehen. Wir müssen wissen und bestätigen, dass es ein Böses gibt, das keinen Namen hat und dennoch wirklich war. Sonst fangen wir an, es zu banalisieren, und das wäre noch schlimmer, als es zu vergessen. Ich möchte nicht in nachgestellten Bildern sehen, was bestenfalls nur mit Worten ausgedrückt werden kann; nicht Fiktion, sondern einzig und allein Dokumentation, ob im Film oder in der Literatur. Natürlich muss man sich an alles erinnern, um ein umfassendes Gedächtnis zu besitzen: ein Gedächtnis der Sprache, der Angst, des Todes und sogar des Schweigens, weshalb ich mich gegen das Schweigen des Gedächtnisses wehre. Doch es offenbart sich nicht in Bildern und wir sollten ihm auch keine geben.

Sie berufen sich auf jüdische Mystiker und chassidische Weise, die stets betonten, dass die innersten Erfahrungen nur durch Schweigen mitteilbar sind. Lässt sich von dort nicht ein Bogen spannen zu den Versen der Todesfuge *von Paul Celan, die dem Verstummen gerade noch abgerungen sind?*

Paul Celan war ein herausragender Dichter, eine Art Prophet, wovon die *Todesfuge* Zeugnis ablegt. Ich habe mehrere Seminare zu seinem Werk veranstaltet und einmal einen Professor von der Stanford University eingeladen, John Felstiner, dessen Biographie über Celan erschienen war. Er brachte die Aufnahme einer Lesung der *Todesfuge* mit, vorgetragen von Celan selbst. Als wir seine Stimme sagen hörten: „Der Tod ist ein Meister aus Deutschland", waren wir durch und durch erschüttert, wie versteinert, stumm. Im Innern dieses Gedichts herrscht ein tiefes Schweigen. Ich bejahe also nicht das Schweigen, das die Sprache leugnet, wohl aber das Schweigen, das die Sprache in sich einschließt. Die Bedeutung eines Werkes bemisst sich immer nach dem darin enthaltenen Schweigen. Deshalb bin ich fest überzeugt, dass niemand die Geschichte von Auschwitz zu erzählen vermag. Ich jedenfalls sehe mich außerstande, einen Roman darüber zu schreiben. Ich könnte nie die Angst eines Kindes wiedergeben, das in den Tod geht, oder die Angst eines alten Mannes, der wortlos die Gaskammer betritt, oder die Angst einer Frau, der man die Kinder entreißt, um sie hinzuschlachten. Angesichts solchen Schmerzes, solchen Geheimnisses ist es eine heilige Pflicht, sich zur Demut zu bekennen.

Wenn wir die Sprache des Schweigens umkreisen, muss auch Nelly Sachs mit einbezogen werden. Sie schöpfte aus den Überlieferungen der Bibel und des Sohar – das kabbalistische Buch des Glanzes *– und sagte, dass „darin sich die Mystik der ganzen Welt trifft". Indem sie einerseits auf Gestalten wie Jakob, Daniel, Hiob, David und Saul zurückgriff, andererseits dem mystischen Geist Ausdruck verlieh, suchte sie – die im letzten Augenblick Davongekommene, aber bis zum Ende unter der Verfolgung Leidende – aus dem Entsetzen einen Weg zu Gott. Ihre Formulierungen „Der Tod ist mein Lehrmeister gewesen" oder „Meine Metaphern sind meine Wunden" dürften Ihnen sehr nah sein.*

Ich habe Nelly Sachs gelesen und bin ihr persönlich begegnet. Sicherlich bezieht sie sich in erster Linie auf die hebräischen Quellen der Gotteserfahrung. Aber da ist noch etwas Anderes. Nelly Sachs misstraute ihrer Muttersprache, das hat sie mir gegenüber hervorgehoben. Als sie nach Ausbruch des Krieges in Schweden eintraf, kam ihr zu Bewusstsein, dass die deutschen Worte verdreht, entweiht, missbraucht worden waren und sie sie nicht mehr benutzen konnte. Vermutlich hat sie sich eben deshalb den alten Schriften zugewandt. Auch mir ist eine solche Ohnmacht gegenüber der Sprache durchaus vertraut, obwohl ich keine Gedichte schreibe. Manchmal empfinde ich die Worte als äußerst armselig und schwach und nichtssagend. Dann öffne ich zum Beispiel das Buch Hiob oder besser noch Jeremia – und erst dort entdecke ich sie wieder in ihrer ursprünglichen Kraft. Die Worte von damals leben und vibrieren dann in meinem Vokabular von heute.

Nelly Sachs besann sich auch auf Abraham, den Urmenschen, der als Erster die falschen Götter ablehnte und dem richtigen Gott huldigte. In Abraham sah sie eher die Verkörperung einer menschlichen Grundhaltung denn eine historische Figur – nämlich die Sehnsucht nach dem Numinosen, die Fähigkeit, das Hiesige, Vergängliche zu transzendieren, um mit dem Unsichtbaren, Ewigen in Kontakt zu treten. Abraham repräsentiert demnach das Vertrauen in unsere ursprüngliche Bestimmung – und prägt darüber hinaus die Rolle, die Israel gemäß der biblischen Botschaft für das Geschick aller Menschen spielt. Würden Sie dieser Deutung beipflichten?

In der jüdischen Tradition kommt es manchmal zu einem freundschaftlichen Streit um die Frage: Wer ist der größte Jude? Für Maimonides ist es Abraham, für andere Gelehrte Moses. Abraham vertritt den Glauben, Moses das Gesetz. Und natürlich bekräftigt der eine wie der andere das heftige Verlangen der Juden nach der absoluten Wahrheit, nach dem, was uns zu Wesen macht, die Staub und zugleich Seele sind. Mein Interesse für Abraham steigert sich manchmal zu einer Art Obsession – nicht nur, weil er der erste Gläubige war, sondern vor allem wegen der ungewöhnlichen, ja wundersamen Geschichte von Isaaks Rettung. Welch ein Vater, der bereit ist, seinen geliebten Sohn zu opfern – aber auch welch ein Gott, der solches fordert! Abrahams Willfährigkeit bereitete mir immer Unbehagen, zumal wir in ihm den Inbegriff der Gnade, des Mitleids und des Mitgefühls sehen. Deshalb stellte ich eine These auf, die meine moralphilosophische Auslegung dieses Kapitels widerspiegelt: Abraham hatte von Anfang an beschlossen, Gott nicht zu gehorchen. Für ihn – wie für Gott – war das Ganze eine Prüfung, so als würden beide sich sagen: Warten wir ab, wer gewinnt. Gemäß dem Midrasch nämlich erklärt Abraham: „Du hast mir den Befehl gegeben, also führe ich ihn aus." Und Gott antwortet: „Aber das ist unmöglich!" Woraufhin Abraham seine Bedingungen nennt: „Wenn du willst, dass ich Isaak verschone, dann mach zuerst dieses und jenes." Das ist wunderbar. Abraham hat also nicht nur Gott entdeckt, er war auch der Erste, der sich ihm widersetzte. Wenn ich Abraham mit der heutigen, teilweise doch ziemlich atheistischen Weltanschauung in Zusammenhang bringe, dann erscheint er mir wie jemand, der die Fähigkeit besitzt – und mit großem Mut danach strebt –, unsere falschen Idole und inhumanen Gottheiten zu zerstören, oder zumindest die sie umgebende Aura. Darunter verstehe ich zum Beispiel die Computer und jene Flugkörper, die ins All geschossen werden.

Halten Sie es für denkbar, dass zwischen Juden, Christen und Moslems ein friedlicher Dialog im Geiste Abrahams stattfindet, dass dieser gleichsam das verbindende Glied eines übergreifenden Ökumenismus bildet?

Ja, dieser Dialog ist in meinen Augen nicht nur notwendig, sondern auch möglich. Damit stehen wir vor einer neuen Situation. Gewiss, zwischen Juden und Moslems beschränkt er sich jetzt noch auf ein Minimum – oder verschwindet gar hinter kriegerischen Konflikten. Das ist sehr schade, denn es gab eine Phase der Symbiose, das goldene Zeitalter, als unsere bedeutendsten Denker in Arabisch schrieben, insbesondere Moses Maimonides, der zuvor genannte Philosoph und Talmudist, der im 12. Jahrhundert am Hof Saladins wirkte. Meine Generation jedoch legt wesentlich mehr Wert auf die Beziehungen zum Christentum – und da erweist sich der Dialog als durchaus praktikabel. Ich würde fast sagen, dass er während der zweitausendjährigen Geschichte nie so fruchtbar, so licht war wie heute. Denken wir nur einmal zurück: Wenn ein mittelalterlicher Herrscher die Juden demütigen wollte, bestellte er deren örtliches oder nationales Oberhaupt zu sich und zwang es, mit dem christlichen Gegner zu disputieren. Für die jüdische Gemeinde waren dies jedes Mal Tage der Angst, an denen man fastete, um den eigenen Vertreter geistig zu stärken. Derlei gehört der Vergangenheit an. Inzwischen begegnen sich beide Seiten mit spürbarer Zuneigung und echtem Respekt, sie sprechen offen miteinander. Meines Erachtens ist diese Entwicklung vornehmlich Papst Johannes XXIII. zu verdanken, dem vielleicht größten Papst der Kirchengeschichte, der die christliche Liturgie von antisemitischen Redewendungen befreite. Dem gegenwärtigen Papst hingegen misstraute ich zunächst. Als er, der ja aus Krakau stammt, im nahe gelegenen Auschwitz eine Messe für die Opfer zelebrierte, also den wichtigsten und heiligsten Ritus der christlichen Religion vollzog, ohne zugleich einen Rabbi zu bitten, das Kaddisch zu sprechen, nahm er das Wort „Jude" nicht in den Mund. Unvorstellbar, aber wahr: Er predigte an dem für das jüdische Volk verhängnisvollsten Ort, ohne es zu erwähnen. Wollte er etwa all die Ermordeten posthum bekehren? Glücklicherweise hat er sich inzwischen besonnen – nämlich Israel anerkannt und die entsprechenden diplomatischen Beziehungen aufgenommen. Er wird als der Papst im Gedächtnis bleiben, der die religiösen Gemeinschaften – hauptsächlich Christentum und Judentum – miteinander zu versöhnen suchte.

Sie betonen, der Judaismus sei die Religion der Wenigen, welche die gesamte Menschheit zutiefst geprägt habe. Kann man deshalb auch heute noch das jüdische Volk als von Gott erwählt bezeichnen?

In dem Maße, wie jeder Mensch, jedes Volk, jede Nation erwählt ist, ja. Als ich klein war, ging ich davon aus, dass wir Juden die einzig Erwählten seien. Seither habe ich mich weiterentwickelt, habe ich unsere Quellen wie die der anderen Gläubigen studiert – und meine Meinung geändert. Ich behaupte, dass kein Volk, keine Religion das Recht hat, sich als überlegen zu betrachten. Gut, ich bin als Jude geboren, aber jeden Tag entscheide ich mich von neuem für meine Religion, erwähle ich mich abermals. Desgleichen kann sich der Katholik, der Moslem, der Buddhist, der Agnostiker oder der Atheist zu seinen Überzeugungen und zu sich selbst bekennen. Das ist eine Frage des Respekts. Ich achte den Anderen für das, was er ist, wünscht und tut – natürlich unter der Voraussetzung, dass er mich ebenfalls achtet.

Martin Buber, mit dessen Anschauungen Sie sich intensiv befasst haben, thematisierte diese Wechselbeziehung, die auf dem fundamentalen Respekt vor dem Anderen gründet, in seiner Schrift Ich und Du.

Das ist das erste Buch, das ich von Buber gelesen habe und seinen *Chassidischen Erzählungen* vorziehe. Ein wunderbares Werk – in seiner philosophischen Konzeption ebenso überzeugend wie in seiner sprachlichen Gestaltung. Einmal, 1947 oder 1948, hörte ich Buber an der Sorbonne – ein wirklich großer Mensch. Das Auditorium maximum war überfüllt und da stand er, der existenzialistische jüdische Religionsphilosoph, angereist aus dem Heiligen Land. Hätte er auf Englisch oder auf Deutsch gesprochen, wäre er von der Hälfte der Zuhörer verstanden worden; hätte er auf Jiddisch gesprochen, wären es immerhin noch zwanzig Prozent gewesen. Doch er entschied sich für ein sehr gebrochenes Französisch, weshalb ihn kaum jemand verstand. Trotzdem hatte man das Gefühl, an einem außergewöhnlichen Erlebnis teilzuhaben.

Ein weiterer jüdischer Philosoph der Humanitas *und der Anderheit* (altérité) *genießt Ihre große Wertschätzung: Emmanuel Levinas. Haben seine Werke einen direkten Einfluss auf Ihre geistige Entwicklung ausgeübt?*

Nein. Wir hatten zwar zur gleichen Zeit den gleichen Lehrmeister, Mordechai Chouchani, kannten uns aber nicht. Unter dessen Anleitung sollte jeder Schüler für sich bleiben und allein mit ihm Zwiesprache halten. Erst später, nachdem ich einige Texte von Chouchani veröffentlicht hatte, kam Levinas auf mich zu und wir verglichen unsere Standpunkte. Ich bewundere seine Arbeiten, vor allem die Kommentare zum Talmud. Doch die Idee der Anderheit war mir von der Mystik und vom Chassidismus her bereits vertraut. Ein Chassidim lebt niemals isoliert, sondern in der Gemeinschaft, in der unumstößlichen, zu Liebe und Toleranz erziehenden Gegenwart des Anderen. Levinas hat diese Besinnung auf das Du gewissermaßen zum Prüfstein seiner eindrucksvollen Philosophie gemacht; meines Erachtens zählt er neben Henri Bergson zu den herausragendsten Denkern des 20. Jahrhunderts.

In Ihren Romanen, Erzählungen und Essays wird immer wieder deutlich, dass Sie sich von den okkulten Lehren der Kabbala ebenso angezogen fühlen wie von den eher nüchternen Auslegungen des Talmud. Die Hingabe an die Geheimnisse der religiös-metaphysischen Sphäre war für Sie offenbar seit frühester Jugend gepaart mit dem

Willen zur Vernunft und zur Aufklärung. Schöpfen Sie aus den Erinnerungen an damals weiterhin Kraft und Hoffnung?

Die Literatur bildet die Brücke zwischen der Kindheit und dem Tod, wie Mauriac sagt. Damit hat er zweifellos Recht. Die Kindheit ist eine Quelle des inneren Reichtums und der Unterweisung, der Tod eine Quelle der Sorge und der Angst. Alles, was ich heute weiß, habe ich im Grunde schon als Kind gelernt, vornehmlich von meinem Großvater. Der Chassidismus wurde mir durch meinen Vater nahe gebracht, das Interesse an der klugen Methodik des Talmud durch meine Mutter, die Lieder und die erhabene Schönheit des Mystizismus durch meinen kabbalistischen Lehrmeister. Aber ich höre nicht auf zu lernen. Tagtäglich studiere ich den Talmud und die dazu gehörigen Kommentare. Über den Mystizismus hingegen spricht man nicht.

Welche Rolle spielt die Erinnerung in Ihrer eigenen Lebensgeschichte?

Die gleiche wie für jeden anderen Menschen. Die Erinnerung ist ein wesentlicher Bestandteil des Lebens und des Lebenssinns. Ohne Erinnerung wird das Vergangene in einen Abgrund gerissen, wodurch es sämtliche Bezüge zum Hier und Jetzt verliert. Ohne sie gäbe es keine Geschichte, keine Kultur, keine Zivilisation, weder Moral noch Pflichtbewusstsein. Wenn ich meine Verantwortung gegenüber den Toten vergesse, dann vergesse ich sie auch gegenüber den Lebenden. Dank der Erinnerung identifiziere ich mich also mit dem, was mich übersteigt. In diesem Zusammenhang sei erwähnt, dass ich einen Roman über die Alzheimer-Krankheit geschrieben habe, sicherlich mein düsterstes Buch. Nichts ist schlimmer als der Krebs, der die Persönlichkeit zerstört. Der Kranke gleicht einem Buch, aus dem man Seite um Seite reißt, bis schließlich nur noch der Umschlag übrig bleibt. Er nimmt die Welt nicht einmal mehr als Leere wahr, sondern lebt in der völligen Abwesenheit, in der Abwesenheit der Leere, in der Abwesenheit der Abwesenheit. Er erkennt nicht sein Gegenüber, nicht sich selbst. Das Ich, das vordem den Mittelpunkt eines Mikrokosmos bildete, ist ausgelöscht, verschwunden. Dieses furchtbare Leiden zeigt, welch immense Bedeutung der Erinnerung zukommt.

Im Chassidismus ist sie überhaupt die Voraussetzung für das Seelenheil.

Ja, Baal-Schem-Tob, der Begründer der chassidischen Bewegung, betonte, dass das Vergessen die Erlösung verlangsame, während die Erinnerung sie beschleunige. Wer sich erinnert, transzendiert die Zeit und befolgt damit ein biblisches Gebot.

Besteht nicht die Gefahr, dass die Erinnerung an den Holocaust verblasst oder sich gar verflüchtigt, sobald kein Zeuge mehr da ist, der sie wach hält?

Gewiss, diese Angst quält die Überlebenden. Bald wird einer der Letzte sein und ich wünsche mir, dass nicht ich es bin, denn das wäre eine zu schwere Bürde.

Immerhin wurde keine Tragödie in der Geschichte so umfassend dokumentiert wie diese; all die gesammelten Fotos, Gedichte, Gebete und Zahlen sind imstande, eine teilnahmslose, abgestumpfte Menschheit aufzuwecken und ihr zuzurufen: „Erinnere dich!" Außerdem haben die Kinder der Überlebenden das Bedürfnis, deren Arbeit fortzuführen. Sogar die jüngere Generation in Deutschland, die sich in einer unglücklichen Lage befindet, weil sie die Schuld der Eltern und Großeltern tragen muss, bekundet überwiegend die Absicht, das Gedächtnis auch künftig zu ehren. Wer einem Zeugen zuhört, wird selbst zum Zeugen. In dieser Perspektive bin ich keineswegs pessimistisch.

Ihre Zuversicht veranlasst mich, zum Ausgangspunkt zurückzukehren: Wie haben Sie es geschafft, in Anbetracht des Grauens von Auschwitz und Buchenwald den Glauben an Gott zu bewahren? Theodor Adorno sagte ja, dass keine Poesie mehr mach Auschwitz möglich wäre. Und der Glaube an Gott?

Das ist eine schmerzliche Frage. Im Konzentrationslager habe ich für meinen Vater, mit ihm und dank seiner weiter gebetet. Später, nach der Befreiung, versenkte ich mich erneut und mit noch größerem Eifer in meine religiösen Studien und in den Glauben. Eine innere Stimme legte mir nahe, mein Leben genau an der Stelle wieder aufzunehmen, wo es unterbrochen worden war, als hätte nur ein Zwischenspiel stattgefunden. Dann jedoch geriet ich in eine Glaubenskrise, von der ich mich nie ganz erholt habe: Mein Glaube ist beschädigt, nicht mehr so unerschütterlich wie früher. Doch welche Alternative hätte ich? Es gibt keine. Auch wenn die Tragödie des Gläubigen schlimmer ist als die des Ungläubigen – er akzeptiert und erträgt sie. Namentlich für den Juden gilt: Er kann für oder gegen Gott sein, aber nicht ohne ihn. Deshalb stelle ich mich immer wieder dem Kampf mit Gott.

Vor einigen Jahren hörte ich sie auf dem Weltforum in Davos sagen: „pourtant", dennoch. Das heißt: Trotz der diabolischen Seite der menschlichen Natur und einer Weltgeschichte voll von Kriegen und Genoziden, müssen wir Vertrauen in den Menschen haben.

Ich gehöre einer traumatisierten Generation an, die alle Gründe der Welt hat, am Menschen zu verzweifeln. Wir haben erfahren, wozu er fähig ist, welch verheerenden Einfluss er ausübt auf die Intelligenz, die Kultur, die Zivilisation, wie er die unveräußerlichen Werte der Gemeinschaft verneint, verdammt. Wir haben gesehen, dass das Böse triumphiert. Von daher könnten wir die schönen Worte über Humanität, über die Hoffnung, die Erlösung verheißt, mit Fug und Recht ablehnen. Ich gehöre aber zugleich einer Generation an, der es obliegt, diese legitimen Gründe nicht vorzubringen, und erkläre: Dennoch glaube ich an den Anderen, an die Geschichte, an Gott. Dennoch glaube ich, dass der Mensch die Gabe besitzt, sich selbst zu übertreffen im Guten. Dennoch glaube ich, dass das Leben nicht zum Stillstand kommen darf, dass man etwas tun muss für die Zukunft der Nachkommen. Das Böse ist zu besiegen, und das geschieht jedes Mal, wenn ein Kind gerettet wird, wenn ein Kranker lächelt, wenn zwei Seelen sich begegnen.

St. Petersburg, Florida, 18.01.2000
Redaktionell bearbeitet und übersetzt von Jochen Winter

Nachwort

Über den Versuch, das Gespräch zu finden: Überlegungen und Motive zu den Dialogen mit den Zeitzeugen zur Jahrtausendwende

1.

„Die Welt ist dem Menschen zwiefältig nach seiner zwiefältigen Haltung. Die Haltung des Menschen ist zwiefältig nach der Zwiefalt der Grundworte, die er sprechen kann. Die Grundworte sind nicht Einzelworte, sondern Wortpaare. Das eine Grundwort ist das Wortpaar Ich-Du […].

[…] Das Grundwort Ich-Du kann nur mit dem ganzen Wesen gesprochen werden. Die Einsammlung und Verschmelzung zum ganzen Wesen kann nie durch mich, kann nie ohne mich geschehen. Ich werde am Du: Ich werdend spreche ich Du. Alles wirkliche Leben ist Begegnung […].

[…] Geist in seiner menschlichen Kundgebung ist Antwort des Menschen an sein Du. Der Mensch redet in vielen Zungen, Zungen der Sprache, der Kunst, der Handlung, aber der Geist ist einer, Antwort an das aus dem Geheimnis erscheinende, aus dem Geheimnis ansprechende Du. Geist ist Wort […]“
(Martin Buber)[1].

Macht man den Versuch, in einer Vielzahl an Gesprächen kardinalen Fragen zu Beginn des 21. Jahrhunderts auf die Spur zu kommen, dann vereint man zudem eine ebenso große Vielzahl an Gesprächspartnern aus den unterschiedlichsten Disziplinen und Lebensbereichen: der Literatur, der Kunst, der Architektur, der Philosophie, der Geschichte, der Religionswissenschaft, der Anthropologie, der Musik, der internationalen Politik, der Naturwissenschaften – um nur wenige Beispiele zu nennen. So bedarf es folglich weniger einführenden, grundsätzlichen Überlegungen und Begründungen für das Prinzip, das all diesen Gesprächen zu Grunde lag – gleichsam die übergeordnete gedankliche Matrix.

Was waren die Voraussetzungen für den Dialog, wie er in diesem Buch angestrebt wurde? Was ihre historischen Voraussetzungen?

Die Vorgänge des zwischenmenschlichen Gedankenaustauschs, bei dem sinngebende Bedeutungen erlebt, geschaffen und schließlich gefestigt werden, vermag der Vorgang des Schreibens alleine zwar abzubilden, nicht aber selbst ins Werk zu setzen. Sokrates ist zuzustimmen: Lesen alleine ist nicht ausreichend. Wollen wir der Weisheit näher rücken, müssen wir sprechen und natürlich auch zuhören. Selbst bei Platon findet sich die Einsicht in die Überlegenheit des gesprochenen

1 Martin Buber, *Das dialogische Prinzip*, Gütersloh 2002, S. 7, 15 u. 41.

Wortes gegenüber dem nur geschriebenen. Auch Sokrates lässt sich in diesem Licht deuten, wenn er sein Gegenüber Eutyphron davon überzeugt, dass er gar nicht wirklich meinen könne, was er über das Wesen der Frömmigkeit gesagt hat. Da führt Eutyphron Klage, Sokrates setze seine Worte in Bewegung: sie wollten einfach nicht innehalten. Sokrates stimmt dem zu, freilich räumt er ein, dies geschähe nicht absichtsvoll. Ebenso wie Daedalus seinen Statuen Bewegung verliehen habe, obgleich er es vorgezogen hätte, dass sie still stünden. Hierin verbirgt sich die Bewegung, die innere Spannkraft, die bei einem mündlichen Gedankenaustausch am meisten zu leisten vermag. Im offenen Gespräch, in dem sich die Beteiligten zu verstehen versuchen, verwenden sie oft dieselben Worte. Ob sie freilich mit diesen Worten dasselbe meinen, kann nur der Vorgang des Fragens und Antwortens ans Licht heben. Diese Vorgänge erleben wir bei einem lebendigen Gespräch, nicht so leicht beim rein geschriebenen Wort.

Der *Philebus* ist einer von Platons spätesten Dialogen und in ihm tritt Sokrates zum letzten Mal als wichtigster Gesprächsteilnehmer auf. Hierbei ist bemerkenswert, dass Platon nach den didaktischen Meisterleistungen der mittleren und übrigen späteren Dialoge zur Methode seiner Frühschriften zurückkehrt, zur nicht endgültig schlüssigen Dialektik des gesprächsweisen Gebens und Nehmens, zum Verfahren von These und Replik, das wir zu Recht als für Sokrates bezeichnend betrachten.

Was ist an dieser Methode so Besonderes, warum darf man annehmen, ja voraussetzen, dass sie so wertvolle Ergebnisse zeitigen würde? Was können wir schließlich für die Gesprächsführung unserer Dialoge lernen, wie sie in diesem Buch aufscheinen?

Sokrates führte seine Gespräche in der Erinnerung an die berühmte Stelle aus dem *Phaedrus*, an der Sokrates erklärt, aus welchen Gründen eine lebendige Diskussion einem schriftlichen Bericht über diese Diskussion turmhoch überlegen ist. Geschriebene Worte, sagt er, scheinen zwar lebendig zu sein, doch sobald man sie befragt, geben sie stets dieselbe Antwort. Ist ein Wort erstmals aufgeschrieben, wird es von denen, die es zu verstehen suchen, ebenso hin- und hergeschleudert wie von denen, die kaum daran Anteil nehmen.

Es darf sicher formuliert werden: Das Miteinander-Denken ist das Geheimnis des gelungenen Dialogs. Dies war auch für dieses Buch verpflichtend. Erinnern wir uns: Der sokratische Dialog hebt sich von den Sophisten ab, die ihre eigene Meinung durchzusetzen strebten, indem sie zu überreden trachteten, wie es Sokrates im Dialog *Gorgias* vorführte. Sokrates hingegen legte Wert auf die Bildung einer Sprachkultur, einer moralischen Haltung im theoretischen Dialog. Die Menschen sollten befähigt werden, miteinander zu sprechen, auch ihre Meinung zu korrigieren. Dem Dialogprinzip entsprach die Anerkennung der Gleichwertigkeit und des Ernstnehmens aller Gesprächspartner. In den sokratischen Dialogen der Antike kamen folglich praktische und theoretische Intentionen zur Deckung.

Auch wir waren in diesem Buch bemüht, diese beiden Vernunftsmomente in der Tradition der sokratischen Dialoge kongruent werden zu lassen. Erinnern wir uns weiter: In den sokratisch-platonischen Dialogen wurde angestrebt, nach dem

„wahren Wissen“ über das Wesen einer Sache nachzudenken. Da es Sokrates auf die Bildung einer moralischen Haltung im theoretischen Dialog ankam, sollte auch die Möglichkeit offen gehalten werden, die eigene Meinung zu korrigieren. Die notwendige moralische Einstellung war die Anerkennung der Gleichwertigkeit des anderen Gesprächspartners sowie das Ernstnehmen des gemeinsamen Topos. Der Dialog war das von Sokrates am Ende einer langen Suche gefundene Instrument, um das wahre und nicht das vermeintliche Wesen erkennen zu können. Der Dialog war der Ort, an dem Sokrates von der vielleicht wahren Meinung eines einzelnen Menschen zur gesicherten Wahrheit aller fortschreiten wollte. Im Dialog *Phaidon* sagte Platon durch die Worte des Sokrates – wie im *Parmenides* – wie die Ideen oder das wesentliche Aussehen einer Sache entfaltet werden sollte: Zuerst sollte es wahrgenommen, dann dialogisch geprüft und folglich erkannt werden. Im *Parmenides* steht zur Erörterung, in welchem Verhältnis die Ideen zu den Einzeldingen stehen. Es sei an diese Traditionen erinnert, um kurz zu umreißen, in welcher dialektisch-dialogischen Geschichte des Gesprächs auch die Gespräche dieses Buches geführt wurden.

Ein weiterer Punkt scheint von Wichtigkeit: Es gibt wohl kein zentraleres Thema in der abendländischen Philosophie als das der Wahrheit, und es scheint nicht übertrieben, wenn man formuliert, dass die Geschichte der Philosophie als eine zweieinhalbtausend-jährige Wahrheitssuche beschrieben werden kann. Thomas von Aquin sagte trefflich: „*Veritas est adaequatio rei et intellectus*“. Die absolute Übereinstimmung von Sache und Gedanke wurde als Wahrheitskriterium ausgezeichnet. Mit Plotin in der Spätantike und mit Augustinus im beginnenden Mittelalter wurde der Beginn einer Entwicklung markiert, die als Übergang von der Ontologie zur Bewusstseinsphilosphie bezeichnet werden kann. Für Plotin und Augustinus verkörperte das Wahrheitskriterium die Kontrollierbarkeit der Leistungsfähigkeit menschlichen Geistes oder der illuminierten menschlichen Vernunft. Die protagoräische Auffassung brach sich in der Entwicklung jener philosophischen Richtung, die sich als Bewusstseinsphilosophie oder Mentalismus beschreiben lässt, immer stärker ihre Bahn. So wurde in der beginnenden Neuzeit zur Gewissheit, dass das, was erkannt wird, nicht von den Dingen abhing, sondern vom menschlichen Verstand und seiner Leistungsfähigkeit. Hierbei wurde deutlich, dass es keinen archimedischen Punkt außerhalb der kulturellen Entwicklung geben kann, gleichsam kein kosmisches Exil, von dem aus beurteilt werden könnte, was objektive Erkenntnis sei, die zur absoluten Wahrheit führt.

So stehen diese Gespräche in der Tradition der sokratischen Dialoge, die – wie die antiken – ein praktische Übung zur Verbesserung der Kommunikation darstellten, bei der vor allem das Zuhören geschult und Begriffe geklärt werden. Es ist das Anliegen dieses Buches, diese Tradition der platonisch-sokratischen Gespräche für die heutige Zeit beispielhaft wieder aufleben zu lassen.

2.

„Der Wert eines Dialoges hängt vor allem von der Vielfalt der konkurrierenden Meinungen ab. Hätte es den Turm zu Babel nicht gegeben, müssten wir ihn erfinden" (Karl Popper)[2].

Nach diesen kurzen kulturgeschichtlichen Vorüberlegungen wenden wir uns dem eigentlichen Begriff des „Dialogs" zu. Was verbindet alle Dialoge dieses Buches?

Der Begriff „Dialog" hat immer mit dem Wunsch zu tun, gehört zu werden, ernsthaft, ehrlich und offen miteinander zu sprechen. Wir wollen im Folgenden versuchen, wenige Maßstäbe zu entwickeln, die leitend waren für die Dialoge, wie sie in diesem Buch zur Geltung kommen – gleichsam eine Methode des Dialogs, wie sie bei allen Gesprächen verbindend zur Anwendung kam.

Was ist für den Dialog, wie er in diesem Buch gepflegt wird, wichtig, was sind seine konstituierenden Bestandteile? Neben der Bereitschaft, zuzuhören, sicher die Fähigkeit, unsere Bewertungen oder gar Urteile in der Schwebe zu halten. In unseren Dialogen ging es darum, eigene und fremde Gedankenfelder in einer offenen, nicht manipulierten Form zu erkunden. Entsprechend unserer Erfahrung verfügen wir alle über ein tiefes, untergründiges Gespür dafür, was wir erkennen können, was wir „Wirklichkeit" nennen, was ein fruchtbares Gesprächserlebnis war. Etwas, was uns tief berührt hat, vielleicht etwas, das wir mit dem Wort „Einsicht" am trefflichsten umschreiben können.

Wir haben in diesem Buch den Versuch unternommen, die Chance des Dialogs anzunehmen, diese Augenblicke zu erweitern und so entlang der Grenzen des bisherigen Denkens zu arbeiten. Die Dialoge sind hierbei immer ein Versuch, ja ein Vorschlag, anders mit den vielschichtigen Fragen, Situationen und Topoi umzugehen. Es wurde stets der Versuch unternommen, neu miteinander kreative Situationen entstehen zu lassen, gleichsam dem Denken auf die Spur zu kommen.

Hierbei wurde versucht, mehr voneinander und über uns selbst zu lernen, anstatt einander zu belehren. Das Gespräch wurde immer als bereichernde Begegnung erlebt. Dialogische Ansätze wurden genutzt, um qualitativ zu neuen Einsichten und Lösungen vorzudringen, um nach dem „Geist des Dialogs" zu fahnden.

In diesem Sinne sind alle in diesem Buch versammelten Gespräche Ausdruck eines Erkenntnisprozesses. Es ging in keinem der Gespräche um die Entwicklung monadischer, geschlossener Einheiten. Im Vordergrund stand vielmehr ein gemeinsames Projekt vieler Stimmen, um zu zeigen, dass es gelingen kann, unterschiedliche Sichtweisen fruchtbar werden zu lassen, ohne die Worte in ein Korsett von Feststellungen und Definitionen zu zwingen. Alle Gespräche bemühen sich, ein dialogisches Vorgehen einzuschlagen, verstanden als gemeinsame Suche

2 Karl R. Popper, *Vermutungen und Überlegungen*, 1963.

nach neuer Erkenntnis. Hierbei ist eine Lernhaltung Grundlage für jeden Dialog. Vielleicht liegt hier das Geheimnis eines gelungenen Dialogs verborgen, der immer ein Weg des Lernens ist, aber auch der Begegnung und Hoffnung.

Zu oft ist man als Forscher, Lehrer, Berater zwar Wissender, aber man lernt kaum von seinem Gegenüber oder teilt gar mit ihm gemeinsam Erfahrungen. Zu oft hört man einander schlecht zu, plädiert zuviel und fragt zuwenig, ja man behandelt vorgebliche Gewissheiten so, als seien es Wahrheiten. Kurz: Es passiert viel zu oft, dass wir eher eine Lehr-, als eine Lerngemeinschaft bilden. Wir haben daher in diesem Buch versucht, uns nicht nur zuzuhören, sondern auch gemeinsam nachzudenken und zu lernen.

Wie mussten diese Dialoge beginnen? Durch die ernsthafte Infragestellung aller Gewissheiten, die man wie erstarrte Bilder in sich trägt? Wie bringt man einen Dialog in einer festgefahrenen Situation in Gang? Wie soll man erfolgreich etwas in Angriff nehmen, das weder der „Streitkultur“ noch dem Modell des Vergleichs zwischen zwei „objektiven Situationen“ entspricht? Wie soll man erklären, dass der Dialog mehr ist als ein Austausch dessen, worüber man nachgedacht hat? Und noch ein wichtiger Punkt: Wie können die Menschen durch den Dialog ihre gemeinsame Menschlichkeit entwickeln? Wie kann man den Geist des Dialoges entfalten? Wie mit ihm denken und leben?

Fragen, die bei allen Gesprächen wiederkehren, die sich immer wieder stellen und alle eine Antwort verlangen. Diese Antworten, vielleicht haben wir sie gesucht, während wir ständig einen inneren Dialog führten, gestützt auf verschiedene Stimmen. Dazu passt die Idee, dass wiewohl im Allgemeinen ein Dialog den Verlauf einer Unterredung zweier Personen umfasst, man ihn immer stark mit sich selbst führt. Wir mussten auch, im Laufe unserer Gespräche, das Problem der „technischen Reproduzierbarkeit“ aufwerfen, um den Ausdruck Walter Benjamins anzuwenden: Wie, um präziser zu sein, könnten Gespräche an Qualität und Tiefe gewinnen, wenn der Austausch von Informationen und Reflexionen zwischen den Menschen sich parallel zur Ära der digitalen Revolution und der elektronischen Kommunikationstechnologie vervielfältigt hat und dies durch die verschiedensten technischen Mittel übertragen wird? Überlässt am Ende die Qualität der Quantität das Feld? Kann man intellektuelle Lehren aus Polaritäten gewinnen? Und überhaupt: Wie kommen neue und ergiebige Dinge zwischen den Menschen auf? Man muss hier auf eine wichtige Frage antworten: Können Polaritäten im Dialog weiter bestehen, ist es sogar möglich sie im Gleichgewicht zu halten, um sie bewusst wahrzunehmen und gleichzeitig Lektionen aus ihrer Vielfalt zu ziehen? Oft fragt man sich, ob wir überhaupt miteinander sprechen können, bis man erkennt, dass eine Meinung, die abweichend erscheint, vielleicht doch ein kleines Körnchen Wahrheit enthält.

Der Leitgedanke dieses Buches ist, sich mit dem Modell des Dialoges als jener Art des Denkens und des Lebens vertraut zu machen, die wir anhand unserer Erfahrungen und Begegnungen entwickelt haben. Die Idee des Dialoges bedingt, dass man gegenüber anders perspektivierten Auslegungen und Interpretationen so offen wie möglich sein soll. Eine Sache ist sicher: Selbst tragische Verwicklung kann zum Dialog führen. Und man kann dieses Prinzip auch auf die Politik anwenden: Der Dialog zuerst, der Frieden danach. Wie Martin Buber sagt: „Alles wirkliche Leben ist Begegnung."

3.

> „Falls du Recht hast, kannst du dir erlauben, deine Ruhe zu bewahren; falls du Unrecht hast, kannst du es dir nicht erlauben, sie zu verlieren"
> (Indira Gandhi).

Das fundamentale Prinzip dieses Buches beruht auf der Transformatorenergie des Prozesses der Dialoge, die wir mit anderen führen.

Hierbei muss man sicherlich zwischen einem zufällig entstehenden Dialog und einem bewusst gestalteten Dialog unterscheiden, zudem zwischen einem Zwiegespräch oder gar einem zielgerichteten Dialog.

Der Dialog scheint nur auf den ersten Blick eine natürliche, einfache Art der Kommunikation zu sein. Es bleibt für jeden – dies war auch der Leitfaden für die Dialoge in diesem Buch – eine Herausforderung, nach einer Sprache zu forschen, die dem Wesen des Dialogs, dem Anspruch, im Buber'schen Sinn „nicht scheinen zu wollen", gerecht wird, ohne den Eindruck zu vermitteln, wir wollten Wahrheiten predigen oder simple Übungen abzeichnen.

Zu Beginn dieses Unternehmens standen wir vor einer ungewöhnlichen Aufgabe, ja einem im eigentlichen Sinne paradoxen Vorhaben bei der Erarbeitung dieses Buches: Festzuschreiben, was im Wesen prozesshaft ist – das Gespräch – , ja eben diesen Prozess festzuhalten, ihn als gemeinsames Suchen zu begreifen. Die Macht der geschriebenen Wörter, noch stärker die der gesprochenen Wörter, riskiert das Scheitern, wenn wir uns bemühen, die Stimmung und die Entwicklung des Denkens innerhalb eines Prozesses wiederzugeben, in dem versucht wird, eben die an sich gefestigten Bahnen und Muster hinter sich zu lassen.

Philosophen und Schriftsteller haben sich seit alter Zeit mit dieser Frage auseinander gesetzt, haben Gedichte verfasst, ja Wortkaskaden geschaffen, die die Aspekte des dialogischen Anspruchs zur Vollkommenheit treiben sollten. So schreibt etwa Robert Musil:

> „Ich bin nicht nur überzeugt,
> daß das, was ich sage, falsch ist,
> sondern auch das,
> was man dagegen sagen wird.
> Trotzdem muss man anfangen, davon zu reden.
> Die Wahrheit liegt bei einem solchen Gegenstand
> nicht in der Mitte,

sondern rundherum wie ein Sack,
der mit jeder neuen Meinung,
die man hineinstopft, seine Form ändert,
aber immer fester wird."

Es kam bei den Gesprächen auch darauf an, die genuine Spontaneität zu bewahren, den Mäandern des Denkens aller Protagonisten zu folgen, gleichsam die lebende Stimme zu hören.

Der Chronist bleibt dabei immer Teil seiner Chronik. Wir haben uns bemüht, uns immer wieder neu in Frage zu stellen, gewissermaßen „gegen uns selbst zu denken", oft hin- und hergerissen zwischen der Universalität des Wissens und dem Partikularismus der jeweiligen Fragestellung.

Im Vordergrund stand aber stets ein gemeinsamer Geist, ja ein gemeinsames Bewusstsein, das dem Inhalt der Meinungen oft übergeordnet war. Oft gewann man den Eindruck, dass die Antwort überhaupt nicht in den Meinungen verborgen war, sondern anderswo lag und zum Vorschein kam, vielleicht in dem freien Spiel der Bewegungen des stillschweigenden Geistes. Folglich haben wir uns bemüht, die Sinnsetzungen bei den Gesprächen kohärent zu gestalten, um der Wahrheit ein Stück näher zu rücken, um an ihr teilhaben zu können. Freilich sei gewarnt: die eigentliche Wahrheit scheint uns oft zu entfliehen. Gerade dies macht den Dialog so unersetzbar, da es in ihm letztlich um Sinngebungen geht. Ist der Sinn als inkohärent enttarnt, wird man nie zur Wahrheit vordringen, dann ist jeglicher Weg versperrt, ohne dass man ihn überhaupt betreten hätte. Nur der dialektische Dialog vermag überhaupt zu einer gemeinsamen Sinnsetzung, gleichsam einer „gemeinsamen Wahrheit" vorzudringen. Hier mussten mit großer geistiger Beweglichkeit immer neue Wege gefunden werden. Denkt man etwa daran, wie fruchtbar ein Dialog zwischen Niels Bohr und Albert Einstein gewesen wäre.

4.

„Im echten Gespräch geschieht die Hinwendung zum Partner in aller Wahrheit, als
Hinwendung des Wesens also. Jeder Sprecher meint hier den Partner, an den, oder die
Partner, an die er sich wendet, als diese personenhafte Existenz. Jemanden meinen
heißt in diesem Zusammenhang zugleich als dem Sprecher in diesem Augenblick
mögliche Maß der Vergegenwärtigung üben [...]. Der Sprecher nimmt aber den ihm so
Gegenwärtigen nicht bloß wahr, er nimmt ihn zu seinem Partner an, und das heißt:
er bestätigt, soweit Bestätigen an ihm ist, dieses andere Sein. Die wahrhafte Hinwendung
seines Wesens zum anderen schließt diese Bestätigung, diese Akzeptation ein.
Selbstverständlich bedeutet solch eine Bestätigung keineswegs schon eine Billigung:
aber worin immer ich wider den anderen bin, ich habe damit, dass ich ihn als Partner
echten Gesprächs annehme, zu ihm als Person ja gesagt.
Des weiteren muss, wenn ein echtes Gespräch entstehen soll, jeder, der daran teilnimmt,
sich selbst einbringen. Und das bedeutet, daß er willens sein muss, jeweils zu sagen,

> was er zu dem besprochenen Gegenstand im Sinn hat. [...] Aber in der großen Treue, welcher der Atemraum des echten Gesprächs ist, hat das, was ich jeweils zu sagen habe, schon in mir den Charakter des Gesprochenwerden-wollens, und ich darf es nicht davon ab-, darf es nicht in mir zurückhalten. [...] Wo das dialogische Wort echtbürtig besteht, muss ihm sein Recht durch Rückhaltlosigkeit werden. Rückhaltlosigkeit ist aber das genaue Gegenteil des Drauflosredens [...]. In wem auch noch in der Atmosphäre des echten Gesprächs der Gedanke an die eigene Wirkung als Sprecher des von ihm zu Sprechenden waltet, der wirkt als Zerstörer. [...] Wo aber das Gespräch sich in seinem Wesen erfüllt, zwischen Partnern, die sich einander in Wahrheit zugewandt haben, sich rückhaltlos äußern und vom Scheinwollen frei sind, vollzieht sich eine denkwürdige, nirgendwo sonst sich einstellende gemeinschaftliche Fruchtbarkeit. Das Wort entsteht Mal um Mal substantiell zwischen den Menschen, die von der Dynamik eines elementaren Mitsammenseins in ihrer Tiefe ergriffen und erschlossen werden. Das Zwischenmenschliche erschließt das sonst Unerschlossene"
> (Martin Buber)[3].

Vergessen wir nicht: die Gespräche erfolgten in den letzten Jahren des vergangenen Jahrtausends und zu Beginn des 21. Jahrhunderts, in einer Zeit also, die durch eine überbordende Spezialisierung aller Wissensbereiche charakterisiert ist. Folglich sind die Gespräche immer auch der Versuch, eben diese Fragmentalisierung unseres modernen Denkens zu überwinden. Sie wurden – im besten Sinne des Wortes – fachübergreifend, interdisziplinär geführt. Die entscheidenden Fragestellungen verbergen sich zu oft zwischen den einzelnen Lehrstühlen, entsprechend oszillieren die Fragen dieser Gespräche in allen Fakultäten der Humanwissenschaften, der Literatur, Philosophie, Anthropologie, Kulturgeschichte, Kunst und Religionswissenschaften, um nur wenige Beispiele zu nennen. Es wird in der Fragestellung stets der Versuch gemacht, zu einer Weltsicht vorzudringen, die Prozesse und Ereignisse in ihrem vernetzten Zusammenhang tiefer erkennt. Das menschliche Gehirn wird dabei als eine lernende Organisation verstanden, wobei das lineare Denken als Grundlage der Logik dient, paralleles Denken aber als Mustererkennung aufrückt. Hieraus folgt, dass das Gehirn selbst eine natürliche Form des Dialogs zur Anwendung bringt.

In beständigem Hinterfragen werden vermeintliche Sicherheiten in ein neues Licht gerückt, etwas Unerwartetes ist immer auch eine Herausforderung. Ein historischer Blick zeigt die tiefen Wurzeln des Dialogbegriffs in der antiken Tradition, in der ursprünglichen griechischen Bedeutung des Wortes. Die alten Griechen pflegten die Rede auf dem Marktplatz, der *Agora*. Auch die politische Weltzivilisation des beginnenden 21. Jahrhunderts bedarf dieser dialogischen Kultur, bedarf der *Agora* im Planquadrat der Tagespolitik weit mehr als der Arena. Die *Agora* diente in der griechischen Kultur als Plattform der Demokratie. Im Glücksfall erlebte in historischer Zeit das Gespräch, das Miteinander, einen Ausdruck der kollektiven Intelligenz. Hierin hat sich bis zur heutigen Zeit nichts verändert. Der Dialog bringt gedankliche Möglichkeiten hervor, die zwar jeder ein-

---

3 Martin Buber, *Element des Zwischenmenschlichen*, S. 293-297, in: *Das dialogische Prinzip*, Lambert Schneider (Hg.), Gerlingen 1997.

zelne individuell besitzt, die aber nur im Gespräch zum Vorschein kommen. Hierbei ist offensichtlich, dass verfestigte Meinungen der Fähigkeit, einen guten Dialog zu führen, im Wege stehen.

Dieses Buch steht in der Tradition einer Kultur des Fragens, wobei der Dialog wahrscheinlich das deutlich praktikabelste Werkzeug ist, um die Gedankenwelt um immer weitere Achsen drehen zu lassen und immer neu zu ordnen.

Aber das Buch versteht sich als ein Stück Zivilisationskritik in der Moderne. Wir müssen unsere Art, monistisch, isoliert, ja atomisiert zu denken, verändern – hin zu einem dialogischen Denken. Dies betrifft die aktuelle Politik, die Wirtschaft, auch die Kultur und die Kunst und Religion. In diesem Sinne will das Buch einen kleinen Beitrag leisten zur Neugestaltung einer dialogischen Kultur angesichts der geballten Front der Technokratie in einer postindustriellen Welt zu Beginn des 21. Jahrhunderts.

Hierbei wollen alle Elemente eines Dialogs beachtet sein: der wechselseitige Respekt, das Vertrauen, das Zuhören wie das Gehörtwerden. Dialogische Erlebnisse lassen sich, glücken sie wirklich, nur mit dem eigentlich für religiöse Anliegen reservierten Begriff der „Gnade“ umschreiben.

Die Politik der Macht legt es nahe, als „Wissende“ aufzutreten. Die Haltung eines Lernenden dagegen fordert Offenheit von uns, den Mut zu einem immer wiederkehrenden Neubeginn. Eine solche lernende Grundhaltung ermöglicht es uns, ausreichend offenen Raum zu gestalten, um unsere alten Denk- und Verhaltensmuster immer wieder aufs Neue in Frage zu stellen. Bereits der Zen-Meister Shunryu Suzuki erkannte, dass der Mut zum Neubeginn viele Möglichkeiten erschließt, nicht aber der „Geist der Experten“, die immer stärker unsere technische Moderne mit ihrer bürokratischen Überwucherung durchherrscht.

Jeder Dialog braucht Offenheit. Neues Verstehen, neue Einsichten, neue Nähe, die im Dialog im Glücksfall entstehen kann, setzt einen offenen Raum voraus. Diese schöpferische Offenheit wird aber nur vermittelt, wenn zwei Personen bereit sind, sich von Angesicht zu Angesicht von ihren eigenen Überzeugungen zu lösen, um sich wechselseitig ihre Denkfiguren mitzuteilen, vorbehaltlos und dabei offen zu sein, ihr jeweiliges Denken vom anderen beeinflussen zu lassen.

Diese Konstellation war prägende Voraussetzung für all unsere Gespräche in diesem Buch, das sonst gar nicht zu Stande gekommen wäre. Wären die Gesprächspartner nicht offen gewesen für neue Gedanken, offen für jeweils andere Perspektiven, offen auch dafür, lang vertretene Annahmen in Frage zu stellen – die Gespräche wären schlicht unmöglich gewesen. Die Bereitschaft zur Offenheit war *conditio sine qua non* für das Gelingen der Gespräche.

Wie konnte das freilich erreicht werden? Eine erste Voraussetzung ist das Vertrauen zu dem Gesprächspartner, die Sicherheit, nicht verletzt zu werden. In einer Atmosphäre von Diskussion oder gar Disput gibt es diese Sicherheit keineswegs. Dort erleben wir eine Polarisation von Angriff und Verteidigung, es wird um Positionen gerungen, es herrscht gleichsam Krieg. Aber Krieg führt nur zum Sieg und Sieg niemals zum Frieden; der vermeintlich Überlegene will als Sieger von der Bühne treten.

Eine solche Konstellation hat es in keinem der Gespräche, die in diesem Buch versammelt sind, gegeben. Ganz im Gegenteil, im Vordergrund stand das Vermögen, zuzuhören. Die Gespräche waren von der grundlegenden Erfahrung getragen, von der anderen Person vorbehaltlos gehört zu werden. Diese Erfahrung ist vergleichbar mit einem generativen „Feld", in welchem der Einzelne zu erkennen vermag, welches Ausmaß von Einsicht, Frische, Tiefe und Schöpfungskraft zu Tage tritt, an die vorher vielleicht keiner der Gesprächspartner zu denken gewagt hätte. Es liegt auf der Hand, dass mitfühlendes Zuhören, wie es in unseren Gesprächen zur Anwendung kam, immer aktiven Charakter hat. Indem ich einen Sinn in das Gehörte verlege, verändert sich der Vorgang des Antwortens auf eine sehr natürliche Weise.

In diesem Sinne vermag Zuzuhören überraschende gedankliche Kraft und Kreativität frei zu setzen. Das Zuhören birgt immer eine verändernde Kraft in sich, es lässt sich von einer metakognitiven Ebene sprechen, um dem Unbekannten, dem Neuen gegenüber offen zu sein.

Die Gespräche zeitigten auch die Einsicht, dass es gleichermaßen wichtig war, dem anderen nicht nur zuzuhören, sondern wirklich von ihm gehört zu werden. In diesem Sinne ist der geglückte Dialog gleichsam auch eine innere Heilung. Findet der Mensch nach langem Suchen einen Ort, an dem er das Empfinden hat, gehört zu werden – im Gleichnis der Anerkennung – dann gleicht der Raum des Dialogs für einen Menschen dem Erlebnis der Heimkehr: der Mensch „gehört hier her". Diese „Heimkehr" war bei allen Gesprächen, die in diesem Buch versammelt sind, immer Richtschnur und Maßstab zugleich, dem es zu entsprechen galt.

Wechselseitiges Lernen und Verstehen förderten jenes „produktive Plädieren", das in den Gesprächen eine zentrale Rolle spielte. Die Beteiligten stellten sich einem gesammelten Denkprozess, anstatt sich ausschließlich mit fertigen Denkprodukten zu konfrontieren. Es war Ziel und Zweck dieser Gespräche, Denkprozesse zu verlangsamen, um ein Denken im gemeinsamen Raum zu ermöglichen. Es war wesentliche Aufgabe der Gespräche, diese Figur des „inneren Beobachters", einem Seismographen gleich, zu entwickeln, um Überzeugungen und geistigen Haltungen auf den Grund zu gehen.

Wir erlebten einen Vorgang des Erkundens, des gemeinsamen Denkens und zugleich den Versuch, unsere Wahrnehmung der Welt zu verändern, um überhaupt miteinander sprechen zu können, um uns schlicht zu verstehen. Die Gespräche konnten somit strategisch genutzt werden, um kreative Arten des Denkens entlang der Ziellinien eines gemeinsamen Topos zu entfalten. Unvoreingenommenes Zuhören, generatives, erkundendes Sprechen waren hier unabdingbare Voraussetzung. Kernfähigkeiten, die gefragt waren, beruhten neben der Offenheit auf der Lernhaltung, der tiefen Neugier, dem über Bord werfen vermeintlicher Sicherheiten, um das Gespräch leichter in der Schwebe zu halten, die Meinung des anderen zu achten und die Worte des Gesprächspartners auf uns wirken zu lassen. Jenes „produktive Plädieren" beruht auf dem Vermögen eines „generativen Sprechens", gleichsam von „Herzen" zu sprechen, voreingenommenes Denken zu überwinden und den eigenen Standpunkt so zu vertreten, dass auch die gedankliche Integrität des Gegenüber gewahrt bleibt. So waren alle die in diesem Buch versammelten Gespräche charakterisiert durch jenes „offene Zuhören", das die Bereitschaft nachweist, vorgefasste Meinungen beiseite zu legen, um mit nie nachlassender Neugierde die Tiefenstrukturen dessen ans Licht zu heben, was der Gesprächspartner wirklich denkt.

5.

„Im Weggehen überlegte ich mir selber, dass ich wissender sei als jener Mensch. Denn keiner von uns beiden scheint etwas Gutes und Rechtes zu wissen; jener aber meint zu wissen und weiß doch nicht: ich jedoch, der nichts weiß, glaube auch nicht zu wissen. Ich scheine somit um ein Geringeres wissender zu sein als er, weil ich nicht meine zu wissen, was ich nicht weiß" (Platon)[4].

Der etymologische Hintergrund hilft weiter, das Wesen des Dialogs zu begreifen, wie er in diesem Buch zum Ausdruck kommt. Der Begriff „Dialog" leitet sich aus dem griechischen Wort *dialogos* ab. *Logos* steht für das Wort oder auch die Wortbedeutung, der Wortsinn. Und *dia* steht für „durch", nicht für „zwei". Hier wird die Richtschnur programmatisch angesprochen. Niemand versucht, zu gewinnen in dem Sinne: Wenn ich gewinne, verlierst Du, wie dies im Disput, selbst in der Diskussion zu Tage tritt. Die in diesem Buch versammelten Dialoge zielten auf die Denkvorgänge hinter den Annahmen und Meinungen, nicht auf die Meinungen selbst. Ziel war es, den kollektiven Verlauf des Denkens zu verändern. Dem Denken an sich wurde Aufmerksamkeit eingeräumt. Von der Position des individuellen Denkens wurde zu einem gemeinsamen Denkvorgang fortgeschritten, in der Einsicht, dass kulturhistorisch ein Großteil des Denkens immer kollektiven Ursprungs ist. Selbst die menschliche Sprache wird evolutionsgeschichtlich kollektiv erlebt. So kann sich der Einzelne die dialogische Haltung verinnerlichen, bevor er sich entscheidet und abwägt. Im evolutionsgeschichtlichen Haushalt des Menschen ist folglich das kollektive Denken ausdrucksstärker als das vereinzelte, rein individuelle Denken, das letztlich zu großen Teilen Resultat des kollektiven Denkens ist im Wechselspiel des Menschen mit seinen geistigen Artefakten. Dies gilt auch für die in der Sprache als kollektiver Ausdruck enthaltenen Gedanken, wobei jeder einzelne Denker einen Beitrag leistet und seinen Anteil erhält. Freilich vermögen sehr wenige Denker oft sehr vieles in Bewegung zu setzen.

Das „dialogische Prinzip", das all den Gesprächen dieses Buches zu Grunde lag, erlaubt, ja fordert – und dies ist ein wichtiger Punkt – auch das Aufscheinen der Empathie, um den „Geist" des Gesprächs überhaupt entstehen zu lassen, um

4 Platon, *Apologie des Socrates.*

schöpferische Entfaltung zur Geltung zu bringen. Letztlich lässt sich alles menschliche Tun in dem Sinne einer schöpferischen Entfaltung begreifen, um sich die Einmaligkeit und auch die Allverbundenheit in einem kosmischen Einklang zu versichern. Hier scheint durchaus der Begriff der Erleuchtung, der Selbsterkenntnis angebracht.

Entsprechend erforderten die Gespräche immer auch eine „innere Entfaltung", die in sich die Kapsel eines Geheimnisses verborgen trägt. Bereits Thomas von Aquin sprach von der „allverbundenen Einmaligkeit" und meinte hier gewiss eine kosmische Harmonie, eine Verbundenheit im Kosmos als Erfüllung, wenn sie sich mit der Einmaligkeit einschwingt. Die „innere Entfaltung" birgt stets ein Mysterium in sich. Es gibt nichts im Kosmos – kein Partikel – wir erkennen es auch in der Teilchenphysik – das nicht ein inneres Geheimnis in sich trüge. In letzter Konsequenz steht eine Geschichte des Kosmos im Raume, die zwar wissenschaftlich ist, aber das göttliche Prinzip nicht ausklammert. Dieser Kosmos offenbart einen Entwicklungsweg mit Blick auf die Entfaltung des Bewusstseins. Hierbei paart sich die innere Entfaltung mit der Allverbundenheit: alles ist mit allem verbunden. Es ließe sich kein Partikelchen vorstellen, das nicht existentiell mit anderen verbunden wäre. Wie selbst die Quantenphysik zeigt, werden die konventionellen Grenzen von Raum und Zeit gesprengt. Es gibt nichts, was ohne anderes wäre. Im Kosmos herrschen unendliche Beziehungen. Diese Metapher lässt sich auch auf den Begriff des Dialoges übertragen. Die Verbundenheit im Kosmos gleicht einer Erfüllung, wenn sie im Dialog mit der Einmaligkeit einhergeht. Aus diesem Grund sprach Thomas von Aquin von der „allverbundenen Einmaligkeit".

Entsprechend hatten die Gespräche dieses Buches offenen Charakter, sie glichen einem Aufruf zum Dialog, verstanden sich nicht nur als ein Gespräch miteinander, sondern als ein Horizonte öffnendes Aufeinanderzugehen. Den Dialog zu wagen, ist so alt wie die ältesten Zivilisationen der Menschheitsgeschichte. Aus dem bisher Gesagten wird deutlich, dass die Form des Dialogs, die wir anstrebten, ein vielschichtiger Vorgang ist, der über die herkömmlichen Vorstellungen von Gespräch und Gedankenaustausch wesentlich hinausreicht. Eine ungewöhnliche Bandbreite menschlicher Erfahrungen klingt an: tief verwurzelte Wertvorstellungen, Emotionen, die Funktion des Gedächtnisses, die Wichtigkeit tradierter kultureller Mythen, aber auch die Augenblickserfahrung, welche die Spontaneität des Dialogs erst sichert.

In seinem tiefsten Verständnis wäre ein solcher Dialog, den wir anstrebten, eine Einladung, die Tragfähigkeit von Identität zu überdenken, zumal beim Erkenntnisgewinn des gemeinsamen Denkens. Es stellt sich letztlich die Frage, was es heißt, ein „Mensch zu sein" und gemeinsam das Potential auszuloten, Horizonte des Denkens zu erschließen.

Wir haben es an anderer Stelle erwähnt, die „wissenschaftliche Fragmentarisierung" sollte überwunden werden durch kreative Partizipation. Die Teile stehen immer in einer integralen Beziehung zueinander, was im gelungenen Fall zum funktionsfähigen Ganzen des Gesprächs führt. Herkömmliche generische Denkvorlagen des Menschen, welche die Welt nur auf fragmentarische Weise wahrnehmen, etwas spalten, was nicht wirklich voneinander getrennt werden darf, sollten vermieden werden.

Wirft man einen Blick auf das Planquadrat der gesamten Zivilisation und Politik, wird offensichtlich, dass eine solche Wahrnehmung zwingender Weise zu einer Welt führt, in der sich Nationen feindlich gegenüber stehen, in der Wirtschaftsräume erratischen Blöcken gleichen, in der Religionen nicht miteinander sprechen, Wertsysteme im politischen Konflikt liegen, in der letztlich potenzierte „Egos", die grundsätzlich kontrovers sind, ihre Machtfülle erproben, trotz aller vergeblichen Versuche, Ordnung zu stiften.

Aus diesem Grund waren unsere Gespräche vom Gegenteil, vom Gemeinsamen geprägt als einer konkreten Erfahrung. Gegensätzliche Meinungen und Wertvorstellungen wurden positiv gedeutet, in der Schwebe gehalten, gedanklich schöpferisch ausgelebt. Annahmen und Reaktionen des Gesprächspartners wurden im Auge behalten. Es ging nicht darum, zu „berichtigen", was im Gesprächsfluss entstand. Die entspannte, nicht verurteilende Neugier wollte den Gesprächspartner in all seinen Facetten wahrnehmen, wobei jeder zweckgebundene, utilitaristische Grundton vermieden wurde. Der nur scheinbar unvermeidlichen Inkohärenz menschlichen Denkens wurde begegnet durch ein Wechselspiel von Beobachter und Beobachteten, das seine fixen Rollen für den geistigen Gehalt des Gesprächs aufgab. So konnte unter Verzicht auf vorher festgelegte Aufgabenstellungen bei der Themenauswahl ein gemeinsam erzielter geistiger Grundton erreicht werden: Das Gespräch als freier Fluss von Bedeutungen zwischen den Partnern, wobei sich niemand „verteidigen" muss, wo stets die Freiheit der Veränderung bestand. Hierdurch wurde eine neue Dynamik angestrebt, die keinen Gesprächspartner oder einen bestimmten Inhalt ausgeschlossen hätte. Die Gespräche waren ein miteinander verantworteter und geteilter geistiger Exkurs, im Glücksfall „kollektives Denken". Das Gespräch war immer auch eine direkte Begegnung von Angesicht zu Angesicht, die ein hohes Maß an Sensibilität des Zuhörens forderte. So entstand der Sinnfluss der Gespräche. Sie waren nicht im faktischen Sinne „ereignisorientiert", mit dem Ziel, getrennte Abbilder der Wirklichkeit auszugestalten. Dies würde dem herkömmlichen Denken der wissenschaftlich-technischen Zivilisation entsprechen, das hier gerade überwunden werden sollte. Grenzen wurden vielmehr als durchlässig empfunden, Brücken wurden geschlagen zwischen den wissenschaftlichen Disziplinen, um die Bewegung der wahrnehmbaren Welt als teilhabend an einem vitalen Sein zu begreifen.

Es wurde eine geistige Bewegung einer tieferen, natürlicheren Ordnung angestrebt, die auch Schichten von geistigen Zusammenhängen aufspürte, die sich vielleicht treffend mit dem Wort des „unbegrenzten geistigen Diskurses" umschreiben ließen. Dieses „Unbegrenzte" entspricht in einem tiefen anthropologisch-philosophischen Sinne jener grundsätzlichen Bestimmung menschlicher Existenz, die auf eine kosmische Dimension hinweist als einem intrinsischen Bedürfnis des Menschen, Sinnsetzungen des Lebens zu begreifen, um dem „Grund des Seins" näher zu kommen.

Wenn wir die Fragmentierung der wissenschaftlichen Wahrnehmung mit diesen Gesprächen überwinden wollen, die ihren letzten Ausdruck in der Fragmentalisierung der gesamten politischen Zivilisation findet, wie wir dies oben angedeutet haben, so geschieht dies nicht als Resultat unveränderbarer Naturgesetze menschlicher Revolution, sondern in der Einsicht in die Inkohärenz unseres eigenen Denkens.

In diesem Sinne stellen die Gespräche besagte Zivilisationskritik dar, da sie nicht nur die Fragmentierung des wissenschaftlichen Denkens überwinden wollen, sondern die zivilisatorische Wirklichkeit zu Beginn des 21. Jahrhunderts. Individuelle, kollektive und kosmische Dimensionen menschlicher Existenz kreuzen sich in diesen Gesprächen, der Mensch wird als „metaphysisches Tier" auf seiner langen Reise durch die Evolutionsgeschichte verstanden. Die Gespräche verstehen sich auch als Prüffeld einer neuen Ordnung von Annahmen und Wissen und der Beziehung zu sich selbst und zu dem anderen, der immer auch ein Mitmensch ist, mit dem wir zugleich eine Welt bewohnen.

6.

„Wenn die Türen der Wahrnehmung erweitert würden,
so würde dem Menschen alles so erscheinen,
wie es ist: unendlich.
Aber der Mensch hat sich so eingeschlossen,
daß er aller Dinge nur noch
durch die schmalen Spalten seiner Höhle sieht"
(William Blake).

Es gab in den Gesprächen immer auch eine stillschweigende Ebene, ein Schweigen, das seine eigene Kohärenz aufwies, gleichsam ein stillschweigendes Wissen, was geteilt wird von den Partnern. Das stillschweigende Wissen ist immer ein konkretes Wissen, ja, es lässt sich sagen, dass der konkrete Denkvorgang sich immer lautlos vollzieht, das Denken tauscht stets aus stillem Grund aus, was explizit zum Ausdruck drängt, ist aber immer nur Teil eines Ganzen. Dieser stillschweigende Prozess wird immer gemeinschaftlich erlebt, es wird im Wortsinne miteinander geteilt.

Es ist die Absicht dieses Buches, einen Beitrag zu leisten für eine Bewegung, die auf das Planquadrat der gesamten politischen Zivilisation, diesen dialogischen Prozess vorantreibt, um ein gemeinsames Bewusstsein zu entwickeln, damit zur Fähigkeit, auch gemeinsam zu denken und vor allem zu handeln, zurück gefunden wird. Ein Großteil des gemeinsamen Vorrates, der in den Gesprächen – *pars pro toto* – zum Ausdruck kam, hat auch für die gesamte politische Zivilisation Bedeutung. Es stellt sich die Forderung nach einem miteinander geteilten und verantworteten Sinn von Denken und Handeln. Eine politische Zivilisation ist immer ein Verbund von Beziehungen zwischen Menschen und Institutionen, die das Zusammenleben erst zu sichern vermögen. Dies setzt eine Kultur voraus, die gemeinsam erlebt und geteilt wird in ihren Bedeutungsinhalten. Sinn heißt hier immer Intention, Zielsetzung und Wertvorstellung. Sonst zerbricht jede Zivilisation in Politik und Wirtschaft.

Diese Überlegungen gewinnen an aktueller Brisanz und Wichtigkeit, wenn man sich ein bedrohliches Paradoxon vor Augen führt, in dem die heutige Weltzivilisation lebt: Einerseits wächst die Kommunikation der elektronischen und digitalen Medien exponentiell an, Satelliten bestrahlen die ganze Erde, es ist ein unmittelbarer Kontakt in die letzten Verästelungen aller Territorien der Welt möglich. Über CNN, MTV oder BBC WORLD wird die Welt bis in den äußersten Winkel kommunikationstechnisch erfasst, das Internet steigert die Vernetzung zusätzlich, das Telefonnetz ist ubiquitär, die interkontinentalen Flüge bringen Menschen aus aller Welt vermeintlich näher. Dies ist aber nur die eine Seite der Medaille.

Tatsächlich beweisen die ethnisch-religiösen Spannungen weltweit, wie die kriegerischen Auseinandersetzungen in Afrika, Asien und Lateinamerika, dem ehemaligen Jugoslawien und der ehemaligen Sowjetunion, dass Angehörige verschiedener Nationen, Religionen und Kulturen heute mehr denn je in Spannungen leben, ja, oft kaum fähig sind, faktisch miteinander friedlich zu sprechen, ohne dass es zu ernsthaften Auseinandersetzungen kommt.

Aus diesem Grund kommt der zivilisatorischen Fähigkeit zum Dialog solch elementare Bedeutung zu, nicht nur im persönlichen Gespräch, sondern auch auf dem Feld der internationalen Politik und Wirtschaft. Es zeigt sich verstärkt, dass zumal im politischen Feld die einzelnen Gruppierungen überhaupt nicht im Stande sind, einander zuzuhören, geschweige, in einen ernsthaften Dialog zu treten. Dort müsste es gelingen, dass die Partner sich nicht nur gewisse Ideen und Informationen mitteilen, die ihnen überwiegend bereits bekannt sind. Das Ziel müsste auf ein gemeinsames Handeln gerichtet sein, das etwas grundsätzlich Neues zwischen den Parteien schafft. Dies freilich vollzieht sich in der internationalen Diplomatie sehr selten. Dort handelt es sich weniger um Dialoge als um Dispute, Verhandlungen oder Tauschgeschäfte zwischen Nationen und politischen Territorien. Im Kern müsste die Suche nach „Wahrheit" und Kohärenz liegen und die Bereitschaft signalisiert werden, alte Machtkonstellationen in Frage zu stellen und Positionen preiszugeben, wenn nötig auch um den Preis von Selbstverzicht und unter der Gefahr, dass der Gesprächspartner am Schutzschild seiner eigenen vorgefertigten Meinung festhält, ja sie vehement verteidigt. Nur, wenn die Möglichkeit aufscheint, etwas grundsätzlich Neues im Arsenal der Argumente zu erwirken, ja Gemeinsames entstehen zu lassen, besteht die Hoffnung, in der internationalen Diplomatie auch „geistige Sperren" zu überwinden.

Das Gesagte verdeutlicht, in welchem Maße zu Beginn des 21. Jahrhunderts der Dialog auch für Kulturen, Zivilisationen und Religionen an Gewicht gewinnt. Religionen begründen sich auf tradierten „Glaubenssätzen" und Annahmen über die Interpretation von Wirklichkeit. Anthropologen von Claude Lévi-

Strauss bis Clifford Geertz haben darauf verwiesen. Es ist heute in der Weltpolitik von Wichtigkeit, dass es keinen Frieden zwischen den Nationen geben kann ohne den vorausgehenden Frieden zwischen Religionen und Kulturen. Nur der Dialog verfügt über die Kraft, religiösen Fundamentalismus – säkularen und religiösen Nationalismus – aufzuweichen und eine Brücke zwischen den religiösen Vorstellungen zu schlagen. Der Physiker Albert Einstein sprach bereits vom „inhärenten Ganzen“, das es zu erkunden gilt, um die gemeinsamen spirituellen Quellen zu erkennen. Es gilt sich zu vergegenwärtigen, dass wir immer im Dialog sind, er ist eine wahrhaftige Existenzmetapher: wir sind im Kontakt und Austausch mit anderen, sei es zur Identifikation mit dem anderen oder auch als Abgrenzung von ihm. Der Dialog ist zunächst eine Lebensweise aller Menschen. In einer Zeit der ethnisch-religiösen Konflikte, der Tribalisierungen, wird der Dialog der Kulturen und Religionen zur *conditio sine qua non* einer verantwortlichen Friedenspolitik.

Vergegenwärtigen wir uns heute die Ausgangssituation: Es herrscht eine Spannung zwischen der technischen Homogenisierung der Welt und der Aufrechterhaltung der kulturellen und religiösen Unterschiede. Die Internationalisierung der Wirtschaft, ihre zentrifugale Kraft, die weltweit voranschreitet, ruft archaische Traditionen im geistig-religiösen Raum hervor. Wir erleben die verschiedenen Spielarten des Fundamentalismus als Anti-Modernismus. Zum einen erstarkt die Totalisation des Planeten Erde durch die Weltwirtschaft und die Technokratie. Aber im gleichen Moment, in dem sich die Wirtschaft globalisiert, bricht der Planet im politisch-ethnisch-religiösen Feld auseinander. Dem immer rasanter anschwellenden kosmopolitischen Handel und medialen Informationsaustausch steht eine außerordentliche territoriale Nervosität gegenüber. Das „Weltdorf“ erlebt jene Nationalismen – säkular oder religiös –, jene Trennungen, die sich in Bürgerkriegen als Konflikte der kulturellen und religiösen Identität niederschlagen. Die kulturelle Integration folgt der politischen nicht auf dem Fuße, sei es in den APEC-Staaten, den ASEAN-Staaten, im MERCOSUR in Lateinamerika, beim GATT-Abkommen, im andinischen Pakt. Der weltlich-wirtschaftlichen Totalisierung stellt sich eine entfesselte, kulturell-religiöse Balkanisierung gegenüber, die Antipode der bedrohlichen Uniformierung und Homogenisierung der Welt. Das betrifft Algerien ebenso wie den Iran, Indien wie Teile Chinas, Tschechien wie Ex-Jugoslawien, die Unruhen in Afrika wie in Sri Lanka, in weiten Teilen der Sowjetunion wie in Lateinamerika. Es lässt sich gleichsam von einer Art anthropologischem Thermostat sprechen, das korrigierend einwirkt auf die kulturelle Integrität der Menschheit zu Beginn des 21. Jahrhunderts.

Es wird offensichtlich, welch kardinale Bedeutung dem Dialog der Kulturen, Religionen und Zivilisationen hierbei zukommt. Religionen und Kulturen existieren im Zeitalter der Globalisierung verschiedener Kommunikationsprozesse und der Weltwirtschaft nicht getrennt voneinander, sondern beeinflussen sich wechselseitig und die Resultate verschiedener Kulturen vermischen sich.

Aus diesem Grunde wird offensichtlich, wie stark die Moderne einer Kultur des Dialoges bedarf, um die Abstraktionen und Trennungen friedenspolitisch zu überwinden.

7.

„Der Geist des Abstrahierens nährt das totalitäre System"
(Gabriel Marcel).

Wir leben heute in einer digitalen Welt, in der Geschwindigkeit und Effizienz überragende Wichtigkeit haben. Doch Computer, Fax, elektronische Mails, Modems, virtuelle Sofortleistungen und Satelliten haben tatsächlich immer stärker nur eine bedrückende Dichte, Sprachlosigkeit im eigentlichen Wortsinne und metaphysische Verwaisung des Lebens verstärkt. Der eigentliche Dialog hat sich vermindert in diesem Verlauf der virtuellen Kommunikation, das zwischenmenschliche Gespräch wurde verdrängt oder ist gar verebbt und es muss dringlich nach Möglichkeiten gesucht werden, die dialogische Kultur zu stärken. Wenn wir tatsächlichen einen Dialog verbessern wollen, wenn das Denken gleichsam wieder beobachtbar werden soll und zugleich vertiefend, muss es gelingen, dieses Denken wieder zu verlangsamen, mit Sonden zu versehen, die Tiefe auszumessen. Ohne diesen Vorgang der Verlangsamung sind wir immer weniger in der Lage, den tieferen Sinn menschlicher Existenz zu begründen und zivilisatorisch einzufassen. Gerade heute wäre es allzu wünschenswert, geistig wieder unabhängiger zu argumentieren, massenmedialen Programmen nicht als Imperativen zu gehorchen, sondern sich den „letzten Fragen", wie etwa den Verlust des Sakralen, einer gelebten Metaphysik oder dem Umgang mit dem Tod nicht zu verschließen.

J. Krishnamurti formulierte trefflich: „Wenn Du zu verstehen beginnst, was Du bist, ohne zu versuchen, etwas zu ändern, veränderst Du Dich bereits".

Der Mensch der Moderne steht in einer unablässigen Folge von Tausenden von Bewertungsschritten im täglichen Verlauf. Inmitten dieses Datenstroms müssen Entscheidungen getroffen werden, muss eine Auswahl erfolgen, um jene Interpretation der „Wirklichkeit" zu erzielen, die uns erst ins Bewusstsein rief, dass sie eigentlich eine einmalige Konstruktion ist. Exakt hier kann eine dialogische Kultur wesentliche Verbesserungen einbringen, da unsere Entscheidungen und Handlungen sonst von Weltbildern und ihrer Strahlkraft bestimmt werden, die hinter den scheinbar objektiven Fakten kaum ans Licht treten.

Es ist das erklärte Ziel des Dialogs, diese selbstredende Kettenreaktion zu durchbrechen, um jegliche Form einer erstarrten artifiziellen Kommunikation zu überwinden; eben kraft der Verlangsamung, einer verantwortlichen Achtsamkeit und wiedergewonnenen Tiefe. Dabei geht es darum, in natürlichen Wandlungsvorgängen Einsichten zu gewinnen, anstatt auf bereits „Gedachtes" zu rekurrieren.

Es ist bezeichnend, dass frühe Zivilisationsstufen der Menschheit von jenem „dialogischen", aber auch „partizipierenden" Denken geprägt waren. In den Vor- und Frühkulturen – wir wissen es etwa durch die Studien zur Religion aus dieser Zeit von Leroi Gourhan und O. E. Wilson – herrschte noch keine fragmentarische, sondern eine holistische Weltsicht. Die Partikel des Universums schienen nicht gespalten, die Teile waren zu einem Ganzen miteinander verbunden und hatten wechselseitig an einer kosmischen Harmonie teil; der Geist „aller Dinge“ verkörperte eine Einsicht, ein Ganzes. Es ist offensichtlich, dass heute, in der fragmentarischen Sichtweise der technischen Zivilisation, diese kosmische Harmonie in der Wahrnehmung des Denkens zerbrochen ist, wenn es nicht gelingt, das partizipierende Denken und das dialogische Prinzip wieder zu stärken.

Erinnern wir uns: In der Vor- und Frühgeschichte verfügten die Stämme über ein Totem, es waren bestimmte Tiere, mit denen eine Identifikation möglich war. Stamm und Totem waren identisch. Dahinter verbarg sich die Annahme, dass ein Totem gemeinsam an einer Energie oder einem Geist teilhatte. Vielleicht lag sogar die Vermutung zu Grunde, dass alles Existierende an einem universellen Geist, vielleicht ließe sich trefflicher formulieren, an einem „universellen Stoff“ partizipieren würde.

Durch das Totem trat man mit dem Stamm in Verbindung, wobei der Mensch „als Ganzes“ auf das Totem zuging. In diesem Sinne gilt es heute, das partizipierende Denken und das dialogische Prinzip wieder zu stärken und zu fördern, da wirkliches Denken immer partizipierend und dialogisch ist. Der Mensch der früheren Kulturen hatte symbolisch immer an der Quelle teil. Totem und Mensch speisten sich aus der gleichen Energie, was ein Empfinden der Einheit auslöste.

In der abendländischen Kultur blieb diese Sinnbedeutung bis ins hohe Mittelalter bewahrt. Romano Guardini hat darauf verwiesen. Erst die Neuzeit ist durch jenen Bruch gekennzeichnet, die den Einzelnen durch die Spaltung nicht mehr in der Geborgenheit des Ganzheitlichen aufnimmt. Beteiligungen werden preisgegeben, wir erleben die Trennung von Subjekt und Objekt in den prägenden Denkfiguren. Hier gilt es, entgegen zu wirken. Wir bedürften gerade in der Moderne der Einsicht, dass ein Ganzes nicht durch Trennungen gespalten werden darf, dass es einer kosmischen Harmonie bedarf, zumal wenn man Technologie und Kultur kompatibel machen möchte, kurz, dass eine holistische Sicht Voraussetzung des Überlebens schlechthin geworden ist.

Im Mittelalter fand der Gedanke der Partizipation, etwa bei Thomas von Aquin, fortgesetzt seine Verwirklichung. Thomas von Aquin formulierte trefflich, dass ein Subjekt des Satzes am Prädikat partizipiere. Er war gleichermaßen der Ansicht, dass die Luft am Licht der Sonne teilnahm. Für ihn kam das Licht in seiner reinsten Form in der Sonne zum Ausdruck und wir hatten Anteil an ihm. Es wäre wünschenswert, würde sich die Moderne dieser Einheit rückbesinnen, die über solche weite Strecken für die menschliche Kulturgeschichte Gültigkeit hatte – dies angesichts der ökologischen Herausforderungen der Menschheit zu Beginn des 21. Jahrhunderts, die in Plünderungen der Natur, der Meere, der Galaxien kulminieren.

Es bedarf heute in der politischen Zivilisation verstärkt jenes partizipierenden Denkens, jenes „dialogischen Prinzips“, wonach alles an allem Teil hat, das eigene Sein an dem Schicksal der Erde. Die Vorstellung eines unabhängigen Seins, entbunden von dem *Oikos*, der alles umspannenden Erde, führt ins Leere, wir werden von der Erde ernährt. Die Fragmentalisierung menschlicher Existenz muss überwunden werden zugunsten des „dialogischen Prinzips" und des partizipierenden Denkens, das auf das Zusammenwachsen der Dinge und der Menschen hinwirkt. Ansonsten erstarren menschliche Beziehungen zu einer kalten Mechanei. Zu stark begreift der herkömmliche Mensch der Moderne das Selbst als ein Objekt, verknüpft mit der Annahme, dass alle Aktivität von diesem Selbst ausginge. Gegen diese Einstellung ist das Denken das partizipatorischen Gesprächs zu stellen, was der Einsicht Rechnung trägt, dass wechselseitige Partizipation das eigentliche Wesen menschlicher Existenz ausmacht, alles ist gleichsam alles. Der Dialog fasst stets eine gewisse Ordnung und Kohärenz ein.

Von größtem Gewicht ist eben die Einsicht, dass die Menschen seit den prähistorischen Zeiten auch über eine kosmische Dimension verfügten, gleichsam einen Raum der Versenkung in die Natur und das Übernatürliche, in die Kosmologien des Wissens und in das tiefe religiöse Empfinden. Die Räume der Natur und des Übernatürlichen reichen weit über das Individuum und seine politische Zivilisation hinaus.

Frühe menschliche Kulturen waren noch durch Animismus geprägt. Die Natur wurde als belebt empfunden, als beseelt von einem Geist und der Mensch war ganzheitlich eingebunden, er hatte an allem teil.

Vielleicht können wir formulieren, dass es im evolutionsgeschichtlichen Haushalt des Menschen ein Bedürfnis nach dem Kosmischen auszumachen gilt, wie es sich in der Kunst, die immer eine Verbindung zum Kosmos hatte, artikuliert, sicher in dem genuinen Verlangen nach dem Sakralen und nach Religion, später nach Literatur und Philosophie, nach allen Versuchen des Menschen, Verbindungen zwischen der Natur und dem Übernatürlichen zu schaffen.

In der technischen Moderne ist eben jenes Band, das zwischen Mensch und Kosmos gespannt war, zerrissen. Der Mensch befindet sich am Ende einer Sackgasse, gleichsam am „Ende der Natur". In früheren historischen Zeiten war die Natur noch etwas Gewaltiges, das dem Zugriff des Menschen entzogen war. Der Mensch der technischen Moderne muss angesichts der drohenden ökologischen Gefahren erkennen, dass der historische Verlauf einen Punkt erreicht hat, wo er durch die technologische Destruktion, die er entfesselt hat, sich selbst zerstört. Wir erleben die drohende Überschreitung eines „point of no return".

Werfen wir wieder einen Blick in die Geschichte zurück, gleichsam als Selbstbesinnung. Die Stammeskulturen der Vor- und Frühgeschichte formulierten noch: „Die Erde ist unsere Mutter. Wir müssen achtsam mit der Mutter umgehen". Diese Metapher der Natur als Mutter findet sich bis heute in einer Vielzahl noch indigener Kulturen, etwa auch im andinischen Raum in Lateinamerika, im Hochland von Bolivien und Peru, z. B. bei den Q'ero-Indianern, wo von „Pacha Mama", der Mutter Natur die Sprache ist, die es zu würdigen gilt.

Im krassen Widerspruch hierzu steht der technologische Gipfelgang des Menschen der Moderne, der vor einer rückhaltlosen Nutzbarmachung aller natürlichen Ressourcen nicht Halt macht. Dieser Vorgang gewinnt planetare Bedeutung zu Beginn des 21. Jahrhunderts, denkt man nur an die skrupellose und rücksichtslose sowie bedrohliche ökologische Katastrophe in China, jenseits aller ideologischen Grenzen. Das Problem ist global. Der Wechsel unserer Beziehungen zur Natur, die Loslösung einer inneren Verbindung zur Natur, die immer auch eine kosmische Verbindung war, bedroht heute jene kosmische Harmonie, die Hybris der technischen Moderne, der Mensch als ‚kosmischer Bastard'.

Die Einstellung zur Natur – Octavio Paz sagte es – markiert immer die kosmische Dimension des Menschen in seiner Geschichte und Gegenwart. Es hat den Anschein, als wäre die menschliche Existenz von einem Streben nach dem Unbegrenzten, ja dem Unendlichen getragen und geprägt. Es ist nun entscheidend, dass in der Perspektive des Partizipierens, als auch des partizipierenden Dialogs, das Unbegrenzte der Grund von allem ist – woraus folgt, dass unser wahres Sein letztlich unbegrenzt ist. Hier kreuzt sich die Einsicht über die Bedeutung des Partizipierens und des Prinzips des Dialogs mit dem Selbstverständnis des Menschen, der im Verlauf seiner langen Reise der Evolutionsgeschichte immer ein metaphysisches Lebewesen war.

8.

„Eine Theologie, die nicht Antworten, sondern ungefragten Fragen Worte gibt,
wäre das nicht eine Theologie, die zu einem Glauben beiträgt,
der den Menschen wirklich ernst nimmt?"
(Jean-Baptiste Metz).

In der Suche nach Metaphysik und Transzendenz erweist sich der Mensch als genuin menschlich. Diese Suche nach authentischer Metaphysik, Spiritualität und Transzendenz findet sich in den verschiedensten Kulturen und Zivilisationsstufen. Das Bedürfnis, die gegebenen Grenzen der menschlichen Kondition zu überschreiten, lässt sich in Zentralasien ebenso finden wie im Ahnenkult Westafrikas oder in Madagaskar, ebenso wie in Kulturen des Amazonas, freilich auch in den Industriestaaten Amerikas und Europas. In den Kulturen des Westens und Ostens kommt dieses Bedürfnis in den unterschiedlichsten Formen zum Ausdruck: in der Suche nach Unsterblichkeit auf den taoistischen Inseln oder der Suche nach dem El Dorado; in den Pilgerfahrten der Hindus nach Varanasi, der Moslems nach Mekka; in den mythischen Bestrebungen der muslimischen Sufi, der jüdischen Kabbalisten, der katholischen heiligen Schriften; in der *Odyssee* oder dem *Gilgamesch*-Epos. Auch in der Philosophie, Magie, der wissenschaftlichen Forschung und natürlich in den unterschiedlichen Ausgestaltungen der Kunst gewinnt dieses Bedürfnis an Gestalt. Die spirituelle Suche kommt bei dem mythologischen Epos des *Popol Vuh* in der mesoamerikanischen Hochkultur Mexikos, über die Alfred Metraux berichtet hat, zum Ausdruck. Die Suche nach Erkenntnis steht im Mittelpunkt. Der Mensch verbleibt Techniker des Sakralen, von den indigenen Hochkulturen der Inkas bis heute.

So unterschiedlich Kulturen auch sein mögen, es bleibt das Bedürfnis nach einer visionären Transzendenz des Gegebenen. Ernst Cassirer hat mit seiner Theorie der symbolischen Formen hierauf verwiesen. Wie lässt sich evolutionsgeschichtlich eine Existenz als menschlich bezeichnen? Vor allem durch diese metaphysische Suche. Der Mensch ist mindestens ebenso *animal quaerens* wie *animal rationale*, er versucht, über die natürliche Welt hinaus zu wachsen und die Trennung zwischen Natur und Kultur zu überwinden, worin sich die Suche nach allem Metaphysischen verbirgt. Dieses Bedürfnis nach Selbsttranszendenz im Sinne von Bergson nimmt seinen Anfang in den protoplasmischen Ursprüngen der Evolution, in der der Mensch strebt und sucht. Erst indem der Mensch über die Befriedigung seiner rein biologischen Bedürfnisse hinausstrebt, wird die Suche wirklich menschlich. Der Mensch sucht eher, als dass er findet, und in dieser Kluft liegt die Wurzel der Metaphysik. Diese spirituell-metaphysische Suche wird zunächst mit den Religionen in Verbindung gebracht, man sollte sie aber nicht mit ihnen gleichsetzen. Clifford Geertz schreibt den Religionen das Vermögen zu, gesellschaftlichen Institutionen einen letztlich gültigen, ontologischen Status zu verleihen, sie einzubetten innerhalb eines sakralen und kosmischen Rahmens. Religion beschützt den Menschen gegen die Anomie der Bedeutungslosigkeit. Sie bringt jene dingliche und intensive Suche des Menschen nach Bedeutungsinhalten zum Ausdruck, die am Ursprung des Versuches steht, Ordnung auch demjenigen aufzuerlegen, der sich der Kontrolle entzieht. Lévy-Bruhl sprach bereits bei den primitiven Religionen von einer mystischen Teilhabe.

Diese metaphysische Suche enthüllt die innerlich wahrhaftige Unvollständigkeit aller menschlichen Bestrebungen, indem sie auf die Möglichkeit verweist, eine Ordnung zu erzielen, die unserer unzureichenden gegenwärtigen überlegen ist. Ein Leben zu führen in dem unumkehrbaren Bewusstsein der Nichtdauerhaftigkeit, des Zwischenraums und des transitorischen Charakters des Daseins bildet den Hintergrund für die Suche. Die Suche nach Permanenz bleibt eine Chimäre, unverträglich mit der Beweglichkeit und der Veränderung, die den Menschen als fragendes Wesen bestimmen. In der Ungewissheit der Zukunft liegt auch die Kraftquelle für die persönliche Suche, der unfreiwilligen Anstrengung des Daseins. Die Kluft zwischen Gewissheit und Ungewissheit begründen jene umformende Potentialität als eine anthropologische Konstante in allen Kulturen – auch im Zeitalter der virtuellen Realität. Das Fragen ist zugleich immer auch eine Suche, sagte der Dichter Auden. Sie bedeutet, nach etwas zu suchen, von dem man bisher noch keine Erfahrung hatte. Die metaphysisch-spirituelle Suche des Menschen ist die unvollkommene Bemühung, die Zukunft in kleinen Stücken zu aktualisieren. Hierdurch erfährt der Mensch seinen übergeordneten Bezugsrahmen, er findet zu sich selbst, indem er glaubt, immer mehr zu werden, als er tatsächlich ist. Der Mensch lebt in seiner Unvollendetheit, er bleibt sich selbst ein Versprechen und verharrt als *animal quaerens*. Die metaphysisch-spirituelle Suche ist ein schöpferischer Vorgang, in dem der Mensch sich immer neu erschafft. In dieser Suche verkörpert sich das eigentlich Menschliche, die Treue zu dem unfertigen Selbst. Wenn die metaphysisch-spirituelle Suche eine anthropologische Konstante ist, die in der Biologie, der Sprache und der Geschichte des Menschen verwurzelt liegt, so finden sich Beispiele in allen Zeitepochen und Kulturstufen, in allen Religionen und Mythen. Jede Kultur bedarf ihrer Werkzeuge der Transzendenz, das betrifft die metaphysisch-spirituelle Suche der Schamanen, der Wissenschaftler und Dichter, der Künstler und Philosophen und der Religionsstifter in gleichen Maßen. Der Mensch befindet sich als metaphysisches Tier durch dieses Vorausgreifen bei der Suche nach der umformenden Transzendenz in einer immer unbekannteren Zukunft. Der Mensch kann nicht nur im Abstrakten einer technischen Zivilisation leben, das Leben ist auch kein metaphysischer Irrtum der Materie. Der Mensch kann nicht leben in der Geographie seines Bewusstseins als einem Gefühl der ortlosen Verzweiflung, der künstlichen Alchemie des Lebens. Er ist – auch in der technischen Moderne – nicht zur metaphysischen Nutzlosigkeit verdammt. Es bleibt die metaphysische Erkenntnis vom Geheimnis aller Dinge, die mehr ist als peripheres Atmen, ein rhythmischer Instinkt irgendeines Organismus, mehr als erkalteter Spott. Die Rätsel der Leere sind mehr als ein bloßer Reflex der Gattung Mensch. Der Mensch ist mehr als die Abwesenheit des Saldos seiner selbst, er will nicht nur Papierschiffchen aus dem Schein anfertigen in jener künstlichen Alchemie des Lebens, wie es die technische Zivilisation der Moderne anbietet.

Aus all diesen Gründen sind die Gegenkräfte von solch elementarer Wichtigkeit, wie sie im „partizipatorischen Denken" und in einer Kultur des Dialogs zum Ausdruck kommen. Der Band mit seinen Gesprächen steht in dieser Tradition und will hierzu einen Beitrag liefern.

Constantin von Barloewen